2¹世纪

法学研究生参考书系列

中国民事诉讼法学探析

邵 明 著

中国人民大学出版社
·北京·

作 者 简 介

邵明：在总角之年，将极管、线圈、磁铁和电池组成收音机，以听说评书为至乐。喜神游，梦过麻省，学过书法，做过文学青年。自1990年始习法律，于2000年获博士学位。

现为中国人民大学法学院教授，博士研究生导师，教育部人文社会科学重点研究基地中国人民大学民商事法律科学研究中心专职研究员，"马克思主义理论研究和建设工程"重点教材《民事诉讼法学》主要参加人。兼任教育部学位与研究生教育发展中心专家、北京电视台科教节目中心特约法学专家等。

谨以此书铭怀恩师江伟先生

本书为中国人民大学科学研究基金项目成果
（项目批准号：23XNLG01）

前　言　治理之道与民事诉讼法学

一、大学之道与持经达变

大学之道，在明明德，在亲民，在止于至善。

知止而后有定，定而后能静，静而后能安，安而后能虑，虑而后能得。

物有本末，事有终始，知所先后，则近道矣。

古之欲明明德于天下者，先治其国；欲治其国者，先齐其家者，先修其身；欲修其身者，先正其心；欲正其心者，先诚其意；欲诚其意者，先致其知；致知在格物。

物格而后知至。知至而后意诚。意诚而后心正。心正而后身修。身修而后家齐。家齐而后国治。国治而后天下平。

自天子以至于庶人，壹是皆以修身为本。

其本乱而末治者，否矣。其所厚者薄而其所薄者厚，未之有也。

《大学》之三纲领：在明明德，在亲民，在止于至善；八条目：格物、致知、诚意、正心、修身、齐家、治国、平天下。[1]

子曰："政为大。""政者正也""正己正人"。"大学之道"即"正己正人"。"正己"即格物、致知、诚意、正心，即"壹是皆以修身为本"。修己以安人。"正人"即安人，亦即立业、齐家、治国、平天下。

"《大学》以经之，《中庸》以纬之"（陆贾语），即"持经达变"。"经，常道；权者，趣时应变，无往而可离于经也"（熊十力语）。中国文化中的"经权之法"是有关"常道与权变"的法则，其基本内容是"权不离经""持经达变"，方能变而不乱，即把握"常道"，随机应变以达合理化或者恰到好处。

"权不多用"，权变是必要的变通或者是非变不可的。在法律领域，"权而多用"表现为存在过多的例外或特情，破坏法律原则或者通常规则。当然，"权而多用"若是合理的（符合社会法治的发展），则表明"经"可能有问题而须修改或者废弃。[2]

二、治理之道

党的十八届三中全会首次提出"……推进国家治理体系和治理能力现代化"[3]。

---

[1] 格物即明白事物的道理。致知即求得真知，理解情理。诚意即心意诚实毋自欺（"不诚无物"），要慎独（"诚于中形于外，故君子必慎其独也"）。正心即心不妄动，不生邪念（"身有所忿懥则不得其正，有所恐惧则不得其正，有所好乐则不得其正，有所忧患则不得其正"）。

[2] 参见邵明：《持经达变：电子证据的"常道"与"变通"》，载《人民论坛》，2016（17）。

[3] 参见《中国共产党第十九届中央委员会第四次全体会议文件汇编》，71页，北京，人民出版社，2019。

全面推进"依法治国"是"……实现国家治理体系和治理能力现代化的必然要求"①。

在现代社会，国家治理的正常途径是"法治"，即"良法善治"。其具体方式有二：（1）一般性治理，主要是通过立法制定法律规则②；（2）具体性治理，比如司法或者诉讼通过解决个案来保护具体权益解决具体纠纷。③

"大道至简"。按照规律治理国家治理社会，如同"治水""理玉"，因水之性而"治水"，顺璞之文而"理玉"④，以至于"万物并育而不相害"（《中庸》）。我国常常将"民"比喻为"水"，所谓"民如水""水能载舟，亦能覆舟""军民鱼水情"等。

作为具体性治理之方式和国家保护国民之责任，"司法为民"实为"司法保民"（即运用司法保护公民的合法权益），如同"治水"，其法为"疏导"而不是"堵塞"。这既是治理之道，又是诉讼之理。晓诉讼之理能通治理之道，夫复何言！

三、理解的民事诉讼法学

理解的民事诉讼法学融情、善、理、真、美于其内里，而成为知识之学、智慧之学、精神之学、美之学。理解的民事诉讼法学是以民事诉讼经验（知）、民事诉讼哲学（道）、民事诉讼科学（理）和民事诉讼艺术（美）为其主体内容。

作为知识之学，民事诉讼法学首先是民事诉讼制度及其运作所产生的专门概念、命题和原则组成的知识体系。作为智慧之学，民事诉讼法学教授我们分析和解决民事诉讼问题的方法，培养我们治理国家治理社会的能力。知识、智慧可能被用于邪恶的目的，故需精神之学。作为精神之学，民事诉讼法学应当合情、合善、合安。⑤

知识之学、智慧之学、精神之学之统一为美之学。作为美之学，民事诉讼法学"文质彬彬"，美在"文"，美在"质"。在民事诉讼领域，知识、智慧、精神与美相互融合，经验、哲学、科学与艺术相互交融。

"法律需要理解而非阅读。"⑥ 荀子曾说，不能将法律当作"械学"来学，应学"法之精义"，才可"以浅持博""以一持万""不知法之义而正法之数者，虽博，临事必乱"。因此，应当根据现代法治精神和治理之道，理解正当程序原理和民事诉

---

① 《习近平关于全面依法治国论述摘编》，4页，北京，中央文献出版社，2015。

② 商君曰："为治而去法令，犹欲无饥而去食也，欲无寒而去衣也，欲东而西行也，其不几亦明矣。"（《商君书·定分》）

③ 自20世纪后半叶以来，民事诉讼的治理功能不断扩展，诸多社会、经济、政治问题可以通过民事诉讼解决，比如国家可以通过民事诉讼来实现其保护平等就业权和促进就业的政策。当然，民事诉讼还具有创造民事实体法规范的功能，这属于一般性治理的范畴。

④ 《说文解字》释："理，治玉也。"

⑤ 理不易明，很容易形成"强权即是公理"，所以"情""理"并称，以"情"约"理"。"情"从"心"从"青"（"美"之义），属于"善"，为安人之道，也属于"美"，为"心之美者"。

⑥ Lord Cyril J. Radcliffe, "You will not mistake my meaning or suppose that I depreciate one of the great humane studies if I say that we cannot learn law by learning law. If it is to be anything more than just a technique it is to be so much more than itself: a part of history, a part of economics and sociology, a part of ethics and a philosophy of life" (*The Law and Its Compass*, Worthwestern University Press, 1960).

讼法学。

四、民事诉讼法学体系

有人说，黑格尔能够形成自己哲学思想的体系化，其缘由之一就是，黑格尔长期讲授哲学，教学的体系化促成了黑格尔哲学体系。受黑格尔哲学思想理论体系化的启迪，在韩大元教授鼎力支持下，笔者一直研习实体法学者（史尚宽、王利明、杨立新、我妻荣等）和诉讼法学者（三月章、新堂幸司等）学术体系形成的过程和成果。

民事诉讼法学是关于民事诉讼正当程序的学科。其体系构成是：（1）"总论"部分主要阐释民事诉讼学术史和制度史、民事诉讼基本理论和基本原理等内容；（2）"总则"部分主要阐释当事人、管辖、送达、证明、及时救济、诉讼费用和强制措施等主要制度法理；（3）"程序"部分主要阐释争讼、非讼、执行、涉外和司法协助等主要程序法理。

法律规范文件缩略语

1. 法律法规名称省去"中华人民共和国"。比如,《中华人民共和国宪法》(2018年修正)简称《宪法》。

2. 最高人民法院和最高人民检察院司法解释名称省去"最高人民法院""最高人民检察院"。

3. 本书法律规范文件主要缩略语

简称	全称
《决定》	《中共中央关于全面推进依法治国若干重大问题的决定》(2014年10月23日通过)
《法院组织法》	《中华人民共和国人民法院组织法》(2018年修订)
《法官法》	《中华人民共和国法官法》(2019年修改)
《民事诉讼法》	《中华人民共和国民事诉讼法》(2023年修改)
《海诉法》	《中华人民共和国海事诉讼特别程序法》(1999年)
《知产诉讼程序》	《全国人民代表大会常务委员会关于专利等知识产权案件诉讼程序若干问题的决定》(2018年10月26日)
《法院调解》	《关于人民法院民事调解工作若干问题的规定》(法释〔2004〕12号)(2020年修改)
《劳动调解仲裁法》	《中华人民共和国劳动争议调解仲裁法》(2007年)
《农地调解仲裁法》	《中华人民共和国农村土地承包经营纠纷调解仲裁法》(2009年)
《涉及公证规定》	《关于审理涉及公证活动相关民事案件的若干规定》(法释〔2014〕6号)(2020年修改)
《费用办法》	《诉讼费用交纳办法》(国务院令第481号)
《纠纷解决》	《关于人民法院进一步深化多元化纠纷解决机制改革的意见》(法发〔2016〕14号)
《仲裁解释》	《关于适用〈中华人民共和国仲裁法〉若干问题的解释》(法释〔2006〕7号)(2008年调整)

《仲裁司法审查》　《关于审理仲裁司法审查案件若干问题的规定》（法释〔2017〕22 号）

《民诉解释》　《关于适用〈中华人民共和国民事诉讼法〉的解释》（法释〔2022〕11 号）

《实施通知》　《关于认真贯彻实施民事诉讼法及相关司法解释有关规定的通知》（法〔2017〕369 号）

《案由规定》　《民事案件案由规定》（法〔2020〕346 号）

《证据规定》　《关于民事诉讼证据的若干规定》（法释〔2019〕19 号）

《委托鉴定》　《关于人民法院民事诉讼中委托鉴定审查工作若干问题的规定》（法〔2020〕202 号）

《检察监督》　《人民检察院民事诉讼监督规则》（高检发释字〔2021〕1 号）

《检察公诉》　《关于检察公益诉讼案件适用法律若干问题的解释》（法释〔2018〕6 号）（2020 年修改）

《检察公诉规则》　《人民检察院公益诉讼办案规则》（高检发释字〔2021〕2 号）（自 2021 年 7 月 1 日起施行）

《防制虚假诉讼》　《关于防范和制裁虚假诉讼的指导意见》（法发〔2016〕13 号）

《未成年人》　《关于依法处理监护人侵害未成年人权益行为若干问题的意见》（法发〔2014〕24 号）

《保护司法职责》　《保护司法人员依法履行法定职责规定》（中共中央办公厅、国务院办公厅 2016 年印发）

《处分条例》　《人民法院工作人员处分条例》（法发〔2009〕61 号）

《司法责任》　《关于完善人民法院司法责任制的若干意见》（法发〔2015〕13 号）

《落实司法责任》　《关于进一步全面落实司法责任制的实施意见》（法发〔2018〕23 号）

《证券代表人诉讼》　《关于证券纠纷代表人诉讼若干问题的规定》（法释〔2020〕5 号）

《财产保全》　《关于人民法院办理财产保全案件若干问题的规定》（法释〔2016〕22 号）（2020 年修改）

《知产行为保全》　《关于审查知识产权纠纷行为保全案件适用法律若干问题的规定》（法释〔2018〕21 号）

《人身安全保护》　《关于办理人身安全保护令案件适用法律若干问题的规定》（法释〔2022〕17 号）

《立审执协调》　《关于人民法院立案、审判与执行工作协调运行的意见》（法发〔2018〕9 号）

《互联网法院》	《关于互联网法院审理案件若干问题的规定》（法释〔2018〕16 号）
《在线规则》	《人民法院在线诉讼规则》（法释〔2021〕12 号）
《登记立案》	《关于人民法院登记立案若干问题的规定》（法释〔2015〕8 号）
《繁简分流》	《关于进一步推进案件繁简分流优化司法资源配置的若干意见》（法发〔2016〕21 号）
《简易程序》	《关于适用简易程序审理民事案件的若干规定》（法释〔2003〕15 号）（2020 年修改）
《分流速裁》	《关于民商事案件繁简分流和调解速裁操作规程（试行）》（法发〔2017〕14 号）
《庭审音像》	《关于人民法院庭审录音录像的若干规定》（法释〔2017〕5 号）
《互联网公开流程》	《关于人民法院通过互联网公开审判流程信息的规定》（法释〔2018〕7 号）
《审理期限》	《关于严格执行案件审理期限制度的若干规定》（法释〔2000〕29 号）
《审限延期开庭》	《关于严格规范民商事案件延长审限和延期开庭问题的规定》（法释〔2019〕4 号）
《审判监督》	《关于适用〈中华人民共和国民事诉讼法〉审判监督若干问题的解释》（法释〔2008〕14 号）（2020 年修改）
《指令发回重审》	《关于民事审判监督程序严格依法适用指令再审和发回重审若干问题的规定》（法释〔2015〕7 号）
《民法典总则解释》	《关于适用〈中华人民共和国民法典〉总则编若干问题的解释》（法释〔2022〕6 号）
《人脸识别》	《关于审理使用人脸识别技术处理个人信息相关民事案件适用法律若干问题的规定》（法释〔2021〕15 号）
《生态环境侵权》	《关于审理生态环境侵权责任纠纷案件适用法律若干问题的解释》（法释〔2023〕5 号）
《生态环境赔偿》	《关于审理生态环境损害赔偿案件的若干规定（试行）》（法释〔2019〕8 号）（2020 年修改）
《环境公诉》	《关于审理环境民事公益诉讼案件适用法律若干问题的解释》（法释〔2015〕1 号）（2020 年修改）
《生态环境证据》	《关于生态环境侵权民事诉讼证据的若干规定》（法释〔2023〕6 号）
《消费公诉》	《关于审理消费民事公益诉讼案件适用法律若干问题的解

释》（法释〔2016〕10 号）（2020 年修改）

《婚姻家庭》	《关于适用〈中华人民共和国民法典〉婚姻家庭编的解释（一）》（法释〔2020〕22 号）
《民间借贷》	《关于审理民间借贷案件适用法律若干问题的规定》（法释〔2020〕6 号）（2020 年修改）
《劳动争议》	《关于审理劳动争议案件适用法律问题的解释（一）》（法释〔2020〕26 号）
《公司法规定四》	《关于适用〈中华人民共和国公司法〉若干问题的规定（四）》（法释〔2017〕16 号）（2020 年修改）
《期货纠纷》	《关于审理期货纠纷案件若干问题的规定》（法释〔2003〕10 号）（2020 年修改）
《票据纠纷》	《关于审理票据纠纷案件若干问题的规定》（法释〔2000〕32 号）（2020 年修改）
《人身损害赔偿》	《关于审理人身损害赔偿案件适用法律若干问题的解释》（法释〔2022〕14 号）
《医疗损害责任》	《关于审理医疗损害责任纠纷案件适用法律若干问题的解释》（法释〔2017〕20 号）（2020 年修改）
《信息网络侵权》	《关于审理利用信息网络侵害人身权益民事纠纷案件适用法律若干问题的规定》（法释〔2014〕11 号）（2020 年修改）
《执行解释》	《关于适用〈中华人民共和国民事诉讼法〉执行程序若干问题的解释》（法释〔2008〕13 号）（2020 年修改）
《执行规定》	《关于人民法院执行工作若干问题的规定（试行）》（法释〔1998〕15 号）（2020 年修改）
《文明执行》	《关于在执行工作中进一步强化善意文明执行理念的意见》（法发〔2019〕35 号）
《执行公开》	《关于人民法院执行公开的若干规定》（法发〔2006〕35 号）
《执行立案结案》	《关于执行案件立案、结案若干问题的意见》（法发〔2014〕26 号）
《执行期限》	《关于人民法院办理执行案件若干期限的规定》（2006 年）
《查封规定》	《关于人民法院民事执行中查封、扣押、冻结财产的规定》（法释〔2004〕15 号）（2020 年修改）
《拍卖规定》	《关于人民法院民事执行中拍卖、变卖财产的规定》（法释〔2004〕16 号）（2020 年修改）
《公证文书执行》	《关于公证债权文书执行若干问题的规定》（法释〔2018

18 号)

《房地协助执行》	《关于依法规范人民法院执行和国土资源房地产管理部门协助执行若干问题的通知》(法发〔2004〕5 号)
《合作备忘录》	《关于对失信被执行人实施联合惩戒的合作备忘录》(2016 年 44 家中央单位签署)
《迟延履行利息》	《关于执行程序中计算迟延履行期间的债务利息适用法律若干问题的解释》(法释〔2014〕8 号)
《公布失信》	《关于公布失信被执行人名单信息的若干规定》(法释〔2017〕7 号)
《指令发回重审》	《关于民事审判监督程序严格依法适用指令再审和发回重审若干问题的规定》
《限制高消费》	《关于限制被执行人高消费及有关消费的若干规定》(法释〔2015〕17 号)
《制裁规避执行》	《关于依法制裁规避执行行为的若干意见》(法释〔2011〕195 号)
《执行异议复议》	《关于人民法院办理执行异议和复议案件若干问题的规定》(法释〔2015〕10 号)(2020 年修改)
《虚假诉讼犯罪惩治》	《关于进一步加强虚假诉讼犯罪惩治工作的意见》(法发〔2021〕10 号)
《执行法草案》	《中华人民共和国民事强制执行法(草案)》(2022 年)

目　　录

第五编　及时救济·诉讼费用·强制措施

第六编　民事审判程序一：争讼程序

第七编　民事审判程序二：特别程序

第一编　总　论

第 一 章

多元化民事纠纷解决机制

本章首先阐释民事纠纷的法律属性和可诉性问题,然后阐释自力救济、社会救济和公力救济的基本原理。在现代法治社会,自力救济、社会救济和公力救济共同构成了多元化的民事纠纷解决机制或者体系。

第一节　民事纠纷与解决机制

一、民事纠纷的类型和可诉性

(一) 民事纠纷的类型

民事纠纷(或称民事争议)因侵权、违约或者其他事由而发生,是平等主体(自然人、法人和非法人组织)之间发生的,以民事权益、民事义务或者民事责任为内容的法律纠纷。

依《案由规定》有人格权纠纷,婚姻家庭、继承纠纷,物权纠纷,合同、准合同纠纷,知识产权与竞争纠纷,劳动争议、人事争议,海事海商纠纷,与公司、证券、保险、票据等有关的民事纠纷,侵权责任纠纷等案由。

民事纠纷包括有关财产关系的民事纠纷和有关人身关系的民事纠纷,两者在诉讼程序上有些不同,比如合同或者其他财产权益纠纷的当事人可以书面协议管辖法院。继承纠纷、股权转让纠纷等兼有财产与人身的内容和性质。

民事纠纷除大量私益纠纷外，还有诸多公益纠纷①，包括非人数众多的民事公益纠纷和人数众多的民事公益纠纷。对民事私益纠纷适用处分主义和辩论主义，对民事公益纠纷适用职权干预主义和职权探知主义。

在我国，非人数众多的民事公益纠纷主要有：

（1）损害公益的民事法律行为无效纠纷

比如，根据《民法典》第143、153条的规定，违反法律和行政法规的强制性规定的民事法律行为无效，违背公序良俗的民事法律行为无效。前述民事法律行为无效事由，往往包括损害公益的内容。

（2）有关婚姻、亲子和收养等的人事纠纷或者身份（关系）纠纷

人事纠纷关涉自然人的基本法律身份及婚姻家庭关系的稳定，所以在许多国家和地区被作为公益案件。②《民法典》关于婚姻和收养的成立要件、无效事由的规定，均为强行性规范。

人事纠纷在大陆法系国家是指有关身份关系的纠纷，包括：（1）婚姻纠纷（婚姻无效、婚姻撤销、离婚、协议离婚无效、协议离婚撤销、婚姻关系存否纠纷等）。（2）亲子纠纷（嫡出纠纷、认领纠纷、亲子关系存否纠纷等）。（3）收养纠纷（收养无效、收养撤销、收养解除、收养关系存否纠纷等）（参见《日本人事诉讼法》第2条）。

在大陆法系，家事纠纷除人事纠纷外，还包括与婚姻、亲子或收养关系有密切关系的财产纠纷，比如继承纠纷；因婚姻家庭关系产生的家庭生活费用纠纷；因婚约无效或解除而产生的损害赔偿纠纷；离婚后财产分割纠纷；因判决终止收养关系

---

① 公益（公共利益）应当同时具备：（1）基本性，即公共利益是有关国家、社会共同体及其成员生存和发展的基本利益，比如国家主权、公共秩序、自然环境以及自然人的生命、健康、自由等；（2）公共性，即公共利益主体有国家、社会全体成员或者大多数成员或者不特定人乃至全人类。
国内法中公共利益包括国家利益和社会公共利益，在国际私法和国际民事诉讼法（或者涉外民事诉讼法）领域中被称为"公共秩序"（public order）或者"公共政策"。2011年《中国的和平发展》白皮书指出，中国的核心利益包括国家主权、国家安全、领土完整、国家统一、中国宪法确立的国家政治制度和社会大局稳定、经济社会可持续发展的基本保障。
根据《民事诉讼法》第293条第2款的规定，我国公共秩序是指我国的主权、安全或者社会公共利益。《关于适用〈中华人民共和国涉外民事关系法律适用法〉若干问题的解释（一）》（法释〔2012〕24号）（2020年修改）第8条规定：我国的社会公共利益包括涉及劳动者权益保护、食品或者公共卫生安全、环境安全、外汇管制等金融安全、反垄断、反倾销等。
② 美国联邦最高法院指出：一旦婚姻关系成立，法律就应当进行干预，法律为婚姻关系当事人规定各种各样的义务和责任，以使其作为社会稳定的重要制度，因为没有家庭，文明就不会产生，社会就不会进步。参见朱晓东：《通过婚姻的治理》，载《北大法律评论》，2001（2）。
在我国，依据《关于开展家事审判方式和工作机制改革试点工作的意见》（法〔2016〕128号），"家事案件"是指确定身份关系的案件及基于身份关系而产生的家庭纠纷，主要案件类型有：（1）婚姻案件及其附带案件，包括离婚、婚姻无效、婚姻撤销等，附带案件包括监护权、子女抚养费、离婚后财产分割等；（2）抚养、扶养及赡养纠纷案件；（3）亲子关系案件，包括确认亲子关系、否认亲子关系；（4）收养关系纠纷案件；（5）同居关系纠纷案件，包括同居期间的财产分割、非婚生子女抚养等；（6）继承和分家析产纠纷案件等。据此，在我国，"人事诉讼案件"包括家事诉讼案件，但不是包含财产内容的案件（财产分割案件、析产案件等）。

而产生的给予金额纠纷等。

我国的身份（关系）纠纷相当于大陆法系的人事纠纷，依据《案由规定》，主要有：（1）婚姻纠纷（离婚纠纷、婚姻无效纠纷、撤销婚姻纠纷）；（2）亲子纠纷（确认或者否认亲子关系纠纷）；（3）监护权纠纷；（4）抚养纠纷（变更抚养关系纠纷、同居关系子女抚养纠纷）；（5）变更扶养关系纠纷；（6）变更赡养关系纠纷；（7）收养关系纠纷（确认收养关系纠纷、解除收养关系纠纷）。

依据《关于开展家事审判方式和工作机制改革试点工作的意见》（法〔2016〕128号），我国的家事纠纷除包括身份（关系）纠纷外，还包括基于身份关系而产生的家庭纠纷，依据《案由规定》，包括有关婚约财产、离婚后财产、离婚后损害责任、夫妻财产约定、同居关系析产、抚养费、扶养费、赡养费、分家析产和继承等纠纷。

（3）未成年人保护民事公益纠纷

《未成年人保护法》（2020年修订）第106条规定："未成年人合法权益受到侵犯，相关组织和个人未代为提起诉讼的，人民检察院可以督促、支持其提起诉讼；涉及公共利益的，人民检察院有权提起公益诉讼。"[①]

笔者认为，有关未成年人的诉讼，包括婚姻、亲子和收养等人事纠纷或者身份（关系）纠纷中有关未成年人的诉讼，不论有关未成年人人数多少，均应纳入公益诉讼范畴。因为未成年人是国家的未来、民族的希望，故应当坚持未成年人利益最大化原则，确保未成年人依法得到特殊、优先保护（参见《关于加强新时代未成年人审判工作的意见》）。事实上，国际社会也普遍将有关未成年人的诉讼作为公益诉讼而加强保护。

（4）英雄烈士保护民事公益纠纷

《民法典》第185条沿袭《民法总则》第185条[②]的规定：侵害英雄烈士等的姓名、肖像、名誉、荣誉，损害社会公共利益的，应当承担民事责任。[③]《英雄烈士

---

① 最高人民法院专门颁行了《关于加强新时代未成年人审判工作的意见》（法发〔2020〕45号）。
2021年，全国检察机关办理新类型未成年人保护公益诉讼案件4 676件，占比70.5%，涉及向未成年人销售烟酒、网络游戏、未成年人活动场所和设施安全、校园周边安全以及点播影院、电竞酒店、密室"剧本杀"等新兴业态治理。参见 https://www.spp.gov.cn/spp/c107228chdfgmcggeqcnpgbshkfhvbehkvkggbtrdknsecdk/202203/t20220307_547724.shtml.
最高人民检察院2022年3月7日发布第三十五批指导性案例，其中有关未成年人保护的民事公益诉讼案件主要有浙江省杭州市余杭区人民检察院对北京某公司侵犯儿童个人信息权益提起民事公益诉讼（检例第141号）、江苏省宿迁市人民检察院对章某为未成年人文身提起民事公益诉讼案（检例第142号）等，均是人数众多的案件。
② 《第十二届全国人民代表大会法律委员会关于〈中华人民共和国民法总则（草案）〉审议结果的报告》（2017年3月12日）认为，英雄和烈士是一个国家和民族精神的体现，是引领社会风尚的标杆，加强对英烈姓名、名誉、荣誉等的法律保护，对于促进社会尊崇英烈，扬善抑恶，弘扬社会主义核心价值观意义重大。据此，建议增加此条规定。
③ 2022年2月25日最高人民法院发布人民法院贯彻实施民法典典型案例（第一批），其中第三个案例是"杭州市上城区人民检察院诉某网络科技有限公司英雄烈士保护民事公益诉讼案"。此案中，法院根据《民法典》第185条和第1000条，认定被告将雷锋姓名用于商业广告和营利宣传，曲解了雷锋精神，构成对雷锋同志人格利益的侵害，损害了社会公共利益，并依法判决被告承担相应法律责任。

保护法》第 25 条第 1、2 款规定：对侵害英雄烈士的姓名、肖像、名誉、荣誉的行为，英雄烈士的近亲属可以依法向人民法院提起诉讼。英雄烈士没有近亲属或者近亲属不起诉的，检察机关依法对侵害英雄烈士的姓名、肖像、名誉、荣誉，损害社会公共利益的行为向人民法院提起诉讼。①

（5）军人保护民事公益纠纷

《军人地位和权益保障法》第 62 条规定：侵害军人荣誉、名誉和其他相关合法权益，严重影响军人有效履行职责使命，致使社会公共利益受到损害的，检察院可以根据民事诉讼法、行政诉讼法的相关规定提起公益诉讼。

（6）妇女保护民事公益纠纷

《妇女权益保障法》（2022 年修订）第 77 条规定，侵害妇女合法权益，导致社会公共利益受损的，检察机关可以发出检察建议；有下列情形之一的，检察机关可以依法提起公益诉讼：（1）确认农村妇女集体经济组织成员身份时侵害妇女权益或者侵害妇女享有的农村土地承包和集体收益、土地征收征用补偿分配权益和宅基地使用权益；（2）侵害妇女平等就业权益；（3）相关单位未采取合理措施预防和制止性骚扰；（4）通过大众传播媒介或者其他方式贬低损害妇女人格；（5）其他严重侵害妇女权益的情形。

人数众多的民事公益纠纷，比如生态环境侵权纠纷、消费权纠纷、个人信息权纠纷等（参见本书第二十四章第一节一），当事人一方常常是数量众多且处于弱势的受害人，在人数和利益等方面具有集团性或者扩散性，并且往往关涉人们或者人类的基本权利、基本生活秩序或者自由市场秩序，所以这类诉讼案件往往因内含着公的因素而被看作公益案件。

（二）民事纠纷的可诉性和法律属性

民事纠纷因其可诉性（又称可司法性、本案判决的一般资格、权利保护资格），通过当事人行使诉权（起诉）进入诉讼程序，接受法院审判，而成为民事之诉（民事争讼案件）。民事纠纷的可诉性是指能由民事诉讼解决的民事纠纷所应具备的条件或者属性；同时界定了当事人行使民事诉权（获得司法救济）的范围和法院民事审判权的范围，因而具有浓厚的宪法上的意义。

民事纠纷只有适应民事诉讼或者司法的功能和特征，才具有可诉性。民事诉讼或者司法的主要功能和基本特征是："依法""终局"解决"具体纠纷"或者"个案"。因此，可诉性的民事纠纷通常应当具备法律性和事件性（或称案件性）。

所谓民事纠纷的法律性，是指民事纠纷可由法院适用民事实体规范以判决的方

---

① 2021 年 11 月 26 日，最高人民检察院印发了《人民检察院公益诉讼检察部门办理英雄烈士保护民事公益诉讼案件工作指引》。

在仇某侵害英雄烈士名誉、荣誉案（最高人民检察院指导性案例检例第 136 号）中，英雄烈士没有近亲属或者近亲属不提起民事诉讼的，检察机关根据《英雄烈士保护法》相关规定，在提起公诉时，一并提起附带民事公益诉讼。

式终局解决（司法最终解决原则）。有关民事法律关系或者民事权益①以及法律明文规定的法律事实的争议才具有法律性，至于学术争议、是否解除同居关系②的争议等没有可诉性。可以判决方式终局性地解决的民事纠纷才具有法律性，至于由其他国家机关或者社会组织最终解决的事项（比如在我国，有关国防、外交等国家行为发生的争议等），没有可诉性。③

所谓民事纠纷的事件性，是指民事纠纷是具体的，在民事争讼程序中转化为"诉的具体化"（参见本书第四章第一节二），表现为：（1）纠纷主体（诉的主体）是具体的或者特定的；（2）纠纷内容（诉的客体）是具体的民事法律关系（或者具体的民事权益、义务或责任）；（3）纠纷事实（诉的原因）是具体的民事权益产生的直接事实。有关一般性的、抽象性的法律法规的效力的争议，属于立法处理的事项，不具有民事可诉性。

《民法典》第2条规定："民法调整平等主体的自然人、法人和非法人组织之间的人身关系和财产关系。"《民事诉讼法》第3条对可诉性作出了间接的一般性规定："人民法院受理公民之间、法人之间、其他组织之间以及他们相互之间因财产关系和人身关系提起的民事诉讼，适用本法的规定。"④ 第127条第2款列举了没有可诉性的案件或者法院不予受理的情形。其他法律和司法解释也规定了可以起诉的具体情形。⑤

虽然有些民事纠纷同时具备法律性和事件性，但是，立法者往往根据社会发展

---

① 《民法典》第1043条规定："家庭应当树立优良家风，弘扬家庭美德，重视家庭文明建设。夫妻应当互相忠实，互相尊重，互相关爱；家庭成员间应当敬老爱幼，互相帮助，维护平等、和睦、文明的婚姻家庭关系。"《婚姻家庭》第4条规定："当事人仅以民法典第一千零四十三条为依据提起诉讼的，人民法院不予受理；已经受理的，裁定驳回起诉。"
依据（2019）最高法民终1510号民事判决书，开具建安税发票的问题，由于合同对此未作约定，因而是否应当开具以及如何开具等问题不明。对此，当事人可以向税务部门投诉，由税务部门依照税收法律法规处理，当事人请求开具发票不具民事可诉性，法院不宜直接处理。
② 《婚姻家庭》第3条第1款规定：当事人提起诉讼仅请求解除同居关系的，人民法院不予受理；已经受理的，裁定驳回起诉。
③ 民事可诉性作为决定民事审判权和民事诉权界限的基本标准，还与"部分社会"理论有关，其主要内涵是，在自治性或者自律性的社会团体内部的决定得到法律尊重的前提下，"部分社会"内部发生的纷争，与一般的民事实体法律秩序没有直接关系，应依据团体的自治性规则解决，司法权不宜介入。参见刘风景：《界分审判权与团体自治权的理论模式》，载《河北法学》，2007（3）。
④ 在我国，从民事实体法和民事诉讼法相互关联的角度来说，民事主体与民事诉讼当事人的称谓应当相同。再者，《民法典》与《民事诉讼法》均由全国人民代表大会通过，所以应将民事诉讼当事人的类型分别称为自然人、法人和非法人组织。
⑤ 比如，《反不正当竞争法》第17条第2款规定："经营者的合法权益受到不正当竞争行为损害的，可以向人民法院提起诉讼。"《就业促进法》（2015年修改）第62条规定："违反本法规定，实施就业歧视的，劳动者可以向人民法院提起诉讼。"《公证法》（2017年修改）第40条规定："当事人、公证事项的利害关系人对公证书的内容有争议的，可以就该争议向人民法院提起民事诉讼。"《民法典》第1052条、《专利法》第65条、《商标法》第60条等均有相关规定。
依据《关于印发修改后的〈民事案件案由规定〉的通知》（法〔2020〕347号），法院不得以当事人的诉请在《案由规定》中没有相应案由可以适用为由，裁定不予受理或者驳回起诉。

状况或者民事纠纷的特殊性等，阻断某些民事纠纷的可诉性。比如，对于有关专利、商标等的特定民事纠纷，《专利法》《商标法》规定可由相关职能部门解决；破产案件不具有可诉性，只能适用破产程序；在我国，劳动争议若没有走完仲裁程序，通常不具有可诉性。

某件事项若不具有民事可诉性，则不得通过民事诉讼处理；若对该事项提起民事诉讼，法院应当裁定驳回。不过，在民事纠纷多元化解决机制中，"可诉性"并不排斥以和解、调解和仲裁等非诉讼方式解决民事纠纷。

除可诉性外，民事纠纷还有如下主要法律属性：

（1）民事纠纷主体的平等性和对抗性。民事纠纷双方当事人的实体地位和诉讼地位均是平等的（当事人平等原则）。双方当事人之间的实体争议决定了民事争讼的对抗性，所以民事争讼程序以对审为首要原则，以双方当事人之间的诉答、质证和辩论为必要内容。

（2）民事纠纷内容的民事性和处分性。民事纠纷的内容是民事纠纷双方当事人之间发生争议的具体的民事法律关系或者民事权益。纠纷主体对发生争议的民事私权可以处分，此为民事诉讼处分原则的基本内容，即对民事私益纠纷适用处分主义。

二、民事纠纷解决机制的构成

民事纠纷解决机制是指解决民事纠纷的诸种方式及其法律关系。在现代社会中，自力救济、社会救济和公力救济共同构成了多元化的民事纠纷解决体系（见下图）。

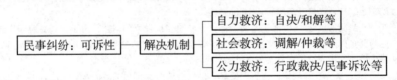

我国调解法、仲裁法和民事诉讼法及相关司法解释对民事纠纷解决机制作出了具体规定。同时，其他法律①对民事纠纷解决机制也作出相应规定。

和解、调解和仲裁等替代性纠纷解决机制（Alternative Dispute Resolution，简称 ADR）能够及时解决纠纷，降低纠纷解决成本，也可以减缓纠纷对法院的压力；同时民间法（地方习惯和行业惯例等）在 ADR 中的适用较民事诉讼中更频繁、更深入，能够满足当事人对民间法与国家法的不同需求，有利于民间法与国家法在民事纠纷解决领域中的协调。

---

① 比如，《民法典》第 233 条规定："物权受到侵害的，权利人可以通过和解、调解、仲裁、诉讼等途径解决。"《电子商务法》第 60 条规定："电子商务争议可以通过协商和解，请求消费者组织、行业协会或者其他依法成立的调解组织调解，向有关部门投诉，提请仲裁，或者提起诉讼等方式解决。"

在法治框架内，国家对 ADR 给予了制度上的支持（如国家法律赋予具有既判力的 ADR 结果以强制执行力）。ADR 应当在法治的框架内建立和运作，为当事人提供选择解决纠纷方式的可能性，但并非取代民事诉讼，即当事人享有"民事纠纷解决选择权"。

若法律规定纠纷主体应当采用非诉讼方式（强制 ADR）来解决纠纷，则需有充足合理根据。[①]"强制"仅限于"适用"的强制，并且纠纷主体不服强制 ADR 处理结果的，可以请求诉讼救济［参见本章第二节三（三）（1）］，故不构成对纠纷主体诉权的侵害。

第二节　自力救济与社会救济

自力救济，比如自决、和解等，俗称"私了"，是指没有第三者协助或者主持，纠纷双方主体依靠自己的力量来解决民事纠纷的方式或者制度。

社会救济，比如调解、仲裁等，主要是基于纠纷双方主体的合意，依靠社会力量（第三者）来解决民事纠纷的方式或者制度。[②]

一、自力救济：自决与和解

（一）自决

自决是当事人自行来解决纠纷或者保护权益，如远古时期的血亲报复、同态复仇、决斗等，现代法律所认可的正当防卫等。

自决的过程通常很难受到正当程序的控制，自决的结果往往是强者的意志，以至于弱者常常获得不公平的对待或者不合理的结果，所以法律禁止当事人采用强制性的自决。[③]

---

① 《民诉解释》第 145 条第 2 款规定："人民法院审理离婚案件，应当进行调解，但不应久调不决。"其根据在于调解能够不伤和气地解决纠纷，能够维护纠纷主体之间的关系和睦、感情融洽。依据《关于审理网络消费纠纷案件适用法律若干问题的规定（一）》（法释〔2022〕8 号）第 1 条的规定，电子商务经营者提供的格式条款有"排除或者限制消费者依法投诉、举报、请求调解、申请仲裁、提起诉讼的权利"内容的，法院应当依法认定无效。
② 《电子商务法》第 63 条规定："电子商务平台经营者可以建立争议在线解决机制，制定并公示争议解决规则，根据自愿原则，公平、公正地解决当事人的争议。"在在线解决机制中，电子商务平台经营者（电商）依据争议解决规则，裁决当事人的争议，虽不具有国家强制执行力但能够起到实际效果（比如能够及时如数退款、退货、换货等），发挥着民间执法者的作用。
③ 《民事诉讼法》第 120 条规定："任何单位和个人采取非法拘禁他人或者非法私自扣押他人财产追索债务的，应当依法追究刑事责任，或者予以拘留、罚款。""非法拘禁罪"（《刑法》第 238 条）包括"为索取债务非法扣押、拘禁他人"。

在现代法治社会，当事人一方能够使用的须是法律允许的自决方式。在我国现行民事法领域，当事人可以运用的自决方式，主要有：

（1）事人的自助行为和自卫行为（包括正当防卫、紧急避险等）。采取此种自决方式，应当符合民事实体法所规定的行为要件。

（2）权利人可以行使民事实体法上的救济权。[①] 采取此种方式没有达到预期效果的，权利人可以寻求其他的救济方式。

（二）和解（协商）

1. 和解的内涵和性质

和解是以"和"的方式（纠纷双方主体自由平等协商、相互妥协）达到"解"的目的（和平解决纠纷：达成和解协议）。其主要性质如下：

（1）高度的自治性。和解是依照纠纷双方主体自身力量解决纠纷，没有第三者裁决纠纷，和解的过程和结果均取决于纠纷双方主体的意思自治。

（2）非严格的规范性。和解的过程和结果不受也无须规范（尤其是法律规范）的严格制约。和解通常是以民间习惯的方式或者纠纷主体自行约定的方式进行。

2. 和解的基本原则和法律效力

虽然和解具有高度的自治性和非严格的规范性，但是在现代法治社会中和解应当遵守以下两项基本原则：

（1）基本合法原则。可否运用和解、和解的过程和结果，均应遵守法律强行规范，不得侵害公共利益和他人合法权益，否则，和解协议无效。[②] 比如，不得以和解来解决合同无效争议；改变法定的归责原则或者违背婚姻自由原则所达成的和解协议是无效的。

（2）基本自由与公平原则（自愿原则）。可否运用和解、和解的过程和结果（和解协议），均应建立在纠纷双方主体自愿与公平的基础上，其间不得存在强迫、欺诈、显失公平或者重大误解等内容，否则，纠纷主体可以撤销和解协议。

由于和解具有高度的自治性和非严格的规范性，所以对和解的合法和自由、公平的要求是最基本的。在法律效力上，基本合法原则高于基本自由与公平原则。

和解协议的法律效力有：（1）和解的性质决定了和解协议书是私文书，具有民事合同的效力；（2）法律规定相应的审查或者转化程序，将和解协议书制定为相应

[①] 比如物权人可以行使物上请求权来保护受到侵害的物权。根据《民法典》，物上请求权包括返还原物请求权（第235条），排除妨害或者消除危险请求权（第236条），修理、重作、更换或者恢复原状请求权（第237条），损害赔偿和其他民事责任请求权（第238条）等。

[②] 参见韩世远：《合同法总论》，4版，227~238页，北京，法律出版社，2018。

的法律文书，从而使之具有与法院判决（书）相同的既判力、执行力、形成力等。①

二、社会救济：调解

（一）调解的含义·性质·基本原则

调解是以"调"（"言"与"周"谓"调"）的方式达到"解"的目的，即调解人在纠纷主体双方自愿的前提下，依据地方风俗、行业惯例或者法律规范等，在纠纷主体双方之间摆事实、明道理，促劝其平等协商、相互妥协，达成解决纠纷的协议。

调解的主要性质有：纠纷主体的自治性、非严格的规范性（与和解基本相同）和调解人的居中性（所谓"一碗水端平"）。

调解的基本原则包括合法原则②和自愿原则（与和解基本相同）。调解人不得强行调解，包括不得强行适用调解和不得强制当事人达成"调解协议"。

（二）我国现行调解

我国现行调解有法院调解、行政机关调解③、仲裁调解、人民调解（《人民调解法》）、消费者协会调解、公证机构调解、公证协会调解、律师协会调解、中国互联网协会调解、中国国际商会调解、劳动争议调解、农村土地承包经营纠纷调解等。

《民事诉讼法》第 125 条规定，当事人起诉到法院的民事纠纷，适宜调解的，

---

① 民事诉讼中，当事人达成和解协议的，可以请求法院根据和解协议制作调解书（也可申请撤诉，但不得申请制作判决书）（《民诉解释》第 148、337 条）。仲裁过程中，当事人可以请求仲裁庭根据和解协议作出裁决书（也可撤回仲裁申请）（《仲裁法》第 49 条）。公证机构根据当事人申请，将和解协议制成公证债权文书，具有给付内容并载明债务人愿意接受强制执行承诺的，则有强制执行力（《公证法》第 37 条）。
"转化程序"用来审查和解是否遵循合法原则和自愿原则：违反前者则无效，违反后者则可撤销。遵循合法原则和自愿原则的，和解协议有效；遵循合法原则而违反自愿原则，但当事人不予撤销的，和解协议有效。据此，法院根据和解协议制作调解书；仲裁庭根据和解协议作出裁决书；公证机构将和解协议制作为公证债权文书。法院调解书、仲裁裁决书和公证债权文书均为公文书。
② 比如，对婚姻效力的审理不适用调解，应当依法作出判决；涉及财产分割和子女抚养的，可以调解（参见《婚姻家庭》第 11 条）。
③ 比如，《水污染防治法》（2017 年修改）第 97 条规定："因水污染引起的损害赔偿责任和赔偿金额的纠纷，可以根据当事人的请求，由环境保护主管部门或者海事管理机构、渔业主管部门按照职责分工调解处理；调解不成的，当事人可以向人民法院提起诉讼。当事人也可以直接向人民法院提起诉讼。"
《治安管理处罚法》（第 9 条）、《道路交通安全法》（2021 年修改）（第 74 条）、《专利法》（第 65 条）、《商标法》（第 60 条）、《医疗事故处理条例》（第 46 条）、《电力争议纠纷调解规定》（国家电力监管委员会令第 30 号）等也明文规定：行政机关或者具有行政职能的机构可以调解特定的民事纠纷。应当注意的是，法律没有明文规定的，行政机关不得调解民事纠纷，以免行政机关滥用权力侵害民事纠纷主体的合法权益。

先行调解，但当事人拒绝调解的除外。根据《民事诉讼法》《民诉解释》《纠纷解决》《分流速裁》《法院调解》等，先行调解通常是指起诉后至判决作出前的调解，包括委托调解、委派调解、邀请调解和法院调解等。调解应当遵行合法原则和自愿原则；调解协议应当建立在事实清楚和是非明确的基础上。

对于下列适宜调解的纠纷，应当引导当事人委托调解：家事纠纷、相邻关系纠纷、劳动争议纠纷、交通事故赔偿纠纷、医疗纠纷、物业纠纷、消费者权益纠纷、小额债务纠纷、申请撤销劳动争议仲裁裁决纠纷。对于其他适宜调解的纠纷，也可以引导当事人委托调解。《简易程序》第14条规定了在开庭审理时法院应当先行调解的纠纷。

依据《纠纷解决》，法院应当在登记立案前评估诉讼风险，告知并引导当事人选择适当的非诉讼方式解决纠纷①；鼓励当事人先行协商和解②；法院建立诉调对接管理系统。

依据《分流速裁》，案件程序分流应当在登记立案当日完成（最长不超过3日）；程序分流后，案件适宜调解的，程序分流员应当出具先行调解告知书，引导当事人先行调解，当事人明确拒绝的除外。

法院先行调解可以在诉讼服务中心、调解组织所在地或者双方当事人选定的其他场所开展。先行调解可以通过在线调解、视频调解、电话调解等远程方式开展。当事人同意先行调解的，暂缓预交诉讼费。委托调解达成协议的，诉讼费减半交纳。

依据《人民法院在线调解规则》（法释〔2021〕23号），在线调解包括人民法院、当事人、调解组织或者调解员通过法院调解平台开展的在线申请、委派委托、音视频调解、制作调解协议、申请司法确认调解协议、制作调解书等全部或者部分调解活动；法院采用在线调解方式应当征得当事人同意。③

当事人申请不公开进行调解的，法院应当准许。调解时当事人各方应当同时在场，根据需要也可以对当事人分别做调解工作。离婚案件当事人确因特殊情况无法出庭参加调解的，除本人不能表达意志的以外，应当出具书面意见。

立案前委派调解的，法院可以委派特邀调解组织、特邀调解员调解，当事人明

① 有条件的法院在医疗卫生、不动产、建筑工程、知识产权、环境保护等领域探索建立中立评估机制，聘请相关专业领域的专家担任中立评估员。对当事人提起的民商事纠纷，法院可以建议当事人选择中立评估员，协助出具评估报告，对判决结果进行预测，供当事人参考。
② 当事人自行和解而申请撤诉的，免交案件受理费。当事人接受法院委托调解的，法院可以适当减免诉讼费用。一方当事人无正当理由不参与调解或者不履行调解协议、故意拖延诉讼的，法院可以酌情增加其诉讼费用的负担部分。
③ 《关于全面推进证券期货纠纷多元化解机制建设的意见》（法〔2018〕305号）第17条规定：依托"中国投资者网"（www.investor.gov.cn）建设证券期货纠纷在线解决平台，并与人民法院办案信息平台连通，方便诉讼与调解在线对接。各级人民法院应当借助互联网等现代科技手段，探索开展在线委托或委派调解、调解协议在线司法确认，通过接受相关申请、远程审查和确认、快捷专业服务渠道、电子督促、电子送达等方便当事人参与多元化解工作。

确拒绝调解的，应依法登记立案。登记立案后或者审理过程中，法院认为适宜调解的，经当事人同意，可以委托给特邀调解组织、特邀调解员或者由法院专职调解员调解。①

法院指派法官担任专职调解员，达成调解协议的，依法出具调解书。司法辅助人员主持达成调解协议的，应经法官审查后依法出具调解书。开庭前从事调解的法官原则上不参与同一案件的开庭审理，当事人同意的除外。

调解协议内容超出诉讼请求的，法院可以准许。当事人就部分诉讼请求达成调解协议的，法院可以就此先行确认并制作调解书。法院调解书需经当事人签收后发生法律效力的，以最后收到调解书的当事人签收的日期为调解书生效日期。对法院调解书的内容既不享有权利又不承担义务的当事人不签收调解书的，不影响调解书的效力。

调解期间不计入审理期限。特邀调解员发现双方当事人存在虚假调解可能的，应当中止调解，并向法院或者特邀调解组织报告。

没有达成调解协议或者调解书送达前当事人反悔，需要转换程序的，调解人员应当在3日内将案件材料移送程序分流员，由程序分流员转入诉讼程序，法院应当及时判决。法院调解民事案件，无独立请求权第三人承担责任的，应经其同意。

经委托调解达成协议后撤诉的，人民调解达成协议未经司法确认的，当事人就调解协议内容或者履行发生争议的，可以提起诉讼。法院应当就当事人的诉讼请求进行审理，当事人的权利义务不受原调解协议的约束。

(三) 调解的法律效力和调解书的纠正

调解的基本原则包括合法原则和自愿原则（与和解相同）。不管调解人的身份地位如何，都不得强行调解（包括不得强行适用调解②和不得强制当事人达成"调解协议"）。

调解协议（书）通常是私文书，具有民事合同的性质和效力，不具有与法院判决（书）相同的性质和效力。调解的自治性和非严格规范性无从保证调解是否遵循合法原则，所以不应直接赋予调解协议（书）与法院判决（书）相同的效力。③

当事人未达成调解协议但对争议事实没有重大分歧的，调解员在征得各方当事人

---

① 按照《关于人民法院特邀调解的规定》（法释〔2016〕14号），特邀调解是法院吸纳符合条件的人民调解、行政调解、商事调解、行业调解等调解组织或者个人成为特邀调解组织或者特邀调解员，法院立案前委派其调解或者立案后委托其调解；双方当事人应当在名册中协商确定特邀调解员；协商不成的，由特邀调解组织或者人民法院指定；当事人不同意指定的，视为不同意调解。
② 比如，《人民调解工作若干规定》第23条第1款规定："人民调解委员会根据纠纷当事人的申请，受理调解纠纷；当事人没有申请的，也可以主动调解，但当事人表示异议的除外。"
③ 除调解协议经过一定程序转化为特定的法律文书外，当事人之间就调解协议的实体内容发生争议的，当事人可以提起诉讼或者申请仲裁等。比如，《人民调解法》第32条规定："经人民调解委员会调解达成调解协议后，当事人之间就调解协议的履行或者调解协议的内容发生争议的，一方当事人可以向人民法院提起诉讼。"

同意后，可以提出调解方案并书面送达双方当事人；当事人在 7 日内未提出书面异议的，调解方案即视为双方自愿达成的调解协议（此谓无异议调解方案认可机制）。

当事人未达成调解协议的，调解员在征得各方当事人同意后，可以书面记载调解中双方无争议事实，并由当事人签字确认；诉讼程序中，除涉及公共利益或者他人合法权益以外，当事人无须证明前述无争议事实（此谓无争议事实记载机制）。

当事人为达成调解或者和解协议作出妥协而认可的事实，不得在后续的仲裁或者诉讼中作为对其不利的根据，法律另有规定、当事人均同意的除外。①

法院调解书约定给付特定标的物的，调解协议达成前该物上已经存在的第三人的物权和优先权不受影响。第三人在执行过程中对执行标的物提出异议的，应当按照《民事诉讼法》第 238 条的规定处理。

当事人之间的纠纷经人民调解委员会或者其他依法设立的调解组织调解达成协议后，一方当事人不履行调解协议，另一方当事人向法院提起诉讼的，应以对方当事人为被告（《民诉解释》第 61 条）。

基于尊重调解的成果和实现其解决纠纷的目的，法律规定相应的转化程序，将调解协议制成特定法律文书，使之成为公文书，从而具有与法院判决书相同的既判力、执行力②、形成力等。上述转化程序在我国现行法中主要有：（1）民事诉讼中的法院调解（法院调解程序与转化程序合二为一）；（2）仲裁庭根据调解协议制成仲裁调解书或者仲裁裁决书③；（3）当事人申请法院适用司法确认程序；（4）债权人申请法院根据调解协议制作支付令④；（5）当事人申请公证处根据调解协议制作公证债权文书。⑤

当事人以法院民事调解书与调解协议的原意不一致为由提出异议，法院经审查后认为异议成立的，应当根据调解协议裁定补正民事调解书的相关内容。⑥

---

① 参见《中国国际经济贸易仲裁委员会仲裁规则》第 47 条、《中国海事仲裁委员会仲裁规则》（2021 年版）第 56 条、《国际商事调解示范法》第 10 条、《民诉解释》第 107 条、《关于人民法院特邀调解的规定》（法释〔2016〕14 号）第 22 条等。

② 《新加坡调解公约》（United Nations Convention on International Settlement Agreements Resulting from Mediation）第 3 条规定：当事人可以申请执行调解协议。

③ 参见《仲裁法》第 51 条，《劳动调解仲裁法》第 42、51 条，《农地调解仲裁法》第 11、49 条等。

④ 比如，债权人可以持以金钱或者有价证券给付为内容的调解协议（包括和解协议）依法申请支付令；因支付拖欠劳动报酬、工伤医疗费、经济补偿或者赔偿金达成调解协议的，劳动者可以持调解书申请支付令（《劳动调解仲裁法》第 16 条）。

⑤ 公证债权文书具有与法院判决书相同的执行力（《公证法》第 37 条）。根据《公证法》第 40 条，当事人、公证事项的利害关系人对公证书的内容有争议的，可以就该争议提起民事诉讼。据此可见，公证调解协议无既判力。

⑥ 【习题】甲乙因纠纷诉至法院，诉讼中甲乙达成调解协议并签收，后甲发现调解书中内容与调解协议不一致。下列说法正确的有？（　　　）
　　A. 甲可以向法院申请再审　　　　　　B. 甲可以申请法院裁定补正调解书的内容
　　C. 调解书因违反调解协议而无效　　　D. 甲应当重新提起诉讼
　　[2019 年国家统一法律职业资格考试试卷二（真题回忆版）；参考答案为 B]

对于法院调解书，第三人可以提起撤销或者变更法院调解书之诉（《民事诉讼法》第 59 条），法院、当事人和检察院均有权启动再审程序予以纠正。

对于公证调解协议，当事人或者利害关系人可以请求公证处复查；其内容违法或者与事实不符的，公证处应当予以撤销并公告（《公证法》第 39 条）。

对于仲裁调解书违反调解基本原则的，我国现行法律并未规定纠正程序。[①]

三、社会救济：仲裁

（一）仲裁的民间性

"仲"乃"居中"之义，"仲裁"即"居中裁决"，是指民事纠纷双方主体在纠纷发生前或者发生后达成协议（仲裁协议）或者根据有关法律规定，将纠纷交给特定的中立的民间组织（仲裁机构）进行审理并作出具有法律效力的裁决（仲裁裁决）。

仲裁的民间性体现为仲裁机构是民间组织、社会团体法人；仲裁员不是国家公务人员而是当事人选定或者约定的律师、学者和专家等。

仲裁的民间性决定了仲裁机构和仲裁员无权采取强制措施，有关保全和执行由法院按照民事诉讼法的相关规定来完成。

仲裁的民间性决定了仲裁机构之间具有平等性、无上下级之分，仲裁委员会之间也没有隶属关系，所以仲裁没有级别管辖，对仲裁裁决无法提起上诉，通常是"一裁终局"。

根据中共中央办公厅、国务院办公厅《关于完善仲裁制度提高仲裁公信力的若干意见》（2018 年 12 月 31 日），仲裁委员会是政府依据仲裁法组织有关部门和商会组建，为解决合同纠纷和其他财产权益纠纷提供公益性服务的非营利法人；未经设立登记的，仲裁裁决不具有法律效力。仲裁应当依法独立进行，不受行政机关、社会团体和个人的干涉。

（二）通常仲裁（需要仲裁协议）

通常仲裁是指自愿仲裁，即当事人双方自愿达成仲裁协议申请仲裁。《仲裁法》确立了自愿仲裁制度。合同纠纷和其他财产权益纠纷同时具有可诉性和可仲裁性。有关婚姻、收养、监护、扶养、继承的纠纷具有可诉性但不具有可仲裁性。

仲裁协议排除法院的民事审判权，即当事人达成仲裁协议的，只能由仲裁机构受理。[②] 仲裁协议无效或者被撤销的，法院才可受理当事人的起诉。若原告向法院

[①] 笔者认为，《仲裁法》《劳动调解仲裁法》《农地调解仲裁法》赋予仲裁调解书与仲裁裁决书同等的既判力和执行力等效力，可以比照有关仲裁裁决书的规定来处理违反基本原则的仲裁调解书。

[②] 《民法典》第 507 条规定：合同不生效、被撤销或者终止的，不影响合同中有关解决争议方法的条款的效力。

起诉时未声明有仲裁协议，法院受理，被告在首次开庭前未对法院受理该案提出异议的，视为放弃仲裁协议，法院继续审理。此为默示管辖或称应诉管辖。

自愿仲裁实行"一裁终局"。按照现行法，仲裁裁决违背仲裁程序或者实体规范的，当事人可以向法院申请撤销仲裁裁决或者申请裁定不予执行（两者的法定理由相同）。

（三）特殊仲裁（通常无须仲裁协议）

（1）劳动仲裁。对劳动争议，可以通过和解（协商）、调解、仲裁解决；对仲裁裁决不服的，可以起诉（法律另有规定除外）。[①]

（2）农村土地承包经营纠纷仲裁。对农村土地承包经营纠纷，当事人不愿和解、调解或者和解、调解不成的，可以向农村土地承包仲裁委员会申请仲裁，也可直接起诉。[②]

（3）人事仲裁。对人事争议[③]，当事人可以通过和解（协商）、调解、仲裁解决；也可以直接向人事争议仲裁委员会申请仲裁；对仲裁裁决不服的，可以向法院提起诉讼。

（4）体育仲裁。《体育法》（2022年修订）第92条规定，对在竞技体育活动中发生的纠纷，当事人可以根据仲裁协议、体育组织章程、体育赛事规则等，申请体育仲裁。

（四）仲裁司法审查案件

依《关于仲裁司法审查案件报核问题的有关规定》（法释〔2021〕21号）和《仲裁司法审查》，仲裁司法审查案件包括申请确认仲裁协议效力案件，申请撤销我国大陆（内地）仲裁机构的仲裁裁决案件，申请执行我国大陆（内地）仲裁机构的仲裁裁决案件，申请认可和执行我国香港特别行政区、澳门特别行政区、台湾地区仲裁裁决案件，申请承认和执行外国仲裁裁决案件，其他仲裁司法审查案件。

1. 仲裁司法审查案件的一般程序

对仲裁司法审查案件，当事人应当提出申请书及仲裁协议正本或者经证明无误的副本。在法院受理仲裁司法审查案件后、作出裁定前，申请人可以撤回申请。

---

① 相关规定主要有：《劳动法》、《劳动调解仲裁法》、《劳动争议》、《劳动人事争议仲裁办案规则》（人力资源和社会保障部令第33号）、《事业单位人事管理条例》（国务院令第652号）、《关于人民法院审理事业单位人事争议案件若干问题的规定》（法释〔2003〕13号）等。

② 相关规定主要有：《农村土地承包法》《农地调解仲裁法》等。

③ 《公务员法》、《人事争议处理规定》（人社部发〔2011〕88号）所谓的"人事争议"不同于大陆法系民事诉讼中的人事纠纷或人事诉讼案件，主要包括：（1）实施公务员法的机关与聘任制公务员之间、参照《公务员法》管理的机关（单位）与聘任工作人员之间因履行聘任合同发生的争议；（2）事业单位与工作人员之间因解除人事关系、履行聘用合同发生的争议；（3）社团组织与工作人员之间因解除人事关系、履行聘用合同发生的争议；（4）军队聘用单位与文职人员之间因履行聘用合同发生的争议；（5）依照法律、法规规定可以仲裁的其他人事争议。《人事争议处理规定》第36条规定，因考核、职务任免、职称评审等发生的人事争议，按照有关规定处理，不适用该规定。

　　对于申请人的申请，法院应当在 7 日内审查决定是否受理。法院受理仲裁司法审查案件后，应当在 5 日内向申请人和被申请人发出通知书，告知其受理情况及相关的权利义务。

　　法院立案后发现不符合受理条件的，裁定驳回申请；申请人再次申请并符合受理条件的，法院应予受理。

　　法院审查仲裁司法审查案件，应当组成合议庭并询问当事人。除不予受理、驳回申请、管辖权异议的裁定（可以上诉）外，其他裁定一经送达即发生法律效力。当事人申请复议、提起上诉或者申请再审的，法院不予受理（法律和司法解释另有规定的除外）。

　　2. 撤销通常仲裁裁决

　　对违背仲裁程序或者实体规范所作出的仲裁裁决，当事人现有的救济途径是向法院申请撤销仲裁裁决或者裁定不予执行（两者的法定理由基本一致）。

　　当事人应当自收到裁决书之日起 6 个月内，依据《仲裁法》第 58 条，向仲裁委员会所在地的中级人民法院申请撤销仲裁裁决。

　　法院受理申请后，认为可以由仲裁庭重新仲裁的，通知仲裁庭在一定期限内重新仲裁，并裁定中止撤销程序。仲裁庭拒绝重新仲裁的，法院应当裁定恢复撤销程序。

　　当事人可以根据《仲裁法》第 63、71 条和《民事诉讼法》第 248、291 条及《仲裁解释》第 29 条，向被执行人住所地或者被执行的财产所在地的中级人民法院申请裁定不予执行。

　　当事人一方申请执行裁决，另一方申请撤销裁决的，法院应当裁定中止执行。法院裁定撤销裁决的，应当裁定终结执行。法院裁定驳回撤销裁决申请的，应当裁定恢复执行。

　　法院撤销仲裁裁决或者裁定不予执行的，当事人之间的原纠纷仍未得到解决，所以我国现行法律规定，当事人可以根据书面仲裁协议重新申请仲裁，也可以起诉。[①]

　　3. 撤销劳动仲裁裁决

　　《劳动调解仲裁法》第 47 条规定的劳动争议[②]采取"一裁终局"制，即此类仲

[①]　笔者认为，当事人也可通过和解、调解来解决原纠纷。
　　笔者认为，法院以裁定不予执行的方式处理仲裁裁决的效力，是不合理的。不予执行裁定的法律效力仅是终结执行程序，并未直接撤销仲裁裁决，不具有撤销仲裁裁决的资格和效力。
　　当事人对仲裁裁决的救济途径应当是提起撤销仲裁裁决之诉。基于对仲裁之性质和功能的尊重，法院应当通过比较慎重的法定程序来处理仲裁裁决的效力问题；同时，基于当事人程序保障原理，法律应依争讼程序解决双方当事人对仲裁裁决效力的争议。

[②]　下列劳动争议，除本法另有规定的外，仲裁裁决为终局裁决，裁决书自作出之日起发生法律效力：追索劳动报酬、工伤医疗费、经济补偿或者赔偿金，不超过当地月最低工资标准 12 个月金额的争议；因执行国家的劳动标准在工作时间、休息休假、社会保险等方面发生的争议。
　　《劳动争议》第 20 条规定：劳动争议仲裁机构作出的同一仲裁裁决同时包含终局裁决事项和非终局裁决事项，当事人不服该仲裁裁决，向人民法院提起诉讼的，应当按照非终局裁决处理。

裁裁决为终局裁决。对此类仲裁裁决，劳动者不服的，可以自收到仲裁裁决书之日起 15 日内起诉（第 48 条）。此条规定旨在赋予劳动者诉权以更周全地维护合法权益。法院可以撤销或者变更劳动仲裁裁决，对原劳动争议事项作出判决。

用人单位有证据证明《劳动调解仲裁法》第 49 条规定的情形①，可以向劳动争议仲裁委员会所在地的中级人民法院申请撤销裁决。对此类仲裁裁决，法院只能撤销而不能变更，旨在维护第 47 条规定的"一裁终局"制。仲裁裁决被法院裁定撤销的，当事人可以自收到裁定书之日起 15 日内就该劳动争议事项提起诉讼。②

《劳动调解仲裁法》第 50 条规定的是"一裁两审"③，即当事人对本法第 47 条规定以外的劳动争议案件的仲裁裁决不服的，可以自收到仲裁裁决书之日起 15 日内起诉；期满不起诉的，裁决书发生法律效力。

根据《劳动调解仲裁法》第 42、51 条，仲裁调解书经双方当事人签收后，发生法律效力（包括既判力、执行力等）。④

4. 撤销农村土地承包经营纠纷仲裁裁决

《农地调解仲裁法》第 48 条规定：当事人不服仲裁裁决的，可以自收到裁决书之日起 30 日内向法院起诉；逾期不起诉的，裁决书即发生法律效力。

仲裁庭制作的调解书经双方当事人签收后，即发生法律效力（包括既判力、执行力等）。但是，对生效的农村土地承包经营纠纷仲裁调解书，我国现行法律没有规定纠正的程序。笔者建议，当事人有权提起撤销农村土地承包经营纠纷仲裁调解书之诉。

第三节　公力救济与民事诉讼法

公力救济是指利用国家公权力（如司法权、行政权）来解决民事纠纷的方式或者制度。我国现行公力救济机制主要是民事诉讼。法律明文规定了可行政裁决的法定民事纠纷。

---

① 适用法律、法规确有错误的；劳动争议仲裁委员会无管辖权的；违反法定程序的；裁决所根据的证据是伪造的；对方当事人隐瞒了足以影响公正裁决的证据的；仲裁员在仲裁该案时有索贿受贿、徇私舞弊、枉法裁决行为的。

② 《劳动争议》第 22 条规定：中级人民法院作出的驳回申请或者撤销仲裁裁决的裁定为终审裁定。

③ "强制仲裁"中缺少当事人仲裁协议，即不是双方当事人自愿选择适用而是法律规定应当适用的，所以其裁决往往缺少终局性，即当事人不服裁决的，可以提起诉讼。强制仲裁仅指适用的强制，并非指当事人应当接受处理的结果，也不意味着剥夺当事人的诉权。

④ 但是，对生效的劳动仲裁调解书，没有规定纠正的程序。笔者建议，当事人有权提起"撤销劳动仲裁调解书之诉"。

一、行政裁决

法律没有明文允许的，不得行政裁决民事纠纷。我国许多法律直接规定了行政机关（包括具有行政职能的机构）依职权裁决法定的民事纠纷，举例如下：

（1）由行政机关处理，对处理决定不服的，可提起行政诉讼，比如《商标法》（2019 年修改）第 45 条、《土地管理法》（2019 年修改）第 14 条等的规定。

（2）当事人可以请求行政裁决，也可以提起诉讼或者申请仲裁，比如《中国互联网络信息中心域名争议解决程序规则》（2012 年修订）等的规定。

（3）当事人选择提起民事诉讼或者请求行政机关处理（对处理决定不服的，可以提起行政诉讼），比如《专利法》（2020 年修改）第 65 条、《商标法》第 60 条第 1 款等的规定。

法律规定行政裁决的民事纠纷通常具有高度的专业性，比如有关专利、商标、公害、反垄断等的纠纷，由具有相应职能的行政机关解决较能满足纠纷解决的专业性的要求。[①]

在现代法治社会，未经正当程序，任何人的自由与财产不受剥夺。因此，在以行政裁决处理民事纠纷的程序方面，应当作出如下努力：

（1）行政裁决程序应当吸收正当程序保障原理，比如，应当规定对审原则、听证制度等。[②] 我国制定了《中国互联网络信息中心域名争议解决程序规则》等。

（2）维护司法最终解决原则。在公正保障方面，行政裁决程序通常不及民事争讼程序，所以应当允许当事人对违法行政裁决请求诉讼救济（比如《专利法》第 65 条等的规定）。

二、民事诉讼

（一）民事诉讼的解决事项和民事诉讼程序的基本构造

民事诉讼是法院运用国家司法权保护民事权益或者解决民事纠纷及其他事项的专门程序和行为活动，包括民事审判与民事执行。我国民事诉讼的解决事项或者民事诉讼法的对事效力，见下页图：

[①] 至于有关民事赔偿的金额等私益问题，因尊重当事人的处分权而不应以行政裁决来处理。比如，管理专利工作的部门应当事人的请求，可以就侵犯专利权的赔偿数额进行调解（《专利法》第 65 条）；关于侵犯商标专用权的赔偿数额的争议，当事人可以请求市场监督管理部门调解（《商标法》第 60 条第 3 款）。

[②] 参见李琛：《商标权的程序保障刍议》，载《知识产权》，2000（5）。

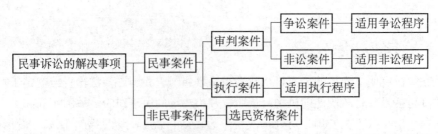

民事诉讼的解决事项在不同国家多有不同。比如，在美国，除刑事案件外，对其他案件均采用民事诉讼程序。[①] 民事诉讼的解决事项在不同时期往往不同，自 20 世纪后半叶以来，民事诉讼的目的不断扩大，诸多社会、政治问题也可通过民事诉讼解决。

民事争讼活动和民事争讼程序解决的是民事争讼案件或者民事之诉，因此，（1）争讼程序的基本构造是"等腰三角形"。（2）争讼程序的基本构造原理是法官为中立裁判者，平等对待原告（上诉人）与被告（被上诉人）；原告与被告处于平等对抗和合作之态势（见下图）。（3）争讼程序（初审程序、上诉审程序和再审程序）包含"严格证明"程序，原告与被告之间的质证和辩论为其必要阶段。

民事非讼活动和民事非讼程序解决的是民事非讼案件，因此，（1）非讼程序的基本构造是"线型"。（2）非讼程序的基本构造原理是法官中立；只有一方当事人（申请人），不存在原告与被告之间的平等对抗（见下图）。（3）非讼程序包含"自由证明"程序，无从或者无须展开原告与被告之间的质证和辩论。

法院或法官 ——————— 当事人或申请人

民事执行活动和民事执行程序解决的是民事执行案件，因此，（1）执行程序的基本构造是"不等腰三角形"。（2）执行程序的基本构造原理是法官中立；执行债权人与债务人程序地位不平等（见下页图）。（3）执行程序中没有执行债权人与债

---

① 托克维尔说过："在美国，几乎所有政治问题迟早都要变成司法问题。"（［法］托克维尔：《论美国的民主》，上卷，董果良译，310 页，北京，商务印书馆，1996。）
在美国长期流行的做法和理念是，除刑事问题，诸如布朗诉教育委员会一类的重大公众争议和私人之间的普通诉讼，均依相同的民事诉讼程序规则来处理，并且这些争议一般也由同类法院来审判。如此，在公共问题诉讼和私人普通诉讼之间就具有了形式上的平等，这也被视为一种民主待遇。参见［美］杰弗里·C. 哈泽德、米歇尔·塔鲁伊：《美国民事诉讼法导论》，102 页，北京，中国政法大学出版社，1998。

务人之间的质证和辩论。

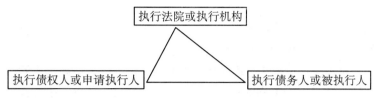

（二）民事诉讼的属性

（1）国家强制性。体现为：1）法院代表国家运用司法权，强制解决民事纠纷及其他事项；2）法院判决具有确定力、执行力、确认力和形成力等国家法律强制效力。

（2）严格规范性。体现为：1）民事诉讼应当严格按照法定程序进行（属于"诉讼安定性"的内容）；2）法院应当根据实体规范作出判决[1]，严格按照执行依据采取执行措施。

民事诉讼通过其国家强制性和严格规范性一方面限制法官恣意，保证司法权合法行使；另一方面维护当事人双方之间的平等，实现民事诉讼的公正性。民事诉讼的严格规范性使民事诉讼能够充分满足当事人明确的权益要求，能够满足统一法治秩序的要求。

在民事诉讼中，民事诉讼法与民事实体法共同作用，营造出特殊的"法的空间"。在这种"空间"中民事诉讼法与民事实体法如同"一只鸟的两翼"，相辅相成，共同推动诉讼程序的进行和促进诉讼目的的实现。[2]

（三）规范出发型诉讼与事实出发型诉讼

大陆法系和英美法系民事诉讼存在诸多相同原理规则，比如法官中立性、程序参与性和平等性、诉讼公开性、直接言词主义、辩论主义和处分主义等。全球化背景之下，民事诉讼法的国际化程度正逐步提高。

但是，这并不意味着将消除两大法系在民事诉讼制度构造和理论理念上的差异。对此差异形成的原因，中村英郎先生归结为法的渊源是否属于成文法，或者对诉讼的认识是以规范为出发点还是以事实为出发点。[3]

大陆法系民事诉讼制度的源头是古罗马民事诉讼，其施行实体成文法主义和规范出发型诉讼，主要是从实体法规范出发以三段论来构造民事诉讼，即根据大前提〔实体法规范（要件事实）〕和小前提（符合实体法规范的直接事实），推导出结论（法院判决主文）。

---

[1] 在依法审判和严格规范性之下，法官只有在民事实体法出现漏洞或者严重不合理的情况下才可进行自由裁量，并且应当遵循经验法则、习俗惯例，更不得背离宪法及法律的整体秩序和精神。参见梁慧星：《民法解释学》，4版，249～292页，北京，法律出版社，2015。

[2] CCELAWS.BBS上曾有句话甚为精彩："实体与程序齐飞，理论共实践一色"。

[3] 参见〔日〕中村宗雄、中村英郎：《诉讼法学方法论》，北京，中国法制出版社，2009。

英美法系民事诉讼制度的源头是古日耳曼民事诉讼，其施行实体判例法主义①和事实出发型诉讼，主要是以（生活）事实为思考出发点来构造民事诉讼，主要表现为：根据纠纷事实所包含的规则或者传统来处理纠纷；或者找出与当下审理纠纷的事实相同或者类似的先例，根据先例中存在的规范来解决当下纠纷。

比如，规范出发型诉讼中，由实体法来确定诉讼标的，即原告在诉讼中提出具体的民事实体权利义务关系或者实体权益主张。事实出发型诉讼中，从事实的角度来界定"诉讼标的"，"诉讼标的"是自然事实本身或者纠纷本身。

相关法律史和学术史均表明，可以导入或者借鉴英美法系相关法理以弥补大陆法系法理不足之处。比如，在遵行或者不破坏规范出发型基本思维方式或者基本程序构造原理的前提下，可以考虑将英美法系相关法理作为特例或者例外予以规定。

（四）公证与民事诉讼

公证是公证机构根据自然人、法人或者非法人组织的申请，依照法定程序对民事法律行为、有法律意义的事实和文书的真实性、合法性予以证明的活动。公证属于国家的证明行为，具有非讼性；当事人之间对申请公证的事项有争议的，公证机构不予办理公证（《公证法》第31条）。

在我国，公证与民事诉讼的法律联系主要有：

（1）经过公证的民事法律行为、有法律意义的事实和文书属于无须证据证明的事实，法院应当作为认定案件事实的根据，但有相反证据足以推翻该项公证的除外。

（2）保全证据。公证保全的证据在民事诉讼中无须质证，法院即可采用，但应当允许对方当事人提出异议（《公证法》第11条）。

（3）公证债权文书具有强制执行力。对于经公证的以给付为内容并载明债务人愿意接受强制执行承诺的债权文书，债权人可以向法院申请执行（《公证法》第37条）。② 公证债权文书确有错误之处或者违背公共利益的，法院裁定不予执行；此后，当事人和利害关系人可以就债权争议提起诉讼（《民事诉讼法》第249条、《公证法》第37条）。③

（4）当事人和利害关系人对公证书的内容（公证书所公证的民事权利义务）有争议的，可以根据《公证法》第40条就该争议起诉。被撤销的公证债权文书若执行结束，当事人和利害关系人可以申请执行回转。

---

① 与古罗马大体同期的古日耳曼社会处于原始社会末期，不存在明确的成文法规范，裁判所适用的"法"是内含于案件事实中的传统和规范。

② 依据《最高人民法院、司法部、中国银监会关于充分发挥公证书的强制执行效力 服务银行金融债权风险防控的通知》（司发通〔2017〕76号），公证机构可以对银行业金融机构运营中所签署的符合《公证法》第37条规定的债权文书赋予强制执行效力。

③ 《涉及公证规定》第3条第2款规定：当事人、公证事项的利害关系人对具有强制执行效力的公证债权文书的民事权利义务有争议直接向人民法院提起民事诉讼的，人民法院依法不予受理。但是公证债权文书被人民法院裁定不予执行的除外。

当事人和利害关系人不得向法院请求变更、撤销公证书或者确认公证书无效（《涉及公证规定》第 2 条），但是可以根据《公证法》第 39 条向出具公证书的公证机构请求复查、撤销或者更正公证书。

三、民事诉讼法

狭义的民事诉讼法（形式意义上的民事诉讼法）通常是指国家制定的关于民事诉讼的专门性的法律，比如《民事诉讼法》《海诉法》等。广义的民事诉讼法（实质意义上的民事诉讼法）既包括狭义的民事诉讼法，又包括宪法、法院组织法、法官法、检察院组织法、检察官法、律师法、行政法、民商法、经济法、社会法、调解法、仲裁法、破产法和司法解释等中有关民事诉讼程序的规定。①

（一）民事诉讼法的地位和性质

民事诉讼法是部门法，以民事诉讼为规范对象，在我国法律体系中处于基本法地位。

民事诉讼法是程序法，具有程序性。民事程序规范既包括民事实体法中的程序规范（比如合同订立程序等），又包括预防民事纠纷和解决民事案件的程序规范（比如民事诉讼法、公证法、调解法、仲裁法和破产法等）。民事诉讼法不只是操作性的法律，还涵摄保护正当权益之目的追求和实现公正效率之价值取向。

民事诉讼法是公法，具有公法性。民事诉讼法规范的事项是作为公力救济的民事诉讼，所以其属于公法而具有公法性。② 法院的司法权与当事人的诉权、诉讼权利均为公权。法院与当事人之间、当事人相互之间所形成的民事诉讼法律关系是公法关系。当事人的诉讼行为和法院的判决能够产生诉讼法效力，此为公法上的效力。

民事诉讼法是强行法，具有强行性。民事诉讼的严格规范性首先要求法官和当事人按照法定程序有序地进行诉讼，禁止任意诉讼，因此民事诉讼规范主要是强行规范。同时，民事诉讼法通过任意规范明确赋予法院程序裁量权和当事人程序选择权，缓和强行性给诉讼程序带来的僵化以方便诉讼。③

---

① 比如，《环境保护法》第 58 条（规定专门从事环境保护公益活动连续 5 年以上且无违法记录的社会组织可以提起环境生态公益诉讼），《民法典》第 147、151、1052 条，《著作权法》第 8、56 条，《公司法》第 151、152 条，《破产法》第 25 条（规定管理人代表债务人参加诉讼）等。
② 公证法与破产法也属于公法范畴；调解法和仲裁法也是处理民事纠纷的程序法，体现了调解和仲裁的民间性、自治性。
③ "只有那些以某种具体和妥切的方式将刚性与灵活性完美结合在一起的法律制度，才是真正伟大的法律制度。"〔〔美〕E. 博登海默：《法理学、法律哲学与法律方法》（修订版），424 页，北京，中国政法大学出版社，2004。〕

（二）民事诉讼法的效力范围或者适用范围

1. 对人效力和对事效力

民事诉讼法的对人效力是指民事诉讼法对什么人具有规范效力（适用于哪些人）。诉讼当事人不论其国籍如何，只要在我国领域内进行民事诉讼，就应当遵守我国民事诉讼法（《民事诉讼法》第4、270条）；当然，还应当遵循外交人员的民事司法豁免规定。

民事诉讼法的对事效力是指民事诉讼法对哪些事项或者案件产生规范作用，包括民（商）事争讼案件、非讼案件和执行案件。[1] 民事诉讼法的对事效力，又称法院民事主管或者法院受理民事案件的范围，又指法院民事司法权和当事人民事司法救济权的范围。

2. 时间效力和空间效力

民事诉讼法的时间效力是指民事诉讼法在什么时间范围内具有规范效力，包括何时生效、何时失效以及有无溯及力等事项。法谚云："法律着眼于未来而非过去。"对于在新法施行前受理的案件，已按旧法进行的诉讼程序和诉讼活动仍然有效。不过，对于新法施行后尚未审结的案件，在程序方面则适用新法。其主要理由是，旧法已经失效而新法开始施行，而且新法比旧法更正当，从而更利于公正、及时地解决民事纠纷和保护民事权益。

《民事诉讼法》于1991年4月9日由第七届全国人民代表大会第四次会议通过并生效。立法机关在2007年、2012年、2017年、2021年和2023年对《民事诉讼法》作出修改的决定，分别自2008年4月1日、2013年1月1日、2017年7月1日、2022年1月1日和2024年1月1日起生效和施行。

民事诉讼法的空间效力是指民事诉讼法在多大的空间范围或者地域范围内具有规范效力。根据国家主权原则，《民事诉讼法》的空间效力及于我国整个主权领域；根据"一国两制"，实际上仅及于大陆（内地）。民族自治地方的人民代表大会根据宪法和民事诉讼法基本原则制定的变通或者补充规定，虽仅适用于该民族自治区域，但也属于我国民事诉讼法体系的组成部分。

（三）民事诉讼法的宪法化

宪法中有关民事诉讼程序的规定即民事诉讼法的宪法渊源。民事诉讼法理当遵行宪法，是对宪法的具体实践，故民事诉讼法被称为"被适用的宪法"或民事诉讼法的"宪法化"。其具体体现如下（本书相应部分均有阐释）：

（1）民事诉讼目的之宪法化——宪法是确立民事诉讼（法）目的之根本法律依据。宪法保障国民享有自由权、人身权和财产权等基本权利。民事诉讼目的则在于极力保障宪法所确立的法目的之实现，或者说民事诉讼目的应在宪法所确立的目的

---

[1] 依据《关于海事法院受理案件范围的规定》（法释〔2016〕4号），海事法院受理海（商）事案件。

之框架内。

（2）民事诉讼价值和原则之宪法化——民事诉讼价值多被具体化为民事诉讼原则，如独立审判、法官中立、公开审判、当事人平等、促进诉讼、比例原则等，其中有的直接为宪法所规定，有的则是宪法原则的具体化或者衍生。

（3）当事人的诉权、程序基本权和法院的司法权之宪法化——当事人之诉权和程序基本权（ground rights）的宪法化，是现代宪治发展趋势之一。法院之司法权应当依循宪法来行使，保障当事人的诉权、程序基本权和实体权益。

（4）诉讼安定性之宪法化——许多国家的宪法就诉讼安定性作出了保障性的要求。法治国家原理要求以判决确定力制度来实现法律、诉讼和判决的安定性。我国也应当从法治国家原理的角度，在宪法层面保障法的安定性和诉讼安定性。

第 二 章

正当程序·目的·价值

民事诉讼正当程序、司法规律和基本理论之间是相通的。民事诉讼基本理论包括目的论和价值论，诉论、诉讼标的论和诉权论，诉讼安定论与关系论、行为论，既判力论。目的与价值在程序制度及其适用上应当符合比例性要求。

第一节　正当程序·司法规律·基本理论

一、民事诉讼正当程序

《聊斋志异·胭脂》载：某地方官为查明罪犯，让几名嫌疑人站到城隍庙的一间漆黑的房里，让他洗净手后，面壁而站，并告知城隍神会在罪犯后背上写字。一段时间过后，地方官让嫌疑人离开房间并打开门窗。地方官说毛某是罪犯，毛某不服。地方官道：我命人用白灰将你们站立处的墙壁刷白了，给你们洗手的水是黑水；其他人规规矩矩面壁而站，唯独你背靠墙站立，城隍神就无法在你后背上写字了，你后背上沾满了白灰就是证明；让你们离开房间，担心城隍神还会在你后背上写字，你就用手掩盖自己后背，你后背上的黑手印就是证明。法律问题：本案审判是否符合现代诉讼正当程序保障原理？

"正当性"（legitimacy）的基本内涵是：权力、地位和制度等具有被相关人员和社会成员认同、信任、接受或者支持的属性。所谓司法"让人民满意""胜败皆服"等，实际上包含了"正当性"的内涵。满足或者符合正当性要求的诉讼程序就是"正当程序"（due process）。

诉讼程序由开始、过程和终结三阶段构成。民事权益受到侵害或者发生争议的，当事人能够平等便利地进入诉讼程序，获得正当程序的审判和执行。[①] 因此，民事诉讼正当性和程序保障的内容是"三位一体"的："开始·过程·结果"的正

---

① 在当今国际社会，当事人获得正当程序诉讼权属于当事人程序基本权或者宪法基本权［参见本书第九章第一节二（二）］。

当性和程序保障（见下图）。

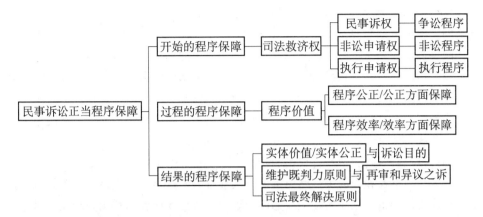

民事诉讼开始的正当性和正当程序保障，即从程序上充分保障当事人行使民事司法救济权。根据"先程序后实体"原理，起诉要件、非讼申请要件、执行申请要件主要是程序性的，以方便当事人获得诉讼救济。

民事诉讼过程的正当性和程序保障主要包括：（1）获得公正方面的程序保障，即实现诉讼公正或者慎重判决、慎重执行方面的程序保障；（2）获得效率方面的程序保障，即实现诉讼效率或者适时判决、适时执行方面的程序保障。诉讼公正优先，兼顾诉讼效率。

民事诉讼结果的正当性和正当程序保障，即实现实体价值和诉讼目的。经过正当程序审理所实现的实体价值和诉讼目的需要判决既判力来稳定。根据司法最终解决原则，禁止其他国家机关、社会团体和自然人通过其他程序变更或者撤销法院判决。

二、司法规律和基本理论的主要构成

司法规律是司法领域普行的原理或者原则。民事司法基本规律或者基本原理与民事诉讼程序的基本属性或者基本原理是相通的（在制度层面表现为基本原则），主要有消极性、独立性、中立性、公开性、参与性、平等性、比例性和安定性等。

消极性是对诉讼程序的启动主体、审判范围和执行范围的规范；独立性保障法院法官独立审判；中立性要求法官同案件及其当事人等无利益关系；参与性和平等性是指当事人等平等参与诉讼；公开性是对司法形式的要求；比例性是运用利益衡量方法谋求诉讼目的与手段之合比例；诚信性是诉讼在诚信社会应当具有的品性；安定性是从技术层面要求法官和当事人遵守消极性、中立性、公开性、参与性、平等性、比例性和诚信性，维护法律诉讼的安定和社会生活的安宁。

民事司法基本规律或者基本原则具有各自的内涵和功能，一并构成现代司法规律和民事诉讼基本理论的有机内容。笔者认为，现代民事诉讼基本理论体系包括：

(1)"基石"理论，包括目的论和价值论。民事诉讼基本理论中，"目的论"与"价值论"具有基础性地位，其他基础理论都是建立在一定的目的论和价值论基础之上的。民事诉讼价值包含消极性、独立性、中立性、公开性、参与性和平等性等。民事诉讼目的与价值在程序制度及其适用方面应当符合比例性要求。

(2)"客体"和"启动"理论，包括诉论、诉讼标的论和诉权论。民事纠纷经原告合法行使诉权（其方式是起诉）而进入争讼程序，接受法院审判而为民事之诉。原告在起诉时决定本诉的诉讼标的和诉讼请求，两者共同构成请求法院审判的具体对象或具体范围。

(3)"过程"理论，包括诉讼安定论、关系论和行为论。诉讼中，诉讼安定性要求法官、当事人和证人等按照民事诉讼法享有诉讼权利和承担诉讼义务，按照法定的行为要件和正当程序实施相应的诉讼行为（禁止任意诉讼），形成诉讼关系。

(4)"终结"理论，是指既判力论。经过正当程序审理作出的终局判决一"确定"（此时终局判决即确定判决），就产生既判力，该案审级程序全部完成，该案的诉讼关系随之消灭，所以"既判力论"是民事争讼程序"终结"的理论。

第二节　民事诉讼目的

一、多元目的

现代国家权力分立的框架中，基于维护民主政治原则，民事诉讼目的应当在于"实现"实体法。民事诉讼主要属于具体性治理（属于司法限制主义的内容），即通过对具体民事案件的事后性审判和执行来保护民事权益、解决民事纠纷与维护民事实体法律秩序。

民事诉讼还有一般性治理的功能（属于司法能动主义的内容），如具有创造民事实体法规范的功能，即"法官造法"[1]。自20世纪后半叶以来，民事诉讼用来解决诸多社会、经济、政治问题，形成或者维护公共政策和公共秩序。

根据《民事诉讼法》第2条，民事诉讼法的任务有：（1）保护当事人行使诉讼权利；（2）保证法院查明事实，分清是非，正确适用法律；（3）及时审理民事案件；（4）确认民事权利义务关系，制裁民事违法行为，保护当事人的合法权益；（5）教育公民自觉遵守法律；（6）维护社会秩序、经济秩序，保障社会主义建设事业顺利进行。

---

[1] 桌子有其功能但无其目的，可以说"桌子的功能"但不可说"桌子的目的"。民事诉讼有其功能，即民事诉讼本身所固有的客观存在的作用。民事诉讼也有其目的，即民事诉讼（法）的设立者和适用者对设立和适用民事诉讼（法）有着主观追求。符合民事诉讼功能的目的才能实现，民事诉讼目的是对民事诉讼功能的主观反映或者主观追求。

上述任务（1）~（3）是实现民事诉讼价值（包括程序价值和实体价值）。任务（4）~（6）是实现民事诉讼目的（包括私益目的和公益目的）。

对当事人而言，保护民事权益和解决民事纠纷是其直接目的；至于维护民事实体法律秩序、促成民事实体法发展、形成或者实现公共政策等公益目的，多由国家来考虑。

比较而言，基层法院初审中，保护民事权益和解决民事纠纷等私益目的更为凸显；上诉审法院，特别是最高法院在审理中，更重视统一法律适用、形成公共政策等公益目的。①

民事诉讼目的具有立法论意义。比如，民事执行的主要目的是实现债权人的债权，据此应当按照债权的类型（如给付金钱、交付物、履行行为等）来设置相应的执行措施。

民事诉讼目的具有解释论意义，即根据民事诉讼目的来解决诉讼问题。比如，对后发性损害后果，根据民事诉讼目的，允许受害人另行起诉［参见本书第四章第四节二（二）］。

二、保护民事权益·解决民事纠纷·维护民事实体法律秩序

民事实体法是私法，民事诉讼法是公法，如法谚云："私法处于公法的保护之下。"在目的方面，民事实体法和民事诉讼法是一致的。比如，《民法典》第1条明确规定"保护民事主体的合法权益"，民事诉讼法也应当以此为基本目的。

民事诉讼能够起到"定分止争"的作用，即明确当事人之间的具体民事法律关系，解决民事纠纷，保护民事权益。在法律层面，保护民事权益、解决民事纠纷与维护民事实体法律秩序是一致的，即保护了民事权益就解决了民事纠纷，解决了民事纠纷就保护了民事权益，保护了民事权益和解决了民事纠纷则维护了民事实体法律秩序。

三、创造民事实体法规范或者促成民事实体法发展

民事诉讼创造民事实体法规范或者促成民事实体法发展，即民事诉讼的造法功能。就法律发展史来说，作为两大法系根源的古罗马法和英国法，其私法的重要规

---

① 比如，德国上告程序（第三审程序）的首要目的是维护法律统一和为法官造法提供条件。只有当上诉案件具有根本意义（包括能够起到维护法律统一、法官造法的作用）而需要由上告法院审判时，才允许提起上告。参见李大雪：《德国民事诉讼法的历史嬗变》，载《西南政法大学学报》，2005（2）。

则多是从诉讼中孕育而生的，实体法是程序法不断被运用的结果的累加。①

我国民国学者邵勋法官著文道：最初，不问实体法上有什么样的权利义务，只以能够提起诉讼为目标，然后由判例衍生出各种法则，归纳出原则与例外的情形，经过学者的大加倡导，制定为实体法典，所以"诉讼法乃是实体法之母也"②。日本学者兼子一先生研究认为：在实体权益产生之前就存在解决纠纷的诉讼制度，近代实体法不过是诉讼和民事审判经验的总结。③谷口安平先生也认为："诉讼法是实体法发展的母体"④。

近代法典化运动以来，通过诉讼来创造或者生成实体法规范的功能受到了削弱。但是，由于成文法固有的滞后性或者不周延性，仍然需要司法裁判者来行使剩余立法权。民事判决对未来也能产生效力，这就为民事诉讼创造规则提供了一种契机。法院判决确认和保护新兴的正当的民事利益而使其成为新兴的（法律）权利，促成了民事实体法的发展。

现代工业国家的重要生活领域往往需要法官造法。德国联邦宪法法院明确提出"阐述法律基本原则为高级法院之本质任务"⑤。法国法院充分考虑了现代高新技术社会中的特殊危险，通过诉讼判例发展了事故法，其远比民法典设定的损害赔偿制度更合理。⑥

在我国，有关"日照"方面的利益通过法院判决的保护而成为一种"权利"（又称日照权）。⑦《最高人民法院公报》公布的不少案例是"通过某一具体案例创

① 在古罗马法上，"诉"意指以诉讼请求自己应得之所在的权能（《法学阶梯》）。实体私权多以"诉或者诉权"来表示，比如原物返还之诉直接反映了诉争的实体权利，废罢诉权即民法撤销权。英美普通法上的权利依赖实施它的诉讼程序而存在，即"无令状则无权利"，梅因在其书《古代法》中说："在法院的幼年时期，关于诉讼的法律居于如此优越的位置，以至于实体法最初是从诉讼程序的缝隙中产生的。"
关于实体法与程序法之间的关系，英国杰克·雅各布爵士（Sir Jack Jacob）说道："实体法与程序法之间的关系应当重新界定为：实体第一（primary），程序至上（supremacy）……程序至上是保障法治的现实途径，因为就是在法院就真实案件所作的判决中，法律最终被发现和适用。"（［英］J. A. 乔罗威茨：《民事诉讼程序研究》，吴泽勇译，48～49页，北京，中国政法大学出版社，2008。）
② 随着时代的发展，实体法规定私权，诉讼法规定权利的救济方法，渐趋分离，到了当代，则形成了一般观念中的诉讼法乃是实体法之附属法的认识。参见邵勋：《民事诉讼法与民事实体法》，载《法律评论》，1928（235）。
③ 参见［日］兼子一：《实体法与诉讼法》，12～28页，东京，有斐阁，1957。
④ ［日］谷口安平：《程序的正义与诉讼》（增补本），王亚新、刘荣军译，64～66页，北京，中国政法大学出版社，2002。
⑤ 德国等大陆法系国家的通说基于权利分立来否定法官造法，但是通说也不否认最高法院或者终审法院的判决在形成公共政策和创制法律规范方面的作用。参见［德］魏德士：《法理学》，丁晓春、吴越译，104～113、348～404页，北京，法律出版社，2005。
⑥ 参见［德］K. 茨威格特、H. 克茨：《比较法总论》，潘汉典等译，175～177页，贵阳，贵州人民出版社，1992。
⑦ 我国实务中，也有称"景色观瞻权"者（参见钱翠华：《关于景色观瞻权保护的几个问题》，载《人民法院报》，2002-03-04），还有称"眺望权"者（参见《眺望权应受到保护》，载《人民法院报》，2002-10-25）。

设出了新的法律原则或者判案规则"①。依据《关于案例指导工作的规定》（法发〔2010〕51 号）及其实施细则，最高人民法院发布的"指导性案例"包括新类型的案例。

2022 年 4 月 11 日最高人民法院发布《民法典》颁布后人格权司法保护典型民事案例，其中第二个案例是"养女在过世养父母墓碑上的刻名权益受法律保护——养女墓碑刻名维权案"。此案将养子女在过世养父母墓碑上刻名的人格利益纳入一般人格权益予以保护，满足了社会发展所产生的新型人格权益的保护需求。

四、形成和维护公共政策或者公共秩序

民事诉讼是通过解决个案实现其治理功能的。比如，劳动者受到就业歧视，就可以根据《劳动法》第 3 条、《就业促进法》第 62 条、《妇女权益保障法》第 41～49 条提起诉讼（案由是平等就业权纠纷），国家以诉讼来保护平等就业权并借此实现平等就业政策。②

民事诉讼的现代治理功能在解决人数众多的现代公益纠纷方面体现得尤为明显，即民事诉讼解决人数众多的现代公益纠纷，以分配公共资源或形成公共政策。这类诉讼被称为"政策形成型诉讼"。

我国处于社会转型期，可以通过诉讼案件测定社会不满的程度和原因③，并且通过新型案例弥补制度漏洞，以保障社会改革顺利进行，推进社会良性运行。④

前述《民事诉讼法》任务（6）体现了民事诉讼形成和维护公共政策或者公共秩序的功能和目的。对此，最高人民法院相关司法解释或者司法文件，比如《关于为实施乡村振兴战略提供司法服务和保障的意见》（法发〔2018〕19 号）等，有直接体现。

第三节　民事诉讼价值

一、民事诉讼价值的主要构成

民事诉讼价值是指民事诉讼对当事人合理需要的积极满足。民事诉讼价值大体

---

① 《最高人民法院公报全集 1995—1999》出版说明。
② 【最高人民法院指导案例 185 号】闫某琳诉浙江喜来登度假村有限公司平等就业权纠纷案的裁判要点：用人单位在招用人员时，基于地域、性别等与"工作内在要求"无必然联系的因素，对劳动者进行无正当理由的差别对待的，构成就业歧视，劳动者以平等就业权受到侵害，请求用人单位承担相应法律责任的，人民法院应予支持。
③ 参见季卫东：《法治秩序的建构》（增补版），216 页，北京，商务印书馆，2019。
④ 参见刘风景：《判例的法理》，86～89 页，北京，法律出版社，2009。

上包括观念性价值（人们对价值的主观认识和倡导）、制度性价值（观念性价值在立法中的体现或者实现）和司法性价值（观念性和制度性价值在个案司法中的体现或者实现）。民事诉讼价值论既要讨论、阐释诸价值的具体内容，又要讨论诸价值间发生冲突时如何取舍的问题。

民事诉讼是民事诉讼法与民事实体法共同作用的领域，据此民事诉讼价值包括程序价值与实体价值（见下图）。程序价值体现了民事诉讼程序的独立价值，是民事诉讼程序的内在要求，主要包括程序公正和程序效率等。实体价值主要是指实体公正（判决结果公正和执行依据得到执行），通过维护实体价值来实现民事诉讼目的。

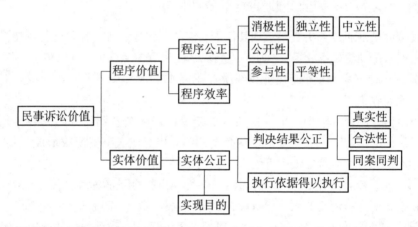

民事诉讼观念性价值应当且能够具体化为制度性价值和司法性价值，比如将"法官中立"具体化为回避制度，将"诉讼参与"具体化为送达制度、质证权和辩论权等。法院裁判显著违背诉讼价值及相应原则、制度的，往往属于严重的程序违法（违背程序价值）或者严重的实体错误（违背实体价值），为上诉理由或者再审事由。

二、民事诉讼的程序价值

（一）程序公正

司法公正或者诉讼公正包括程序公正和实体公正。现代正当程序中，程序公正或者程序正义的标准或者内容主要有：司法的消极性、独立性、中立性，程序的公开性，当事人的参与性、平等性等。① 下文仅阐释消极性和独立性（至于其他内容在其他部分阐释）。

---

① 笔者认为，程序公正或者程序正义的基本标准或者核心内容是参与性和平等性，至于消极性、独立性、中立性和公开性，实质上（如同"市场"）仅是（技术）手段，旨在实现诉讼公正（包括程序公正和实体公正）。

1. 司法的消极性

司法的消极性体现在两个方面：（1）从肯定方面来说，是"有告才理"，即当事人行使民事司法救济权符合法定条件的，法院就应当受理，"不得非法拒绝司法"。（2）从否定方面来说，是"不告不理"，即"法院不得对于未向其诉求的事项有所作为"①。

司法的消极性旨在保障诉讼公正。"不告不理"的司法原则与"医不叩门"的中医惯例有相通之处。"不告不理"是基于平常人性，为避免不公正司法而确立的原则。若法院主动寻找案件，不告而理，则一方面，"无利不起早"的人性使人怀疑法院有获利动机，这种认识将有损法院的中立性；另一方面，既然法院主动寻找案件来审判或者执行，就意味着法院认为存在民事纠纷或者侵权行为，这种前见很可能导致不公正审判或者执行。

在民事诉讼领域，司法的消极性尊重和保护当事人的民事司法救济权与实体处分权。"法院主动寻找案件"实际上是对当事人的民事司法救济权的侵犯，因为当事人拥有是否行使民事司法救济权的自由。民事私益案件中，当事人处分主义包含实体处分权的内容。

法院违反司法的消极性所作出的判决或者所实施的执行，其情形主要有：（1）当事人没有行使民事司法救济权而法官主动寻找案件；（2）法院违反当事人处分主义。对于第一种情形如何救济或者纠正，我国现行法没有规定，下文详加阐释。至于第二种情形，民事私益纠纷诉讼中，可以通过上诉或者再审来纠正违法判决。

在当事人没有起诉或者没有上诉的情况下，或者在当事人合法撤回起诉或者撤回上诉后，法院所作出的判决为"诉外判决"，属于"无效判决"，自始不产生判决的效力。由于无效判决具有判决的形式而可能滋生争议（如执行时可能发生争执），所以基于法律明确性的考虑，可以通过上诉、再审或者第三人撤销判决之诉等法定程序予以撤销。

在当事人没有申请非讼案件的情况下，或者当事人合法撤回申请的，法院所作出的非讼裁判为无效裁判。对此类非讼裁判，虽然不能通过上诉或者再审纠正，但是，笔者认为，当事人可以没有申请或者合法撤回申请为由，比照《民事诉讼法》相关规定（第193、201、204条），直接向作出裁判的法院申请撤销。

当事人申请执行的案件中，当事人没有申请执行或者合法撤回执行申请而法院主动强制执行的，或者违法变更或者超越当事人确定的执行请求而采取执行措施的，为"无效执行"。当事人可以根据《民事诉讼法》第236条，提出执行异议，请求法院撤销执行措施。

---

① 其主要内容有二：（1）法官原则上不得主动寻找案件，如法谚所云"无原告则无法官""无诉则无法官"；（2）民事私益案件遵行处分原则，即法官不得主动变更或者超越当事人确定的诉讼标的、诉讼请求或者执行请求而作出裁判或者采取执行措施。

2. 司法的独立性

在我国，司法的独立性主要表现为：（1）"对外独立"，即法院和法官独立于行政机关、社会团体和个人；（2）"内部独立"，即法院之间、法官之间都应是独立的。①"法官除了法律就没有别的上司。"②《法院组织法》第 4 条规定："人民法院依照法律规定独立行使审判权，不受行政机关、社会团体和个人的干涉。"《法官法》第 7 条规定："法官依法履行职责，受法律保护，不受行政机关、社会团体和个人的干涉。"

法院和法官的独立不等于法院和法官的暴政，须以法官的职业化和身份平等性为基础，旨在实现司法公正。同时，在我国，法院和法官的独立并不排斥检察监督等。司法的独立性符合司法的亲历性要求，即要求采行直接言词审理原则。司法的独立性遵行认知规律：由于人们的认知存在局限性，所以通过审级制为当事人提供足够的司法救济机会和为法院提供足够的纠正错误裁判的渠道。

为有效维护司法的独立性，《联合国关于司法机关独立的基本原则》第 1 条规定："各国应保证司法机关的独立，并将此项原则正式载入其本国的宪法或者法律之中。尊重并遵守司法机关的独立，是各国政府机构及其他机构的职责。"《决定》明确要求："完善确保依法独立公正行使审判权和检察权的制度……建立领导干部干预司法活动、插手具体案件处理的记录、通报和责任追究制度……建立健全司法人员履行法定职责保护机制。"

为有效维护司法的独立性，应当做好如下工作：（1）向司法机关提供充足的资源；（2）明确规定法官任免、升调和惩戒，薪酬和福利等。对此，《联合国司法独立世界宣言》《联合国关于司法机关独立的基本原则》《联合国司法独立基本原则的声明》《联合国司法独立最低标准》，以及我国《法院组织法》③、《保护司法职责》等均已作出规定。

（二）程序效率

在保证诉讼公正的前提下，程序效率追求的是适时审判和及时执行以节约诉讼成本。④"诉讼成本"被喻为"生产正义的成本"，包括有关民事诉讼的立法成本和司法成本。

有关民事诉讼的司法成本包括：（1）国家维护民事诉讼正常运行所付出的财力、人力及机会成本等公共成本；（2）当事人参加民事诉讼所付出的财力、人力及机会成

---

① 《联合国司法独立世界宣言》中规定："在作出判决的过程中，法官应与其司法界的同事和上级保持独立。司法机关的任何级别和组织、官职上的任何差别，都绝不能影响法官自由地宣布其判决的权利。就法官方面来说，他们应当以对其司法体系中的法规完全负责的态度单个地或者集体地履行他们的职责。"

② 《马克思恩格斯选集》，第 1 卷，76 页，北京，人民出版社，1956。

③ 其第 57 条规定："人民法院的经费按照事权划分的原则列入财政预算，保障审判工作需要。"

④ 美国大法官波斯纳曾说："对于公平正义的追求不能无视代价。"（熊秉元：《正义的成本》，31 页，北京，东方出版社，2014。）

本等私人成本（依《费用办法》由当事人负担的诉讼费用属于财产性诉讼成本）。①

如何提高程序效率或者降低诉讼成本？首先在民事诉讼程序制度的设计方面，应当体现降低诉讼成本或者提高程序效率的价值或者理念。摘其要者说明如下：

（1）建构公正的诉讼程序（诉讼公正与程序效率之间的一致性）。按照公正程序审判，能够获得正当性，可以减少不必要的上诉或者再审，从而降低诉讼成本，提高诉讼效率。

（2）根据案件的性质和繁简而设置相应的繁简程序。根据诉讼费用相当性原理，对于诉讼标的额较大或者案情较复杂的案件适用比较慎重的程序，而对于诉讼标的额较小或者案情较简单的案件适用简易程序。

（3）设置合理的起诉要件、上诉要件、执行申请要件等，若不具备，则驳回诉讼或者终结程序，从而避免无益的诉讼或者执行，以节约诉讼成本或者执行成本。

（4）建构合理的诉的合并和变更制度。诉的合并是在同一争讼程序中解决多个纠纷或者多个主体之间的纠纷②，诉的变更能使纠纷得到适当和充分解决，均可降低诉讼成本。

（5）诚信原则要求法官承担"促进诉讼"职责、当事人承担"促进诉讼"义务，共同起到推动诉讼程序尽快顺畅运行的效果。同时，通过设置合理的期间制度或者失权制度等，促使当事人及时实施诉讼行为。③

《审限延期开庭》第8条规定：故意违反法律、审判纪律、审判管理规定拖延办案，或者因过失延误办案，造成严重后果的，依照《处分条例》第47条的规定予以处分。④

----

① 程序效率或者适时判决、及时执行方面的程序保障，从当事人的角度来说，属于当事人程序利益的范畴。当事人的程序利益既包括如审级利益等程序利益，又包括节约当事人的诉讼成本。

适时诉讼、促进诉讼或者提高诉讼效率的要求为《公民权利和政治权利国际公约》（第14条第3款）、《欧洲人权公约》（第6条第1款）、《美洲人权公约》（第8条第1款）和世界贸易组织诸协议等国际条约所肯定。

诸多国家已将促进诉讼或者避免诉讼迟延作为宪法上的要求或者法治原理、正当程序的内容，比如，根据《瑞士宪法》第29条第1款，任何人在诉讼中，有权在合理期间内获得裁判；《西班牙宪法》第24条明文规定了促进诉讼原则；德国将诉讼应在适当期间内终结纳入法治国家原理的一项要求；美国则从正当程序的角度来促进诉讼。

② 针对运用诉的合并制度或者群体诉讼制度解决多数人之间纠纷的好处，有人曾喻为："拿起一个瓷瓶远比捧起一堆碎瓷片来得容易。"

③ 法谚"法律不帮助那些躺在权利上睡觉的人"（The laws don't aid those who sleep upon their rights），实际上也可适用于民事诉讼。

④ 根据《奥地利法院组织法》，当事人对于法院延迟采取程序的做法（如期日的确定、鉴定意见的取得、延迟不完成判决的制作等），可以向上级法院提出预防迟延的抗告；当事人可以向上级法院申请，命令原审法院于适当期间进行必要的诉讼程序。《西班牙宪法》规定，适当期间接受裁判权受到侵害者可请求国家赔偿。《法国法院组织法》规定，因司法机关重大过失或者不作为而导致诉讼迟延的，可请求国家赔偿。《德国法院组织法》规定，因法院不适当冗长程序而遭受不利益的程序关系人应获得补偿。在我国有学者认为，诉讼迟延对当事人适时审判请求权侵害的救济，应以当事人在原程序中提出迟延异议为必要条件，异议前具有警告、预防迟延以促进程序的功能，并可避免赔偿请求权的滥用。参见韩红俊：《论适时审判请求权》，载《法律科学》，2011（5）。

(三) 程序公正与程序效率的关系

程序公正与程序效率之间的一致性是主要方面，同时符合公正与效率要求的诉讼程序才是正当程序。诉讼迟延会使证据消失，比如物证会腐败、消散，当事人及证人的记忆会淡忘等，以至于无法证明案件事实，不能实现真实。

"涸辙之鲋"及时救济才能得活。莎士比亚有言："待到草儿青青，马已饿死。"权利保护和司法救济刻不容缓。"不公平的判断使审判变苦，迟延不决则使之变酸。"[①] 法谚云："迟到的正义非正义。""迟到的正义"不能及时保护当事人的合法权益，所以"迟延的权利保护等于拒绝权利保护"。

程序公正与程序效率之间也存在冲突。偏重慎重的程序和多审级的程序，在满足公正的同时，往往要付出更多的成本；偏重简捷的程序，在满足效率的同时，可能有失公正。应在实现诉讼公正的前提下追求诉讼效率。通常，对于诉讼标的额越大或者案情越复杂的案件，当事人和国家越愿意适用于公正保障更充分的程序，从而判决正确的可能性就越高。

人类对公正的需求通常多于或者高于对效率的需求。历史经验是，一个过分重视效率的社会必将损害公正、降低效率，出现恶性循环。法律的首要价值是实现公正，而经济的首要价值是效率或者效益。当经济等领域偏离公正而产生非正义时，需公正的法律来矫正。若法律以效率或者效益为先，则整个社会偏向效率或者效益而失却公正。

三、民事诉讼的实体价值

民事诉讼的实体价值主要是指实体公正，即判决结果公正和执行依据得到执行，体现了民事诉讼价值与民事诉讼目的之间的关联性，即通过维护实体价值来实现民事诉讼目的。

判决结果公正主要指法院判决认定事实真实（真实性）和适用法律正确（合法性）[参见本书第二十三章第二节二（一）2]。执行依据得到执行是指通过执行实现法院判决等执行依据所确定的权利人的实体权益。

实体公正还包含"同案同判"。对此，最高人民法院专门颁行了《关于建立法律适用分歧解决机制的实施办法》（法发〔2019〕23 号）、《关于统一法律适用加强类案检索的指导意见（试行）》（2020 年）和《统一法律适用工作实施办法》（法

---

① ［英］培根：《培根论说文集》，2 版，水同天译，193 页，北京，商务印书馆，1983。

〔2021〕289号)。①

　　程序价值与实体价值相辅相成，通常符合程序价值的诉讼程序更能产生符合实体价值的诉讼结果。在正当程序中，当事人平等而充分地陈述诉讼请求、主张事实、提供证据、质证辩论，能够最大限度地再现案件真实，法官也能公正适时地作出判决。

　　程序价值与实体价值存在冲突时，通常是优先维护程序价值，因为"正是程序决定了法治与任意之治的分野"②，而根据诉讼安定性原理也得优先维护程序价值。当然，可以通过设置合理例外来实现个案实体公正（如通过严格再审程序来纠正实体不公的判决）。

　　程序价值与实体价值之冲突和权衡可以用下例说明：看病应当"排队"（相当于程序价值），排在后面的王某病情急剧〔（发生特殊情况），则可"加塞"（与"排队"规则产生冲突后作出合理权衡）〕。

---

① 依据《关于统一法律适用加强类案检索的指导意见（试行）》，类案是指与待决案件在基本事实、争议焦点、法律适用问题等方面具有相似性，且已经人民法院裁判生效的案件。检索到的类案为指导性案例的，法院应当参照作出裁判，但与新的法律、行政法规、司法解释相冲突或者为新的指导性案例所取代的除外。检索到其他类案的，法院可以作为作出裁判的参考。检索到的类案存在法律适用不一致的，法院可以综合法院层级、裁判时间、是否经审判委员会讨论等因素，依照《关于建立法律适用分歧解决机制的实施办法》等，通过法律适用分歧解决机制予以解决。

依据《统一法律适用工作实施办法》，办理案件具有下列情形之一，承办法官应当进行类案检索：（1）拟提交审判委员会、专业法官会议讨论的；（2）缺乏明确裁判规则或者尚未形成统一裁判规则的；（3）重大、疑难、复杂、敏感的；（4）涉及群体性纠纷或者引发社会广泛关注，可能影响社会稳定的；（5）与最高人民法院的类案裁判可能发生冲突的；（6）有关单位或者个人反映法官有违法审判行为的；（7）最高人民检察院抗诉的；（8）审理过程中公诉机关、当事人及其辩护人、诉讼代理人提交指导性案例或者最高人民法院生效类案裁判支持其主张的；（9）院庭长根据审判监督管理权限要求进行类案检索的。类案检索可以只检索最高人民法院发布的指导性案例和最高人民法院的生效裁判。

② 美国大法官道格拉斯（Justice Douglas）语，see Joint Anti-Fascist Refugee Comm. v. McGrath, 314 U. S. 123，179，1951。

第 三 章

民事诉讼基本原则与基本模式

民事诉讼参与原则、比例原则、检察监督原则、诚信原则和安定原则，普遍适用于民事审判程序和民事执行程序。在遵循前述五项基本原则的前提下，争讼程序、非讼程序和执行程序因其处理的案件和目的不同而有各自的基本原则。

"当事人的实体请求""要件事实和证据""诉讼程序事项"是民事诉讼法律关系的客体，解决这三类事项的基本方式和基本规范构成"民事诉讼基本模式"，大体分为当事人主义和职权主义。

第一节 参与原则和比例原则

一、参与原则

(一) 参与原则的内涵

民事诉讼参与原则是指"任何一方的诉词都要被听取"[1]，其基本内容是："必须给予诉讼当事人各方充分的机会来陈述本方的理由。这意味着必须将诉讼程序告知他们，并及时通知其任何可能受到的指控，以使当事人能够准备答辩。此外，还应允许当事人以适当的方式将答辩提交给法官。"[2]

民事诉讼参与原则既是民事诉讼的基本原则，又是其基本属性和基本原理（诉讼参与性）；从权利的角度说，实际上也是当事人"诉讼参与权"，属于"程序基本权"的范畴。当事人诉讼参与权属于古典的程序基本权，被称为"诉讼程序的大宪

---

[1] 在西方，人们通常将"法官中立"作为自然正义的第一个原则，将"当事人程序参与"作为自然正义的第二个原则，后者在英美法中被称为"获得听审机会原则"（opportunity to be heard）。See *Black's Law Dictionary*, 11th edition, Thomson Reuters, 2019, p. 1318.

[2] ［英］彼得·斯坦、约翰·香德：《西方社会的法律价值》，112～113 页，北京，中国法制出版社，2004。

章"，大体上包括如下两类权利：

（1）诉讼知情权（获得程序通知权）。当事人及相关第三人有权充分适时地知悉与己相关诉讼的进行情况。此权使法院承担告知的义务，保障此权的是送达制度。法院告知包括：事前告知，即作出裁判前所为的告知（如送达开庭通知等）；事后告知，即作出裁判后告知裁判的内容；救济告知，即在裁判中载明救济途径（如复议或者异议、上诉等）。

（2）诉讼听审权（听审请求权）。当事人及相关第三人在诉讼中对程序事项和实体事项有获得听审或者表达意见的权利，包括程序异议权［参见本书第九章第一节二（一）］、事实主张权、举证权、质证权、辩论权①、"面对面"的权利②、法庭笔录阅读权和补正权③、本案诉讼资料查阅权和复制权（《民事诉讼法》第52条）、获得审级救济权（上诉权）等。

（二）参与原则的适用

民事诉讼参与原则普遍适用于争讼（审判）程序、非讼（审判）程序和执行程序及裁定程序，但其适用情形和具体要求各有不同。

争讼程序中，诉讼参与性或者参与原则体现为"对审性"或者"对审原则"（或称"双方审理主义"），是民事争讼程序首要的正当性原理。缺席审判是对审原则的法定例外。民事争讼程序解决的是民事争讼案件，其实体争议性（民事争讼性）在制度上体现为对审原则，即保障双方当事人的诉讼参与权。

非讼程序中，虽然不必遵循对审原则，但是仍须遵行参与原则（法官在作出裁判之前应当保障申请人对作为裁判基础的事实证据表达意见的机会）。民事非讼程序解决的是非讼案件，因其不具有实体争议，参加程序的只有申请人一方，故其中不存在双方当事人的言词质证程序和言词辩论程序，对审原则也就没有适用的可能性和必要性。

执行程序中，参与原则具体表现为：（1）法院及时告知，比如及时向当事人书面告知立案情况、执行情况等；（2）法院对于变更被执行人、变更执行标的、终结执行等重要执行事项，在作出裁定之前，应当保障当事人等表达意见的机会；（3）对法院的违法执行行为，当事人及相关第三人有权提出执行异议，请求法院撤

---

① 笔者认为，如果我国民事诉讼法确立了参与原则，那么我国现行辩论原则（主要内容是保护双方当事人的辩论权）可被参与原则或者对审原则吸收。

② 当事人在审判中有权"面对面"地质询证人及鉴定人。在美国，当事人有权于审判中在场目视证人（事实证人和专家证人），也有权使证人目视自己。这种"面对面"的权利（right of "seeing the witness face to face"）属于宪法所保障的基本人权，其目的在于维护诉讼程序的公正及发现真实。See *Black's Law Dictionary*，11th edition，Thomson Reuters，2019，pp. 375 - 376.

③ 法庭笔录之所以能够作为判断法院是否依照法定程序审判的主要证据，其缘由之一正是当事人有权阅读和补正法庭笔录（《民事诉讼法》第150条）［参见本书第二十章第二节三（二）］。

销或者重作。①

裁定程序不以对审为原则，适用自由证明（程序），不存在双方当事人之间的言词质证程序和言词辩论程序。对程序事项适用自由证明，旨在避免诉讼迟延。临时救济事项（财产保全和行为保全等）、及时救济事项（人身安全保护令和人格权侵害禁令等）、急需处理事项（证据保全等）具有紧迫性，故应适用自由证明。

（三）诉讼参与权的保障

对于当事人的诉讼参与权，一方面，通过保障其以母语进行诉讼的权利、委托诉讼代理人的权利（包括获得律师帮助权）等来实现；另一方面，对于法院非法限制或者剥夺诉讼参与权，当事人等应有相应的救济途径。在此对后一方面简要阐释如下：

为充分保障诉讼知情权，送达以直接送达为原则，采取到达主义。法院非法限制或者剥夺诉讼知情权的情形主要是无效送达。② 法院应当按照法定期限和法定方式，就诉讼情况向本案当事人等作出送达，否则为无效送达，通常不能产生相应的或者预期的法律效果。对于无效送达，当事人等有权要求法院重新送达。

法院非法限制或者剥夺诉讼听审权属于严重违法行为。对此，当事人等有权提出异议，请求法院纠正，允许其再次行使诉讼听审权。对法院非法限制或者剥夺诉讼听审权所作出的裁判，若是争讼判决，可以通过上诉或者再审予以撤销或者变更③；若是非讼裁判，当事人可以直接申请法院撤销④；若是执行裁定，可以通过"执行异议"请求法院撤销。

笔者认为，有关法院非法限制或者剥夺诉讼参与权的事实（属于法院重大程序违法事实），当事人往往无力举证，应由法院提供相关证据，即法院通常以送达回证来证明送达合法，以审理笔录来证明程序合法，没有非法限制或者剥夺诉讼听审权。

---

① 基于顺利执行的考虑，应当适当限制义务人的程序参与权。这种限制性的做法并不违反参与原则，因为若法院在裁定采取执行措施前，通知义务人或者保护其程序参与权，则可能为其提供转移或者隐匿财产之机而致执行不能；同时在随后的程序中，义务人可以行使执行异议权以纠正法院的违法执行行为。
② 为充分保障诉讼知情权，《互联网公开流程》要求法院将审判刑事、民事、行政、国家赔偿案件的流程信息，应当通过互联网向参加诉讼的当事人及其法定代理人、诉讼代理人、辩护人公开。其第4条规定：法院应当在受理案件通知书、应诉通知书、参加诉讼通知书、出庭通知书中，告知当事人及其法定代理人、诉讼代理人、辩护人通过互联网获取审判流程信息的方法和注意事项。
为有效实施《互联网公开流程》《关于人民法院执行流程公开的若干意见》（法发〔2014〕18号），最高人民法院设置"中国审判流程信息公开网""中国执行信息公开网"，供当事人及其诉讼代理人适时查阅案件进程。
③ 《民事诉讼法》第211条将法院严重侵害诉讼听审权的情形作为再审的理由，即"原判决、裁定认定事实的主要证据未经质证的"，"无诉讼行为能力人未经法定代理人代为诉讼或者应当参加诉讼的当事人，因不能归责于本人或者其诉讼代理人的事由，未参加诉讼的"，"违反法律规定，剥夺当事人辩论权利的"，"未经传票传唤，缺席判决的"。
④ 根据《民事诉讼法》第234条，对于除权判决通过提起撤销除权判决之诉予以撤销。

二、比例原则

本质上，比例原则是运用利益衡量方法来处理法律问题，具有普遍适用性，应为民事诉讼基本原则。民事诉讼比例原则是指民事诉讼及其具体程序制度目的与其实现手段之间应当具有客观的对称性，其主要内涵包括程序的合目的性、必要性和相称性。①

《执行法草案》第 5 条规定："民事强制执行应当公平、合理、适当，兼顾各方当事人和利害关系人的合法权益，不得超过实现执行目的所需的必要限度。"其中，"适当"即指合目的性，"兼顾各方当事人和利害关系人的合法权益"即指必要性，"不得超过实现执行目的所需的必要限度"即指相称性。

(一) 民事诉讼程序具有合目的性

合目的性（适当）是"目的与手段"之间的比较与选择，是指所采用的手段或者措施应当能够实现预定的目的。即便手段只能实现部分目的，也为合目的性所包容。

根据合目的性，民事诉讼程序应当按照民事诉讼目的来设置和运作。比如，民事执行目的是实现债权人的债权，应当按照债权（请求权）的类型（如给付金钱、交付物、履行行为等）来设置相应的执行程序和采取相应的执行措施。

(二) 民事诉讼程序具有必要性

必要性（最少侵害原则）是"手段与手段"之间的比较与选择，即在能够实现预定目的（"合目的性"）之前提下，应当选择采用对当事人、他人和社会等产生最小损失的手段或者措施。"杀鸡取卵"中，"杀鸡"手段的运用明显违反必要性。

比如，对于不同的证明对象，基于不同的价值追求（慎重或者快捷），往往采用不同的证明程序和证明标准。对于争讼案件实体事实，适用严格证明程序和完全证明标准，而对于法院裁定事项、非讼案件事实、法院决定事项等，适用自由证明程序和说明标准。

根据必要性的要求，在能够实现执行目的之多种措施中，应当选择对债务人或者利害关系人产生最小弊害的执行措施。比如，为实现债权人的金钱债权，债务人有金钱的则执行其金钱，没有金钱或者其金钱不足以清偿债务的，才执行其债权、动产或者不动产。

(三) 民事诉讼程序具有相称性

相称性（狭义的比例原则、均衡原则）是"目的与目的"之间的比较与选择，即运用利益衡量方法，对"采取的手段及其所追求的目的"与"因此而产生的弊害

---

① 参见姜世明：《民事程序法之发展与宪法原则》，2 版，296～299 页，台北，元照出版有限公司，2009。

后果"进行比较：若目的（益处）大于其弊害，则采取此项手段以实现此项目的；反之（得不偿失），则取消此项手段。与合目的性和必要性不同，相称性不受预定目的之限制。

就强制执行而言，虽以实现债权人债权为目的，但为了维护更大的正当权益或者避免产生更大的弊害而合理限制执行。根据相称性，应当权衡债权人因执行所实现的利益与债务人受到的损害是否相称，比如，根据执行标的有限性，攸关债务人及其所扶养家属基本权益的债务人财产（权）为执行豁免财产（权）。

满足合目的性和必要性的手段也会产生更大的损害（比如限制公民言论自由），所以还应遵守相称性。相称性考虑的是为实现某项目的及所采用的措施，是否侵害公民基本权利、公共利益等更高层级的正当利益或者积极价值。

就诉讼保全、证据保全、对妨害民事诉讼行为等采取的强制措施而言，应当是适当的，即能够实现相关目的，如诉讼保全措施须能实现诉讼保全的目的；应当是必要的，即选择适用对当事人损害最小的措施，如妨害民事诉讼行为情节轻微，则无须对行为人处以拘留；应当是相称的，即采取强制措施不得产生弊大于利的后果，否则取消此种强制措施。

第二节　检察监督原则和诚信原则

一、检察监督原则

（一）检察监督总则

民事检察监督原则根据我国宪法有关检察机关之功能、角色的规定，确定了检察机关在民事诉讼中监督者的地位。在我国现行宪法体制下，民事检察监督原则有其合理性，即对于实现民事诉讼公正和保护当事人合法权益确有其积极意义。[①]

《民事诉讼法》第 14 条规定："人民检察院有权对民事诉讼实行法律监督。"第242 条规定："人民检察院有权对民事执行活动实行法律监督。"《未成年人保护法》（2020 年修改）第 105 条特别规定："人民检察院通过行使检察权，对涉及未成年人的诉讼活动等依法进行监督。"

《检察监督》对民事检察监督作出了具体规定。检察院依法独立行使检察权，检察院通过抗诉、提出检察建议等方式，对民事诉讼活动实行法律监督。检察院办理民事诉讼监督案件，不收取案件受理费。

负责控告申诉检察、民事检察、案件管理的部门分别承担民事诉讼监督案件的

---

① 在诸多国家和地区，检察机关作为国家机关积极维护公益是其职责，主要体现为依法提起或者参与公益诉讼案件。关于我国检察机关提起民事公益诉讼案件，参见本书第二十四章第一节。

受理、办理、管理工作，各部门互相配合、互相制约。

上级检察院有权指令下级检察院纠正其错误的决定，或者依法予以撤销、变更。下级检察院对上级检察院的决定有不同意见的，可以在执行的同时向上级检察院报告。

检察院因履行法律监督职责的需要，可以向当事人或者案外人调查核实有关情况，也可以向银行业金融机构查询、调取、复制相关证据材料。

（二）民事审判检察监督

检察院发现法院已经发生法律效力的民事判决、裁定有《民事诉讼法》第 211 条规定情形之一的，应依法向法院提出再审检察建议或者抗诉。检察院发现民事调解书损害国家利益、社会公共利益的，应依法向法院提出再审检察建议或者抗诉。

当事人可以向检察院申请监督的情形有：生效的民事判决、裁定、调解书符合《民事诉讼法》第 220 条第 1 款规定的；认为民事审判程序中审判人员存在违法行为的；认为民事执行活动存在违法情形的。[1]

（三）民事执行检察监督

依据《检察监督》、《关于民事执行活动法律监督若干问题的规定》（法发〔2016〕30 号），检察院应当依职权监督的情形有：损害国家利益或者社会公共利益的；执行人员在执行该案时有贪污受贿、徇私舞弊、枉法执行等违法行为，司法机关已经立案的；造成重大社会影响的；需要跟进监督的。

当事人、利害关系人、案外人认为法院的民事执行活动存在违法情形的，可以向检察院申请监督。有关国家机关不依法履行生效法律文书确定的执行义务或者协助执行义务的，检察院可以向相关国家机关提出检察建议。

法院和检察院根据《中共中央关于加强新时代检察机关法律监督工作的意见》，建立健全"全国执行与法律监督信息化工作平台"，共同完善民事执行检察监督机制。

二、诚信原则

《民事诉讼法》第 13 条第 1 款规定："民事诉讼应当遵循诚信原则。"对此，《民事诉讼法》分则部分和《民诉解释》等作出了具体规定。

（一）民事诉讼诚信原则的含义

民事诉讼诚信原则大体上是指法院、检察院[2]、当事人及证人等诉讼参与人诚信地实施诉讼行为。在民事诉讼领域，将诚信法律化并予以遵行，应当说是建设诚

---

[1]　当事人以外的自然人、法人和非法人组织认为民事审判人员存在违法行为的，可以向同级检察院控告、举报。

[2]　《检察监督》第 4 条规定：检察院办理民事诉讼监督案件，坚持诚实信用原则。

信社会的一个不可或缺的内容，也是国家治理和社会治理的有机内容。

诚信原则除了与其他原则一样，能够弥补民事诉讼立法漏洞之外①，还对诉讼行为的基本要求或者对其他原则无法作用的方面和事项起到拾遗补阙的规范作用，比如自由心证原则是法官自主性的保证规范，诚信原则要求法官不得随意采用证据和认定事实，而应作出合理心证；要求当事人在期间内及早行使诉讼权利、尽快提供/交换证据，并且要求当事人加强诉讼合作、缓解过度对抗、加快诉讼进程。②

（二）诚信原则的具体内容——法院遵守该原则的具体要求

法院不得滥用司法权，不得对事实、证据和法律规范任意取舍，禁止突袭裁判。"禁止突袭裁判"包括禁止发现真实和法律适用的突袭，属于正当程序保障的内容，实际上是从另一方面保障当事人的"诉讼参与权"。

"发现真实的突袭"主要体现为法院剥夺或者限制当事人对裁判事实的质证机会或者辩论机会。比如，原告提起违约之诉，法院以存在合同无效事由作出判决，但是就合同无效事由法院没有给予双方当事人陈述意见的机会。

"禁止发现真实的突袭"还对法官公开心证提出了较高要求，即要求法官适时公开心证，使当事人能够及时了解法官对证据是否采用、对要件事实是否形成确信等情形，以适时补正证据。

"禁止法律适用的突袭"主要是指法官在对程序事项或者实体事项作出裁判之前，就如何适用法律规范给予当事人表达意见的机会，比如法院在裁定驳回起诉前，将作出该裁定的理由告知原告并赋予原告辩驳或者补正的机会。

（三）诚信原则的具体内容——当事人遵守该原则的具体要求

根据诚信原则，当事人承担如下义务：禁止滥用诉讼、禁止不正当形成利己诉讼状态、促进诉讼、禁反言、真实陈述、禁止妨害证明、不得逃避执行等。此外，当事人达成和履行诉讼契约均须遵循诚信原则。

1. 禁止滥用诉讼和禁止不正当形成利己诉讼状态

广义的滥用诉讼主要是指滥用获得正当程序诉讼权，后者包括滥用民事司法救济权、滥用获得公正诉讼权和滥用获得适时诉讼权。③ 国家应当建立诉讼诚信制度，将滥用诉讼作为严重失信行为信息纳入国家征信系统（参见本书第五章第三

---

① 参见王福华：《民事诉讼诚信原则论》，载《法商研究》，1999（4）。
② 在世界贸易组织争端解决程序中，双方当事人（申诉方与被诉方）虽然利益相互冲突，但是均得善意地积极推进争端解决程序的进程，努力寻求使双方当事人都满意的争端解决方案。这种善意在证据或者证明方面表现为当事人提供其掌握的相关资料和证据的合作义务。这一义务更多地体现在被诉一方。如果被诉方拒绝提供专家组要求的信息和证据，专家组可以从中得出对被诉方不利的推论。参见韩立余：《WTO争端解决程序中的举证责任》，载《现代法学》，2007（5）。
③ 诚信原则要求当事人在法定期间或者约定期间内"尽其所能"地"及时"行使权利和"及时"履行义务，同时还要求法官承担促进诉讼的职责，与当事人所承担的促进诉讼义务一起，共同推动诉讼程序尽快顺畅运行。若无正当理由不在期间内行使诉讼权利，则该权利失效，即产生失权的法律后果（失权效）。参见张卫平：《论民事诉讼中失权的正义性》，载《法学研究》，1999（6）。

节二）。

当事人不得以不正当的手段形成有利于自己而不利于对方当事人的诉讼状态，比如当事人不得以不正当的方法骗取利己的审判管辖，不得以虚假理由获得财产保全等，否则，作无效处理或者予以驳回。①

2. 禁反言与真实义务（又称真实陈述义务）

在民事诉讼领域，禁反言主要是指同一当事人对同一案件事实的陈述应当前后一致，禁止前后矛盾；包括直接禁反言和间接禁反言。②

直接禁反言是指在同一案件中，禁止同一当事人对同一案件事实故意作出前后矛盾的陈述③；不过，当事人可以受诈欺、胁迫或者意思表示错误等正当理由，撤销前面的陈述。④

当事人在后的陈述与此前陈述不一致的，人民法院应当责令其说明正当理由，并结合当事人的诉讼能力、证据和案件具体情况进行审查认定（《证据规定》第 63 条第 2 款）。

间接禁反言要求在前后不同案件中提出同一案件事实的同一人作出一致的主张或者陈述。笔者认为，间接禁反言与判决的"已决效力"或者"争点效力"没有本质区别，宜被纳入无须证据证明事实的范畴，可从诚信原则的内容中排除。

真实义务主要是指当事人（包括法定代理人）应当就案件事实作真实、完整的陈述（《证据规定》第 63 条第 1 款）。⑤

若将完整义务（又称完整陈述义务）理解为当事人须将所知事实全部提出，则与辩论主义相抵触，因为辩论主义将是否主张某一事实的决定权委诸当事人。因此，完整义务并非要求当事人作出完全的陈述，应被理解为"只有在当事人基于隐瞒事实（目的）而作出的不完全的陈述从整体上看违反其主观真实时，才禁止其进行这种陈述"⑥。如法谚所云，"隐瞒真相就是虚伪陈述"，可将完整义务作为真实义务的一个方面来把握。

---

① 比如，法院认为当事人意图延滞诉讼而提起反诉的，应当裁定不予受理或者驳回反诉。
② 在英美法系诉讼中，"禁反言"（estoppel）是指"禁止一个人否认其先前作过的真实陈述或者已经引起他人相信的事实存在的一项证据规则（不是'诉因'规则）"（*Longman Dictionary of Law*，eighth edition，London，Pearson Education Limited，2017，p. 178）。
③ 【案例】一审中，被告是用人单位，为了逃避支付工资，不承认与原告之间有劳动关系。原告提供银行卡、工资发放对账单等证据证明与被告有劳动关系。据此一审法院判决被告支付原告工资、未签订劳动合同二倍工资差额等。二审中，上诉人该用人单位为了不支付未签订劳动合同二倍工资差额，提交了双方的劳动合同。对此违背诚信原则的行为，2013 年 6 月 20 日，二审法院对该用人单位决定罚款 5 万元。参见《北京对恶意逾期举证者开出五万元罚单》，载《人民法院报》，2013 - 06 - 21。
④ 《民诉解释》第 340 条规定："当事人在第一审程序中实施的诉讼行为，在第二审程序中对该当事人仍具有拘束力。当事人推翻其在第一审程序中实施的诉讼行为时，人民法院应当责令其说明理由。理由不成立的，不予支持。"
⑤ 有关我国如何构建当事人真实义务制度，可以参见纪格非：《我国民事诉讼中当事人真实陈述义务之重构》，载《法律科学》，2016（1）。
⑥ ［日］高桥宏志：《民事诉讼法》，379～380 页，北京，法律出版社，2003。

真实义务主要是消极地禁止当事人陈述其明知是虚假的事实。① 当事人及其法定代理人不得故意地作出不真实陈述或者对真实事实进行争执。

民事诉讼当事人应当拥有"沉默权"。法谚云:"法律不强人所难。"要求当事人于对己不利的事实作出完全的真实陈述实乃强人所难。当事人的真实义务并非以当事人陈述真实的积极义务为内容,而是要求当事人不得故意讲假话,即当事人的真实义务中的"真实"是指当事人主观认为的真实,并不要求是客观真实。② 若要查明当事人是否违背真实义务,则应证明当事人是否存在故意,此项证明难度往往较大而易致诉讼迟延,不如直接证明案件事实是否真实,所以当事人的真实义务是比较薄弱的义务。③

因此,对当事人违背真实义务的行为,许多国家的法律没有给予现实的制裁,即便施予制裁也有所限制,比如当事人若在宣誓或者具结后仍然虚假陈述则应承担罚款等法律责任。

依据《证据规定》第64、65条,人民法院认为有必要的,可以要求当事人本人到场,就案件事实接受询问;人民法院在询问前,应当责令当事人签署保证书并宣读保证书的内容。④

依据《证据规定》第66条,当事人无正当理由拒不到场、拒不签署或宣读保证书或者拒不接受询问的,人民法院应当综合案件情况,判断待证事实的真伪;待证事实没有其他证据证明的,法院应当作出不利于该当事人的认定。

依据《民诉解释》第110条和《证据规定》第63条,当事人故意虚假陈述,妨碍法院审理的,法院应当根据情节,根据《民事诉讼法》第114条作出处罚。

3. 禁止妨害证明

【案例】2021年2月3日,A借给B人民币10万元,B交给A此项借款的借据。B逾期未还此项借款。在2021年7月10日,A对B提起返还借款之诉,请求法院判决B返还10万元借款。在起诉状中,A提出了借给B人民币10万元的事实和B逾期未还此项借款的事实,并且提到了借据。但是,在诉讼中,A并未向法院提供本案主要证据(借据),而是向法院提供了证人C。C证明道:2021年5月12日14时,自己看到A拿着借据要求B返还10万元借款,B突然从A的手中抢走了借据并立即烧毁。

在此案例中,根据证明责任分配的一般规则,原告A应当对本案借款事实和欠款事实承担证明责任。但是,证人C证明被告B烧毁了本案主要证据(借据),

---

① 参见黄国昌:《民事诉讼理论之新开展》,34页,台北,元照出版有限公司,2005。这与康德所言"一个人所说的必须真实,但没有义务把所有的真实都说出来"有异曲同工之妙。
② 参见〔德〕汉斯·约阿希姆·穆泽拉克:《德国民事诉讼法基础教程》,周翠译,241页,北京,中国政法大学出版社,2005。
③ 参见〔日〕高桥宏志:《民事诉讼法》,380~382页,北京,法律出版社,2003。
④ 保证书应当载明保证据实陈述,绝无隐瞒、歪曲、增减,如有虚假陈述,应当接受处罚等内容。当事人应当在保证书上签名、捺印。当事人有正当理由不能宣读保证书的,由书记员宣读并进行说明。

即被告 B 实施了"妨害证明"的行为。对此应当如何处理并如何作出事实认定？

在诉讼前或者诉讼中，当事人、案外人故意或者有重大过失地违反诚信原则，实施妨害证明行为的，构成《民事诉讼法》中的妨害民事诉讼行为。其构成要件如下。

（1）行为人可以是当事人或者案外人等，但应有诉讼行为能力或者法律责任能力。

（2）行为人主观上故意或者重大过失，即行为人明确意识到或者应当意识到隐藏、毁灭或者阻碍提供的证据是本案主要证据或者唯一证据。

（3）实施了妨害证明的行为（作为和不作为），比如：拒不提交①、毁灭、隐藏或者过失遗失主要证据；以暴力、威胁、贿买方法阻止证人作证；指使、贿买、胁迫他人作伪证；阻碍对方当事人收集主要证据；拒绝、阻碍法院调查取证；抗拒证据保全或者擅自拆封、转移、毁损被保全物等。

（4）妨害证明的行为导致上述证据所证明的案件事实无法证明（包括真伪不明）或者难以证明。

法谚云："破坏证据者应承担不利于己的推定。"当事人妨害证明，致使相关事实不能或者难以证明的，则推定该事实是真实的或者该证据不利于妨害证明的当事人（参见《民诉解释》第 112 条）。对前述案例则可按此推定来处理。②

对妨害证明行为人应处以罚款或者拘留等妨害民事诉讼的强制措施，并让其承担其妨害证明所产生的诉讼费用；构成犯罪的，则依法追究刑事责任。

（四）诚信原则的具体内容——证人、鉴定人和翻译人遵守该原则的具体要求

根据诚信原则，证人不得无正当理由拒绝作证，应当真实陈述案件事实，不得故意或者有重大过失地作伪证或作出前后矛盾的证言；鉴定人不得故意或者有重大过失地作出与案件事实和科学原理不符的鉴定意见；翻译人不得故意或者有重大过失地作出与当事人陈述、证人证言和书证文件等原意不符的翻译。

依据《民诉解释》第 119、120、189 条的规定，法院在证人出庭作证前应当告知其如实作证的义务和作伪证的法律后果，并责令其签署保证书（无/限制民事行为能力人除外）；证人签署保证书适用当事人签署保证书的规定；证人拒绝签署保证书的，不得作证并自行承担相关费用；证人签署后提供虚假证言、妨碍法院审理

---

① 比如，《劳动争议》第 42 条规定：劳动者主张加班费的，应当就加班事实的存在承担举证责任。但劳动者有证据证明用人单位掌握加班事实存在的证据，用人单位不提供的，由用人单位承担不利后果。《保障农民工工资支付条例》（国务院令第 724 号）第 50 条规定：农民工与用人单位就拖欠工资存在争议，用人单位应当提供依法由其保存的劳动合同、职工名册、工资支付台账和清单等材料；不提供的，依法承担不利后果。

② 笔者认为，根据正当程序保障原理，法院在判定是否构成妨害证明之前或者在作出处理或者处罚决定之前，应当进行必要的调查，并应给予行为人辩驳的机会。在诉讼中，当事人对于自己因妨害证明而承担不利于己的推定有不同意见的，有权提出异议。

的，适用《民事诉讼法》第 114 条的规定。

　　法谚云："法律惩罚不诚实的行为。"与当事人的真实义务不同，在诸多国家，证人、鉴定人和翻译人的真实义务一般源自公法上的规定，是对国家或者法院为之①，所以他们对于真实义务负有责任，倘若违背真实义务则会处以罚款甚或刑罚。

第三节　安定原则与诉讼法律规范

　　民事诉讼安定性或者安定原则决定了民事诉讼规范主要是强行规范。根据民事诉讼安定性或者安定原则，对于民事诉讼法明确规定的任意规范或者选择事项，法院或者当事人才可以作出选择或者处分。民事诉讼安定性或者安定原则决定了民事诉讼行为通常采取表示主义并且不得附条件和附期限（见下图）。

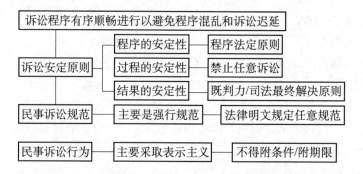

一、民事诉讼安定原则的内涵和根据

（一）民事诉讼安定原则的内涵

　　民事诉讼严格的法律规范性在诉讼程序方面体现为民事诉讼安定性（或称安定性原理）或者安定原则，其主要内涵是法官和当事人等应当按照法定程序有序地进行诉讼活动或者实施诉讼行为，其诉讼结果或者本案判决的确定力应当得到充分的程序维护或者保障。

　　民事诉讼安定性保障法官和当事人等对于诉讼程序的运行及其结果作出合理的预见或者预测，避免诉讼程序或者诉讼活动的混乱，所以民事诉讼的安定性又被称为民事诉讼的可预测性。

　　起初，民事诉讼安定性具体包括诉讼程序制度的安定性、诉讼过程的安定性和

---

① 《英国民事诉讼规则》自 1999 年始强调当事人的专家证人独立、公正和客观地协助法院的责任，强化其对法院负责，而弱化其对委托的当事人的责任。其目的在于将当事人的利益排除在专家证人作证之外，尽量避免专家证人为了己方当事人而作出与对方专家证人之意见相对立的证明，以避免在专家证人之间产生新的对抗，从而减弱诉讼的对抗性。

诉讼结果的安定性三方面内容。

（1）"程序法定原则"（民事诉讼程序制度的安定性），即民事诉讼程序只能由国家立法机关预先制定或者授权预先制定，旨在禁止对特定案件或者特定人员事后设立特别的民事诉讼程序，以保证相同情形或者相似情形获得相同或者相似的对待。根据程序法定原则，行政机关、司法机关不得制定剥夺或者限制当事人之程序基本权的规范，否则根据《立法法》、《监督法》（第32、33条）及《司法解释备案审查工作程序》来处理。

（2）"禁止任意诉讼"（民事诉讼过程的安定性），即禁止法官和当事人任意变更诉讼程序，要求其按照法定的程序序位和行为要件来实施相应的民事诉讼行为。民事诉讼过程具有不可逆性（自缚性），即在民事诉讼中，法官和当事人均受其已经作出的合法诉讼行为的约束，诉讼行为的选择度随着程序的逐步展开而逐步降低，至判决确定之时（本案判决不得上诉之时）行为选择的自由基本上没有了。

（3）"维护既判力原则"和"司法最终解决原则"（民事诉讼结果的安定性）。维护既判力原则是指有关具体案件的民事诉讼程序不能无休止地进行，须得有个终结点即判决确定之时，此时的判决是确定判决，具有既判力。司法最终解决原则即由法院终局性（结论性）地解决案件，法院确定判决只能由法院通过法定程序（再审程序、异议之诉等）来撤销或者变更，其他国家机关、社会团体和自然人无权以其他程序来变更或者撤销。

虽然民事诉讼程序安定性包括诉讼程序制度、过程和结果的安定性，但是考虑到既判力论和司法最终解决原则已经发展为比较成熟的诉讼理论，笔者将对诉讼结果的安定性或者确定判决的既判力另行阐释。

（二）民事诉讼安定原则的根据

在现代法治社会，确立和维护民事诉讼安定原则具有以下主要根据或者积极意义。

（1）民事诉讼安定原则是法治国家和国民主权原理在诉讼领域的具体体现。法治国家的基本要求是国家权力必须在作为民意代表的立法机关制定的法律所授权的范围内行使。为保护公民的获得正当程序诉讼权，诉讼安定性在制度层面要求建构符合正当程序保障的民事诉讼制度；并且，要求法官遵循法律预先规定的程序，此举旨在以法定程序防止法官滥用职权，实现立法权对司法权的制约，形成"以权力制约权力"的现代法治结构。①

（2）民事诉讼安定原则从技术层面要求法官和当事人遵守正当程序并保障程序价值的实现。法谚云，"哪儿的法律模糊或不确定，哪儿就有可悲的奴役"，故需在立法上要求民事诉讼遵循安定性要求。诉讼安定性主要是从技术性角度来体现诉讼程序的形式特性，而正当程序和程序价值既从道德性角度来体现诉讼程序的内涵要求（诉

---

① 参见宋英辉、罗海敏：《程序法定原则与我国刑事诉讼法的修改》，载《燕山大学学报》，2005（1）。

讼公正），又从经济性角度来体现诉讼程序的内涵要求（诉讼效率）。诉讼安定具有独特的内涵和功能，是一个与正当程序、程序价值相互区别而又相互关联的范畴。[①]

（3）民事诉讼安定原则要求诉讼程序有序顺畅进行以避免程序混乱和诉讼迟延。诉讼是由前后有序的诉讼程序和诉讼行为构成的，后面的诉讼程序和后行的诉讼行为以前面的诉讼程序和先行的诉讼行为为基础而有序展开。若允许任意诉讼，则有损诉讼程序的有序性和明确性，致使无数案件本应适用共同的诉讼程序而被变异，法官和当事人对诉讼程序如何运行无法作出及时预见，必然导致程序混乱和诉讼迟延。

（4）民事诉讼安定原则要求维护和保障判决的权威与法律的安定。判决既然是法院按照正当程序对当事人的民事实体关系作出的最终结论，为维护国家法律和判决的正当权威，就得维护其确定力或安定性。若允许任意变更或撤销确定判决，则既会使判决所确定的民事实体关系处于不安定的状态，又会损害判决的权威。民事诉讼安定实际上是人类社会的安定要求和法律的安定价值在民事诉讼中的具体体现。

由于诉讼安定具有以上诸多积极意义，所以许多国家的宪法或法律对诉讼安定性的保障作出了明确要求，或者将诉讼安定纳入"法的安定"而给予充分保护。比如，《西班牙宪法》第9条第3款对法的安定性作出了保障性规定。德国和奥地利等国家根据法治国家原理，保障诉讼安定性或判决确定力，并以此实现法的安定性。

二、民事诉讼法律规范

民事诉讼规范大致分为效力规范与训示规范。效力规范包括强行规范和任意规范。民事诉讼的安定性或者严格规范性决定了民事诉讼规范主要是强行规范，民事诉讼法是强行法，安定性和强行性是原则性要求而任意性和灵活性是例外情形。

（一）强行规范与程序后果

民事诉讼强行规范规定的是民事诉讼程序制度基础或者当事人基本程序保障等问题，所以对于民事诉讼强行规范和法定程序，法院和当事人应当严格遵行，不得随意或者合意变更或者排除适用，否则，为重大的程序违法。

比如，法院违反司法消极性、中立性、公开性、参与性、平等性的，属于程序上的重大违法，构成上诉或者再审的理由。当事人违背强行规范的诉讼行为，通常是无效的，比如对于不符合起诉要件的起诉，法院应当裁定驳回。[②]

---

① 有学者将程序安定视为与程序公正、程序效率相对独立的另一个程序价值，并认为程序安定包含程序规范的安定和程序运作的安定，其基本要素包括程序的有序性、不可逆性、时限性、终结性和法定性等。参见陈桂明、李仕春：《程序安定论》，载《政法论坛》，1999（5）。另有学者曾将程序安定（程序维持）作为程序公正的范畴。参见肖建国：《民事诉讼程序价值论》，189～190页，北京，中国人民大学出版社，2000。
② 然而，当事人违反强行规范所实施的诉讼行为，并非当然无效，有的可以因补正而有效。其情形主要有二：（1）当事人或者其诉讼代理人的补正。（2）当事人或者其法定代理人的追认。

强行规范的程序事项中需要法院处理的，多属于法院"职权调查事项"，如起诉要件、执行申请要件等诉讼程序的启动要件或者续行要件。法院不待当事人异议而得主动依职权调查，而且当事人也不得通过合意或者放弃责问权等方式阻止法院的调查。

（二）任意规范与程序后果

根据诉讼安定性，对民事诉讼法明文允许选择或者处分的程序事项，法院和当事人才可作出选择或者处分，否则其选择或者处分行为无效。[①]

有关法院和当事人可以选择或者处分事项的诉讼规范是任意规范。根据《民事诉讼法》，任意规范主要有：

（1）允许法院自由裁量的规范。例如，对于上诉案件，上诉法院可以决定在本院、案件发生地或者原审法院所在地审理（第176条第2款）。

（2）允许当事人选择的规范。例如：当事人可以选择是否起诉、上诉；原告可以放弃诉讼请求；当事人可以对案件事实作出自认；双方当事人可以达成管辖协议等诉讼契约。[②]

（3）允许法院与当事人共同选择的规范。比如诉讼标的是同一种类，法院认为可以合并审理的案件，经过当事人的同意，为共同诉讼（第55条第1款）。

有关任意规范的程序事项中，有些是为当事人利益而设的，在大陆法系被纳入当事人"责问事项"，在当事人提出责问或异议后，法院才予以调查。比如，《仲裁法》第26条和《民事诉讼法》第130条第2款规定的默示协议管辖就属于此类事项。

对于违背责问事项规范的诉讼行为，因该行为遭受不利益的当事人可以行使"责问权"，请求宣告无效或者重作。法院不顾合法责问所作出的裁判，通常是无效的。当事人主动舍弃责问权的，则以后不得行使，违背责问事项规范的诉讼行为被视为合法有效。

（三）训示规范与程序后果

与效力规范不同，训示规范多是鼓励性规定，严格遵守固然有其必要，但是，如未遵守，其诉讼法上的效力也不会受到什么影响，所以不得在事后以违背训示规范为由，要求撤销已实施的诉讼行为或者已进行的诉讼程序。[③]

---

① 《民事诉讼法》第235条和《仲裁解释》第29条明确规定了仲裁案件执行的级别管辖和地域管辖，有强制约束力。民事诉讼法属于公法，其没有赋予权力的就属于禁止，既然民事诉讼法没有明文规定当事人可以协商执行管辖法院，当事人就不得以任何方式改变法律规定的执行管辖法院。参见（2015）执申字第42号执行裁定书。

② 有关诉讼契约，参见张卫平：《论民事诉讼的契约化》，载《中国法学》，2004（3）；张嘉军：《民事诉讼契约研究》，北京，法律出版社，2010。

③ 比如，《日本民事诉讼法》中规定：当事人在诉状、答辩状及其他准备文书中，应当尽可能就民事纠纷的各种事实提供信息。这一规定只是训示规范，并不伴随主张责任，只是表明法律鼓励当事人这样做，以便法官尽快把握纠纷的全貌以提高诉讼效率。参见王亚新：《对抗与判定》，2版，92页，北京，清华大学出版社，2010。

法院所应遵守的期间中，有些有训示的意义，即使法院不遵守，也不发生审判行为无效的后果，故称之为训示期间。① 与训示期间不同，法定的不变期间（如上诉期）属于强行规范，法院和当事人应当遵守，不得随意变更，否则，其行为无效而仍须按法定期间进行。

第四节　民事诉讼基本模式

一、民事诉讼模式的类型：当事人主义和（法院）职权主义

民事诉讼中，主要解决当事人实体请求或者实体权益主张有无要件事实根据和有无实体法律根据及如何合法适时采取执行措施等问题。由此，民事诉讼涉及如下四类事项：

（1）当事人实体请求或者实体权益主张，比如，诉讼标的和诉讼请求、申请认定财产无主、债权人执行请求。

（2）要件事实和证据。要件事实用来支持或者推翻实体请求或者实体权益主张。根据证据裁判原则，对要件事实应当运用证据来证明。

（3）适用实体法律规范。本案审理终结后，法院根据本案直接事实，适用相应的实体法律规范，作出判决。

（4）诉讼程序事项。前三类事项是在诉讼程序中予以解决的。

有关解决"当事人的实体请求或者实体权益主张""要件事实和证据""诉讼程序事项"的基本方式和基本规范构成民事诉讼基本模式。② 根据这三类事项是由当事人决定还是由法院决定，通常将民事诉讼基本模式区分为当事人主义和（法院）职权主义。至于如何"适用实体法律规范"，专属于法院判决权的内容，不存在由当事人决定还是由法院决定的问题。

当事人主义是指"当事人的实体请求或者实体权益主张""要件事实和证据""诉讼程序事项"由当事人决定或者处分，相应地包括处分主义、辩论主义和当事人进行主义三方面内容。职权主义是指"当事人的实体请求或者实体权益主张""要件事实和证据""诉讼程序事项"由法院依职权主动决定，相应地包括职权干预主义、职权探知主义和职权进行主义三方面内容（见下图）。

---

① 根据《民事诉讼法》第151条第2款，当庭宣判的，应在10日内发送判决书。此款规定的期间实为训示期间，即使法院逾期送达判决书，该送达也是有效的。据此决定对判决书的上诉期的起算日或者既判力等效力的发生时。
② 参见邵明、常洁：《民事诉讼模式重述——以公益和私益为论述角度》，载《中国人民大学学报》，2019（6）。

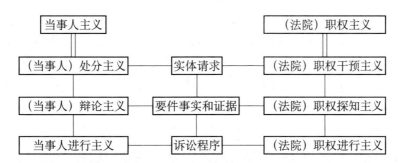

　　处分主义和辩论主义适用于民事私益案件及其诉讼程序（包括争讼程序、非讼程序和执行程序）。民事私益案件适用处分主义，即当事人在诉讼中可以处分其民事权益；在当事人处分民事权益的逻辑"延长线"上，辩论主义是指当事人有权处分判决资料（要件事实和证据资料），这即意味着在程序上尊重当事人间接处分民事权益的自由。[1]

　　职权干预主义和职权探知主义适用于民事公益案件及其诉讼程序（包括争讼程序、非讼程序和执行程序）。为维护公益，法院应当不受制于当事人对实体权益的处分；在此逻辑"延长线"上，职权探知主义是法院主动依职权调查收集要件事实和证据。不过，非人数众多的民事公益案件与人数众多的民事公益案件在职权探知主义的适用方面有所不同（详见下文分析）。

　　当事人进行主义与职权进行主义可以合称为程序进行主义。当事人进行主义和职权进行主义合并适用于民事诉讼程序，只是公益诉讼中职权进行主义内容更多些（比如原告申请撤回公益诉讼受到限制）。

　　法律仅要求公民个人处理自己私事时不得侵害公共利益和他人合法权益（"利己不损人"），不将"维护公益"作为积极的法律义务付诸公民个人。[2] 但是，作为国家机关，法院的基本职责和存在的主要意义就是通过诉讼保护合法私益和公共利益。

　　在自由资本主义或者私法至上的历史阶段，民事案件基本上是民事私益案件，

---

① 参见［日］谷口安平：《程序的正义与诉讼》，141 页，北京，中国政法大学出版社，2002。

② "公地悲剧"模式于 1968 年由英国生态经济学家格里特·哈丁（Garrit Hadin）提出，以在英国较为常见的牧区为例，大致意思是将一块牧场分给多个放牧者，同时在牧场中留下公共区域，结果发现放牧者精心打理属于自己的牧区，但公共区域的牧草因众人过度放牧而迅速荒芜。这个模式的推演结果充分说明不能由公民个人而应由法律强行规定国家机关维护公益。

法谚云："没有义务去做不可能的事"，"即使是善良的事项，但如果不可能，法律也不强求"。笔者认为，若法律积极要求公民个人维护公益，实际上是要求个人去做其没有能力做的事，从而不当增加公民的法律负担（但不妨碍将"维护公益"作为道德层面的要求）。

就民事侵权领域来说，私人请求权以个体的权利受损害为基础，但是在许多场合，例如空气、水污染，受害的是大众，对此，过分的做法是让个人去调查是谁超过了法定的标准排放，导致了损害，私人由于无法承担高额的成本而不得不放弃其请求权，所以此类损害案件应被纳入公益诉讼的范畴，采行职权探知主义。参见［德］曼弗雷德·沃尔夫：《物权法》，189 页，北京，法律出版社，2002。

以至于当时普遍的看法和做法是当事人主义是原则而（法院）职权主义是例外。①在19世纪中叶以后，由于民事行为越来越多地包含公益内容，国家有必要适度适时地干预此类民事行为，在民事诉讼中则体现为适度适时地适用（法院）职权主义。从保护私益和维护公益的角度来说，当事人主义与职权主义各有其存在的根据和适用的范围，不应有原则与例外之别。

二、关于当事人的民事实体请求：处分主义与职权干预主义

（一）处分主义——私权自治

处分主义，又称处分权主义或处分原则。《民事诉讼法》第13条第2款规定：当事人有权在法律规定的范围内处分自己的民事权利和诉讼权利。② 此款规定的处分原则是广义的，当事人处分的内容包括民事权益和诉讼权利。

本书采狭义，即当事人依法可以处分民事权益（实体处分）。至于当事人处分诉讼权利，则属于程序选择权或者当事人进行主义的范畴。处分主义的根据是私权自治，其主要内涵是在民事私益案件中，当事人有权合法处分其民事权益，法院应当在当事人实体请求或实体权益主张范围内作出裁判或者采取执行措施。至于包含公益的民事权益，或者法律规定的民事权利（如《民法典》第992条规定人格权不得放弃），则不允许当事人放弃或处分。

在民事诉讼中，当事人通过诉讼行为处分其实体权益。我国有关当事人处分实体权益的任意规范，主要有：

（1）当事人单方处分实体权益。原告可以通过诉讼标的、诉讼请求或者执行请求等来决定请求法院保护的范围（比如原告可以提出全部诉讼请求或者部分诉讼请求）③，

---

① 参见石志泉：《石志泉法学文集》，315～316页，北京，法律出版社，2014。
② 【习题】关于民事诉讼基本原则的表述，下列哪一选项是正确的？（　　）
　　A. 外国人在我国进行民事诉讼时，与中国人享有同等的诉讼权利义务，体现了当事人诉讼权利平等原则
　　B. 法院未根据当事人的自认进行事实认定，违背了处分原则
　　C. 当事人主张的法律关系与法院根据案件事实作出的认定不一致时，根据处分原则，当事人可以变更诉讼请求
　　D. 环保组织向法院提起公益诉讼，体现了支持起诉原则
　　［2013年国家司法考试试卷三；参考答案为C］
③ 《关于审理侵害知识产权民事案件适用惩罚性赔偿的解释》（法释〔2021〕4号）第2条规定："原告请求惩罚性赔偿的，应当在起诉时明确赔偿数额、计算方式以及所依据的事实和理由。原告在一审法庭辩论终结前增加惩罚性赔偿请求的，人民法院应当准许；在二审中增加惩罚性赔偿请求的，人民法院可以根据当事人自愿的原则进行调解，调解不成的，告知当事人另行起诉。"
　　《关于审理生态环境侵权纠纷案件适用惩罚性赔偿的解释》（法释〔2022〕1号）第3条规定："被侵权人在生态环境侵权纠纷案件中请求惩罚性赔偿的，应当在起诉时明确赔偿数额以及所依据的事实和理由。被侵权人在生态环境侵权纠纷案件中没有提出惩罚性赔偿的诉讼请求，诉讼终结后又基于同一污染环境、破坏生态事实另行起诉请求惩罚性赔偿的，人民法院不予受理。"

原告可以放弃或者变更诉讼请求（《民事诉讼法》第 54 条）[1] 等。

（2）当事人双方协商处分实体权益。比如，双方当事人根据《民事诉讼法》第 53 条或者第 241 条，可以达成诉讼和解或者执行和解来处分实体权益。

在大陆法系国家的民事诉讼中，"权利自认"通常是指被告承认作为诉讼标的前提之权利或者法律关系。比如，原告基于所有权提出损害赔偿之诉（诉讼标的是侵权损害赔偿法律关系或者原告主张被告承担损害赔偿责任的请求权），被告承认原告所有权的；原告以被告的建筑物倒塌而致其受害为由，请求被告赔偿损害，被告承认自己对该建筑物拥有所有权的。

问题是如果被告对自认的内容没有充分理解，则此时认可权利自认对被告有些残酷。有鉴于此，权利自认的成立应当限于"日常使用的并达到普通人能够理解其内容的程度"，应当承认被告可以撤回权利自认。[2]

被告一旦作出权利自认，原告基本上无须对自己的权益主张说明理由，但是，权利自认并不具有排斥法院判断的效力，只要作为权益主张基础的事实在辩论中出现或者由当事人提出，法院就可根据该事实，作出与权利自认不同的或者相反的判断。[3]

当事人直接处分民事权益的诉讼行为应当遵循意思真实主义，应当采用明示方式，应当采用书面形式（对此，我国民事诉讼法虽未规定，但实务中要求当事人填写"声明书"或者记录在审理笔录中并由当事人签名）。

声　明　书

（放弃诉讼请求用）[4]

　　声明人：×××，男/女，××××年××月××日出生，×族 ……（写明工作单位和职务或者职业），住……联系方式：……

　　法定代理人/指定代理人：××× ……

　　委托诉讼代理人：××× ……

　　（以上写明声明人和其他诉讼参加人的姓名或者名称等基本信息）

　　本人/本方在你院（××××）……号……（写明当事人和案由）一案中，放弃全部诉讼请求/放弃第×项诉讼请求：……（写明放弃诉讼请求的具体

---

① 应当注意，"被告可以承认或者反驳诉讼请求"（《民事诉讼法》第 54 条）不属于处分权的范畴。
② 参见［日］高桥宏志：《民事诉讼法》，413 页，北京，法律出版社，2003。
③ 参见［日］新堂幸司：《新民事诉讼法》，383 页，北京，法律出版社，2008。
④ 参见《民事诉讼文书样式》（法〔2016〕221 号）。

内容）。

　　特此声明。

　　此致

××××人民法院

声明人（签名或者盖章）

××××年××月××日

对于法院受理案件后，原告向法院明确表示放弃作为诉讼标的之权利和诉讼请求的，德国法院作出原告败诉的"舍弃判决"，我国实务中多按撤诉来处理。两种做法的法律效力不同，比如：法院作出舍弃判决的，则不许原告再行起诉；作出撤诉裁定的，则原告可以再行起诉。

民事私益案件中，法院根据事实和法律可以全部或者部分支持或者反对原告的实体请求。若法官依职权主动替换或者超越当事人的实体请求作出裁判或者采取执行措施，则违反处分原则。对此，当事人可以通过上诉或者再审，请求撤销或者变更法院判决，或者提出执行异议，请求撤销或者变更执行措施（参见《民事诉讼法》第236条）。

（二）职权干预主义——维护公益

根据《民事诉讼法》第13条第2款，当事人有权在法律规定的范围内处分自己的民事权利。此项内容主要是指当事人有权在民商事实体法允许的范围内处分自己的民事私权和民事私益，不包括处分或者放弃民事公益。按照我国现行法，处分原则在上诉审中体现为禁止不利益变更原则，但是有关公益案件中实际上采用职权干预主义。

《民事诉讼法》第175条规定："第二审人民法院应当对上诉请求的有关事实和适用法律进行审查。"对此，《民诉解释》第321条规定："第二审人民法院应当围绕当事人的上诉请求进行审理。当事人没有提出请求的，不予审理，但一审判决违反法律禁止性规定，或者损害国家利益、社会公共利益、他人合法权益的除外。"

在民事公益案件中，当事人对实体权益的处分权受到限制而采行职权干预主义，即为维护公益，在当事人实体请求不足以保护公益或者当事人对实体权益的处分有损公益的情形中，法院应当不受制于当事人对实体权益的处分，作出裁判或者采取执行措施。

比如，法院在受理离婚案件后，经审理确属无效婚姻的，应当将婚姻无效的情形告知当事人，并依法作出确认婚姻无效的判决（《婚姻家庭》第12条）。在"胡某诉陈某变更抚养权纠纷案"[①] 中，法院在依法作出判决的同时，还根据《家庭教

---

① 来源：最高人民法院2022年3月2日发布的"未成年人权益司法保护典型案例"，载 https://www.court.gov.cn/zixun-xiangqing-347931.html。

育促进法》，以裁定（实务中称之为"家庭教育令"）的形式责令被告切实履行监护职责。

再如，原告提起违约之诉，诉讼标的是请求权，诉讼请求是请求被告承担违约责任，故此诉属于给付之诉。通过审理，若本案法官发现存在《民法典》第143、153条规定的有损公益的民事法律行为无效事由，应当依职权判决合同无效（确认合同无效）并驳回原告的诉讼请求，同时还应根据《民法典》第157条作出具体判决。①

对于人数众多的民事公益案件，依据我国现行相关司法解释，主要有如下做法：

（1）依《环境公诉》第20条，在"原告请求修复生态环境的"前提下，法院可以在判决被告修复生态环境的同时，确定被告不履行修复义务时应承担的生态环境修复费用；也可以直接判决被告承担生态环境修复费用。

（2）依据《环境公诉》第9条、《消费公诉》第5条、《检察公诉》第18条等，法院认为公益诉讼原告提出的诉讼请求不足以保护社会公共利益的，可以向其释明变更或者增加停止侵害、恢复原状、修复生态环境等诉讼请求。问题是法院释明后，若公益诉讼原告没有变更或者增加诉讼请求，则无法维护公益。

（3）《生态环境赔偿》第11条规定：被告违反国家规定造成生态环境损害的，人民法院应当根据原告的诉讼请求以及具体案情，合理判决被告承担修复生态环境、赔偿损失、停止侵害、排除妨碍、消除危险、赔礼道歉等民事责任。其中规定法院应当根据具体案情合理作出判决。笔者认为，此条规定实际上包含职权干预主义的内容而非法院释明。

在民事公益诉讼中，若允许当事人随意处分实体权益，则可能损害公共利益，故法院依职权干预而不受当事人意志的约束。原告放弃其诉讼请求或者与被告和解而害及公益的，法院有权予以否定。换言之，原告不得放弃或者处分含有公益的诉讼请求（比如生态修复费用等）；对含有公益的诉讼请求，原告放弃或者处分对法院没有约束力，笔者认为，若原告遗漏含有公益的诉讼请求，则法院应当依职权补充。

在民事公益诉讼中，如果法院没有依职权作出合理干预，对此如何处理呢？笔者认为，一方面，按照正常的上诉程序和再审程序予以纠正；另一方面，进行检察监督，即检察机关应当提起抗诉，按照再审程序纠正法院没有依职权维护公益的行为。

---

① 比如，（2018）最高法民申1774号民事判决书中载有"对合同效力的认定，属于人民法院依职权应当审查的范畴"。《民法典》第143、153条与第157条共同构成一个完整的法律规范，第143、153条规定的是行为模式（有关合同无效的要件或者原因），第157条规定的是法律效果（合同无效的效果）。依据《婚姻家庭》第11条的规定，法院审理请求确认婚姻无效案件时，涉及财产分割和子女抚养，未达成调解协议的，应当一并作出判决。

三、关于要件事实和证据：辩论主义与职权探知主义

法院判决的根据主要有事实根据和法律根据，此即所谓"以事实为根据，以法律为准绳"。事实根据是指要件事实或者直接事实。根据证据裁判原则，应当运用法定的证据种类来证明要件事实或者直接事实之真伪。

当事人主张责任和证明责任的适用范围是要件事实或者直接事实。而间接事实的主要作用是证明直接事实，所以将间接事实作为证据对待，接受当事人质证，遵行了正当程序保障原理，对当事人不会造成突然袭击。

在大陆法系，判决资料即作为判决基础的资料，主要包括诉讼资料（从当事人法庭辩论中所获得的实体要件事实）和证据资料（经法庭证据调查程序所获得的证据资料）。[①] 判决资料是由法院收集、提供还是由当事人主张、提供？对此，有辩论主义（适用于民事私益案件）和职权探知主义（适用于民事公益案件或者包含公益的事项）两种做法。

（一）辩论主义（或称当事人提出主义）

不同于《民事诉讼法》第 12 条规定的辩论原则或者辩论权主义（属于参与原则或者对审原则的内容），辩论主义是指当事人对判决资料的处分，即主张事实和提供证据是当事人的权利或者责任，当事人无争议的实体要件事实应为判决的根据。

辩论主义既约束当事人又制约法院，据此辩论主义可分为本来性辩论主义（从主张事实和提供证据是当事人的权利或者责任的角度来把握辩论主义）和机能性辩论主义（从法院不能采用当事人未主张的事实和未提供的证据的角度来把握辩论主义）。

从权利的角度来说，辩论主义体现了当事人对判决资料的处分；根据权责一致性原理，法律又将主张事实和提供证据作为责任赋予当事人。因此，与当事人主张权和证明权相一致，当事人分别负担主张责任和证明责任，从而构成了辩论主义的基本内涵（见下页图）。

（1）辩论主义的基本内涵之一是当事人对利己要件事实或者直接事实享有"主张权"或者承担"主张责任"（或称陈述责任）；法院只能对当事人主张的没有撤回的要件事实或者直接事实决定是否采信，不得调查和采用其他要件事实或者直接事实。

---

① 至于如何判断证据（证据能力之有无和证明力之大小等）、如何认定直接事实（真实与否及是否符合实体规范构成要件等）、如何适用法律规范等事项属于法院应有职责或者专属权限，不属于辩论主义和职权探知主义所要解决的问题。在辩论主义诉讼中，严格区分诉讼资料与证据资料，不能通过证据资料来补充诉讼资料，如证人无意中提供"债务人已经偿还债务"的证言，只要当事人没有主张已经偿还债务的事实，法院就不能采用。参见［德］罗森贝克等：《德国民事诉讼法》，527 页，北京，中国法制出版社，2007；［日］新堂幸司：《新民事诉讼法》，307～309 页，北京，法律出版社，2008。

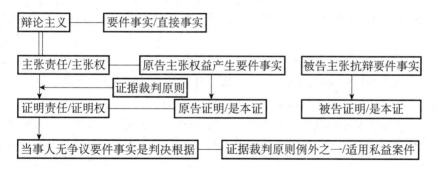

主张责任是指当事人负责主张"利己事实"，否则承担不利的后果（比如败诉）。主张责任虽然由因某项法律事实的法律效果发生而受益的当事人承担。不论是负主张责任的当事人主张利己事实，还是对方当事人提出该事实，都符合主张责任的要求，法院可以将该事实作为判决的根据。此为"主张的共通性"（属于"事实共通性"的范畴）。

（2）辩论主义的基本内涵之二是根据"证据裁判原则"，当事人对利己的有争议的要件事实或者直接事实（证明对象）享有"证明权"或者负担"证明责任"；法院只能对当事人提供的证据决定是否采用，对于当事人没有提供或者自愿撤回的证据①，法院不得将其作为认定要件事实或者直接事实的根据。

辩论主义前述两项基本内涵（主张责任与证明责任）之间的通常法律关系是"谁主张谁证明"②（He who asserts must prove）。根据法律规范构成要件原理，主张责任与证明责任的分配规范通常是一致的。根据证据裁判原则，当事人对其主张

---

① 当事人提供证据属于取效（性）诉讼行为（参见本书第七章第二节三），辩论主义程序中应当允许当事人在如下情形中撤回证据（我国没有规定）：

（1）质证或者证据调查开始之前，提供者可以自由撤回该证据（职权探知主义程序中只有经过法院同意才可撤回）。

（2）质证或者证据调查开始之后，在事实和证据共通性原理（参见本书第十三章第一节三）下，该证据对对方当事人有利的可能性将逐渐被现实化，或者说有可能产生对对方当事人有利的证据资料，所以应当征得对方当事人的同意，才能撤回证据。

质证或者证据调查完成后，由于是否具备证据能力和证明力大小问题已经得到解决，证据调查结果已经对法官的心证产生了现实影响且难以消除，同时证据的调查结果已经产生了共通性，所以纵使对方当事人同意，也不许撤回。参见姚瑞光：《民事诉讼法论》，444 页，台北，海宇文化事业有限公司，2004。

《生态环境证据》第 15 条规定：当事人向人民法院提交证据后申请撤回该证据，或者声明不以该证据证明案件事实的，不影响其他当事人援引该证据证明案件事实以及人民法院对该证据进行审查认定。当事人放弃使用人民法院依其申请调查收集或者保金的证据的，按照前款规定处理。

② 原告首先应当主张权益产生的要件事实或者直接事实（用来直接支持其民事实体请求）并承担证明责任；然后，被告主张权益妨碍、阻却或消灭的要件事实或者直接事实（用来直接推翻原告的民事实体请求）并承担证明责任。在少数情形中，主张责任和证明责任的分配是不一致的。比如，在证明责任倒置的情形中，虽然原告主张权益产生的要件事实，但是法律将部分要件事实倒置给被告来证伪；虽然众所周知的事实、公证的事实、预决的事实、推定的事实和诉讼上自认的事实等无须证据证明的事实，不作为证明责任的适用对象，但是当事人负担主张此类事实的责任。

的利己的有争议的要件事实或者直接事实，应当负担证明责任（提供本证作出证明）。

（3）辩论主义的基本内涵之三是作为证据裁判原则的例外，当事人没有争议的要件事实或者直接事实（包括诉讼上自认的事实，下同）应被作为判决资料，并且法院和当事人不得作出与该事实不一致的判断和陈述。

辩论主义的基本内涵之三属于证据裁判原则的例外情形。问题是：从证据裁判原则之例外的角度来说，为什么仅当事人没有争议的直接事实构成辩论主义的基本内涵呢？

笔者的理解是：作为证据裁判原则的法定例外，司法认知的事实、推定的事实和已决的事实在民事公益案件和民事私益案件中均可适用并有着相同的免证效力，但是当事人没有争议的直接事实作为无须证据证明的事实仅适用于民事私益案件，而在民事公益案件中不具有免证的效力（详见下文），从而形成辩论主义与职权探知主义第三项内涵的区别。

采行辩论主义并非放弃真实，事实上辩论主义也是发现真实的手段之一。在民事争讼程序中，存在着相互对立的双方当事人，最能体会利害关系者莫如当事人本人，为维护自己的民事权益，当事人通常会积极主张利己事实和提供利己证据并进行相互对抗，从而在法官面前能够比较全面地展示案情，使法官兼听则明。[1]

现代辩论主义在保留传统辩论主义基本内涵的基础上，采取法官释明、当事人基于正当事由可以申请法院收集证据、法官询问当事人、当事人真实义务和禁反言义务（属于诚信原则的内涵）等措施，作为辩论主义的补充，弥补当事人主张事实和提供证据方面的局限，以实现诉讼公正。

（二）职权探知主义或者职权调查主义

职权探知主义适用于民事公益案件（包括争讼案件、非讼案件[2]和执行案件）及包含公益的事项。[3]

《民事诉讼法》第67条第2款和《民诉解释》第96条等规定，法院应当调查收集证据的情形有：（1）涉及可能损害国家利益、社会公共利益的[4]；（2）涉及身

---

① 就诉讼上自认来说，也未放弃真实。比如，已被证明为真实或者虚假的事实不能自认为虚假或者真实；根据相关经验法则，精神智力正常的自认人对不利己事实的自愿承认，往往是真实的；自认人证明自己因受诈欺、受胁迫或者意思表示错误而作出自认的，可以向法院请求撤销该自认。参见邵明：《我国民事诉讼当事人陈述制度之"治"》，载《中外法学》，2009（2）。

② 《日本非讼案件程序法》第11条规定：法院依职权探知事实，并认为必要时调查证据。

③ 比如，依据《人脸识别》第5条的规定，为维护公益使用人脸识别技术或者处理人脸信息的，为信息处理者的免责事由。前述免责事由包含公益的内容。一些涉及公益的绝对诉讼要件，应由法院依职权探知事实。在德国，法院依职权调查经验法则、地方习惯、行业习惯和外国法等。

④ 包括虚假诉讼的事实。《关于进一步加强虚假诉讼犯罪惩治工作的意见》第21条规定：对于存在虚假诉讼犯罪嫌疑的民事案件，人民法院可以依职权调查收集证据；当事人自认的事实与人民法院、人民检察院依职权调查并经审理查明的事实不符的，人民法院不予确认。

份关系的①；（3）涉及《民事诉讼法》第58条规定的诉讼的；（4）当事人有恶意串通损害他人合法权益可能的②；（5）涉及依职权追加当事人、中止诉讼、终结诉讼、回避等程序性事项的。③

职权探知主义是指在民事公益案件中，法院不限于当事人主张的事实和提供的证据的范围，依职权主动收集事实和调取证据。职权探知主义的基本内涵有三：（1）法院依职权主动调查当事人没有主张的要件事实或者直接事实并将其作为判决资料；（2）法院依职权主动收集或者采用当事人没有提供的证据④；（3）当事人没有争议的事实没有免证的效力，法院可以责令当事人提供有关证据，并应调查其真伪以决定是否采信。

在我国，法院职权探知的内容仅包括上述第二、三项的内涵。⑤ 笔者认为，由于要件事实直接决定民事权益的产生、妨碍、阻却或者消灭，即能够直接支持或者直接推翻原告的民事实体请求，所以若当事人没有主张完整的要件事实，法院为维护公益应当依职权主动补充，将职权探知主义的第一项基本内涵纳入相关制度中。

在审理终结时民事权益产生要件事实是伪的或者是真伪不明的，不被法院采信的后果仍然由原告承担。法院的职权探知责任并非主张责任和证明责任而是法院作为国家机关所承担的维护公益的职责。法谚云，"任何人不得同时既是原告又是法官"，法官或者法院作为中立的裁判者不是当事人，不能提出诉讼请求或者追诉请求，所以也不承担不利的实体后果。

法院作为国家机关维护公益是其当然职责，法院依职权探知较能发现真实和维护公益。民事公益案件采取"实体真实主义"，不能任由当事人处分事实证据或者作出虚假证明。⑥ 在现代民事侵权领域（如空气、水污染等），受害的往往是大众，让个人去证明损害事实是比较过分的做法，应将此类损害案件纳入公益诉讼范围而采行职权探知主义。⑦

笔者认为，刑事公诉案件由于采用国家侦查主义，所以无须采用（法院）职权探知主义。同时，非人数众多的民事公益案件与人数众多的民事公益案件在证明责任和职权探知方面也应有所不同。

---

① 相当于大陆法系的人事诉讼案件。根据《日本人事诉讼程序法》，辩论主义不适用于婚姻案件（第10条）；为维护婚姻，在亲子关系案件中，法院依职权可以进行调查证据，并对当事人所未提出的事实加以考虑（但对于调查的事实及证据的结果，应当询问当事人）（第14、31条）。

② 笔者认为，涉及他人合法权益的事实并不必然涉及公益，应由当事人负证明责任。

③ 除上述第一～五种情形外，法院应当依照当事人申请并应由两人以上共同调查收集证据。

④ 询问当事人在民事私益案件中具有补充性，但是为查明包含公益的事实，询问当事人没有补充性且被作为第一层次的证据，法院可以随时询问当事人［参见本书第十三章第三节一（三）］。

⑤ 参见《民事诉讼法》第67条第2款，《民诉解释》第92、96条，《证据规定》第18条，《环境公诉》第14、16条，《消费公诉》第12条等。

⑥ 职权探知主义又称实体真实原则，而辩论主义又称形式真实原则。实体真实与形式真实只是在程度上有所区别，事实上辩论主义也不放弃真相追求。

⑦ 参见［德］曼弗雷德·沃尔夫：《物权法》，189页，北京，法律出版社，2002。

非人数众多的民事公益案件中，原告通常是自然人，故应适用职权探知主义。人数众多的民事公益案件中，从专业性等角度来看，作为原告的消费者保护组织、环境保护组织、检察机关等，其主张事实和收集证据的能力不弱于，甚或强于法院，故应由其承担主张责任和证明责任，法院职权探知具有补充性（补充作用），即原告提供的证据不足以证明事实真相的，则法院依职权探知（这种补充性与"询问当事人"的补充性有相通之处）。

根据正当程序保障原理或者参与原则，凡是作为判决根据的事实和证据，不管是当事人还是法院等收集或者提供的，都应当经过当事人的质证和辩论（经过法庭调查和法庭辩论）后，才能作为裁判的根据。①

笔者认为，为有效维护公共利益，在民事公益诉讼中有关职权探知主义的诉讼规范应为强行规范，并应将"法院因没有依职权探知而作出错误判决"明确规定为上诉和再审的法定理由，还应对人数众多的民事公益案件中法院职权探知的补充性作出明确规定。

（三）法院职权调查事项

法院职权调查事项有：经验法则、地方习惯、行业习惯；起诉要件、诉讼要件、反诉要件、上诉要件、诉的合并和变更要件、公示催告申请要件、强制执行申请要件等。

与当事人责问事项［参见本章第三节二（二）］不同，法院职权调查事项无须当事人提出异议或者申请，法院就得主动依职权调查并作出处理，并且当事人不得以合意或者放弃异议权等方式阻止法院调查。此为职权调查事项与职权探知主义的共同点。

职权调查事项仅指明法院是调查主体（不涉及判决资料分配问题）且并非必然适用职权探知主义，即职权调查事项是否合法的事实和证据并非一律适用职权探知主义，应视具体事项或者具体情形（所含公益私益和实体程序因素多少）来决定。②

四、关于民事诉讼程序事项：当事人进行主义与职权进行主义

法院和当事人是民事诉讼的基本主体，无法院和无当事人则构不成诉讼。程序

---

① 笔者认为，为避免先入为主所产生的偏见，收集事实证据的人员不应是本案的审判法官，而应是法院的其他公务人员。
② 例如，管辖权问题属于职权调查事项，但是对于判断管辖权合法与否所依据的事实证据，对专属管辖和级别管辖事项应采职权探知主义，对其他管辖事项则应采辩论主义。
【习题】关于法院依职权调查事项的范围，下列哪些选项是正确的？（　　）
A. 本院是否享有对起诉至本院案件的管辖权　　B. 委托诉讼代理人的代理权限范围
C. 当事人是否具有诉讼权利能力　　D. 合议庭成员是否存在回避的法定事由
（2012年国家司法考试试卷三；参考答案为ABCD）

进行主义包括当事人进行主义和职权进行主义。对于民事诉讼程序事项，由当事人来决定或者完成的，则属当事人进行主义；由法院来决定或者完成的，则为职权进行主义。有些民事诉讼程序事项（比如《民事诉讼法》第 55 条规定的适用普通共同诉讼等），应当由法院与当事人共同决定或者共同完成。

当事人进行主义主要表现为当事人行使程序权利的诉讼行为（比如起诉）和履行程序义务的诉讼行为（比如债务人申报财产），既有单方行为（比如撤诉）又有双方行为（比如合意适用简易程序）。

职权进行主义主要表现为法院对程序事项的裁定和执行等，比如：法院裁定驳回起诉；法院决定回避；主持审理程序和执行程序合法、有序、及时进行（相关权力被称为诉讼指挥权）；裁定采取执行措施等。

根据司法消极原则和参与原则等司法或诉讼的基本原理或者基本原则，各国民事诉讼法对于诉讼程序事项均采折中主义，即由法院和当事人对相应的程序事项拥有决定权。就初审程序而言，开始阶段通常包括原告起诉、法院受理、被告答辩等内容；续行阶段通常包括当事人交换证据、质证辩论和法院主持诉讼程序等内容；终结情形包括法院裁判终结和当事人撤诉等。

职权进行主义的因素在民事公益案件中比在民事私益案件中更多些。比如，在民事公益案件中，法院为维护公益而不同意撤诉①；人事诉讼案件或者身份关系诉讼案件因涉及公益而不适用协议管辖。②

按照民事诉讼安定原则，法官和当事人应当按照法定程序实施诉讼行为。按照诚信原则，法官和当事人均负有促进诉讼的义务。

---

① 参见《民诉解释》第 288、335、336、408 条，《环境公诉》第 27 条，《婚姻家庭》第 11 条等。
② 参见姜世明：《民事程序法之发展与宪法原则》，392 页，台北，元照出版有限公司，2009。

第二编　民事之诉·诉讼标的·民事诉权

"民事纠纷·民事诉权·民事之诉·争讼程序"（或称"诉·审·判"）关系原理是对原告的"诉"（包括起诉、上诉、再审之诉、异议之诉等），法院应当通过"终局判决"作出应答，终局判决原则上经过"必要的口头辩论"才能作出（见下图）。

"民事纠纷"因原告"起诉"而进入"争讼程序"，接受法院审判则为"民事之诉"（"民事争讼案件"）。"民事诉权"是关于民事之诉的权利，原告行使民事诉权的方式是起诉（提起民事之诉）。解决民事之诉的程序是民事"争讼程序"（或称"判决程序"）。

就民事私益诉讼来说，通常情形是：（1）原告决定诉讼标的和诉讼请求（实体请求）。（2）当事人负担主张责任——原告应当主张民事权益产生要件事实（诉因）支持诉讼标的和诉讼请求，被告主张抗辩事实推翻诉讼标的和诉讼请求。（3）当事人负担证明责任——原告对民事权益产生要件事实提供本证，被告对其抗辩事实提供本证。① （4）对民事权益产生要件事实和被告抗辩事实适用严格证明和完全证明。法庭言词辩论终结后，法官综合考量本案全部证据来确信要件事实或者直接事实的真伪，之后适用实体法规范作出判决。

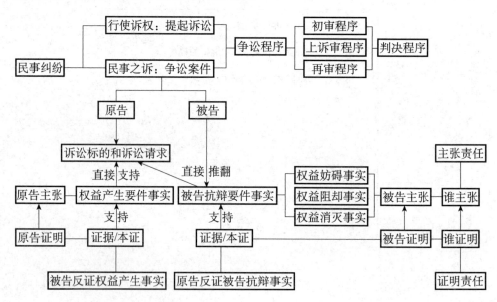

---

① 证明责任或举证责任是指负责提供"本证"的责任。"反证"是权利，对方当事人可以提出反证，也可以不予反证。

第 四 章

民事之诉与诉讼标的

民事纠纷因原告合法行使诉权（起诉）而进入民事争讼程序，接受法院审判，则为民事之诉（民事争讼案件）。诉的构成要素包括诉的主体、诉的客体（诉讼标的和诉讼请求）、诉的原因（权益产生要件事实）。诉讼标的是诉的质的规定性，决定诉讼请求。根据诉的构成要素并结合其他必要诉讼事项来设立起诉条件和诉讼要件。通常根据诉的构成要素来判断是否重复起诉。

第一节　民事之诉的概念·构成要素·诉讼标的

民事之诉的概念、构成要素、诉的合并变更与起诉要件之间的关系如下图所示。

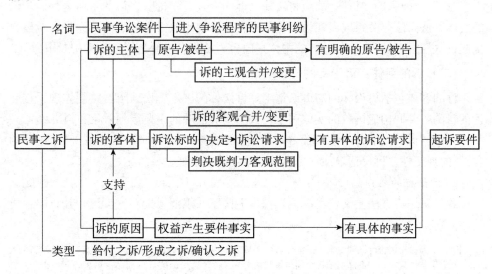

一、民事之诉的内涵

有关名词意义上的"诉"和动词意义上的"诉"的程序制度规范，即民事之诉制度，包括有关诉的构成要素、要件、识别、类型、合并与变更等程序规范。

民事之诉的主要内涵是具体（或者特定）原告针对具体（或者特定）被告，向法院请求审判具体的民事权益主张。具体有如下两种情况：

（1）为名词时，民事之诉又称民事争讼案件，属于民事实体案件，实际上是（通过原告起诉和法院受理而）进入审判程序（争讼程序）的民事纠纷。"起诉"中的"诉"为名词意义上的"诉"，一个诉即一个民事争讼案件，如侵权之诉可称为侵权案件。

（2）为动词时，如"甲诉乙房屋买卖合同纠纷案"①。英语 versus（简写 v. 或者 vs.），即动词"诉"之义，如 Brown v. Board of Education（I347 U. S. 483：1954）。民事诉权的行使方式是原告起诉，启动的是争讼程序（非讼程序的启动方式是申请）。

二、民事之诉的构成要素与诉讼标的

诉的构成要素是一个完整的诉所必要的内容或者因素，包括诉的主体（双方当事人）、诉的客体（诉讼标的和诉讼请求）、诉的原因（权益产生要件事实）（见上页图）。根据纠纷的可诉性，诉应当具体化（构成要素应当具体），否则不符合诉的合法要件。

（一）诉的主体：原告与被告（当事人）

"诉"是原告的"诉"，故应将法院（诉的审判者）排除在诉的主体之外。争讼的实体（法）法律关系或者实体具体效果存在于纠纷双方主体之间，原告针对被告提起诉（原告诉被告），故此诉的主体是原告与被告。由此争讼程序采用对审原则。

（二）诉的客体：诉讼标的与诉讼请求

诉的客体包括诉讼标的与诉讼请求，诉讼标的决定诉讼请求，共同体现原告起诉的目的，共同构成诉权的实体内容，共同构成法院的主要审判对象和判决主文。

一个"诉"只有一个"诉讼标的"但可有数个诉讼请求，诉讼标的是诉的"质"的规定性，诉讼请求往往是诉的"量"的规定性。

1. 诉讼标的之内涵

我国采用成文法主义，民事诉讼基本上属于"规范出发型"诉讼，其目的主要

---

① "甲诉乙商品房销售合同纠纷案"是案件名称。其中，"甲诉乙"标明了本诉的主体或者本案的当事人（原告甲与被告乙）；"商品房销售合同纠纷"是案由（包含诉讼标的）；"商品房销售合同纠纷"起诉到法院并被法院立案则成为案件。案由是民事案件名称的组成部分，反映讼争的民事法律关系的性质。参见《关于印发修改后的〈民事案件案由规定〉的通知》（法〔2011〕42号）。
《人民法院案件类型及其代字标准》（2015年）、《人民法院案件信息业务标准》（2015年）和《关于人民法院案件案号的若干规定》（法〔2015〕137号）分别对案件类型及其代字标准、案件信息业务标准、案件案号作出了规定。

是保护民事权益、解决民事纠纷等，所以诉讼标的通常是指民事当事人之间争议的、请求法院审判的民事实体法律关系或者民事实体权益。

（1）诉讼标的之"标的"是民事当事人之间存在的民事实体法律关系或者原告所主张的民事实体权益①，比如，买方 A 与卖方 B 之间存在的货物买卖合同法律关系或者 A 所主张的请求 B 给付合格货物等的请求权、B 所主张的请求 A 支付货款等的请求权等。

（2）诉讼标的是民事当事人之间发生争议的民事实体法律关系或者民事实体权益。比如，买方 A 与卖方 B 均履行了各自的义务（履约），则无争议（无诉的利益）而无须解决，此时的买卖合同法律关系或者请求权还不能成为诉讼标的。若 A 与 B 有争议（违约），如因 A 没有按照合同支付货款而发生了争议（有诉的利益），才须解决，此时的买卖合同法律关系或者 B 所主张的请求 A 支付货款的请求权才可能成为诉讼标的。

（3）诉讼标的是请求法院审判的民事实体法律关系或者民事实体权益。比如，若买方 A 与卖方 B 通过和解、调解或者仲裁来解决争议，则 A 与 B 之间发生争议的买卖合同法律关系或者 B 所主张的请求 A 给付货款的请求权不是诉讼标的，只有当 B 提起民事诉讼、请求法院审判该争议时才能成为诉讼标的。

根据上诉程序和再审程序的目的，上诉案件、再审案件与原审案件是同一案件（诉），所以上诉案件、再审案件的诉讼标的是原审案件的诉讼标的，上诉人、再审原告等要求法院废弃原审判决的诉讼法上的形成权并非诉讼标的［参见本章第二节四（三）］。

2. 诉讼标的与诉讼请求之关系

诉讼请求（或称诉的声明、请求旨意）是原告请求法院审判的、以诉讼标的为基础的具体的实体请求（具体的实体权益主张），即请求权、支配权或者形成权的具体内容。

比如，B 诉 A 买卖合同纠纷案中，诉讼标的是 B 对 A 所主张的请求权，请求权的具体内容构成诉讼请求（如请求支付价款 500 万元、利息 10 万元和违约金 5 万元等）。

例如，原告提起确认收养关系之诉，诉讼标的是原告所主张的收养关系或者对收养关系的支配权，诉讼请求则是原告请求法院确认收养关系存在或者合法。

再如，原告提起离婚之诉，诉讼标的是原、被告间所存在的婚姻关系或者原告

---

① 民事实体权利可以指所有权、债权、人身权等实质权，更多的是指以权利作用为标准所划分的请求权（是给付之诉的诉讼标的）、支配权（是确认之诉的诉讼标的）和形成权（是形成之诉的诉讼标的）。依据《案由规定》，案由主要是根据诉讼标的来确定的，即依据当事人主张的民事法律关系的性质来确定（如变更抚养关系纠纷），依据民事实质权来确定（如人身自由权纠纷、探望权纠纷、股东知情权纠纷等），依据请求权、形成权或者确认之诉、形成之诉的标准来确定（如票据付款请求权纠纷、确认合同无效纠纷等）。少部分案由也包含争议焦点、标的物、侵权方式等要素。

所主张的对婚姻关系的解除权，诉讼请求则是原告请求法院解除婚姻关系。

诉讼标的是诉的"质"的规定性。一个诉只有一个诉讼标的但可有数项诉讼请求。同一个诉讼程序中，存在两个以上诉讼标的的，为两个以上的诉（构成"诉的客观合并"）；本诉的诉讼标的发生"质变"的，本诉就变成另诉（产生"诉的客观变更"），比如诉讼标的由侵权赔偿法律关系变更为合同法律关系，则侵权之诉变更为违约之诉。[①]

当一诉有数项诉讼请求，原告行使处分权，增减诉讼请求，即诉讼请求在"量"上发生变更，则本诉仅发生"量变"，并未改变本诉的诉讼标的而依然是原诉。比如，B诉A买卖合同纠纷案中，即使B舍弃对违约金5万元的请求，本诉的诉讼标的没有发生变更，本诉还是原诉。[②]

（三）诉的原因：民事权益产生要件事实或者直接事实

民事权益产生要件事实或者直接事实，又称"诉的原因""诉的原因事实"，简称"诉因"，是直接支持原告的诉讼标的和诉讼请求的事实根据，同时又能使原告所提之"诉"特定或者具体而区别于他诉。

"诉的理由"（又称诉的根据、诉讼理由、诉讼根据）包括民事权益产生要件事实和民事实体法律根据。支持诉讼标的和诉讼请求的实体法律根据不应作为诉的构成要素。实体法律根据专属于本案审判法官的审判权（法谚云，"当事人负责事实，法官负责法律"），并且待到案件审理终结时法官才能决定实体法律规范的适用，既然诉是由原告提起的，就不应由原告在起诉时就确定实体法律规范的具体适用（但并不妨碍原告在起诉状中援用）。

证明民事权益产生要件事实的本证并非诉的构成要素。《民事诉讼法》第68条和《民诉解释》第99条等要求当事人在举证期限[③]内提供证据，若当事人因正当理由无法提供证据的，则应在举证期限内申请法院收集。至于有关公益的案件事实，则由法院依职权探知。从比较法来看，许多国家将证据的提供作为诉状的任意记载事项而不作强行性规定，法律上和实务中往往鼓励当事人在起诉时就提供充足的证据。

[①] 为便于（非法律专家的）当事人理解，立法上和司法中往往不说诉讼标的而说诉讼请求。实际上，这种诉讼请求的变更是建立在诉讼标的的变更之基础上，为诉的客观变更（详见本书第六章第三节）。"诉讼标的""诉讼标的物""诉讼标的额"虽有联系但属不同概念。所有的诉均有诉讼标的和诉讼请求，但是只有在有关物的诉中才有诉讼标的物。在"诉"中，诉讼标的物为原告与被告之间争议之物（动产或者不动产）；往往需要根据市场价格，确定标的物之金额，即诉讼标的额。若诉讼请求是请求给付金钱，其金额即为诉讼标的额。

[②] 打个不恰当但易于理解的比方：一个篮子（相当于诉讼标的）里装有5只柠檬（相当于诉讼请求），从中拿去3只柠檬或者增加2只柠檬，柠檬数量虽有变动（诉讼请求发生量变），但还是那个篮子（诉讼标的没有发生质变）。

[③] 《民诉解释》第99条第1款规定："人民法院应当在审理前的准备阶段确定当事人的举证期限。举证期限可以由当事人协商，并经人民法院准许。"

第二节　诉的类型：给付之诉·确认之诉·形成之诉

通常根据诉讼"标的"（请求权、支配权、形成权），将民事之诉划分为给付之诉、确认之诉和形成之诉。①

一、诉的利益

大陆法系民事诉讼中，在可诉性前提下，诉的利益（或称权利保护必要、权利保护利益）是当民事权益受到侵害或者与他人发生纠纷时，需要运用民事诉讼予以救济的必要性（有必要运用民事诉讼）和实效性（事实上民事诉讼也能给予救济）。② 除现在给付之诉外，侵权事实或者违约事实一发生就具有诉的利益。

大陆法系民事诉讼中，在"无利益即无诉权"的原则之下，"诉的利益"作为诉讼要件或者诉权要件，是法院作出本案判决的前提。笔者以前也将诉的利益纳入诉讼要件并主张我国予以引进③，但是在 2016 年以后，将其作为实体要件。事实上，我国现行法对诉的利益也有规定（如《民法典》第 578 条）。

诉的利益的功能在于，将需要诉讼救济之事项纳入诉讼救济范围（积极功能），而将无须诉讼救济之事项排除于诉讼救济范围（消极功能）。

下列原则/制度具有阻碍运用诉讼的作用，与诉的利益的消极功能相同："一事不再理"或者既判力（的消极效果)④、法律规定特定案件在一定期限内不得起诉⑤、当事人双方已有仲裁协议并申请或者正在仲裁或者已作出仲裁裁决、强制 ADR（如我国劳动仲裁）等。

---

① 在民事法史初期（如古罗马法时期），实体权利只有请求权，民事之诉仅有给付之诉。为维护公共利益，国家权力（包括司法权）干预私法关系，从而促成了确认之诉（如确认合同无效之诉等）。民法上的形成权制度和理论的发展，又催生了形成之诉。

【习题】关于诉的分类的表述，下列哪一选项是正确的？（　　　）

A. 孙某向法院申请确认其妻无行为能力，属于确认之诉

B. 周某向法院申请宣告自己与吴某的婚姻无效，属于变更之诉

C. 张某在与王某协议离婚后，又向法院起诉，主张离婚损害赔偿，属于给付之诉

D. 赵某代理女儿请求其前妻将抚养费从每月 1000 元增加为 2000 元，属于给付之诉

（2013 年国家司法考试试卷三；参考答案为 C）

笔者认为，D 实际上是给付之诉，诉讼标的是请求权。

② 参见［日］三月章：《日本民事诉讼法》，64～65 页，台北，五南图书出版公司，1997。

③ 参见邵明：《论诉的利益》，载《中国人民大学学报》，2000（5）。

④ 有学者认为，原告已取得确定判决的执行名义，但法院判决卷宗灭失，当事人无法取得判决正本时，有诉的利益。参见陈荣宗、林庆苗：《民事诉讼法》，修订 8 版，337 页，台北，三民书局，2014。

⑤ 比如，《民事诉讼法》第 127 条第 6、7 项、《公司法》第 22 条第 2 款、第 74 条第 2 款等。

二、给付之诉与诉的利益

（一）给付之诉与给付判决

给付之诉是原告请求被告履行一定给付义务之诉，包括现在给付之诉和将来给付之诉。原告请求给付包括请求被告给付金钱、给付物、给付行为（作为或者不作为）。[1]

给付之诉的诉讼标的是原告主张的具有给付内容的实体法律关系或者是原告主张的（给付）"请求权"，比如股东以利润分配请求权为标的对公司提起利润分配之诉。[2]《案由规定》有以"请求权"来规定"案由"的，比如票据付款请求权纠纷、票据交付请求权纠纷、汇票回单签发请求权纠纷等。

原告提起给付之诉的目的是获得给付判决来保护合法权益。原告提起给付之诉，法院作出原告胜诉的判决才是"给付判决"，具有"执行力"[3]；法院作出原告败诉的判决是消极的"确认判决"（认为原告主张的权利或者法律关系不存在、不成立或者不合法），有确认力但无执行力。

（二）现在给付之诉的利益

现在给付之诉通常是在起诉时被告的债务履行期已届至的给付之诉。[4] 大陆法系民事诉讼中，现在给付义务的清偿期一到通常诉的利益就具备了。至于起诉前，原告是否催告被告履行，原、被告之间是否就履行给付义务发生争执等，均不影响诉的利益。[5]

不过，原告在被告未拒绝履行的情况下起诉的，虽有诉的利益，但若被告不加争议而即时承认原告的诉讼请求（即时认诺——据此法院作出原告胜诉的判决），则意味着原告毋庸起诉。所以有些国家和地区的法律规定，此种情况下诉讼费用由原告承担。[6]

【案例 4-1】 原告与被告达成一份借款协议，该协议中约定，被告应于 2022 年

---

[1] 比如，发生股东知情权纠纷的，股东可以起诉公司，请求查阅、复制公司文件材料。此为（行为）给付之诉。参见《公司法》第 33、97 条，《公司法规定四》第 7～10 条。
依据《关于适用〈中华人民共和国公司法〉若干问题的规定（二）》，股东提起解散公司诉讼的，法院不受理股东对公司清算的申请（第 2 条）；股东提起解散公司诉讼的，其被告是公司，其他股东或者有关利害关系人可以共同原告或者第三人身份申请参加诉讼（第 4 条）。
[2] 参见《公司法规定四》第 13～15 条。
[3] 给付判决还有确认力，即给付判决对于作为诉讼请求基础的民事法律关系或者民事权益是否存在或者是否有效具有确认力。比如，给付财产的判决，对原告合法拥有该财产所有权的判定，具有确认力。
[4] 笔者认为，由于法庭最后辩论终结之时为作出判决的基准时（既判力的标准时），所以在此时或者在此前债务履行期到来的给付之诉也归入现在给付之诉。
[5] 参见陈荣宗、林庆苗：《民事诉讼法》，修订 8 版，323 页，台北，三民书局，2014。
[6] 参见《德国民事诉讼法》第 93 条、《日本民事诉讼法》第 62 条。

3 月 12 日返还 200 万元借款。2022 年 3 月 13 日，原告向法院提起请求被告返还借款之诉。被告在答辩状中承认了原告的诉讼请求，并且提出了用来返还此项借款的一张 200 万元的支票来证明原告毋庸起诉。最后，法院判决被告返还原告 200 万元借款、诉讼费用由原告负担，理由是原告对本案没有诉的利益。

该诉是现在给付之诉，原告就该诉拥有诉的利益。若无诉的利益，则法院应当驳回该诉，更不会作出被告败诉的判决。因此，法院认为"原告对本案没有诉的利益"，是不合法理的。至于为什么由原告负担诉讼费用，是因为原告毋庸提起该诉。笔者认为，完全由原告负担诉讼费用也不合理，因为毕竟被告在清偿期届至时没有履行偿还借款的义务。

依现代法律，侵害行为不仅包括已经造成实际侵害结果的侵害行为，而且包括没有产生实际侵害结果的"威胁"，所以对提起不作为之诉不再要求具备"开始或者正在侵犯"或者"重复的危险"的要件。

原告请求给付的特定物已经灭失，为客观给付不能，原告提起给付该项标的物之诉没有诉的利益，原告改为损害赔偿之诉或者原告起诉前不清楚对方能否交付标的物则有诉的利益。[①] 应当明确，"判决不能执行"并非诉的利益的判断标准。[②]

（四）将来给付之诉的利益

将来给付之诉是在起诉时原告请求履行期未到的给付之诉。对于将来给付之诉，法院作出给付判决就是命令债务人在将来履行条件成就时或者在履行期到来时履行给付义务。

《民法典》第 578 条规定："当事人一方明确表示或者以自己的行为表明不履行合同义务的，对方可以在履行期限届满前请求其承担违约责任。"据此，权利人义务人在满足"明确表示或者以自己的行为表明不履行合同义务"之条件（具有诉的利益，对此应提供证据证明）时，就可在履行期限届满之前，提起将来给付之诉，要求义务人承担违约责任。

三、确认之诉与诉的利益

（一）确认之诉与确认判决

确认之诉是指原告请求法院确认争议（或者争讼）的民事法律关系（或民事权

---

① 审判部门在审理涉及交付特定物、恢复原状、排除妨碍等案件时，应当查明标的物的状态。特定标的物已经灭失或者不宜恢复原状、排除妨碍的，应告知当事人可申请变更诉讼请求（《立审执协调》第 9 条）。审理再审裁定撤销原判决、裁定发回重审的案件时，诉讼标的物灭失或者发生变化，致使原诉讼请求无法实现的，应告知当事人可申请变更诉讼请求（《立审执协调》第 10 条）。

对于执行标的物为特定物但已毁损或者灭失的情形，如何处理？参见本书第二十八章第二节三（三）。

② 诉的利益之基础不在于是否可以强制执行，而在于有无诉讼救济的必要性和实效性、是否存在权利受到侵害或者发生争议的事实，所以在审判过程中，法官并不需要对执行的可能性作出过度慎重的调查。

益）或者特定法律事实是否成立、有效或者存在之诉。比如，根据《民法典》第1073条，对亲子关系有异议且有正当理由的，父或者母可以向法院提起确认或者否认亲子关系之诉；成年子女可以向法院提起确认亲子关系之诉。

确认之诉通常是当事人对"现存"的民事法律关系（或者民事权益）或者特定法律事实是否成立、有效或者存在发生争议。确认之诉有积极确认之诉和消极确认之诉。

积极确认之诉即原告请求法院确认争议的民事法律关系（或者民事权益）或者特定的法律事实成立、有效或者存在之诉，比如，原告请求法院确认其与被告之间存在收养关系，公司决议效力确认之诉等。

消极确认之诉是原告请求法院确认争议的民事法律关系（或者民事权益）或者特定的法律事实不成立、无效或者不存在之诉，比如，原告请求法院确认合同无效之诉[①]、确认婚姻无效之诉、确认公司决议无效或者不成立之诉（《公司法规定四》第1条）、确认票据无效之诉、确认人民调解协议无效之诉等。

通常情况下，积极确认之诉的标的是争议的民事法律关系（或民事权益）或者是原告对该民事法律关系（或民事权益）所主张的（肯定性）"支配权"[②]；消极确认之诉的标的依然是争议的民事法律关系（或民事权益），或者是原告对该民事法律关系（或民事权益）所主张的（否定性）"支配权"。

依据《案由规定》，当事人对特定的法律事实存在争议的，也可提起确认之诉，如确认证券发行失败之诉等。确认不侵害知识产权纠纷案件属于消极确认之诉。[③]

（二）确认之诉的利益

通常情况下，原告提起确认之诉的目的是通过法院判决确定某项法律关系是否存在或是否合法有效，使原告与被告之间的法律关系得到确定或者使原告的法律地位得到安定。此种好处被称为"确认利益"[④]。

---

① 《劳动法》第18条规定：劳动合同的无效由劳动争议仲裁委员会或者人民法院确认。事实上，合同无效为当然无效，无待主张，也不必经一定程序使其失效。当事人对于合同效力有争执时，固然可以提起确认之诉，但是此项确认判决仅有宣示性质，无效合同并非因判决而无效。在诉讼中，即使当事人没有主张，法院也应当依职权认定合同无效。

② 比如，权利确认之诉中的著作权确认之诉，其诉讼标的是争议的"著作权"或者对此权的支配权。再如，确认劳动关系之诉的诉讼标的是原告与被告之间的劳动关系或者原告拥有的劳动权利或对劳动关系的（肯定性）支配权，原告的诉讼请求则是请求法院判决确认劳动关系存在或者劳动权利合法。

③ 许多国家和地区的法律基本上否定"事实"或者"事实情况"可成为确认之诉的客体，例外情况是，有些国家和地区的法律允许当事人对"特定法律事实"的争议提起诉讼，其实体法基础和诉讼标的是原告所主张的对特定法律事实的支配权。德国、日本等的民事诉讼法设立了确认证书真伪之诉。

④ 许多国家和地区的民事诉讼法规定了确认之诉的诉的利益，如《德国民事诉讼法》第256条第1款等。如果对于可以请求确认的对象不以法律明文加以限制，那么当事人对于任何事情均可请求法院审判确认。参见陈荣宗、林庆苗：《民事诉讼法》，修订8版，331页，台北，三民书局，2014。

对可诉性事项，当事人才能提起确认之诉，即当事人是对现在①的民事法律关系或者民事权益②提起确认之诉；法律明文允许时可以对现存的特定法律事实提起确认之诉。通常从以下两方面判断有无确认利益：

（1）现在的民事法律关系或者民事权益是本诉的诉讼标的，即须是原告诉讼目的之所在而不是本案判决的先决事项。

事实上，法院在对给付之诉和形成之诉作出本案判决前，均需确认作为本案判决先决事项的某项民事法律关系（或者民事权益）是否合法有效。就给付财产之诉而言，原告对该财产拥有所有权则不得提起独立的确认所有权之诉，即对作为给付前提的确认事项缺乏诉的利益。因为在给付之诉中，当事人的诉讼目的是获得给付判决，而确认民事法律关系（或者民事权益）之存在只是作出给付判决的前提，若允许就确认关系提起确认之诉则意味着为获得给付判决而应当提起两个诉，其结果是造成诉讼浪费。

（2）被告的行为使原告的实体权益或者原、被告之间的法律关系处于争议状态。比如，被告否认与原告存在着收养关系，原告有必要利用确认判决除去这种争议状态。

【案例4-2】（2009）民二终字第119号民事判决书认为，中国信达资产管理公司沈阳办事处向中国中钢集团公司（以下简称中钢集团）发出"关于尽快履行担保责任的催收函"后，双方当事人之间就中钢集团是否应当承担担保责任的争议已经存在，中钢集团存在通过诉讼尽早明确其法律地位的确认利益，以避免因争议所导致的不确定性，因此，中钢集团提起要求确认其不承担担保责任的诉讼，符合法律规定，原审法院受理此案并无不当。

四、形成之诉与诉的利益

（一）形成之诉与形成判决

形成之诉是指原告请求法院运用判决变动已成立或者既存的民事法律关系（或者民事权益）及特定法律事实之诉。形成之诉的实体法基础通常是原告主张的"形成权"③。

---

① 过去的民事法律关系可能发生了变动，没有必要对其作出确认判决；对将来的民事法律关系作出确认判决，可能阻碍将来的民事法律关系的合理变动。事实上，对过去或者未来的民事法律关系可否提起确认之诉，取决于是否具有以现在确认之诉加以确认的必要，比如承租人可以请求法院确定其续租权。

② 审判部门在审理确权诉讼时，需要确权的财产已经被法院查封、扣押、冻结的，应当裁定驳回起诉，并告知当事人可以依照《民事诉讼法》第238条主张权利（《立审执协调》第8条）。

③ 形成权包括：（1）设立性形成权，即使法律关系发生的形成权（积极形成权），如法定代理人的追认权、优先购买权、先占取得权等。（2）变更性形成权，即使法律关系变更的形成权，如选择之债的选择权、损害赔偿权利人对多种救济方法的选择权等。（3）消灭性形成权，即使法律关系消灭的形成权，如终止权、免除权、撤销权、解除权、抵销权、继承放弃权等。此类形成权较为常见，被视为典型的形成权。

就请求法院运用判决变动民事法律关系（或民事权益）的形成之诉来说，其诉讼标的是原告主张变动的具体民事法律关系（或民事权益）或者是原告对该民事法律关系（或民事权益）所主张的形成权。就请求法院运用判决变动特定法律事实的形成之诉来说，依据《案由规定》，请求变更公司登记之诉的诉讼标的是原告对公司登记这项法律事实所主张的形成权。

当事人行使形成权或者提起形成之诉的目的，是使某项具体民事法律关系（或民事权益）或者特定法律事实发生、变更或者消灭。创设另一项新的具体民事法律关系（或民事权益）或者特定法律事实的形成之诉，可称为"创设之诉"。在我国，所谓变更之诉，事实上只是形成之诉的一部分，没有包括创设之诉。

形成之诉大体上分为两类：（1）无广泛效力的形成之诉，即其形成判决仅在当事人双方之间具有形成力，并不具有对世效力。此类诉讼如合同撤销之诉、债权人撤销权之诉等。（2）有广泛效力的形成之诉，即其形成判决不仅在当事人双方之间具有形成力，而且具有对世效力。这类形成之诉主要是有关身份关系的人事诉讼（如撤销或者解除婚姻之诉、撤销或者解除收养关系之诉）、社团关系的公司诉讼（如撤销公司股东会决议之诉）等。①

在形成之诉中，原告胜诉的，即法院承认原告的变动既存的民事法律关系的请求，此判决为"形成判决"。应当注意，原告败诉的，即法院否认原告的变动请求，实际上法院判决维持民事法律关系的现状，所以此判决是确认判决。

（二）形成之诉的利益

与给付之诉、确认之诉相比，有广泛效力的形成之诉具有两大特性：法定性和现实性。只有同时具备法定性和现实性的形成权纠纷，才具有诉的利益。

（1）法定性。对于有广泛效力的形成之诉，在诸多国家和地区，仅有法律明文规定时才可提起（形成之诉明定原则）。形成之诉的法定性还表现在法律往往对形成之诉的适格当事人作出明确规定，比如：因受胁迫而请求撤销婚姻的，原告只能是受胁迫一方的婚姻关系当事人本人（参见《婚姻家庭》第 18 条第 2 款）；离婚之诉的适格当事人是夫妻双方。

（2）现实性。只有现存的法律关系才能够成为形成之诉的诉讼标的。这是因为当事人对于现存的民事实体法律关系并无争议，有争议的是对现存的民事实体法律关系应否变更，原告提起形成之诉的目的是利用法院判决将现在的法律关系予以变更。

形成之诉中情事发生了变化而致诉讼继续进行、获得形成判决已无实际意义

---

① 提起具有广泛效力的形成之诉的根据是原告享有"形成诉权"，此类形成权由于涉及人们基本的身份关系、涉及未成年人的保护或涉及众多人的利害关系，或者为使交易更加安全和清晰，以当事人个人意思表示来变动法律关系是不妥当的，所以许多国家的法律将此类形成之诉视为涉及公益之诉而加以明文规定，并要求由法院以形成判决作出统一变动。参见［德］卡尔·拉伦茨、曼弗瑞德·沃尔夫：《德国民法中的形成权》，载《环球法律评论》，2006（4）。

的，此时诉的利益消失，《民事诉讼法》规定"裁定终结诉讼"。比如，离婚诉讼中，一方当事人死亡而致当事人之间的婚姻关系自然消灭，或者当事人在诉讼外已经合法离婚的，此际应当裁定终结诉讼。从诉的利益来考察，法院应以无诉的利益为由终结诉讼。

（三）异议之诉

民事诉讼中，异议之诉包括当事人异议之诉和第三人异议之诉，请求变更或者撤销的法律文书包括具有既判力的法院判决、仲裁裁决、调解书和其他文书或者事项。"诉"（包括异议之诉）均是实体之诉，以此保护实体权益，解决实体纠纷。

"当事人异议之诉"包括当事人（原告）另诉提出后发性请求①、撤销除权判决之诉、债权人执行异议之诉、债务人执行异议之诉、对分配方案的异议之诉、参与分配异议之诉、撤销法院调解之诉、撤销仲裁裁决之诉、撤销仲裁调解书之诉等。②

"第三人异议之诉"包括狭义第三人异议之诉（参见本书第十章第四节）、第三人执行异议之诉（参见本书第二十八章第四节四）等。依据《民诉解释》第 295 条，针对适用特别程序处理的案件，提起第三人撤销之诉的，法院不予受理。

当事人和第三人异议之诉中，有些直接目的是撤销或者变更具有既判力的法院确定判决或其他法律文书，因此当事人和第三人有权提起哪些异议之诉须遵行法律明定原则，并且有关异议之诉的理由应当是严格、确实和充分的。异议之诉的判决撤销或者变更具有既判力的原法律文书的，则该异议之诉通常是既判力的法定例外。

提起异议之诉的最终目的是维护实体权益，所以其实体理由应当是原确定判决或者原其他法律文书导致对当事人或者第三人在实体权益方面显著不公（不属于上诉理由和再审事由），当事人和第三人无法适用上诉程序和再审程序获得救济。

因此，异议之诉的标的是异议之诉的原告对确定判决或其他法律文书所判定或确定的实体法律关系（原诉标的）享有独立的请求权、支配权或者形成权。所谓"诉讼上的形成权"，即请求撤销或者变更确定判决或其他法律文书的效力，是原告维护实体权益的前提，附随于确定判决或其他法律文书而不能单独存在。

---

① 在本案最后言词辩论终结（既判力基准时）后或者本案判决确定后，客观原因或者其他正当理由致使原确定判决对当事人显著不公时，原案当事人可以就后发性实体请求再行起诉。对于就后发性请求提起之诉，《德国民事诉讼法》第 323 条和《日本民事诉讼法》第 117 条作出规定，而我国现行司法解释作为"新案"（实为变更判决之诉）对待［参见本章第四节二（二）］。

② 对生效的法院调解书，《民事诉讼法》规定通过再审程序予以纠正，实际上是按照争讼程序来处理。对法院调解书与仲裁调解书、仲裁裁决的纠正或者救济原理是相通的，笔者认为，应当是按照"诉"和"争讼程序"来予以纠正或者救济。基于对仲裁之性质和功能的尊重，法院应当通过比较慎重的法定程序来处理仲裁裁决的效力问题；同时，基于当事人程序保障原理，法律应依争讼程序解决双方当事人对仲裁裁决效力的争议。

第三节 诉的要件：起诉要件·诉讼要件·胜诉要件

一、民事之诉合法要件概述

民事之诉的合法要件通常是根据诉的构成要素、先程序后实体原理及其他必要诉讼事项来设立，并且须遵循诉（的构成要素）的具体化要求。[①] "诉的具体化"首先源自民事纠纷的可诉性要求，其次通过诉的识别来适合"一事不再理"或者既判力的适用。

有关诉的合法要件，大陆法系民事诉讼中有起诉要件（或者起诉条件）、诉讼要件和实体要件（胜诉要件或者本案判决要件）（见下图）。根据先程序后实体原理和正当程序保障原理，起诉要件主要是程序性要件。原告起诉具备起诉要件的，法院受理该诉。之后，法院审查诉讼要件，诉讼要件全部具备的，则诉讼程序继续进行；诉讼要件居于起诉要件与实体要件之间，属于程序与实体交错性要件，但多属程序性要件。最后，法院根据实体要件作出本案判决；

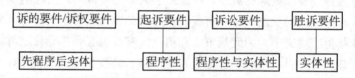

我国《民事诉讼法》没有区分起诉要件与诉讼要件，诉讼要件多作为起诉要件。就当事人适格而言，《民事诉讼法》第122条将"原告是与本案有直接利害关系的公民、法人和其他组织"明文规定为起诉条件。[②] 至于诉的利益，我国现行法中无此概念，但就其具备情形来看，主要是作为实体要件。[③]

二、起诉要件：程序性要件

（一）法定起诉要件

民事之诉第一方面的合法要件是起诉要件或者起诉条件。在我国，起诉要件基

[①] 参见邵明：《论民事之诉的合法要件》，载《中国人民大学学报》，2014（4）。

[②] 再如，《民间借贷》第2条第2款规定：当事人持有的借据、收据、欠条等债权凭证没有载明债权人，持有债权凭证的当事人提起民间借贷诉讼的，法院应予受理；被告对原告的债权人资格提出有事实依据的抗辩，法院经审查认为原告不具有债权人资格的，应裁定驳回起诉。

[③] 关于民事之诉的合法要件，笔者认为，我国可选方案有二：（1）沿用区分起诉要件和实体要件的做法；（2）采用大陆法系中区分起诉要件、诉讼要件和实体要件的做法。我国目前宜维持现状，将来可采取第二个方案；不过，宜将实质当事人适格和诉的利益纳入实体要件，将形式当事人适格归为起诉要件（因为根据法律是否有明文规定或者实体当事人有无授权就可判断出是否具备）。

本上是根据诉的构成要素来确立的（《民事诉讼法》第122、124条）。对此，简要阐释如下：

（1）关于"诉的主体"要件。具体"诉"中，原告和被告均须具体或者明确，起诉状中应当载明原告和被告（及其诉讼代理人）的基本情况。

（2）关于"诉的客体"要件。具体"诉"中，原告应当提出具体的诉讼请求，并于起诉状中载明或者由法院记录在案。[①]

（3）关于"诉的原因"要件。具体"诉"中，权益产生要件事实应当具体，并于起诉状中载明或者由法院记录在案。

《民事诉讼法》第122条将"属于人民法院受理民事诉讼的范围和受诉人民法院管辖"作为第四项起诉条件。

在我国，公益诉讼、第三人撤销之诉、再审之诉等虽属独立之诉（独立启动诉讼程序之诉），但因其特殊性，除具备通常起诉条件外，还应具备其他条件，比如，提起公益诉讼还应提供社会公共利益受到损害的初步证据（《民诉解释》第282条）。

根据纠纷的"可诉性"或者"诉的具体化"要求，一件具体争讼案件或者一个具体的诉，其构成要素应当是具体的或者明确的（否则不符合诉的合法要件）：诉的主体即双方当事人应当具体化[②]；诉讼标的和诉讼请求应当具体化或者明确化；诉因应当具体化，即民事权益产生要件事实在特定诉或者具体案件中具体化为直接事实。

同时，原告主张权益产生直接事实应当遵循"主张一贯性"，即由原告主张的民事权益产生直接事实能够合法合理地推导出本诉的诉讼请求。比如，原告请求法院确认合同无效，在诉状中应当主张合同无效的事实，而不应主张合同违约或者可撤销等其他事实。

依据《费用办法》第20条，案件受理费由原告在起诉时预交。依据《民诉解释》第213条和《登记立案》第11条，登记立案后，当事人未在法定期限内交纳诉讼费的，按撤诉处理，但符合法律规定的缓、减、免交诉讼费条件的除外。既然是按撤诉处理，那么法院应已受理了起诉。可见，我国并未将依法交纳案件受理费作为起诉要件。

在受理阶段，法院只是从形式上审查有无双方当事人及其是否具体、有无诉讼请求及其是否具体、有无原因事实及其是否具体，即审查裁定是否具备起诉要件。

---

① 原告在起诉状中应否列明诉讼标的？许多国家包括我国没有要求，笔者认为，起诉状中无须列明诉讼标的，因为法官和律师可以通过诉讼请求和案件事实及实体规范，推导出本案的诉讼标的，而且诉讼标的是一个难以理解的概念，作为非法律职业人的一般自然人难以理解，而诉讼请求却易被理解。

② 即起诉状应当记明：原告的姓名、性别、年龄、民族、职业、工作单位、住所、联系方式，法人或者其他组织的名称、住所和法定代表人或者主要负责人的姓名、职务、联系方式；被告的姓名、性别、工作单位、住所等信息，法人或者其他组织的名称、住所等信息（参见《民事诉讼法》第124条）。

至于原告是不是合法实体权益人和被告是不是合法实体义务人、诉讼请求有无原因事实根据、原因事实是否真实充分等实体问题，应当经过法庭审理，在法庭审理终结（法庭言词辩论终结）之后才能判定，即法庭审理实体要件是否具备。

（二）当事人主张事实的期限和具体化

当事人履行主张责任［参见本书第三章第四节三（一）］涉及当事人攻击、防御期限和当事人主张具体化两个相互交织的问题，受理阶段和审理阶段对当事人主张的具体化程度有不同的要求。[①]

根据先程序后实体原理和基于诉权保护，在起诉阶段原告主张的具体化程度只需达到较低的识别标准（以适用"一事不再理"）[②]，在审理阶段应当适时补足直接事实以满足"事实主张充分性"或者"胜诉要件"的要求。

民事权益产生直接事实作为诉的构成要素（诉因），应在起诉状中予以载明。根据《民事诉讼法》第122、124条的规定，原告在起诉状中主张的事实应当达到足以使诉特定的具体程度。[③] 至于被告，通常在答辩阶段主张抗辩直接事实。

在受理阶段，对于原告没有主张权益产生直接事实、没有具体到识别诉的要求、显然违反主张一贯性要求等情形，经法院释明，原告没有或逾期补正的，则为起诉条件不备。

当事人在审理阶段履行主张责任是为了赢得胜诉结果或者避免败诉结果，因此在法庭最后言词辩论终结时，原告主张的支持其诉讼请求的权益产生事实和被告主张的推翻诉讼请求的抗辩事实应当满足"事实主张充分性"的要求。满足此等要求的事实应当在审理阶段适时主张。

在审理阶段，原告没有正当理由，没有具体或没有充分主张权益产生要件事

[①] 在大陆法系民事诉讼中，攻击、防御期限包括主张事实期限和提出证据期限。应当说明的是：我国现行法仅规定举证期限而忽略了主张事实期限，以至于当事人应在何阶段履行主张责任的问题没有得到解决，其缘由是没有明确认识到主张责任的独立价值以及其与证明责任之间的合理关系。参见邵明：《论现代民事诉讼当事人的主张责任》，载《武汉大学学报（哲社版）》，2015（2）。

[②] 根据"识别说"，原告在诉状中只需主张使本诉或者其诉讼标的能够特定化或者能被识别出所需的最低限度的权益产生事实；而"理由记载说"则认为，原告实体权益主张获得正当认可所需的全部事实，都应当在诉状中作出记载。至于原告应对诉状中诉的原因事实作何种详细程度的记载，大陆法系主要国家和地区的立法基本上肯定了"识别说"而不采用"理由记载说"，从而将诉状中记载管辖、攻击/防御方法等事项的规范作为训示规范，而非效力规范，即更为详细的诉状记载不是起诉的要件，法律鼓励但不强制当事人提出。参见［日］新堂幸司：《新民事诉讼法》，158～159页，北京，法律出版社，2008。

[③] 诉的主体即双方当事人应当具体化，参见《民事诉讼法》第124条。
诉讼标的和诉讼请求应当具体化或者明确化。诉因应当具体化，即民事权益产生要件事实在特定诉或者具体案件中具体化为直接事实，才能直接支持诉讼标的和诉讼请求，并使原告所提之"诉"与他诉加以区别。比如，原告起诉要求被告偿还借款，起诉时通常只需主张借款发生的事实和被告到期未偿还的事实；若原、被告之间的借贷往来较为频繁，则原告须得明确此笔借款产生的时间、地点等事实，从而使其与其他借贷关系相区分。识别标准下，原告事实主张虽可简略，但不能违反主张一贯性的要求。

实，经法院释明后仍未补正的，则法院应以没有实体事实根据为由，判决驳回原告的诉讼请求。

三、诉讼要件：程序性与实体性交错要件

民事之诉第二方面的合法要件是诉讼要件。根据诉的构成要素，诉讼要件包括诉的主体要件和客体要件（但仅指有关诉讼标的之要件）。"诉"的本质是当事人请求法院行使审判权以保护实体权益和解决民事纠纷，所以原告所提之诉应当符合有关审判法院的合法性规定（具备审判者方面的诉讼要件）才可继续审理。因此，在大陆法系，通常的诉讼要件主要有（见下图）：

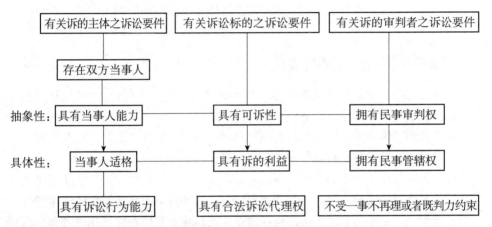

（1）有关诉的主体之诉讼要件，即关于当事人的诉讼要件。此为主观要件，主要有存在双方当事人、具有当事人能力、当事人适格、具有诉讼行为能力和合法诉讼代理权等。

（2）有关诉讼标的之诉讼要件，通常被纳入客观要件的范畴，主要包括具有可诉性、诉的利益、不受一事不再理或者既判力的约束、无合法仲裁协议、无不起诉协议等。因诉讼标的是诉的质的规定性，立法上和理论上多据此设置客观要件。

（3）有关诉的审判者之诉讼要件，在大陆法系主要包括法院拥有民事审判权和民事管辖权等；我国《民事诉讼法》第122条却将两者纳入起诉条件。

此外，法律对上诉、再审、异议之诉、诉的合并与变更等还规定了相应的特殊要件。

在大陆法系，诉讼要件是法院作出"本案判决"（实体判决）的前提条件，若全部具备，则诉讼程序继续进行，直至作出本案判决；若不具备，则诉讼程序没有必要继续进行，在德日等国法院以"诉讼判决"（在其他国家和地区以裁定）驳回诉讼，以避免无益的诉讼，从而节约审判资源和降低诉讼成本，所以普遍认为诉讼要件多包含公益因素。

公益性或者强行性的程度在诉讼要件间有所不同，据此可将诉讼要件划分为绝对诉讼要件和相对诉讼要件。相对诉讼要件（诉讼障碍）主要有无合法仲裁协议、无不起诉协议等，属当事人抗辩事项，其公益性或者强行性较弱。相对诉讼要件之外的是绝对诉讼要件，其公益性或者强行性较强，故属法院依职权调查事项。在绝对诉讼要件之间，其公益性或者强行性也有强弱差异（如专属管辖的公益性或者强行性要强于协议管辖）。

不具备绝对诉讼要件所作出的本案判决是违法判决，通常按"无效判决"处理。不过，法院在误以为当事人有诉讼行为能力或者在无合法诉讼代理权等情况下作出的判决，一般不作为无效判决，但可以通过上诉或者再审予以矫正。

相对诉讼要件属于当事人程序异议事项，当事人没有提出异议的，视为法院合法审判；若当事人提出合法异议，则法院不顾该异议而作出的判决应为无效判决。

四、胜诉要件：实体性要件

民事之诉第三方面的合法要件是本案判决要件（实体要件），通常是指原告胜诉要件，主要包括如下两方面要件：

（1）诉的实体事实方面要件（存在实体要件事实根据）：民事权益产生要件事实是真实的，并且被告抗辩事实不存在（不真实）或者真伪不明。

（2）诉的实体法律方面要件：存在与本诉原告主张的民事权益产生要件事实相应的民事实体法律规范（或者通过法律解释方法寻找到可予适用的实体法律规范）。

本案判决要件中，实体事实出现（显著）虚假或者实体法律适用（严重）错误的，为上诉理由和再审事由。

五、民事之诉合法要件之审判：诉·审·判

"诉·审·判"构成民事争讼程序的三个基本阶段，分别对应或者存在于民事争讼程序之"开始阶段·续行阶段·终结阶段"。根据先程序后实体原则和正当程序保障原理，起诉要件、诉讼要件和实体要件的审理裁判顺序通常是：

（1）起诉要件是争讼程序的启动要件，所以法院首先调查起诉要件是否具备，若起诉要件具备则受理起诉。对起诉要件的审理和裁定通常在法院受理阶段完成。不过，受理后发现原告所提之诉不具备起诉要件的，也得裁定驳回起诉。

（2）审查诉讼要件是否具备的时间为自裁定受理之后至（初审、上诉审、再审）言词辩论终结之时。诉讼要件是本案判决作出的前提条件，若有不具备则驳回原告之诉，如法院在作出本案判决前查明属于重复起诉，则驳回原告之诉（再审除外）。诉讼要件多兼具程序、实体内容，须在起诉或受理以后的审理程序中进行审理，特别是实质当事人适格、诉的利益等因其具有实体内容，往往需到言词辩论终

结时才能判断是否具备。①

（3）实体要件应当在开庭审理阶段受到审理，在程序上应当遵行对审、公开、直接言词等原则，在法庭言词辩论终结时，法院适用实体法作出本案判决。

对起诉要件和诉讼要件通常适用自由证明程序和说明标准，对实体要件中的实体事实则应当适用严格证明程序和完全证明标准。保障双方当事人平等的质证权和辩论权是严格证明或者判决程序的必要阶段。对原告的诉（包括起诉、上诉、提起再审之诉、异议之诉等），法院须以终局判决作出应答，终局判决须经必要的口头辩论才能作出。

"诉不合法"是指诉不合程序性要件（主要是起诉要件，其次是诉讼要件）。"诉无理由"是指诉不合实体要件，即没有实体根据，据此法院作出原告败诉的"本案判决"。

不具备起诉要件（或者说当事人没有起诉或者没有上诉，包括当事人合法撤回起诉或者撤回上诉后）所作出的本案判决，被称为"诉外判决"，属于无效判决。对不具备诉讼要件所作出的本案判决通常按无效判决处理。不具备实体要件所作出的本案判决虽是违法判决但不属于无效判决，以上诉、再审、异议之诉等法定方式予以撤销或者变更。

第四节　诉的识别：禁止重复起诉或者一事不再理

在我国，法院判断原告起诉是否为重复起诉，若是，则法院"一事不再理"，即裁定不予受理或者驳回起诉。判断前诉与后诉是否为同一个诉，为诉的识别（识别诉）问题，通常是根据诉的构成要素来进行的，特殊情况下须适用其他原理才能得到合理结果。

一、识别诉的通常方法

《民诉解释》第 247 条规定，当事人就已经提起诉讼的事项在诉讼过程中或者裁判生效后再次起诉，同时符合下列条件的，构成重复起诉：（1）后诉与前诉的当事人相同；（2）后诉与前诉的诉讼标的相同；（3）后诉与前诉的诉讼请求相同，或者后诉的诉讼请求实质上否定前诉裁判结果。当事人重复起诉的，裁定不予受理；已经受理的，裁定驳回起诉，但法律、司法解释另有规定的除外。

笔者认为，上述规定有三处不合理。首先是根据诉讼请求来判断是否构成重复

---

① 将诉讼要件作为起诉要件在审查起诉阶段全部判断完成往往是不现实的。这是笔者主张我国应当合理区别起诉要件与诉讼要件的主要理由。

起诉。如上所述，诉讼标的是诉的质的规定性，诉讼标的不同则是不同的诉。若诉讼标的没有变更，即便诉讼请求发生数量方面的变更，诉也仅发生"量变"，还是原来的诉。因此，识别诉、判断诉的客观合并或者变更，应当根据诉讼标的来进行。其次是没有规定在特殊情形中，还须根据诉因（事实）来判断是否构成重复起诉（详见下文）。最后是没有规定在特殊情形中，还须适用其他原理才能作出合理的识别（比如部分请求、后发性请求和请求权竞合情形中诉的识别）。

【案例 4 - 3】 在 A 诉 B 买卖合同纠纷案中，A 以 B 少付 100 万元货款为由，请求法院判决 B 支付所欠货款及其利息。B 收到起诉状副本后，向同一法院提交了反诉状。B 以 A 的货物质量不符合合同的约定为由，请求法院判决 A 更换货物并赔偿损失。

此例中，一个是本诉，另一个是反诉，两诉的主体、标的和原因事实均不相同。

本诉的原告是 A、被告是 B，反诉的原告是 B、被告是 A，虽然这两诉的主体都是 A 和 B，但是原、被告已经互换了诉讼地位。

本诉的诉讼标的是 A 基于买卖合同所拥有的给付货款的请求权，反诉的诉讼标的是 B 基于买卖合同所拥有的交付合格货物的请求权和赔偿损失的请求权。A 与 B 之请求权的内容有别，所以两诉的诉讼标的是不同的。

本诉与反诉的原因事实虽然均是违约事实，但是，本诉的原因事实是 B 欠 100 万元货款，反诉的原因事实是 A 交付的货物质量不合格和 B 因此受损。

（一）根据诉的主体来识别诉

在通常情况下，两个诉的主体不同，包括其中任一主体不同和原、被告在两诉中互换地位（如【案例 4 - 3】），则是不同的诉。

例外的情形是，虽然诉的主体发生变更，但是仍然是原诉。其情形主要有：（1）法定当事人变更中，虽然当事人一方或者双方发生了变更，但是依然是原诉。（2）必要共同诉讼中，必要共同诉讼人发生增减的，也还是原诉。

（二）诉的主体相同，须根据诉讼标的来识别诉

诉讼标的理论中所谓"诉讼标的之识别"，旨在识别诉，实际上是在诉的主体确定的前提下进行的。至于如何识别诉讼标的，可以运用以下方法：

（1）根据民事实体法律关系的具体内容来识别诉讼标的。比如，在同一诉讼程序中，A 对 B 同时提起返还借款之诉和返还货款之诉，构成诉的客观合并，前诉的诉讼标的是借款合同关系，而后诉的诉讼标的是买卖合同法律关系。

（2）若根据民事实体法律关系难以或者无法识别诉讼标的，则应根据民事实体权益来识别。也就是说，从实体权益的角度，更容易识别诉讼标的。比如，对于婚姻无效之诉与离婚之诉，若从法律关系的角度考察，则这两个诉的诉讼标的均是婚

姻关系；若从实体权益的角度考察，则前诉的诉讼标的是支配权，而后诉的诉讼标的是解除权或者撤销权，所以婚姻无效之诉属于确认之诉，而离婚之诉属于形成之诉。

（3）若两诉的诉讼标的均是同一类权利，则应根据权利的具体内容来识别是不是同一个权利（如【案例4-3】）。

（三）特定情况下应当根据诉的原因事实来识别诉

在特定情况下，根据诉讼标的也无法识别诉，就须根据诉的原因事实来识别诉。对此，摘其要者阐释如下。

（1）诉讼目的相同而有多项诉的原因事实的情形。比如，A以B有恶习为由，提起与B离婚之诉。败诉后，A又以受B虐待为由，提起离婚之诉。前诉的原因是B有恶习而后诉的原因是B家暴A，诉的原因不同则诉不同，法院应当受理后诉，否则会产生不合理的后果。

同一诉讼程序中，A对B提起离婚之诉，A同时提出B有恶习、家暴的离婚事由。对此，如何处理呢？① 在我国实务中，是作为一个诉对待。离婚事由任一成立或者两个均成立，只需作出一个离婚判决；只有两个离婚事由均不成立，才可判决驳回离婚。

与上例类同的情形还有：确认民事法律行为无效之诉（比如确认合同无效之诉、确认婚姻无效之诉等），解除或者变更民事法律行为之诉（比如解除合同之诉、解除婚姻之诉、变更子女抚养关系等）。

《民法典》第143、1051条等规定，民事法律行为多项无效事由，比如：原告主张"意思表示不真实"，请求确认民事法律行为无效；败诉后，原告主张"违反法律、行政法规的强制性规定"，请求确认民事法律行为无效。诉因不同则诉不同，法院应当受理后诉。

《民法典》第563条规定，民事法律行为多项解除事由，比如：原告主张"因不可抗力致使不能实现合同目的"，请求解除合同；败诉后，原告主张"在履行期限届满前，当事人一方明确表示或者以自己的行为表明不履行主要债务"，请求解除合同，法院应当受理后诉。

《婚姻家庭》第56条规定了变更子女抚养关系多项事由或者情形，比如：原告主张"与子女共同生活的一方因患严重疾病或者因伤残无力继续抚养子女"，请求变更子女抚养关系；败诉后，原告主张"与子女共同生活的一方不尽抚养义务或有虐待子女行为"，请求变更子女抚养关系，法院应当受理后诉。

（2）连续给付（或持续履行）的情形。比如，连续给付赡养费、扶养费、抚养

---

① 大陆法系国家和地区的主要看法与做法是：由于离婚之诉性质的特殊性，依据实体法只能产生一个婚姻关系解除权，实体法所规定的离婚理由并没有构成不同诉讼的请求原因，而是离婚理由中独立的攻击、防御方法，所以应作为一个诉对待。

费的，法院判决确定后，出现了新事实（例如物价上涨致使原判确定的费用不能满足赡养、扶养、抚养需要的），即产生了新诉因，据此一方当事人再行起诉要求增加或者减少费用的，法院应作为新案受理（参见《民诉解释》第218条）。

再如，《婚姻家庭》第50条规定，抚养费应当定期给付（有条件的，可以一次性给付）。离婚后，子女要求增加抚养费的，应当另行提起诉讼（《婚姻家庭》第55条）。具有下列情形之一的，子女有权要求有负担能力的父或母增加抚养费：原定抚养费数额不足以维持当地实际生活水平；因子女患病、上学，实际需要已超过原定数额；有其他正当理由应当增加（《婚姻家庭》第58条）。

二、部分请求和后发性请求

【案例4-4】 2021年5月1日，酒后驾车的B将行人A撞倒，A的左臂和头部被撞伤。2021年7月8日，A以B为被告起诉，请求法院判决B赔偿医疗费6万元、误工费2万元、护理费5000元、住院伙食补助费6000元和精神损害费2万元。2021年9月23日，法院判决B赔偿以上费用。B没有上诉。

此后，A感觉到视力下降，医院诊断出A视力下降是上次B撞伤A头部所致。2021年11月15日，A以B为被告起诉，请求法院判决B赔偿治疗视力所付出的费用共计5万元。B在答辩状中声称，法院就侵权案件作出的判决已经产生既判力，法院应当适用"一事不再理"或者既判力，裁定驳回A的起诉。

（一）部分请求

许多案件中，诉讼请求是由多个可分的部分组成的。在原告提出"部分请求"（或称"一部请求"）并且已作出的判决确定之后，原告对其余的诉讼请求可否再行起诉？

部分请求属于诉讼请求在量上的缩减，并未改变诉的质的规定性（仍然是同一原告诉同一被告、同一诉讼标的和同一案件事实），所以还是原诉，那么根据既判力或者"一事不再理"，原告就其余请求不得再行起诉。再者，按照处分原则，既然原告舍弃部分请求，就应受其处分行为的约束，其处分行为的效力及于该诉的全部诉讼程序。[①]

笔者认为，若从原告的真实意思来看，不是行使处分权，而是由于欠缺法律知识等正当理由，只提出部分请求，则不允许原告就其余请求起诉，特别是在我国律师制度不健全的情况下，有违诉讼目的。在此种情形中，就不能教条地采用识别诉的一般方法来适用既判力或者"一事不再理"。不过，原告应当证明正当理由的存在。

---

① 原则上，禁止就其余请求另行起诉（也即禁止就同一案件分割起诉），还有其他理由，如避免原告滥用诉讼程序，折腾被告，浪费审判资源。

不具备起诉要件而被法院裁定驳回或者不予受理，原告在符合起诉要件后再次起诉的，可以补足前诉中其余的诉讼请求而提出全部诉讼请求。原告在起诉时提出部分请求（非故意规避级别管辖）的，在一审和二审中可以增加诉讼请求。

（二）后发性请求

引起后发性请求的事实是在本案最后言词辩论终结后或者本案判决确定后发生的。在本案提起时，原告对后发性请求未意识到或者没有明确放弃的，应当根据民事诉讼目的，允许原告再行提起。依据《人身损害赔偿》第6条第2款的规定，关于器官功能恢复训练所必要的康复费、适当的整容费以及其他后续治疗费，赔偿权利人可以待实际发生后另行起诉。

【案例4-4】中，在前诉判决确定后，才产生后发性损害后果，即A的视力因被B的车撞伤头部而下降，为治疗视力A付出5万元的费用。对此，B应当承担损害赔偿责任。同时在前诉中A并未放弃对后发性损害后果的赔偿请求权，所以法院应当依据《人身损害赔偿》第6条第2款，受理后诉。

依据《民诉解释》，裁判生效后，发生新的事实，当事人再次起诉的，法院应当依法受理（第248条）；赡养费、扶养费、抚养费案件，裁判生效后，因新情况、新理由，一方当事人再行起诉要求增加或者减少费用的，法院应当作为新案受理（第218条）。①

---

① 笔者认为，上述"新情况、新理由"构成"新的事实"，应是不同的诉（属于当事人异议之诉）。

第 五 章

民事诉权：关于民事之诉的权利

民事诉权实际上是关于民事之诉的权利，民事之诉的主要内涵构成了民事诉权的主要内涵，民事之诉的合法要件即民事诉权的合法要件。在现代法治社会，民事诉权是当事人向法院行使的请求权（公权性），属于基本权利（宪法权利和基本人权）。比较而言，保护诉权或者司法救济权是主要方面，规制诉权滥用不应阻碍诉权的合法行使，所以滥用诉权的构成要件理当严格，否则会阻碍当事人正常行使诉权。

第一节　现代民事诉权的内涵和属性

现行法中，当事人拥有民事纠纷解决选择权，民事诉权是当事人请求法院行使审判权的权利。民事诉权的主要内涵和基本属性是：（1）民事诉权是关于民事之诉的权利，兼具程序内涵（程序性）和实体内涵（实体性）；（2）民事诉权是当事人向法院行使的请求权（公权性），属于基本权利（宪法权利和基本人权）。[①]

一、关于民事之诉的权利：程序内涵（程序性）和实体内涵（实体性）

民事诉权是关于民事之诉的权利。民事诉权包括（原告）起诉权、（被告）反诉权、（当事人）再审诉权（提起再审之诉）和（当事人或者第三人）异议诉权等。

民事诉权分为给付诉权（对应于给付之诉）、确认诉权（对应于确认之诉）和形成诉权（对应于形成之诉），这实际上也揭示了民事诉权所具有的程序内涵和实体内涵。

[①] 在英美法中，诉权即 right of action，即 "the right to bring a specific case to court"（See *Black's Law Dictionary*，11th edition，Thomson Reuters，2019，p. 1585）。与诉权相近的概念或者权利还有"诉诸司法的权利"（right of access to courts）等，即指国民利用诉讼程序处理案件的可能性。参见［美］彼得·G. 伦斯特洛姆编：《美国法律辞典》，226 页，北京，中国政法大学出版社，1999。

民事之诉和民事诉权的程序内涵主要是原告通过起诉，启动争讼程序，请求法院行使审判权。行使诉权的方式是起诉，民事诉权在民事诉讼中表现为起诉权。[1]

民事之诉和民事诉权的实体内涵是诉讼标的和诉讼请求中实体法律关系或者实体权益请求，如给付诉权的实体内涵是给付请求权（诉讼标的）和具体实体请求（诉讼请求）。

民事诉权包含程序内涵和实体内涵的认识不违反逻辑，因为一个概念的内涵可以是单一的，也可以是数个。

二、当事人向法院行使的请求权（公权性）：基本权利

（一）民事诉权因是当事人向法院行使的请求权而具有公权性

法谚云："有权利必有救济。"国民享有请求国家给予司法救济的诉权。民事诉权是国民依据宪法和民事诉讼法所享有的、请求法院通过民事诉讼来保护民事权益和解决民事纠纷的权利。

民事诉权属于公权，是当事人请求法院给予司法救济的请求权，可以选择是否行使（有是否起诉的自由）。国家具有保护国民之责，承担保护诉权的职责，即"不得非法拒绝审判"或者"有告诉即受理"。

（二）民事诉权属于基本权利·宪法权利·基本人权

第二次世界大战后，国际社会开始重视人权，签订了一些重要的人权公约，并将诉权或者司法救济权确定为基本人权，比如《世界人权宣言》第8条规定：当宪法或者法律赋予的基本权利遭受侵犯时，人们有权向有管辖权的法院请求有效的救济。

诉权的"宪法化"是现代宪法发展趋势之一，且日益呈现出普遍性。诸多国家的宪法直接或者间接地肯定诉权或者司法救济权为宪法基本权。比如，《日本国宪法》第32条规定："任何人在法院接受审判的权利不得被剥夺。"《意大利宪法》第24条规定："任何人为保护其权利和合法利益，皆有权向法院提起诉讼。"

法谚云："没有救济的权利不是权利。"宪法和法律赋予国民以生命权、自由权和财产权，相应地，也要让国民在这些权利受到侵害或者发生争议时充分享有诉权。

---

[1] 在术语运用上常用"起诉"而较少说"行使诉权"，立法上亦是如此，如《民事诉讼法》第122条直接表述为"起诉必须符合下列条件"。

笔者认为，民事诉权不包括上诉权，其理由主要有二：（1）行使诉权启动的是一件争讼案件的诉讼程序；（2）国际社会通常将上诉权作为诉讼参与权的内容，属于诉讼过程中的诉讼权利。

第二节　民事诉权的保护

一、在制度层面保护民事诉权

与民事诉权紧密相关的宪法、民事实体法和民事诉讼法、律师制度和法律援助制度等，应当是能够促进正义的良法，当事人才愿意和能够加以适用以实现权益。[①]

诉权的"宪法化"首先表现为宪法明确保护诉权。若行政机关、社会组织和其他国民等侵犯他人诉权，诉权主体应当有权获得救济。民事实体法应是裁判规范，使当事人能够依据实体法规范胜诉；同时还应具有合理性，便于当事人行使诉权。[②]

民事诉讼法应建构起正当程序，使当事人能够便利地进入诉讼，运用正当程序公正及时地获得诉讼救济。兹举例说明如下：

（1）明确规定起诉条件。为保护民事诉权，根据先程序后实体原理，起诉条件主要是程序性要件，对此应当作出明确规定。

（2）明确规定享有或行使诉权的具体情形，比如，公益纠纷诉权；提起当事人异议之诉、第三人异议之诉、执行异议之诉、有关折价赔偿之诉（《民诉解释》第492条）、妨害执行行为造成损失之诉（《民诉解释》第519条）、有关公证方面的诉权（《公证法》第40条）、诉的合并（包括反诉）和变更、告知（另行）起诉（《民事诉讼法》第186条和《民诉解释》第232、233、348、370、403、530、531、542条）等。

（3）确立立案登记制和允许当事人补正起诉条件；为方便当事人行使诉权，法院应提供网上立案、预约立案、巡回立案等诉讼服务（《登记立案》第14条）。

（4）对裁定不予受理和驳回起诉作出合理规定。比如，被裁定不予受理、驳回起诉的案件，原告再次起诉，符合起诉条件且不属于《民事诉讼法》第127条规定情形的，法院应予受理（《民诉解释》第212条）；对不予受理或者驳回起诉的裁

[①] 《民事诉讼法》在第126条明文规定了保护诉权，自此我国在新的历史时期对保护国民诉权进行了重大而积极的实践。目前，有关规范文件主要有：《决定》、《关于贯彻落实党的十八届四中全会决定进一步深化司法体制和社会体制改革的实施方案》（2015年）、《民诉解释》、《关于人民法院推行立案登记制改革的意见》（法发〔2015〕6号）、《登记立案》等。

[②] 就侵权责任归责原则而言，《侵权责任法》（已失效）一方面坚持以过错责任为基本原则；另一方面扩展了过错推定、无过错责任的适用范围，减轻或者免除受害人对"侵权人具有过错"的证明难度或者证明责任，以增加其获得救济的可能性，同时在很大程度上能够实现现代侵权责任法"预防损害"的目的。参见王利明：《我国侵权责任法的体系建构》，载《中国法学》，2008（4）。

定，当事人有权提起上诉（《民事诉讼法》第126、157条）①，且可申请再审（《民诉解释》第379、411条）。

（5）合理设置撤诉制度。撤诉并未解决纠纷，所以撤诉后原告可以就同一纠纷再次起诉。但是，原审原告在二审程序中撤回起诉后重复起诉的、一审原告在再审审理程序中撤回起诉后重复起诉的，法院不予受理（《民诉解释》第336条第2款、第408条第2款）。

当事人有行使诉权的自由，其中包括撤回起诉（撤诉）的权利或者自由，所以法律限制撤诉应有充足根据，即撤诉也应符合法律规定的合理要件（如不得损害国家利益、社会公共利益、他人合法权益）。至于按撤诉处理，即否定当事人行使诉权，应有充足根据。

同时，还应当建构合理的诉讼费用救助和法律援助制度，帮助经济贫困的当事人寻求诉讼保护（详见本书第十七章第二节）；并且应当完善律师制度，便于当事人及时获得律师帮助。

二、在实务层面保护民事诉权

民事诉权是一种对世权，任何人不得非法侵害或者阻碍其合法行使。实务中，承担保护诉权职责的首先是法院（限于篇幅下文简要讨论法院保护诉权问题）。

一方面，法院"不得非法拒绝审判"。对于符合起诉条件之诉，法院应当适时受理，并且禁止随意增加起诉条件（比如要求原告在起诉阶段就应当提出充分的胜诉证据、以诉讼文书不能送达为由不予受理等）。对于起诉状中当事人基本情况记载不清、没有记载诉讼请求等情况，法院应当给予当事人补正的机会。

另一方面，法院遵循"不告不理原则"。当事人没有行使诉权的，法院不得主动寻找案件来立案，否则，侵犯当事人诉权（因为当事人有是否行使诉权的自由）。民事私益案件中，适用当事人处分原则，即原告有权通过诉讼标的和诉讼请求来决定请求法院保护的范围，法院只能在此范围内作出裁判，否则，侵犯原告的私权和诉权。

法院侵害诉权的，主要是通过诉讼程序内部（上诉和再审）来纠正。为保障法官独立审判，一般不允许在诉讼程序外部惩治法官侵害诉权的行为，除非法官侵害诉权的行为非常严重，甚至构成犯罪，否则，法官不被弹劾或者治罪。

在我国，对法院不予受理和驳回起诉的违法裁定，以上诉和再审来纠正。当事人没有起诉或者合法撤诉的，法院作出的判决为"诉外判决"［参见本书第十九章第三节二（一）］，属于无效判决，自始不产生判决的效力。法院违反处分原则所作

---

① 《民诉解释》第330条规定："第二审人民法院查明第一审人民法院作出的不予受理裁定有错误的，应当在撤销原裁定的同时，指令第一审人民法院立案受理；查明第一审人民法院作出的驳回起诉裁定有错误的，应当在撤销原裁定的同时，指令第一审人民法院审理。"

出的判决，属于违法判决，可以通过上诉和再审来纠正。

三、民事诉权的消灭

就特定的或者具体的民事纠纷而言，其诉权的消灭，在我国主要有以下情形：

（1）已被合法提起诉讼或者处于审理过程中的；

（2）法院已经作出确定判决的（再审、异议之诉除外）；

（3）已经作出具有既判力的其他法律文书的（参见本书第二十三章第一节一）；

（4）法院按照《民事诉讼法》第 154 条，裁定终结诉讼的；

（5）撤诉后，依法律或者司法解释规定不得再起诉的；

（6）法院依法裁定执行被执行人到期债权的（对该债权纠纷，被执行人没有诉权）；

（7）解决涉外民事纠纷的外国司法文书或者非司法文书，被我国法院承认的；

（8）解决涉港澳台民事纠纷，港澳台地区司法文书或者非司法文书，被大陆（内地）人民法院承认的。

第三节　防范和制裁虚假诉讼与滥用诉权

一、虚假诉讼和滥用诉权的内涵与构成要件

我国现行有关虚假诉讼或者滥用诉权的规定，主要有《民事诉讼法》（第 115、116 条）、《民诉解释》（第 190、191 条）、《防制虚假诉讼》、《关于办理虚假诉讼刑事案件适用法律若干问题的解释》（法释〔2018〕17 号）、《虚假诉讼犯罪惩治》等规定。

根据我国现行法，"虚假诉讼""滥用诉讼""恶意诉讼"是一致的，因为此三者的构成要件均是：恶意串通或者主观故意、存在虚假诉讼行为、存在损害后果、虚假诉讼行为与损害后果之间存在因果关系。[①]

广义的"滥用诉讼"是指滥用获得正当程序诉讼权[②]，包括滥用民事司法救济权、滥用获得公正诉讼权和滥用获得适时诉讼权。狭义的"滥用诉讼"是指滥用民

[①] 依据《防制虚假诉讼》第 1 条，虚假诉讼通常包含以下要素：（1）以规避法律、法规或者国家政策谋取非法利益为目的；（2）双方当事人存在恶意串通；（3）虚构事实；（4）借用合法的民事程序；（5）侵害国家利益、社会公共利益或者案外人的合法权益。
《民间借贷》第 18 条规定：应当严格审查借贷发生的原因、时间、地点、款项来源、交付方式、款项流向以及借贷双方的关系、经济状况等事实，综合判断是否属于虚假民事诉讼。

[②] 在大陆法系，滥用权利通常是指一项权利被以明显不合理的方式行使，从而对他人造成不合比例的损害。参见向在胜：《欧盟国际民事诉讼法判例研究》，70 页，北京，中国政法大学出版社，2013。

事司法救济权。"滥用诉讼"在我国现行法中是指滥用民事诉权和滥用民事执行申请权。

虚假诉讼或者滥用诉讼属于滥用权利的范畴，违背了宪法原则规范①和权利正当目的，也违背了诚信原则。当事人滥用诉讼还符合"任何人都不应从不当行为中获利"原则②，以防法庭沦为实施非法行为并从中获利的场所，有失司法公正和司法公信力。

由于保护民事诉权和民事执行申请权是主要方面，规制民事诉权和民事执行申请权滥用不应阻碍权利的合法行使，所以应当严格虚假诉讼的构成要件。③

虚假诉讼在主观方面表现为双方当事人存在恶意串通或者单方故意，以"规避法律、法规或者国家政策谋取非法利益""逃避履行法律文书确定的义务"为目的。④

虚假诉讼行为通常体现为捏造要件事实、虚假陈述、伪造证据、捏造民事法律关系或者虚构民事纠纷，向法院提起诉讼或者申请执行。诉讼参与人或者其他人"冒充他人提起诉讼或者参加诉讼"的，可以适用《民事诉讼法》第114条（《民诉解释》第189条）。⑤

损害后果主要是指虚假诉讼行为侵害了国家利益、社会公益或者他人合法权益。滥用诉讼权利还会因拖延诉讼而浪费国家司法资源和损害对方当事人合法权益。"逃避履行法律文书确定的义务"使权利人的权利得不到及时实现，损害权利人相关权利。⑥

---

① 《宪法》第51条规定："中华人民共和国公民在行使自由和权利的时候，不得损害国家的、社会的、集体的利益和其他公民的合法的自由和权利。"
② 参见［英］A. J. M. 米尔恩：《人的权利与人的多样性》，夏勇等译，31页，北京，中国大百科全书出版社，1995。
③ 再者，当事人非法律专家，我国现行律师制度尚难以满足现实需求，所以不能严格要求当事人在准确理解法律和事实的基础上才能行使程序基本权。因此，应当将当事人滥用程序基本权的主观构成要件通常界定为"恶意"，但是滥用民事司法救济权的主观构成要件宜更严格些，即为"双方当事人恶意串通"。
关于判断"恶意"的标准，原则上采取客观标准（以普通人的认识水平为标准），即英美法中的"合理人"（reasonable man）标准；同时，也规定了一些例外情形而考虑主观情况，比如对法律专业人士和非法律专业人士，确定两者恶意时就应有相应不同。
④ 《关于深入开展虚假诉讼整治工作的意见》（法〔2021〕281号）第2条规定：虚假诉讼人可以是单独故意进行虚假诉讼。
⑤ 笔者认为，"原告"故意对自己、虚构的人或者死者提起诉讼等，也可以适用《民事诉讼法》第114条。
《关于深入开展虚假诉讼整治工作的意见》第2条规定：向人民法院申请执行基于捏造的事实作出的仲裁裁决、调解书及公证债权文书，在民事执行过程中以捏造的事实对执行标的提出异议、申请参与执行财产分配的，也属于虚假诉讼。诉讼代理人、证人、鉴定人、公证人等与他人串通，共同实施虚假诉讼的，属于虚假诉讼行为人。
⑥ 笔者认为，至于滥用诉讼人是否已经获得法院判决或者法院是否采取执行措施，不应作为滥用诉讼的构成要件。

二、防范和制裁虚假诉讼与滥用诉权的具体措施

对于虚假诉讼或滥用诉权，主要从以下几方面统筹设计和采取防止或制裁措施：

（1）法院应当驳回滥用行为或者认定其无效。比如，当事人滥用诉权的，法院应判决驳回诉讼请求①；当事人滥用上诉权的，上诉无效（属于失权效），法院应裁定驳回上诉。

（2）滥用程序基本权人或滥用诉讼人承担诉讼费用和对方当事人的律师费［参见本书第十七章第一节三（五）］。②

（3）滥用情节比较严重的，作为妨害民事诉讼行为，根据《民事诉讼法》第115条或第116条，应当加大罚款或者拘留等措施的适用力度（《虚假诉讼犯罪惩治》第22条）。③

（4）他人若因滥用程序基本权或滥用诉讼受到损失，有权要求赔偿，并可提起侵权损害赔偿之诉。滥用程序基本权和滥用诉讼构成侵权的，属于通常过错侵权责任。无过错侵权责任属于特殊情形，应由《民法典》有明文规定时，才能适用。④

（5）对于当事人双方恶意合谋通过诉讼来侵害第三人合法权益的，在该诉讼中，第三人可以主诉讼参加人的身份提起参加之诉；若已经作出判决或者判决在执行中，第三人可以提起异议之诉，请求法院撤销或者变更判决。⑤

（6）法院对于与虚假诉讼刑事案件的裁判存在冲突的已经发生法律效力的民事判决、裁定、调解书，应当及时依法启动审判监督予以纠正；检察院发现已经发生法律效力的判决、裁定、调解书系民事诉讼当事人通过虚假诉讼获得的，应当向法

---

① 《防制虚假诉讼》第11条、《民间借贷》第20条第1款规定：经查明属于虚假诉讼，原告申请撤诉的，不予准许，并应当根据《民事诉讼法》第115条，驳回其请求。

② 《关于知识产权侵权诉讼中被告以原告滥用权利为由请求赔偿合理开支问题的批复》（法释〔2021〕11号）规定：在知识产权侵权诉讼中，被告提交证据证明原告的起诉构成法律规定的滥用权利损害其合法权益，依法请求原告赔偿其因该诉讼所支付的合理的律师费、交通费、食宿费等开支的，人民法院依法予以支持。被告也可以另行起诉请求原告赔偿上述合理开支。

③ 法院对滥用诉权者依法施以罚款等惩处，实际上是对其侵害法律和审判权、浪费审判资源、剥夺他人合法利用诉讼机会等的一种惩戒，在性质上可以纳入妨害民事诉讼行为的范畴。

④ 《案由规定》中有"因恶意提起知识产权诉讼损害责任纠纷"的案由。《关于审理专利纠纷案件适用法律问题的若干规定》第1条中有"因恶意提起专利权诉讼损害责任纠纷案件"的表述。依据《民诉解释》第313条第2款，被执行人与案外人恶意串通，通过执行异议、执行异议之诉妨害执行的，法院应当依照《民事诉讼法》第116条的规定处理；申请执行人因此受到损害的，可以提起诉讼要求被执行人、案外人赔偿。

⑤ 依据《民诉解释》第299条，第三人撤销之诉案件审理期间，法院对生效判决、裁定、调解书裁定再审的，受理第三人撤销之诉的法院应当裁定将第三人的诉讼请求并入再审程序；但是，有证据证明原审当事人之间恶意串通损害第三人合法权益的，法院应当先行审理第三人撤销之诉案件，裁定中止再审诉讼。

院提出再审检察建议或者抗诉（《虚假诉讼犯罪惩治》第15、18条）。

（7）虚假诉讼构成犯罪的，根据《刑法》第307条之一追究刑事责任。专门规定有《关于办理虚假诉讼刑事案件适用法律若干问题的解释》《虚假诉讼犯罪惩治》。

（8）建立诉讼诚信制度和综合治理机制，将严重虚假诉讼作为严重失信行为纳入国家征信系统。《防制虚假诉讼》第13条规定：法院应当建立虚假诉讼失信人名单制度，向社会公开发布虚假诉讼典型案例，建立多部门协调配合的综合治理机制。

《防制虚假诉讼》第14～16条和《关于在民事诉讼中防范与惩治虚假诉讼工作指引（一）》（2021年）第31～36条规定：法院工作人员、诉讼代理人、鉴定机构、鉴定人、公证机构、公证员等参与虚假诉讼的，依法予以制裁。

《防制虚假诉讼》第5条规定："涉嫌虚假诉讼的，应当传唤当事人本人到庭，就有关案件事实接受询问。除法定事由外，应当要求证人出庭作证。要充分发挥民事诉讼法司法解释有关当事人和证人签署保证书规定的作用，探索当事人和证人宣誓制度。"

《虚假诉讼犯罪惩治》第21条规定：对于存在虚假诉讼犯罪嫌疑的民事案件，法院可以依职权调查收集证据；当事人自认的事实与法院、检察院依职权调查并经审理查明的事实不符的，法院不予确认。

【最高人民法院指导案例68号】（裁判要旨）依据上海欧宝生物科技有限公司诉辽宁特莱维置业发展有限公司企业借贷纠纷案，法院审理民事案件中发现存在虚假诉讼可能时，应当依职权调取相关证据，详细询问当事人，全面严格审查诉讼请求与相关证据之间是否存在矛盾，以及当事人诉讼中言行是否违背常理。经综合审查判断，当事人存在虚构事实、恶意串通、规避法律或国家政策以谋取非法利益，进行虚假民事诉讼情形的，应当依法予以制裁。

第 六 章

诉的合并与诉的变更

诉的合并包括诉的主观合并（当事人合并）和客观合并（诉讼标的合并）。诉的变更包括诉的主观变更（当事人变更）和客观变更（诉讼标的变更）。诉的客观合并、被告反诉和诉的客观变更除应具备通常起诉要件外，还应具备其他特殊要件。

第一节　诉的合并

一、诉的合并之概念

诉的合并包括诉的主观合并和诉的客观合并。大陆法系诉讼法著作多在诉讼主体或者当事人部分阐释诉的主观合并，在诉讼客体（复数的诉讼对象）部分阐释诉的客观合并。

诉的主观合并、既判力的主观范围中的"主观"即主体的意思。诉的主观合并是指当事人一方或双方为两人以上的诉，其典型是必要共同诉讼和以其为基础的群体诉讼。

诉的客观合并、既判力的客观范围中的"客观"即客体的意思。诉的客观合并是从诉讼标的之角度来规定或者考察诉的合并形态，是指诉讼标的之合并，即在同一诉讼程序中，存在两个以上诉讼标的之合并（提起两个以上的诉）。①

同时，还存在诉的主、客观合并的情形，如普通共同诉讼及以其为基础的群体

---

① 《民事诉讼法》第143条规定："原告增加诉讼请求，被告提出反诉，第三人提出与本案有关的诉讼请求，可以合并审理。"

对"原告增加诉讼请求"，应当这样理解：在本诉程序中，原告增加诉讼标的而直接表现为增加诉讼请求，实际上构成诉的客观合并。如果原告仅在同一诉讼标的上增加诉讼请求，不属于诉的客观合并，但应当合并审理。

"第三人提出与本案有关的诉讼请求"是指有独立请求权第三人在他人之诉中提起参加之诉，构成诉的合并。

诉讼、有独立请求权第三人提起的参加之诉与本诉的合并、被告提起的反诉与本诉的合并等。①

在一个诉讼程序中同时解决多数人之间的纠纷或者多个纠纷，既能够满足诉讼效率的基本要求和增强诉讼制度解决纠纷的基本功能，又能够在一定程度上避免矛盾判决。

二、诉的客观合并种类

诉的客观合并包括单纯合并、预备合并和选择合并（不包括竞合合并）。我国现行法实际上仅承认单纯合并，没有规定预备合并，实务中认可预备合并。②

（一）单纯合并（普通合并、并列合并）

单纯合并是指在同一诉讼程序中，同一原告对同一被告提出两个以上的均须审判的诉讼标的或者诉。其中，数个诉讼标的（或者数个诉）之间相互独立，诉讼目的彼此不同且并不冲突，这些诉本可以各自提起，请求法院分别审判。

单纯合并又可分为两类：

（1）有法律关系的合并。在此类单纯合并中，各诉之间在诉的客体或者原因事实方面存在法律关系，被合并的诉均要求法院审判，比如，法院在审理信用证欺诈案件过程中，必要时可以将信用证纠纷与基础交易纠纷一并审理。③

（2）无法律关系的合并。在此类单纯合并中，各诉之间在诉的客体或者原因事实方面没有法律关系，比如，在同一程序中，原告对被告同时提出给付货款之诉和返还租赁物之诉。

（二）预备合并（顺位合并、假定合并）

预备合并通常是指在同一诉讼程序中，原告提起主位（或者先位）之诉，同时提起或者追加提起备位（或者后位）之诉，若法院对主位之诉作出胜诉判决，则备位之诉无须审判④；若法院对主位之诉作出败诉判决，则应对备位之诉作出判决。⑤

预备合并中，主位之诉与备位之诉应有一定的法律关系，主要是两诉在法律上有着相同或者一致的目的。比如，原告同时以所有权和占有权为由请求被告给付同

---

① 诉也可分为独立之诉和诉讼中（内）之诉。前者是指，独立启动诉讼程序之诉。后者是指，当事人或者第三人在已经启动的诉讼程序中所提起之诉，如被告在本诉程序中提起的反诉、有独立请求权第三人在本诉程序中提起的参加之诉、诉的变更等。
② 参见上海市第一中级人民法院（2017）沪01民终8427号民事判决书、江苏省徐州市中级人民法院（2018）苏03民终590号民事判决书、最高人民法院（2019）最高法民申1016号民事判决书等。
③ 参见《关于审理信用证纠纷案件若干问题的规定》（法释〔2005〕13号）（2020年修改）第14条第1款。
④ 此际，备位之诉溯及诉讼系属时丧失其诉讼系属的效力。日本学界通说认为，备位之诉被视为撤回。参见［日］新堂幸司：《新民事诉讼法》，522页，北京，法律出版社，2008。
⑤ 判决主文中应当表明主位之诉被判败诉的内容，这是因为对主位之诉和备位之诉均进行了审判。

一特定物，原告决定以前诉为主位之诉，以后诉为备位之诉。预备合并中，对于主位之诉和备位之诉，通常不得均判胜诉，但可均判败诉或者一胜一败。

若主位之诉胜诉，被告提起上诉，上诉审法院可能判决主位之诉败诉，则需就备位之诉进行审判，所以对备位之诉作出判决的前提是，主位之诉获得败诉的判决且已经确定（不得上诉）。若备位之诉胜诉，被告提起上诉，则应按主位之诉与备位之诉的原先顺序进行审判，若上诉审法院认为备位之诉无理由而判决备位之诉败诉，而主位之诉有理由的，则应当按照再审程序变更或者撤销对主位之诉的原判决。

（三）选择合并（择一合并）

选择合并是指在同一诉讼程序中，原告提出诉讼目的相同或者一致的两个以上的诉讼标的或者诉，并明确表示只对自己选择的一个诉讼标的或者诉进行审判，无须再对其他诉讼标的或者诉作出判决。

在选择合并与预备合并中，合并之诉的目的是相同或一致的，不属于单纯合并，不得均被判胜诉，可均被判败诉或者一胜一败。笔者认为：请求权竞合中，原告有权决定采用选择合并或者预备合并；若原告没有作出决定，法院应当释明而由原告作出决定。

竞合合并（重叠合并）的情形与选择合并相同，但是，对竞合合并之诉，原告并未明确请求法院审判其一而不用审判其他诉，即竞合合并之诉处于并列关系，都须审判，而于选择合并之诉只需择一审判。竞合合并之诉不得均被判胜诉，所以法院应当释明，由原告决定按照预备合并或选择合并来审判。因此，竞合合并没有必要成为单独的合并种类。

三、诉的客观合并要件

（1）合并的数个诉讼标的或者数个诉应由同一原告（包括反诉原告）向同一被告（包括反诉被告）在同一诉讼程序中提出。

诉的客观合并（或变更）是在诉的主体不变或者同一的前提下，仅就"诉讼标的"来规定或者考察诉的合并（或变更）。对数诉应在同一诉讼程序中合并审判。同一诉讼程序通常是一审程序[①]，也可以是二审程序和再审程序。[②]

诉的客观合并可能发生在提起诉讼之时，也可能发生于诉讼进行中。不过，被告提起反诉，有独立请求权第三人提起参加之诉，应当在本诉受理后、（一审或者二审）法庭辩论结束前（《民诉解释》第232条）。

[①] 对于二审裁定撤销一审判决发回重审的案件，当事人申请变更、增加诉讼请求或者提起反诉，第三人提出与本案有关的诉讼请求的，依照《民事诉讼法》第143条规定处理（《民诉解释》第251条）。

[②] 参见《民诉解释》第252条和本书第二十三章第三节二（三）。

（2）对合并的数个诉应适用相同的诉讼程序。合并的数诉中，有适用简易程序的，有适用普通程序的，则在简易程序中不得合并，而在普通程序中可以合并。①不过，根据《民事诉讼法》第160条第2款和《民诉解释》第264条，对于基层法院及其派出法庭适用一审普通程序审理的民事案件，当事人双方约定适用简易程序的，可在简易程序中合并审理。

在我国婚姻案件中，对当事人的财产或债务、抚养和探望未成年子女问题，通常是在离婚判决中一并处理。比如，【最高人民法院指导案例66号】雷某某诉宋某某离婚纠纷案中，法院判决当事人离婚，同时对当事人的财产和债务作出处理。再如，《婚姻家庭》第11条第3款规定，确认婚姻无效案件中，涉及财产分割和子女抚养的，可以调解；未达成调解协议的，应当一并作出判决。

在婚姻案件中，若对当事人的财产或债务责任、抚养和探望未成年子女，没有作出处理或者判决的，允许当事人另行起诉。比如，《婚姻家庭》第65条规定，法院生效离婚判决中未涉及探望权，当事人就探望权单独起诉的，法院应予受理。相关案由有"离婚后财产纠纷""离婚后损害责任纠纷"等。

确认民事法律行为无效之诉中，法院根据《民法典》第143条或第153条，作出确认无效判决，同时还应根据《民法典》第157条，对返还取得的财产、折价补偿或赔偿损失问题或者纠纷一并作出判决。②对返还取得的财产、折价补偿或赔偿损失问题或者纠纷，若法院在判决中没有作出解决的，在判决确定后，可以另行起诉。

（3）受诉法院对合并的数个诉均有管辖权，数个诉均不属于其他法院管辖。受诉法院基于牵连管辖，能够对无管辖权的诉取得管辖权而予以合并。③

（4）合并审理的数诉间有无法律关系并非单纯合并的要件。我国现行法无明确规定，但实务中通常要求存在法律关系。但是，预备合并、选择合并、在本诉中提起反诉、有独立请求权第三人提起参加之诉等，均要求数诉间有法律上的关联性。④诉讼标的为同一种类的数诉，合并审理的，构成普通共同诉讼。

---

① 依据《民诉解释》第278条的规定，因当事人申请增加或者变更诉讼请求、提起反诉、追加当事人等，致使案件不符合小额诉讼案件条件的，应当适用简易程序的其他规定审理。前款规定案件，应当适用普通程序审理的，裁定转为普通程序。
② 《民法典》第143条或第153条与第157条共同构成一条完整的法律规范：第143条或第153条规定的是行为模式（有关民事法律行为无效的事由），第157条规定的是法律后果（有关民事法律行为无效的后果）。法院应当根据这一条完整的法律规范，作出判决。
③ 系列性、群体性或者关联性案件原则上由同一审判组织审理（参见《繁简分流》第2条）。
④ 被告提起反诉、有独立请求权的第三人提出与本案有关的诉讼请求，法院决定合并审理的，分别减半交纳案件受理费（《费用办法》第18条）。

四、诉的客观合并程序

诉的客观合并要件（和客观变更要件）一般属于法院职权调查事项，法院应当依职权主动调查是否具备。

若法院在调查后，认为不具备合并要件的，应当裁定驳回合并请求。法院不同意合并的，对数个诉视为分别提起，并依各自的程序分别审判。

当事人增加、变更诉讼请求或者提起反诉的，法院应当根据案件具体情况重新确定举证期限（参见《证据规定》第 55 条）。

具备合并要件的，对数个诉在同一程序中合并审理，既可以合并辩论，也可以分开辩论或者限定辩论。不过，对被合并的数诉应当分别作出裁判，各裁判可以同时作出，也可以先后作出。对于可分之诉，若法院认为诉的合并不利于诉讼程序顺畅进行，并且不会导致作出相互矛盾判决的，则可将已合并之诉予以分离，依各自的程序分别审判。

为保护新诉当事人的上诉权或者审级利益，对二审中的新诉，虽不得适用二审程序，但可以根据当事人自愿原则进行调解，调解不成的，告知当事人另行起诉；双方当事人同意由二审法院按照二审程序一并审理的，可以一并裁判（《民诉解释》第 326 条）。

对于一审判决不准离婚的案件，二审法院认为应当判决离婚的，可以根据当事人自愿原则，与子女抚养、财产分割问题一并调解，调解不成的，发回重审（《民诉解释》第 327 条）。应当参加诉讼的当事人或者有独立请求权的第三人在一审程序中未参加诉讼的，二审法院可以根据当事人自愿原则予以调解，调解不成的，发回重审（《民诉解释》第 325 条）。

对再审中的新诉，通常处理办法是：再审时适用一审程序审理的，法院应当对新诉一并审理，对其判决可以上诉；再审时适用二审程序审理的，按照《民诉解释》第 326 条处理。

依据《民诉解释》第 300 条，第三人的诉讼请求并入再审程序，按照一审程序审理的，法院应当对第三人的诉讼请求一并审理，对其判决可以上诉；按照二审程序审理的，法院可以调解，调解达不成协议的，应当裁定撤销原判决、裁定、调解书，发回一审法院重审，重审时应当列明第三人。

第二节　被告反诉

对于被告反诉，《民事诉讼法》第 54 条规定被告有权提起，但是没有具体规定要件和程序；《民诉解释》（第 232、233、251、252、326 条等）作出了具体规定。

一、反诉的含义和要件

在本诉的诉讼程序中，本诉被告以本诉原告为被告，提起与本诉相关的反诉，法院应当合并审理（《民诉解释》第 233 条）。本诉被告为反诉原告，本诉原告为反诉被告。

反诉以本诉为存在前提，无本诉则无反诉。反诉具备诉的构成要素，不同于本诉，两诉的主体、标的和原因事实均不同（参见【案例 4-3】），所以反诉也具有一定的独立性，比如，若本诉撤回或者终结而反诉尚未审结，则应继续审理反诉直至作出判决。[①]

反诉属于特殊合并，其要件除遵循诉的客观合并要件（如对反诉与本诉应当适用相同的诉讼程序、审理本诉的法院对反诉拥有合法管辖权等）之外，还有如下特殊要件：

（1）反诉是本诉被告对本诉原告提起的。反诉的当事人应限于本诉的当事人。我国法律规定由有关机关或组织提起的民事公益诉讼中，原告不是受害人，被告不得对它提起反诉。[②]

（2）反诉与本诉在诉讼标的、诉讼请求或者案件事实方面存在法律上的牵连关系，比如，本诉与反诉的诉讼请求基于相同法律关系（如【案例 4-3】）或者相同事实，相互冲突或者抵销（如原告提起离婚之本诉而被告提起确认婚姻无效之反诉）。两诉案件事实存在牵连关系的例子是两人互殴，一人诉请损害赔偿，对方反诉损害赔偿。

（3）反诉应在案件受理后至法庭辩论结束前提起。反诉以本诉为存在前提，反诉不在本诉中提起，则不构成反诉，但可以作为一个单独的诉。"法庭辩论结束前"包括一审和二审法庭辩论结束前。本诉被告在本诉的一审程序、二审程序和再审程序均可提起反诉。

二、反诉的程序

本诉被告提起反诉应当提交反诉状，并应送达反诉被告。简易程序和小额诉讼程序中，被告可以口头提起反诉。本诉被告自提起反诉次日起 7 日内预交案件受理

[①] 【习题】刘某与曹某签订房屋租赁合同，后刘某向法院起诉，要求曹某依约支付租金。曹某向法院提出的下列哪一主张可能构成反诉?（   ）

    A. 刘某的支付租金请求权已经超过诉讼时效　　　B. 租赁合同无效

    C. 自己无支付能力　　　D. 自己已经支付了租金

（2014 年国家司法考试试卷三；参考答案为 B）

[②] 比如，《环境公诉》第 17 条规定：环境民事公益诉讼案件审理过程中，被告以反诉方式提出诉讼请求的，人民法院不予受理。

费；被告提出与本诉有关的诉讼请求，法院决定合并审理的，减半交纳案件受理费（《费用办法》第18条）。

法院应当依职权审查是否具备反诉要件。没有同时具备反诉要件的，法院应当裁定不予受理或者驳回反诉，告知另行起诉。笔者认为，法院认为当事人意图延滞诉讼而提起反诉的，也应当裁定不予受理或者驳回反诉。

法院受理反诉后，应当合并审理本诉和反诉，在审理中可以合并辩论，也可以分开辩论或者限定辩论，不过通常是先审判本诉。对于本诉和反诉应当分别作出裁判，各裁判可以同时作出，也可以先后作出。

被告有权申请撤回反诉。法庭辩论终结后原告申请撤诉，被告不同意的，法院可以不予准许（《民诉解释》第238条第2款）。[①]

为保护反诉当事人的上诉权或者审级利益，对于二审程序中提起的反诉，可以调解，调解不成的，告知当事人另行起诉；双方当事人同意适用二审程序的，与本诉合并审理。

三、反诉与诉讼抵销

【案例6-1】 A对B提起偿还借款之诉，请求法院判决B偿还借款30万元。在诉讼中，B向法院提供了自己与A签订的另外一份买卖合同，并提出证据证明A没有支付货款40万元，请求法院进行抵销。

债务抵销[②]在诉讼之前或者诉讼之外进行的，叫诉讼外抵销。债务抵销在民事诉讼中进行的，则叫诉讼抵销。诉讼中，当同时符合债务抵销要件和反诉要件时，被告可以选择请求诉讼抵销，也可以选择提起反诉。

反诉与诉讼抵销存在如下主要区别：

（1）在法律性质方面，反诉是一个相对独立的诉，但是，诉讼抵销并非一个相对独立的诉，并不改变本诉原、被告的诉讼地位。大陆法系国家通常将诉讼抵销作为被告的一种特殊抗辩即诉讼抵销抗辩，是一种特殊的诉讼防御方法。

（2）在提起要件或者申请要件方面，反诉的提起应当符合起诉要件，同时还应当具备诉的合并要件和反诉的特殊要件，但是，对诉讼抵销无此要求。

（3）在审判方面，即使本诉被撤回或者终结，对反诉应当继续审理下去，法院应对本诉和反诉分别作出判决；但是，诉讼抵销与原告之诉只得合并审理，并因原告之诉不存在而失效，且对诉讼抵销不得作出单独的判决。

---

① 被告参加诉讼付出了成本，所以对于原告在辩论终结后申请撤诉的，应当把"征得被告同意"作为裁定撤诉的要件，以此来平等维护原告和被告的程序利益。《德国民事诉讼法》第269条规定：在言词辩论后撤诉应经被告同意，若撤诉申请书送达被告后2周内并告知其后果，被告未异议的，则视为同意撤诉。

② 债务抵销包括法定抵销（《民法典》第568条）和任意抵销（《民法典》第569条）。

（4）在既判力方面，对反诉作出的判决，不论胜败，一旦确定，就有既判力，而本案判决对成功抵销的债权具有既判力，就未抵销的债权债权人可以不受既判力约束而提起诉讼。

【案例6-1】中，被告B根据《民法典》第568条，向法院请求抵销30万元借款。若抵销成功，则对用以抵销的30万元货款的债权，B不得再提起诉讼或者申请仲裁，只可以对未被抵销的10万元货款的债权提起诉讼或者申请仲裁。若抵销失败，则B对40万元货款的债权有权提起诉讼或者申请仲裁。

《民事诉讼法》没有规定诉讼抵销程序。笔者认为：被告应当书面提出抵销请求（包括在答辩书中提出），口头提出的，则由法院记录在案并由被告签名；被告应当主张（支持抵销请求的）事实并负责证明；经法庭调查和法庭辩论后，法院对诉讼抵销与原告之诉一并作出判决。

实务中，法官应当向被告释明诉讼抵销与反诉的区别，告诉被告可以选择诉讼抵销也可以选择反诉，若被告选择反诉，则应告知其按照反诉要件提起反诉并依法交纳案件受理费。

笔者认为：若被告主张诉讼抵销后却另行起诉的（不属于"一事二讼"），法院应裁定中止后诉；抵销成立的，法院应裁定终结后诉；抵销不成立的（包括部分不成立），法院应裁定对后诉继续审判。

在上诉程序中，被告反对债权抵销的主张，应经原告同意后，或者法院认为在已系属的程序中该主张为适当时，才准提出（参见《德国民事诉讼法》第530条第2款）。

第三节　诉的变更

一、诉的变更的含义

诉的变更包括诉的主观变更和客观变更。关于诉的主观变更（或称当事人变更）在当事人部分进行阐释。狭义的诉的客观变更仅指替换变更，即"诉讼标的"变更，是指在同一诉讼程序中，同一原告（包括反诉原告）对同一被告（包括反诉被告），以新的诉讼标的替换原诉的诉讼标的，请求法院审判新诉而不再审判原诉。比如，请求权竞合中，我国现行法通过诉的客观变更来保护原告的权益。[1]

---

① 【习题】李某驾车不慎追尾，撞坏刘某的轿车，刘某向法院起诉，要求李某将车修好。在诉讼过程中，刘某变更诉讼请求，要求李某赔偿损失并赔礼道歉。针对本案的诉讼请求变更，下列哪一说法是正确的？（　　）
　　A. 该诉的诉讼标的同时发生变更　　B. 法院应依法不允许刘某变更诉讼请求
　　C. 该诉成为变更之诉　　　　　　　　D. 该诉仍属给付之诉
（2015年国家司法考试试卷三；参考答案为D）

再如，依据《民间借贷》第 23 条的规定，当事人订立买卖合同作为民间借贷合同的担保，借款到期后借款人不能还款，出借人请求履行买卖合同的，法院应当按照民间借贷法律关系审理（即以民间借贷法律关系为诉讼标的）①；不过，当事人根据法庭审理情况，可以将原诉讼标的变更为买卖法律关系，此为诉的客观变更。

【最高人民法院指导案例 170 号】（基本案情）饶某诉某物资供应站等房屋租赁合同纠纷案中，饶某提起解除与某物资供应站等签订的租赁合同的诉讼；再审中，饶某将前诉变更为确认租赁合同无效之诉。(2019) 最高法民再 97 号民事判决书同意诉的变更。

实务中，原告在维持原来的诉讼标的之同时，还另外增加诉讼标的的，被称为"诉讼标的的追加变更"并被纳入广义诉的客观变更的范畴。在德国、日本等国家，诉的变更包含诉的追加，不另将诉的变更与诉的追加相区分，因为在法律适用方面，两者并无差别。笔者认为，这种情形实为因诉讼标的的追加而形成诉的客观合并。

允许诉的客观变更，其主要理由或者主要益处是：(1) 原告预料到原初提出的诉讼标的不足以适当或者充分解决纠纷，于是变更诉讼标的，旨在使纠纷得到适当或者充分解决；(2) 同一当事人之间诉的客观变更，在原诉的诉讼程序中进行，原诉的诉讼程序和诉讼资料在同一当事人之间继续有效，仍然可以援用，从而降低诉讼成本。

二、诉的客观变更要件和程序

诉的客观变更是原告提起新诉或者提出新诉讼标的，以替换原诉或者原诉讼标的，所以诉的客观变更要件与诉的客观合并要件有相同之处，比如在原诉受理后、法庭辩论结束前变更，新诉不属于其他法院级别管辖、专属管辖或者协议管辖等。

简易程序和小额诉讼程序允许诉的客观变更。如果对变更后的新诉依法不适用简易程序或者小额诉讼程序的，法院应当裁定适用普通程序或者简易程序。若变更后的新诉属于基层法院及其派出法庭适用一审普通程序审理的民事案件（《民诉解释》第 257 条规定的案件除外），则当事人双方可以约定适用简易程序审理。

诉的客观变更应以书面提出②，应当送达被告。简易程序中，当事人可以口头请求变更。因诉的客观变更而诉讼标的额变更的，对案件受理费依照《费用办法》第 21 条处理。

---

① 此条第 2 款规定：按照民间借贷法律关系审理作出的判决生效后，借款人不履行生效判决确定的金钱债务，出借人可以申请拍卖买卖合同标的物，以偿还债务；就拍卖所得的价款与应偿还借款本息之间的差额，借款人或者出借人有权主张返还或者补偿。
② 当事人变更或者增加诉讼请求的申请书样式，参见《民事诉讼文书样式》(法〔2016〕221 号)。

104

诉的客观变更要件一般属于法院职权调查事项,法院应当依职权主动调查是否具备。法院在调查后认为不具备变更要件的,应当裁定驳回变更请求。

法院不准许诉的变更的,应对原诉进行审判。法院准许诉的变更的,应对新诉进行审判。如果法院对新诉作出了判决,当事人不得再就诉的变更是否符合要件发生争议,更不允许法院否定诉的变更而审判原诉。

诉的客观变更通常发生在一审程序(包括再审适用的一审程序)中,也可能发生在二审程序(包括再审适用的二审程序)中①;二审法院(或者再审法院)可以根据当事人自愿的原则进行调解,调解不成的,告知当事人另行起诉。

三、请求权竞合与诉的客观变更和合并

【案例6-2】某市市民A持票乘坐该市某路公共汽车。在行驶过程中司机突然刹车,致使A的脸部被碰而受伤。于是,A以该市公交公司为被告,向法院提起了人身侵权损害赔偿诉讼,要求法院判决被告赔偿医疗费1 000元。后来,A向法院请求变更诉讼请求,要求被告承担违约责任。

【案例6-2】中,A购买车票乘坐某路公共汽车,在行驶过程中司机突然刹车致使A的脸部被碰而受伤的事实尚属未经法律评价的事实,可称为"自然事实"或者"生活事实"。该事实若经过相应的合同法规范评价,则为违约事实;若经过相应的侵权法规范评价,则为侵权事实。据此,被告的行为可能同时构成违约和侵权。

于是,A可以提起违约之诉和侵权之诉,而不受"一事不再理"或者既判力的制约。A若同时或者分别提起违约之诉和侵权之诉,有可能均获胜诉。由此产生的弊端是,A因同一违法行为而获得两次受偿,因同一诉讼目的将被告两次引入诉讼,故而对被告不公。

对此,笔者认为当事人可以选择按照预备合并或者选择合并来处理。不过,我国现行法规定的处理办法是:

(1)原告选择一诉提起(参见《民法典》第186、238、996条)。《民法典》第186条规定:"因当事人一方的违约行为,损害对方人身权益、财产权益的,受损害方有权选择请求其承担违约责任或者侵权责任。"此规定因赋予原告选择权而获得正当性并且消除两诉均获胜的弊端。

(2)选择之后,通过诉的变更获得有效保护。原告作出选择之后,考虑到可能败诉或者不能充分保护自己合法权益,可以通过诉的变更来获得保护。比如,若原

---

① 依据《民诉解释》第252条,再审裁定撤销原裁判发回重审的案件,当事人申请变更、增加诉讼请求或者提出反诉,符合下列情形之一,法院应当准许:(1)原审未合法传唤,缺席判决,影响当事人行使诉讼权利的;(2)追加新的诉讼当事人的;(3)诉讼标的物灭失或者发生变化,致使原诉讼请求无法实现的;(4)当事人申请变更、增加的诉讼请求或者提出的反诉,无法通过另诉解决的。

告选择提起侵权之诉，则有可能败诉，但是，若原告提起违约之诉，则可能胜诉，那么原告可以通过诉的变更获得保护，即原告提起违约之诉来替代侵权之诉。

在我国现行诉讼标的制度框架内，还可以采用诉的预备合并来处理请求权竞合问题。原告可以同时提起侵权之诉和违约之诉，但是原告必须作出选择何谓主位之诉、何谓备位之诉。就【案例 6-2】而言，若 A 对公交公司同时提起侵权之诉和违约之诉，按照预备合并处理，可将侵权之诉作为主位之诉，而将违约之诉作为备位之诉。这种处理办法既可以回避两诉均被判胜诉的弊端，又能够比较全面地保护原告的合法权益。

第三编　民事诉讼主体

第 七 章

民事诉讼关系与民事诉讼行为

民事诉讼关系（又称民事诉讼法律关系）是静态地描述民事诉讼，民事诉讼行为则是动态地描述民事诉讼。民事诉讼关系是公法关系，由主体、内容和客体三方面要素构成。根据民事诉讼安定原则，诉讼行为应当遵循表示主义和符合期限要求，原则上不得附条件和附期限。

第一节 民事诉讼关系

一、民事诉讼关系的含义

民事诉讼关系是由民事诉讼法规范或者调整的，法院、当事人及证人等诉讼参与人之间存在的，以诉讼权利、义务为内容的法律关系，属于公法关系。

争讼程序中，其基本诉讼关系是"三面"关系：法官与原告/上诉人、法官与被告/被上诉人、原告上诉人/与被告/被上诉人。法官与当事人的诉讼关系主要体现为法官审判权与当事人诉权、诉讼权利/义务，原告上诉人/与被告/被上诉人主要是争讼关系（平等对抗）。①

非讼程序中，其基本诉讼关系是"一面"关系：法官与申请人。其诉讼关系主要体现为法官审判权与当事人非讼申请权、诉讼权利/义务。非讼程序中，只有一方当事人，不存在原告与被告之间的平等对抗。

---

① 当事人之间的诉讼关系除原告上诉人/与被告/被上诉人之间的争讼法律关系外，同一方当事人之间（比如必要共同诉讼人之间）也存在着诉讼关系。双方当事人之间也存在合作，比如达成管辖协议、诉讼和解协议、执行和解协议等诉讼契约。在诸多国家的立法中，诉讼契约还有：（1）放弃型诉讼契约（比如不起诉契约、不上诉契约、撤诉契约等）；（2）程序选择契约（比如合意选择简易程序、合意选择书面审理等）；（3）证据方法契约［比如限制或者排除证据方法的契约（如当事人约定对某项事实只得使用书证证明、协定举证期限等）、鉴定契约（约定将专门性事实交由第三人来鉴定）］。参见张卫平：《论诉讼契约化》，载《中国法学》，2004（3）；汤维建：《论民事证据契约》，载《政法论坛》，2006（4）。

执行程序中，其基本诉讼关系是"三面"关系：法院与债权人、法院与债务人、债权人与债务人。法院与当事人的诉讼关系主要体现为法院执行权与当事人申请执行权、诉讼权利/义务。执行程序中，债权人与债务人程序地位不平等。

上述"一面"关系、"三面"关系揭示的是法院与当事人的外部关系，没有包括共同诉讼当事人之间的内部关系、法院与法院之间的内部关系，也没有包括法院、当事人与诉讼代理人、检察机关、证人、鉴定人、技术调查官、专家辅助人、勘验人等之间的关系。

二、民事诉讼关系的要素

（一）民事诉讼关系的主体

民事诉讼关系的主体是民事诉讼权利的享有者和民事诉讼义务的承担者，主要有：法院和其审判人员、书记员、执行员、技术调查官①；当事人及其诉讼代理人；检察院和其检察人员；证人、鉴定人；专家辅助人；勘验人等。

法院和当事人是民事诉讼的基本主体，即"诉讼主体"，无诉讼主体则无诉讼。原告与被告是"诉的主体"。民事诉讼主体是民事诉讼关系的主体，但不是民事诉讼关系主体的简称。证人等是民事诉讼关系的主体但不是民事诉讼主体。

（二）民事诉讼关系的内容

民事诉讼关系的内容是民事诉讼关系的主体依据（广义的）民事诉讼法所享有的诉讼权利和所承担的诉讼义务。

民事诉讼权利是民事诉讼关系主体所享有的、按照自己的意志、可以行使也可以不行使的诉讼权能，具有可处分性（权利人可以选择是否行使其诉讼权利）。法院应当保障当事人和证人等顺畅行使诉讼权利，不得限制或者剥夺其诉讼权利。

民事诉讼义务是民事诉讼法强加于诉讼关系主体的作为或者不作为的拘束，具有不可处分性（义务人应当为或者不得为某个行为，不得随意变更或者解除自己的诉讼义务）。法院不得阻碍当事人和证人等履行诉讼义务，也不得随意变更或者解除其诉讼义务。

（三）民事诉讼关系的客体

民事诉讼中，需要解决如下四类事项：实体请求或者实体权益主张、实体事实和证据、适用实体法律规范、诉讼程序事项。此四者为诉讼关系的客体，即诉讼权利和诉讼义务所指向的对象。② 依据有关实体请求或者实体权益主张、实体事实和

---

① 参见《关于技术调查官参与知识产权案件诉讼活动的若干规定》（法释〔2019〕2 号）。有关专家辅助人，参见本书第十三章第三节三（二）2。

② 大陆法系国家的民事诉讼中，诉讼客体主要是指诉讼标的，有时候也包括诉讼请求。笔者将诉讼标的和诉讼请求一并作为诉讼客体（诉的客体）。

证据、诉讼程序事项由当事人决定还是由法院处理，可以区分当事人主义和（法院）职权主义。

（1）当事人提出的"实体请求或者实体权益主张"（如争讼程序中诉讼标的和诉讼请求，包括诉讼标的额、诉讼标的物和执行标的）。针对实体请求有无实体事实根据和实体法律根据，原告和被告行使诉讼权利和履行诉讼义务，法院行使审判权。至于有无实体法律根据，专属于法院或者法官适用法律的职权。

（2）实体事实和证据。实体事实支持或者反驳实体请求；根据证据裁判原则，实体事实是否真实需要证据来证明。针对实体事实是否真实、证据资格有无和证明力大小，原告/上诉人和被告/被上诉人及证人、鉴定人等行使诉讼权利和履行诉讼义务，法院行使审判权。

（3）适用实体法律规范。法院专属判决权的范围或者所指向的对象当然包括如何适用实体法律规范；当事人的上诉权和再审申请权、检察机关再审抗诉权所指向的对象也包括本案适用实体法律规范是否正确。

（4）诉讼程序事项。上述事项均在民事诉讼程序中予以解决。就下述事项发生民事诉讼关系：起诉、反诉、上诉等是否具备法定要件，诉讼程序如何进行，以及回避申请、诉讼期间顺延申请、管辖异议、管辖合意、执行异议等，其客体显然属于程序事项。

三、民事诉讼法律事实

民事诉讼法律事实是指能够引起民事诉讼关系或者民事诉讼程序发生、变更、消灭或者终结的事实，又称民事诉讼关系发生、变更或者消灭的原因。根据是否包含行为人的意志，民事诉讼法律事实大致可分为客观事件和诉讼行为。

客观事件是指不以诉讼关系主体的意志为转移的客观事实，如离婚诉讼当事人死亡能够引起诉讼关系消灭或者诉讼程序终结。诉讼行为包括法院的司法行为、当事人的诉讼行为和证人等诉讼行为。狭义的诉讼行为通常是指当事人的诉讼行为。

第二节　民事诉讼行为

一、民事诉讼行为的概念

民事诉讼行为是指民事诉讼关系主体根据民事诉讼法（及民事实体法）所实施的，能够产生诉讼程序效果（及民事实体效果）的行为。从法律规范的逻辑构成来说，（1）民事诉讼行为的合法要件由民事诉讼法（及民事实体法）规定，此为行为模式部分；（2）民事诉讼行为能够产生程序效果（及实体效果），此为法律后果部分。

民事诉讼行为大体上包括两类：（1）仅有程序性的行为，是指民事诉讼关系主体根据民事诉讼法所实施的，只产生程序效果的行为。（2）兼有程序性和实体性的行为，比如合法的起诉行为、法院的判决行为等，既能产生程序效果又能产生实体效果；再如，"舍弃"（原告放弃诉讼请求）、"认诺"（被告承认诉讼请求）、"诉讼抵销"、达成诉讼和解协议与执行和解协议等和实体权利义务直接相关的诉讼行为，在要件构成上除应当符合诉讼法规定还应当遵循实体法，既能产生程序效果还能产生实体效果。

民事诉讼行为包括诉讼权利行使行为、诉讼义务履行行为及法律责任承担行为等。从权利的角度来说，当事人主张事实、提供证据、进行辩论分别是事实主张权、证明权、辩论权（均属于诉讼听审权的内容）的行使，当事人对程序事项的处分行为或者选择行为实际上是程序选择权的行使（属于当事人进行主义的范畴），因此大陆法系将当事人诉讼行为纳入正当程序保障的范畴。

二、法院的司法行为

法院的司法行为或者诉讼行为属于国家行为，具有法定的职权性。在我国，作为裁判者和执行者，法院的诉讼行为或者司法行为主要包括审判行为和执行行为。法院的司法行为在程序上违法和实体上违法的，均有法定的纠正程序。

（一）审判行为与执行行为

法院的审判行为是在审判程序（包括争讼程序和非讼程序）中实施的审理行为和裁判行为（《司法责任》明确审判权具有判断权和裁决权属性）。按照我国现行法，法院的执行行为包括执行裁决行为和执行实施行为。

审判程序中，审理行为主要是指法院审查判断实体要件事实是否真实；裁判行为主要是指法院判断原告的诉讼请求有无充足的事实根据和法律根据，作出胜诉或者败诉的判决。

执行裁决行为即执行法院裁决执行程序事项是否合法，比如裁定当事人变更、裁定当事人执行异议是否合法、裁定是否采取执行措施等。执行实施行为即实施执行措施，比如法院对被执行财产实施查封、扣押、拍卖等，处理的事项不具有实体争议性。

（二）释明行为与诉讼指挥行为

辩论主义诉讼中，法律将主张事实和提供证据作为当事人的权能或者责任。当事人在事实主张和证据提供等方面出现不明了、不完足或者前后矛盾等情况时，法官通过发问、告知、说明等方式，促使当事人补正，以弥补当事人在主张事实和提供证据的能力方面的不足，以实现真实和诉讼公正。

大陆法系的法官释明制度原初在于弥补辩论主义的不足。不过，根据我国现行法和司法解释，法官释明范围还包括诉讼请求和程序事项。对此，列举如下（标有下圆点部分为释明）：

　　依据《民诉解释》，（1）诉讼标的物是房屋、土地、林木、车辆、船舶、文物等特定物或者知识产权，起诉时价值难以确定的，人民法院应当向原告释明主张过高或者过低的诉讼风险，以原告主张的价值确定诉讼标的金额（参见第198条）。（2）对当事人起诉，需要补充必要相关材料的，人民法院应当及时告知当事人（参见第208条）。起诉状列写被告信息不足以认定明确被告的，法院可以告知原告补正（参见第209条）。（3）适用简易程序的，人民法院应当将举证期限和开庭日期告知双方当事人，并向当事人说明逾期举证以及拒不到庭的法律后果（参见第266条）。（4）适用简易程序的，对没有委托律师、基层法律服务工作者代理诉讼的当事人，人民法院在庭审过程中可以对回避、自认、举证证明责任等相关内容向其作必要的解释或者说明，并在庭审过程中适当提示当事人正确行使诉讼权利、履行诉讼义务（参见第268条）。（5）失踪人的其他利害关系人申请变更代管的，人民法院应当告知其以原指定的代管人为被告起诉，并按普通程序进行审理（参见第342条）。（6）认定财产无主案件，公告期间有人对财产提出请求的，人民法院应当裁定终结特别程序，告知申请人另行起诉，适用普通程序审理（参见第348条）。（7）当事人的再审请求超出原审诉讼请求的，不予审理；符合另案诉讼条件的，告知当事人可以另行起诉（参见第403条）。

　　《环境公诉》第9条规定：人民法院认为原告提出的诉讼请求不足以保护社会公共利益的，可以向其释明变更或者增加停止侵害、修复生态环境等诉讼请求。

　　《关于适用〈中华人民共和国公司法〉若干问题的规定（二）》（法释〔2014〕2号）（2020年修改）第4条第2款规定：原告以其他股东为被告一并提起诉讼的，人民法院应当告知原告将其他股东变更为第三人；原告不予变更的，人民法院应当驳回原告对其他股东的起诉。

　　《人身损害赔偿》第2条规定：赔偿权利人在诉讼中放弃对部分共同侵权人的诉讼请求的，其他共同侵权人对被放弃诉讼请求的被告应当承担的赔偿份额不承担连带责任，人民法院应当将放弃诉讼请求的法律后果告知赔偿权利人。

　　法官释明是法官的职权行为，既是其权力（释明权）又是其职责（释明义务）。法官释明应当基于公正或者中立的立场并遵行对审原则；在辩论主义程序中，应由当事人决定是否补正不完善的诉讼行为，法官不得通过释明为当事人导入新事实和新证据。

　　法官的诉讼指挥行为主要是指法院主持或者维持审判和执行有序、及时进行。例如，法官主持证据交换、维护法庭辩论顺序、裁定中止诉讼、裁定终结执行、指定期间等。法官实施诉讼指挥行为属于（法院）职权进行主义的内容，其方式主要是裁定，有时是决定、命令或者通知。对裁定程序处理的事项通常适用自由证明和疏明标准。

三、当事人的诉讼行为

当事人的诉讼行为包括行使权利的行为、履行义务的行为和承担责任的行为。根据行为合法要件，可将当事人的诉讼行为分为取效（性）诉讼行为和与效（性）诉讼行为。

取效（性）诉讼行为包括当事人请求法院实施审判执行或执行行为，为形成裁判基础提供资料的行为（比如请求①、主张事实和提供证据等）。取效（性）诉讼行为应当借助法院相应的行为，才能产生相应的法律效果。比如，当事人申请回避，法院决定同意的，才能产生当事人预期的法律效果。对取效（性）诉讼行为，在法官作出同意的裁判之前，当事人可以撤回。

与效（性）诉讼行为只要符合法定要件或者法律规定，无须法院同意，就可发生行为人预期的法律效果，法院裁判也只是对该效果的确认。此类行为比如达成管辖协议、不上诉等。②

根据民事诉讼安定原则，当事人的诉讼行为以取效（性）诉讼行为为常态。当事人涉及实体公益的诉讼行为原则上为取效（性）诉讼行为。当事人的取效（性）诉讼行为以外的诉讼行为，多是与效（性）诉讼行为，个别诉讼行为既是取效性的又是与效性的。③

四、诉讼行为合法要件

根据民事诉讼安定等原则，对民事诉讼行为的合法要件通常不区分成立要件与生效要件（与民事法律行为不同）。④ 民事诉讼行为的通常合法要件如下：

---

① 包括当事人向法院提出实体方面的请求（如原告的诉讼请求）和程序方面的请求（如申请回避、请求证据保全等）。

② 有关原告变更或者增加诉讼请求、原告放弃诉讼请求（舍弃）、被告承认诉讼请求（认诺）、双方当事人诉讼和解与执行和解等直接处分实体权益或者直接承担实体义务的诉讼行为，有种看法是，为尊重私法自治或者意思自由，应当作为与效（性）诉讼行为。
笔者认为其属于取效（性）诉讼行为，因为这类行为是在民事诉讼中实施的，应当经过法院作出相应的裁判，才能产生相应的实体法效果和程序法效果，比如被告认诺原告的诉讼请求的，法院据此作出认诺判决（原告胜诉、被告败诉的判决），即判决确定被告对原告所负担的实体义务或者民事责任，方能产生终结诉讼程序、既判力、执行力等法律效力。

③ 例如，原告的起诉行为既是与效性的（因为起诉行为能够产生特定的程序法和实体法方面的效果），又是取效性的（因为根据诉、审、判关系原理，原告起诉应待法院受理，才能进行审理程序并作出判决，从而实现原告起诉的目的，产生相应的实体法效果）。

④ 不过，对法院判决有区分成立要件与生效要件的必要［参见本书第十九章第三节二（一）］。

（1）行为人应当合格。1）特定诉讼行为应由特定或者法定的主体实施，比如审判行为应由法院或者法官实施，舍弃诉讼请求应由原告及其法定代理人或有特别授权的委托代理人实施。2）当事人应有诉讼行为能力或由其法定代理人实施，委托代理应有合法代理权。

（2）应当符合法定方式。民事诉讼法明确规定应以书面为诉讼行为的，就不得以言词（口头）为之，比如上诉时应当提交上诉状，否则无效；明确规定应以言词为诉讼行为的，就不得以书面为之，比如当事人应当以言词方式进行质证和辩论。[①]

（3）应当符合行为期间。通常，法院和当事人应当按照期间为诉讼行为，才能产生预期的法律效果。若当事人无正当理由耽误法定的不变的期间，其后果主要是权利失效（失权或者失权效），比如当事人耽误上诉期的，丧失上诉权。

至于当事人的取效（性）诉讼行为，还应当具备"向本案法官作出"和"法院同意"的要件，才能发生当事人预期的法律后果。

提起反诉、主诉讼参加人参加诉讼、上诉、提起再审、申请撤诉、达成管辖协议、提出程序异议、作出诉讼上自认、申请公示催告、申请保全、申请执行等特殊或者重要诉讼行为的实施，还应当具备相应的特殊要件。

一般说来，当事人实施的诉讼行为不具备合法要件时，若是与效性的，则不能产生当事人预期的法律效果；若是取效性的，则法院不予同意，也不能产生当事人预期的法律效果。

当事人的不具备合法要件的诉讼行为，并非必然无效，采用法律规定的补正方法，即当事人或者其法定代理人在有效期间内作出补正，则能产生当事人预期的法律后果。

比如，无诉讼行为能力的当事人实施诉讼行为对其可能是有利的，所以法院应当指定适当期限，由后来具有诉讼行为能力的当事人或者其法定代理人作出追认：合法追认的，溯及行为时有效；若无正当理由，没有在指定期间追认的，行为无效。[②]

五、诉讼行为以表示主义为主

（一）诉讼行为采取表示主义的根据

与民事法律行为有所不同，根据民事诉讼安定原则，民事诉讼行为通常采取表

---

① 依据《互联网法院》第5条和《在线规则》第1条，在线诉讼行为与线下诉讼行为具有同等法律效力。

② 在法院指定的补正期间，遇有危及无诉讼行为能力的当事人的利益时，可允许无诉讼行为能力的当事人在补正期间暂时为诉讼行为。

示主义（客观主义或者外观主义）① 而不采用意思（真实）主义②，并且通常不得附条件和附期限。

民事诉讼中，后行诉讼行为是在先行诉讼行为的基础上有序实施的，若采行意思（真实）主义，则判断每个诉讼行为是否有效时均应审查行为人意思是否真实，如此必然拖延诉讼，并且行为人能够依法以意思表示瑕疵为由轻易撤销先行诉讼行为，而后行诉讼行为也会随之被撤销，从而导致程序混乱和诉讼迟延。

后行诉讼行为建立在先行诉讼行为的基础上，所以诉讼行为之间的关系应当确定。若诉讼行为附将来不确定的条件，则对方当事人或者法院应等到该诉讼行为所附条件成就或者不成就之后才可实施相应的后行行为，如此会阻碍诉讼顺畅进行。若诉讼行为附期限，则应待到期限届至，对方当事人或者法院才可实施相应的后行行为，如此也会阻碍诉讼顺畅进行。

（二）诉讼行为如何遵行表示主义

立法上明文规定诉讼行为采取表示主义的，实务中应当严格遵行，比如起诉应当遵行起诉条件等。立法上明文规定诉讼行为采用意思（真实）主义的，实务中才可遵行。

下文，根据民事诉讼安定原则和诉讼行为是否包含实体内容，分析民事诉讼行为如何遵行表示主义和怎样合理适用意思（真实）主义（见下表）。

诉讼行为类型	是否适用表示主义	是否以意思真实为合法要件	可否以意思表示瑕疵为由撤回或撤销已实施的诉讼行为
纯粹程序性单方诉讼行为	是	否	否
纯粹程序性合意诉讼行为	是（现行法）	是（笔者）	否（现行法）/是（笔者）
直接处分实体权益或者直接承担实体义务的诉讼行为	—	是	是
间接处分实体权益或者间接影响实体义务的诉讼行为	是	—	是

（1）纯粹程序性单方诉讼行为应当采取表示主义。比如，只要存在法官应当回避的法定情形，当事人就可申请回避，不以申请人的意思真实为申请回避的合法

① 与意思（真实）主义相比，表示主义重视表示行为。所谓表示行为是指以书面、口头或者其他适当形式将意思外部化的行为，其表示的方式有明示和默示。
② "意思（真实）主义"的主要内涵有：（1）以"意思真实"为法律行为的生效要件，若不具备则行为无效，通常是行为人故意使内心效果意思与外在表示不一致，属于"故意的意思与表示不一致"情形，比如真意保留、虚假表示、隐藏行为等。（2）行为人可以重大误解（属于"无意的意思与表示不一致"情形）或者欺诈、胁迫、乘人之危、显失公平（属于"意思表示不自由"）为由，请求撤销行为。

要件。

对于纯粹程序性合意诉讼行为（达成"诉讼契约"），如双方当事人在诉前达成管辖协议，《民事诉讼法》并未采用意思（真实）主义。① 笔者认为，此类行为虽是诉讼行为，但因其是合意行为，故宜适用意思（真实）主义。

（2）当事人直接处分实体权益或者直接承担实体义务的诉讼行为（认诺、舍弃、诉讼抵销、诉讼和解、执行和解等），应当采用意思（真实）主义。

从法理上说，对于上述特殊的民事诉讼行为，在法院同意的裁判作出前，行为人可以意思表示瑕疵为由直接向法院请求撤回；在法院同意的裁判作出后，行为人可以意思表示瑕疵为由，通过上诉或者再审，请求法院予以撤销或者变更（按照我国现行法，执行和解除外）。

（3）当事人间接处分实体权益或者间接影响实体义务的诉讼行为，或者虽不是直接处分实体权益但能产生实体效果的诉讼行为［比如当事人诉讼上自认（参见本书第十二章第五节二）］，因其是诉讼行为并且具有间接性，故不以意思真实为合法要件；同时，因其间接包含实体权益或者能产生实体效果，故当事人可以受胁迫或者重大误解为由请求撤销。

除根据民事诉讼安定原则和诉讼行为是否包含实体内容外，还得依据诉讼行为是取效性的还是与效性的，来处理当事人可否撤回或者撤销（法律没有明文规定可以撤回或者撤销的）诉讼行为这一问题。

（1）对于当事人的取效（性）诉讼行为，由于应经法院同意后才能产生当事人预期的法律效果，所以在法院作出是否同意的裁判之前，当事人通常可以撤回。在法院作出同意的裁定或决定之后，当事人可否撤销还取决于案件性质。

私益诉讼中，对于当事人启动程序的请求行为，比如起诉、上诉、公示催告申请、执行申请、保全申请、调查证据申请等，基于尊重当事人意志或者遵循不告不理原则，即使在法院作出同意的裁定或者决定之后，也允许当事人撤销。

公益诉讼中，对于当事人启动程序的请求行为，在法院作出同意的裁定或者决定之后，为维护公益，不准当事人撤销，比如法院不准许撤诉（《民诉解释》第288、335 条等）；此外，经查明属于虚假诉讼的，也不准许撤诉（《防制虚假诉讼》

---

① 【习题】当事人可对某些诉讼事项进行约定，法院应尊重合法有效的约定。关于当事人的约定及其效力，下列哪些表述是错误的？（　　）
  A. 当事人约定"合同是否履行无法证明时，应以甲方主张的事实为准，法院应当根据该约定分配证明责任"
  B. 当事人在诉讼和解中约定"原告撤诉后不得以相同的事由再次提起诉讼"，法院应当根据该约定不能再受理原告的起诉
  C. 当事人约定"如果起诉，只能适用普通程序"，法院根据该约定不能适用简易程序
  D. 当事人约定"双方必须亲自参加开庭审理，不得无故缺席"，如果被告委托了代理人参加开庭，自己不参加开庭，则法院应根据该约定在对被告传唤后对其拘传
  ［2014 年国家司法考试试卷三；参考答案为 ABCD］

第 11 条等）。

（2）对于当事人的与效（性）诉讼行为，虽然其无须法院同意，通常一实施就生效，但是根据诚信原则，原则上当事人不得随意撤销或者解除。

但是，对于在诉讼外实施的对诉讼安定性影响不大的行为，应当允许当事人撤销或者解除。比如，在法院裁定受理案件前，当事人可以合意解除管辖协议。

第三节　诉讼行为期间

一、期间和期日的含义与分类

（一）期间和期日的含义

广义的期间包括期限和期日，《民事诉讼法》中是指狭义的期间（仅指期限）。期间（期限）和期日是法院、当事人及其诉讼代理人和证人等诉讼参与人实施诉讼行为或者完成诉讼活动所应遵守的时间。[①]

期间（期限）是一段时期，有始期和终期。如被告应在收到起诉状副本之日起 15 日内提出答辩状，"在收到起诉状副本之日起 15 日内"就是一种期间（答辩期）。

期日往往是多数诉讼主体共同进行诉讼的日期，比如 2021 年 11 月 22 日是某个案件开庭审理日。除非有充足正当理由或是法律允许情形，法院不得将期日定在法定节假日。[②]

期间、期日是诉讼行为在时间方面的合法要件。根据诉讼程序安定原则，当事人等应在法定期间内或者期日实施诉讼行为，不能如私法行为随时实施。

（二）期间和期日的分类

期日一般由法院根据案件的具体情况指定，期间则有法定期间和意定期间之分。法院可根据具体情况的变化来变动已指定的期日，期间则有不变期间和可变期间之分。

法定期间，比如法院送达起诉状副本和答辩状副本的期间、被告答辩期、上诉期、审理期限、申请执行期限等，是由民事诉讼法及司法解释所规定的期限。

[①]【习题】下列选项中，哪一选项符合《民事诉讼法》和《民诉解释》的相关规定？（　　）
　　A. 法定期间都是不可变期间，指定期间都是可变期间
　　B. 当事人有正当理由耽误了期间，法院应当依职权为其延展期间
　　C. 当事人参加诉讼的在途期间不包括在期间内
　　D. 法定期间的开始日及期间中遇有节假日的，在计算期间时不予扣除
（2012 年国家司法考试试卷三；参考答案为 D）

[②]"日"包括节假日，"工作日"不包括法定节假日（比如合议庭应当在庭审结束后 5 个工作日内评议案件）。对于限制自然人人身自由或者行使权力可能严重影响自然人、法人和非法人组织的其他权利的，应当用"日"。参见《立法技术规范（试行）（一）》（法工委发〔2009〕62 号）。

法定期间多是不变期间，属强行规范。不过，法律也会规定某些法定期间可以变更，如适用普通程序审理的案件，应在立案之日起 6 个月内审结，有特殊情况的可以延长［参见《民事诉讼法》第 152 条、《审限延期开庭》第 1 条、本书第二十章第二节三（一）］。

意定期间，多由法院指定，如法院指定起诉状的补正期间；有些可由当事人和法院确定。就举证期限来说，法院应当在审理前的准备阶段确定当事人的举证期限；也可以由当事人协商，并经法院准许（《民事诉讼法》第 68 条、《民诉解释》第 99 条）。

有些期间同时包含法定因素和意定因素。比如，公示催告的期间由法院根据情况决定，但不得少于 60 日（《民事诉讼法》第 230 条）；法院确定举证期限的，一审普通案件不得少于 15 日，当事人提供新的证据的二审案件不得少于 10 日（《民诉解释》第 99 条）。

对于法定不变期间，纵有正当事由也不许延长和缩短，只能顺延。① 意定期间或者期日一经确定，法院就应及时告知当事人等，法院和当事人等无正当事由不得随意变更。

二、期间的计算

期间以时、日、月、年为计算单位，计算单位不同，计算方法也不同。期间的计算包括确定期间的开始和届满。

期间以时、日计算的，开始的时、日不计算在期间内，应从次时、次日起算；终期应根据期间的实际时数或者日数来确定。比如，法院在 2021 年 3 月 8 日（星期三）收到起诉状后，对于符合起诉要件的，应在 7 日内（从 3 月 9 日至 3 月 15 日）立案。因起诉状内容欠缺通知原告补正的，从补正后交法院的次日起算；由上级法院转交下级法院立案的案件，从受诉法院收到起诉状的次日起算（《民诉解释》第 126 条）。②

期间以月计算的，从开始的月份起算，月份不分大月、小月；由于月是由日组成的，所以同样应从第二日开始计算，并以期间届满月的相对日为期间届满日；期间届满日没有相对日的，则应以该月的最后一日为期间届满日。例如，一起宣告失踪案中，法院于 2021 年 11 月 29 日发布公告，公告期间为 3 个月（从 2021 年 11 月

---

① 《民诉解释》第 127 条规定：《民事诉讼法》第 59 条第 3 款、第 212 条以及本解释第 372、382、399、420、421 条规定的 6 个月，《民事诉讼法》第 234 条规定的 1 年，为不变期间，不适用诉讼时效中止、中断、延长的规定。

② 笔者认为：期间起算日是法定节假日的，应以法定节假日后的第一个工作日为起算日。比如，地方法院一审判决书在星期五送达当事人，现行做法是该判决的上诉期从星期六起算，为保障当事人的休息权和上诉准备时间，该判决的上诉期应从下星期一起算。

30 日起算），则公告期届满日为 2022 年 2 月 28 日（该年 2 月的最后一日）。

期间以年计算的，从开始的年份起算，年份不分闰年、平年；终期根据期间的实际年数来确定届满年份，届满年份的月份、日期对应于开始年份的月份、日期，没有对应日期的，以届满月份的最后一天为届满日。比如，若某份判决书在 2020 年 11 月 1 日确定，则申请执行期间在 2022 年 11 月 1 日届满。

期间届满时刻应是期间届满日的 24 时，实务中通常以法院正式下班时间为届满时刻。若期间届满日是法定休假日，则应以休假日后的第一个工作日为届满日。为保持期间计算的连续性，现行法规定不扣除期间中的法定节假日数。①

根据《民事诉讼法》《审理期限》《执行期限》《执行立案结案》等，下列期间不计入审理期限或者执行期限：

（1）期间不包括诉讼文书在途时间。诉讼文书期满前交邮的，不算过期。是不是期满前交邮的，以邮戳为准。

（2）审理当事人提出的管辖异议和处理法院之间的管辖争议的期间。

（3）公告、鉴定的期间；有关专业机构进行审计、评估、资产清理的期间；执行中拍卖、变卖被查封、扣押财产的期间。

（4）诉讼中止或者执行中止的期间等。

三、期间耽误和期间顺延

（一）期间耽误

法院和当事人等无不可抗拒的事由或者其他正当理由耽误或者超过期限，将产生什么法律后果呢？

一般说来，法院所应遵守的期间可被称为职务期间，由于多有训示的意义，不因法院不遵守而发生司法行为无效问题，故又被称为训示期间。比如，《民事诉讼法》第 151 条规定：法院当庭宣判的，应当在 10 日内发送判决书。若法院超过 10 日送达判决书，该送达行为也是有效的，不得通过上诉或者再审来撤销。

有些期间，法律规定了下限，若法院减短该下限则为无效，仍应按原定期间进行。比如，《民事诉讼法》第 95 条第 1 款规定：公告送达的，自发出公告之日起，经过 30 日，即视为送达。若少于 30 日，应当补足公告期。

依据《审理期限》，审判人员故意拖延办案，或者因过失延误办案，造成严重后果的；故意拖延移送案件材料，或者接受委托送达后，故意拖延不予送达的，依

---

① 比如，某个驳回起诉的裁定于 2022 年 11 月 8 日（星期一）送达原告，上诉期届满日是 11 月 17 日（星期四），期间中的 12 日和 13 日（分别是星期六和星期日）不予扣除。

笔者认为，应当扣除期间进行中的法定节假日数。比如，判决的法定上诉期是 15 天，若某个判决上诉期中包含了国庆或者春节长假，不予扣除则当事人上诉的准备时间必然减少，不利于维护当事人的上诉权和实体权益，也影响到当事人的休息权。

照《处分条例》第 47 条予以处分。

当事人耽误法定的不变期间，其法律后果主要是"失权"，如当事人耽误支付令异议期的，则丧失支付令异议权。当事人耽误其他期间的，产生其他程序后果，如在开庭审理期日，原告没有出庭，则按撤诉处理。[1]

（二）法定不变期间顺延

当事人及其诉讼代理人和其他诉讼参与人因不可抗拒的事由或者其他正当理由耽误期限的，在障碍消除后 10 日内，可以向本案法院申请顺延期间。[2]

当事人及其诉讼代理人和其他诉讼参与人申请顺延期限的，应当提供证据说明存在不可抗拒的事由或者其他正当理由，由法院决定是否准许其申请。

应当注意，如果障碍消除时，期限尚未届满，当事人可在剩余期限内完成诉讼活动，则不构成期限的耽误，当然也就不发生顺延期限的问题。

顺延期限是指补足耽误了的期限，耽误几天就补足几天；不是重新计算期限，通常从法院同意申请之次日开始补足。不能以顺延期间的方式延长不变期限，如不得将判决 15 日的上诉期延长为 20 日。

（三）期间之延长·重新指定·中止·中断

对于可变期间、意定期间，比如，举证期限［参见本书第十五章第一节一（一）］，有正当理由逾期的，可以申请延长或者重新指定。

根据《民事诉讼法》第 250 条，执行申请期间（执行申请时效）的中止、中断，适用法律有关诉讼时效中止、中断的规定。

---

[1]　如果律师耽误上诉期，当事人本人有无救济的途径？从民事诉讼安定原则的角度，一种看法和做法认为律师的过失等同于当事人的过失。反对者认为：不宜过分强调安定原则，而使当事人丧失上诉救济机会；并且，律师为专业人士，当事人可以信赖其遵守关于上诉期间的规定，不宜课予当事人督促律师的义务，更不能将其过失当然视为当事人本人的过失。从比较法的角度来看，在律师制度比较健全的德国，通说与实务均认为，律师耽误上诉期间的过失，也不当然被视为当事人本人的过失。

[2]　有些国家的相关规定有借鉴的价值。比如，《德国家事事件及非讼事件程序法》第 17 条规定："非因自身过错而未遵守法定期间的人，可依申请回复原状。未告知法律救济或者告知有瑕疵时，推定不存在过错。"

第 八 章

法院·管辖·送达

现代法治社会严格遵行法定法官原则。司法的独立性和公正性以法官高度职业化为基础和前提。法院民事主管权（抽象管辖权）和民事管辖权（具体管辖权）均属法院司法权的范畴，均为起诉条件。

根据方便诉讼的宗旨，以属地管辖为原则。根据管辖确定性或者法定性，以管辖恒定为原则。共同管辖中，采用优先原则。对于法院违法管辖或者无管辖权的，应当分阶段设置相应的纠正程序，尤应维护当事人的管辖异议权。

为维护当事人诉讼参与权或者诉讼知情权，以直接送达和受信主义为原则。送达回证是证明法院合法送达的证据。对于法院违法送达（多属无效送达），受送达人有权要求重新送达，法院也应主动补正。

第一节　法定法官原则与法院民事主管

一、法定法官原则

法院作为国家司法机关行使国家司法权，遵行司法消极性、独立性和中立性要求，以实现司法公正。司法的公正性和独立性以法官高度职业化为基础和前提。

现代法治社会遵行法定法官原则，其基本内涵是：（1）宪法、法院组织法和法官法等基本法律应当预先规定法院的设置和法官的职位、权责和任免等事项[1]；（2）法院组织法和诉讼法应当明确规定审判和执行具体案件的法庭与法官的组成及管辖规则。

我国有关法院和法官的法律规范文件有《宪法》《法院组织法》《法官法》《民

---

[1]　《法院组织法》第3条规定："人民法院依照宪法、法律和全国人民代表大会常务委员会的决定设置。"
《法院组织法》第47条和《法官法》第三章规定了法官的条件和遴选。
《联合国关于司法机关独立的基本原则》第10条中规定："获甄选担任司法职位的人应是受过适当法律训练或者在法律方面具有一定资历的正直、有能力的人。"

事诉讼法》《刑法》（第 399 条第 2 款）等，《保护司法职责》、《人民法院落实〈保护司法人员依法履行法定职责规定〉的实施办法》（法发〔2017〕4 号）、《法官职业道德基本准则》（法发〔2010〕53 号）、《法官行为规范》（法发〔2010〕54 号）、《司法责任》、《落实司法责任》、《关于深化司法责任制综合配套改革的实施意见》（法发〔2020〕26 号）、《关于建立法官、检察官惩戒制度的意见（试行）》（法发〔2016〕24 号）、《处分条例》、《法官惩戒工作程序规定（试行）》（法〔2021〕319 号）等。

《法院组织法》第 4 条规定："人民法院依照法律规定独立行使审判权，不受行政机关、社会团体和个人的干涉。"《法官法》第 7 条规定："法官依法履行职责，受法律保护，不受行政机关、社会团体和个人的干涉。"

任何组织或者个人不得要求法官从事超出法定职责范围的事务[①]；法院的经费按照事权划分的原则列入财政预算，保障审判工作需要（《法院组织法》）第 57 条等）。《法院组织法》第 8 条规定："人民法院实行司法责任制，建立健全权责统一的司法权力运行机制。"《法官法》第二章规定了法官的职责、义务和权利，第七章规定了法官的职业保障。

我国应当建立符合司法规律的案件质量评估体系和评价机制。各级法院应当成立法官遴选委员会、法官考评委员会和法官惩戒委员会等机构（参见《法官法》第三章"法官的条件和遴选"、第六章"法官的考核、奖励和惩戒"等）。

法官应当对其履行审判职责的行为承担责任，在职责范围内对办案质量终身负责；非因法定事由，非经法定程序，不得将法官、检察官调离、免职、辞退或者作出降级、撤职等处分；法官、检察官非因故意违反法律、法规或者有重大过失导致错案并造成严重后果的，不承担错案责任；法院、公安机关应当对法官及其近亲属采取人身保护、禁止特定人员接触等必要保护措施；对法官及其近亲属实施报复陷害、侮辱诽谤、暴力侵害、威胁恐吓、滋事骚扰等违法犯罪行为的，应当依法从严惩治，采取必要保护措施等。

《处分条例》第 2 条规定："人民法院工作人员因违反法律、法规或者本条例规定，应当承担纪律责任的，依照本条例给予处分。"第 3 条规定："人民法院工作人员依法履行职务的行为受法律保护。非因法定事由、非经法定程序，不受处分。"第 5 条规定："人民法院工作人员违纪违法涉嫌犯罪的，应当移送司法机关处理。"

---

① 根据《法院组织法》第 52 条第 2 款和《法官法》第 54 条，对于任何干涉法官办理案件的行为（包括领导干部等干预司法活动，或者法院内部人员过问案件情况），法官有权拒绝并予以全面如实记录和报告；有违纪违法情形的，由有关机关根据情节轻重追究有关责任人员、行为人的责任。
最高人民法院的相关规定有：《人民法院落实〈司法机关内部人员过问案件的记录和责任追究规定〉的实施办法》（法发〔2015〕11 号）、《人民法院落实〈领导干部干预司法活动、插手具体案件处理的记录、通报和责任追究规定〉的实施办法》（法发〔2015〕10 号）等。

《刑法修正案（四）》（2002 年）第 8 条规定：在民事、行政审判活动中故意违背事实和法律作枉法裁判，情节严重的；在执行判决、裁定活动中，严重不负责任或者滥用职权，不依法采取诉讼保全措施、不履行法定执行职责，或者违法采取诉讼保全措施、强制执行措施，致使当事人或者其他人的利益遭受重大损失的，均处以相应的刑罚。

《法院组织法》第 35 条第 1 款规定："中级以上人民法院设赔偿委员会，依法审理国家赔偿案件。"根据《国家赔偿法》（2012 年修改）第 38、39 条，民事诉讼中，法院违法采取对妨害诉讼的强制措施、保全措施或者对判决、裁定及其他生效法律文书执行错误，造成损害的，受害人及其权利承受人自知道或者应当知道法院及其工作人员行使职权时的行为侵犯其人身权、财产权之日起 2 年内请求国家赔偿。①

二、法院民事主管

《联合国关于司法机关独立的基本原则》中要求："司法机关对所有司法性质的问题享有管辖权，并应拥有权威就某一提交其裁决的问题按照法律是否属于其权力范围作出决定。"前半句规定的是法院的权限，后半句规定的是案件管辖权范围。

法院民事司法权或者民事主管（权）是指法院作为国家司法机关在整个国家机构体系及民事纠纷解决机制中解决（审判和执行）民事案件的分工和权限，故被称为"抽象管辖权"，实际上是民事诉讼法的对事效力。

法院民事管辖权是在法院民事司法权或者民事主管范围内，在整个国家的法院系统内（各级法院之间和同级法院之间）具体划分和规定民事案件的管辖范围，实际上是划分和规定各法院间对民事案件的具体管辖权限，故被称为"具体管辖权"。

法院民事主管权和民事管辖权均属法院司法权的范畴，前者是后者的基础或者前提，后者是前者的具体实现。两者关系可类比于诉讼权利能力与当事人适格之间的关系。

对于不是法院民事主管范围内的事项，向法院提起诉讼的，法院裁定不予受理或者驳回起诉（《民事诉讼法》第 122 条）；向法院申请非讼程序或者申请执行的，法院裁定驳回申请。

---

① 法院在执行判决、裁定及其他生效法律文书过程中，错误采取财产调查、控制、处置、交付、分配等执行措施或者罚款、拘留等强制措施，侵犯公民、法人和其他组织合法权益并造成损害，受害人依照《国家赔偿法》第 38 条的规定申请赔偿的，适用《关于审理涉执行司法赔偿案件适用法律若干问题的解释》（法释〔2022〕3 号）。法院审理违法采取妨害诉讼的强制措施、保全、先予执行赔偿案件，可以参照适用前述司法解释。

第二节　法院民事诉讼管辖

一、管辖总论

(一) 我国民事诉讼管辖的构成和适用次序

民事诉讼管辖是指在法院组织体系内，各级法院之间、同级法院之间受理或者处理民事案件的具体分工。

我国现行民事诉讼管辖主要包括：（1）涉外管辖、涉港澳台地区管辖和大陆（内地）管辖；（2）审判管辖（争讼案件管辖和非讼案件管辖）、执行管辖（《民事诉讼法》第235条）和特殊事项管辖（证据保全、财产保全、行为保全等的管辖）；（3）级别管辖和地域管辖。管辖制度还包括管辖恒定、共同管辖、牵连管辖、裁定管辖和管辖异议等内容。

依《民事诉讼法》第二章，民事争讼案件管辖包括级别管辖和地域管辖。级别管辖是地域管辖的前提。级别管辖确定"上下级"法院之间管辖一审案件的范围。地域管辖确定"同级"法院之间管辖一审案件的范围。地域管辖包括一般地域管辖、特殊地域管辖、协议管辖和专属管辖。

管辖适用次序如下（地域管辖的立法次序往往相反）（见下图）：

级别管辖	→	地域管辖	→	专属管辖	→	协议管辖	→	特殊地域管辖	→	一般地域管辖

(二) 确定管辖的宗旨和原则

确定管辖的宗旨是"方便诉讼"，包括方便当事人诉讼和方便法院司法（简称"两便"），两者相辅相成。据此，（1）以管辖的法定性和确定性为原则性；（2）大多数一审案件由基层法院管辖；（3）由与案件有实际联系的法院管辖；（4）根据具体案件情况，当事人协议管辖，法院裁定管辖，以方便诉讼和方便审判。同时，确定管辖法院时还得考虑保护弱者。

"管辖确定性"属于法定法官原则的内容，是指法律应当明确规定管辖规则，禁止在案件发生时临时设置或者规定管辖法院；禁止法院随便移送其有管辖权的案件，旨在减免法院之间相互推诿或者争抢管辖，不使当事人因管辖的任意和模糊而告诉无门。

根据管辖确定性，"管辖恒定"为原则，即在"起诉时"或者"受理时"对某个案件拥有管辖权的法院，不因"起诉后"或"受理后"确定管辖因素的变更而失去管辖权。

依据《民诉解释》（第37~39条），案件受理后，受诉法院的管辖权不受当事人住所地、经常居住地变更的影响；有管辖权的法院受理案件后，不得以行政区域变更为由，将案件移送给变更后有管辖权的法院；法院对管辖异议审查后确定有管辖权的，不因当事人提起反诉、增加或者变更诉讼请求等而改变管辖（违反级别管辖、专属管辖的除外）。

管辖恒定也存在一些例外。比如，当事人为规避级别管辖，起诉时故意降低标的额而在受理后再提高标的额的，受诉法院应当将案件移送上级法院管辖；起诉后或者受理后，出现受诉法院全体法官回避事由，或者发生自然灾害，致使受诉法院无法审判的，受诉法院应当请求上级法院指定其他法院管辖（属于指定管辖的情形）。

根据方便诉讼的宗旨，我国管辖主要采取"属地管辖原则"，以地域为确定管辖的因素或者标准，即由当事人住所地、诉讼标的物所在地、民事法律关系及法律事实发生地的法院为管辖法院。比如，一般地域管辖中，通常由被告住所地法院管辖；特殊地域管辖中，如由合同履行地法院管辖；专属管辖中，如由不动产所在地法院管辖。①

（三）共同管辖和选择管辖

法院共同管辖是指两个以上法院对某个案件均有管辖权。共同管辖中，当事人可以向其中任一有管辖权的法院提起诉讼，即当事人选择管辖。

共同管辖中，通常由先立案的法院管辖。这可被称为"优先原则"。先立案的法院不得将此案移送给其他有管辖权的法院；立案前发现其他有管辖权的法院已先立案的，不得重复立案；立案后发现其他有管辖权的法院已先立案的，裁定将案件移送给先立案的法院。②

优先原则也可以解决诉的客观合并时的管辖问题。比如，《期货纠纷》第6条规定：侵权与违约竞合的期货纠纷案件，依当事人选择的诉由确定管辖，但是当事人既以违约又以侵权起诉的，依当事人起诉状中在先的诉讼请求确定管辖。

（四）牵连管辖

牵连管辖（又称合并管辖或者连带管辖）是指对某个案件有管辖权的法院，可以一并审理与该案有牵连关系但其无管辖权的其他案件。

比如，某法院，（1）对A案有管辖权；（2）对B案无管辖权；（3）A案与B案有牵连关系，则该法院在审理A案的同时，可以一并审理B案。此即对B案的牵连管辖。

牵连关系体现为：（1）诉讼标的或者诉讼请求方面的牵连，比如A案与B案

---

① 地域管辖的法院与其辖区内的当事人、诉讼标的物、私法关系及法律事实，依法形成一种"隶属"关系。这种隶属关系，在大陆法系被称为"审判籍"。这种"隶属"关系既是司法管辖关系又是司法保护关系。

② 如果两个以上法院对同一个案件均作出判决，如何处理？笔者的看法是：为避免动摇判决的确定力或者既判力，应当尊重已经确定或者先行确定的判决（除非该判决通过再审程序或者撤销判决程序被撤销），可以通过再审撤销后行确定的判决。

的诉讼请求相互冲突或者抵销；（2）案件事实方面的牵连，比如基于同一合同提起本诉和反诉。

二、争讼案件级别管辖

级别管辖是按照一定的标准，确定各级法院、上下级法院之间审判"一审"民事案件的范围和权限。有时还需要通过管辖权移转等方式，合理变通级别管辖，以方便诉讼。

（一）我国现行级别管辖规定

1. 基层法院管辖或者审理的一审民事案件

根据《法院组织法》（第 25 条）、《民事诉讼法》（第 18 条）和相关司法解释等，基层法院[①]管辖一审民事案件，民事诉讼法和司法解释等另有规定的除外（也即中级法院、高级法院和最高人民法院管辖的一审民事案件除外）。

依据《互联网法院》第 2 条，北京、广州、杭州互联网法院集中管辖所在市的辖区内应当由基层法院受理的一审互联网民事案件和行政案件。

2. 中级法院管辖或者审理的一审民事案件

根据《法院组织法》第 23 条，中级法院审理法律规定由其管辖的、基层法院报请审理的、上级法院指定管辖的一审案件。[②]

根据《民事诉讼法》第 19 条和相关司法解释等，中级法院管辖如下一审民事案件：（1）重大涉外案件[③]、重大涉港澳台案件、海事案件；

（2）在本辖区有重大影响的案件；

（3）最高人民法院（通常是通过司法解释）确定由中级法院管辖的案件。比如，依据《关于调整中级人民法院管辖第一审民事案件标准的通知》（法发〔2021〕27 号），中级法院管辖第一审民事案件的标准是：1）当事人住所地均在或者均不在受理法院所处省级行政辖区的，诉讼标的额在 5 亿元以上的第一审民事案件。2）当事人一方住所地不在受理法院所处省级行政辖区的，诉讼标的额在 1 亿元以上的第一审民事案件。3）战区军事法院、总直属军事法院管辖诉讼标的额 1 亿元以上的第一审民事案件。4）对新类型、疑难复杂或者具有普遍法律适用指导意义的案件，可以依照《民事诉讼法》第 39 条的规定，由上级法院决定由其审理，或者根据下级法院报请决定由其审理。5）该通知调整的级别管辖标

[①] 《法院组织法》第 26 条规定：基层人民法院根据地区、人口和案件情况，可以设立若干人民法庭；人民法庭是基层人民法院的组成部分；人民法庭的判决和裁定即基层人民法院的判决和裁定。

[②] 此外，中级法院还审理下列民事案件：（1）对基层法院判决和裁定的上诉、抗诉案件；（2）按照审判监督程序提起的再审案件。

[③] 重大涉外案件是指争议标的额大的涉外案件、案情复杂的涉外案件，或者一方当事人人数众多等具有重大影响的涉外案件（《民诉解释》第 1 条）。

准不适用于知识产权案件、海事海商案件和涉外涉港澳台民商事案件。6）最高人民法院以前发布的关于中级法院第一审民事案件级别管辖标准的规定，与该通知不一致的，不再适用。

再如，技术合同纠纷案件①、知识产权民事案件②、金融民商事案件③、期货纠纷案件④、与证券交易所监管职能相关的诉讼案件⑤、不正当竞争民事案件⑥、垄断民事纠纷案件⑦、域名纠纷案件⑧、确认仲裁协议效力⑨、生态环境损害赔偿案件⑩、证券市场虚假陈述侵权民事赔偿案件⑪等，由中级法院管辖。

3. 高级法院管辖或者审理的一审民事案件

根据《法院组织法》第21条，高级法院审理法律规定由其管辖的、下级法院报请审理的、最高人民法院指定管辖的一审案件。

根据《民事诉讼法》（第20条）和相关司法解释等，高级法院管辖如下一审民事案件：（1）特别重大的涉外案件、特别重大的涉港澳台案件；（2）诉讼标的额很大的案件；（3）本辖区有重大影响的案件。

《关于调整高级人民法院和中级人民法院管辖第一审民事案件标准的通知》（法发〔2019〕14号）、《关于调整部分高级人民法院和中级人民法院管辖第一审民商

---

① 参见《关于审理技术合同纠纷案件适用法律若干问题的解释》（法释〔2004〕20号）（2020年修改）第43条。
② 参见《民诉解释》第2条第1款、《关于第一审知识产权民事、行政案件管辖的若干规定》（法释〔2022〕13号）、《关于北京、上海、广州知识产权法院案件管辖的规定》（法释〔2014〕12号）（2020年修改）、《关于商标法修改决定施行后商标案件管辖和法律适用问题的解释》第1条和第2条、《关于审理著作权民事纠纷案件适用法律若干问题的解释》第2条、《关于审理植物新品种纠纷案件若干问题的解释》（法释〔2007〕1号）（2020年修改）第3条、《关于审理申请注册的药品相关的专利权纠纷民事案件适用法律若干问题的规定》（法释〔2021〕13号）第1条等。
③ 参见《关于上海金融法院案件管辖的规定》（法释〔2018〕14号）、《关于北京金融法院案件管辖的规定》（法释〔2021〕7号）。
④ 参见《关于审理期货纠纷案件若干问题的规定》（法释〔2003〕10号）（2020年修改）第7条。
⑤ 参见《关于对与证券交易所监管职能相关的诉讼案件管辖与受理问题的规定》（法释〔2005〕1号）（2020年修改）。
⑥ 参见《关于审理不正当竞争民事案件应用法律若干问题的解释》（法释〔2007〕2号）（2020年修改）第18条。
⑦ 参见《关于审理因垄断行为引发的民事纠纷案件应用法律若干问题的规定》（法释〔2012〕5号）（法释〔2012〕5号）第3条、《关于知识产权法院案件管辖等有关问题的通知》（法〔2014〕338号）。
⑧ 参见《关于审理涉及计算机网络域名民事纠纷案件适用法律若干问题的解释》（法释〔2001〕24号）（2020年修改）第2条。
⑨ 参见《仲裁解释》第12条。
⑩ 参见《生态环境损害》第3条。
⑪ 《关于审理证券市场虚假陈述侵权民事赔偿案件的若干规定》（法释〔2022〕2号）第3条规定：证券虚假陈述侵权民事赔偿案件，由发行人住所地的省、自治区、直辖市人民政府所在的市、计划单列市和经济特区中级人民法院或者专门人民法院管辖。《最高人民法院关于证券纠纷代表人诉讼若干问题的规定》等对管辖另有规定的，从其规定。省、自治区、直辖市高级人民法院可以根据本辖区的实际情况，确定管辖第一审证券虚假陈述侵权民事赔偿案件的其他中级人民法院，报最高人民法院备案。

事案件标准的通知》（法发〔2018〕13号）、《关于调整河北省、河南省、湖南省高级人民法院所辖中级人民法院管辖第一审民事案件标准的通知》（法发〔2020〕36号）、《关于明确第一审涉外民商事案件级别管辖标准以及归口办理有关问题的通知》（法〔2017〕359号）等，规定了高级法院和中级法院管辖案件之诉讼标的额标准。

4. 最高人民法院管辖或者审理的民事案件

根据《法院组织法》第16条，最高人民法院审理法律规定由其管辖的和其认为应当由自己管辖的一审案件。

根据《民事诉讼法》第21条和相关司法解释等，最高人民法院管辖如下一审民事案件：（1）在全国有重大影响的案件；（2）认为应当由本院审理的案件。

根据方便诉讼的宗旨，一审民事案件多由基层法院管辖。根据管辖确定性，确定级别管辖的标准应当明确化，通常以诉讼标的额、案件类型/性质为确定标准。以案件类型/性质为确定标准，在我国主要体现为：将重大涉外案件、重大涉港澳台案件、海事案件、知识产权民事案件等明确规定为由中级法院管辖。

笔者认为，为维护当事人上诉权或者审级利益，最高人民法院不应审判一审案件。最高人民法院和高级法院主要审判上诉案件，发挥其统一法律适用和形成政策等功能。高级法院担负着本辖区内统一法律适用的责任，最高人民法院担负着全国范围内统一法律适用和形成政策等职能。

对最高人民法院的巡回法庭、国际商事法庭和知识产权法庭管辖或审理的民商案件，现行司法解释作出如下特别规定。

（1）最高人民法院巡回法庭管辖或者审理的民商事案件

为依法及时公正审理跨行政区域的重大行政和民商事等案件，方便当事人诉讼，《决定》明确规定："最高人民法院设立巡回法庭，审理跨行政区域重大行政和民商事案件。"2014年12月2日中央全面深化改革领导小组审议通过《设立巡回法庭试点方案》。

最高人民法院颁行了《关于巡回法庭审理案件若干问题的规定》（法释〔2015〕3号）和《关于修改〈最高人民法院关于巡回法庭审理案件若干问题的规定〉的决定》（法释〔2016〕30号）。《法院组织法》（2018年修订）对巡回法庭予以明确规定（第19条）。

最高人民法院巡回法庭是最高人民法院派出的常设审判机构，其受理的案件在最高人民法院办案信息系统内统一编号立案，统一被纳入最高人民法院审判信息综合管理平台进行管理，作出的裁判是最高人民法院的裁判。

巡回法庭审理或者办理巡回区内应当由最高人民法院受理的民事案件。但是，知识产权、涉外商事、海事海商、死刑复核、国家赔偿、执行案件和最高人民检察院抗诉的案件，暂由最高人民法院本部审理或者办理。

当事人对巡回区内高级法院的一审民商事裁判提起上诉的，上诉状应当通过原审法院向巡回法庭提出。当事人对巡回区内高级法院的生效裁判申请再审或者申诉的,应当向巡回法庭提交再审申请书、申诉书等材料。

最高人民法院认为巡回法庭受理的案件对于统一法律适用有重大指导意义的,可以决定由本部审理。巡回法庭对于已经受理的案件,认为对于统一法律适用有重大指导意义的,可以报请本部审理。

(2)最高人民法院国际商事法庭管辖或者审理的民商事案件

依据《关于设立国际商事法庭若干问题的规定》(法释〔2018〕11号),最高人民法院国际商事法庭受理下列案件:当事人依照《民事诉讼法》第35条,协议选择最高人民法院管辖且标的额为人民币3亿元以上的第一审国际商事案件;高级法院对其所管辖的第一审国际商事案件,认为需要由最高人民法院审理并获准许的;在全国有重大影响的第一审国际商事案件;依照该规定第14条申请仲裁保全、申请撤销或者执行国际商事仲裁裁决的等。

国际商事调解机构、国际商事仲裁机构与国际商事法庭共同构建调解、仲裁、诉讼有机衔接的纠纷解决平台,形成"一站式"国际商事纠纷解决机制(参见上述规定第11条第1款)。

最高人民法院国际商事法庭的裁判文书可以载明少数意见,当事人可以向最高人民法院本部申请再审,可以向国际商事法庭申请执行。

(3)最高人民法院知识产权法庭管辖或者审理的民商事案件

根据《知产诉讼程序》、《关于知识产权法庭若干问题的规定》(法释〔2018〕22号),最高人民法院知识产权法庭主要审理专利、垄断等专业技术性较强的知识产权上诉案件(参见本书第二十四章第三节)。

5. 涉外民商事案件管辖的特别规定

《关于涉外民商事案件管辖若干问题的规定》(法释〔2022〕18号)① 对涉外民商事案件的管辖作出特别规定。

基层人民法院管辖第一审涉外民商事案件,法律、司法解释另有规定的除外(第1条)。

中级人民法院管辖下列第一审涉外民商事案件:(1)争议标的额大的涉外民商事案件②;(2)案情复杂或者一方当事人人数众多的涉外民商事案件;(3)其他在本辖区有重大影响的涉外民商事案件(法律、司法解释对中级人民法院管辖第一审

---

① 涉外民商事案件由专门的审判庭或合议庭审理。

涉外海事海商纠纷案件、涉外知识产权纠纷案件、涉外生态环境损害赔偿纠纷案件以及涉外环境民事公益诉讼案件,不适用该规定。

② 北京、天津、上海、江苏、浙江、福建、山东、广东、重庆辖区中级人民法院,管辖诉讼标的额为人民币4 000万元以上(包含本数)的涉外民商事案件;河北、山西、内蒙古、辽宁、吉林、黑龙江、安徽、江西、河南、湖北、湖南、广西、海南、四川、贵州、云南、西藏、陕西、甘肃、青海、宁夏、新疆辖区中级人民法院,解放军各战区、总直属军事法院、新疆维吾尔自治区高级人民法院生产建设兵团分院所辖各中级人民法院,管辖诉讼标的额为人民币2 000万元以上(包含本数)的涉外民商事案件。

涉外民商事案件另有规定的，依照相关规定办理）（第 2 条）。

高级人民法院管辖诉讼标的额为人民币 50 亿元以上（包含本数）或者其他在本辖区有重大影响的第一审涉外民商事案件。高级人民法院根据本辖区的实际情况，认为确有必要的，经报最高人民法院批准，可以指定一个或数个基层人民法院、中级人民法院分别对该规定第 1、2 条规定的第一审涉外民商事案件实行跨区域集中管辖（高级人民法院应当及时向社会公布该基层人民法院、中级人民法院相应的管辖区域）。

涉及香港、澳门特别行政区和台湾地区的民商事案件参照适用该规定（第 7 条）。

三、争讼案件地域管辖

地域管辖（又称属地管辖、土地管辖、区域管辖）是根据地域（诉讼当事人的住所地、诉讼标的物所在地、私法关系及法律事实发生地等），确定同级法院之间审判一审民事案件的范围或者权限。我国法院的地域管辖区与其同级政府的行政区相一致（最高人民法院巡回法庭除外）。

（一）一般地域管辖

诉讼当事人住所地与法院辖区的关系被称为"普通审判籍"或者"人的审判籍"，依此确定管辖不要求案件有何特殊性，故称一般地域管辖（普通地域管辖）。因此，与规定特殊地域管辖时不同，立法上没有列出适用一般地域管辖的案件类型。

1. 一般地域管辖的通常情形是"原告就被告"

对自然人提起的民事诉讼，由被告住所地法院管辖；被告住所地与经常居住地不一致的，由经常居住地法院管辖。同一诉讼的几个被告住所地、经常居住地在两个以上法院辖区的，各该法院都有管辖权。[①]

"原告就被告"为普遍规则。从统计数据来看，司法行为或者诉讼行为多与被告所在地相关，所以由被告住所地或者居住地的法院管辖往往更方便诉讼。此外，"原告就被告"在一定程度上能够制约原告滥用诉权，平衡原告与被告之间的权益。

① 自然人以户籍登记或者其他有效身份登记记载的居所为住所；经常居所与住所不一致的，经常居所视为住所（《民法典》第 25 条）。自然人的经常居住地是指自然人离开住所地至起诉时已连续居住 1 年以上的地方，但自然人住院就医的地方除外。当事人的户籍迁出后尚未落户，有经常居住地的，由该地法院管辖；没有经常居住地的，由其原户籍所在地法院管辖。法人或者非法人组织的住所地是指法人或者非法人组织的主要办事机构所在地，主要办事机构所在地不能确定的，则注册地或者登记地为住所地。

对没有办事机构的个人合伙、合伙型联营体提起的诉讼，由被告注册登记地法院管辖。没有注册登记，几个被告又不在同一辖区的，被告住所地的法院都有管辖权。

2. 一般地域管辖的特殊情形是"被告就原告"

根据普通审判籍，为方便原告诉讼，法律或者司法解释明文规定在一些特殊情形作采取"被告就原告"来确定管辖，即可由原告住所地或者经常居住地的法院管辖。

《民事诉讼法》第23条规定了如下特殊情形：（1）对不在我国领域内居住的人提起的有关身份关系的诉讼；（2）对下落不明或者宣告失踪的人提起的有关身份关系的诉讼；（3）对被采取强制性教育措施的人提起的诉讼；（4）对被监禁的人提起的诉讼。

《民诉解释》第6、8~17条还作出了特殊规定，比如，追索赡养费、抚养费、扶养费案件的几个被告住所地不在同一辖区的，可以由原告住所地法院管辖（第9条）。

（二）特殊地域管辖

诉讼标的物所在地、私法关系及法律事实发生地与法院辖区的关系，被称为"特别审判籍"或者"物的审判籍"。《民事诉讼法》第24~33条列举了适用特殊地域管辖的案件类型，《民诉解释》第18~27条作出了具体规定。①

（1）因合同纠纷提起的诉讼，由被告住所地或者合同履行地法院管辖。合同约定履行地点的，以约定履行地点为合同履行地。合同对履行地点没有约定或者约定不明确，争议标的为给付货币的，接收货币一方所在地为履行地；交付不动产的，不动产所在地为履行地；其他标的，履行义务一方所在地为履行地。即时结清的合同，交易行为地为履行地。合同没有实际履行，当事人双方住所地都不在合同约定履行地的，由被告住所地法院管辖。②

（2）因保险合同纠纷提起的诉讼，由被告住所地或者保险标的物所在地法院管辖。③ 因财产保险合同纠纷提起的诉讼，如果保险标的物是运输工具或者运输中的货物，可以由运输工具登记注册地、运输目的地、保险事故发生地法院管辖。因人身保险合同纠纷提起的诉讼，可以由被保险人住所地法院管辖。

（3）因票据纠纷提起的诉讼，由票据支付地或者被告住所地法院管辖。票据支付地是票据上载明的付款地。未载明付款地的，汇票付款人或代理付款人的营业场所、住所或经常居住地，本票出票人的营业场所，支票付款人或代理付款人的营业

---

① 我国现行特殊地域管辖中，有些是一般地域管辖和特殊地域管辖的结合，管辖法院包括被告住所地的法院和诉讼标的物所在地、私法关系或者法律事实发生地的法院。
② 财产租赁合同、融资租赁合同以租赁物使用地为合同履行地；合同对履行地有约定的，从其约定。以信息网络方式订立的买卖合同，通过信息网络交付标的的，以买受人住所地为合同履行地；通过其他方式交付标的的，以收货地为合同履行地。合同对履行地有约定的，从其约定。
③ 《关于适用〈中华人民共和国保险法〉若干问题的解释（四）》（法释〔2018〕13号）（2020年修改）第12条规定："保险人以造成保险事故的第三者为被告提起代位求偿权之诉的，以被保险人与第三者之间的法律关系确定管辖法院。"

场所所在地为付款地。①

（4）因公司设立、确认股东资格、分配利润、解散等纠纷提起的诉讼，由公司住所地法院管辖。因股东名册记载、请求变更公司登记、股东知情权、公司决议、公司合并、公司分立、公司减资、公司增资等纠纷提起的诉讼，也由公司住所地法院管辖。

（5）因铁路、公路、水上、航空运输和联合运输合同纠纷提起的诉讼，由运输始发地、目的地或者被告住所地法院管辖。

（6）因侵权行为提起的诉讼，由侵权行为地或者被告住所地法院管辖。侵权行为地包括侵权行为实施地、侵权结果发生地。②

（7）因铁路、公路、水上和航空事故请求损害赔偿提起的诉讼，由事故发生地或者车辆、船舶最先到达地、航空器最先降落地或者被告住所地法院管辖。

（8）因船舶碰撞或者其他海事损害事故请求损害赔偿提起的诉讼，由碰撞发生地、碰撞船舶最先到达地、加害船舶被扣留地或者被告住所地法院管辖。

（9）因海难救助费用提起的诉讼，由救助地或者被救助船舶最先到达地法院管辖。

（10）因共同海损提起的诉讼，由船舶最先到达地、共同海损理算地或航程终止地的法院管辖。

关于海事案件的特殊地域管辖，《海诉法》、《关于适用〈中华人民共和国海事诉讼特别程序法〉若干问题的解释》（法释〔2003〕3号）、《关于审理发生在我国管辖海域相关案件若干问题的规定（一）》③（法释〔2016〕16号）还有具体规定。

（三）协议管辖

1. 协议管辖的含义和类型

协议管辖是指双方当事人依照法定要件，在民事纠纷发生之前或者之后，合意约定某项具体或者特定纠纷的管辖法院。协议管辖包括明示协议管辖和默示协议管辖。

明示协议管辖是双方当事人以书面或者其他适当形式合意约定的管辖。《民事诉讼法》第35条规定（适用于国内、涉外协议管辖）：合同或者其他财产权益纠纷的当事人可以书面协议选择被告住所地、合同履行地、合同签订地、原告住所地、标的物所在地等与争议有实际联系的地点的法院管辖，但不得违反本法对级别管辖

---

① 代理付款人即付款人的委托代理人，是指根据付款人的委托代为支付票据金额的银行、信用合作社等金融机构（《票据纠纷》第6条）。

② 依据《民诉解释》，信息网络侵权行为实施地包括实施被诉侵权行为的计算机等信息设备所在地，侵权结果发生地包括被侵权人住所地（第25条）；因产品、服务质量不合格造成他人财产、人身损害提起的诉讼，产品制造地、产品销售地、服务提供地、侵权行为地和被告住所地法院都有管辖权（第26条）。

③ 此项司法解释的制定目的是维护我国领土主权、海洋权益，平等保护中外当事人合法权利，明确我国管辖海域的司法管辖与法律适用。

和专属管辖的规定。

根据《民事诉讼法》第 130 条第 2 款，没有管辖协议，原告向无管辖权法院起诉后，被告未提出管辖异议并应诉答辩或提起反诉的，则视为受诉法院有管辖权（此为默示协议管辖或称推定管辖、应诉管辖），但违反级别管辖和专属管辖规定的除外。

管辖协议属于诉讼契约的范畴，是双方当事人对管辖事项的选择或者处分。在不违背级别管辖和专属管辖等前提下，协议管辖制度旨在方便双方当事人诉讼。

2. 协议管辖的合法要件

（1）适用于合同或者其他财产权益纠纷的一审案件。[①] 对人事诉讼案件或者身份关系诉讼案件不得适用协议管辖，因为此类案件涉及公益。上诉案件的管辖根据审级制度确定，当事人无权协议变更。

（2）不得违反民事诉讼法对级别管辖、专属管辖的规定[②]，也不得违反我国缔结或者参加的国际条约对专属管辖的规定。级别管辖和专属管辖的规定均属强行规范。对于级别管辖，只能以管辖权移转的方式进行调整。

（3）明示协议管辖的法院应与案件有实际联系，即被告住所地、合同履行地、合同签订地、原告住所地、标的物所在地等与争议有实际联系的地点的法院。[③]

（4）协议管辖的法院应是明确的。若选择的法院名称等不准确，但能够确定具体的法院的，应当认为选定了法院；若泛称任何一审法院均有管辖权，则协议无效。[④]

（5）明示协议管辖应当采取书面形式[⑤]并应自愿达成。默示协议管辖则应由当事人的行为证明，即被告未提出管辖异议且已应诉答辩。[⑥]

3. 保护弱方当事人

有些强势的商人在格式合同或者一般交易条款中，（在纠纷发生前）滥用协议管辖制度，谋求自己方便诉讼而不利于对方当事人（特别是弱势的当事人）。

---

① 当事人因同居或者在解除婚姻、收养关系后发生财产争议，约定管辖的，可以适用《民事诉讼法》第 35 条的规定确定管辖（《民诉解释》第 34 条）。
② 依据《关于设立国际商事法庭若干问题的规定》（法释〔2018〕11 号）第 2 条，当事人依照《民事诉讼法》第 35 条可以协议选择最高人民法院管辖且标的额为人民币 3 亿元以上的第一审国际商事案件。
③ 《海诉法》第 8 条规定：海事纠纷的当事人都是外国人、无国籍人、外国企业或者组织，书面协议选择我国海事法院管辖的，即使与纠纷有实际联系的地点不在我国领域内，我国海事法院对该纠纷也有管辖权。
④ 根据管辖协议，起诉时能够确定管辖法院的，从其约定；不能确定的，依照民事诉讼法的相关规定确定管辖。管辖协议约定由两个以上与争议有实际联系的地点的法院管辖的，原告可以向其中一个法院起诉（《民诉解释》第 30 条）。管辖协议约定由一方当事人住所地法院管辖，协议签订后当事人住所地变更的，由签订管辖协议时的住所地法院管辖，但当事人另有约定的除外（《民诉解释》第 32 条）。
⑤ 书面协议包括书面合同中的协议管辖条款或者诉讼前以书面形式达成的选择管辖的协议（《民诉解释》第 29 条）。
⑥ 当事人未提出管辖异议，就案件实体内容进行答辩、陈述或者反诉的，可以被认定为"应诉答辩"（《民诉解释》第 223 条第 2 款）。

对此,《民诉解释》第 31 条规定:"经营者使用格式条款与消费者订立管辖协议,未采取合理方式提请消费者注意,消费者主张管辖协议无效的,人民法院应予支持。"①

4. 管辖协议的审查和效力

当事人协议管辖的行为,属于与效(性)行为,法院应当根据其合法要件予以审查:符合要件的则予以受理,不符合要件的则按照民事诉讼法其他规定确定管辖。

在法院裁定受理案件前,双方当事人可以合意解除管辖协议。一方当事人对管辖协议的效力有异议的,应在首次开庭前请求法院裁定撤销。

有关协议管辖第(3)(4)(5)项合法要件不具备或者欠缺的,应当允许补正。比如,对管辖法院约定不明确的,当事人可以补充协议;达不成补充协议的,管辖协议无效,依照民事诉讼法的相关规定确定管辖。

明示管辖协议可在民事纠纷发生前、后达成,或者是单独的管辖协议,或者是载于合同中的管辖协议条款。管辖协议条款具有独立性,合同的效力不影响管辖协议条款的效力。

合同转让的,合同的管辖协议对合同受让人有效,但转让时受让人不知道有管辖协议,或者转让协议另有约定且原合同相对人同意的除外(《民诉解释》第 33 条)。

当事人在答辩期间届满后未应诉答辩,法院在一审开庭前,发现案件不属于本院管辖的,应当裁定移送有管辖权的法院(《民诉解释》第 35 条)。

(四) 专属管辖

法律强制规定某些类型的案件只能由特定的法院管辖。专属管辖排除一般地域管辖、特殊地域管辖和协议管辖的适用,所以专属管辖以法律明文规定的为限,属于强行规范。

某类特定案件的专属管辖法院可能是一个,也可能是两个以上,如当不动产居于不同法院辖区时。两个以上法院的专属管辖即共同专属管辖,当事人有权选择其一提起诉讼。

根据《民事诉讼法》第 34 条,(1)因不动产纠纷提起的诉讼②,由不动产所在地法院管辖;(2)因港口作业中发生纠纷提起的诉讼,由港口所在地法院管辖;(3)因继承遗产纠纷提起的诉讼,由被继承人死亡时住所地或者主要遗产所在地法

---

① 《德国民事诉讼法》第 29 条和第 38 条规定:仅商人之间或公法人间在纠纷发生前才可达成管辖合意,对于一般人原则上仅在纠纷发生后才可达成管辖合意。

② "不动产纠纷"是指因不动产的权利确认、分割、相邻关系等引起的物权纠纷。农村土地承包经营合同纠纷、房屋租赁合同纠纷、建设工程施工合同纠纷、政策性房屋买卖合同纠纷,按照不动产纠纷确定管辖。不动产已登记的,以不动产登记簿记载的所在地为不动产所在地;不动产未登记的,以不动产实际所在地为不动产所在地(《民诉解释》第 28 条)。

院管辖。

《民事诉讼法》第 279 条规定了涉外民事诉讼中我国法院专属管辖的案件。《海诉法》第 7 条规定了我国海事法院专属管辖的案件。

四、军事法院管辖

依据《关于军事法院管辖民事案件若干问题的规定》（法释〔2012〕11 号）（2020 年修改），军事法院受理第一审民事案件，应当参照民事诉讼法关于地域管辖、级别管辖的规定确定。

军事法院管辖当事人一方或者双方为军人或者军队单位的案件、涉及机密级以上军事秘密的案件、案件事实发生地或者争讼财产所在地在营区内的案件等。

当事人一方是军人或者军队单位，且合同履行地或者标的物所在地在营区内的合同纠纷，当事人书面约定由军事法院管辖，不违反法律关于级别管辖、专属管辖和专门管辖规定的，可以由军事法院管辖。

军事法院发现受理的民事案件属于地方法院管辖的，应当移送有管辖权的地方法院。地方法院认为受移送的案件不属于本院管辖的，应当报请上级地方法院处理。地方法院发现受理的民事案件属于军事法院管辖的，参照前述规定办理。

军事法院与地方法院之间因管辖权发生争议，由争议双方协商解决；协商不成的，报请各自的上级法院协商解决；仍然协商不成的，报请最高人民法院指定管辖。

军事法院受理案件后，当事人对管辖权有异议的，应当在提交答辩状期间提出。异议成立的，裁定将案件移送有管辖权的军事法院或者地方法院；异议不成立的，裁定驳回。

五、法院裁定管辖

裁定管辖包括移送管辖、指定管辖和管辖权移转。法院对移送管辖、指定管辖和管辖权移转的处理，均应作出裁定，并应送达当事人。

（一）移送管辖

根据《民事诉讼法》第 37 条，移送管辖是法院将已经受理的无管辖权的案件移送给有管辖权的法院。其实质是案件移送，并未改变案件的法定管辖权（非管辖权的变更）。移送管辖通常发生在同级法院之间，也会发生在上下级法院之间。

移送管辖的适用条件有：（1）受诉法院已经受理案件①；（2）受诉法院对该案

---

① 法院在受理前发现自己无管辖权的，裁定不予受理，并应告知原告向有管辖权的法院起诉。法院在受理后发现自己无管辖权的，裁定移送管辖，而不是裁定驳回起诉。

件无管辖权（包括无级别管辖权和无地域管辖权并且不属于管辖恒定的情形）[1]；（3）移送有管辖权法院。具备条件（1）（2）的，受诉法院应当主动裁定移送管辖，当事人也有权提出管辖异议。

移送管辖裁定具有如下效力：（1）受诉法院对被移送的案件不得审判；（2）被移送的案件自始系属于被移送的法院；（3）被移送的法院不得拒绝接受移送，不得移送其他法院。被移送的法院对该案无管辖权或者虽有管辖权但因特殊原因而不能行使管辖权的，应报请上级法院指定管辖，不得再自行移送。

（二）指定管辖

根据《民事诉讼法》第 38 条，指定管辖是上级法院将某个案件指定其下级法院管辖。其实质是上级法院变通其下级法院的地域管辖权。

上级法院指定管辖应当存在法定原因，主要有：（1）有管辖权的下级法院由于特殊原因[2]，不能行使管辖权；（2）法院之间因管辖权发生争议（包括争抢管辖和推诿管辖），但协商解决不了；（3）移送管辖的，被移送的法院对被移送的案件没有管辖权。[3]

上级法院应当将指定管辖裁定送交相关法院并通知当事人。法院之间因管辖权发生争议，协商解决不了的，"逐级"报请它们的共同上级法院指定管辖。[4]

管辖权争议解决前，争议双方法院应当中止审理，均不得对案件作出实体审判；指定管辖裁定作出前，下级法院对案件作出判决、裁定的，上级法院应当在裁定指定管辖的同时，一并撤销下级法院的判决、裁定（《民诉解释》第 41 条）。

（三）管辖权移转

根据《民事诉讼法》第 39 条，管辖权移转是指上级法院审判其下级法院管辖的案件，或者上级法院将其管辖的案件交由其下级法院管辖。其实质是对级别管辖的临时变通。

管辖权向上移转，即上级法院审判其下级法院管辖的一审民事案件；下级法院认为需要由其上级法院审理的，可以将其管辖的案件报请上级法院审判。

管辖权向下移转，即上级法院确有必要将本院管辖的一审民事案件交下级法院

---

[1] 法院对案件有管辖权，但需要变更的，应采取指定管辖或者管辖权转移。《民诉解释》第 35 条规定：当事人在答辩期间届满后未应诉答辩，法院在一审开庭前，发现案件不属于本院管辖的，应当裁定移送有管辖权的法院。

[2] 包括事实上的原因（发生战争、自然灾害等）和法律上的原因（如受诉法院全体法官应当回避等）。

[3] 还有其他事由。比如，《关于审理铁路运输人身损害赔偿纠纷案件适用法律若干问题的解释》（法释〔2021〕19 号）第 3 条规定：赔偿权利人要求对方当事人承担侵权责任的，由事故发生地、列车最先到达地或者被告住所地铁路运输法院管辖；前款规定的地区没有铁路运输法院的，由高级人民法院指定的其他法院管辖。

[4] 管辖权争议双方法院为同属一个地、市辖区的基层法院的，由该地、市的中级法院及时指定管辖；同属一个省、自治区、直辖市的两个法院，由该省、自治区、直辖市的高级法院及时指定管辖；双方为跨省、自治区、直辖市的法院，高级法院协商不成的，由最高人民法院及时指定管辖。

审理的，应当报请其上级法院批准。①

六、法院违法管辖和当事人管辖异议

（一）法院违法管辖

法院违法管辖主要体现为受诉法院对其受理的案件没有管辖权。对于法院违法管辖的，应当分阶段设置相应的纠正程序或者救济途径，具体如下：

（1）受理前，受诉法院裁定不予受理，告知原告向有管辖权的法院起诉（《民事诉讼法》第 127 条第 4 项）。原告坚持起诉的，裁定不予受理（《民诉解释》第 211 条）。

（2）受理后至本案判决作出前，受诉法院应当裁定移送给有管辖权的法院（此即移送管辖）；当事人也可以提出管辖异议，法院同意，则裁定移送管辖；属于默示协议管辖的案件②，被告未提出异议并已应诉答辩的，视为受诉法院有管辖权。

（3）本案判决作出后，违反专属管辖规定的，为上诉理由。③ 但《民事诉讼法》第 211 条并未规定此项再审事由。

对于案件管辖是否违法或者法院有无管辖权的事实，当事人可以提供证据加以说明，但是有关级别管辖、专属管辖是否合法的事实，应由法院依职权调查证据。

（二）当事人管辖异议

根据《民事诉讼法》第 130 条，管辖（权）异议是对无管辖权的纠正，即法院受理案件后至本案判决作出前，当事人提出该法院对该案无管辖权（无级别管辖权或者无地域管辖权），并请求移送管辖。④

当事人提出管辖异议应当具备下列条件：

（1）管辖异议的主体是本案当事人，包括被告（共同被告）和原告（共同原告）。主诉讼参加人对本诉不得提出管辖异议。从诉讼参加人在一审中无权提出管

---

① 对下列一审民事案件，法院可以在开庭前交下级法院审理：破产程序中有关债务人的诉讼案件、当事人人数众多且不方便诉讼的案件、最高人民法院确定的其他类型案件（《民诉解释》第 42 条）。
② 比如，存在合法仲裁协议的民事纠纷案件、存在合法诉讼管辖协议的民事纠纷案件等。
③ 《民诉解释》第 329 条规定："人民法院依照第二审程序审理案件，认为第一审人民法院受理案件违反专属管辖规定的，应当裁定撤销原裁判并移送有管辖权的人民法院。"
  笔者认为，对于案件管辖是否违法或者法院有无管辖权的事实，应由当事人提供证据加以释明，但是有关级别管辖、专属管辖是否合法的事实，则由法院依职权调查证据。
④ 【习题】根据《民事诉讼法》和司法解释的相关规定，关于级别管辖，下列哪些表述是正确的？（　　）
  A. 级别管辖不适用管辖权异议制度
  B. 案件被移送管辖有可能是因为受诉法院违反了级别管辖的规定而发生的
  C. 管辖权转移制度是对级别管辖制度的变通和个别的调整
  D. 当事人可以通过协议变更案件的级别管辖
  （2012 年国家司法考试试卷三；参考答案为 BC）

辖异议。

（2）当事人只能对一审案件的管辖权提出异议。二审案件的管辖根据审级制度确定，不许当事人提出异议。

（3）在一审被告提交答辩状期间①提出异议。无正当理由超出该期间的，管辖异议权失效后，当事人可以无管辖权或者管辖违法为由告知法院，由法院裁定移送管辖。但是，属于默示协议管辖的案件，若被告未提出异议并已应诉答辩，则法院拥有管辖权，当事人不得再提出管辖异议（专属管辖和级别管辖除外）。②

（4）应以书面形式向受诉法院提出异议。简易程序中，可以口头提出异议。

被告以受诉法院同时违反级别管辖和地域管辖规定为由提出管辖异议的，受诉法院应当一并作出裁定。受诉法院收到管辖异议后，应在 15 日内书面裁定异议是否成立。对法院发回重审或者按一审程序再审的案件，当事人提出管辖异议的，法院不予审查（《民诉解释》第 39 条第 2 款）。

管辖异议裁定作出前，原告申请撤回起诉，受诉法院作出裁定准予撤回起诉的，不再审查管辖异议，并在裁定书中一并写明。

管辖异议成立的，法院应裁定移送管辖；属共同管辖的，法院应当征求原告的意见，裁定移送某个法院。异议不成立的，裁定驳回，当事人不服的，可以提起上诉。对小额诉讼案件，当事人提出管辖异议的，法院裁定一经作出即生效（《民诉解释》第 276 条）。

在管辖异议裁定生效前，受诉法院对管辖异议的案件不得作出实体审判。

第三节 法院送达诉讼文书

一、送达的要件和性质

就国内诉讼文书或者法律文书的送达而言，是指法院依照法定程序，运用法定

---

① 该期间的例外主要有：（1）导致受诉法院无管辖权的事实发生在答辩期届满后。比如，提交答辩状期间届满后，原告增加诉讼请求金额，致使案件标的额超过受诉法院级别管辖标准，被告提出管辖异议，请求由上级法院管辖的，法院应当审查并作出异议是否成立的书面裁定［《关于审理民事级别管辖异议案件若干问题的规定》（法释〔2009〕17 号）（2020 年修改）第 3 条］。（2）必要共同诉讼中追加当事人的。法院在开庭审理中，才发现需要追加当事人的，对于被追加的一方而言，尤其是在已参加诉讼的其他共同诉讼人的答辩期届满后才参加诉讼的，故分别计算答辩期间，允许被追加的当事人提出管辖异议才是公平的选择。【最高人民法院指导案例 56 号】韩某诉内蒙古九郡药业有限责任公司等产品责任纠纷管辖权异议案中，当事人在一审提交答辩状期间未提出管辖异议，在二审或者再审发回重审时提出管辖异议的，法院不予审查。

② 依据《民诉解释》第 223 条，当事人在提交答辩状期间提出管辖异议，又针对起诉状的内容进行答辩的，法院应当依照《民事诉讼法》第 130 条第 1 款，审查管辖异议；当事人未提出管辖异议，就案件实体内容进行答辩、陈述或者反诉的，可以被认定为《民事诉讼法》第 130 条第 2 款规定的应诉答辩。

方式，将诉讼文书或者法律文书送交当事人等诉讼参与人。

送达的合法要件如下：

（1）送达的主体是法院（具体送达人员是审判人员、书记员）。当事人或者诉讼参与人相互之间或者向法院递交诉讼文书或者法律文书，均非送达。

（2）受送达人是本案当事人和证人、协助执行人等诉讼参与人。若当事人是无诉讼行为能力人，应向其法定代理人送达。法院向其他主体送交诉讼文书或者法律文书，均非送达。对享有特权与豁免的人进行送达经常会因为被认定不合法而无效。

（3）送达的客体是本案审判程序和执行程序中形成的诉讼文书或者法律文书，比如受理通知书、答辩状副本、传票、法院调取证据令、判决书、裁定书、协助执行通知书等。

（4）应当按照法定程序，使用法定方式送达。比如，法院应当自立案之日起5日内将起诉状副本发送被告等。我国民事诉讼法及其司法解释明确规定了送达的具体方式。

（5）送达的有效性在于法院送达人员有送达的意图并且将文件以合理的方式通知受送达人。① 如果送达意图不明确，受送达人没有得到有效的通知，则送达通常是无效的。核心是受送达人获得及时有效的通知或者适时足够的通知。

我国和大陆法系国家及地区普遍认为，送达是能够产生一定诉讼法和实体法效果的司法行为，属于"司法"或者"公权力"行为，不能由私人完成，因此，以职权送达为原则，即送达主体基本上是法院或者专司送达的官员；受送达人不得请求放弃送达，即受送达的利益不得放弃，放弃送达的行为是无效的；反对外国法院对本国国民进行直接送达。

二、送达方式和送达日期

诸种送达方式中，直接送达为原则，其他方式为必要补充。原则上，送达采取受信主义或者到达主义②而不采用简便的发信主义；以受送达人或者有权接收送达的其他人在送达回证上的签收日期，为送达日期。③ 法院同时采取多种方式送达的（公告送达除外），应根据最先实现送达的方式确定送达日期。已经送达的诉讼文书

---

① "Weiss v. Glemp"案中，法院认定对波兰红衣主教的送达无效，因为送达人仅仅拿着一个书面的东西，说："你要这个？"主教的随行人员说"不要，不要"，并且将纸丢在地上。法院认为原告这样试图的送达"不是以合理的方法通知"被告，并且送达人所拿的文件不明确，可以是小册子、抗议信或者其他非法律性文件；而且没有证据显示被告企图逃避送达。参见黄进、李庆明：《诉权的行使与国际民事诉讼管辖权》，载《政治与法律》，2007（1）。
② 这是指诉讼文书送达到受送达人时，才能产生预期的法律效果。
③ 《民诉解释》第141条规定："人民法院在定期宣判时，当事人拒不签收判决书、裁定书的，应视为送达，并在宣判笔录中记明。"

需要更正的，应当重新送达。

（一）直接送达

直接送达是指法院送达人员将诉讼文书或者法律文书，直接交付给受送达人签收。受送达人在送达回证上签收的日期，为送达日期。

以下情况，属于直接送达：（1）受送达人是自然人的，由本人签收；（2）受送达人是法人或者非法人组织的，由其法定代表人或者主要负责人或者（办公室、收发室、值班室等）负责收件的人签收或者盖章；（3）由当事船的船长签收。

以下情况，被视为直接送达：（1）作为受送达人的自然人本人不在送达地点的，由其同住成年家属签收；（2）受送达人有诉讼代理人的，可以送交该代理人签收；（3）受送达人已向法院指定代收人的，送交该代收人签收①；（4）向受送达人在我国领域内设立的代表机构、分支机构或者业务代办人送达。

（二）留置送达

留置送达是指受送达人拒绝签收向其送达的诉讼文书或者法律文书时，法院送达人员将该文书留于受送达人的住所或者从业场所。

法院送达人员可以邀请受送达人住所地居民委员会、村民委员会以及受送达人所在单位的工作人员到场，说明情况，在送达回证上记明拒收事由和日期，由送达人、见证人签名或者盖章，把诉讼文书留在受送达人的住所；也可以把诉讼文书留在受送达人的住所，并采用拍照、录像等方式记录送达过程，即视为送达。

法院通知当事人到法院领取的，当事人到达法院，拒绝签署送达回证的，视为送达。在当事人住所地以外向当事人直接送达诉讼文书，当事人拒绝签署送达回证的，采用拍照、录像等方式记录送达过程，即视为送达。

调解书应当直接送达当事人本人（本人因故不能签收的，可由其指定的代收人签收），不适用留置送达（《民诉解释》第 133 条）。②

（三）电子送达

根据《民事诉讼法》第 93 条，经受送达人同意，法院可以采用能够确认其收悉的电子方式送达诉讼文书；通过电子方式送达的判决书、裁定书、调解书，受送达人提出需要纸质文书的，法院应当提供。关于在线诉讼送达，《互联网法院》第 15～17 条和《在线规则》第 29～33 条作出了规定［参见本书第二十四章第四节四（四）］。

---

① 《民诉解释》第 132 条规定："受送达人有诉讼代理人的，人民法院既可以向受送达人送达，也可以向其诉讼代理人送达。受送达人指定诉讼代理人为代收人的，向诉讼代理人送达时，适用留置送达。"

② 从法理上分析，诉讼中当事人双方达成调解协议，法院经审查后认为符合合法原则和自由公等原则，根据调解协议的内容制成的调解书，由当事人双方、审判人员和书记员签名或者盖章并盖有法院公章后即具有既判力、形成力或者执行力。因为当事人拒收调解书，不影响调解书的效力，所以法院调解书可以留置送达。

依据《互联网公开流程》第 14 条，法院通过中国审判流程信息公开网向当事人及其诉讼代理人进行电子送达的，法院应当按照该规定第 5 条①采集、核对受送达人的身份信息，并为其开设个人专用的即时收悉系统。

电子送达日期是送达信息到达受送达人特定系统的日期，即法院对应系统显示发送成功的日期，但受送达人证明到达其特定系统的日期与法院对应系统显示发送成功的日期不一致的，以受送达人证明到达其特定系统的日期为准（《民诉解释》第 135 条）。②

针对电子送达文书易篡改、难验证等问题，确保电子送达文书的真实性，自 2022 年 12 月 30 日起，最高人民法院所送达的每份电子文书均在送达的同时实现司法链存证，支持当事人及社会第三方机构通过互联网司法链平台（https://sfl.court.gov.cn）的"司法链数据核验"功能对接收的电子送达文书进行在线核验。

（四）委托送达

直接送达诉讼文书有困难的（比如受送达人不在受诉法院辖区内），可以委托其他法院③代为送达。

委托法院应当出具委托函，并附需要送达的诉讼文书和送达回证，以受送达人在送达回证上签收的日期为送达日期。

受托法院应当自收到委托函及相关诉讼文书之日起 10 日内直接送达，必要时可留置送达，但不得采用其他送达方式；送达完毕应当及时将送达回证寄回委托法院。

（五）邮寄送达

法院直接送达诉讼文书有困难的，可以交由国家邮政机构以法院专递方式邮寄送达。依据《关于以法院专递方式邮寄送达民事诉讼文书的若干规定》（法释〔2004〕13 号），有下列情形之一，不得邮寄送达：（1）受送达人或者其诉讼代理人、受送达人指定的代收人同意在指定的期间内到法院接受送达的；（2）受送达人下落不明的；（3）法律规定或者我国缔结或者参加的国际条约中约定有特别送达方式的。

受送达人本人及其同住的成年家属、指定代收人在邮件回执上签名、盖章或者

---

① 该条规定：当事人、法定代理人、诉讼代理人、辩护人的身份证件号码、律师执业证号、组织机构代码、统一社会信用代码，是其获取审判流程信息的身份验证依据；当事人及其法定代理人、诉讼代理人、辩护人应当配合受理案件的法院采集、核对身份信息，并预留有效的手机号码。

② 《关于审理申请注册的药品相关的专利权纠纷民事案件适用法律若干问题的规定》（法释〔2021〕13 号）第 13 条规定：法院依法向当事人在国务院有关行政部门依据衔接办法所设平台登载的联系人、通信地址、电子邮件等进行的送达，视为有效送达；当事人向法院提交送达地址确认书后，法院也可以向该确认书载明的送达地址送达。

③ 参见姜世明：《民事程序法之发展与宪法原则》，392 页，台北，元照出版有限公司，2009。

捺印的日期，为送达日期。邮政机构按照当事人提供或者确认的送达地址送达的，应当在规定的日期内将回执退回法院。

遇有下列情形之一，邮政机构应当将邮件在规定的日期内退回法院，并书面说明退回的理由：（1）在 5 日内投送 3 次以上未能送达，又无法告知受送达人的；（2）受送达人及其同住成年家属、指定代收人拒绝签收的；（3）邮件内容与回执不一致的。

（六）转交送达

下列情况下不宜或不便直接送达的，法院可将诉讼文书通过受送达人所在单位转交受送达人：（1）受送达人是军人的，通过其所在部队团以上单位的政治机关转交；（2）受送达人被监禁的，通过其所在监所转交；（3）受送达人被采取强制性教育措施的，通过其所在强制性教育机构转交。

代为转交的机关、单位收到诉讼文书后，应当立即交受送达人签收，以在送达回证上的签收日期，为送达日期。

（七）公告送达

法院在受送达人下落不明，或者以上述方式无法送达的情况下，公告送达。自发出公告之日起，经过 30 日，即视为送达。公告送达，应当在案卷中记明原因和经过。法院将诉讼文书的内容予以公告。法定的公告期限届满，视为送达。

公告送达应满足如下要求：（1）原因是受送达人下落不明，或者以上述方式无法送达。（2）内容包含公告送达的原因、送达文书的主要或者基本内容。（3）方式具有广知性。对公告送达方式有特殊要求的，应当按要求的方式进行。（4）法定期限是 30 日。采用公告送达的，发出公告日期以最后张贴或者刊登的日期为准。公告期满，即视为送达。（5）应当在案卷中记明公告送达的原因和经过。（6）适用简易程序的案件中，不适用公告送达。

（八）简便送达和视为送达

适用简易程序和小额诉讼程序的案件中，法院可以采取捎口信、打电话、发短信、发传真、发电子邮件等简便方式传唤当事人、通知证人和送达裁判文书以外的诉讼文书。

采用发短信、发微信等方式送达的，送达人员应记录收发手机号码、发送时间、送达诉讼文书名称，并将短信、微信等记载的送达内容拍摄照片，存卷备查。

对于移动通信工具能够接通但无法直接送达、邮寄送达的，除判决书、裁定书、调解书外，可以采取电话送达的方式，由送达人员告知当事人诉讼文书内容，并记录拨打、接听电话号码、通话时间、送达诉讼文书内容；对通话过程应当录音以存卷备查。

视为送达的情形，除上述以外情形，还包括"法院在定期宣判时，当事人拒不签收判决书、裁定书的，应视为送达，并在宣判笔录中记明"。

三、送达地址和送达回证

（一）送达地址

送达地址通常是受送达人的住所地或者经常居住地。法院也可以通知当事人到法院领取，还可以在当事人住所地以外向当事人直接送达诉讼文书。当事人在纠纷发生之前约定送达地址的，法院可以将该地址作为送达诉讼文书的确认地址（参见《繁简分流》第3条）。

原告应当在起诉、被告应当在答辩时向法院提供或者确认自己准确的送达地址。法院应当在登记立案时要求当事人确认送达地址，要求当事人确认其填写的送达地址及法律后果等事项。当事人拒绝确认送达地址的，依照《登记立案》第7条处理。

《关于进一步加强民事送达工作的若干意见》（法发〔2017〕19号）规定：送达地址确认书应当包括当事人提供的送达地址、法院告知事项、当事人对送达地址的确认、送达地址确认书的适用范围和变更方式等内容；当事人提供的送达地址应当包括邮政编码、详细地址以及受送达人的联系电话等；同意电子送达的，应当提供并确认接收民事诉讼文书的传真号、电子信箱、微信号等电子送达地址；当事人委托诉讼代理人的，诉讼代理人确认的送达地址视为当事人的送达地址。

当事人在送达地址确认书中确认的送达地址，为送达地址，适用于一审、二审和执行程序。当事人变更送达地址，应当以书面方式告知法院。

因当事人提供的送达地址不准确、拒不提供送达地址、送达地址变更未书面告知法院，导致民事诉讼文书未能被受送达人实际接收的，直接送达的，民事诉讼文书留在该地址之日为送达之日；邮寄送达的，文书被退回之日为送达之日。

当事人拒绝确认送达地址或以拒绝应诉、拒接电话、避而不见送达人员、搬离原住所等躲避、规避送达，法院不能或无法要求其确认送达地址的，可以区别以下列情形分别处理：

（1）当事人在诉讼所涉及的合同、往来函件中对送达地址有明确约定的，以约定的地址为送达地址；

（2）没有约定的，以当事人在诉讼中提交的书面材料中载明的自己的地址为送达地址；

（3）没有约定，当事人也未提交书面材料或者书面材料中未载明地址的，以1年内进行其他诉讼、仲裁案件中提供的地址为送达地址；

（4）无以上情形的，以当事人1年内进行民事活动时经常使用的地址为送达地址。

法院按照上述地址进行送达的，可以同时以打电话、发微信等方式通知受送达人。

依上述规定仍不能确认送达地址的，于自然人以其户籍登记的住所或者在经常居住地登记的住址为送达地址，于法人或者非法人组织以其工商登记或其他依法登记、备案的住所地为送达地址。

（二）送达回证

法院送达应有送达回证，是法院按照法定格式制作的，用以证明完成送达行为或者证明送达行为正当性的书面凭证。

送达回证上记载的送达日期是起算诉讼行为期间的重要根据，是确定诉讼行为是否有效、何时生效的重要根据。

送达回证应当带回或者寄回法院，并附卷存查。但是，公告送达的，公告期满之日即送达之日，无须送达回证。

四、送达的意义

诉讼文书送达具有重大意义，既实践正当程序原理，又能产生相应的法律效果。

（一）送达实践正当程序原理

根据正当程序原理或者诉讼参与原则，当事人享有诉讼知情权，法院应当依法将诉讼文书送达当事人，以保障其诉讼听审权，否则，法院处理案件的司法权是不完善的，其裁判将容易受到攻击而被认定为违法。

最正当的送达方式是直接送达。虽然法律规定了一些拟制直接送达的情形，比如作为受送达人的自然人本人不在的，由其同住成年家属签收，但是，对签收人的限制是"家属"、"成年"和"同住"，这些限制旨在保证送达的实效性。

正当程序并不要求送达均采用直接送达方式。直接送达客观上不可能或者造成显著迟延时，可以采用替代的或者推定的送达方式，比如留置送达、邮寄送达和公告送达等。①

公告送达通常被认为不符合正当程序的要求。从正当程序保障的角度看，在采用常规送达方式难以或者不能送达的情况下，不得已以公告方式送达，往往被视为法律和法院为保障当事人参加诉讼所作出的无可奈何的妥协。②

有时候，还有必要限制送达。紧迫的情况下，比如财产即将或者正在腐败、被申请人可能转移或者隐匿财产等，若要将财产保全或者强制执行申请书送达被申请人，则可能使财产保全或者强制执行的目的落空，所以不将申请书送达被申请人。

---

① 美国大法官霍姆斯提出了设置和运用替代性送达方式的正当性标准："实质正义的底线要求取代直接送达的替代方式是最可能送达被告的送达方式。"（243 U. S. , at 92；37 S. Ct. , at 344. ）
② 参见王福华：《民事送达制度正当化原理》，载《法商研究》，2003（4）。

(二) 送达的法律后果

唯有合法送达，才能产生预期的程序法和实体法后果。送达的诉讼文书不同，产生的法律后果也有别。比如，法院驳回起诉的裁定，送达原告之日起 10 日内原告可以提起上诉；开庭通知书送达原告后，原告无正当理由不出庭的，按撤诉处理；传票送达被告后，被告无正当理由不出庭的，法院应缺席审判等。以上送达所产生的是程序法效果。

有些诉讼文书送达后，既能产生程序法效果，又能产生实体法效果，比如：自二审判决书送达当事人之日起，当事人不得就该诉再起诉；若是给付判决，则权利人有权申请强制执行；如是离婚判决，则当事人之间的婚姻关系正式解除。

五、违法送达的补正

法院违法送达（多属无效送达）的，受送达人有权要求重新送达，法院也应主动补正。比如，《民事诉讼法》第 95 条规定：公告送达的，自发出公告之日起，经过 30 日，即视为送达。若少于 60 日，该送达不生效。只有 60 日的公告期届满，才为合法送达。此种法定期间下限的规定，为强行规范，违背之则送达无效。

有些送达虽有瑕疵却是有效的，比如法院当庭宣判的，应在 10 日内发送判决书，若法院逾期送达，该送达也是有效的。有些有瑕疵的送达，因一定情形发生而为有效，例如送达人在原告的住宅处，将某人误认为原告，后来该人将开庭通知书交给原告，原告按时出庭的，则原告不得主张该送达无效。

第 九 章

当事人总论

民事争讼程序中，当事人是以自己的名义请求法院行使审判权解决民事纠纷或者保护民事权益的人及其相对方。当事人诉讼权利的总和被称为当事人权（当事人程序基本权），包括获得正当程序诉讼权、诉讼处分权和其他程序基本权。诉讼权利能力、当事人适格和诉讼行为能力及诉讼代理权等有关当事人的诉讼要件，属于法院职权调查事项。诉讼中，当事人没有诉讼权利能力或者不适格的，法院应当裁定变更当事人或者作出其他处理。

第一节　当事人概念和诉讼权利义务

一、当事人概念

民事争讼程序中，存在着相互对立的双方当事人：原告/上诉人与被告/被上诉人。民事非讼程序中，通常只有一方当事人即申请人。民事执行程序中，存在着相互对立的双方当事人：债权人（申请执行人）与债务人（被执行人）。

在民事争讼程序中，当事人是以自己的名义请求法院行使审判权解决民事纠纷或者保护民事权益的人及其相对方。请求法院行使审判权的人，为原告；原告的相对方，即应诉的人，为被告。

诉讼当事人是诉讼法上的概念，其构成要件有：

（1）应以自己的名义起诉或者应诉，是诉讼权利、义务的承担者。此项要件将当事人与诉讼代理人区别开来，因为诉讼代理人是以其代理的当事人的名义进行诉讼的。

（2）应是向法院请求解决民事纠纷或者保护民事权益的人及其相对方。此项要件使当事人区别于证人、鉴定人，因为后者不是原告，并未提出诉讼请求，也不是原告的相对方。

（3）应在起诉状中明确表示（不涉及其是不是争讼民事法律关系主体）。口头起诉的，应被记载在法院笔录中。起诉后，追加的当事人应被补加到起诉状中或者被记载在法院笔录中。

民事争讼程序中，当事人的基本构造是双方当事人（原告/上诉人与被告/被上诉人）二元对立的构造，"任何人均无起诉自己的义务"。一审中，表现为原告与被告对立；二审中，表现为上诉人与被上诉人对立；再审中，表现为再审原告与再审被告对立。① 即使是案件的关系人，若不行使诉权或者不被原告作为被告，通常也不能成为当事人。

二、当事人的诉讼权利和诉讼义务

（一）我国现行法规定的当事人诉讼权利

争讼程序中，原告享有起诉权、诉的合并权（包括增加诉讼请求）和变更权（包括变更诉讼请求）、放弃诉讼请求权（舍弃权）、撤回诉讼权、保全申请权等；被告享有反诉权（被告是反诉的原告）、对诉讼请求的承认权（认诺权）或者反驳权等。

原告和被告平等享有回避申请权，获得诉讼程序通知权（诉讼知情权），主张权（包括诉讼上自认权），举证权②，质证权，辩论权，本案有关材料（包括审理笔录）和法律文书查阅权、复制权（《民事诉讼法》第52条）、补正权（包括补正起诉书、答辩书、审理笔录③等），诉讼代理人委托权（包含获得律师帮助的权利），使用母语（本民族语言文字）进行诉讼的权利等，程序异议权④（比如管辖异议权、保全异议权、简易程序适用异议权等）和程序复议权，败诉当事人上诉权（获得审级救济权），再审申请权（应是再审诉权）。

原告和被告平等享有调解请求权，诉讼和解权，离婚案件和涉及商业秘密案件

---

① 原告通常被喻为"攻击方"，其主张的利己事实（权益产生事实）和提出的本证被喻为"攻击方法或者手段"。被告通常被喻为"防御方"，其主张的利己事实（权益妨碍、阻却和消灭事实）和提出的本证被喻为"防御方法或者手段"。至于原告和被告谁是民事权益的享有者或者民事责任的承担者，直到审理最后终结之时（言词辩论终结之时）才能够确定。

② 举证权，即收集和提供本证和反证的权利。至于证据保全申请权、调查证据申请权和重新调查、鉴定或勘验申请权等，可以被纳入（广义）举证权的范畴，也可以被理解为举证权的派生权。

③ 审理笔录（包括法庭笔录）之所以能够作为判断法院是否依照法定程序审判的主要证据，其缘由之一正是当事人有权阅读和补正法庭笔录（《民事诉讼法》第150条）。

④ 当事人及第三人对法院和对方当事人违反（广义）民事诉讼法、仲裁法等所实施的诉讼行为（包括审判中的诉讼行为和执行中的诉讼行为）或进行的诉讼程序（包括审判程序和执行程序），有权提出不同意见，请求纠正、撤销或者请求法院认定无效。
当事人对违反任意规范中责问事项的诉讼行为，可以舍弃异议权（责问权）[参见本书第三章第三节二（二）]，但是，对违反强行规范的诉讼行为，即便当事人不行使或者逾期行使程序异议权，法院也应当予以纠正、撤销或者认定无效。
法院对当事人的程序异议作出裁定，（法律通常具体规定）当事人不服的，可以申请复议；对法院违反强行规范中重要程序事项的司法行为，还能通过上诉或者再审予以纠正或者撤销。有关程序异议权或者程序异议制度，参见占善刚：《民事诉讼中的程序异议权研究》，载《法学研究》，2017（2）；张卫平：《论民事诉讼法中的异议制度》，载《清华法学》，2007（1）。

不公开审理申请权，一审中人民陪审员参加审判申请权、简易程序适用选择权、小额诉讼程序适用选择权、普通共同诉讼适用选择权，管辖协议权，期间顺延申请权、期间延长申请权，法庭调查和法庭辩论是否合并选择权、简易程序和小额诉讼程序是否以视听传输技术等方式开庭选择权、再审案件是否不开庭审理选择权，涉及商业秘密或个人隐私简易案件中裁判文书是否简化选择权等。

在不与上诉程序相悖时，上诉人和被上诉人平等享有上述诉讼权利。辅助诉讼参加人（包括无独立请求权第三人）享有的诉讼权利有特殊之处［参见本书第十章第三节三（二）1］。必要共同诉讼人还享有对本方当事人诉讼行为的承认权。

非讼程序中，申请人享有非讼程序申请权和撤回申请权，债权人享有争讼程序和督促程序适用选择权，债务人享有支付令异议权，非讼判决异议权等。在不与非讼程序相悖时，非讼程序当事人还享有与争讼程序中相同的诉讼权利（比如使用母语进行诉讼的权利、诉讼代理人委托权、举证权等），但是不享有双方当事人共同享有或者合意行使的质证权、辩论权、诉讼和解权、管辖协议权等。

执行程序中，执行权利人享有执行申请权、先予执行申请权，执行权利人和被执行人享有执行和解权、执行笔录等的补正权、执行异议权（属于程序异议权）等，被执行人还享有执行豁免权等。在不与执行程序相悖时，执行程序当事人还享有上述诉讼权利，但是没有辩论权、法庭调查和法庭辩论是否合并选择权、上诉权等。

当事人对其诉讼权利是否行使，拥有处分权或者选择权（《民事诉讼法》第13条第2款）。不过，与主张权和举证权一体两面的是主张责任和证明责任（此处仅指本证），属于权责一致性范畴［参见本书第三章第四节三（一）］。

（二）当事人程序基本权

《决定》明确指出：强化诉讼过程中当事人和其他诉讼参与人的知情权、陈述权、辩护辩论权、申请权、申诉权的制度保障。

在当今国际社会，诉讼当事人诉讼权利的总和，被称为"当事人权"，是指"获得正当程序诉讼权"，属于宪法基本权或基本人权的范畴①等。应当根据诉讼安

---

① 《世界人权宣言》第8条规定：当宪法或法律赋予的基本权利遭受侵犯时，人们有权向有管辖权的法院请求有效的救济。此条规定的是司法救济权或称诉讼救济权，主要是指"诉权"。其第10条规定：在确定当事人的民事权利与义务或审理对被告人的刑事指控时，人们有权充分平等地获得独立、公正的法院进行的公正、公开的审理。此条规定的是在诉讼过程中当事人享有获得公正审判权。
《公民权利和政治权利国际公约》第14条规定：法院面前人人平等，在审理对被告人的刑事指控或确定当事人的民事权利与义务时，人们有权获得依法设立、有管辖权、独立、公正的法院的公正、公开的审理。此条规定的是当事人享有获得公正审判权。
《欧洲人权公约》第6条第1款将获得正当程序审判权界定为获得公正审判权和获得适时审判权。此款规定：在确定当事人的民事权利与义务或审理对被告人的刑事指控时，人们有权获得依法设立的独立、公正的法院在合理的期限内公平、公开的审理。以上规定的仅是获得公正审判权和获得适时审判权。
根据世界贸易组织诸协议，各成员应采取的措施包括制定及时、有效的救济程序以"阻止侵权，或有效遏制进一步侵权"，并且这些程序的执行应依公平合理的原则，且"不应是毫无必要的烦琐、费时，也不应受不合理的时限及无保证的延迟的约束"。

定原则和比例原则等正当程序保障原理，对当事人行使程序基本权或诉讼权利设置合法要件。① 保障程序基本权是主要方面，所以应当严格当事人滥用程序基本权的构成要件。

当事人获得正当程序保障，从基本权利的角度来说，即享有获得正当程序诉讼权，具体主要包括：

（1）民事司法救济权或民事司法请求权。这是关于民事诉讼程序开始的权利，是指民事权益受到侵害或者发生争议时，受害者或者纠纷主体享有获得诉讼保护或司法救济的权利，包括民事诉权（起诉权）、民事非讼程序申请权和民事执行申请权。

（2）获得公正诉讼权。这是关于民事诉讼过程公正和结果公正的权利，其内涵是当事人请求法院依据法律对当事人的实体请求或者实体权益主张作出公正审判或者公正执行，其具体体现为申请回避权、诉讼知情权、主张权、举证权、质证权、辩论权，获得公开审判权与申请不公开审理权，本案有关材料和法律文书查阅权、复制权和补正权，执行豁免权，程序异议权、上诉权、再审诉权等。使用母语进行诉讼的权利②、诉讼代理人委托权③也被纳入获得公正诉讼权的范畴。④

（3）获得适时诉讼权。其内涵是在保障诉讼公正的前提下，当事人请求法院在适当时期或者合理期限内对其实体请求或者实体权益主张完成审判或者完成执行，以满足当事人降低诉讼成本的合理要求［参见本书第二章第三节二（二）］。

以上诉讼权利中，有些属于当事人处分或者选择的权利，有关当事人诉讼处分权或诉讼选择权的规范属于任意规范。当事人的诉讼处分权具体包括：（1）对实体请求或者实体权益的处分权（比如舍弃权），属于民事诉讼处分原则或者处分主义的内容；（2）对实体事实和证据的处分权，即主张权和举证权，亦即间接处分其实体权益；（3）对程序事项的处分权，属于当事人进行主义的内容。

（三）对当事人程序基本权的保护

如何对当事人程序基本权进行保护？一方面，法院应当帮助或指导当事人行使权利，比如法院向当事人释明如何合法行使权利；另一方面，实务中非法剥夺或限制当事人程序基本权者主要是法院，对此法律应当给予当事人充分的救济途径。下文仅对后者，阐释如下：

（1）民事诉讼过程中，法院非法剥夺或限制当事人程序基本权的，法院应当主

---

① 当事人是以其诉讼行为行使程序基本权或诉讼权利的，所以当事人诉讼权利行使要件即诉讼行为要件（参见本书第七章第二节四）。

② 《费用办法》第12条第2款规定："人民法院依照民事诉讼法第十一条第三款规定提供当地民族通用语言、文字翻译的，不收取费用。"

③ 法治并不要求所有的国民均为法律家，否则，违背社会分工原理，当事人法律上的事务可由律师代为处理，所以法治要求建立发达的律师制度，并将获得律师帮助的权利作为当事人的（宪法）基本权。这也是德国采用律师强制代理主义的一个重要根据。

④ 上述诸多权利可以被纳入诉讼参与权的范畴［参见本书第三章第一节一（一）］。

动予以撤销，作出适当或合法的行为；同时，当事人或第三人可以通过提出异议、申请复议或者提起上诉，请求法院撤销或重做。

比如，对不予受理或驳回起诉的裁定，当事人不服的，可以上诉；对法院关于回避的决定，当事人不服的，可以申请复议；法院没有依照法定程序或者没有采用法定方式送达诉讼文书的，受送达人有权要求法院重新送达，法院也应主动补正送达；对法院违反法定证明程序的行为（比如剥夺当事人的质证权和辩论权等），法院应予主动撤销；对法院执行程序违法的，除法院自行纠正之外，当事人或第三人有权向执行法院提出书面异议（《民事诉讼法》第 236 条）。

（2）法院作出本案判决后，非法剥夺或限制当事人程序基本权的，通常构成上诉或再审的法定事由，可以通过上诉、再审等法定程序变更或撤销该判决。

比如，《民诉解释》第 323 条将下列情形规定为严重违反法定程序：应当回避的审判人员未回避的（涉及当事人申请回避权）、无诉讼行为能力人未经法定代理人代为诉讼的（涉及当事人委托诉讼代理人权）、违法剥夺当事人辩论权的。再如，《民事诉讼法》第 211 条将非法剥夺或限制质证权、辩论权等作为再审事由。

对法院非法剥夺或限制当事人程序基本权的行为，当事人及相关第三人往往无力举证，应由法院负责提供相关证据。就审理笔录（包括法庭笔录和庭审音像）来说，在上诉审或再审中，证明初审或原审法院是否非法限制或剥夺当事人程序基本权的主要证据，由初审或原审法院负责提供。[1]

法院负有依法制作和保存（归档）审理笔录和执行笔录的职责。若法院没有上述笔录或其记载不全，则可推定法院没有履行相关职责并可推定审判程序或执行程序不合法。再者，诉讼参与人有权阅读和补正审理笔录与执行笔录，并加上诉讼参与人和法官等签名，足以保证审理笔录和执行笔录的真实性。[2] 因此，在许多国家包括我国，审理笔录和执行笔录被作为证明法院是否依照法定程序审判和执行的主要证据。

（四）当事人的诉讼义务

当事人应当遵行诚信原则，体现为应当合法行使（禁止滥用）司法救济权和诉讼权利、应当遵守诉讼秩序（禁止妨害诉讼）、禁止以不正当手段形成利己的诉讼

---

① 当然，诉讼参与人、旁听人员违反法庭纪律或者有关法律规定，危害法庭安全、扰乱法庭秩序的，法院可以通过庭审音像进行调查核实，并将其作为追究法律责任的证据（《庭审音像》第 13 条）。

② 《民事诉讼法》第 150 条规定："书记员应当将法庭审理的全部活动记入笔录，由审判人员和书记员签名。法庭笔录应当当庭宣读，也可以告知当事人和其他诉讼参与人当庭或者在五日内阅读。当事人和其他诉讼参与人认为对自己的陈述记录有遗漏或者差错的，有权申请补正。如果不予补正，应当将申请记录在案。法庭笔录由当事人和其他诉讼参与人签名或者盖章。拒绝签名盖章的，记明情况附卷。"依据《庭审音像》，诉讼参与人对法庭笔录有异议并申请补正的，书记员可以播放庭审音像进行核对、补正（第 7 条）；检察院、诉讼参与人认为庭审活动不规范或者违反法律规定的，法院应当结合庭审音像进行调查核实（第 14 条）。

状态、应当促进诉讼（禁止阻碍诉讼）、禁反言、真实陈述事实、自觉履行生效裁判书等。

根据当事人平等原则，争讼程序中原告和被告承担平等的诉讼义务。不过，根据执行目的，被执行人比执行权利人承担更多的程序义务（比如真实、适时申报财产义务）。

当事人不履行诉讼义务，将产生不利的程序后果（如诉讼行为无效、承担诉讼费用等），或者被施以妨害民事诉讼的强制措施等。

第二节 当事人要件

当事人要件包括诉讼权利能力（又称当事人能力）、当事人适格、诉讼行为能力（又称诉讼能力）和合法诉讼代理权等（见下图）。

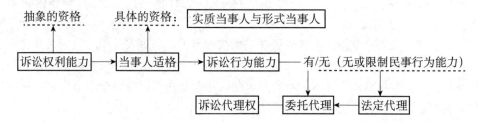

一、诉讼权利能力·当事人适格·诉讼行为能力

（一）诉讼权利能力

1. 诉讼权利能力的含义

诉讼权利能力是指能够成为诉讼当事人的法律资格。有诉讼权利能力的主体才能成为诉讼当事人，无诉讼权利能力者不能成为诉讼当事人。

诉讼权利能力不以具体案件为前提，是从抽象或者一般意义上对于能否成为诉讼当事人予以确定或者规定。具有诉讼权利能力的主体，要成为具体案件的当事人，还需具备当事人适格的基础，并通过起诉或者应诉来实现。

诉讼权利能力是诉讼法上的概念和制度，可以单独从诉讼法立场予以规定；在诉讼法没有特别规定的场合，应当按照民事实体法来确定有无诉讼权利能力（比如胎儿的诉讼权利能力）。

《民法典》第2条规定："民法调整平等主体的自然人、法人和非法人组织之间的人身关系和财产关系。"《民事诉讼法》第51条第1款规定："公民、法人和其他组织可以作为民事诉讼的当事人。"据此，在我国，公民（自然人）、法人和其他组织（非法人组织）同时具有民事权利能力和民事诉讼权利能力。①

民事诉讼的目的是保护民事权益和解决民事纠纷等，由此诉讼权利能力与民事权利能力通常是一致的（有民事权利能力的人就有诉讼权利能力），但是两者也有不一致的情形（如有诉讼权利能力的人有时却无民事权利能力）。

2. 自然人的诉讼权利能力

《民法典》第13条规定："自然人从出生时起到死亡时止，具有民事权利能力，依法享有民事权利，承担民事义务。"通常情况下，自然人的民事权利能力与民事诉讼权利能力是一致的，始自出生时，终于死亡时。尤应注意胎儿、死者和罪犯的诉讼权利能力。

（1）胎儿。

《民法典》第1155条规定：遗产分割时，应当保留胎儿的继承份额。胎儿娩出时是死体的，保留的份额按照法定继承办理。《民法典》第16条规定：涉及遗产继承、接受赠与等胎儿利益保护的，胎儿视为具有民事权利能力。但是，胎儿娩出时为死体的，其民事权利能力自始不存在。

对胎儿的保护，应当采取总括的保护主义，即只要符合胎儿利益，胎儿就被视为具有民事权利能力。如今许多国家给予胎儿越来越多的保护，特别是当环境污染、医疗事故等使胎儿受损时，承认胎儿有民事权利能力和诉讼权利能力。同时，胎儿在母体中受到侵权行为侵害的，也有权在出生后请求损害赔偿。

《民法典总则解释》第4条规定："涉及遗产继承、接受赠与等胎儿利益保护，父母在胎儿娩出前作为法定代理人主张相应权利的，人民法院依法予以支持。"据此，胎儿（可以冠以"父或者母姓名的胎儿"）为实质当事人，其父母为法定诉讼代理人②，并且在胎儿娩出前其父母可以提起诉讼。

（2）死者。

死者虽然没有民事权利能力和诉讼权利能力，但是侵害死者的遗体、遗骨、姓名、肖像、名誉、荣誉、隐私等合法利益的，死者的近亲属有权请求侵权人承担侵权责任。③

有关死者的近亲属作为原告，有两种做法：其一，实质诉讼当事人（死者的近

---

① 在我国，死者、动物、树林、文物等不具有当事人能力。但是，在美国，动物、树林、文物在司法实践中皆已成为诉讼主体。参见江山：《法律革命：从传统到超现代》，载《比较法研究》，2000（1）。
② 还有种做法是，胎儿的父母作为形式当事人。笔者认为，由于形式当事人采法律明定原则（参见下文"当事人适格"），所以在法律没有明文规定胎儿的父母为形式当事人的情况下，应当以胎儿为实质当事人，由其父母为法定诉讼代理人。
③ 《民法典》第1181条第1款规定：被侵权人死亡的，其近亲属有权请求侵权人承担侵权责任。被侵权人为组织，该组织分立、合并的，承继权利的组织有权请求侵权人承担侵权责任。
《民诉解释》第69条规定：对侵害死者遗体、遗骨以及姓名、肖像、名誉、荣誉、隐私等行为提起诉讼的，死者的近亲属为当事人。
《医疗损害责任》第25条第1款规定：患者死亡后，其近亲属请求医疗损害赔偿的，适用本解释；支付患者医疗费、丧葬费等合理费用的人请求赔偿该费用的，适用本解释。

亲属因死者名誉等受到侵害而成为事实上的受害者），旨在维护近亲属的合法权益；其二，形式诉讼当事人，旨在保护死者的正当利益。《关于确定民事侵权精神损害赔偿责任若干问题的解释》（法释〔2001〕7号）（2020年修改）第3条采取第一种做法。①

（3）罪犯。

被判处自由刑和死缓的罪犯，其生命权未被剥夺而依然受法律保护，所以该罪犯可以作为原告，请求法院保护其生命权。

死刑立即执行犯的生命权自死刑判决核准生效时就被剥夺，与生命权相关的诉讼权利能力也随之被法律剥夺。在死刑犯的生命权被剥夺至生命终止（死刑执行）期间，若有人侵害该死刑犯的生命，应被视为对国家死刑执行权的侵犯。

被剥夺或者限制的人身自由权的罪犯的民事诉讼权利能力实际上也被依法剥夺或者被依法限制。对于在犯罪前所享有的荣誉被依法剥夺或者中止的，该罪犯亦不得为民事诉讼当事人。

法院判决没有剥夺监内执行犯财产权的，该罪犯的与财产权相关的诉讼权利能力仍然存在。至于罪犯在监狱内持有或者拥有的现金、贵重物品等，根据我国有关法律，虽由狱政管理机关保管，但当该财产受到侵害时，该罪犯具有民事诉讼权利能力。

3. 法人的诉讼权利能力

法人的诉讼权利能力与民事权利能力（法人的经营范围和法人的人身权利）通常是一致的，从法人成立时产生，到法人终止时消灭（《民法典》第59条）。法人合并的，其权利和义务由合并后的法人享有和承担。法人分立的，其权利和义务由分立后的法人享有连带债权、承担连带债务，但是债权人和债务人另有约定的除外。

法人的诉讼权利能力被限定在其民事权利能力范围之内，有其不足。民事权利能力限制说认为，超出法人经营范围的行为一律无效。这种看法不利于保护对方当事人的合法权益和交易安全，所以民事行为能力限制说认为，超出法人经营范围的行为并非一律无效。

《民法典》第504条规定：法人的法定代表人或者非法人组织的负责人超越权限订立的合同，除相对人知道或者应当知道其超越权限外，该代表行为有效，订立的合同对法人或者非法人组织发生效力。据此，对法定代表人越权行为所引起的民事纠纷，该法人有诉讼权利能力。

4. 其他组织（非法人组织）的诉讼权利能力

根据《民法典》第2、102条等，非法人组织具有民事权利能力。《民事诉讼

① 笔者主张第二种做法。在有关死者的肖像、名誉等的侵权案件中，死者的近亲属可能有双重身份：（1）为保护死者的正当利益，为形式诉讼当事人；（2）自己受到侵害而成为事实上的受害者，则为实质诉讼当事人。

法》第 51 条规定非法人组织有诉讼权利能力，即以该组织的名义①作为当事人。

根据《民法典》，非法人组织是不具有法人资格，但是能够依法以自己的名义从事民事活动的组织，包括个人独资企业、合伙企业、不具有法人资格的专业服务机构等（第 102 条）。非法人组织应当依照法律登记；设立非法人组织，法律、行政法规规定应经有关机关批准的，依照其规定。非法人组织的财产不足以清偿债务的，其出资人或者设立人承担无限责任（法律另有规定的，依照其规定）。

依据《民诉解释》第 52 条，非法人组织成为当事人，应当同时具备如下条件：合法成立、有一定的组织机构和财产、不具备法人资格。

非法人组织具体包括：依法登记领取营业执照的个人独资企业；依法登记领取营业执照的合伙企业；依法登记领取我国营业执照的中外合作经营企业、外资企业；依法成立的社会团体的分支机构、代表机构；依法设立并领取营业执照的法人的分支机构；依法设立并领取营业执照的商业银行、政策性银行和非银行金融机构的分支机构；依法登记领取营业执照的乡镇企业、街道企业；其他符合法律规定条件的组织。②

不符合以上条件的组织，没有诉讼权利能力，具体案件的当事人需具体确定，比如《民诉解释》第 53、60 条等的规定（参见下文"确定当事人"）。

（二）当事人适格或者正当当事人

1. 当事人适格或者正当当事人的含义

邵老师对本科三年级全体学生说："在座的诸位包括我自己，均具有民事诉讼权利能力，即均有资格作为民事诉讼当事人。"说完，将目光落在刘某和杨某身上，接着说："假设刘某卖给杨某一辆宝马车，后来两人就此发生争议，刘某将杨某告上法庭。"

邵问："谁是本案的当事人？"

生答："刘某和杨某。"

邵又问："在座的其他人也具有民事诉讼权利能力，为什么不是本案的当事人？"

邵说："上述刘某诉杨某宝马车买卖案中，刘某和杨某是本案的适格当事人，其他人虽有诉讼权利能力但不是本案的适格当事人或者正当当事人。"

当事人适格或者正当当事人是指对于特定诉讼或者具体案件，可以自己的名义

---

① 比如，《民诉解释》第 59 条规定：在诉讼中，个体工商户以营业执照上登记的经营者为当事人。有字号的，以营业执照上登记的字号为当事人，但应同时注明该字号经营者的基本信息。营业执照上登记的经营者与实际经营者不一致的，以登记的经营者和实际经营者为共同诉讼人。

② 比如，根据《民法典》第 280 条，业主大会或者业主委员会作出的决定侵害业主合法权益的，受侵害的业主可以请求法院予以撤销；依据《民诉解释》第 68 条，居民委员会、村民委员会或者村民小组与他人发生民事纠纷的，居民委员会、村民委员会或者有独立财产的村民小组为当事人。

成为原告/上诉人或者被告/被上诉人的资格。有此项资格的主体是正当当事人或适格当事人，可以自己名义进行诉讼。

与诉讼权利能力（"抽象"当事人资格）不同，当事人适格属于"具体"当事人资格，即特定诉讼或者具体案件当事人的资格。首先，具有诉讼权利能力才可能成为诉讼当事人；其次，当具有适格当事人基础时才能成为特定诉讼或者具体案件的当事人。

我国现行法中将当事人适格作为起诉要件对待。① 笔者主张，若我国仍然采取区分起诉要件和实体要件的做法，则应将形式当事人适格作为起诉要件，将实质当事人适格（还有诉的利益）纳入实体要件。因此，在审查起诉阶段，形式当事人不适格的，法院通常裁定驳回起诉；在法庭审理阶段，实质当事人不适格的，法院通常以实体要件不备为由判决原告败诉。

当事人适格包括两类：（1）实质（正当）当事人（实体的诉讼权能），即本案实体权利主体、义务主体作为诉讼当事人；（2）形式（正当）当事人（程序的诉讼权能），即非本案实体权利主体、义务主体作为诉讼当事人，其主要存在于诉讼信托的情形中。

2. 当事人适格的基础

当事人适格的基础，即确定当事人是否适格的根据。实质（正当）当事人和形式（正当）当事人各有其适格的基础。

（1）实质当事人适格的基础——实质当事人享有实体权益或者承担实体义务（据此笔者将实质当事人适格纳入实体要件）。

根据民事诉讼目的，实质当事人或者争讼实体法律关系主体当然属于适格当事人或者正当当事人，即实质当事人适格的基础是其享有实体权益或者承担实体义务。②

给付之诉中，当事人适格的基础是原告享有实体请求权，被告是满足原告请求权的义务方或者责任者。

形成之诉中，当事人是否适格首先根据法律规定来确定；法律没有规定的，形成权人即正当原告，形成权的相对方为正当被告。

确认之诉中，适格当事人是争讼法律关系的双方主体，支配权人即正当原告，相对方为正当被告。

---

① 参见《民事诉讼法》第 122 条。《民间借贷》第 2 条第 2 款规定：当事人持有的借据、收据、欠条等债权凭证没有载明债权人，持有债权凭证的当事人提起民间借贷诉讼的，法院应予受理；被告对原告的债权人资格提出有事实依据的抗辩，法院经审查认为原告不具有债权人资格的，裁定驳回起诉。

② 【习题】刘某工商登记注册个体餐馆，命名为"刘大厨私房菜"，与张某协议由张某实际经营餐馆。张某在经营中因供货质量问题与供应商甲发生争执，拟提起诉讼。谁为本案适格原告？（　　）
　　A. 刘某为原告　　　　　　　　　B. 张某为原告
　　C. "刘大厨私房菜"为原告　　　D. 刘某和张某为共同原告
　　[2020 年国家统一法律职业资格考试（真题回忆版）；参考答案为 C]

（2）形式当事人适格的基础——法律明文规定或者实质当事人明确授权（因形式当事人有法律明文规定或者实质当事人明确授权故易于审查判断，因此笔者将形式当事人适格纳入起诉要件）。

1）诉讼信托（或称诉讼担当）

当事人适格及其基础，对于形式当事人或者诉讼信托意义至巨。非争讼实体法律关系主体成为诉讼当事人，需要通过当事人适格的基础得到合理解释。

诉讼信托是关于形式当事人适格基础的概念和制度，大体是指非争讼实体法律关系主体，为保护争讼实体法律关系主体的合法权益或者公共利益，以诉讼当事人身份或者名义进行诉讼，诉讼实体结果仍归属于争讼实体法律关系主体。诉讼信托中，诉讼信托人（诉讼担当人）与争讼实体法律关系主体均受法院判决、法院调解书既判力的约束。

诉权是实质当事人所固有的基本权利，没有法律的明文允许或者实质当事人的明确授权，任何人不得拥有该实质当事人的诉权。诉讼信托的意义在于，通过法律明文规定（法定诉讼信托）或者实质当事人的明确授权（任意诉讼信托），使第三人成为适格当事人。

特殊案件中，实质当事人没有能力或者没有动力提起诉讼或者参与诉讼，第三人因其能力或者职责等（如专业性、公益性等）而更适合作为诉讼当事人，能够更有效地保护实质当事人私权或者维护公共利益，于是法律将适合的第三人规定为形式当事人。

2）法定诉讼信托——当事人适格的基础是法律明文规定

法定诉讼信托是指法律明确规定了特定情形或者案件中的形式当事人，所以法定诉讼信托中当事人适格的基础是法律明文规定。

在我国法定诉讼信托主要有：公益诉讼原告；集体合同纠纷诉讼的原告工会（参见本书第十章第二节一）；代位债权人；破产管理人[①]；股东派生诉讼的原告股东（代公司之位）（《公司法》第151条）[②]；婚姻当事人的近亲属及利害关系人（作为确认婚姻无效诉讼的原告）[③]；家庭暴力受害人的近亲属（可以为受害人提起侵

[①] 《破产法》第25条规定：管理人代表债务人参加诉讼、仲裁或者其他法律程序。但是，下述清算组并非法定诉讼信托人：根据《民法典》第70条，法人解散的，除合并或者分立的情形外，应当及时组成清算组进行清算。法人的清算程序和清算组职权，依照有关法律；没有规定的，参照适用公司法的有关规定（第71条）。清算期间法人存续，但是不得从事与清算无关的活动（第72条第1款）。
《关于适用〈中华人民共和国公司法〉若干问题的规定（二）》（法释〔2014〕2号）（2020年修改）第10条规定："公司依法清算结束并办理注销登记前，有关公司的民事诉讼，应当以公司的名义进行。公司成立清算组的，由清算组负责人代表公司参加诉讼；尚未成立清算组的，由原法定代表人代表公司参加诉讼。"

[②] 公司若参加该诉，则为从诉讼参加人。问题是：若股东同意，公司可否替代股东继续诉讼？

[③] 依据《婚姻家庭》，利害关系人包括：（1）以重婚为由的，为当事人的近亲属及基层组织；（2）以未到法定婚龄为由的，为未到法定婚龄者的近亲属；（3）以有禁止结婚的亲属关系为由的，为当事人的近亲属（第9条）。适格被告是婚姻关系双方当事人或者生存一方（第15条）。

权诉讼）（《反家庭暴力法》第13条第2款）；被侵害英雄烈士的近亲属及检察机关（《英雄烈士保护法》第25条）等。

3）任意诉讼信托——当事人适格的基础是法定情形中实质当事人明确授权

法律明确规定任意诉讼信托的适用范围。① 在法定的适用范围中，实体权益人或者实质当事人将某项纠纷的诉权明确授予第三人，从而使该第三人成为适格当事人。

任意诉讼信托的典型是日本的选定当事人制度。被选定人（选定当事人）成为适格当事人，是由于全体共同利益人的"选定"行为，即明确或者特别的授权。被选定人代表全体成员实施诉讼，而其他成员退出诉讼。② 在我国诉讼代表人作为当事人一般是由群体成员"推选"而产生的，体现了群体成员的意志，包含了任意诉讼信托的成分。

根据《著作权法》（2020年修改）第8条和《著作权集体管理条例》第2条，著作权集体管理组织经著作权人和与著作权有关的权利人授权，可以自己的名义，为著作权人和与著作权有关的权利人主张权利，并可以作为当事人进行涉及著作权或者与著作权有关的权利的诉讼、仲裁、调解活动。以上情形下著作权集体管理组织为任意诉讼信托人。

（三）诉讼行为能力

诉讼行为能力是指以自己的行为行使诉讼权利和履行诉讼义务的能力，或者说能够自己合法或者有效实施诉讼行为或者接受诉讼行为的能力。

为维持诉讼安定性，不仅对于在诉讼中所为的诉讼行为，而且对于在诉讼前所为的诉讼行为（例如协议管辖、授予诉讼代理权等），当事人均应有诉讼行为能力。

当事人的诉讼行为能力包括：（1）完全民事行为能力的人当然有诉讼行为能力；（2）限制、无民事行为能力的人没有诉讼行为能力（适用法定诉讼代理）。

法人和非法人组织从其合法成立时起就具有诉讼行为能力，至其撤销或者解散时终止。与自然人不同，法人由其法定代表人进行诉讼，非法人组织由其主要负责人进行诉讼。

（四）当事人要件的调查

诉讼权利能力、当事人适格、诉讼行为能力和诉讼代理权属于法院职权调查事项［参见本书第三章第四节三（三）］，在我国实务中通常是在立案或者受理阶段

---

① 《日本信托法》第11条、《韩国信托法》第7条等禁止任意诉讼信托。我国《环境保护法》第58条、《环境公诉》第34条等明文禁止形式当事人以诉讼为营利手段，以维护司法公正。

② 美国的集团诉讼（Class Action）是依据衡平法则建构的，所以对美国集团诉讼当事人适格的基础不能以大陆法系任意诉讼信托原理进行解释。在美国，有关"代表合适性"的诸多规定，被视为程序公正在集团诉讼中的具体体现。See Geoffrey Hazard and Michele Taroffo, *American Civil Procedure：An Introduction*, Yale University Press, 1993, p.160.

调查。

法院以无诉讼权利能力人或者不适格人为"当事人"作出判决的，由于不存在合格当事人而无人承受实体法效果，所以该判决是无效判决。对于诉讼权利能力不备[①]或者当事人不适格，通常是法院驳回诉讼（主要包括裁定不予受理、裁定驳回起诉和判决驳回诉讼请求）；不过，也会采取一些变通办法（比如当事人变更）予以补正。其中，争议比较大的是当事人适格的调查问题。

《民事诉讼法》第 122 条第 1 项将"原告是与本案有直接利害关系的公民、法人和其他组织"规定为起诉条件[②]，此项规定的实际上是实质原告适格，其中"本案"指的是具体案件，"有直接利害关系"则要求原告是本案民事权益人。对于原告不适格，根据《民事诉讼法》第 122 条第 1 项的规定，法院裁定不予受理或者裁定驳回起诉。[③]

《民事诉讼法》第 122 条第 2 项将"有明确的被告"规定为起诉条件。根据《民事诉讼法》第 124 条第 2 项的规定，"有明确的被告"是指有具体或明确的姓名、性别、工作单位、住所等信息的被告，或者有具体或明确的名称、住所等信息的被告。通常认为，"有明确的被告"不包含被告适格的内容。

关于对被告适格的调查，我国实务中有两种做法：（1）被告适格属于起诉条件，被告不适格则裁定不予受理或者驳回起诉；（2）被告适格属于实体要件，属于实体审理事项，被告不适格则法院判决驳回原告的诉讼请求。[④]

笔者主张，形式当事人适格由法律明文规定将易于判断，可以作为起诉条件。至于实质当事人适格，由于其根据是享有民事权益或者承担民事义务，往往需要到法庭审理终结时，根据查明的直接事实并适用相应的实体法律规范，才能判断实质当事人是否适格，所以将其纳入实体要件更为合理。

对于诉讼行为能力不备或者诉讼代理权不合法，法院通常不会驳回诉讼。对于无诉讼行为能力的当事人或者无诉讼代理权人实施的诉讼行为，通常会认定无效，不过，笔者认为，在法院酌定期间内，（后来具有诉讼行为能力的）当事人或其法定代理人合法追认的，则溯及行为时有效；对于法院误以为有诉讼行为能力或者在无合法诉讼代理权时作出的判决，可以通过上诉来纠正，通常不作无效判决处理。

————————❧————————

① 【习题】张丽因与王旭感情不和，长期分居，向法院起诉要求离婚。法院向王旭送达应诉通知书，发现王旭已于张丽起诉前因意外事件死亡。关于本案，法院应作出下列哪一裁判？（　　）

　　A. 诉讼终结的裁定　　　B. 驳回起诉的裁定

　　C. 不予受理的裁定　　　D. 驳回诉讼请求的判决

（2015 年国家司法考试试卷三；参考答案为 B）

② 在民事诉讼中，实质当事人是通常情形，形式当事人则是特殊情形。据此，可以将《民事诉讼法》第 122 条第 1 项的内容解释为通常情形。

③ 《民间借贷》第 2 条第 2 款规定：……被告对原告的债权人资格提出有事实依据的抗辩，法院经审查认为原告不具有债权人资格的，裁定驳回起诉。

④ 参见（2018）最高法民终 841 号民事裁定书；袁琳：《民事诉讼中被告适格的审查与裁判》，载《法学》，2021（8）。

二、当事人变更与确定当事人

（一）当事人变更

诉讼当事人变更包括诉讼承继和当事人更换。当事人变更可能发生于初审程序、上诉审程序①、再审程序和执行程序［参见本书第二十八章第二节一（二）2］中。仅是纠正当事人姓名或者名称的错误而当事人本人并未改变的，不属于当事人变更。

1. 诉讼承继

在大陆法系民事诉讼中，诉讼承继（受）［或称承继（受）诉讼、诉讼承担、承担诉讼、诉讼上的继承］为法定的当事人变更，是指根据法律规定，在诉讼进程中②，因争讼或者争议的实体权益、义务转移而使原来合格的当事人变为不合格，需要更换不合格的当事人。

诉讼承继的第一种情形是当事人没有死亡或消灭而发生当事人变更（包括参加承继和引受承继③）。比如，诉讼中，原告 A 将其债权合法移转给 B 后，A 退出诉讼，B 代替 A 而成为适格原告，继续原来的诉讼，A 已为的诉讼行为对 B 有效，判决的既判力及于 B 和 A。④

依据《民诉解释》第 249 条，争议的民事权利义务转移的，不影响当事人的诉讼主体资格和诉讼地位；法院的生效判决、裁定对受让人具有拘束力；受让人申请以无独立请求权的第三人身份参加诉讼的，法院可予准许；受让人申请替代当事人承担诉讼的，法院可以根据案件的具体情况决定是否准许，不予准许的，则可以追加其为无独立请求权的第三人。

诉讼承继的第二种情形是当事人死亡或消灭而发生当事人变更（称为当然承继）。比如，诉讼中，当事人死亡的，其继承人作为当事人承担诉讼；法人和非法

---

① 在第二审程序中，发生法定当事人变更的，法院直接裁定变更，继续审理，不必发回重审。《民诉解释》第 334 条规定：在第二审程序中，作为当事人的法人或者非法人组织分立的，法院可以直接将分立后的法人或者非法人组织列为共同诉讼人；合并的，将合并后的法人或者非法人组织列为当事人。
② 诉讼承继发生于在诉讼进程中。在诉讼之前，发生实体权利、义务转移的，则直接以实体权利、义务的承继人为诉讼当事人。在诉讼之后，发生实体权利、义务转移的，承继了原当事人的实体权利、义务的人即诉讼承继人，虽没有以当事人身份参加诉讼，但受到本案确定判决的约束，并可以作为再审当事人。此处的"诉讼之后"，是指本案最后审级程序的法庭辩论终结后，即"本案最后辩论终结后"。
③ 民事权益义务承继人主动申请参加诉讼，法院裁定变更当事人的，称为参加承继。经对方当事人申请，民事权益义务承继人参加诉讼的，称为引受承继。
④ 这种处理方法被称为诉讼承继（或承受）主义。另一种处理方法是当事人恒定主义，即原当事人在诉讼系属中，仍是适格当事人（此时为形式当事人），从而在形式上不发生当事人变更；在该案的诉讼系属中，受让实体权益的人不得对受让的实体权益另行起诉。参见《德国民事诉讼法》第 265、266 条。

人组织分立的，分立者承担诉讼；法人终止的，其实体权益、义务继受人承担诉讼；法定诉讼信托人死亡的，同一资格人承担诉讼。

按照我国现行法的规定，法院裁定当事人变更的①，原当事人退出诉讼（若须参加诉讼，则是以无独立请求权第三人身份），诉讼程序继续进行，仍然是原诉，原先的诉讼程序和诉讼行为继续有效（对诉讼承继人具有拘束力）；法院的裁判对承继人和原当事人均有拘束力（包括既判力②）。

与诉讼承继的相关程序是：（1）法院裁定中止诉讼，并通知诉讼承继人作为当事人参加诉讼。（2）诉讼承继人参加诉讼的，法院裁定变更当事人，诉讼程序继续进行。（3）原告的诉讼承继人无正当理由不出庭的，按撤诉处理（部分必要共同诉讼人无正当理由不出庭，但没有明确放弃实体权益的，仍应追加）；被告的诉讼承继人无正当理由不出庭的，则缺席审判。（4）符合《民事诉讼法》第154条规定的，裁定终结诉讼。

2. 当事人更换

大陆法系民事诉讼中的"任意的当事人变更"，在我国被称为"当事人更换"，是指在诉讼中，将不符合条件的当事人更换为符合条件的当事人，包括将无诉讼权利能力的人更换为有诉讼权利能力的人，将不适格的人更换为适格的当事人。

当事人更换的原因不是争讼或者争议的实体权益、义务合法转移，造成原告不合格或者被告不合格的往往是原告的过错，比如A冒用B的名义提起诉讼、原告在起诉书中错列被告等。

在我国实务中，对于无诉讼权利能力的人，（1）若是原告，则法院裁定不予受理或者裁定驳回起诉；（2）若是被告，原告更换为合格被告则诉讼重新开始（先前诉讼程序对合格被告不产生效力），原告不予更换则法院裁定不予受理或者驳回起诉。

在我国实务中，对于不适格的人，具体做法参见上文"当事人要件的调查"。不过，被告不适格的，法院允许原告更换为适格被告，诉讼重新开始（先前诉讼程序对适格被告不产生效力）。

（二）确定当事人

在法院立案或者受理阶段，就得具体明确本案的原告和被告，即确定当事人（当事人的确定）。通常情况下，法院是根据起诉状来确定当事人的。③ 当事人确定

---

① 最高人民法院于2016年颁行的《民事诉讼文书样式》中有变更当事人用的判决书样式。
② 依据《民诉解释》第373条第1款，当事人死亡或者终止的，其权利义务承继者可以申请再审。其第2款规定：判决、调解书生效后，当事人将判决、调解书确认的债权转让，债权受让人对该判决、调解书不服申请再审的，法院不予受理（笔者认为此款规定有问题）。
③ 有时仅凭起诉状难以确定当事人，比如原本起诉A，起诉状却被送达给同姓名的B，这样就会导致诉讼在原告与B之间进行。这时需要根据原告的意思或者参考作为诉讼对象的实体法律关系来确定本案真正的被告。参见［日］高桥宏志：《民事诉讼法》，131～139页，北京，法律出版社，2003。

后，法院通常应当审查是否具备诉讼权利能力、（形式）当事人适格和诉讼行为能力等要件并作出相应处理。我国现行法将诉讼权利能力和当事人适格作为起诉条件来审查处理（参见上文）。

《民诉解释》第53～72条就确定当事人的特殊情况作出具体解释，列举如下：（1）法人非依法设立的分支机构，或者虽依法设立但没有领取营业执照的分支机构，以设立该分支机构的法人为当事人。（2）提供劳务一方因劳务造成他人损害的，受害人以接受劳务一方为被告提起诉讼。（3）一方当事人不履行人民调解的调解协议，另一方当事人应以不履行方为被告提起诉讼。（4）企业法人解散的，依法清算并注销前，以该企业法人为当事人；未依法清算即被注销的，以该企业法人的股东、发起人或者出资人为当事人。

下列情形下以行为人为当事人：（1）法人或者非法人组织应登记而未登记，行为人即以该法人或者非法人组织的名义进行民事活动的；（2）行为人没有代理权、超越代理权或者代理权终止后以被代理人名义进行民事活动的，但相对人有理由相信行为人有代理权的除外；（3）法人或者非法人组织依法终止后，行为人仍以其名义进行民事活动的。

诉讼中，未依法登记领取营业执照的个人合伙的全体合伙人为共同诉讼人；借用业务介绍信、合同专用章、盖章的空白合同书或者银行账户的，出借单位和借用人为共同诉讼人；原告起诉被代理人和代理人，要求承担连带责任的，被代理人和代理人为共同被告；共有财产权受到他人侵害，部分共有权人起诉的，其他共有权人为共同诉讼人。

保证合同纠纷诉讼中，债权人向保证人和被保证人一并主张权利的，法院应将保证人和被保证人列为共同被告。保证合同约定为一般保证，债权人仅起诉保证人的，法院应通知被保证人作为共同被告；债权人仅起诉被保证人的，可以只列被保证人为被告。

继承遗产纠纷诉讼中，部分继承人起诉的，法院应通知其他继承人作为共同原告参加诉讼；被通知的继承人虽不愿意参加诉讼但未明确表示放弃实体权利的，仍应将其列为共同原告。

第三节　诉讼代理人

一、诉讼代理人总论

诉讼代理人是指以当事人的名义代当事人进行诉讼的人。在我国民事诉讼代理人包括法定诉讼代理人和委托诉讼代理人。

诉讼代理人具有如下主要特点：

（1）诉讼代理人以被代理的当事人名义进行诉讼。诉讼代理人不是诉讼当事人，只得以被代理的当事人（被代理人）名义提起诉讼或者参加诉讼。①

（2）诉讼代理人应在其代理权限内实施诉讼行为。诉讼代理人超出代理权限所为的诉讼行为，未必不利于被代理人，被代理人合法追认的，溯及行为时有效。

（3）诉讼代理人实施诉讼行为所产生的实体法和程序法后果由被代理人负担。此种负担的前提是，诉讼代理人应在代理权限内实施诉讼行为，或者其诉讼行为经被代理人合法追认。

（4）诉讼代理人在同一案件中只能代理一方当事人，而不能同时代理对立的双方当事人。

代理诉讼的律师和其他诉讼代理人有权调查收集证据，可以查阅本案有关材料。《关于诉讼代理人查阅民事案件材料的规定》（法释〔2002〕39号）（2020年修改）对查阅本案有关材料的范围和办法作出了规定。

法院工作人员担任过本案诉讼代理人；与本案当事人或者诉讼代理人有其他利害关系，可能影响公正审理；违反规定会见本案诉讼代理人；为本案当事人推荐、介绍诉讼代理人，或者为律师、其他人员介绍代理本案，均应回避（《民诉解释》第43、44条）。

无诉讼行为能力的当事人应由其法定代理人代为诉讼，有诉讼行为能力当事人和法定代理人有权委托诉讼代理人代为诉讼。诉讼代理人应当具有诉讼行为能力并有合法代理权（属于法院依职权调查的事项）。无诉讼行为能力人未经法定代理人代为诉讼，为上诉和再审的事由（参见《民事诉讼法》第211条、《民诉解释》第323条）。

二、法定诉讼代理人

（一）法定诉讼代理人的定义

法定诉讼代理人根据法律规定，替无诉讼行为能力的当事人代为诉讼。无诉讼行为能力人由其监护人为法定代理人（《民事诉讼法》第60条）。

诉讼中，无、限制民事行为能力人没有确定监护人的，可以由有监护资格的人协商确定；协商不成的，由法院在他们之中指定诉讼中的法定代理人；当事人没有《民法典》第27、28条规定的监护人的，可以指定《民法典》第32条规定的有关组织担任诉讼中的法定代理人（《民诉解释》第83条）。

与委托诉讼代理（人）相比，法定诉讼代理（人）具有如下基本特征：（1）代理权的取得依据是法律的明文规定，而不是当事人的委托授权；（2）被代理人只限

---

① 诉讼代理与诉讼信托不同。诉讼信托人是（形式）诉讼当事人，以自己的名义进行诉讼。诉讼代理人不是诉讼当事人，只能以被代理的当事人的名义进行诉讼。两者的相同之处是，有关实体法上的诉讼结果，均由被代理的当事人承担。

于无诉讼行为能力的当事人；（3）法定诉讼代理是全权代理。

根据《民法典》第 1188 条，被监护人致人损害的，先从其财产中支付赔偿费用，不足部分由监护人赔偿。① 据此，监护人有双重诉讼身份：（1）是被监护人的法定诉讼代理人；（2）就自己承担赔偿责任的部分是实质诉讼当事人，与被监护人构成必要共同被告。②

（二）法定诉讼代理权及其消灭

法定诉讼代理是全权代理，法定诉讼代理人有权按照自己的意志，代理当事人行使其诉讼权利，无须当事人特别授权就可处分其诉讼权利和实体权益。但是，法定诉讼代理人毕竟不是当事人本人，所以应以被代理的当事人的名义进行诉讼，其代理行为所产生的实体法后果由被代理的当事人承受。

法定诉讼代理权的存在有其客观基础，如果这些客观基础不存在，法定诉讼代理权也随之消灭。引起法定诉讼代理权消灭的主要原因是：（1）被代理人具有或者恢复了诉讼行为能力；（2）法定诉讼代理人死亡或者丧失诉讼行为能力；（3）基于收养或者婚姻关系而发生监护权的，收养或者婚姻关系解除；（4）被代理人死亡。

三、委托诉讼代理人

（一）委托诉讼代理人的定义

委托诉讼代理人（授权诉讼代理人、意定诉讼代理人）根据委托人（诉讼当事人、法定诉讼代理人或者法定代表人等）的授权，替当事人代为诉讼。

与法定诉讼代理（人）相比，委托诉讼代理（人）具有如下主要特征：（1）诉讼代理权的根据是当事人等的授权；（2）基于授权代理人可以全权代理或者部分代理。委托人可以与代理人一并出庭参加诉讼。《民事诉讼法》第 65 条规定：离婚案件有诉讼代理人的，本人除不能表达意思外仍应出庭，确因特殊情况无法出庭的，应向法院提交书面意见。

委托代理权的取得应当有委托人的授权委托书。委托代理权限由委托人在授权委托书中明确规定。委托人可变更或者解除代理人的权限，但是，应当书面告知法院，并由法院通知对方当事人，在此之前的诉讼代理行为通常有效。

委托代理建立在代理人与委托人相互信任的基础上，所以没有经过委托人的同意，一般不允许委托代理人再行委托。在紧急情况下，为了保护委托人的利益可以

---

① 此条的内容是：无民事行为能力人、限制民事行为能力人造成他人损害的，由监护人承担侵权责任。监护人尽到监护职责的，可以减轻其侵权责任。有财产的无民事行为能力人、限制民事行为能力人造成他人损害的，从本人财产中支付赔偿费用；不足部分，由监护人赔偿。
② 《民诉解释》第 67 条规定：无民事行为能力人、限制民事行为能力人造成他人损害的，无民事行为能力人、限制民事行为能力人和其监护人为共同被告。

转委托他人代理①，不过非经委托人的同意，代理人不能因为转委托而增加委托人的经济负担。

当事人、法定代理人等可以委托 1～2 人为诉讼代理人。《民事诉讼法》第 61 条规定，下列人员可以被委托为诉讼代理人：（1）律师、基层法律服务工作者；（2）当事人的近亲属或者工作人员②；（3）当事人所在社区、单位以及有关社会团体推荐的公民。③ 但是，无或限制民事行为能力人或者可能损害被代理人利益的人以及法院认为不宜作诉讼代理人的人，不能作为诉讼代理人。④

依据《北京市高级人民法院关于民事诉讼代理人若干问题的解答（试行）》，当事人对委托代理人的资格有异议的，应当在法庭辩论终结前提出。法院发现代理人不符合法律规定的，应当及时以口头（记入笔录）或者书面方式通知当事人本人，要求其更换代理人、补交证明材料或者亲自参加诉讼，并向其告知：拒不更换代理人或者补交证明材料的，不允许该代理人参加诉讼；开庭时仍由该代理人单独到庭的，该代理人是原告（上诉）方则按自动撤诉处理，被代理人是被告（被上诉）方则缺席审理。⑤

（二）授权委托书和委托诉讼代理权

授权委托书应当记明委托事项和权限。授权委托书仅写"全权代理"而无具体授权的，代理人无权处分有关被代理人重大权益的实体事项和程序事项，比如不得承认或者放弃、变更诉讼请求，无权撤诉，无权和解，无权提起反诉、上诉等。委托代理人实施这些诉讼行为，应有委托人的特别授权。

---

① 《律师执业行为规范》第 57 条规定：受委托律师遇有突患疾病、工作调动等紧急不能履行委托协议时，应当及时报告律师事务所，由律师事务所另行指定其他律师继续承办，并及时告知委托人。

② 依据《民诉解释》，与当事人有夫妻、直系血亲、三代以内旁系血亲、近姻亲关系以及其他有抚养、赡养关系的亲属，可以当事人近亲属的名义作为诉讼代理人（第 85 条）；与当事人有合法劳动人事关系的职工，可以当事人工作人员的名义作为诉讼代理人（第 86 条）。

③ 《民诉解释》第 87 条规定，有关社会团体推荐公民担任诉讼代理人的，应当符合如下条件：（1）社会团体属于依法登记设立或者依法免予登记设立的非营利性法人组织；（2）被代理人属于该社会团体的成员，或者当事人一方住所地位于该社会团体的活动地域；（3）代理事务属于该社会团体章程载明的业务范围；（4）被推荐的公民是该社会团体的负责人或者与该社会团体有合法劳动人事关系的工作人员。专利代理人经中华全国专利代理人协会推荐，可以在专利纠纷案件中担任诉讼代理人。

《北京市高级人民法院关于民事诉讼代理人若干问题的解答（试行）》（京高法发〔2014〕13 号）规定："当事人所在社区"是指当事人住所地或者经常居住地的居（村）委会，法人或者其他组织的所在社区也可以为其推荐诉讼代理人；如果法院查明或者对方当事人证明被推荐人与当事人存在有偿法律服务关系的，则不允许其作为代理人参加诉讼，还应将此情况通报推荐人（中华全国专利代理人协会推荐的专利代理人不受"不得从事有偿法律服务"的限制）。

④ 《法官法》第 36 条规定：法官从人民法院离任后两年内，不得以律师身份担任诉讼代理人或者辩护人。法官从人民法院离任后，不得担任原任职法院办理案件的诉讼代理人或者辩护人，但是作为当事人的监护人或者近亲属代理诉讼或者进行辩护的除外。法官被开除后，不得担任诉讼代理人或者辩护人，但是作为当事人的监护人或者近亲属代理诉讼或者进行辩护的除外。

⑤ 不符合法律规定的代理人已经从事的诉讼行为的效力如何？在委托系基于当事人真实意思表示的前提下，不能仅以违反《民事诉讼法》第 61 条第 2 款为由否定已经发生的诉讼行为的效力。

诉讼代理人应在开庭审理前，向法院提交由委托人签名或者盖章的授权委托书。适用简易程序，双方当事人同时到庭并径行开庭审理的，可以当场口头委托诉讼代理人，由法院记入笔录。侨居在国外的中国公民从国外寄交或者托交的授权委托书，必须经中国驻该国的使领馆证明；没有使领馆的，由与中国有外交关系的第三国驻该国的使领馆证明，再转由中国驻该第三国使领馆证明，或者由当地的爱国华侨团体证明。

诉讼代理人应向法院提交有关身份的证明材料，比如律师执业证、律师事务所证明材料，法律服务工作者执业证、基层法律服务所出具的介绍信以及当事人一方位于本辖区内的证明材料，当事人的近亲属应当提交身份证件和与委托人有近亲属关系的证明材料等（《民诉解释》第88条）。

诉讼代理人在其代理权限内，可以自己的意志实施诉讼行为而不受被代理人意志的拘束，即不论是否违反被代理人的意志，代理行为都对被代理人产生效力。[①]法院、检察院、司法行政机关等应当依法保障律师的知情权、申请权、申诉权，以及会见、阅卷、收集证据和发问、质证、辩论等合法权利（《关于依法保障律师执业权利的规定》）。

委托代理权或者委托代理关系因下列原因而消灭：（1）委托人解除委托；（2）委托人与代理人终止委托代理协议；（3）代理人辞去委托；（4）代理的案件审结、代理人完成代理或者委托期限届满；（5）代理人与委托人发生利益冲突；（6）代理人死亡或者丧失诉讼行为能力；（7）其他合理原因（如《律师执业行为规范》第59、60条）。

（三）委托诉讼代理人的法律责任

委托诉讼代理人应当按照法律规定和诚信原则，履行代理事务，以维护当事人的合法权益，否则将承担相应的法律责任。委托代理人若未遵守授权委托书，应当承担民事责任，主要是退回诉讼代理费；若因过错给当事人造成损失的，则应承担损害赔偿责任。因此产生争议的，可以通过民事诉讼解决。

律师应当保守在执业活动中知悉的国家秘密、商业秘密，不得泄露当事人的隐私。律师对于在执业活动中知悉的委托人和其他人不愿泄露的情况与信息，应当予以保密，但是，委托人或者其他人准备或者正在实施危害国家安全、公共安全以及严重危害他人人身安全的犯罪事实和信息除外（《律师法》第38条）。

[①] 在当事人与其委托代理人一并出庭的情况下，事实陈述相抵触的，通常以当事人的为准，因为当事人对案件事实知道得更清楚些。代理人作出的非事实上的陈述，已对当事人产生效力的，当事人通常不得撤销或者变更。被代理人与代理人对法律问题有不同看法的，最终由法院作出判断。
有学者认为，当事人的诉讼行为与其代理人发生抵触时，若两者的诉讼行为均不可撤回，则先作出的行为发生效力，后作出的无效；若当事人立即撤销或者更正代理人事实陈述的，该陈述不发生效力；若同一当事人有数个委托代理人，他们的诉讼行为相抵触的，通常是先行作出的诉讼行为效力优先。
参见［日］中村英郎：《新民事诉讼法讲义》，69～70页，北京，法律出版社，2001。

对于律师违法执业或者因过错给当事人造成损失的，由其所在的律师事务所承担赔偿责任。律师事务所赔偿后，可以向有故意或者重大过失行为的律师追偿。律师和律师事务所不得被免除或者限制因违法执业或者因过错给当事人造成损失所应承担的民事责任。

律师或者律师事务所有在同一案件中为双方当事人代理、无正当理由拒绝代理、故意损害委托人利益、泄露当事人商业秘密或者个人隐私、牟取当事人争议的权益、接受对方当事人财物、向委托人索要规定或约定之外的费用或者财物、不向委托人开具律师服务收费合法票据等行为之一的，委托人有权向司法行政机关和律师协会投诉；律师协会可按照《律师协会会员违规行为处分规则》等，作出行业处分；司法行政机关可根据《律师法》《行政处罚法》《司法行政机关行政处罚程序规定》《律师和律师事务所违法行为处罚办法》等，作出行政处罚。构成犯罪的，依法追究其刑事责任。

第 十 章

多数当事人诉讼

多数当事人诉讼包括共同诉讼、群体诉讼和诉讼参加等。共同诉讼是指当事人一方或者双方为 2 人以上的诉讼，包括必要共同诉讼（诉讼标的是共同的）和普通共同诉讼（诉讼标的是同一种类的）。共同诉讼人增至 10 人以上则为群体诉讼，需要选定代表人参加诉讼。诉讼参加人包括主诉讼参加人和从诉讼参加人。

第一节 共同诉讼

一、共同诉讼的概念

根据《民事诉讼法》第 55 条，共同诉讼是当事人一方或者双方为 2 人以上①的诉讼，包括必要共同诉讼（诉讼标的是共同的）和普通共同诉讼（诉讼标的是同一种类的）。

原告为 2 人以上（共同原告）为积极的共同诉讼，被告为 2 人以上（共同被告）为消极的共同诉讼，原告和被告均为 2 人以上的则为混合的共同诉讼。

二、必要共同诉讼

（一）必要共同诉讼的构成要件

必要共同诉讼属于诉的主观合并，即当事人的合并。其构成要件有：（1）原告或者被告为 2 人以上；（2）诉讼标的是共同的。

"诉讼标的是共同的"是指共同诉讼人对本案诉讼标的有共同的权利或者有共同的义务。其情形大体有二：

（1）根据民法规定，共同诉讼人对诉讼标的本来就有共同的权利或者有共同的

---

① 有关时间、人数、重量和尺度等数量词后的"以上""以下""以内"含本数，"不满""超过"不含本数。

义务。比如，父母对其数个成年子女提起给付赡养费之诉，其诉讼标的是赡养法律关系，其中父母对其数个成年子女有要求赡养的权利或者请求权（故为本诉的共同原告），数个成年子女对其父母承担共同的赡养义务（故为本诉的共同被告）。

再如，共同共有人对共有物享有共同的权利并承担共同的义务，共同共有人因共有物与他人发生纠纷时，在诉讼中则为共同原告或者共同被告；在因合伙事务发生纠纷而提起的诉讼中，（在不具备成为非法人组织的条件时）所有合伙人为共同诉讼人。

（2）发生了同一法律上的原因，使共同诉讼人之间有了共同的权利或者共同的义务。比如，共同侵权中，数人共同致他人受损，在受害人提起的损害赔偿诉讼中，数个加害人为共同被告。数个加害人之所以成为共同被告，是因为他们对受害人共同实施了加害行为，从而对受害人共同承担赔偿义务。

（二）必要共同诉讼人之间的关系

同一方必要共同诉讼人之间存在高度的关联性，首先体现为对本案诉讼标的有共同权利或者有共同义务。由此，运用协商一致原则处理同一方必要共同诉讼人内部关系，即必要共同诉讼人中的一人或者数人的诉讼行为中，涉及必要共同诉讼人重大的实体利益或者程序利益的（比如与对方当事人达成和解协议或者调解协议、放弃或者变更诉讼请求、进行诉的合并或者变更、申请撤诉等），应经其他必要共同诉讼人明确承认或者明确同意，才对其他必要共同诉讼人发生效力，否则，在诉讼请求可分的情形下仅对自己有效，在诉讼请求不可分的情形下无效。①

协商一致原则并不适用于所有场合。比如，必要共同诉讼人中一人或者数人遵守诉讼期间、存在中止诉讼原因等，无须其他必要共同诉讼人承认，就对其他必要共同诉讼人发生效力。再如，各必要共同诉讼人的上诉期是从判决送达之日起各自计算，其中一人在其上诉期内合法上诉的，上诉的效力及于全体必要共同诉讼人。

同一方必要共同诉讼人之间也存在着一定的独立性，比如，某一必要共同诉讼人可实施与本方其他共同诉讼人无关的诉讼行为（如可各自委托诉讼代理人等）；某一必要共同诉讼人诉讼行为能力欠缺的，不影响本方其他必要共同诉讼人的诉讼行为能力。

（三）必要共同诉讼人的追加

依据《民诉解释》第 73 条，共同诉讼人应当一并参加诉讼，否则为当事人不适格；法院应当通知其参加，当事人也可以向法院申请追加，申请理由成立的，法院书面通知追加当事人。法院追加共同诉讼人时，应当通知其他当事人。

应当追加的原告的，已明确放弃实体权利的，可不予追加；既不愿意参加诉讼

---

① 与之不同，对方当事人对必要共同诉讼人中一人或者数人实施的诉讼行为，涉及必要共同诉讼人共同利益的，无须遵行协商一致原则，其效力直接及于全体必要共同诉讼人。

又不放弃实体权利的，仍应追加为共同原告，法院对案件继续审判（《民诉解释》第70、74条）。

原告明确起诉部分被告的，也应将其他人追加为共同被告。不过，原告只能在被诉的被告应承担的责任范围内，提出诉讼请求。①

（四）固有的必要共同诉讼和类似的必要共同诉讼（我国现行法没有作出区分规定）

在大陆法系，固有的必要共同诉讼（真正的必要共同诉讼、因实体法原因的必要共同诉讼）的内涵是：诉讼标的对于共同诉讼人应当合一确定，即共同诉讼人应当一同起诉或者一同被诉，当事人才适格，并且法院应当对全体共同诉讼人作出一致判决。

比如，数个成年子女为共同被告的赡养诉讼；成为撤销权的客体是债务人与受益人共同行为的，应以债务人和受益人为共同被告的撤销权诉讼；利害关系人提起宣告婚姻无效之诉的，婚姻关系双方为固有的必要共同被告等。

类似的必要共同诉讼（非真正的必要共同诉讼、因诉讼法原因的必要共同诉讼）的内涵是：共同诉讼人各有独立实施诉讼的权能，不必一同起诉或者被诉，其中一人起诉或者被诉时，其他人可以选择是否参加诉讼，若选择参加诉讼，则为共同诉讼人，法院必须对全体共同诉讼人作出一致判决而不得对各人分别作出判决。类似的必要共同诉讼的判决，对其他没有参加诉讼的人亦有效力。②

比如，债权人可以连带债务人中一人为被告提起诉讼，其他连带债务人可以自愿参加诉讼，若此则为类似的必要共同被告，法院作出被告败诉的判决，对于其他连带债务人产生同样的约束力；股东提起股东派生诉讼、解散公司诉讼、请求公司分配利润诉讼，其他股东选择参加诉讼的，为类似的必要共同原告。

在我国实务中，多将类似的必要共同诉讼作为固有的必要共同诉讼，违背了相应的实体法原理，比如，连带之债的诉讼中，把全部连带债权人列为共同原告，或者把全部连带债务人列为共同被告，方为当事人适格。这种做法违背了连带之债的原理和规定。

不过，依据《民间借贷》第4条，保证人为借款人提供连带责任保证，出借人仅起诉借款人的，法院可以不追加保证人为共同被告；出借人仅起诉保证人的，法院可以追加借款人为共同被告。保证人为借款人提供一般保证，若出借人仅起诉保证人，则法院应当追加借款人为共同被告；若出借人仅起诉借款人，则法院可以不

---

① 比如，赔偿权利人起诉部分共同侵权人的，法院应当追加其他共同侵权人作为共同被告；赔偿权利人放弃对部分共同侵权人的诉讼请求的，其他共同侵权人对被放弃诉讼请求的被告应当承担的赔偿份额不承担连带责任（《人身损害赔偿》第2条）。
② 比如，法院作出公司分配利润的判决后，未参加诉讼的有利润分配请求权的股东可以据此申请强制执行。

追加保证人为共同被告。

三、普通共同诉讼

（一）普通共同诉讼的构成要件

（1）原告或者被告为 2 人以上。

（2）诉讼标的是同一种类。比如，A 银行分别贷款给 B 和 C，B 和 C 没有按照贷款合同返还本息，于是 A 同时对 B 和 C 提起诉讼。在此，实际上存在两个诉：一个是 A 对 B 提起之诉，另一个是 A 对 C 提起之诉。由于这两个诉的诉讼标的是同种类，作为共同被告的 B 和 C 之间并没有共同的义务而只是承担同种类的义务，所以这两个诉合并审理，则构成普通共同诉讼。

（3）程序要件是法院就数个诉拥有管辖权；数个诉均适用相同的诉讼程序；法院认为可以合并审理并经当事人同意。

《人脸识别》第 13 条规定：基于同一信息处理者处理人脸信息侵害自然人人格权益发生的纠纷，多个受害人分别向同一人民法院起诉的，经当事人同意，人民法院可以合并审理。此条规定的是普通共同诉讼。若当事人一方人数众多，则为群体纠纷，民事私益群体纠纷适用代表人诉讼程序。

（二）普通共同诉讼与必要共同诉讼之比较

（1）普通共同诉讼的诉讼标的是同一种类（实际上是诉讼标的是同一种类的多个诉的合并），而必要共同诉讼的诉讼标的是共同的。

（2）普通共同诉讼是数个诉的合并。

（3）普通共同诉讼中，被合并的数个诉是可分之诉，既可单独提起，又可合并提起；即使合并审理，日后也可分离审理；应对各诉分别作出判决。

（4）普通共同诉讼人之间的独立性是主要方面。普通共同诉讼人的诉讼行为只对自己有效力，对方当事人对普通共同诉讼人中一人或者数人实施的诉讼行为也只对该人有效力。

普通共同诉讼人之间也有一些联系，比如在特定情形下可以适用事实和证据共通性原理（参见本书第十三章第一节三）。

第二节　群体诉讼

一、群体纠纷与群体诉讼

在民事法领域，群体纠纷大体上包括两类：（1）私益群体纠纷；（2）公益群体纠纷。群体纠纷中，往往受害人众多且为弱者，在人数或者利益上具有集团性或者扩散性。① 为解决群体纠纷，群体诉讼制度应运而生，主要有英美法系的集团诉讼（Class Action）、日本的选定当事人制度、德国的团体诉讼、我国的代表人诉讼和民事公益诉讼等。

在我国，按照《民诉解释》第 75 条，"当事人一方人数是众多的"是指 10 人以上，则为群体纠纷；私益群体纠纷适用代表人诉讼程序（《民事诉讼法》第 56、57 条等）；污染环境、破坏生态、食品药品安全领域侵害众多消费者合法权益等损害公共利益的行为引起的公益群体纠纷，适用人数众多的公益诉讼程序（参见本书第二十四章第一节）。

《民事诉讼法》（第 58 条）、《消费者权益保护法》（第 47 条）、《环境保护法》（第 58 条）、《土壤污染防治法》（第 97 条）等规定：法定的国家机关和有关组织可以作为原告提起民事公益诉讼。由于人数众多的公益诉讼的原告是法定的团体，所以我国人数众多的民事公益诉讼可以被纳入团体诉讼的范畴。②

现代公益群体纠纷或者人数众多的公益案件往往包含私益的内容，所以在公益案件诉讼程序中，实质当事人（如直接受害人）可以提起私益诉讼，这并不属于一事二讼。

二、我国的通常代表人诉讼

在我国，人数众多一方的当事人（通常是原告受害者）基于法律上的牵连关系（诉讼标的是共同的或者是同一种类的）而构成的临时诉讼主体，既不是法人又不属非法人组织。人数众多一方的当事人又不可能一起在法庭上进行质证、辩论。在不违背参与原则的前提下，如何解决人数众多与诉讼空间有限这一矛盾呢？

解决以上问题的关键在于确定诉讼代表人，由其代表其他群体成员参加法庭审理。确定诉讼代表人（如同选举人大代表或者立法议员），应当真实体现群体成员的共同意志或者多数人的意志，才能合理解决如下问题：为什么没有参加法庭审理的群体成员却受到判决的拘束（群体诉讼判决效力扩张的正当根据是什么）？

立法上尚需解决如下问题：程序上如何规范诉讼代表人的诉讼行为，从而既能保证其顺畅地进行诉讼（诉讼代表人的合格性问题），又能约束其滥用权利以防止

① 参见范愉：《集团诉讼问题研究》，载《法制与社会发展》，2006（1）。
② 《劳动合同法》第 56 条规定：用人单位违反集体合同，侵犯职工劳动权益的，工会可以依法要求用人单位承担责任；因履行集体合同发生争议，经协商解决不成的，工会可以依法申请仲裁、提起诉讼。
《工会法》（2021 年修改）第 21 条第 4 款规定：因履行集体合同发生争议，经协商解决不成的，工会可以向劳动争议仲裁机构提请仲裁，仲裁机构不予受理或者对仲裁裁决不服的，可以向人民法院提起诉讼。
因履行集体合同发生争议的，工会作为法定的团体以原告身份为受其保护的劳动者合法权益提起的诉讼，属于"团体诉讼"的范畴。

其危害群体成员的合法权益（诉讼代表人的权限和对其监督问题）？

(一) 代表人诉讼的类型和适用要件

共同诉讼的扩大即当事人一方或者双方人数在 10 人以上，则为群体诉讼，称为代表人诉讼，包括两类：(1) 起诉时，人数确定的代表人诉讼；(2) 起诉时，人数不确定的代表人诉讼。两者在诉讼标的、代表人确定、诉讼程序等方面有着差异。

代表人诉讼的适用要件有：(1) 当事人人数众多，即当事人一方或者双方人数在 10 人以上（没有上限）。(2) 诉讼标的是共同的或者同种类的。人数确定的代表人诉讼之诉讼标的是共同的或者同种类的，而人数不确定的代表人诉讼之诉讼标的是同种类的。

法院经审查后认为不具备以上要件的，裁定不适用代表人诉讼程序。但是，这一裁定并不排斥适用其他的诉讼程序，也不拒绝当事人单独提起诉讼。

(二) 代表人诉讼的特殊程序

1. 受理和管辖

当事人一方或者双方人数众多的群体诉讼，依法由基层法院受理。受理法院认为不宜作为群体诉讼受理的，可分别受理。

在高级法院辖区内有重大影响的群体纠纷案件，由中级法院受理。如情况特殊，确需由高级法院作为一审案件受理的，应在受理前报最高人民法院批准。[①]

2. 公告和登记（仅适用于起诉时人数不确定的代表人诉讼）

法院受理代表人诉讼后，对于人数不确定的代表人诉讼，法院应当发布公告，说明案件情况和诉讼请求，通知其他群体成员在一定期间内向法院登记。

公告期间根据案件具体情况确定，不得少于 30 日。向法院登记的权利人，应当证明其与对方当事人的法律关系和所受到的损害；证明不了的，不予登记，权利人可以另行起诉。

3. 诉讼代表人的确定和合格性

(1) 诉讼代表人的确定。[②]

诉讼代表人为 2～5 人，每位代表可以委托 1～2 人作为诉讼代理人。

当事人一方人数众多在起诉时确定的，可以由全体当事人推选共同的代表人，也可以由部分当事人推选自己的代表人；推选不出代表人的当事人，在必要的共同诉讼中可以自己参加诉讼，在普通的共同诉讼中可以另行起诉。

---

① 参见《关于人民法院受理共同诉讼案件问题的通知》(法〔2005〕270 号)。
② 《关于审理涉及农村土地承包纠纷案件适用法律问题的解释》(法释〔2005〕6 号)（2020 年修改）第 4 条规定，农户成员为多人的，由其代表人进行诉讼。农户代表人按下列情形确定：(1) 土地承包经营权证等证书上记载的人；(2) 未依法登记取得土地承包经营权证等证书的，为在承包合同上签名的人；(3) 前两项规定的人死亡、丧失民事行为能力或者因其他原因无法进行诉讼的，为农户成员推选的人。

当事人一方人数众多在起诉时不确定的，由当事人推选代表人；当事人推选不出的，可由法院提出人选与当事人协商；协商不成的，也可由法院在起诉的当事人中指定代表人。

（2）诉讼代表人的合格性。

1）诉讼代表人本人属于群体成员，与其他群体成员有着共同的利益，既是实质当事人（为自己进行诉讼）又是形式当事人（为其他群体成员进行诉讼）；2）诉讼代表人既应有为其他群体成员所信赖的道德品行，能够善意地维护群体成员的合法利益，又应有诉讼行为能力和相应的智力水平。

诉讼代表人不合格的，群体成员有权撤换。诉讼代表人死亡或者不宜作诉讼代表人的，应当重新确定。对于诉讼代表人的合格性，法院应当发挥管理职能和监督作用，若认为不合格，则裁定重新确定。

4. 诉讼代表人的权限

诉讼代表人代表群体成员进行诉讼，被代表的群体成员脱离诉讼，无须参加法庭审理；法院和对方当事人只对诉讼代表人为诉讼行为。

诉讼代表人有权行使自己和被代表的群体成员的诉讼权利，其所为的诉讼行为对自己和被代表的群体成员发生效力。

但是，诉讼代表人变更或者放弃诉讼请求、承认对方当事人的诉讼请求、进行和解等①，应当经被代表的群体成员同意。

（三）代表人诉讼判决的效力

代表人诉讼判决的效力及于诉讼代表人、被代表的群体成员。但是，人数不确定的代表人诉讼判决的效力原则上只及于参加登记的群体成员，不直接及于未登记的群体成员；法院的裁判在登记的范围内执行。

在我国，在人数不确定的代表人诉讼中，应当通过"公告和登记"来明确当事人（具体人数）；由于人数不确定的代表人诉讼实际上是普通共同诉讼的扩大，不存在共同诉讼人的追加问题，所以未登记的群体成员不作为当事人。

"公告和登记"的重要性既在于维护群体成员的诉讼参与权，又在于保障"最有能力充分地代表群体成员利益"的人被选定为"诉讼代表人"。按照当事人参与原则或者正当程序保障原理，代表人诉讼判决的效力不得直接扩张到未登记的群体成员。

我国的做法实际上暗合规范出发型诉讼中的当事人明确性要求。在英美法系的集团诉讼中，没有通过公告和登记来确定当事人，所有群体成员均作为当事人并受判决效力的约束。此种做法主要是基于事实出发型诉讼思维和纠纷一次性解决的诉讼理念。

未登记的群体成员可以提起诉讼，并应按照《费用办法》第 14 条交纳申请费，

---

① 笔者认为，还应包括诉讼代表人撤诉、达成调解协议、放弃上诉等对实体权益或者重要程序权利的处分。

不再交纳案件受理费。法院受理后经审查认为属于代表人诉讼的情形、未逾诉讼时效期间的，即认定其请求成立，则法院裁定适用已作出的判决。① 法院判决被告对人数众多的原告承担民事赔偿责任时，可以在判决主文中对赔偿总额作出判决，并将每个原告的姓名、应获得赔偿的金额等列表附于判决书后。②

《繁简分流》第 7 条规定：对于系列性或者群体性民事案件和行政案件，选取个别或者少数案件先行示范诉讼③，参照其裁判结果来处理其他同类案件，通过个案示范处理带动批量案件的高效解决。

《关于全面推进证券期货纠纷多元化解机制建设的意见》（法〔2018〕305 号）第 13 条规定：对虚假陈述、内幕交易、操纵市场等违法行为引发的民事赔偿群体纠纷，需要法院通过司法判决宣示法律规则、统一法律适用的，受诉法院可选取在事实认定、法律适用上具有代表性的若干个案作为示范案件，先行审理并及时作出判决；通过示范判决所确立的事实认定和法律适用标准，引导其他当事人通过证券期货纠纷多元化解机制解决纠纷。

三、我国的证券纠纷代表人诉讼

有关证券纠纷代表人诉讼的规定主要有《证券法》第 95 条④和《证券代表人诉讼》。

（一）一般规定

证券纠纷代表人诉讼包括因证券市场虚假陈述、内幕交易、操纵市场等行为引

---

① 《民事诉讼文书样式》中有未参加登记的权利人适用生效判决或裁定用的民事裁定书。笔者认为，对此裁定，该起诉人有权提起上诉和申请再审。

② 笔者主张，如果属于小额多数，受害人因为得不偿失而不愿领取赔偿金等不方便具体实施分配赔偿金的，法律应当明确规定赔偿金的最终归属，比如，可以作为有关维护食品安全方面的基金或者费用。

③ 在英国，当多名原告针对被告提起多项各自独立的诉讼时，法院可分别情形作出有关决定：（1）如多宗案件具有实质性相似点，法院可责令，可先行审理"试验性诉讼"或者"示范诉讼"，再确定该案件对其他案件的拘束力。此种情形特别适合审理铁路、航空事故以及同类债权案件。（2）法院可责令，对相继起诉的案件，法院在听取了所有案件的证据后才裁决是否合并为共同诉讼。（3）法院可责令，所有诉讼合并审理，视为同一案件。（4）法院亦可将共同争点合并审理，再对具体争议分别审理。如在海尔顿诉威灵顿父子公司案中，矿井事故导致多人伤亡，受害人或者家属对矿主起诉，但是，原告的诉讼请求各有不同（有死、有伤，伤残程度也不一），若分别审理每个案件费用又过于昂贵，故上诉法院裁定，各案合并审理，但同时听取每一案件的特殊情形，有关赔偿金额分别审理。

④ 此条规定：投资者提起虚假陈述等证券民事赔偿诉讼时，诉讼标的是同一种类，且当事人一方人数众多的，可以依法推选代表人进行诉讼。
对按照前款规定提起的诉讼，可能存在有相同诉讼请求的其他众多投资者的，人民法院可以发出公告，说明该诉讼请求的案件情况，通知投资者在一定期间向人民法院登记。人民法院作出的判决、裁定，对参加登记的投资者发生效力。
投资者保护机构受五十名以上投资者委托，可以作为代表人参加诉讼，并为经证券登记结算机构确认的权利人依照前款规定向人民法院登记，但投资者明确表示不愿意参加该诉讼的除外。

发的普通代表人诉讼和特别代表人诉讼。普通代表人诉讼是依据《民事诉讼法》第56、57条，《证券法》第95条第1、2款规定提起的诉讼。特别代表人诉讼是依据《证券法》第95条第3款规定提起的诉讼。

证券纠纷代表人诉讼案件，由省、自治区、直辖市人民政府所在的市、计划单列市和经济特区中级法院或者专门法院管辖。对多个被告提起的诉讼，由发行人住所地有管辖权的中级法院或者专门法院管辖；对发行人以外的主体提起的诉讼，由被告住所地有管辖权的中级法院或者专门法院管辖。

特别代表人诉讼案件，由涉诉证券集中交易的证券交易所、国务院批准的其他全国性证券交易场所所在地的中级法院或者专门法院管辖。

（二）普通代表人诉讼

1. 适用普通代表人诉讼程序的条件（《证券代表人诉讼》第5条）

（1）原告一方人数10人以上，符合通常起诉条件和共同诉讼条件；

（2）起诉书中确定2～5名拟任代表人且符合《证券代表人诉讼》第12条规定的代表人条件；

（3）原告提交有关行政处罚决定、刑事裁判文书、被告自认材料、证券交易所和国务院批准的其他全国性证券交易场所等给予的纪律处分或者采取的自律管理措施等证明证券侵权事实的初步证据。

2. 公告和登记

法院在受理后30日内以裁定的方式确定具有相同诉讼请求的权利人范围。当事人对权利人范围有异议的，可以自裁定送达之日起10日内向上一级法院申请复议，上一级法院应当在15日内作出复议裁定。

法院应当在权利人范围确定后5日内发出权利登记公告（公告期间为30日），通知相关权利人在指定期间登记。

权利登记公告应当包括：案件情况和诉讼请求；被告的基本情况；权利人范围及登记期间；起诉书中确定的拟任代表人人选姓名或者名称、联系方式等基本信息；自愿担任代表人的权利人，向法院提交书面申请和相关材料的期限；法院认为必要的其他事项。

公告应当以醒目的方式提示，代表人的诉讼权限包括代表原告参加开庭审理，变更、放弃诉讼请求或者承认对方当事人的诉讼请求，与被告达成调解协议，提起或者放弃上诉，申请执行，委托诉讼代理人等。参加登记视为对代表人进行特别授权。

权利人应在公告确定的登记期间向法院登记。未按期登记的，可在一审开庭前向法院申请补充登记，补充登记前已经完成的诉讼程序对其发生效力。权利登记可以依托电子信息平台进行。权利人进行登记时，应当按照权利登记公告要求填写诉讼请求金额、收款方式、电子送达地址等事项，并提供身份证明文件、交易记录及投资损失等证据材料。

法院在登记期间届满后10日内对登记的权利人进行审核。对于不符合权利人范围的投资者，法院不确认其原告资格。

权利登记公告前已就同一证券违法事实提起诉讼且符合权利人范围的投资者，申请撤诉并加入代表人诉讼的，法院应当予以准许。投资者申请撤诉并加入代表人诉讼的，列为代表人诉讼的原告，已经收取的诉讼费予以退还；不申请撤诉的，法院不准许其加入代表人诉讼，原诉讼继续进行。

法院应当将审核通过的权利人列入代表人诉讼原告名单，并通知全体原告。

3. 代表人

（1）代表人应当符合以下条件：1）自愿担任代表人；2）拥有相当比例的利益诉求份额；3）本人或者其委托诉讼代理人具备一定的诉讼能力和专业经验；4）能忠实、勤勉地履行维护全体原告利益的职责。

依照法律、行政法规或者国务院证券监督管理机构的规定设立的投资者保护机构作为原告参与诉讼，或者接受投资者的委托指派工作人员或委派诉讼代理人参与案件审理活动的，法院可以指定该机构为代表人，或者在被代理的当事人中指定代表人。

申请担任代表人的原告存在与被告有关联关系等可能影响其履行职责情形的，法院对其申请不予准许。

（2）对于在起诉时当事人人数确定的代表人诉讼，应当在起诉前确定获得特别授权的代表人，并在起诉书中就代表人的推选情况作出专项说明。

在起诉时当事人人数尚未确定的代表人诉讼，应当在起诉书中就拟任代表人人选及条件作出说明。在登记期间向法院登记的权利人对拟任代表人人选均没有提出异议，并且登记的权利人无人申请担任代表人的，法院可以认定由该2～5名人选作为代表人。

在登记期间向法院登记的权利人对拟任代表人的人选提出异议，或者申请担任代表人的，法院应当自原告范围审核完毕后10日内在自愿担任代表人的原告中组织推选。

代表人的推选实行一人一票，每位代表人的得票数应当不少于参与投票人数的50%。代表人人数为2～5名，按得票数排名确定，通过投票产生2名以上代表人的，为推选成功。首次推选不出的，法院应当即时组织原告在得票数前五名的候选人中进行二次推选。

依据前述规定推选不出代表人的，由法院指定。法院指定代表人的，应当将投票情况、诉讼能力、利益诉求份额等作为考量因素，并征得被指定代表人的同意。

代表人确定后，法院应当进行公告。原告可以自公告之日起10日内，向法院申请撤回权利登记，并可以另行起诉。

代表人因丧失诉讼行为能力或者其他事由影响案件审理或者可能损害原告利益的，法院依原告申请，可以决定撤销代表人资格。代表人不足2人时，法院应当补充指定代表人。

（3）代表人与被告达成调解协议草案的，应当向法院提交制作调解书的申请书及调解协议草案。法院经初步审查，认为调解协议草案不存在违反法律、行政法规的强制性规定、违背公序良俗以及损害他人合法权益等情形的，应当自收到申请书后 10 日内向全体原告发出通知。

通知应当包括：调解协议草案；代表人请求法院制作调解书的申请书；对调解协议草案发表意见的权利以及方式、程序和期限；原告有异议时，召开听证会的时间、地点以及报名方式；法院认为需要通知的其他事项。

对调解协议草案有异议的原告，有权出席听证会或者以书面方式向法院提交异议的具体内容及理由。异议人未出席听证会的，法院应当在听证会上公开其异议的内容及理由，代表人及其委托诉讼代理人、被告应当进行解释。

代表人和被告可以根据听证会的情况，对调解协议草案进行修改。法院应当将修改后的调解协议草案通知所有原告，并对修改的内容作出重点提示。法院可以根据案件的具体情况，决定是否再次召开听证会。

法院准备制作调解书的，应当通知提出异议的原告，告知其可以在收到通知后 10 日内向法院提交退出调解的申请。原告未在上述期间内提交退出申请的，视为接受。申请退出的期间届满后，法院应当在 10 日内制作调解书。调解书经代表人和被告签收后，对被代表的原告发生效力。法院对申请退出原告的诉讼继续审理，并依法作出相应判决。

（4）代表人变更或者放弃诉讼请求、承认对方当事人诉讼请求、决定撤诉的，应当向法院提交书面申请，并通知全体原告。法院收到申请后，应当根据原告所提异议情况，依法裁定是否准许。对于代表人提交的书面申请，原告自收到通知之日起 10 日内未提出异议的，法院可以裁定准许。

（5）除代表人诉讼案件外，法院还受理其他基于同一证券违法事实发生的非代表人诉讼案件的，原则上对代表人诉讼案件先行审理，对非代表人诉讼案件中止审理，但非代表人诉讼案件具有典型性且先行审理有利于及时解决纠纷的除外。

（6）法院可以依当事人的申请，委托双方认可或者随机抽取的专业机构对投资损失数额、证券侵权行为以外其他风险因素导致的损失扣除比例等进行核定。

当事人虽未申请但案件审理确有需要的，法院可以通过随机抽取的方式委托专业机构对有关事项进行核定。对专业机构的核定意见，法院应当组织双方当事人质证。

（7）代表人请求败诉的被告赔偿合理的公告费、通知费、律师费等费用的，法院应当予以支持。

法院判决被告承担民事赔偿责任的，可以在判决主文中确定赔偿总额和损害赔偿计算方法，并将每个原告的姓名、应获赔偿金额等以列表方式作为判决书的附件。

当事人对计算方法、赔偿金额等有异议的，可以向法院申请复核；确有错误的，法院应裁定补正。

（8）一审判决送达后，代表人决定放弃上诉的，应在上诉期间届满前通知全体原告。原告自收到通知之日起 15 日内未上诉，被告在上诉期间内亦未上诉的，一审判决在全体原告与被告之间生效。

原告自收到通知之日起 15 日内上诉的，应当同时提交上诉状，法院收到上诉状后，对上诉的原告按上诉处理。被告在上诉期间内未上诉的，一审判决在未上诉的原告与被告之间生效，二审裁判的效力不及于未上诉的原告。

（9）一审判决送达后，代表人决定上诉的，应在上诉期间届满前通知全体原告。原告自收到通知之日起 15 日内决定放弃上诉的，应当通知一审法院。被告在上诉期间内未上诉的，一审判决在放弃上诉的原告与被告之间生效，二审裁判的效力不及于放弃上诉的原告。

（10）符合权利人范围但未参加登记的投资者提起诉讼，且主张的事实和理由与代表人诉讼生效判决、裁定所认定的案件基本事实和法律适用相同的，法院审查具体诉讼请求后，裁定适用已经生效的判决、裁定。适用已经生效裁判的裁定中应当明确被告赔偿的金额，裁定一经作出立即生效。

代表人诉讼调解结案的，法院对后续涉及同一证券违法事实的案件可以引导当事人先行调解。

（11）对于履行或者执行生效法律文书所得财产，法院在进行分配时，可以通知证券登记结算机构等协助执行义务人依法协助执行。

法院应当编制分配方案并通知全体原告，分配方案应当包括原告范围、债权总额、扣除项目及金额、分配的基准及方法、分配金额的受领期间等内容。

原告对分配方案有异议的，可以依据《民事诉讼法》第 236 条的规定提出执行异议。

（三）特别代表人诉讼

法院审理特别代表人诉讼案件，《证券代表人诉讼》第 32～40 条没有规定的，适用普通代表人诉讼中关于起诉时当事人人数尚未确定的代表人诉讼的相关规定。

法院已经根据《民事诉讼法》第 57 条第 1 款、《证券法》第 95 条第 2 款的规定发布权利登记公告的，投资者保护机构在公告期间受 50 名以上权利人的特别授权，可以作为代表人参加诉讼。不同意加入特别代表人诉讼的权利人可以提交退出声明，原诉讼继续进行。

权利人范围确定后，法院应当发出权利登记公告。权利登记公告除包括前述内容外，还应当包括投资者保护机构基本情况、对投资者保护机构的特别授权、投资者声明退出的权利及期间、未声明退出的法律后果等。

投资者明确表示不愿意参加诉讼的，应当在公告期间届满后 15 日内向法院声明退出。未声明退出的，视为同意参加该代表人诉讼。对于声明退出的投资者，法院不再将其登记为特别代表人诉讼的原告，该投资者可以另行起诉。

投资者保护机构依据公告确定的权利人范围向证券登记结算机构调取的权利人名单，法院应当予以登记，列入代表人诉讼原告名单，并通知全体原告。

诉讼过程中由于声明退出等原因导致明示授权投资者的数量不足 50 名的，不影响投资者保护机构的代表人资格。

针对同一代表人诉讼，原则上应当由一个投资者保护机构作为代表人参加诉讼。2个以上的投资者保护机构分别受50名以上投资者委托，且均决定作为代表人参加诉讼的，应当协商处理；协商不成的，由法院指定其中一个作为代表人参加诉讼。

特别代表人诉讼案件不预交案件受理费。败诉或者部分败诉的原告可以申请减交或者免交诉讼费。

投资者保护机构作为代表人在诉讼中申请财产保全的，法院可以不要求提供担保。

第三节　诉讼第三人

一、诉讼第三人的含义

本节诉讼第三人特指"主诉讼参加人"或称"独立诉讼参加人"（包括有独立请求权第三人）和"从诉讼参加人"或称"辅助诉讼参加人"（包括无独立请求权第三人）。

在大陆法系，主诉讼参加人认为对他人之诉的诉讼标的之全部或部分，享有民事权益或者为自己有所请求（包括给付请求、确认请求和形成请求）时，对他人之诉的双方（也可以是一方当事人）提起诉讼，要求与他人之诉一并审理并作出没有矛盾的判决。[①] 主诉讼参加（独立诉讼参加）中，正在审理中的他人之诉，可被称为"本诉"；主诉讼参加人对本诉当事人所提之诉，可被称为"参加之诉"。

从诉讼参加人对他人之诉的诉讼标的无独立民事权利（请求权、支配权或者形成权），但与案件处理结果有法律上的利害关系，从而参加到他人之诉的程序中，通过辅助他人之诉中原告或者被告避免败诉的方式，维护自己的实体权益。

《民事诉讼法》第59条第1款规定的是有独立请求权第三人，即"对当事人双方的诉讼标的，第三人认为有独立请求权的，有权提起诉讼"；第2款规定的是无独立请求权第三人，即"对当事人双方的诉讼标的，第三人虽然没有独立请求权，但案件处理结果同他有法律上的利害关系的，可以申请参加诉讼，或者由人民法院通知他参加诉讼。人民法院判决承担民事责任的第三人，有当事人的诉讼权利义务"。

根据《民事诉讼法》第59条第1款，有独立请求权第三人在本诉程序中提起的参加之诉，属于给付之诉。事实上，有独立请求权第三人在本诉程序中还可能提起确认之诉和形成之诉，所以"有独立请求权第三人"的称谓和制度存在着局限。主诉讼参加人（独立诉讼参加人）和从诉讼参加人（辅助诉讼参加人）的称谓比较

---

① 参见《德国民事诉讼法》第64条、《日本民事诉讼法》第47条等。

合理，我国应当直接采用。

二、主诉讼参加人

【**案例 10-1**】A 对 B 提起确认某栋楼房所有权之诉。在该诉进程中，C 以 A、B 为被告提起返还该楼 102 室和 103 室之诉，理由是 C 拥有该楼 102 室和 103 室的所有权。法院将 C 所提之诉与 A 所提之诉合并审理。该案例的诉讼情形，见下图：

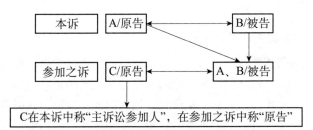

在本诉中，若 A 胜诉，法院将该栋楼房的所有权判归 A；若 B 胜诉，法院将该栋楼房的所有权判归 B。可见，本诉中不管是原告胜诉还是被告胜诉，均否定 C 对该楼 102 室和 103 室的所有权，C 既不同意 A 的诉讼请求，也不支持 B，所以将 A 和 B 列为共同被告。于是，C 可以基于物上请求权，以 A、B 为被告，提起参加之诉，维护自己对该楼 102 室和 103 室的所有权。这时，C 就是有独立请求权第三人或者主诉讼参加人。

在我国，主诉讼参加人参加诉讼的实体根据是对本诉或者他人之间的诉讼标的拥有独立的全部或部分的请求权。【案例 10-1】中，C 对 A、B 之诉的诉讼标的拥有部分独立请求权。若整栋楼房的所有权属于 C，则 C 对 A、B 之诉的诉讼标的拥有全部独立请求权。①

主诉讼参加人参加诉讼，除应具备通常起诉要件外，还应具备如下特殊要件：（1）通常以本诉的双方当事人为被告（因为本诉中不管是原告胜诉还是被告胜诉，均将害及主诉讼参加人的实体权益）。（2）在本诉的诉讼程序中参加诉讼（在本诉的一审、二审正式启动后，言词辩论终结前参加诉讼）。（3）参加之诉与本诉应当

---

① 笔者认为，主诉讼参加人参加诉讼的实体根据还应包括本诉的诉讼结果将侵害其合法权益（本诉判决将会对主诉讼参加人之合法权益产生威胁，并非一定使其权益受到实际侵害。比如，B 欠 C 500 万元货款，B 为逃避此债务，与 A 串通，由 A 对 B 提起确认 B 的财产系 A 所有的诉讼，若 A 胜诉，将害及 C 的债权的实现。对此 C 可以起诉，请求确认 A 与 B 间"争议"的财产为 B 所有。

【习题】赵某与刘某将共有商铺出租给陈某。刘某瞒着赵某，与陈某签订房屋买卖合同，将商铺转让给陈某，后因该合同履行发生纠纷，刘某将陈某诉至法院。赵某得知后，不同意刘某将商铺让与陈某。关于本案相关人的诉讼地位，下列哪一说法是正确的？（　　）
　　A. 法院应依职权追加赵某为共同原告　　B. 赵某应以刘某侵权起诉，陈某为无独立请求权第三人
　　C. 赵某应作为无独立请求权第三人　　D. 赵某应作为有独立请求权第三人
（2015 年国家司法考试试卷三；参考答案为 D）

适用相同的诉讼程序。（4）应当向审理本诉的法院提起参加之诉。

主诉讼参加人在本诉的诉讼程序中提起参加之诉后，法院在一个诉讼程序中同时审理两个诉，从而构成诉的合并。本诉因撤回、和解或者判决等而终结的，法院对未终结的参加之诉应当继续审理（《民诉解释》第 237 条），因为参加之诉本来就是相对独立的诉。

三、从诉讼参加人

（一）从诉讼参加人参加诉讼的要件

从诉讼参加的实体要件是，从诉讼参加人对他人之间的诉讼标的没有独立的请求权、支配权或者形成权，但与他人之间的案件的处理结果有法律上的利害关系。

所谓法律上的利害关系，是指从诉讼参加人的民事权利、义务将因他人之间的诉讼结果而受到法律上有利或者不利的影响。所谓法律上的影响，包括财产权上或者人身权上的影响①，通常是对从诉讼参加人不利的（从诉讼参加人因他人之间的诉讼结果而可能要承担法律责任、增加法律义务或者减少法律权益）。

【案例 10-2】A 从公司 B 处购买一辆汽车。后来，A 以该汽车质量不合格（发动机不合格）为由，以 B 为被告提起违约之诉。诉讼过程中，法院得知该发动机是工厂 C 供应给公司 B 的，于是通知 C 参加诉讼。该案例的诉讼情形，见下图：

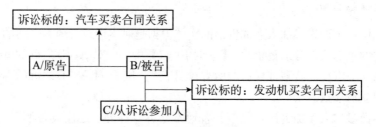

此例中，有两个实体法律关系：（1）汽车买卖合同关系（双方当事人为 A 和 B）；（2）发动机买卖合同关系（双方当事人为 B 和 C）。

C 与 A、B 之诉的诉讼结果有着法律上的利害关系：A、B 之诉中，若法院确认发动机质量不合格，判决 A 胜诉、B 败诉，那么，B 可以根据"发动机质量不合格（属于已决事实）"和发动机买卖合同关系，在 A、B 之诉的程序中或者结束后要求 C 承担违约责任。

于是，C 可以参加到 A、B 之诉的程序中，通过提供事实证据证明发动机合格，辅助 B 以避免 B 败诉，从而间接维护自己的合法权益。根据合同相对性原理，在 A、B 之诉中，C 与 A 不能成为共同原告，与 B 也不能成为共同被告，而是从诉

---

① 有关婚姻、收养或者亲权诉讼的判决，对第三人的法律身份有影响的，该第三人也可以参加诉讼。

讼参加人。

违约之诉中，当事人一方因第三人的原因而违约的，第三人可以为从诉讼参加人；法定当事人变更中，继受人代替原当事人而成为适格当事人，原当事人可以从诉讼参加人身份参加诉讼；代位权诉讼中，债务人可能成为从诉讼参加人；债权人仅以债务人为被告的撤销权诉讼中，受益人或者受让人可能成为从诉讼参加人；股东代位诉讼中，股东为原告，加害公司权益的人为被告，公司若参加诉讼，则为从诉讼参加人。

从诉讼参加的程序要件主要是在他人之间的诉讼程序（一审或者二审）进行中参加诉讼。① 他人之间的诉讼程序因和解、撤诉、作出判决等而终结的，则无辅助参加诉讼的可能。

（二）从诉讼参加人的诉讼地位和参加诉讼的方式

1. 从诉讼参加人的诉讼地位和诉讼权利

（1）他人诉讼中，从诉讼参加人是广义的当事人（因为"案件处理结果同他有法律上的利害关系"，此处不同于证人），但又不是原告和被告，其诉讼地位就是从诉讼参加人。

从诉讼参加人不是原告，因为对他人之间的诉讼标的没有独立的请求权、支配权或者形成权，没有提出独立的诉讼请求，无权放弃或变更他人的诉讼请求，无权申请撤诉等。

从诉讼参加人不是被告，因为他人之诉的当事人并未对其提出诉讼请求，无权提出反诉，无权承认他人的诉讼请求等。

从诉讼参加人与被辅助的当事人又不是共同诉讼人。若被辅助的当事人败诉，往往与从诉讼参加人存在法律上的利害冲突关系。从诉讼参加人死亡或者丧失诉讼行为能力等情形不导致他人之诉的程序中止。从诉讼参加人对他人之诉无权提出管辖异议。

从诉讼参加人多辅助被告，也可辅助原告。其辅助行为随他人之诉讼程序的终结而结束。辅助行为有主张事实、提供证据、进行辩论，以支持被辅助的当事人；以被辅助的当事人获得胜诉，来摆脱对己不利的诉讼后果。从诉讼参加人不享有对他人间之实体权益和重要程序事项的处分权。

---

① 在其他国家和地区，不管他人之诉的类型如何以及诉讼进程如何，比如在当事人起诉、上诉、申请再审、提起撤销判决之诉（包括提起撤销除权判决之诉）等所启动的程序中，甚至在对支付令提出异议的程序中，从诉讼参加人均可辅助参加诉讼。

（2）根据《民事诉讼法》第 59 条，法院判决承担民事责任的从诉讼参加人[1]，在此后的上诉程序和再审程序中，则为真正的当事人，享有当事人应有的诉讼权利（如有权申请撤回上诉或者申请撤回再审、放弃上诉请求或者再审请求、承认上诉人或者再审原告的请求、作出诉讼上自认、提起反诉等）。

2. 从诉讼参加人参加诉讼的方式

从诉讼参加人没有提起独立之诉，所以其参加诉讼的方式并非"起诉"。在我国，从诉讼参加人参加诉讼的方式（保障从诉讼参加人及时参加诉讼，即保障其诉讼参与权）有：

（1）从诉讼参加人申请参加诉讼。申请书应当载明：辅助何方当事人，与该方当事人存在什么样的民事法律关系，以及有何相关事实证据。

（2）原告在起诉状中直接列写第三人的，视为其申请法院追加该第三人参加诉讼。是否通知第三人参加诉讼，由法院审查决定（《民诉解释》第 222 条）。

（3）法院通知参加诉讼。采此种方式，既方便该人参加诉讼，充分践行诉讼参与原则，又便于查明案件事实，防范虚假诉讼，有时也能促成纠纷的一次性解决。[2]

从诉讼参加终结的情形主要有：（1）法院依法驳回参加申请；（2）从诉讼参加人撤回参加诉讼（我国没有规定）；（3）他人之间的诉讼终结等。

第四节　第三人撤销之诉

一、第三人保护与第三人异议之诉

在民事法领域，对第三人合法权益的保护应当建构起体系化的法律制度，即在他人提起本诉（或者申请仲裁）之前、本诉程序进行中、本诉判决确定后执行前、本诉判决执行过程中、本诉判决执行完后，第三人均有权通过诉讼获得救济。对此，根据我国现行法和相关法理，具体阐释如下：

（1）他人提起本诉（或者申请仲裁）之前提起诉讼："第三人"（实为原告）由于拥有独立的请求权、支配权或者形成权，可以单独提起诉讼（或者申请仲裁），

---

[1] 【案例 10-2】中，法院若确认发动机不合格，则可根据发动机买卖合同判决 C 对 B 承担违约责任。问题是：在 A、B 之诉的程序中，B 并未基于发动机买卖合同和发动机不合格，对 C 提起违约之诉，法院怎能判决 C 对 B 承担违约责任？

在 A、B 之诉的一审程序中，C 没有得到真正当事人般的程序保障（体现为 C 不完全拥有当事人的诉讼权利），判决 C 承担违约责任显然违背了正当程序保障原理。在其他国家和地区，从诉讼参加人仅仅是辅助当事人进行诉讼，法院不会判决从诉讼参加人承担民事责任。不过，从诉讼参加人应当负担因其参加诉讼而产生的诉讼费用。

[2] 在大陆法系，当事人还可以通过诉讼告知的方式通知从诉讼参加人参加诉讼。如【案例 10-2】中 B 可将诉讼情形告知 C。不过，当事人通常不负有诉讼告知的义务。第三人被告知后，可选择是否申请参加诉讼，若不参加或者逾时参加诉讼，视为其在能够参加诉讼的时刻就已参加诉讼。

包括给付之诉、确认之诉和形成之诉。其中，债务人或者其他人以违法手段或者不当方式害及债权人债权实现的，该债权人可以行使民事撤销权，以债务人或者其他人为被告，提起撤销权诉讼。

（2）本诉中（包括一审和二审），第三人（主诉讼参加人）根据《民事诉讼法》第59条第1款提起参加之诉。

（3）本诉判决确定后执行前，第三人（案外人）根据《民事诉讼法》第59条第3款提起第三人撤销之诉。

（4）执行中，第三人（案外人）根据《民事诉讼法》第238条提起执行异议之诉或者申请再审。

（5）执行完，第三人才发现该判决或者其执行直接影响或者侵害了自己的合法权益的，可以债权人为被告提起返还不当得利之诉。若债权人故意利用诉讼来加害第三人，则第三人还可提起损害赔偿之诉。

本诉程序进行中、本诉判决确定后或者执行过程中，第三人所提之诉才是"第三人异议之诉"，包括第三人撤销之诉和第三人变更之诉。

二、我国现行第三人撤销之诉

根据《民事诉讼法》第59条第3款和《民诉解释》第290～301条，发生法律效力的判决、裁定、调解书的部分或者全部内容错误，损害其民事权益的，有独立请求权第三人和无独立请求权第三人（以下简称第三人）可以提起诉讼，诉讼请求成立的，法院应当改变或者撤销原判决、裁定①、调解书。据此，此款规定的是第三人异议之诉（时人称之为第三人撤销之诉是不全面的）。

（1）关于第三人撤销之诉的当事人。该第三人是原告②，生效判决、裁定、调解书的当事人为被告。生效判决、裁定、调解书中没有承担责任的无独立请求权第三人列为第三人撤销之诉的第三人。③

---

① 笔者认为，从法理上说，裁定用来处理程序事项和临时救济事项，并非（终局）处理当事人实体权利、义务实现，故不应作为异议之诉的适用对象。

② 【最高人民法院指导案例149号】长沙广大建筑装饰有限公司诉中国工商银行股份有限公司广州粤秀支行、林某武、长沙广大建筑装饰有限公司广州分公司等第三人撤销之诉案中，公司法人的分支机构以自己的名义从事民事活动，并独立参加民事诉讼，法院判决分支机构对外承担民事责任，公司法人对该生效裁判提起第三人撤销之诉的，不符合《民事诉讼法》第59条规定的第三人条件，法院不予受理。

③ 【习题】甲对乙有20万元债权到期，乙对丙有20万元债权。甲对丙提起代位权诉讼，法院依法将乙列为第三人。诉讼中甲、丙达成调解协议，约定丙将一条价值20万元的手链交付给甲，用于清偿该笔债务，法院依法制作调解书送达当事人。丁主张手链是自己的，欲提起第三人撤销之诉。下列关于本案当事人的表述正确的是？（　　）
   A. 甲、乙、丙为被告　　　　B. 甲、丙为被告，乙是第三人
   C. 甲、乙是被告，丙为第三人　　D. 甲为被告，乙和丙是第三人
   [2019年国家统一法律职业资格考试试卷二（真题回忆版）；参考答案为B]

（2）关于起诉条件。第三人对已经发生法律效力的判决、裁定、调解书提起撤销之诉的，应当自知道或者应当知道其民事权益受到损害之日起 6 个月内①，向作出生效判决、裁定、调解书的法院提出，并应当提供存在下列情形的证据材料：因不能归责于本人的事由未参加诉讼②；发生法律效力的判决、裁定、调解书的全部或者部分内容错误③；发生法律效力的判决、裁定、调解书内容错误而致当事人民事权益受损。④

（3）关于送达、答辩和受理。法院应当在收到起诉状和证据材料之日起 5 日内送交对方当事人，对方当事人可以自收到起诉状之日起 10 日内提出书面意见。对前述诉讼文书和材料，法院应当进行审查，必要时可以询问双方当事人。法院应当在收到起诉状之日起 30 日内予以审查，认为符合起诉条件的则立案，否则裁定不予受理。

法院不予受理下列情形下提起的第三人撤销之诉：适用特别程序、督促程序、公示催告程序、破产程序等非讼程序处理的案件；婚姻无效、撤销或解除婚姻关系等的判决；调解书中涉及身份关系的内容；《民事诉讼法》第 57 条规定的未参加登记的权利人对代表人诉讼案件的生效裁判；《民事诉讼法》第 58 条规定的损害公益行为的受害人对公益诉讼案件的生效裁判。

法院受理后，原告提供相应担保，请求中止执行的，法院可以准许。

（4）关于审理和裁判。对第三人撤销之诉，法院应当组成合议庭开庭审理，并按照争讼程序进行审判。对第三人的撤销或者部分撤销发生法律效力的判决、裁定、调解书内容的请求，法院经审理，按下列情形分别处理：

1）请求成立且确认其民事权利的主张全部或者部分成立的，改变原判决、裁

---

① 【最高人民法院指导案例 150 号】中国民生银行股份有限公司温州分行诉浙江山口建筑工程有限公司、青田依利高鞋业有限公司第三人撤销之诉案中，法院认为，起诉条件与实体判决的证据要求存在区别，第三人在提起撤销之诉时应对原案判决可能存在错误并损害其民事权益的情形提供初步证据材料加以证明。

【最高人民法院指导案例 153 号】永安市燕诚房地产开发有限公司诉郑某南、远东（厦门）房地产发展有限公司等第三人撤销之诉案中，债权人对确认债务人处分财产行为的生效裁判提起第三人撤销之诉的，在出现债务人进入破产程序、无财产可供执行等影响债权人债权实现的情形时，应当认定债权人知道或者应当知道该生效裁判损害其民事权益，提起诉讼的 6 个月期间开始起算。

② 这是指没有被列为生效判决、裁定、调解书的当事人，且无过错或者无明显过错的情形，包括：（1）不知道诉讼而未参加的；（2）申请参加，未获准许的；（3）知道诉讼，但因客观原因无法参加的；（4）因其他不能归责于本人的事由未参加诉讼的。

③ 这是指判决、裁定的主文，调解书中处理当事人民事权利、义务的结果。

④ 【最高人民法院指导案例 150 号】中国民生银行股份有限公司温州分行诉浙江山口建筑工程有限公司、青田依利高鞋业有限公司第三人撤销之诉案中，建设工程价款优先受偿权与抵押权指向同一标的物，抵押权的实现因建设工程价款优先受偿权有无以及范围大小受到影响的，应当认定抵押权的实现同建设工程价款优先受偿权案件的处理结果有法律上的利害关系，抵押权人对确认建设工程价款优先受偿权的生效裁判具有提起第三人撤销之诉的原告资格；同时，起诉条件与实体判决的证据要求存在区别，第三人在提起撤销之诉时应对原案判决可能存在错误并损害其民事权益的情形提供初步证据材料加以证明。

定、调解书内容的错误部分；

2）请求成立，但确认其全部或者部分民事权利的主张不成立，或者未提出确认其民事权利请求的，撤销原判决、裁定、调解书内容的错误部分；

3）请求不成立，驳回诉讼请求。

对上述裁判不服的，当事人可以上诉。原判决、裁定、调解书的内容未改变或者未撤销的部分继续有效。

（5）关于第三人撤销之诉与再审。在第三人撤销之诉案件审理期间，法院对生效判决、裁定、调解书裁定再审的，受理第三人撤销之诉的法院应当裁定将第三人的诉讼请求并入再审程序。但有证据证明原审当事人之间恶意串通，损害第三人合法权益的，法院应当先行审理第三人撤销之诉案件，裁定中止再审诉讼。

第三人的诉讼请求被并入再审程序审理的，按照下列情形分别处理：按照一审程序审理的，法院应当对第三人的诉讼请求一并审理，所作的判决可以上诉；按照二审程序审理的，法院可以调解，调解达不成协议的，应当裁定撤销原判决、裁定、调解书，发回一审法院重审，重审时应当列明第三人。

（6）在执行程序中，第三人提起撤销之诉后，对生效判决、裁定、调解书未中止执行，第三人提出执行异议的，法院应予审查。第三人不服驳回执行异议裁定，申请对原判决、裁定、调解书再审的，法院不予受理。

案外人对驳回执行异议裁定不服，认为原判决、裁定、调解书内容错误，损害其合法权益的，应当根据《民事诉讼法》第238条申请再审，若提起第三人撤销之诉，则不予受理。

第四编　民事诉讼证明

第 十 一 章

证明总论

对判决事项或者要件事实应当适用严格证明和完全证明，对裁定事项通常采用自由证明和说明。民事诉讼证明的主要价值是"实现真实"，在制度上体现为对案件事实真实性的证明应当达到"高度可能性"的证明标准。

第一节　民事诉讼证明的内涵和分类

一、民事诉讼证明的内涵

民事诉讼证明包括证明的过程和证明的结果，是指在民事诉讼中依法运用证据来确认案件事实真伪的过程或者结果（民事诉讼证明的基本内容如下图所示）。

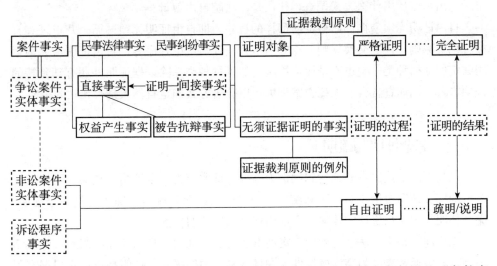

（1）民事诉讼证明的对象是真实性未确定或者当事人之间存在争议的"案件事实"，即"证明对象"或称"待证事实"。

（2）民事诉讼证明是运用证据证明案件事实的过程，所以应当遵循"证据裁判原则"和法定的诉讼证明程序。

（3）民事诉讼证明所要达到的结果或者目的是，按照"证明标准"，利用证据确认案件事实的真实性，为法院作出裁判提供事实方面的根据。

二、严格证明与自由证明

以是否利用法定的证据种类并且是否遵循法定的正式的证明程序为标准，诉讼证明分为严格证明与自由证明。

严格证明是指应当利用法定的证据种类并且应当遵循法定的证明程序所进行的证明。"法定的证据种类"包括当事人的陈述、书证、物证、视听资料、电子数据、证人证言、鉴定意见和勘验笔录（《民事诉讼法》第 66 条）。严格证明程序（包含在争讼程序中）大致包括提供与交换证据（主要存在于审前准备阶段）、当事人质证与法官认定证据（存在于法庭调查阶段）、当事人辩论与法官采信事实（存在于法庭辩论阶段）。

严格证明是以慎重的程序来确认案件事实的真实性，即在合乎法治原则的程序中发现真实。若未遵循公开审理、直接言词等原则，未保障原告与被告之间的平等对抗，或者未经双方当事人质证与辩论程序（对审原则），则构成上诉和再审的理由。

与严格证明不同，自由证明无须运用法定的证据种类或者无须遵循严格证明程序，侧重于证明的快捷性以避免诉讼迟延。在进行自由证明时，证据是否在法庭上出示，出示以后用什么方式调查，往往是由法院自由裁量。

自由证明无须遵循如严格证明那样的程序，即自由证明无须遵循公开审理和直接言词等原则、证据交换规则、双方当事人质证与辩论程序等。自由证明虽无须运用法定的证据种类，但也不排斥运用法定的证据种类，除证据证明外还有其独特的证明方式（比如宣告自然人死亡案件中，以公告方式确定自然人是否死亡的事实）。

三、完全证明与疏明

以是否需要使法官心证达到确信为标准，证明分为完全证明（狭义证明）与疏明，即广义证明包括完全证明和疏明。当证明与疏明相称时，证明是指完全证明。完全证明与疏明都属证实，但完全证明标准高于疏明标准。[①]

完全证明是指让法官"确信"案件事实为真的证明，其标准在我国和大陆法系民事诉讼中通常表述为高度概然性。在日本和德国等国家，疏明是指法官根据有限

---

① 有日本学者用比喻性的数字来说明，即"证明必须获得 80% 以上的心证，疏明则达到 55% 左右即可"（［日］高桥宏志：《民事诉讼法重点讲义》，37 页，北京，法律出版社，2021）。

的证据可以"大致推断"案件事实为真的证明,采用优势概然性标准(大致真实)。疏明多使用立即利用的证据(例如申请正在法庭上的人作证,提交现在所持有的文书等)[1],也可以运用法定种类的证据。

对于疏明,我国现行法律和司法解释多使用"说明"。比如,《民事诉讼法》第48条规定:当事人提出回避申请,应当说明理由;第68条规定:当事人逾期提供证据的,法院应当责令其说明理由。《民诉解释》第340条第2款规定:当事人推翻其在第一审程序中实施的诉讼行为时,法院应当责令其说明理由。

对于疏明,我国现行法律和司法解释也有使用"证明"。比如,《民法典》第997条规定对人格权侵害禁令申请理由的"证明"[2];《互联网法院》第17条第2款第2项规定:受送达人的媒介系统反馈受送达人已阅知,或者有其他证据可以证明受送达人已经收悉的,推定完成有效送达,但受送达人能够证明存在媒介系统错误、送达地址非本人所有或者使用、非本人阅知等未收悉送达内容的情形除外。

四、严格证明和完全证明的适用

虽然严格证明与自由证明的分类指向证明的过程,而完全证明与疏明的分类指向证明的结果,但是,由于诉讼证明过程与结果之一体性要求,严格证明与完全证明的对象(证明责任的适用对象)基本一致(均为民事争讼案件的实体要件事实),从而决定了两者对于证据种类、证明程序和证明标准的要求也基本一致。

争讼案件的实体事实真实与否直接决定当事人的实体权益能否得到保护,为慎重起见应当采用严格证明和完全证明。严格证明程序构成争讼程序的主要内容,对审原则要求在双方当事人之间质证和辩论的基础上作出实体判决,所以,在外国民事诉讼中,严格证明程序或者争讼程序又被称为"判决程序"。

---

① 比如,《德国家事事件及非讼事件程序法》第31条规定:"对事实主张应当疏明的人,可以使用一切证明手段,也允许使用代宣誓的保证。在疏明中,不允许无法即时进行的证据调查。"《日本民事诉讼法》第188条规定:"疏明,应以能即时调查的证据进行。"《德国民事诉讼法》第294条规定:"(一)对于某种事实上的主张应该疏明的人,可以使用一切证据方法,也准许用保证代替宣誓。(二)不能即时进行的证据调查,不得采用。"
　　当疏明缺乏证据时,有些国家的诉讼法规定:法院根据情况允许当事人以寄存保证金或者宣誓替代自由证明或者释明,若以后发现其所主张的事实是虚假的,则没收保证金或者处以罚款。比如,《德国家事事件及非讼事件程序法》第31条的规定。《日本旧民事诉讼法》第268~270条规定了以上做法。不过,在日本,由于实务中几乎不利用以上规定,所以在1996年予以废止。参见〔日〕新堂幸司:《新民事诉讼法》,373页,北京,法律出版社,2008。
② 该条规定:"民事主体有证据证明行为人正在实施或者即将实施侵害其人格权的违法行为,不及时制止将使其合法权益受到难以弥补的损害的,有权依法向人民法院申请采取责令行为人停止有关行为的措施。"

五、自由证明和疏明的适用

对于自由证明的对象，大陆法系立法尚未明确规定，通说认为，主要有：（1）无须言词辩论的程序事项；（2）法官职权调查事项（比如诉讼要件，需要查明的经验法则、地方习惯、行业习惯等）；（3）诉讼费用救助的决定等。

疏明或者说明的对象应当限于法律的明文规定（旨在防止法院随意降低证明标准）。在大陆法系，疏明的对象包括回避事由、诉讼费用额、诉讼费用救助原因、期间迟误原因、证人拒绝作证理由、证据保全理由、假扣押和假处分理由、假执行理由、辅助参加诉讼理由、公示催告理由、第三者请求阅览法庭记录的条件（第三者与案件有法律上的利害关系）等。

考虑到自由证明和疏明的合理性，我国民事诉讼法将来应当规定自由证明和疏明的适用对象①，主要有：②

（1）法院裁定事项和及时救济事项（适用自由证明和疏明标准）。法院裁定主要解决程序问题、急需处理事项（证据保全等）、临时救济事项（财产保全和行为保全）（参见《证据规定》第 86 条第 2 款等）。及时救济事项包括人身安全保护令③、人格权侵害禁令等。

（2）非讼案件事实（适用自由证明和完全证明标准）。非讼案件中不存在争议，多数情况下案情比较简单，所以非讼程序多简易快捷；非讼程序中不存在双方当事人言词质证和言词辩论程序，通常只需书面审查。非讼案件的非争议性和简单性决定了只能或者只需适用自由证明，但是应当适用完全证明标准，否则可能作出实体错误的裁判。

（3）要求快速处理的决定事项（适用自由证明和疏明标准）。比如，申请延长期间的理由、申请回避的理由、诉讼费用救助的理由、证人拒绝作证的理由、妨害民事诉讼行为的事实④等。

（4）经验法则、地方习惯、行业习惯等作为实体争议事项，争议不大的，仅需自由证明（但应遵循完全证明标准）；争议较大的，应当适用严格证明和完全证明标准。

自由证明程序无须遵循对审原则，不以当事人言词质证和言词辩论为必要或者

---

① 在大陆法系，自由证明与严格证明均属证明，确信程度并无差异，自由证明标准并未降低。参见［日］新堂幸司：《新民事诉讼法》，373 页，北京，法律出版社，2008；［德］罗森贝克等：《德国民事诉讼法》，815 页，北京，中国法制出版社，2007。
② 笔者主张，法院裁定事项、法院决定事项一般不宜作为证明责任的对象，应当作为疏明责任的对象，即由提出利己事实的当事人对此类事实承担提供证据加以释明的责任。
③ 《人身安全保护》第 6 条第 1 款规定：法院根据相关证据，认为申请人遭受家庭暴力或者面临家庭暴力现实危险的事实存在较大可能性的，可以依法作出人身安全保护令。
④ 处以罚款或者拘留的，应当适用完全证明，通常是高度可能性标准。

无法适用当事人言词质证程序和言词辩论程序，所以，在外国民事诉讼中，自由证明程序又被称为"裁定程序"。

对严格证明与完全证明的事项只能采行严格证明和完全证明标准，否则，构成上诉和再审的理由；但是，对于自由证明和疏明的对象，即使采行严格证明和完全证明标准，也不违法，不过，会产生诉讼迟延、提高诉讼成本。

第二节　证据裁判原则

一、证据裁判原则的主要内容

在证据裁判原则（证据裁判主义）之下，何项事实由谁负责提供证据，由辩论主义和职权探知主义来解决。证据裁判原则要求当事人和法官运用物证、书证、证人证言和鉴定意见等具有"证据能力"的证据来证明或者采信案件事实。其主要内容如下：

（1）原则上无证据不得采信或者认定事实，即应当运用证据来证明案件事实。准确地说，证据裁判原则主要适用于严格证明事项（争讼案件的实体要件事实）。证据裁判原则对法官心证构成一定的制约，"证据"是法官心证形成的主要原因，故被称为"证据原因"。

（2）被法院采信或者用来认定事实的证据应当具有证据能力。通常情况下，同时具备关联性、真实性和合法性的证据才具有证据能力（可采性），才能作为法院认定案件事实的根据。证据裁判原则是对证据"质"的规定性的要求，即证据具有证据能力（可采性）。至于证据"量"的规定性（证明力的大小），属于自由心证原则的规范内容。[①]

（3）法院违背证据裁判原则的，构成上诉理由和再审事由。法院违背证据裁判原则实际上是没有使用证据或者没有使用具有证据能力的证据来采信事实，其判决没有事实根据或者以虚假事实为根据，应当为上诉理由和再审事由。

我国民事诉讼法和司法解释中虽无证据裁判原则之名但有其内容，比如：法院

[①] 笔者曾将"要求法院应当运用经过法定的'证据调查程序'后具有'证据能力'的证据（'出于审判庭'的证据）来认定案件事实"作为证据裁判原则的内容。广义的证据调查程序包括提供与交换证据、当事人质证和法官判断证据，狭义的仅包括当事人质证和法官判断证据。鉴于证据调查程序的内容包括当事人质证权的内容，现将其作为诉讼参与原则的内容而不作为证据裁判原则的内容。
促成法官心证形成的资料或者原因包括法庭调查和法庭辩论的全部内容，即在法庭调查和法庭辩论过程中所出现的一切资料，主要是通过合法证据调查程序所获得的本案所有证据资料；还包括除证据资料外的其他全部资料，如当事人违背真实义务作出的陈述、当事人和证人的肢体语言所透出的信息等（参见直接言词原则）。"证据"在作为法官心证形成的资料或者原因时，被称为"证据原因"。现代诉讼中，由于采行证据裁判原则，所以证据在确认案件事实和形成法官心证方面具有不可替代的作用。

应当以证据能够证明的案件事实为根据依法作出裁判（《证据规定》第 85 条第 1 款）；当事人对自己提出的诉讼请求所依据的事实或者反驳对方诉讼请求所依据的事实，应当提供证据加以证明，但法律另有规定的除外（《民诉解释》第 90 条第 1 款）；"原判决、裁定认定事实的主要证据是伪造的""原判决、裁定认定的基本事实缺乏证据证明的"为再审事由（《民事诉讼法》第 211 条）等。

二、证据裁判原则的例外

"无须证据证明的事实"是证据裁判原则和证明责任的适用例外，所以立法应当予以明文规定。① 比如，《民事诉讼法》第 72 条和《公证法》第 36 条规定：公证的法律事实和文书，应当作为认定事实的根据，但有相反证据足以推翻公证证明的除外。②

依据《民诉解释》第 92 条和《证据规定》第 3～9 条等，当事人诉讼上自认的事实无须证据证明仅适用于民事私益案件。司法认知事实、推定事实、已决事实作为无须证据证明的事实普遍适用于民事私益案件和民事公益案件。因此，《民诉解释》《证据规定》将当事人诉讼上自认的事实单独规定，不过，笔者认为，宜放在其他无须证据证明的事实之后。

依据《民诉解释》第 93 条和《证据规定》第 10 条等，当事人无须举证证明下列事实：（1）自然规律以及定理、定律；（2）众所周知的事实；（3）根据法律规定推定的事实；（4）根据已知的事实和日常生活经验法则推定出的另一事实；（5）已为仲裁机构生效裁决所确认的事实；（6）已为法院发生法律效力的裁判所确认的基本事实；（7）已为有效公证文书所证明的事实。上述（2）～（5）项事实，当事人有相反证据足以反驳的除外；（6）（7）项事实，当事人有相反证据足以推翻的除外。③

无须证据证明的事实由于其真实性已被确定或者不存在合理争议而无须证据证明。无须证据证明的事实也有可能是虚假的或者有争议的，所以应当允许并保障当事人对无须证据证明的事实提出异议或者提出反证。若当事人提出合法异议、提出充足反证、发现新的事实、撤回诉讼上自认等，则"无须证据证明的事实"成为证

---

① 由于无须证据证明的事实是证据裁判原则和证明责任的例外，为防止法官随意扩大无须证据证明的事实范围，笔者认为，对无须证据证明的事实的范围应当采取法律明定原则，由司法解释规定有轻率之虞，并且没有规定无须证据证明的事实的适用程序规则实为立法上的漏洞。

② 《关于审理商标案件有关管辖和法律适用范围问题的解释》（法释〔2002〕1 号）（2020 年修改）第 10 条规定：人民法院受理的侵犯商标权纠纷案件，已经过行政管理部门处理的，人民法院仍应当就当事人民事争议的事实进行审查。

③ 笔者认为，民事诉讼中，无须证据证明的事实包括法院司法认知事实［上述（1）（2）（7）项］、推定事实［上述（3）（4）项］、已决事实（或预决事实）事实［上述（5）（6）项］、当事人诉讼上自认的事实。此四者有各自的规范内容、法律特征和适用规则。

明对象。[1]

第三节 实现真实与证明标准

一、实现真实

"实现真实"是民事诉讼证明努力实现的价值之一。我国诉讼法向来追求客观真实（绝对真实），即案件事实的本来面目。从应然的角度来说，民事诉讼不应放弃客观真实的理念。从能为或者实然的角度来说，法院判决所依据的真实事实是客观真实的"折扣"，属于与客观真实有差距的"法律真实"（属于"相对真实"），是"法律"（合法性）与"真实"（真实性）的整合，系指法院判决所依据的案件事实应当符合实体法和程序法的有关规定，达到从法律的角度来衡量为真实的程度。其主要根据有：

（1）认识论方面的根据。法院判决所依据的真实事实是当事人证明的结果和法官认知的结果，是客观事实转化为当事人和法官主观上认识的事实。法谚云："法律为未来作规定，法官对过去作判决。"诉讼证明属于历史证明，证明过去发生的案件事实。法官与历史学家相同的是理解过去发生之事，然后向人们作出解释。[2]

诉讼证明既然是主观认识和历史证明，就必然受到主、客观因素的制约，比如认识主体的利益偏向、科技水平和认识能力、证据的灭失变异、证据遗存的偶然、语言的多义或者语义的模糊等，均能导致诉讼证明不能完全恢复案件事实的本来面目。即便是科学领域也只存在相对真理，更何况诉讼证明还受制于其他因素（比如法律规定和诉讼程序等）。

（2）实体法方面的根据。法院判决所依据的事实是经过法律评价或者被"过滤"过的案件事实，即"裁判事实"（属于"规范事实"）。民事诉讼的严格规范性要求法官根据实体法律规范构成要件，对错综复杂、繁多凌乱的客观事实进行整理，使其完整化、连贯化、条理化、明晰化而被载于判决之中，作为法院判决当事人胜诉或者败诉的根据。

"法律不理会琐细之事。""法官不理会琐细之事。"这两句法律格言的意思是，法律不规定和法官不考虑过于轻微或者琐细的事项，而规定和处理法律价值和社会意义较为重大的必要事项，由此实体法关注规范构成要件事实，比如对于一般侵权损害案件，法律和法官关注的是侵权损害赔偿的构成要件事实和抗辩要件事实。

（3）程序法方面的根据。客观事实转化为裁判事实，应当经过诉讼证明的过程。在诉讼证明的过程中，当事人主张事实、证明事实与法官采信事实均受制于诉

---

[1] 笔者认为，若法院剥夺或者限制当事人对无须证据证明的事实提出反证或者合法撤回自认的机会，或者违反司法认知、推定、事实已决、诉讼上自认的程序规则，则为上诉理由。

[2] 参见［美］柯文：《历史三调：作为事件、经历和神话的义和团》，杜继东译，3页，南京，江苏人民出版社，2000。

讼证明的价值、原则和规则。这些价值追求和原则、规则一方面维护真实的实现，另一方面为维护更高的价值利益而不得不放弃或者限制某种真实。

诉讼不能为实现真实而不计成本，应当在真实和效率之间谋求均衡。并且，维护既判力原则和非法证据排除规则、证言豁免规则等，为实现更高的价值利益，而不得不在一定程度上牺牲真实。同时，处理私人纠纷的民事诉讼，尊重当事人的处分自由，将主张事实和提供证据交由当事人负责和处分，当事人有可能没有主张全部事实或者提供全部证据。

根据民事诉讼或者法院判决的正当性要求，作为判决依据的事实应当是值得当事人和一般人认为真实的案件事实。在统计意义上，法律真实在多数情况下若不能与客观真实基本一致，判决所依据的法律真实标准就会失去正当性。事实上，诉讼原则、证据规则、证明规则和证明程序，均是围绕着使裁判所依据的事实尽可能地接近客观真实来设立的。

二、证明标准

此处的证明标准（或称证明要求）是广义的，包括完全证明标准与疏明（或说明）标准，是指当事人提供证据对案件事实真实性的证明应当达到的程度或者要求，也是法官确定案件事实是否真实的标准。证明标准是对案件事实（真实性的）证明程度的最低要求。

通过考察相关司法解释的规定，笔者认为，我国已经建构起比较合理的证明标准体系，即对不同的案件事实应当适用相应的证明标准，由高到低分别是排除合理怀疑、高度可能性、较大可能性、真伪不明和关联性。

（一）排除合理怀疑

《民诉解释》第 109 条和《证据规定》第 86 条第 1 款规定：当事人对欺诈、胁迫、恶意串通事实的证明，以及对口头遗嘱或者赠与事实的证明，法院确信该待证事实存在的可能性能够排除合理怀疑的，应当认定该事实存在。[1]

在我国，对排除合理怀疑标准[2]的规定和适用，虽有质疑[3]，但确有其合理之

---

[1] 《关于审理独立保函纠纷案件若干问题的规定》（法释〔2016〕24 号）（2020 年修改）第 20 条规定："人民法院经审理独立保函欺诈纠纷案件，能够排除合理怀疑地认定构成独立保函欺诈，并且不存在本规定第十四条第三款情形的，应当判决开立人终止支付独立保函项下被请求的款项。"

[2] "排除合理怀疑"中的"合理怀疑"虽然不可能被明确定义，但是它是一种根据普遍接受的经验法则而被认为有合理的可能性或者概然性的怀疑。"排除合理怀疑"是指法官对要件事实的"确信"，"达到不允许相反事实可能存在的程度"，实际上是要求作为判决根据的要件事实最大限度地接近客观存在的自然事实（也即案情的本来面目）。

[3] 参见刘学在、王静：《民事诉讼中"排除合理怀疑"证明标准评析》，载《法治研究》，2016（4）；李益松：《论民事诉讼"排除合理怀疑"证明标准》，载贺荣主编：《深化司法改革与行政审判实践研究》（上），北京，人民法院出版社，2017，等。

处①，即一方面，出于证明标准规范与实体法规范相衔接的考虑，创设比高度可能性更高的证明标准，用以回应实体法对特殊要件事实真实性的更高要求②；另一方面，借鉴比较法经验，在我国民事诉讼中构建层次化的证明标准体系。③

（二）高度可能性

《民诉解释》第 108 条第 1 款规定：对负有举证证明责任的当事人提供的证据，法院经审查并结合相关事实，确信待证事实的存在具有高度可能性的，应当认定该事实存在。高度可能性相当于大陆法系高度概然性，是指法官能够从证据中获得事实"极有可能如此"的心证，虽然还不能够完全排除其他可能性（其他可能性在缺乏证据支持时可以忽略不计），但是已经能够得出"待证事实十之八九是如此"的结论。④

英美法系民事诉讼通常的证明标准是"优势概然性"，主要适用于普通民事诉

---

① 参见沈德咏主编：《最高人民法院民事诉讼法司法解释理解与适用》，361～362 页，北京，人民法院出版社，2015。

② 提高欺诈、胁迫、恶意串通事实的证明标准，反映了实体法相关规定的目的。发生了欺诈、胁迫、恶意串通的行为，就会产生相应的实体法效果，导致现有的法律关系被撤销或为无效，所以从维护法律秩序的稳定性、保障交易安全的民商事立法目的来看，需要对这些事实适用更高的证明标准。参见江必新主编：《新民诉解释法义精要与实务指引》（上），231 页，北京，法律出版社，2015。

此外，基于欺诈、胁迫、恶意串通的事实提起诉讼的，若法官对其真实性形成内心确信而判决撤销已经成立的民事法律行为或者判决其无效，则被告可能面临更为严厉的刑事责任，所以应当对前述事实提出更高的证明标准。参见牟军：《民事证明标准论纲——以刑事证明标准为对应的一种解析》，载《法商研究》，2002（4）。

遗嘱对于家庭的重要性不言自明，而口头遗嘱往往是立遗嘱人在危急情况下口述的，往往没有事后可感知的载体以供确认，其真实性难以确定，所以对口头遗嘱事实应当适用更高的证明标准以示慎重。口头赠与事实容易捏造，不可轻易认定；并且即使口头赠与事实未被法官认定，由于赠与这种无偿单务的法律行为不需付出对价，对被赠与人来说损失的仅仅是期待利益和信赖利益，相对于赠与人来说，被赠与人的损失更容易接受。参见江必新主编：《新民诉解释法义精要与实务指引》（上），231～232 页，北京，法律出版社，2015。

③ 在美国民事诉讼中，"明晰可信"（clear and convincing）标准对真实性的要求高于优势概然性而低于排除合理怀疑，相当于我国的高度可能性标准，适用于有关剥夺公民基本权利、监护权、欺诈指控、有关撤销或者变更书面交易等特殊案件。参见［美］约翰·W. 斯特龙主编：《麦考密克论证据》，657～658 页，北京，中国政法大学出版社，2004。

就欺诈指控而言，证明"存在欺诈"比证明"存在过失"要求更高的概然性。其主要原因有：（1）"诚实和公平交易的推定"，即推定所有人都是诚实的，所有交易都是公平的。要推翻这个推定，则应当达到"明晰可信"标准。（2）"罪犯印象"，即当法院认定某个人有欺诈行为时，该人可能会被他人认为是个罪犯，所以对"存在欺诈"之证明须达"明晰可信"标准。See Roger D. Colton, "Heightening the Burden of Proof in Utility Shutoff Cases Involving Allegations of Fraud", *Harvard Law Journal*, Vol. 33, 1990, p.137.

④ "可能性"与"概然性"（又译为"盖然性"）含义相同，"概然性"是指某个事物存在或者发生的"可能性"，在英美法中均用 probability。

讼案件。[1] 与高度概然性相比，优势概然性对要件事实（或者争点事实）真实性的要求低一些，可表述为"事实的存在比不存在更有可能"[2]，只需要法官的信任度达到或超过 51％即可。[3]

（三）较大可能性

《证据规定》第 86 条中表述为"（法院）认为有关事实存在的可能性较大的，可以认定该事实存在"。较大可能性相当于英美法系的优势概然性。

较大可能性标准主要适用于说明对象和初步证明事项。对于初步证据或者初步证明，我国现行法律和司法解释已有诸多明确规定，比如《民法典》第 831、1195、1196 条，《反不正当竞争法》第 32 条，《关于审理侵犯专利权纠纷案件应用法律若干问题的解释（二）》（法释〔2016〕1 号）（2020 年修改）第 27 条，《公司法规定四》第 7 条第 2 款等。

初步证据证明事项实际上就是初步证明事项，均应适用较大可能性标准。其理由是适当降低原告（被害人）对民事权益产生的部分要件事实的证明标准或者证明难度，从而合理平衡双方当事人之间的利益分配。比如，《关于审理食品药品纠纷案件适用法律若干问题的规定》（法释〔2021〕17 号）第 5 条第 2 款规定：消费者仅须初步证明损害与食用食品或者使用药品存在因果关系（但是食品、药品的生产者、销售者能证明损害不是因产品不符合质量标准造成的除外）。

法律和司法解释规定初步证据或者初步证明还有其他理由。比如，将"有公共利益受到损害或者具有损害公共利益重大风险的初步证据"作为提起公益诉讼的条件[4]，其主要理由是：应当慎重提起公益诉讼，防范滥用民事公益诉权。当然，

---

① 有关导致两大法系通常证明标准不同的原因，英美法系相关论著作过分析。有学者认为，主要原因是两大法系对民事诉讼价值的认识不同。英美法系普遍认为，民事诉讼仅承载着金钱价值。大陆法系普遍认为，民事诉讼除承载金钱价值外，还承载着人格尊严与人格自由，即使是金钱本身也是非常重要的，因为在现代社会，金钱所折射出来的内容已经远远超过了金钱的本身，已经辐射到人的尊严、地位、价值等方面。因此，大陆法系对民事诉讼价值的"高看一眼"致使其确立了较高的证明标准。See Kevin M. Clermont & Emily L. Sherwin, "A Comparative View of Standard of Proof", *Am. J. Comp. L.*, 2002, p. 50.
另有学者认为，两大法系民事诉讼制度的差异也是其重要原因。英美法采用的是纯粹的对抗制诉讼（adversary system），对证据的调查与收集完全系于当事人，为减轻当事人的负担，采用较低的证明标准。See Mirjan R. Damaka, *Evidence Law Adrift*, Yale University Press, 1997, p. 232.
在 21 世纪之初美国发生金融风暴之后，有学者认为："现在看来，金钱是很重要的，如果失去金钱，我们同时会失去家庭、失去社会地位，甚至会失去生命。看来，我们不能对民事诉讼过于轻率了，是时候提高民事诉讼证明标准了。"（Kevin M. Clermont & Emily L. Sherwin, "A Comparative View of Standard of Proof", *Am. J. Comp. L.*, 2002, p. 132.）
② 《美国模范证据法典》（Model Code of Evidence）规则 5（1）规定："Finding a fact means determining that its existence is more probable than its non-existence . . ."
③ Rosamund Reay, *Evidence*, OLD Bailey Press, 1999, p. 96.
④ 参见《民诉解释》第 282 条、《环境公诉》第 8 条、《关于审理消费民事公益诉讼案件适用法律若干问题的解释》（法释〔2016〕10 号）（2020 年修改）第 4 条和《关于检察公益诉讼案件适用法律若干问题的解释》（法释〔2018〕6 号）（2020 年修改）第 14 条等。

"有初步证据"作为"起诉条件"所应达到的标准即初步证明标准（较大可能性标准），应当不同于实体判决的证明标准（通常为高度可能性标准），否则会不当阻碍提起公益诉讼。[①]

（四）真伪不明

真伪不明标准适用于反证，作为反证成功的标准。[②]《民诉解释》第 108 条第 2 款规定：对一方当事人为反驳负有举证证明责任的当事人所主张事实而提供的证据，法院经审查并结合相关事实，认为待证事实真伪不明的，应当认定该事实不存在。反证的证明标准明显低于本证的证明标准（法官内心"确信"），条文用的是"认为"而非"确信"，并且条文明确规定反证的证明标准是"真伪不明"。

"排除合理怀疑""高度可能性"属于完全证明标准（对应法官内心"确信"），均适用于案件要件事实或者直接事实的"本证"，其"反证"则适用"真伪不明"标准（对应法官内心"半信半疑"）。比如，根据"谁主张谁证明"规则，对权益产生要件事实，原告承担证明责任。不管被告是否反证，原告也应提供充足的本证，否则在案件审理终结时，其真实性没有达到证明标准而处于伪或真伪不明时，法官就不予采信。若被告反证导致权益产生要件事实处于真伪不明状态，则反证成功，法官不予采信。

（五）关联性

《生态环境证据》第 5 条第 1 款规定：原告应当提供"被告行为与损害之间具有关联性的证据"。此款规定并未突破《民法典》第 1230 条对因果关系举证责任倒置的规定。[③]

前述规定旨在平衡原告与被告之间在因果关系上的证明负担，原告所要证明的"关联性"并非环境污染责任的独立构成要件，而是因果关系证明责任倒置规定的适用前提。因此，"关联性"宜为低度盖然性。[④]

---

① 【最高人民法院指导案例 150 号】中国民生银行股份有限公司温州分行诉浙江山口建筑工程有限公司、青田依利高鞋业有限公司第三人撤销之诉案中，法院认为，起诉条件与实体判决的证据要求存在区别。

② 日本等国家的法律要求，对法律推定，反证成功的标准是使法官确信推定事实不存在，而对事实推定的反证，仅需达到使法官产生怀疑的证明程度（通常是真伪不明）。

③ 《民法典》第 1230 条规定："因污染环境、破坏生态发生纠纷，行为人应当就法律规定的不承担责任或者减轻责任的情形及其行为与损害之间不存在因果关系承担举证责任"。此条将污染行为与损害之间因果关系倒置给被告污染者证伪。

④ 参见沈德咏主编：《最高人民法院环境侵权责任纠纷司法解释理解与适用》，86～93 页，北京，人民法院出版社，2016。
《生态环境证据》第 5 条第 1 款的内容早就由《关于审理环境侵权责任纠纷案件适用法律若干问题的解释》（法释〔2015〕12 号）（已被《生态环境侵权》废除）第 6 条作出规定。

民事诉讼证明标准通常是高度可能性，其他证明标准属于特殊标准，通常应由法律和司法解释明文规定才能适用。[①] 在法律和司法解释没有明文规定的情形中，为实现裁判公正，根据比例原则，对特殊的事实应适用特殊证明标准的，法官应当作出充分说理。法官违法降低法定证明标准的，笔者认为，应构成当事人异议、上诉或者再审的事由。

对用来证明要件事实或者直接事实的"间接事实"和本证的"辅助事实"应当适用与要件事实或者直接事实相同的证明标准。间接事实、辅助事实的证明标准唯有与其要件事实或者直接事实的证明标准相同，才能保障要件事实或者直接事实的真实性达到证明标准。

[①] 笔者对证明标准列出大致相应的百分比（虽然不够准确但是便于理解）："排除合理怀疑"即真实性至少是 95%；"高度盖然性"即真实性至少是 80%；"优势盖然性"即真实性至少是 51%；"真伪不明"即真实性是 50%；"关联性"即真实性大致为 30%～49%。

第 十 二 章

证明什么：证明对象

现代民事诉讼遵行证据裁判原则，即要求当事人和法院运用具有证据能力的证据来证明或者认定案件事实。证明对象是需要运用证据加以证明的案件事实，包括要件事实（直接事实）、间接事实和辅助事实。司法认知的事实、裁判已决（预决）的事实、法官推定的事实、当事人诉讼上自认的事实，为无须证据证明的事实，属证据裁判原则的法定例外。

第一节　证明对象

一、证明对象的含义

作为法院裁判根据的案件事实，可被称为"裁判事实"（属于规范事实或者法律事实），即法官依据相应的法律规范取舍、评价过的生活事实或者自然事实，能够产生相应的法律后果。在裁判事实中，有些需要证据来证明，而有些无须证据证明。

广义的证明对象包括：（1）严格证明的对象和完全证明的对象，即争讼案件的实体事实，是主要的证明对象，也是通常意义上的证明对象，遵行证据裁判原则。（2）自由证明和说明的对象，主要包括法院裁定事项和非讼案件事实等。

严格证明对象（待证事实）是需要证据来证明的具有法律意义的案件事实。成为证明对象的事实：（1）应当具有法律意义，即能够导致某项民事权益产生、妨碍、阻却或者消灭的事实（或者能够导致某项民事法律关系产生、变更或者消灭的事实）；（2）有必要利用证据加以证明，即真实性尚未确定或者存在争议的事实。

司法认知的事实、已决（预决）的事实、推定的事实、当事人诉讼上自认的事实等无须证据证明的事实（毋庸证明的事实），其真实性已被确定或者不存在争议，其提出者无须提供证据予以证明，此属证据裁判原则的法定例外情形。但是，若对方当事人提出充足反证、发现新的事实或者撤回自认，则此类事实成为证明对象。

二、要件事实·间接事实·辅助事实

大陆法系和我国通常将案件事实分为要件事实（直接事实）、间接事实和辅助事实（补助事实）等，英美法系通常将案件事实分为争点事实、与争点相关的事实和附属事实。间接事实或者与争点相关的事实、辅助事实或者附属事实均受直接事实或者争点事实支配。有关直接事实、间接事实和辅助事实之间的关系，如下图所示。

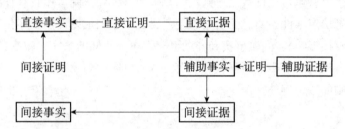

通常，关于要件事实或者直接事实在起诉或答辩时主张，在法庭审理阶段可以适时补充；关于间接事实在举证时限内提供，有正当理由的，在法庭审理阶段可以提供；关于辅助事实在质证或法庭调查阶段提供。对间接事实和辅助事实的证明在质证阶段（法庭调查阶段）进行，对要件事实或者事实的证明在法庭辩论阶段进行。

（一）要件事实或者直接事实

要件事实在案件中的具体化即"直接事实"，比如环境侵权诉讼中被告某造纸厂向外排放污水为直接事实，是作为要件事实之一的加害行为在本案中的具体化。

要件事实或直接事实是直接导致民事权益产生（或发生）、妨碍、阻却或者消灭的事实，包括权益产生（或发生）事实、权益妨碍事实、权益阻却事实和权益消灭事实。此处的"权益"既指民事实质权（财产权和人身权）及正当民事利益，又指请求权、支配权、形成权和抗辩权。①

---

① 英美法中，争点事实（facts in issue）或者结局事实（ultimate facts）与大陆法系的要件事实或者直接事实是相通的，通常包括：（1）诉因（cause of action）的构成事实，实际上是权益产生要件事实，通常是指"产生法律效果的总体事实"（aggregate of operative facts），据此，当事人可从法院获得救济。（2）被告抗辩的构成事实，实际上是权益妨碍、阻却和消灭的要件事实。See *Black's Law Dictionary*, 11th edition, Thomson Reuters, 2019, p. 275.

对我国现行民事诉讼法和司法解释中的"基本事实"①，《民诉解释》第333条解释为"用以确定当事人主体资格、案件性质、民事权利义务等对原判决、裁定的结果有实质性影响的事实"。前述解释不易理解且不具可操作性。《民诉解释》第91条将"基本事实"与当事人之间民事法律关系产生、变更、消灭或者权利（益）受到妨害联系在一起，即基本事实是民事法律关系产生、变更、消灭或者权利受到妨害的事实。因此，就内涵和效力而言，基本事实实际上是要件事实或者直接事实。实务中，"基本事实"也被解释为要件事实或者直接事实。②

1. 民事权益产生的要件事实或者直接事实

在大陆法系，民事权益产生的要件事实或者直接事实被称为"诉的原因"或者"诉的原因事实"（简称"诉因"），是直接支持原告民事权益主张（或者诉讼标的和诉讼请求）的事实。

民事权益产生的要件事实或者直接事实包括如下两类：

（1）民事法律事实——其发生使当事人获得民事实质权，如合法继承（取得所有权）、签订合同（形成合同关系）等。

民事权益产生包括权益绝对产生和相对产生：前者是指民事权益独立地、不依附于既存的其他权益而产生（权益的原始取得），如先占无主物而取得所有权，依善意取得制度而取得动产所有权等；后者是指权益的继受取得或者传来取得，如因债权让与而取得该债权，所有权人在自己的所有物上为他人设定用益物权或者担保物权等。

（2）民事纠纷事实——民事实质权受到侵害或者发生争议的事实（如侵权事实或者违约事实），产生民事救济权③，比如，受害人因侵权行为受到损害而产生侵权损害赔偿的请求权，并且产生具体的民事诉权或者仲裁请求权等。④

---

① 比如，《民事诉讼法》第40条第2款规定："适用简易程序审理的民事案件，由审判员一人独任审理。基层人民法院审理的基本事实清楚、权利义务关系明确的第一审民事案件，可以由审判员一人适用普通程序独任审理。"

再如，《民诉解释》第91条规定："人民法院应当依照下列原则确定举证证明责任的承担，但法律另有规定的除外：（一）主张法律关系存在的当事人，应当对产生该法律关系的基本事实承担举证证明责任；（二）主张法律关系变更、消灭或者权利受到妨害的当事人，应当对该法律关系变更、消灭或者权利受到妨害的基本事实承担举证证明责任。"

② 参见最高人民法院民事审判第一庭编著：《最高人民法院民事诉讼法司法解释理解与适用》（上），317页，北京，人民法院出版社，2015。

③ 民事救济权包括：（1）民事实体救济权，如物上请求权、侵权请求权、违约请求权等；（2）民事纠纷解决请求权，如申请调解权、民事诉权、仲裁请求权（申请仲裁权）等。

④ 《民法典》第1165条第1款规定："行为人因过错侵害他人民事权益造成损害的，应当承担侵权责任。"此条款规定的是过错责任构成要件事实或者说受害人请求权产生要件事实：行为人存在主观过错，有加害行为，存在损害后果，加害行为与损害后果之间存在因果关系。

诉的利益在原告主张的实体权益或者实体法律关系现实地受到侵害（包括陷入危险）或者发生争议（包括陷入不安）时才产生，即侵权事实或者纠纷事实使当事人有必要运用诉讼保护权益或者解决纠纷，从而当事人拥有"具体诉权"。

权益产生要件事实中，民事法律事实是基础，无民事纠纷事实则无诉的利益（不能获得诉讼救济，也不能申请仲裁）。原告在诉状或者仲裁申请书中应当同时记载这两类事实。

比如，A 与 B 签订一份货物买卖合同，此为民事实质权产生事实，导致 A 与 B 享有合同权利和承担合同义务。A 按照合同的约定，将货物交付于 B，但是，B 没有按照合同的约定支付货款。此为民事纠纷事实，使 A 拥有实体救济权（给付货款的请求权）和纠纷解决请求权（申请调解权、申请仲裁权、民事诉权等）。

在 A 诉 B 货物买卖合同纠纷案中，原告 A 应在起诉状中记载如下两类要件事实来支持诉讼请求：1）民事（实质权产生的）法律事实，即 A 与 B 签订了一份货物买卖合同；2）民事（救济权产生的）纠纷事实，即 B 没有按照合同的约定向 A 支付货款的违约事实。

2. 被告抗辩的要件事实或者直接事实

被告抗辩的要件事实或者直接事实是指直接推翻原告的实体权益主张（或者诉讼标的和诉讼请求）之事实，包括如下三种[①]：

（1）权益妨碍或者妨害的要件事实或者直接事实——妨碍某项民事权益产生的事实，能够导致某项民事实质权或者民事救济权自始不产生，如民事法律行为不生效事实或者无效事实、免责事由等。

（2）权益阻却或者受制的要件事实或者直接事实——永久或者暂时阻却某项民事权益行使的事实，使某项民事实质权或者民事救济权的行使受到限制。

此类事实主要存在于被告或者债务人行使实体法上抗辩权的场合。抗辩权作为请求权的对立权利，其作用在于防御，所以必待债权人行使请求权，债务人才可行使抗辩权。永久性抗辩权，如债务人因诉讼时效届满而拥有的抗辩权，能够永久排除请求权的行使。延缓性抗辩权如同时履行抗辩权、不安抗辩权、先诉抗辩权等，只能暂时阻止请求权的行使。

（3）权益消灭的要件事实或者直接事实——使既存的民事权益消灭的事实，能够导致业已存在的某项民事实质权或者民事救济权消灭。

民事权益绝对消灭，是权利本身终局地消灭，如物的灭失（使该物的所有权消灭）、履行、提存、抵销、免除、混同、撤销权行使、合同解除、权利滥用、交易

---

① 【习题】甲公司和乙公司签订租赁合同，后来因为国内暴发疫情合同目的无法实现，甲公司向乙公司发出解除合同的通知，乙公司未对此提出异议。后乙公司起诉甲公司要求支付租金，甲公司主张合同已经解除。关于本案表述正确的是？（　　）
A. 甲公司可以抗辩的方式主张解除合同
B. 甲公司可以反诉形式主张合同已经解除
C. 甲公司如果以抗辩的方式解除合同，法院的判决对解除合同有既判力
D. 甲公司如果以反诉的方式解除合同，法院的判决对解除合同有既判力
[2020 年国家统一法律职业资格考试试卷二（真题回忆版）；参考答案为 ABD]

基础丧失[1]等。民事权益相对消灭，实际上是民事权益发生了移转，如房屋买卖完成后，若原所有权人就该房屋提起诉讼，主张所有权，则被告可以提出此种事实抗辩。

3. 特殊诉因和特殊抗辩

在此，仅以《关于知识产权民事诉讼证据的若干规定》（法释〔2020〕12 号）第 5 条的规定，阐释特殊诉因和特殊抗辩。

在确认不侵害知识产权之诉中，原告主张的诉因是：（1）被告向原告发出侵权警告或者对原告进行侵权投诉；（2）原告向被告发出诉权行使催告及催告时间、送达时间；（3）被告未在合理期限内提起诉讼。

针对原告的诉讼请求，被告可以主张存在侵害知识产权的要件事实而进行抗辩。事实上，若确认不侵害知识产权之诉的被告对原告提起了侵害知识产权之诉，则存在侵害知识产权的要件事实为权益产生的要件事实（诉因）。

（二）间接事实和辅助事实

对直接事实或者要件事实的证明，其主要途径有二：（1）利用直接证据来证明；（2）通过间接事实证明。间接事实是不能直接导致某项民事权益产生、妨碍、阻却或者消灭的事实，而是用来推导或者证明直接事实是否存在的事实。间接事实只有在作为证明要件事实真实与否之证明手段的限度内，才构成证明对象。

间接事实的主要作用是证明"直接事实"，即在没有"直接证据"证明"直接事实"时，只得运用"间接证据"证明"间接事实"，多个相关的间接事实形成一个事实逻辑链，以证明直接事实是否存在（所以当事人通常应在举证时限内提供间接事实）。[2]

比如，没有证据来直接证明 B 曾向 A 借款的事实，可以由 A 多次催促 B 还钱的事实和 B 没有拒绝的事实（间接事实），推导出 B 向 A 借过钱的事实（直接事实）。

对"恶意串通"这项要件事实或者直接事实[3]，往往采用间接证明。比如，债务人负有巨额债务，却低价转让其主要资产给关联公司（间接事实），关联公司以明显不合理低价购买其主要资产（间接事实），足以证明债务人与关联公司在签订资产买卖合同时具有主观恶意，属恶意串通（直接事实）。[4]

---

[1] 参见朱岩编译：《德国新债法条文及官方解释》，138～144 页，北京，法律出版社，2003。

[2] 英美法中，与争点相关的事实被用来推导或者证明争点事实是否真实，具有"证据资料"的性质和作用，所以被称为"证据性事实"或者"逻辑上起证明作用的事实"，实际上与大陆法系的间接事实是相通的。

[3] 根据《民法典》第 154 条的规定，行为人与相对人恶意串通，损害他人合法权益的民事法律行为无效。

[4] 相关做法，在（2012）民四终字第 1 号、（2013）民提字第 184 号、（2014）民提字第 138 号、（2015）民一终字第 156 号、（2016）最高法民终 268 号、（2017）最高法民再 345 号、（2018）最高法民终 112 号等民事判决书中均有体现。

辅助事实或者补助事实是用来证明证据能力有无和证明力大小的事实①，例如，证据收集的违法事实（关涉证据能力有无）、证人与原告是亲属的事实（关涉证明力大小）② 等。

法律通常按照要件事实在当事人之间分配主张责任和证明责任。其主要原因如下：

（1）实体法律规定的是要件事实，并非多种多样的间接事实，要件事实的作用是"直接支持"或者"直接推翻"原告的实体权益主张，而间接事实的主要作用是证明直接事实。

（2）"依法审判"决定了诉讼的基本思维方式是三段论式的，即根据大前提（实体法律规范或者要件事实）和小前提（案件事实或者直接事实），推导出结论（判决主文）。

（3）"纲举"——对某项要件事实或者直接事实承担主张责任和证明责任，则"目张"——对支持该项要件事实或者直接事实的间接事实及辅助事实负责主张和证明。③

三、经验法则·地方习惯·行业惯例

（一）经验法则

《民诉解释》第105条规定：法院应当按照法定程序，全面、客观地审核证据，依照法律规定，运用逻辑推理和日常生活经验法则，对证据有无证明力和证明力大小进行判断，并公开判断的理由和结果。

经验法则包括日常生活经验法则（生活常识）和专门性经验法则（关于一定职业、艺术、交易、技术或者科学的为人们所共知的法则）。④ 自然法则或者自然规律（以科学方法和手段反复验证所得到的规律性认识）、逻辑或者推理法则（如形式逻辑中的同一律、排中律、矛盾律等）因被人类认知而被纳入经验法则。

经验法则是人们能够认知的关于事物因果关系或者属性状态的法则或者规律。与个人经验不同，经验法则是对大量同类事物进行归纳或者抽象所得出的具有普遍性的结论，表现为一般人或者一定范围内的人们所共知的知识。

---

① 英美法中，附属事实（collateral facts）或次要事实（subordinate facts）是关于证据可采性和可信性的事实，实际上与大陆法系的辅助事实是相通的。学界多认为，辅助事实多为诉讼法上的事项，只需自由证明或者释明。笔者认为，辅助事实是有关证据能力有无或者证明力大小的事实，往往包含实体内容，而且当辅助事实直接关涉本案主要证据或者唯一证据的证据能力或者证明力时，在争讼程序中应当采取严格证明，应经双方当事人质证。
② 根据经验法则，与当事人有利害关系的证人所作出的证言，其证明力通常小于其他证人证言的证明力。
③ 《证据规定》第92条第1款规定：私文书证的真实性，由主张以私文书证证明案件事实的当事人承担举证责任。
④ 参见张卫平：《认识经验法则》，载《清华法学》，2008（6）。

与具体事实相比，经验法则具有普遍适用性。比如，"水往低处流"，在生活用语中被看作"事实"，但实际上是一条"经验法则"。再如，"人都会死"，是一条"经验法则"，而"甲已经死了"，则是具体"事实"。

【案例 12-1】原告起诉，要求被告支付拖欠的货款。被告不否认拖欠货款的事实，但认为已经超过诉讼时效，不同意给付拖欠的货款。为此，原告向法院提出，他曾经向被告多次催讨货款，并出具了向被告催讨货款而发出的挂号信凭证。但是，被告抗辩道：他虽然收到了原告发出的挂号信，但该信函并没有催讨货款的内容，而是一张空白纸。并随即向法庭递交一张空白纸。

固然不能完全排除原告寄出的挂号信的确装的是一张白纸的可能性，但是，根据日常经验法则，原告主张事实的真实性要高于被告抗辩事实的真实性，达到证明标准的，法院就应当认定原告主张的事实是真实的。

许多经验法则是事物之间高度可能性联系的反映，据此所作出的推论的真实性往往是具有高度可能性的，所以允许对方当事人以反证来推翻这样的推论（比如事实推定）。

对于日常的经验法则，因其众所周知（比如"水往低处流""人是自私的"），法官通常应依职权主动适用。对于某项经验法则是否存在或者其具体内容如何不确定或者当事人有争议的，应运用合适的方式予以调查（如查阅相关资料、向一般民众调查、向专业人士咨询等，属于自由证明的范畴）。日常经验法则因有日常性的保障而不引发争执，无严格证明的必要。但是，对于一般人不可能知悉的经验法则，比如专门性的经验法则，往往有严格证明的必要，从而成为证明对象，通常应由主张经验法则的当事人负责证明。

【案例 12-2】甲从乙房产公司购买了一套房屋。房屋交付以后，甲发现该套房屋有一间房四周都没有门，遂提起诉讼，要求乙为其开一扇门，并赔偿损失。法院经过审理认为，甲、乙签订的合同中没有约定乙一定要在讼争的房间开一扇门，乙没有违反合同的义务，于是判决驳回甲的诉讼请求。

笔者认为，因法官错误适用经验法则而导致事实认定错误的，可以通过上诉或者再审来纠正。法官适用法律作出判决既要"合法"又要"合理"。所谓"合理"中的"理"，就包括了"经验法则"。就上例来说，日常的经验法则是日常居住的房屋应当有门而无须在合同中明确约定，所以该案判决严重违背"常理"，对此当事人可以提起上诉或者申请再审。

（二）地方习惯·行业惯例·国际惯例

根据《民法典》，处理民事纠纷，应当依照法律；法律没有规定的，可以适用习惯，但是不得违背公序良俗（第 10 条）。对处理相邻关系，法律、法规有规定的，依照其规定；没有规定的，可按照当地习惯（第 289 条）。当事人可以按照交易习惯履行合同义务和确定合同内容（第 509、510 条）。根据《海商法》第 268 条第 2 款，对海上运输关系、船舶关系，我国法律和我国缔结或者参加的国际条约没有规定的，可以适用国际惯例。

《民法典总则解释》第 2 条第 1 款规定："在一定地域、行业范围内长期为一般人从事民事活动时普遍遵守的民间习俗、惯常做法等，可以认定为民法典第十条规定的习惯。"由于地方习惯、行业惯例、国际惯例在相关地域、行业或者相关国际活动领域具有普遍周知性并得到普遍遵循，所以在不违背公共利益或者公序良俗或者法律禁止性规范的前提下，当事人因依据地方习惯或者行业惯例实施一定的民事行为而引发民事争议的，当事人可以主张适用地方习惯或者行业惯例。

在大陆法系民事诉讼中，经验法则、地方习惯、行业惯例、国际惯例均属法官职权调查事项。不过，笔者认为，法官在采用某个地方习惯、行业惯例或者国际惯例处理案件之前，特别是在本案法官不了解该地方习惯、行业惯例或者国际惯例时，或者在当事人对某个地方习惯、行业惯例或者国际惯例的内容产生异议时，应当对其进行调查以确定是否存在或者是否真实。

《民法典总则解释》第 2 条第 2 款规定："当事人主张适用习惯的，应当就习惯及其具体内容提供相应证据；必要时，人民法院可以依职权查明。"笔者认为，由于习惯或者惯例具有周知性和普遍适用性，所以对它的证明通常采用自由证明，其证明方法通常是民意测验、查阅资料、咨询专家等。

第二节 无须证据证明的事实一：司法认知的事实

一、司法认知的特征和适用规则

广义的司法认知（或称"审判上知悉"）（judicial notice）的范围除了特定的事实，还包含法律。[①] 诉讼证明中，司法认知采狭义，是指对于特定的事实因其具有真实性而无须证明，法院就得采信。

司法认知具有如下主要特征和适用规则：

（1）司法认知的主体是本案审判法官。这是因为作为判决根据的事实应由本案审判法官决定是否采信。本案审判法官应依职权主动采用司法认知；当事人也有权请求法官采用司法认知，是否采用由法官决定。

（2）司法认知的事实包括自然规律以及定理定律、众所周知的事实和公证的事实等，因为采用这些事实均有司法认知的特征并均应遵循相同的适用规则。此类事实的真实性在法官采用前已经得到确定。

（3）法官采用司法认知的事实前，应当给予对方当事人反证的机会并进行必要

---

① 法院对法律的司法认知，属于法院适用法律的范畴（"法官知法"），法官对本国法律和本国参加的国际条约的认知是其职责。

的调查核实。对方当事人没有反证或者反证失败的，法官才能采用司法认知的事实。法官不知司法认知的事实的，应当通过调查民意、咨询专家、查阅资料、向公证机构查实等方式予以核实。

（4）司法认知的效果是相对免除了主张此类事实的当事人的证明责任。但是，若对方当事人反证成功，则主张此类事实的当事人应当承担本证责任。

二、众所周知的事实

"中国人民大学东门前有个当代商城"，这一事实对海淀区，甚至北京市居民来说，是众所周知的事实，而对其他地区居民很难说是众所周知的事实。假如，北京市海淀区人民法院受理一起侵权案件，"中国人民大学东门前有个当代商城"构成本案事实的一部，那么此事实在该案中无须证明。假设本案法官刚从其他省市调入，不知此事，怎么办呢？当事人可以向法官提供北京市地图，法官查看地图可确知此事是真实的。

众所周知的事实大体上是指为一定地域内或者某个专门领域内的一般人或者大多数人所知晓的事实。众所周知的事实因众所周知而有真实性。法谚云："明显事实无须证明"，"法律不要求证明对法庭显而易见的事实"。

与经验法则不同，众所周知的事实多指具体的事实（如历史事件、法定节日、新闻事件等）。众所周知的事实，其存续时间有长有短，地域范围有大有小。

众所周知事实的确定标准取决于保障其真实性的要求，主要有：（1）为一定地域内或者某个专门领域内的一般人或者大多数人知晓；（2）通过便捷途径或者运用自由证明就可获知或者查实。众所周知的最低标准是在受诉法院管辖区内为一般人或者大多数人所知晓。

本案法官不知某项众所周知的事实或者当事人对该项事实的真实性有异议的，可以通过便捷途径或者运用自由证明来确定，比如可以通过民意测验、查阅资料等方式立即查明；也可以运用推定等方式来证明。①

三、公证的事实

根据《民事诉讼法》第 72 条和《公证法》第 36 条，经公证的民事法律行为、

---

① 比如，《关于审理侵犯商业秘密民事案件适用法律若干问题的规定》（法释〔2020〕7 号）第 4 条规定，具有下列情形之一的，人民法院可以认定有关信息为公众所知悉：（1）该信息在所属领域属于一般常识或者行业惯例的；（2）该信息仅涉及产品的尺寸、结构、材料、部件的简单组合等内容，所属领域的相关人员通过观察上市产品即可直接获得的；（3）该信息已经在公开出版物或者其他媒体上公开披露的；（4）该信息已通过公开的报告会、展览等方式公开的；（5）所属领域的相关人员从其他公开渠道可以获得该信息的。将为公众所知悉的信息进行整理、改进、加工后形成的新信息，符合本规定第 3 条规定的，应当认定该新信息不为公众所知悉。

有法律意义的事实和文书，应当作为认定事实的根据，但有相反证据足以推翻该项公证的除外。

经公证的民事法律行为、有法律意义的事实和文书，包括两种情形：（1）公证的证据。公证的证据无须经过法庭质证，只要法院确认其为真正的公证证据，就予以采纳。公证的证据的证明力通常大于未公证的证据的证明力。（2）公证的事实。其真实性已经得到证明，提出公证的事实的当事人只需向法院提交合法有效的公证书即可，无须提供证据证明。

公证书应当按照《公证法》和《公证程序规则》（司法部令第 145 号）规定的程序和格式制作，才能产生上述效力。上述效力的存续时间是自公证书生效之时至公证书被撤销之时。

"公文书推定为真正。"① 对公证的事实，若对方当事人反证成功，则其成为证明对象。法院对公证的事实采用司法认知，应当保障对方当事人提供反证推翻公证的事实的机会；同时应当调查是否为真正的公证文书，调查方式是向公证机构查实。

四、法官依职务知悉的事实

法官依职务知悉的事实是指法官在执行其职务或者履行其职责过程中所知的事实，比如，法官本人参加审判案件所知的判决内容，法官所属法院的破产宣告和失踪宣告等。法官在职务之外所获知的案件事实和私人经验，不属于法官依职务知悉的事实，法官若在法庭上陈述或者提供这类事实或者经验，则为证人。

与法官之职务或者职责相关的事项，还包括国家机关公报的事实。法官作为国家公务人员，理应知悉国家机关公报的事实。国家机关公报的事实多为国家机关处理的重大或者典型事项，经过严格审查并公之于众，通常具有真实性，所以被"推定为真实"。

法官依其职务或者职责所知悉的事实，无须当事人证明，而直接作为裁判事实。但是，法院在采用此类事实前，应当允许当事人进行争辩或者提出反证，旨在防止法官恣意裁判和保证事实真实。

第三节　无须证据证明的事实二：已决（预决）的事实

一、已决事实和已决效力的含义

依据《证据规定》第 10 条第 1 款第 5 项和第 6 项，"已为仲裁机构的生效裁决

---

① 国家机关公报中的事实通常被"推定为真实"，但是这种"推定"与下文所述的"推定"实为不同。

所确认的事实""已为人民法院发生法律效力的裁判所确认的基本事实"，通常被称为"已决事实"或者"预决事实"。已决事实在后案中能够产生如下"已决（效）力"或者"预决（效）力"：（1）对已决事实，主张者虽应主张但无须举证，并且无正当理由不得提出与其相矛盾的事实主张（除非已决事实的真实性被推翻）。（2）对已决事实，具备生效要件并且对方当事人反证失败的，法官应当采用，并且不得作出与其相矛盾的判断（除非已决事实的真实性被推翻）。

"已为法院发生法律效力的裁判所确认的事实"中的"裁判"，主要是指法院判决。法院裁定所确认的事实通常不应有预决效力[①]，法院调解书中的事实也没有预决效力。

已决事实具有已决效力是因为：（1）已决事实在前案中已获严格证明，其真实性已为法院判决或者仲裁裁决所确认；（2）已决事实在前案中经当事人主张和证明，在后案中，该当事人应当"禁反言"（属于诚信原则的内容），无正当理由不得提出与其相矛盾的事实主张；（3）根据判决统一性要求，对同一事实真实性的认定，不同判决应当是一致的。

与已决效力相通的是大陆法系的"争点效（力）"和英美法系的"争点排除效力"（issue preclusion）。争点效力或者争点排除效力大体是指法院确定判决对案件事实的判断具有约束后案法院和当事人的效力，即后案法院应当采用已决事实或者不得作出与已决事实相矛盾的事实认定，后案当事人无正当理由不得提出与前案判决确认的事实相矛盾的事实主张。

争点（排除）效力对当事人的约束力属于"间接禁反言"（collateral estoppel）的范畴，即在前后不同案件中，对于同一案件事实，同一人应当作出一致的主张。在美国，通过对判决理由中的事实判断赋予拘束力，来实现一次性解决纠纷的理想。[②]

确定判决和确定裁决均有已决力和既判力，两者的时间范围是一致的，却是两种不同的效力：（1）在客观范围或者客观对象上，已决力的客观对象是实体事实，既判力的客观范围是诉讼标的或者仲裁标的；（2）已决事实在后案中可以再行提供采信却无须证明，既判力禁止就既判案件再行起诉和再行审判。

[①] 主要理由是，法院裁定所处理的程序事项和临时性救济事项（如财产保全、行为保全等）多具有紧迫性，通常采用快捷的自由证明和释明，裁定的效力通常仅存在于本案的诉讼程序中，并且处理临时性救济事项的裁定还具有临时性和附属性，即本案终局判决可以变更或者撤销此类裁定。

[②] 广义的"争点"，包括当事人双方有争议的诉讼请求、案件事实、证据和程序事项等。狭义或者通常意义的"争点"（issue）与"争点效力"相一致，仅指当事人双方有争议的实体事实。在英美法中，issue preclusion，又称 collateral estoppel, collateral issue, estoppel by judgment, estoppel by record 等。See *Black's Law Dictionary*, 11th edition, Thomson Reuters, 2019, p. 329.
日本学者新堂幸司受德国既判力扩张的理论与英美法系"间接禁反言"（collateral estoppel）法理的启示，同时兼收了本国学者兼子一教授提出的诉讼参加效力扩张的观点，提出了"争点效"理论。参见［日］新堂幸司：《新民事诉讼法》，493～495 页，北京，法律出版社，2008。

二、已决事实的生效要件和适用规则

已决事实的生效要件（使已决事实与司法认知事实、推定事实、自认事实区别开来）主要有：（1）已决事实构成后案实体事实的一部或者全部。（2）前案判决或者裁决应是"确定的"或者"生效的"，并且没有被依法撤销或者变更。（3）前案中对已决事实或者争点事实作出了严格证明。（4）后案当事人是前案当事人或者其诉讼承继人等①，或者与前案及其当事人存在"法律上的利益关系"②。

法院依职权适用或者依当事人申请采用已决事实③均应遵行如下规则：法院在采用已决事实之前，（1）应当根据已决事实的生效要件作出审查；（2）应当保障后案当事人对已决事实发表意见的机会，特别是保障不利方当事人的反证权。

后案当事人可以作出如下反证：不具备已决事实生效要件（如在前案审理中剥夺或者限制当事人的质证权、辩论权等）；能够证明前案裁判的作出存在欺诈或者串通；提出了前案中有正当理由没有提出的新证据；辩论主义程序中法官将当事人未提出的事实或者证据作为裁判的基础等。

法院在考虑到包括收集证据在内的所有情况以后，认为适用已决事实将会对后案当事人造成显著不公的，不应适用（但应对此作出充分说理）。

若在后案中适用了已决事实，而前案裁判依法被撤销或者变更的，或者已决事实的真实性被推翻的，则可通过上诉或者再审来撤销或者变更后案判决，或者根据《民事诉讼法》《仲裁法》《劳动调解仲裁法》《农地调解仲裁法》等，撤销后案裁决。

三、刑事判决已决事实在民事诉讼中的已决效力

有关刑事判决已决事实在民事诉讼中的已决效力的规定，《生态环境赔偿》第8条规定："已为发生法律效力的刑事裁判所确认的事实，当事人在生态环境损害赔偿诉讼案件中无须举证证明，但有相反证据足以推翻的除外。对刑事裁判未予确认的事实，当事人提供的证据达到民事诉讼证明标准的，人民法院应当予以认定。"④

---

① 此项要件的功能在于禁止向未以当事人身份参加前诉或者前案审理的人主张争点效或者已决力，理由是一个人没有机会参与前诉或者前案审理，让此人遵守前诉或者前案裁判是不公平的，实际上也是维护正当程序审判权或者诉讼参与权。

② 【案例10-2】中，在A、B之诉中，C与A、B之诉的判决结果有着法律上的利害关系，C作为从诉讼参加人参加到A、B之诉中，以提供证据、质证、主张事实和辩论等方式，辅助被告B，即保障了C充分行使诉讼参与权，在此基础上作出的确定判决对C产生预决效力具有正当性。

③ 当事人请求法院采用已决事实的，应当向法院提交判决或者裁决。

④ 还有间接规定的。比如，《民间借贷》第12条规定：借款人或者出借人的借贷行为涉嫌犯罪，或者已经生效的裁判认定构成犯罪，当事人提起民事诉讼的，民间借贷合同并不当然无效；法院应当依据《民法典》第144、146、153、154条以及本规定第13条的规定，认定民间借贷合同的效力。

有关刑事判决已决事实在民事诉讼中的已决效力，主要有如下两种观点：

第一种观点认为，民事诉讼与仲裁、行政诉讼在证明标准方面相差不大，并且考虑到维护判决统一性的要求，原则上民事、行政判决和仲裁裁决中的已决事实，对于后行的民事诉讼具有已决效力。但是，刑事判决已决事实对后行的民事诉讼没有已决效力。理由是：刑事诉讼证明标准高于民事诉讼证明标准，若刑事判决已决事实对后行民事诉讼有已决效力，在后行民事诉讼中对方当事人否定有罪判决已决事实，应当达到刑事诉讼证明标准，从而增加对方当事人的证明负担。

笔者支持第二种观点：原则上，刑事判决已决事实对于后行民事诉讼具有已决效力，比如刑事判决认定的被告人以订立合同为手段实行诈骗的事实，在以后损害赔偿诉讼中有预决效力。[1] 不过，关于无罪判决中的已决事实在后行民事诉讼中的效力，应当作出如下分析：

（1）以被指控的违法行为不存在或者被告人并未参与违法行为等为由，作出被告人无罪判决的，该判决中的已决事实，对于该被告人提起的民事侵权之诉，具有已决效力。

（2）无罪判决的作出是因为证据不足、事实不清，即未达到刑事证明标准，但是符合民事证明标准的，在后行民事诉讼中，应当根据民事证明标准作出判决，不受无罪判决所否定的犯罪事实的效力的拘束。[2]

第四节　无须证据证明的事实三：推定的事实

一、推定的含义和适用规则

（一）推定的含义

证据法中，推定（presumption）是一种证明规则并非证据规则，即根据法律规定或者经验法则等，从已知前提事实推断出未知结果事实是真实的，并允许对方当事人反证推翻。[3]

推定的基本构成见下页图：

有些国家规定了婚生（亲生）子女的推定。比如，《日本民法典》第772条规

---

① 其主要理由是：判决统一性要求民事判决与刑事判决对同一事实真实性的认定应当是一致的，并且相对民事诉讼来说，刑事诉讼拥有更多、更有效的查明事实的手段和措施，且证明标准更高，虽然民事诉讼的证明标准为高度可能性，但是尽量逼近案件真相也是民事诉讼所追求的理念。

② 《生态环境证据》第8条规定：对于发生法律效力的刑事裁判、行政裁判因未达到证明标准未予认定的事实，在因同一污染环境破坏生态行为提起的生态环境侵权民事诉讼中，法院根据有关事实和证据确信待证事实的存在具有高度可能性的，应当认定该事实存在。

③ 证据法中的推定是可以反驳的，是相对推定。不可反驳的推定（结局性推定、绝对推定）虽被冠以"推定"之名，但非证据法意义上的推定，如"推定任何人均知悉法律"。

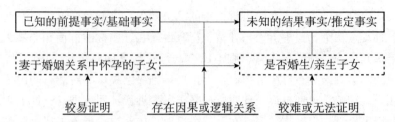

定:"(一)妻于婚姻中怀胎的子女,推定为夫的子女。(二)自婚姻成立之日起二百日后或者自婚姻解除或者撤销之日起三百日以内所生子女,推定为于婚姻中怀胎的子女。"①

在亲子身份关系诉讼中,不能靠自认来确定亲子身份关系事实的存在,而应当经由亲子鉴定或者亲子关系的法律推定来确定。

推定中,存在已知的"前提事实"或者"基础事实"和未知的"结果事实"或者"推定事实"。推定事实往往是待证事实却难以或无法运用证据来证明,而前提事实较易证明,当事人通过证明前提事实并经过推论,来证明推定事实(减轻当事人的证明责任)。比如,"过错"通常难以证明而往往适用推定。②

有些推定除了考虑方便证明、促进诉讼之外,还有其他的缘由或者目的。比如,有关死亡次序的推定,《保险法》(2015年修改)第42条第2款规定:"受益人与被保险人在同一事件中死亡,且不能确定死亡先后顺序的,推定受益人死亡在先。"如此规定并未以事件发生的概率为基础,主要考虑到方便处理保险赔偿问题。

再如,《民法典》第1121条第2款规定:"相互有继承关系的数人在同一事件中死亡,难以确定死亡时间的,推定没有其他继承人的人先死亡。都有其他继承人,辈份不同的,推定长辈先死亡;辈份相同的,推定同时死亡,相互不发生继承。"

---

① 《民法典》第1073条规定确认亲子之诉,但是没有如《日本民法典》第772条的规定。

《婚姻家庭》第39条规定:父或者母向人民法院起诉请求否认亲子关系,并已提供必要证据予以证明,另一方没有相反证据又拒绝做亲子鉴定的,人民法院可以认定否认亲子关系一方的主张成立。父或者母以及成年子女起诉请求确认亲子关系,并提供必要证据予以证明,另一方没有相反证据又拒绝做亲子鉴定的,人民法院可以认定确认亲子关系一方的主张成立。

② 《涉及公证规定》第4条规定:当事人、公证事项的利害关系人提供证据证明公证机构及其公证员在公证活动中具有下列情形之一的,人民法院应当认定公证机构有过错:(1)为不真实、不合法的事项出具公证书的;(2)毁损、篡改公证书或者公证档案的;(3)泄露在执业活动中知悉的商业秘密或者个人隐私的;(4)违反公证程序、办证规则以及国务院司法行政部门制定的行业规范出具公证书的;(5)公证机构在公证过程中未尽到充分的审查、核实义务,致使公证书错误或者不真实的;(6)对存在错误的公证书,经当事人、公证事项的利害关系人申请仍不予纠正或者补正的;(7)其他违反法律、法规、国务院司法行政部门强制性规定的情形。

《关于审理食品安全民事纠纷案件适用法律若干问题的解释(一)》(法释〔2020〕14号)第6条规定,食品经营者具有下列情形之一,消费者主张构成《食品安全法》第148条规定的"明知"的,人民法院应予支持:(1)已过食品标明的保质期但仍然销售的;(2)未能提供所售食品的合法进货来源的;(3)以明显不合理的低价进货且无合理原因的;(4)未依法履行进货查验义务的;(5)虚假标注、更改食品生产日期、批号的;(6)转移、隐匿、非法销毁食品进销货记录或者故意提供虚假信息的;(7)其他能够认定为明知的情形。

前提事实与推定事实之间通常存在着因果关系、逻辑关系或者法律联系，经过推定，推定事实的真实性往往具有高度盖然性（达到证明标准）。但是，推定毕竟不是运用证据来证明推定事实，前提事实与推定事实并非存在必然关系，所以允许当事人反证推翻推定。

【辨析：推定与拟制】

拟制常以"视为"来表述，是立法者将甲事项等同于乙事项，赋予其与乙事项同等的法律效果或者法律地位。比如，《民法典》第25条规定："自然人以户籍登记或者其他有效身份登记记载的居所为住所；经常居所与住所不一致的，经常居所视为住所。"立法者通过"拟制"使"经常居住地"具有与"住所"同等的法律地位。

推定是认定未知事实的规则，可以通过反证来推翻，影响到证明责任。拟制是一种法律上的"等价"技术，将两种不同的事物视为具有同等的法律价值或者法律地位，具有适用上的强制性，所以原则上只有立法者才有资格而司法者无权运用拟制来造法。

（二）推定的适用规则

（1）在证据裁判原则之下，"（运用证据）证明胜于推定"，所以只有在无证据证明案件事实或者运用证据证明会显著不便或者过于浪费时，才能运用推定来确认事实。

（2）主张推定事实的当事人，虽无须直接证明推定事实，但应当证明前提事实（所以推定不是免除主张者的证明责任，仅是降低其证明难度），否则，推定事实亦未得到证明。

（3）法院应当保障当事人对推定发表意见的机会，特别是保障不利方当事人的反证权。不利方当事人可以反证前提事实和推定事实，证明前提事实与推定事实没有因果关系等。

只有前提事实的真实性或者无争议性得到确认（包括不存在其他更有力的真实事实与推定事实相冲突、当事人没有反证或者反证失败等）后，才能适用推定事实。①

二、推定的分类及适用

（一）法律推定和事实推定

法律推定是根据"法律明文规定"所作出的推定，大致有两类：（1）有关事实

---

① 在同一诉讼中，两个或者数个推定之间若发生相互冲突，如何解决呢？美国1999年《统一证据规则》第300条中规定：适用基于分量更重的政策考量作出的推定，若它们是基于同等分量的政策考量则不适用任何推定。参见［美］约翰·W. 斯特龙主编：《麦考密克论证据》，667～668页，北京，中国政法大学出版社，2004。

的法律推定，即法律明确规定以某一事实的存在为基础，推断待证事实存在的推定，比如前述死亡次序推定、前述过错推定、经营者具有市场支配地位推定①等。（2）有关权利的法律推定，即法律就某项权利或者法律关系于现在是否存在加以推定，如各共有人的应有部分不明的，推定其为均等。②

事实推定是根据"经验法则或者逻辑规则"等所作出的推定。事实推定的内容繁多，例如，以书面损害他人名誉的，可推定有损害的故意；使用凶器致人死亡的，可推定有杀人的故意；依据履行契约的事实，可推定存在契约关系等。③

若法官悖于经验法则、逻辑规则或者诚信原则推定事实，则成为上诉或者再审的理由。事实推定的结果应当是合理的、准确的、强有力的、始终一致的。可由多个前提事实推论出一个结果事实，但是若由一个前提事实推断出数个结果事实，则不得适用推定。

对于事实推定，不能根据"当事人的事后行为"来推定"当事人有行为过错"，比如承诺支付或者已经支付医疗费或者其他类似费用的事实，不得用来证明或者推定行为人对伤害负有过错［参见本书第十三章第二节一（一）］。

有无法律明文规定是区别事实推定和法律推定的明显标志。法院根据经验规则，适用事实推定。当具备某项法律推定的适用要件或者前提事实时，法院就应当直接运用该项法律推定（比如《保险法》第42条）。在英美法中，法律推定的适用是强行性的，法官自由裁量适用事实推定。日本法律要求，对法律推定，反证成功的标准是使法官确信推定事实不存在，而对事实推定的反证，仅需达到使法官产生怀疑的证明程度（通常是真伪不明）。

（二）表见证明或者不证自明

事实推定中，比较特别的是"显而易见"的推定，即根据具有"更高盖然性"的经验法则所作出的推定。大陆法系称之为"表见证明"（大致推定、外观证明、

---

① 《反垄断法》（2022年修改）第24条规定，有下列情形之一的，可以推定经营者具有市场支配地位：（1）一个经营者在相关市场的市场份额达到二分之一的；（2）两个经营者在相关市场的市场份额合计达到三分之二的；（3）三个经营者在相关市场的市场份额合计达到四分之三的。被推定具有市场支配地位的经营者，有证据证明不具有市场支配地位的，不应当认定其具有市场支配地位。

② 《民法典》第309条规定："按份共有人对共有的不动产或者动产享有的份额，没有约定或者约定不明确的，按照出资额确定；不能确定出资额的，视为等额享有。"其中，关于"不能确定出资额的，视为等额享有"的规定，用了"视为"这个词，好像属于法律拟制；但是，对于"等额享有"的，共有人可以推翻，明确具有的份额。由此看来将此规定纳入推定的范畴更合理一些。

③ 《关于适用〈中华人民共和国反不正当竞争法〉若干问题的解释》（法释〔2022〕9号）第17条规定，经营者具有下列行为之一，欺骗、误导相关公众的，人民法院可以认定为《反不正当竞争法》第8条第1款规定的"引人误解的商业宣传"：（1）对商品作片面的宣传或者对比；（2）将科学上未定论的观点、现象等当作定论的事实用于商品宣传；（3）使用歧义性语言进行商业宣传；（4）其他足以引人误解的商业宣传行为。人民法院应当根据日常生活经验、相关公众一般注意力、发生误解的事实和被宣传对象的实际情况等因素，对引人误解的商业宣传行为进行认定。

表面证据），英美法系称之为"不证自明"（事实本身说明过失规则、事实本身足堪证明）。

表见证明是在所谓"定型化的事态经过"（或者具有高度盖然性的经验法则）发生作用的情形下，无须经过细致的认定，就可直接对某项事实作出认定。[1] 表见证明通常是依事实本身，根据经验法则，就可直接推定存在因果关系或者加害人存在过错[2]，实际上是运用"表现于外部的行为"来"揭示内部的秘密"。

不证自明是从事实推定加害人有过错，即过错推定，符合该规则适用要件的，则推定被告有过错，被告可以提出反证予以推翻。[3] 其适用要件通常有：（1）一般情形下，若非出于被告之过错，事故通常不致发生[4]；（2）引起事故之方法、工具或者代理人系在被告的排他性控制下；（3）事故的发生非基于原告之自愿行为或者过错。[5]

法院在表见证明中的失误，如应当采用表见证明却未采用、不应采用表见证明却采用，应当作为上诉或者再审的理由。有些国家将此种失误作为法院判决违背经验法则和法律的情形，构成提请第三审的理由。

第五节　无须证据证明的事实四：当事人诉讼上自认的事实

一、自认的概念和性质

当事人（自认人）对不利己实体事实的承认，包括"诉讼上自认"（作为无须证据证明的事实，或称"裁判上自认"）和"诉讼外自认"（作为证据）。

依据《民诉解释》第92条和《证据规定》第3～9条，诉讼上自认是指在本案

---

① "定型化的事态经过"是一种定型化的事态发展过程，即"无须经过像一般生活经验那样详细解明就可以认定其存在的，并基于其定型化之性质而无须考虑个别事实具体情况的事态发展过程"，亦即生活中事态在通常情况下是按照这样的过程来发展的。"一般的事实认定"好比"乘坐各个站点都停靠的列车"，表见证明好比"乘坐直达终点的直快列车"。参见［日］高桥宏志：《民事诉讼法》，460页，北京，法律出版社，2003。

② 比如，根据"医生手术后把手术刀留在病人体内"直接推定手术医生存在过错；"油品工厂将有毒之油投放市场销售"可证明油品工厂存在过错；"楼房建成不久就倒塌"可证明建筑公司存在过错。

③ 有逐渐增强趋势的主张是，"事实本身说明过失规则"的适用能够发生"证明责任转换或者倒置"的效果，即被告对其无过失承担证明责任。

④ 对于这一要件是否具备，往往需根据经验法则作出判断。在专门性诉讼中，如在医疗纠纷诉讼中，还得依据专门性经验法则作出判断，必要时还得运用"专家证人"。将"事实本身说明过失规则"适用于"医疗过失"的判断，如美国加州最高法院的 Kerr v. Bock（1971）案等只采用了两个要件：（1）依据经验法则判断，医疗事故是被告过失所致；（2）被告应该是负起责任的人。

⑤ 参见潘维大：《英美侵权行为法案例解析》，121～122页，北京，高等教育出版社，2005；［英］布伦丹·格瑞尼：《医疗法基础》，54～55页，武汉，武汉大学出版社，2004。

审判过程中，当事人对不利己实体事实，向本案审判法官作出承认。①

【**案例 12 - 3**】原告提起请求法院判决被告返还 10 万元借款之诉，并提出 2015 年 8 月 23 日借给被告 10 万元的事实和被告逾期未还的事实，但是，原告未能向法院提供任何相关证据。在法庭辩论中，被告向本案审判法官承认，自己在 2015 年 8 月 23 日向原告借过款，但是只借了 8 万元。法官该如何判决？

当事人对不利己实体事实，可全部承认（完全自认），也可部分承认。部分自认的，仅在自认的范围内产生自认的法律效果。【案例 12 - 3】中，被告自认为部分自认，法院据此判决被告向原告返还 8 万元借款。至于被告没有自认的 2 万元，原告应当提供证据证明。

依据《证据规定》第 3 条，诉讼上自认包括后行自认和先行自认。对方当事人提出不利于自认人的事实，然后自认人承认的，为后行自认。自认人预先陈述对己不利的事实，然后对方当事人引用该陈述而构成的自认，为先行自认。②

依据《证据规定》第 3 条和第 4 条，诉讼上自认包括：（1）明示自认，即对不利己事实，自认人以言词或者书面方式明确表示承认；（2）默示自认（或称拟制自认、准自认），即对不利己事实，自认人在诉讼中"不争执"或者"既不承认也不否认"（详见下文）。

诉讼上自认的法律性质决定其生效要件，生效要件具备，则产生相应的法律效果。诉讼上自认的法律性质主要是：

（1）诉讼上自认属于事实主张的范畴。诉讼上自认是自认人对不利己实体事实的承认，属于当事人对事实的处分行为（属于辩论主义的内涵）。与通常的事实主张不同的是，诉讼上自认是以消极方式为判决提供依据。

（2）诉讼上自认属于取效诉讼行为和单方诉讼行为。作为取效诉讼行为，诉讼上自认应向本案审判法官作出，法官经审查后认为具备生效要件的，才能产生自认人预期或者相应的法律效果。诉讼上自认属于当事人单方行为，不必以对方当事人在场或者承认为要件。

---

① 【习题】下列哪一情形可以产生自认的法律后果？（　　）
　　A. 被告在答辩状中对原告主张的事实予以承认
　　B. 被告在诉讼调解过程中对原告主张的事实予以承认，但该调解最终未能成功
　　C. 被告认可其与原告存在收养关系
　　D. 被告承认原告主张的事实，但该事实与法院查明的事实不符
（2015 年国家司法考试试卷三；参考答案为 A）

② 日本学者认为，既然自认免除了对方当事人对自己提出的利己事实的证明责任，就要求对方当事人提出利己事实；如果"自认人"在诉讼中预先陈述对己不利的事实，对方当事人未引用，则意味着对方当事人并未提出利己事实，所以"自认人"预先的陈述并不构成自认；对"自认人"预先的陈述，对方当事人未引用，或者在引用前，"自认人"可自由撤回，"自认人"没有撤回，则该陈述虽不构成自认但可作为事实主张而成为判决的依据。参见［日］三月章：《日本民事诉讼法》，425 页，台北，五南图书出版公司，1997。

二、自认的合法要件和法律效果

根据民事诉讼安定原则，民事诉讼行为的合法要件通常不区分成立要件与生效要件。诉讼上自认属于当事人间接影响实体权益义务的诉讼行为，一方面，因其是诉讼行为并且具有间接性，遵行表示主义，不以自认人意思真实为合法要件；另一方面，因其间接包含实体权益或者能产生实体效果，可以受胁迫或者存在重大误解为由向法院请求撤销。

（一）自认的合法要件

1. 自认的对象应当是依法可以自认的、对自认人不利的实体事实

（1）自认的对象是依法可以自认的事实。当事人对以下事实不得作出自认（《证据规定》第8条和第18条）[1]：1）有关公益的事实［参见本书第三章第四节三（二）］，属于法官依职权探知的事实，旨在防止当事人作出虚假或者错误的自认而害及公益。2）真实的或者已查明的事实，自无适用自认的必要（除非被反证推翻）。

（2）自认的对象是对自认人不利（不利己）的实体事实。通常体现为，被告自认权益产生事实，原告自认权益妨害、阻却或者消灭事实。自认人主张的利己事实往往成为证明对象。根据经验法则或者常理，对不利己的事实，一个正常人自愿承认，往往具有真实性。这是诉讼上自认的一个正当根据。依据《防制虚假诉讼》，当事人诉讼上自认不符合常理的，要作进一步查明，慎重认定；查明的事实与自认的事实不符的，不予确认。

2. 自认人应当合格

自认人首先应当是当事人。在民事私益诉讼或者辩论主义诉讼中，对不利己事实，当事人可以"自认"的方式承认其真实性。自认人应当有诉讼行为能力，若无，则由其法定代理人代为。无诉讼行为能力当事人的自认，经法定代理人或者（后来有诉讼行为能力的）当事人合法追认的，合法有效。除授权委托书明确排除的事项外，诉讼代理人的自认被视为当事人的自认。当事人在场对诉讼代理人的自认明确否认的，不视为自认。[2]

必要共同诉讼人一方中，一人或者数人作出自认的，因涉及本方共同诉讼人共同权益义务，应当经过本方其他共同诉讼人的"同意"，才发生自认的效力；或者

---

[1] 依据《关于进一步加强虚假诉讼犯罪惩治工作的意见》第21条，对于存在虚假诉讼犯罪嫌疑的民事案件，当事人自认的事实与法院、检察院依职权调查并经审理查明的事实不符的，法院不予确认。

[2] 对自认，同一当事人的数个诉讼代理人之间存在矛盾的，笔者认为，通常是先作出的自认效力优先，除非该自认依法被撤回或者被撤销。

说，本方其他共同诉讼人"否认"的，不发生自认的效力。① 普通共同诉讼人中，一人或者数人作出的自认，仅对作出自认的当事人发生效力。在群体诉讼中，经其他群体成员同意或者特别授权，诉讼代表人的自认效力才及于其他群体成员。

3. 自认应当在法定诉讼阶段以法定方式向本案审判法官作出

首先，自认应当在审理阶段中作出，包括在证据交换、询问、调查过程中，或者在起诉状、答辩状、代理词等书面材料中明确自认的。②

诉讼上自认作为取效诉讼行为，应向本案审判法官作出。根据直接言词原则，诉讼上自认应向本案审判法官作出，若向第三人或者其他法官作出，则构成诉讼外自认。

明示自认既可采用书面方式，比如在起诉状、答辩状、代理词等书面材料中明确自认，或者当事人向本案审判法官提交书面自认，又可采用言词或者口头方式，记入审理笔录并由自认人、本案审判法官、记录人等签名或者盖章。

一方当事人对于另一方当事人主张的不利己事实，经审判人员说明并询问后，其仍然不明确表示肯定或者否定的，视为对该事实的承认，构成默示自认（《证据规定》第4条）。

4. 自认的内容应当与对方当事人的事实主张相一致

自认的内容与对方当事人的事实主张可以全部一致，也可以部分一致，即当事人可完全自认，也可部分自认。在"一致"或者"自认"的范围内，免除对方当事人的证明责任，法院据此作出判决。

《证据规定》第7条规定："一方当事人对于另一方当事人主张的于己不利的事实有所限制或者附加条件予以承认的，由人民法院综合案件情况决定是否构成自认。"

【案例12-4】原告主张与被告订立买卖契约的事实，被告虽自认有订立买卖契约的事实，但主张该买卖契约已被合法解除。有学者认为，此例属于"附限制的自认"或"附加的自认"。笔者认为，被告自认"订立买卖契约的事实"，产生自认的法律效果；被告主张"该买卖契约已被合法解除"（属于权益妨碍事实），为抗辩事实，对此被告应当证明。

抗辩中，往往是当事人在肯定对方当事人主张的某项事实的前提下，提出对立的事实。例如，原告主张被告打伤自己构成侵权，被告承认打人行为，同时被告还主张正当防卫。该例中，被告承认原告主张的打人行为，同时在此前提下主张抗辩

---

① 此处的"同意"或者"否认"包括明示的和默示的。本方其他共同诉讼人既不承认也不否认，经审判人员说明并询问后仍然不明确表示意见的，视为全体共同诉讼人的自认。

笔者认为，对方当事人对必要共同诉讼人一方中一人或者数人实施的诉讼行为（包括自认），涉及必要共同诉讼人共同利益的，无须其他共同诉讼人的同意，其效力直接及于全体共同诉讼人。

② 笔者认为，诉讼上自认可以在本案初审程序、上诉审程序和再审程序中作出，可以在审前阶段和庭审阶段作出。在本案审理程序之外或者在其他案件中的自认，包括当事人为达成调解协议或者和解协议所作出的自认，均属诉讼外自认，属于证据的范畴。

事实（正当防卫）。虽然被告抗辩的目的是否定原告的诉讼请求，但被告毕竟承认打人行为，此为附限制的自认，自认的内容与"限制"的内容可分的，则能产生自认的效力。

诉讼上自认是否有效，直接决定案件的"争点"，并能产生影响当事人利益等效果，所以法官对于自认是否具备有效性要件，应当合法审查判断，并应在审理笔录中明确记载该判断的结果和理由。

（二）自认的法律效果

辩论主义诉讼中，诉讼上自认具备生效要件的，经法院确认后，产生如下法律效果：

（1）基于诚信原则，自认人应受自认的拘束，不得随意撤销自认，并且在本案中也不得主张与自认不一致的事实（此属于"禁反言"的范畴）。

（2）自认人的自认，免除了对方当事人对自认事实的证明责任。依法撤销自认的，不能免除对方当事人的证明责任。

（3）法院应受自认的拘束，直接将自认的事实作为判决的根据，并不得作出与自认不一致的事实认定。与对直接事实或者主要事实自认有所不同的是，对间接事实的自认，并不妨碍法官依据自由心证从其他间接事实出发来认定主要事实是否真实。

诉讼上自认之所以能够产生如上法律效果，主要原因是诉讼上自认是因自认而承受不利益的当事人无争议地认可不利己的事实；并且之所以不允许自认人随意撤销自认，是因为需要保护因信赖这种自认而行事的对方当事人的利益。换言之，诉讼上自认效果的根据是"辩论主义派生出来的自我责任原则"与"保护对方当事人的信赖利益"[1]。

明示自认因是自认人明确作出的，体现了自认人的真实意志，所以，除具有法定的情形或者理由而可以撤销外，其效力维持始终，直至上诉审（参见《民诉解释》第 340 条第 1 款）。

（三）自认的撤销

诉讼上自认对当事人的实体权益有重大影响，当事人难免因意思表示错误而作出自认，故从保护自认人的角度来说，不允许撤销错误的自认也是不合理的。再说，辩论主义表现为当事人对事实证据的处分，所以应当允许自认人撤销自认。诉讼上自认被撤销的，其法律效果随之消失，等同于自始没有自认。

若对自认的撤销不加以合理限制，则自认人可能反复自认、反复撤销。对自认的撤销，至少应作出如下合理限制：（1）法律应当明确规定，可以撤销自认的具体理由或者具体情形；（2）自认人应当在适当期限（如攻击、防御期限）内撤销自

---

① ［日］新堂幸司：《新民事诉讼法》，376～377 页，北京，法律出版社，2008。

认；（3）自认人应当说明撤销自认的理由；（4）自认能否被撤销，由法官最终决定。

《证据规定》第 9 条规定：有下列情形之一，当事人在法庭辩论终结前撤销自认的，法院应当准许：（1）经对方当事人同意的①；（2）自认是在受胁迫或者重大误解情况下作出的。② 法院准许当事人撤销自认的，应当作出口头或者书面裁定。

在其他国家和地区，默示自认的效力不及于上诉审。默示自认中，当事人对不利己事实或者对方主张的事实"不争执"，基于"言词辩论一体性"的要求，应是根据本案言词辩论的总的意图来看也是"不争执"的，即应当按照本案言词辩论最后终结时的状态来判断是"不争执"的。若案件处于二审，则应根据二审言词辩论最后终结时的状态来判断是否为"不争执"。虽然一审中因"不争执"而成立"默示自认"，但是，二审言词辩论最后终结之前"争执"的，则默示自认不成立，即默示自认的效力不及于上诉审。

默示自认是根据自认人对不利己事实或者对方主张的事实"不争执"而推定为自认，很难说就一定是自认人的真实意思，所以在言词辩论最后终结前，自认人可以随时撤回默示自认。但是，撤回默示自认实际上是自认人否认对方当事人主张的事实，也是一种"攻击、防御方法"，所以在许多国家和地区，撤回默示自认也受攻击防御期限的限制。另外，允许撤回默示自认将导致诉讼显著迟延的，法院可以拒绝撤回默示自认。③

---

① 因为自认解除了对方当事人对自认事实的证明责任，所以自认对自认人的拘束力在很大程度上也在于维护对方当事人对自认的利益，因此对方当事人同意的，则自认人可以撤回或者撤销自认。
② 当自认的事实违反真实时，即使对方当事人不同意，自认人也可以撤回或者撤销自认。法谚云："有错误时不能视为同意。"自认人证明了自认的事实违反真实的，就可推定该自认是基于错误作出的。若第三人对自认人实施应当受到刑法上惩罚的行为而使当事人作出自认的，不管自认的事实是否违反真实，基于正当程序的要求，自认都应当是无效的，均可以撤销。
③ 参见邵明：《正当程序中的实现真实》，200～202 页，北京，法律出版社，2009。

第 十 三 章

用何证明：证据

证据具有共通性，是证明案件事实的方法、资料和导致法官内心确信案件事实真实性的主要原因。在自由心证原则之下，证据规则主要是有关证据能力的规则。言词证据和实物证据各自存在形式不同，故在提供、质证、判断的方式和证据规则的适用等方面也相应不同。

第一节　理解证据与证据共通性

一、证据的含义·证据能力·证明力

（一）证据的含义

1. 证据材料和裁判证据

从可否作为法院认定事实的根据或者是否具有证据能力的角度，可将"证据"理解为证据材料和裁判证据。

证据材料是指证据能力是否具有尚未确定的证据，尚需通过法定的证据调查程序来调查和确定其是否具有证据能力，所以尚无资格作为法院认定事实的根据。

证据材料经过法定的证据调查程序的调查，法院确定其具有证据能力，能够作为认定事实的根据，即为"裁判证据"。将证据界定为能够证明案件事实真伪的根据，实际上揭示的是裁判证据的含义。

2. 证据方法·证据资料·证据原因

从证据的存在形式、内容和法官心证形成原因的角度，证据包含证据方法、证据资料和证据原因，即证据是证明或者认定案件事实的方法、资料和导致法官内心确信案件事实真实性的主要原因。

从证据的存在形式或者载体来看，"证据方法"是指证明事实的人或者物等客观对象，包括人证和广义的物证（如日常话语"人证、物证俱在"）。"人证"包括当事人本人、证人、鉴定人等。广义的"物证"包括书证、狭义的物证、视听资

料等。

从证据的内容来看，"证据资料"是指人证、物证所陈述或者记载的案件事实或者案情内容，比如当事人对案件事实的陈述，证人对案件事实所作出的证言，书证所记载的思想内容，伤口所揭示的损害事实，对物品、场所等勘验的结果等。

根据证据裁判原则，应当运用证据来证明案件事实是否真实，证据是促使法官心证形成或者促成法官内心确信案件事实真实性的主要原因，所以证据又被称为"证据原因"。

将证据界定为证据方法、证据资料和证据原因，大体对应于证据调查的环节或者程序：提供证据与交换证据、当事人质证、法院判断证据。据此，可以揭示证据方法、证据资料和证据原因之间的内在关系。

将证据界定为证据方法，便于当事人或者法院依凭证据的存在形式或者载体来收集、提供证据。当事人通过证据方法将证据资料（证据的内容）向法官展示、向对方当事人开示，使法官知悉证据的内容，使双方当事人互知对方证据的内容。

对证据方法和证据资料进行质证和判断，以确定证据能力之有无和证明力之大小。证据存在的具体形式或者具体载体，决定了应当采用相应的质证和判断的方式，如对人证的质证和判断采用询问方式，对物证则采用辨认、勘验和鉴定等方式。

在当事人质证的基础上，法官确认证据方法和证据资料是否具有证据能力和证明力之大小（证据调查结果），据此法官形成心证（对案件事实的真实性产生确信）。此时将促使法官心证形成的证据称为证据原因。

（二）证据能力和证明力

证据能力（或称"证据资格""证据的适格性"）是指能够作为法院认定事实的根据的证据（裁判证据）所应具备的属性、要件或者资格，通常要求同时具备关联性、真实性和合法性。[①] 大陆法系中的证据能力与英美法系中的"可采性"（admissibility）实际上是相通的。

在具有证据能力的基础上，才需要考量证明力大小。证明力（或称"证据力""证据价值"）是裁判证据对案件事实证明的价值大小或者影响程度。通常有证据能力即有证明力，证明力之大小取决于关联性之强弱、真实性之高低、违法性之大小。[②]

裁判证据"质"的规定性是证据能力、"量"的规定性是证明力。区分证据能力和证明力，旨在确定调查证据的合理顺序，即先解决证据能力有无问题（"入门"

---

① 但是，同时具备了这"三性"的证据，并非均有证据能力，如当事人在调解与和解中所作的自认，实为诉讼外自认，在以后的诉讼中不得作为对其不利的证据，其可采性或者可适用性在以后的仲裁或者诉讼中将被剥夺或者被限制［参见本书第一章第二节二（三）和本章第二节一（一）］。

② 比如，通常情况下，直接证据的证明力大于间接证据的（直接证据与案件主要事实的关联性强于间接证据的）、原始证据的证明力大于派生证据的（原始证据的真实性高于派生证据的）。

资格)，若有，则处理证明力大小问题。

依据《民诉解释》第104条，法院组织当事人围绕证据的真实性、关联性、合法性进行质证，并针对证据证明力大小进行说明和辩论；能够反映案件真实情况、与待证事实相关联、来源和形式符合法律规定的证据，应当作为认定案件事实的根据。

二、证据的分类

证据的种类是对证据作出不周延的划分，或者说是一种列举，是法律根据证据的存在形式或者形成特征对证据所作的区分。现代法律上，原则上各种证据具有同等的证明价值。

根据《民事诉讼法》第66条的规定，在我国，民事证据种类有当事人的陈述、书证、物证、视听资料、电子数据、证人证言、鉴定意见和勘验笔录。[①]

与证据的种类不同，证据的分类是根据某种标准对证据作出周延的划分，主要有言词证据与实物证据、原始证据与传来证据、直接证据与间接证据、本证与反证等。

(一) 言词证据与实物证据 (分类标准是"证据的存在形式")

言词证据 (人证) 以"人的陈述"为存在形式 (如证人证言、鉴定意见和当事人陈述)，以证人、鉴定人和当事人对案件事实的陈述内容来揭示事实真相。言词证据通常以"口头" ("言词") 形式为必要，以"书面"形式为补充。

实物证据 (广义的物证) 以"实物"为存在形式 (比如书证、狭义的物证、勘验笔录、视听资料和电子数据[②])，或者以物体的外形、存在状态、数量、品质或者属性等揭示事实真相 (狭义的物证)，或者以物体所记载的信息或者内容来揭示事实真相 (书证、视听资料、电子数据)。

[①] 《反家庭暴力法》第20条规定：法院审理涉及家庭暴力的案件，可以根据公安机关出警记录、告诫书、伤情鉴定意见等证据，认定家庭暴力事实。《生态环境证据》第25条规定：负有环境资源保护监督管理职责的部门及其所属或者委托的监测机构在行政执法过程中收集的监测数据、形成的事件调查报告、检验检测报告、评估报告等材料，以及公安机关单独或者会同负有环境资源保护监督管理职责的部门提取样品进行检测获取的数据，经当事人质证，可以作为认定案件事实的根据。《关于审理铁路运输人身损害赔偿纠纷案件适用法律若干问题的解释》(法释〔2021〕19号)第11条规定：有权作出事故认定的组织依照《铁路交通事故应急救援和调查处理条例》等有关规定制作的事故认定书，经庭审质证，对于事故认定书所认定的事实，当事人没有相反证据和理由足以推翻的，法院应当作为认定事实的根据。
在证据形式方面，许多英美法系国家和地区通常不作严格要求，采取法定形式迁就自然形式的基本立场。许多大陆法系国家和地区采取自然形式服从法定形式的立场，要求严格证明必须采用法定的证据种类。事实上，芬兰、瑞典、丹麦、荷兰、巴西等国家法律原则上对证据方法或证据种类不作限制。比如，在丹麦法中，任何形式的证据都可在法庭上被采用，主要取决于证据是否具有可信性而不在于证据的形式或载体。再如，《荷兰民事诉讼法》第179条中规定：当事人可以采用任何方式提出证据，法律明确禁止的除外。我国现行法采取的是自然形式服从法定形式的立场。参见高家伟、邵明、王万华：《证据法原理》，7页，北京，中国人民大学出版社，2004。
[②] 电子数据又称电子证据，多为实物证据，因为电子数据的载体是电子介质。

言词证据和实物证据各自存在形式不同，故在提供、质证、判断的方式和证据规则的适用等方面也相应不同。比如，根据非法证据排除规则，非法取得的言词证据通常被排除适用，而对非法取得的实物证据的排除适用却要缓和得多。

（二）原始证据与传来证据（分类标准是"证据的来源"）

原始证据（又称原生证据）"直接来源于"案件事实，即在案件事实发生、发展和消灭的过程中直接形成的证据。原始证据大体上有如下两类：（1）原始证据本身就是案件事实的一部或者全部（如被害人头上的伤口，既属侵权事实又是证明侵权事实的物证）。（2）原始证据是根据案件事实直接制作的或者在案件事实直接作用下形成的（如第三人就其亲眼看见签订合同的事实所作出的陈述、双方当事人打斗留下的痕迹等）。

传来证据（又称派生证据）是指复制、转述原始证据所形成的证据，比如合同原件的复印件、对目击证人证言的转述（传闻证言）等。如盗版 DVD 等虽是正品的复制品，却是证明盗版行为的原始证据。

原始证据的真实性高于传来证据的真实性，其证明力大于传来证据的证明力，应当优先于传来证据被提供和被采用（最佳证据规则）。只有在没有或者无法运用原始证据时，才能运用传来证据，但是传来证据往往需要其他证据"佐证或者补强"才能被采用（补强证据规则）。

（三）直接证据与间接证据（分类标准是"证据与直接事实"之间的关系）

直接证据能够"直接"证明"直接事实"（要件事实）是否真实。[1] 间接证据（情况证据、旁证）与直接事实之间的关系是间接的，只能直接证明"间接事实"是否真实。[2]

法谚云："证据在其分量而不在其数量"（Evidence is to be weighted not enumerated）。在与直接事实的关联性上，直接证据强于间接证据，所以通常情况下直接证据的证明力大于间接证据的证明力，因此对同一案件事实，既有直接证据又有间接证据时，禁止当事人和法官以间接证据代替直接证据。

间接证据能够佐证直接证据，特别是在缺乏直接证据时，可运用间接证据证明间接事实并形成一个事实逻辑链来证明直接事实。运用间接证据应遵守如下规则：（1）每个间接证据均具有证据能力；（2）同案的诸多间接证据应当形成连贯一致的"逻

---

[1] 比如，借据通常能够直接证明借款事实（属权益产生要件事实），所以是直接证据；C 将自己所见到的"A 的狗把 B 咬伤"的事实，向法院作出陈述，该证言能够直接证明本案的直接事实（加害行为、损害后果和因果关系），所以是直接证据。

[2] 【习题】原告诉请被告返还借款 5 万元，为证明这一事实，原告向法院提交了被告书写的"借据"；被告则主张"借款已经清偿"，并向法院出示了原告交给他的"收据"。关于原、被告双方的证据，下列哪些选项是正确的？（　　）
　　A. "借据"是本证，"收据"是反证　　　　B. "借据"是本证，"收据"也是本证
　　C. "借据"是直接证据，"收据"是间接证据　　D. "借据"是直接证据，"收据"也是直接证据
（2007 年国家司法考试试卷三；参考答案为 BD）

辑锁链"，即间接证据与间接证据之间、间接证据与间接事实之间应当存在内在关联性，并且相互衔接、协调一致；（3）根据诸多间接证据得出的结论应当是确定的。

（四）本证与反证（分类标准是"证据与有利于证明责任承担者的案件事实"之间的关系）

作为证据，"本证"证明或者支持有利于证明责任承担者的案件事实，而"反证"证伪或者反对有利于证明责任承担者的案件事实。本证也指证明责任承担者对利己案件事实的证明，对方当事人推翻该案件事实的证明则是反证。

通常情况下，原告提供本证证明权益产生事实（属原告的责任），被告提供反证予以证伪（为被告的权利）；被告提供本证证明权益妨害、阻却或者消灭事实（属被告的责任），原告提供反证予以证伪（为原告的权利）。

例如，原告对被告向法院提起返还借款之诉，原告提供本证（被告书写的借据）证明借款事实存在，被告提供反证（原告伪造借据的证据）证伪借款事实。再如，侵权诉讼中，被告即加害人就免责事由承担证明责任，被告用来证明免责事由的证据就是被告的本证；原告可以提供反证来证伪免责事由。

划分本证与反证的意义主要有：（1）当事人提供本证是其证明责任而提供反证是其权利，比如原告提供本证（证明权益产生事实）是其证明责任，提供反证（推翻被告的抗辩事实）是其权利。（2）通常本证先于反证被提供、被质证，本证没有证据能力或者没有达到证明标准时，没有必要反证。（3）本证的证明标准高于反证的［参见本书第十一章第三节二（四）］。（4）法官判断本证与反证的证明力以决定是否采信事实，比如本证的证明力大于反证的并达到证明标准，则法官采信本证所支持的事实；本证的证明力等于或者小于反证的，则法官不采信本证所支持的事实。

三、事实和证据共通性原理

（一）事实和证据共通性原理的内涵

事实和证据共通性原理或者原则，有广义、狭义两种。就狭义而言，该原理或者原则的内涵主要是：（1）在对立的双方当事人之间，不论何方当事人提出的案件事实，若法院认为是真实的，对于他方当事人亦为真实，均为法院判决的根据。（2）不论何方当事人提出的证据资料，若具有证据能力，则既可证明利己的案件事实，又可证明有利于对方的案件事实，并均可作为法院认定事实的根据。①

广义的事实和证据共通性原理，不仅适用于对立的双方当事人之间，而且适用于其他情形（如共同诉讼等）。两者虽有不同之处但无本质区别。

对于同一事实，作为法官心证形成原因的证据亦必同一。"证据同一"或者

---

① 比如，甲诉乙借款合同纠纷案中，被告提供的"收据"，作为本证用来证明权益消灭的事实，同时具有共通性，即可以证明权益产生事实（存在借款的事实）。

"共通性"是指作为法官心证形成原因的证据调查结果是同一的或者具有共通性。

（二）事实和证据共通性原理在共同诉讼和群体诉讼中的适用

在必要共同诉讼和以其为基础形成的群体诉讼中，此原理没有适用的必要。因为必要共同诉讼的诉讼标的是共同的，所以同一方的共同诉讼人中一人或者数人所主张的事实和提供的证据，通常对本方所有共同诉讼人产生相同的法律效果。对事实和证据的处分行为，涉及共同诉讼人重大实体利益的，如自认事实等，经本方其他共同诉讼人明确同意，其效力及于本方全体共同诉讼人。

在普通共同诉讼和以其为基础形成的群体诉讼中，通常此原理无可适用性，因为普通共同诉讼只是数诉的合并，数诉相互之间的关联性较弱，各诉当事人之间彼此独立。比如，乙、丙各自向甲借钱若干，后来甲以乙、丙为被告，诉请返还借款。若合并审理甲与乙之诉和甲与丙之诉，则构成普通共同诉讼，两诉的诉讼标的是同种类的（借贷合同关系或者甲所拥有的返还借款的请求权），两诉的原因事实并非共同，诉讼中原告甲分别与被告乙、丙进行对抗，无从援用事实和证据共通性原理。

但是，在某些情形中，在客观上数诉的案件事实或者证据存在着同一性或者共通性，需要法官根据事实和证据共通性原理并依据自由心证原则，对证据作出同一判断、对事实作出同一认定，否则会产生矛盾裁判，造成诉讼浪费。

【案例 13－1】甲、乙二人在某旅店房间内，房间天花板突然掉下来，把二人砸伤。甲、乙以该酒店为被告提起诉讼，是基于同一事实而发生的普通共同诉讼。对于天花板落下的事实，法院应当作出同一认定。诉讼中甲提出了天花板落下的证据，乙未作反对表示的，应当适用事实和证据共通性原理。

【案例 13－2】甲将某商品分别零售给乙、丙二人，甲将乙、丙的赊账情况记录于一张纸上，并由乙、丙签名。后来，甲将乙、丙作为共同被告提起了诉讼。此案例是基于相同种类的诉讼标的而发生的普通共同诉讼，即"甲与乙之诉"和"甲与丙之诉"之合并。诉讼中，甲与乙、丙就赊账记录纸的真伪产生争执，赊账记录纸作为证据在两诉及乙与丙之间具有共通性，在此就有必要适用事实和证据共通性原理。

普通共同诉讼人之间的利益可能不一致，对同一事实或者共通证据往往有不同的主张或者看法，所以在程序上应当保障其他共同诉讼人对此原理的适用可以提出异议，没有提出异议或者异议不成立，才能适用此原理。此原理适用错误，导致案件事实没有得到证据证明，则为上诉或者再审的理由。

（三）事实和证据共通性原理的适用根据

事实的真实性和证据的关联性决定了该原理的适用。案件事实只要是真实的，证据只要与案件事实存在内在关联，不论对何方当事人有利，均得作为法院判决或者认定事实的根据。真实事实和关联证据是否具有共通性，是一种客观存在，不能随意排除。

法官中立原则和自由心证原则决定了该原理的适用。根据法官中立原则和自由心证原则，法官应当中立、自由地判断证据和采用调查证据的结果，而不管该结果有利于何方当事人。换言之，法官采用证据和认定事实应当遵循事实和证据共通性原理。

事实和证据共通性原理使法官可以综合评价证据调查的全部结果并据此自由形成心证，进而作出更为接近客观真实的事实认定。不仅如此，遵行该原理还有助于节约诉讼成本，因为适用该原理意味着无须重复调查具有共通性的事实和证据。

因此，法官运用事实和证据共通性原理，将基于一方当事人提供的证据而形成的证据调查结果适用于有利于对方当事人的事实认定时，无须对方当事人请求法官适用该证据调查结果。即使当事人提出这种请求，也不过是敦促法官予以关注的事实行为。[1]

事实和证据共通性原理与辩论主义并不发生冲突。根据辩论主义，事实的主张和证据的提供由当事人负责，所以只要当事人主张了事实和提供了证据，辩论主义系所规定的当事人的任务即告完成。至于如何将证据调查的结果用于对事实的认定，专属于法院的审判职责，属于辩论主义领域外的问题。

第二节　证据规则

证据规则包括有关证据能力、证明力和提供证据、质证和判断证据的规范。在自由心证原则之下，证据规则主要是对证据能力的规范。笔者认为，我国至少应当建立和完善关联性规则、真实性规则、合法性规则、证言豁免规则、最佳证据规则和补强证据规则等。

一、关联性规则·真实性规则·合法性规则

(一) 关联性规则

证据与案件事实之间的关联性是客观存在的。案件事实发生、发展和消灭被人感知到或者留下实物或印迹而形成证据。原始证据是在案件事实发生、发展和消灭的过程中直接形成的，在原始证据的基础上再生的证据则是传来证据。

证据与案件事实的关联性可以是直接的（如直接证据与直接事实之间的关联性），也可以是间接的（如间接证据与直接事实之间的关联性）。证据与案件事实的关联性可以是正相关的（比如本证用来证明有利于证明责任承担者的案件事实），也可以是反相关的（如反证用来证伪有利于证明责任承担者的案件事实）。

无关联性的证据无可采性，应当予以排除。关联性规则要求当事人提供的证据应能全部或者部分地、直接地或者间接地证明或者证伪案件事实，要求法院采用与本案事实有关联性的证据，阻止与本案事实无关联性的证据进入本案诉讼。

---

[1]　参见［日］新堂幸司：《新民事诉讼法》，388页，北京，法律出版社，2008。

笔者认为，在我国，对于下列证据，应当根据关联性规则和利益衡量原理，判断是否具有证据能力：

（1）"品格证据"通常不得用于证明该人在特定场合的行为与其品格特征相一致，因为有关某人的品格证据与某案件事实并不存在必然关联性。[①]

（2）"当事人的事后行为"并不必然能够作为证据来证明其事前有过错或者应承担责任。比如，当事人事后实施补救行为、承诺支付或者已经支付医疗费的证据，不得用来证明该当事人对伤害有过错。

（3）"有关拥有责任保险的证据"不得来证明该人存在过错。这是因为这种证据与行为过错之间没有合理的关联性，并且此项规定鼓励人们积极参与责任保险。

（4）"有关习惯性或者日常性的证据"可以用来证明当事人在特定场合或者特定时期的行为与其习惯或者日常相一致（习惯成自然），但是该当事人可以提出有根据的异议。

有些证据材料虽有相关性，但若采用，可能产生严重的不利后果（如可能导致严重偏见，显著妨害诉讼公正、效率等），故将其排除。比如，当事人为达成调解协议或者和解协议，作出妥协而认可的事实，在后续的诉讼中原则上不得作为对其不利的证据；"太遥远的（间接）证据"或者"关联性不足的证据"在诉讼中往往被排除（符合比例原则）。

（二）真实性规则

证据的真实性和真实性规则的主要内容是证据的内容、存在形式或者表现载体是真实的，没有被伪造或者增删。案件事实的产生、发展和消失的过程及结果，或者被记录下来，或者被人感知，或者留下遗迹等，对此进行提取、探测和查验能够揭示案件事实的真相。

真实性规则要求证人如实提供证言，要求鉴定人作出科学合理的意见，要求当事人作出真实陈述，要求在案件事实产生过程中产生的物证无变异或者未被伪造，要求书证和视听资料未被删改或者未被伪造。

法律对于证人能力和鉴定人资格的要求，对于证人、鉴定人和当事人真实义务的规定，对于优先提供原件、原物的要求，对于补强证据的规定，对于证据的交换、质证和判断的规定等，均有保障裁判证据真实性的功能。

（三）合法性规则

1. 证据的合法性或者违法因素

广义的证据合法性规则要求作为判决依据的证据在形式、来源（收集）等方面

[①] 当事人的品格成为案件争点时，如被告以其品格端正来证明其不可能实施违法行为，那么原告就可以品格证据来证明被告的品格不端正，从而推翻被告的抗辩。诉讼中，对证人的可信性往往发生争议，关于证人的可信性或者其品格的证据具有可采性。

《证据规定》第96条规定："人民法院认定证人证言，可以通过对证人的智力状况、品德、知识、经验、法律意识和专业技能等的综合分析作出判断。"

应当符合实体法和程序法中的强行规范或者禁止性规范。《证据规定》第87条中规定，审判人员审核认定"证据的形式、来源是否符合法律规定"。

比如，根据《民法典》第400、427、685条的规定，应当以书面形式订立抵押合同、质押合同、保证合同。《民法典》第209条规定："不动产物权的设立、变更、转让和消灭，经依法登记，发生效力；未经登记，不发生效力，但是法律另有规定的除外。依法属于国家所有的自然资源，所有权可以不登记。"① 有法律规定，对于某些特定行为采取强制公证方为有效②；当事人可以将公证约定为法律行为和法律文书的生效要件。

"非法证据排除规则"从否定的角度，排除非法证据的可采性。非法证据是指包含违法因素的证据材料，包括违反程序法、实体法、宪法及公序良俗。

依据《民诉解释》第106条，对以严重侵害他人合法权益、违反法律禁止性规定或者严重违背公序良俗的方法形成或者获取的证据，不得作为认定案件事实的根据。③ 这是就证据的形成或者取得（收集）规定了非法证据的可采性问题，规定的是狭义的或者通常意义上的非法证据排除规则。

---

① 《民法典》第214条规定："不动产物权的设立、变更、转让和消灭，依照法律规定应当登记的，自记载于不动产登记簿时发生效力。"第216条第1款规定："不动产登记簿是物权归属和内容的根据。"

② 《公证法》第38条规定："法律、行政法规规定未经公证的事项不具有法律效力的，依照其规定。"在许多国家和地区的法律中，将公证作为法律行为成立或者生效的一个要件。比如，《瑞士民法典》第521条规定："继承契约，须采取公证遗嘱的方式，始生效力。"再如，《法国民法典》《德国民法典》等对不动产所有权的移转、不动产的抵押等要求进行公证。

③ 比如，不得以严重侵害他人隐私权的方法形成或者获取证据。《民法典》第1032条规定：自然人享有隐私权。任何组织或者个人不得以刺探、侵扰、泄露、公开等方式侵害他人的隐私权。隐私是自然人的私人生活安宁和不愿为他人知晓的私密空间、私密活动、私密信息。第1033条规定，除法律另有规定或者权利人明确同意外，任何组织或者个人不得实施下列行为：（1）以电话、短信、即时通讯工具、电子邮件、传单等方式侵扰他人的私人生活安宁；（2）进入、拍摄、窥视他人的住宅、宾馆房间等私密空间；（3）拍摄、窥视、窃听、公开他人的私密活动；（4）拍摄、窥视他人身体的私密部位；（5）处理他人的私密信息；（6）以其他方式侵害他人的隐私权。
再如，不得以严重侵害个人信息权益的方法形成或者获取证据。《民法典》第1034条第2款规定，个人信息是以电子或者其他方式记录的能够单独或者与其他信息结合识别特定自然人的各种信息，包括自然人的姓名、出生日期、身份证件号码、生物识别信息、住址、电话号码、电子邮箱、健康信息、行踪信息等。第1035条规定，处理个人信息的，应当遵循合法、正当、必要原则，不得过度处理，并符合下列条件：（1）征得该自然人或者其监护人同意，但是法律、行政法规另有规定的除外；（2）公开处理信息的规则；（3）明示处理信息的目的、方式和范围；（4）不违反法律、行政法规的规定和双方的约定。我国《个人信息保护法》对个人信息的收集、存储、使用、加工、传输、提供、公开、删除等作出了具体规定。
根据《国家安全法》第25条，国家建设网络与信息安全保障体系……加强网络管理，防范、制止和依法惩治网络攻击、网络入侵、网络窃密、散布违法有害信息等网络违法犯罪行为，维护国家网络空间主权、安全和发展利益。《反间谍法》第25条规定："任何个人和组织都不得非法持有、使用间谍活动特殊需要的专用间谍器材。专用间谍器材由国务院国家安全主管部门依照国家有关规定确认。"《刑法》第284条规定："非法使用窃听、窃照专用器材，造成严重后果的，处二年以下有期徒刑、拘役或者管制。"

私自拍录（偷拍偷录）是在对方当事人或者相关第三人不知时或者未经其同意所拍录的，并不必然侵害其隐私权等基本权利。当事人在他人住处安装窃听器、摄像机所获取的证据是运用法律禁止的方法取得的，当属非法证据。

根据法律规定，为维护公共安全，在银行、道路、车站、码头、广场、公园等公共场所安置的监视电子仪器所拍摄的视听资料，具有合法性；为维护珍贵文物等，在博物馆或者收藏处安置的监视电子仪器所拍摄的视听资料，具有合法性。

"难以识别是否经过修改的视听资料"（包括偷拍、偷录所取得的视听资料）不能单独作为定案的根据，在经其他证据佐证或者补强后，才能作为认定事实的根据。

2. 非法证据的可采性问题

民事诉讼中，原则上排除非法证据的使用。不过，在不与保护人格权、隐私权和商业秘密权等基本权利相冲突的前提下，从发现真实和保护弱者的立场出发，允许使用包含违法因素的证据（使用这种证据给一方当事人或者他人造成损害的，受害人有权获得赔偿）。

非法证据排除规则排除的是对当事人不利的证据。所谓"不利"，包括法律上导致当事人处于不利境地的情形。此处的当事人，特指对非法证据的形成无过错的当事人。对非法证据的形成有过错的当事人，不受排除规则的保护。一方当事人提供非法证据的，对方当事人可以请求法院排除采用。

非法证据可用来证明非法证据的非法性或者非法取证的事实。依英美法系中的"毒树之果规则"，以非法证据（毒树）为线索，以合法方式取得的其他证据（果），因为取证合法而没有"毒"（没有违法性）。①

二、证言豁免规则·最佳证据规则·补强证据规则

（一）证言豁免规则

合理的法律规则是相关利益价值合理平衡的结果。就诉讼证明来说，实现真实并非其唯一目的和价值；法律将诉讼证明限制在合理限度内（比如非法证据排除规则、证言豁免规则等），虽有碍于实现真实，但能够实现更大的利益或者维护更高的价值。

证言豁免规则是指法律规定，具有特定身份的人在诉讼中享有不提供证据或者不出庭作证的权利，任何人包括法院不得强制享有证言豁免权的人提供证据或者出庭作证。

---

① 参见 ［美］约翰·W. 斯特龙主编：《麦考密克论证据》，341～344 页，北京，中国政法大学出版社，2004。

在域外，证言豁免规则主要适用于以下情形：

（1）因公务或者职务关系而豁免。因公务关系知悉国家秘密的人，对其所知悉的国家秘密，有权拒绝作证，法律另有规定的除外。因职务关系知悉职务秘密的人，对其所知悉的职务秘密，有权拒绝作证，但是经供职单位许可，可以作证。记者对其新闻信息来源也享有证言豁免权，法律另有规定的除外。

（2）因业务关系而豁免。证人为律师、医生、公证人①、会计师②等时，对于其因业务而知悉其当事人、病人或者客户等相关秘密事项的，除当事人、病人或者客户允许等之外，有权拒绝向法庭提供该秘密事项。

律师在为当事人提供法律上的帮助的过程中，当事人将不利于自己的与法律帮助事项相关的信息提供给律师的，该律师对此信息拥有证言豁免权。③ 此举旨在通过维护律师的法律角色及律师与其当事人之间的信任关系，来维护律师制度。但是，这并不妨碍对方当事人、证人等提供此类信息。

医生在诊疗病人过程中所获知的病情若在诉讼中对该病人不利，医生有权拒绝提供该病情信息。此举旨在保护病人的隐私权，并能够使病人无所担心地将其病情充分告知医生，从而有利于疾病的治疗。但是，因维护公共利益的需要，应排除适用此项规则。当然，经病人同意，医生也可就该病情提供证言。④

（3）因亲属关系而豁免。诉讼中，配偶之间和特定亲属之间关于对配偶和特定亲属不利的案件事实，有权拒绝提供证言。但是，此规则往往不适用于配偶之间的诉讼（如妻子可以提供不利于丈夫的案件事实）、特定亲属之间的诉讼。此规则旨在维护婚姻家庭关系的和平与稳定。⑤ 当然，享有证言豁免权的配偶和特定亲属可以放弃其证言豁免权。

（二）最佳证据规则或者优先规则

英美法系中，最佳证据规则主要适用于文书证据（书证），即优先采用原件。

---

① 《公证法》第13、23条分别规定：公证机构和公证员不得"泄露在执业活动中知悉的国家秘密、商业秘密或者个人隐私"。第43条第1款规定："公证机构及其公证员因过错给当事人、公证事项的利害关系人造成损失的，由公证机构承担相应的赔偿责任；公证机构赔偿后，可以向有故意或者重大过失的公证员追偿。"但该法对公证员的证言豁免权未作明确规定。

② 《注册会计师法》第19条规定："注册会计师对在执行业务中知悉的商业秘密，负有保密义务。"但对注册会计师的证言豁免权未作明确规定。

③ 《律师法》第38条第2款规定："律师对在执业活动中知悉的委托人和其他人不愿泄露的有关情况和信息，应当予以保密。但是，委托人或者其他人准备或者正在实施的危害国家安全、公共安全以及其他严重危害他人人身、财产安全的犯罪事实和信息除外。"《律师执业行为规范》第9条规定："律师应当保守在执业活动中知悉的国家秘密、商业秘密，不得泄露当事人的隐私。""律师对在执业活动中知悉的委托人和其他人不愿泄露的情况和信息，应当予以保密。但是，委托人或者其他人准备或者正在实施的危害国家安全、公共安全以及其他严重危害他人人身、财产安全的犯罪事实和信息除外。"

④ 《民法典》第1226条规定："医疗机构及其医务人员应当对患者的隐私和个人信息保密。泄露患者的隐私和个人信息，或者未经患者同意公开其病历资料的，应当承担侵权责任。"违背此项义务的，医疗机构及其医务人员应当承担医疗伦理损害责任。

⑤ 法谚云"自由与近亲关系的价值无限"，所以"血缘的法不应受到任何国家法的破坏"。

可见，此项规则并非证据排除规则，有人称之为"优先规则"（Preferential Rule）。

根据我国《民事诉讼法》第 73 条第 1 款，《民诉解释》第 111 条，《证据规定》第 11~13、15、21~23、61 条等，最佳证据规则的适用范围是实物证据。相对于传来证据，原始证据真实性较高和证明力较大，在此种意义上原始证据被称为"最佳证据"。

因此，对于同一案件事实，既有原始证据又有传来证据时，当事人应当收集和提供原始证据，法官应当调查、保全和采用原始证据，原则上不得以传来证据代替原始证据。

如当事人自己保存或者提供原始证据确有困难的，可以提供、调查和采用经核对无误的传来证据（详见下文第四节"实物证据"）。①

（三）补强证据规则

补强证据规则是指只有在有其他证据补强或者佐证的情况下，被补强或者佐证的证据才能作为认定事实的根据。

依据《证据规定》第 90 条等，下列证据不能单独作为认定案件事实的根据：（1）当事人的陈述。（2）需补强的证人证言，比如无或者限制民事行为能力人所作的与其年龄、智力状况或者精神健康状况不相当的证言；（3）与一方当事人或者其代理人有利害关系的证人陈述的证言；（4）存有疑点的视听资料、电子数据；（5）无法与原件、原物核对的复制件、复制品。

此规则的适用条件主要有：（1）被补强的证据的关联性和合法性已经确定。没有关联性和合法性的证据应予排除，不存在补强问题。（2）被补强的证据的真实性难以确定。不真实的证据材料应予排除，不存在补强问题。只有被补强的证据材料的真实性难以确定时，才需补强。（3）用来补强的证据（佐证）的证据能力和证明力已得到确定。

第三节　言词证据

一、当事人陈述

（一）当事人陈述的概念

《民事诉讼法》第 66 条将"当事人的陈述"规定为法定的证据种类。其第 78 条规定："人民法院对当事人的陈述，应当结合本案的其他证据，审查确定能否作为

---

① 《电子商务法》第 62 条规定：在电子商务争议处理中，电子商务经营者应当提供原始合同和交易记录。因电子商务经营者丢失、伪造、篡改、销毁、隐匿或者拒绝提供前述资料，致使法院、仲裁机构或者有关机关无法查明事实的，电子商务经营者应当承担相应的法律责任。

认定事实的根据。""当事人拒绝陈述的，不影响人民法院根据证据认定案件事实。"

《民诉解释》第 122 条第 2 款规定："具有专门知识的人在法庭上就专业问题提出的意见，视为当事人的陈述。"《医疗损害责任》第 14 条第 2 款规定："前款规定的具有医学专门知识的人提出的意见，视为当事人的陈述，经质证可以作为认定案件事实的根据。"

将"当事人的陈述"笼统地规定为法定的证据种类，有如下不合理之处：(1) 当事人主张利己事实的，为证明对象，从而需要证据来证明（无须证据证明的事实除外）；(2) 在诉讼中，当事人主张不利己事实的，构成诉讼上自认，为无须证据证明的事实。

能够作为证据的当事人陈述，主要是指：(1) 当事人诉讼外自认，即当事人在诉讼外承认或者主张不利己事实；(2) 法官询问当事人，即当事人经法官询问而陈述事实。[①] 我国实务和《民诉解释》将当事人诉讼外自认和法官询问当事人作为证据。当事人应当遵守禁反言和真实义务［参见本书第三章第二节二（三）2］。

(二) 当事人诉讼外自认或者裁判外自认

当事人诉讼外自认是指在本案诉讼过程外，当事人（自认人）承认不利己案件事实（或者全部自认或者部分自认）。在他诉中，诉讼上自认若没有被法院确定判决确认，则在本诉中被作为诉讼外自认。当事人在调解与和解中所作的自认，实为诉讼外自认，在以后的诉讼中不得作为对其不利的证据。

在大陆法系和英美法系，诉讼外自认通常被作为证据。一方面，诉讼外自认可能有证据的作用；另一方面，与诉讼上自认不同，诉讼外自认是"在本案审理过程之外"或者"不是向本案审判法官"作出的，没有遵从直接言词原则，其关联性、真实性和合法性并未得到确定，若要作为认定事实的根据则需经过当事人质证和法院审核认定。

【案例 13-3】B 对第三人陈述曾向 A 借款一事，在陈述时被 A 录制下来。后来，A 对 B 提起返还借款之诉，在诉讼中 A 向法院提供上述录音磁带。

此例中，B 对借款事实的陈述，是在诉讼外向第三人（并非本案审判法官）作出的，所以属于诉讼外自认。记载这一自认的录音磁带，若要作为认定事实的根据，则需要通过法定程序来审查认定其是否具有证据能力。

此盘录音磁带是在借款事实发生后制作的，是对借款人事实陈述的固定，所以并非《民事诉讼法》所规定的"视听资料"。视听资料作为一种证据，是与案件事实的发生、发展或者消失同步制作的，此后制作的音像资料并不属于视听资料这一证据

[①] 此部分内容，详见邵明：《我国民事诉讼当事人陈述制度之"治"》，载《中外法学》，2009 (2)。

笔者认为，民事诉讼中，即使当事人同意，测谎仪也不得作为当事人、法院收集证据的手段，更遑论测谎结果是否为证据（当事人陈述）的问题。之所以如此，不是因为测谎技术及其运用不够成熟，而且因为测谎是对被测者的不信任或者有不尊重被测者人格之虞；同时在民事诉讼中对于"事实真伪不明"的，运用证明责任分配规则即可解决，无须通过测谎来查明事实。

种类。

（三）法官询问当事人

依据《民诉解释》第 110 条、《证据规定》第 63～66 条，法院认为有必要的，可以要求当事人本人到场，就案件的有关事实接受询问。[①]

法院应当在询问前责令当事人签署保证书并宣读保证书的内容。保证书应当载明保证据实陈述，绝无隐瞒、歪曲、增减，如有虚假陈述应当接受处罚等内容。当事人应当在保证书上签名、捺印。当事人有正当理由不能宣读保证书的，由书记员宣读并进行说明。

当事人无正当理由拒不到场、拒不签署或宣读保证书或者拒不接受询问的，法院应当综合案件情况，判断待证事实的真伪。待证事实无其他证据证明的，法院应当作出不利于该当事人的认定。

在许多国家和地区，法官通过询问当事人的方式使当事人就案件事实作出陈述，这种陈述被作为证据看待。法定诉讼代理人被作为证据方法接受询问，适用询问当事人的程序。询问当事人的程序，与询问证人的程序基本一致，或者说适用询问证人的程序。

在大陆法系，与其他证据方法不同，"询问当事人"具有补充性或者从属性，即若没有其他证据或者其他证据不足以证明待证事实，或者言词辩论的结果或者已经进行的证据调查的结果仍不能使法官形成确信的心证，则根据当事人一方申请或者法院依职权询问当事人。[②]询问当事人后，对方当事人仍可收集其他证据。[③]

询问当事人之所以具有补充性，是因为当事人与案件有着法律利害关系，难保其真实陈述事实（所以其证明力一般是较低的）；并且法官通过询问使当事人陈述对己不利的事实难免强人所难、不近人情。

询问当事人的补充性，适用于辩论主义诉讼程序。辩论主义诉讼程序中，在最后言词辩论终结时，若现有证据不足以证明待证事实而使法官不能形成确信的心证，法官也不得依职权收集其他证据，只得以询问当事人的方式了解事实真相。

最了解案件事实真相的是当事人，诉讼一开始就询问当事人往往有助于确定案件的争点，况且受诚信原则等约束，当事人的陈述未必都缺乏可信度，所以有些国家缓和了询问当事人的补充性。比如，1996 年《日本民事诉讼法》第 207 条中对原有规定进行了修订，即法院认为适当时，在听取当事人意见后，可以首先询问当事

---

① 《民诉解释》第 395 条规定：再审法院根据审查案件的需要决定是否询问当事人。新的证据可能推翻原判决、裁定的，法院应当询问当事人。《防制虚假诉讼》第 5 条规定：涉嫌虚假诉讼的，应当传唤当事人本人到庭就有关案件事实接受询问，除法定事由外应当要求证人出庭作证，充分发挥有关当事人和证人签署保证书规定的作用，探索当事人和证人宣誓制度。

② 比如，《德国民事诉讼法》第 445、448 条，《日本民事诉讼法》（1890 年）第 336 条等。在法国，为了补充书证的不足，法律设计了当事人询问制度。

③ 参见［德］罗森贝克等：《德国民事诉讼法》，929 页，北京，中国法制出版社，2007。

人本人。在英美法系一些国家，当事人回答法官询问而披露的有关事实有助于确定案件争点，所以法官询问当事人也被作为一种启发性手段以明确案件的争点。[①]

法院询问当事人及其法定代理人时，不得强制其陈述。法官询问当事人时，当事人享有"证言豁免权"。为实现真实，许多国家还确立了当事人真实义务。当事人无正当理由不出庭或者拒绝宣誓或陈述的，《日本民事诉讼法》第208条规定，法院可以认定对方当事人所主张的有关询问事项为真实。

在大陆法系，询问当事人的补充性不适用于职权探知主义诉讼程序。为查明有关公益的案件事实，法院可以随时询问当事人，询问当事人被作为第一层次的证据方法，并且对于经通知而无正当理由不出庭接受法官询问的当事人，法院可以拘传到庭，且可处以罚款。

我国宜根据上述法理构建询问当事人制度，合理确立询问当事人的补充性，不过，法院在认为适当时和听取当事人意见后，可以首先询问当事人，根据诚信原则要求当事人负担真实陈述、禁反言等义务。

二、证人证言

（一）证人证言的概念

在我国和大陆法系国家，证人是向法院陈述其所知道的案件事实的当事人以外的第三人。证人向法院所作的有关案件事实的陈述，称为证人证言。通常证人是通过视觉、听觉、嗅觉和触觉等感官感知到案件事实的发生、发展和消灭，只能就其知道的案件事实如实陈述，故证人具有不可替代性而不适用回避规定。原则上，证人证言不能包含猜测、推断或者评论的内容（如证人可以说"我看到的事实是……"，但不能说"我认为被告是故意的"）。

大陆法系有一种"鉴定证人"，就根据其特殊学识或者专门经验所得知的案件事实作出陈述。有些案件事实需要运用特殊学识或者专门经验才能被认知，比如汽车司机通过亲眼看见往往能够准确判断高速行驶汽车的速度。具有特殊学识或者专门经验的第三人，只要其陈述的是事实，就仍然是证人，所以鉴定证人是证人而不是鉴定人。《德国民事诉讼法》第414条规定，对于鉴定证人适用关于证人的规定。

在我国和大陆法系国家，证人与鉴定人是两种不同的证据方法。在英美法系，证人通常包括事实证人（factual witness）和专家证人（expert witness）：事实证人将其亲身感知的案件事实向法院作出的陈述，被称为感知证言（percipient testimony）。专家证人基于专门的学识或者经验对诉讼涉及的专门性问题提供的证言，被称为意见证言（opinion testimony）。[②]

[①] See Mary Kay Kane，*Civil Procedure*，West Publishing Co.，1979，p. 119.

[②] 事实上，英美法系也不排斥大陆法系一些国家所谓的"鉴定证人"，法律也有所放松地允许事实证人说出其意见。参见杨良宜、杨大明：《英美证据法》，355～358 页，北京，法律出版社，2002。

在我国实务中，"职业目击证人"以向当事人等提供有偿证言的方式，获取经济收益。尽管如此，只要这类证人的证言同时具备关联性、真实性和合法性，就可以作为法院认定事实的根据。职业目击证人应当与其他证人一样，承担义务和享有权利。由于职业目击证人提供证言是有偿的，所以对其证言的质证、判断和认定应当更加慎重，并且其证言在证明力上往往小于无偿性或者无倾向性的证人的证言。

（二）证人资格

诸多国家和地区的法律对事实证人的资格基本上不加以严格限定，即几乎所有的人都被假定为具有证人资格（证人能力、证人适格），除非法律有例外规定（比如享有证言豁免权等）或者某人在作证上存在着主、客观障碍。

《民事诉讼法》第75条规定："凡是知道案件情况的单位和个人，都有义务出庭作证。有关单位的负责人应当支持证人作证。""不能正确表达意思的人，不能作证。"

单位向法院提出的证明材料，应当由单位负责人及制作证明材料的人员签名或者盖章，并加盖单位印章。法院就单位出具的证明材料，可以向单位及制作证明材料的人员进行调查核实；必要时，可以要求制作证明材料的人员出庭作证。单位及制作证明材料的人员拒绝法院调查核实，或者制作证明材料的人员无正当理由拒绝出庭作证的，该证明材料不得作为认定案件事实的根据（《民诉解释》第115条）。

关于证人资格的要求或者证人适格的判断标准有：（1）事实标准，即应当知道案件事实。（2）能力标准，即应当具备相应的作证能力，是指应当具备与作证事实相应的感知能力、记忆能力和表达能力及对说实话义务的认识能力。待证事实与其年龄、智力状况或者精神健康状况相适应的无民事行为能力人和限制民事行为能力人，可以作为证人。[①]

诉讼代理人、本案法官、书记员及翻译人员如果了解案件事实，确有作为证人出庭的必要时，以证人身份出庭作证而不得担任本案的诉讼代理人、法官、书记员及翻译人员。

（三）证人的权利和义务

在证人作证或者询问证人之前，法院应将下述权利明确告知证人：（1）有权了解自己所享有的权利和所承担的义务。（2）有权使用本民族语言文字作证。（3）有

[①] 不具有与作证事实相应的作证能力的未成年人、精神病人和其他人，不得作为证人，比如，儿童不得就超出其认知能力的事实作证（儿童作为证人时，法院应当依照《未成年人保护法》和《联合国儿童权利公约》等给予特殊保护），发病期间的精神病人不能作证人，盲人不能证实其看见什么等。

权请求支付出庭作证费用。①（4）有权请求公安、司法机关保护本人及其亲属的人身、财产安全。（5）在法定情形下，享有拒绝作证的豁免权。（6）有权对法院侵犯其合法权益的行为提出控告。（7）有权补充、更正证言。对于书记员所作的有关其陈述内容的笔录，有权要求宣读或者查阅。笔录中有漏记或者误记等情况的，有权要求补充、更正。

证人的义务主要有：（1）按时出庭作证。②（2）真实作证。根据诚信原则，证人应当客观陈述其亲身感知的事实，作证时不得使用猜测、推断或者评论性语言，不得故意或者出于重大过失作出前后矛盾的证言。（3）保守作证时知悉的国家秘密、商业秘密和个人隐私。（4）遵守法庭秩序。

证人故意作虚假陈述的，诉讼参与人或者其他人以暴力、威胁、贿买等方法妨碍证人作证，或者在证人作证后以侮辱、诽谤、诬陷、恐吓、殴打等方式对证人打击报复的，法院应当根据情节，依照《民事诉讼法》第114条对行为人作出处罚。

（四）证人出庭作证

无正当理由未出庭的证人以书面等方式提供的证言，不得作为认定案件事实的根据。经法院通知，证人应当出庭作证，接受审判人员和当事人的询问。

当事人申请证人出庭作证的，应当在举证期限届满前向法院提交申请书。③ 民事公益案件中，法院应当依职权通知证人出庭作证［参见本书第三章第四节三（二）］。未经法院通知，证人不得出庭作证，但双方当事人同意并经法院准许的除外（《民诉解释》第117条第3款）。

---

① 《民事诉讼法》第77条规定："证人因履行出庭作证义务而支出的交通、住宿、就餐等必要费用以及误工损失，由败诉一方当事人负担。当事人申请证人作证的，由该当事人先行垫付；当事人没有申请，人民法院通知证人作证的，由人民法院先行垫付。"
《民诉解释》第118条规定："民事诉讼法第七十七条规定的证人因履行出庭作证义务而支出的交通、住宿、就餐等必要费用，按照机关事业单位工作人员差旅费用和补贴标准计算；误工损失按照国家上年度职工日平均工资标准计算。""人民法院准许证人出庭作证申请的，应当通知申请人预缴证人出庭作证费用。"
《证据规定》第75条规定："证人出庭作证后，可以向人民法院申请支付证人出庭作证费用。证人有困难需要预先支取出庭作证费用的，人民法院可以根据证人的申请在出庭作证前支付。"
② 公民出庭作证义务主要是基于诉讼制度所具有的"公共物品"的性质，不仅对于个案及当事人来讲，具有帮助个别正义实现的作用，而且体现出就公共利益的制度建设及其维系作出每个人应有的贡献。包含着证人履行出庭作证的义务在内，诉讼审判制度的完善也能被理解为一种有待继续努力的国家建设过程。参见王亚新：《民事诉讼中的证人出庭作证》，载《中外法学》，2005（2）。
《未成年人保护法》第110条第2款规定："人民法院开庭审理涉及未成年人案件，未成年被害人、证人一般不出庭作证；必须出庭的，应当采取保护其隐私的技术手段和心理干预等保护措施。"
③ 申请书应当载明证人的姓名、职业、住所、联系方式，作证的主要内容，作证内容与待证事实的关联性，以及证人出庭作证的必要性。
法院准许证人出庭作证申请的，应当向证人送达通知书并告知双方当事人。通知书中应当载明证人作证的时间、地点，作证的事项、要求以及作伪证的法律后果等内容。当事人申请证人出庭作证的事项与待证事实无关，或者没有通知证人出庭作证必要的，法院不予准许当事人的申请。

法院应当要求证人在作证之前签署保证书（证人保证书的内容适用当事人保证书的规定），并在法庭上宣读保证书的内容（证人是无/限制民事行为能力人的除外）。证人确有正当理由不能宣读保证书的，由书记员代为宣读并进行说明；证人拒绝签署或者宣读保证书的，不得作证，并自行承担相关费用。

证人经法院准许，以书面证言方式作证的，应当签署保证书；以视听传输技术或者视听资料方式作证的，应当签署保证书并宣读保证书的内容（《证据规定》第77条）。

通常情况下，证人应到庭提供口头证言，但是，有下列情形之一的，证人可以书面申请以书面证言、视听传输技术或者视听资料等方式作证：因健康原因不能出庭的；因路途遥远，交通不便不能出庭的；因自然灾害等不可抗力不能出庭的；其他有正当理由不能出庭的（《民事诉讼法》第76条）。

证人在审前准备阶段或者法院调查、询问等双方当事人在场时陈述证言的，视为出庭作证；双方当事人同意证人以其他方式作证并经法院准许的，证人可以不出庭作证（《证据规定》第68条第1、2款）。

证人在作证前不得旁听法庭审理，作证时不得以宣读事先准备的书面材料的方式陈述证言。证人言辞表达有障碍的，可以通过其他表达方式作证（《证据规定》第72条第2、3款）。

证人应当连续陈述。当事人及其法定代理人、诉讼代理人或者旁听人员干扰证人陈述的，法院应当及时制止，并依照《民事诉讼法》第113条处罚。

审判人员可以对证人进行询问。当事人及其诉讼代理人经审判人员许可后可以询问证人。[①] 询问证人时其他证人不得在场。法院认为有必要的，可以要求证人之间进行对质。

法院认定证人证言，可以通过对证人的智力状况、品德、知识、经验、法律意识和专业技能等的综合分析作出判断。

三、鉴定意见

（一）我国司法鉴定体制

我国司法鉴定现行体制是以全国人民代表大会常务委员会《关于司法鉴定管理问题的决定》（2015年修改）为司法鉴定基本法。有关司法鉴定的规范性文件主要有以下几类。[②]

（1）有关司法鉴定管理体制（司法鉴定机构和司法鉴定人）的规范，主要有：

[①] 《证据规定》第78条规定：当事人及其诉讼代理人对证人的询问与待证事实无关，或者存在威胁、侮辱证人或不适当引导等情形的，审判人员应当及时制止，必要时依照《民事诉讼法》第113、114条处罚。

[②] 同时，还有些地方性规定，比如《河北省司法鉴定管理条例》《上海市司法鉴定管理条例》等。

《关于健全统一司法鉴定管理体制的实施意见》、《司法鉴定机构登记管理办法》（司法部令第 95 号）、《司法鉴定人登记管理办法》（司法部令第 96 号）、《司法鉴定许可证和司法鉴定人执业证管理办法》（司发通〔2010〕83 号）、《司法鉴定职业道德基本规范》（司发〔2009〕24 号）、《司法鉴定人和司法鉴定机构名册管理办法》（司发通〔2010〕84 号）、《环境损害司法鉴定执业分类》（司发通〔2019〕56 号）、《司法鉴定机构内部管理规范》（司发通〔2014〕49 号）、《司法鉴定教育培训工作管理办法》（司规〔2021〕1 号）、《法医类 物证类 声像资料司法鉴定机构登记评审细则》（司规〔2021〕2 号）、《司法鉴定机构 鉴定人记录和报告干预司法鉴定活动的有关规定》（司办通〔2020〕56 号）等。

（2）有关鉴定程序和鉴定意见的规范，主要有：《刑事诉讼法》、《行政诉讼法》、《民事诉讼法》、《民诉解释》、《证据规定》、《医疗损害责任》、《司法鉴定程序通则》（司法部令第 132 号）、《委托鉴定》、《关于建立司法鉴定管理与使用衔接机制的意见》（司发通〔2016〕98 号）、《司法鉴定执业活动投诉处理办法》（司法部令第 144 号）等。

（3）有关司法鉴定的技术操作规范，主要有：《司法鉴定行业标准体系》（2020 年）、《印章印文鉴定技术规范》等多项司法鉴定国家标准（详见 www.ssfjd.com）。

笔者认为：在司法鉴定领域，应当健全统一司法鉴定管理体制，以统一执业规范、鉴定程序和技术标准。我国应当建立健全一个中立、合理的鉴定制度体系，既用于纠纷解决领域，又用于其他需要鉴定的领域（比如公证、行政处理、民事交易等）。为此，我国应当制定一部统一的鉴定基本法，还应当制定专门性鉴定法律，比如产品质量、工程质量、知识产权、资产评估、历史文物、劳动能力、医疗事故（《医疗损害责任》对医疗鉴定的具体规定）、交通事故、环境损害等方面的鉴定。[①]

依据《关于建立司法鉴定管理与使用衔接机制的意见》（司发通〔2016〕98 号），法院和司法行政机关应当建立信息交流机制，开展有关司法鉴定程序规范、名册编制、公告等政务信息和相关资料的交流传阅，加强鉴定机构和鉴定人执业资格、能力评估、奖惩记录、鉴定人出庭作证等信息共享，推动司法鉴定管理与使用

---

① 从法律或者司法的角度来看，发达的鉴定体制主要包括两个指标：（1）能够确保鉴定的"中立性"或者"公正性"，其基础是鉴定的客观性和科学性；（2）及时和充足地满足诉讼任何一方对鉴定的需求。参见王云海：《日本司法鉴定制度的现状与改革》，载《法律科学》，2003（6）。

笔者建议我国可以参考仲裁员名录建立"专家名录"，可以用于鉴定、勘验、调查证据、查明事实和分清责任。我国应当建立健全中立的合理的鉴定法律体系，既用于纠纷解决领域，又用于其他需要鉴定的领域（比如公证、行政处理、民事交易等）。

现代科学要想对法律制度产生重大影响，至少在相当大的程度上取决于相关的技术发展水平。从这个角度看，我们至少可以更深刻地理解传统司法制度为什么会存在许多弊端。例如，在古代世界各地，口供在刑事案件中往往被视为最重要的证据，因此刑讯逼供被大量使用。除其他因素之外，一个或许是最重要的因素就是当时缺乏可靠、可信的刑事侦查技术。参见苏力：《法律与科技问题的法理学重构》，载《中国社会科学》，1999（5）。

相互促进。

（二）司法鉴定人·专家辅助人·技术调查官

1. 司法鉴定人

根据《关于司法鉴定管理问题的决定》第 1 条，司法鉴定人（鉴定专家）是指在诉讼活动中运用科学技术或者专门知识对诉讼涉及的专门性问题进行鉴别和判断并提供鉴定意见的科技人员或者专家。

在英美法系司法鉴定人属于"专家证人"。在我国和大陆法系国家，一般认为，证人与鉴定人存在如下主要区别：（1）证人陈述的是自己所感知的具体事实；鉴定人鉴定的对象是案件事实中的专门性问题，鉴定的结果是科学合理的结论。（2）证人因亲身感知过案件事实而具有不可替代性，不适用回避规定；鉴定人却可以被替换并应适用回避规定。（3）对证人能力通常不加以严格限制；对鉴定人则有严格的资格限制以保证鉴定结果的科学性和合理。（4）必要时对证人拘传到庭；对鉴定人不得拘传，只能替换。（5）鉴定人拥有多于证人的权利，比如，经法院准许，鉴定人可以调取证据、勘验物证和现场、询问当事人或者证人（《证据规定》第 34 条第 2 款）。

各鉴定机构之间没有上下级之分，鉴定人均享有独立鉴定权。《关于司法鉴定管理问题的决定》第 10 条规定，我国实行"鉴定人负责制度"，鉴定人应当"独立鉴定"，并对鉴定意见负责，应当在鉴定书上签名或者盖章。

2. 专家辅助人

鉴定人不同于专家辅助人或专家顾问。专家辅助人或专家顾问不属于证人和鉴定人的范畴，专家辅助人对案件所涉及的专门问题所作出的解释和说明，通常不属于证据的范畴。

根据《民事诉讼法》第 82 条、《民诉解释》第 122 条、《生态环境证据》第 22 条等规定，当事人可以在举证期限届满前申请 1～2 名具有专门知识的人出庭，代表当事人对鉴定意见进行质证，或者对案件事实所涉及的专业问题提出意见。①

申请书中应当载明有专门知识的人的基本情况和申请的目的。法院准许当事人申请的，应当通知双方当事人。

上述具有专门知识的人可被称为专家辅助人或称"专家顾问"，不属于专家证人或者司法鉴定人。专家顾问在法庭上就专业问题提出的意见，被视为当事人的陈

---

① 大陆法系中，辅佐人随同当事人或者诉讼代理人一起出庭，辅助当事人或者诉讼代理人进行诉讼上陈述，以补足当事人或者诉讼代理人对专门性技术知识在陈述能力上的不足，或者弥补当事人因言语障碍所致陈述能力的不足。例如，船舶碰撞诉讼允许有航海知识的人作为辅佐人，聋哑的当事人应有懂哑语的辅佐人为其辅助陈述。辅佐人不能独立存在，只有随同当事人或者诉讼代理人一起出庭才能实施诉讼行为。辅佐人无诉讼代理权的授予，只要经过法院的许可就可成为辅佐人，法院也可随时取消该许可。对于辅佐人的陈述，当事人或者诉讼代理人不即时予以撤销或者更正的，就直接对被辅佐的当事人产生效力。

述。法院准许当事人申请的，相关费用由提出申请的当事人负担。①

法院可以询问出庭的专家辅助人。经法庭准许，当事人可以询问出庭的专家辅助人，当事人各自申请的专家辅助人可以就案件中的有关问题进行对质。

专家辅助人不得参与对鉴定意见质证或者就专业问题发表意见之外的法庭审理活动（《证据规定》第84条第2款）。②

3. 技术调查官

依据《关于技术调查官参与知识产权案件诉讼活动的若干规定》（法释〔2019〕2号），法院审理专利、植物新品种、集成电路布图设计、技术秘密、计算机软件、垄断等专业技术性较强的知识产权案件时，可以指派技术调查官参与诉讼活动。

技术调查官属于审判辅助人员。参与知识产权案件诉讼活动的技术调查官确定或者变更后，法院应当在3日内告知当事人，并依法告知当事人有权申请技术调查官回避（参照适用刑事诉讼法、民事诉讼法、行政诉讼法等有关其他人员回避的规定）。

在一个审判程序中参与过案件诉讼活动的技术调查官，不得再参与该案其他程序的诉讼活动。发回重审的案件，在一审法院作出裁判后又进入二审程序的，原二审程序中参与诉讼的技术调查官不受前述规定的限制。

参与知识产权案件诉讼活动的技术调查官就案件所涉技术问题履行下列职责：（1）对技术事实的争议焦点以及调查范围、顺序、方法等提出建议；（2）参与调查取证、勘验、保全；（3）参与询问、听证、庭前会议、开庭审理；（4）提出技术调查意见；（5）协助法官组织鉴定人、相关技术领域的专业人员提出意见；（6）列席合议庭评议等有关会议；（7）完成其他相关工作。

技术调查官参与询问、听证、庭前会议、开庭审理活动时，经法官同意，可以就案件所涉技术问题向当事人及其他诉讼参与人发问。

技术调查官应当在案件评议前就案件所涉技术问题提出技术调查意见。技术调查意见由技术调查官独立出具并签名，不对外公开。技术调查官列席案件评议时，其提出的意见应当记入评议笔录，并由其签名。技术调查官提出的技术调查意见可以作为合议庭认定技术事实的参考。合议庭对技术事实认定依法承担责任。

技术调查官对案件裁判结果不具有表决权。技术调查官参与知识产权案件诉讼活动的，应当在裁判文书上署名。技术调查官的署名位于法官助理之下、书记员之上。

---

① 笔者认为，根据现实需要，法院可以设立多种专业或者专门领域的专家库，作为专家辅助人，供当事人和法院选择。
② 【习题】在一起侵权诉讼中，原告申请由其弟袁某（某大学计算机系教授）作为专家辅助人出庭对专业技术问题予以说明。下列哪一表述是正确的？（ ）
　　A. 被告以袁某是原告近亲属为由申请其回避，法院应批准
　　B. 袁某在庭上的陈述是一种法定证据
　　C. 被告可对袁某进行询问
　　D. 袁某出庭的费用由败诉方当事人承担
（2014年国家司法考试试卷三；参考答案为C）

技术调查官违反与审判工作有关的法律及相关规定，贪污受贿、徇私舞弊，故意出具虚假、误导或者有重大遗漏的不实技术调查意见的，应当追究其法律责任；构成犯罪的，依法追究其刑事责任。

（三）鉴定程序和鉴定意见

1. 鉴定程序

鉴定对象是实体事实中的专门性或者专业性问题。（1）鉴定对象只能是事实问题而不是法律问题，比如只能就行为人是否有精神病作出鉴定意见，而不得对行为人是否负民事责任作出判定。（2）鉴定对象只能是专门性事实而不是普通事实。

依据《委托鉴定》第 1 条，有下列情形之一的，法院不予委托鉴定：通过生活常识、经验法则可以推定的事实；与待证事实无关联的问题；对证明待证事实无意义的问题；应当由当事人举证的非专门性问题；通过法庭调查、勘验等方法可以查明的事实；对当事人责任划分的认定；法律适用问题；测谎；其他不适宜委托鉴定的情形。

司法鉴定机构不得主动要求进行鉴定。根据《民事诉讼法》第 79 条和《证据规定》第 30～33 条等，鉴定的启动方式和鉴定人的确定方式有以下几种。

（1）民事诉讼当事人可以申请鉴定。[①] 当事人应当在法院指定期间内申请鉴定，并预交鉴定费用；逾期不提出鉴定申请或者不预交鉴定费用的，被视为放弃申请。[②] 法院准许申请的，应当组织双方当事人协商确定具备相应资格的鉴定人[③]，协商不成的，由法院指定。

法院应当严格审查鉴定材料是否符合鉴定要求，告知当事人不提供符合要求鉴

[①] 法院在审理案件过程中认为待证事实需要通过鉴定意见证明的，应当向当事人释明，并指定提出鉴定申请的期间。

依据《关于审理建设工程施工合同纠纷案件适用法律问题的解释（一）》（法释〔2020〕25 号），当事人约定按照固定价结算工程价款，一方当事人请求对建设工程造价进行鉴定的，法院不予支持（第 28 条）；当事人在诉讼前已经对建设工程价款结算达成协议，诉讼中一方当事人申请对工程造价进行鉴定的，法院不予准许（第 29 条）。当事人对工程造价、质量、修复费用等专门性问题有争议，法院认为需要鉴定的，应当向负有举证责任的当事人释明；当事人经释明未申请鉴定，虽申请鉴定但未支付鉴定费用或者拒不提供相关材料的，应当承担举证不能的法律后果；一审诉讼中负有举证责任的当事人未申请鉴定，虽申请鉴定但未支付鉴定费用或者拒不提供相关材料，二审诉讼中申请鉴定，法院认为确有必要的，应当依照《民事诉讼法》第 177 条第 1 款第 3 项的规定处理（第 32 条）。

[②] 依据《证据规定》第 31 条第 2 款，对需要鉴定的待证事实负有举证责任的当事人，在法院指定期间内无正当理由不提出鉴定申请或者不预交鉴定费用，或者拒不提供相关材料，致使待证事实无法查明的，应当承担举证不能的法律后果。

法院应当向当事人释明不按期预交鉴定费用及鉴定人出庭费用的法律后果，并对鉴定机构、鉴定人收费情况进行监督。

公益诉讼可以申请暂缓交纳鉴定费用和鉴定人出庭费用。符合法律援助条件的当事人可以申请暂缓或减免交纳鉴定费用和鉴定人出庭费用。

[③] 依据《委托鉴定》第 7 条，法院发现双方当事人的选择有可能损害国家利益、集体利益或第三方利益的，应当终止协商选择程序，采用随机方式选择。

定材料的法律后果。未经法庭质证的材料（包括补充材料），不得作为鉴定材料。当事人无法联系、公告送达或当事人放弃质证的，鉴定材料应当经合议庭确认。对当事人有争议的材料，应当由法院予以认定，不得直接交由鉴定机构、鉴定人选用。

（2）民事公益诉讼中，法院应当依职权委托鉴定。法院可以在询问当事人的意见后，指定具备相应资格的鉴定人。

依据《生态环境证据》，鉴定人需要邀请其他机构、人员完成部分鉴定事项的，应当向法院提出申请；法院经审查认为确有必要的，在听取双方当事人意见后，可以准许，并告知鉴定人对最终鉴定意见承担法律责任；主要鉴定事项由其他机构、人员实施的，法院不予准许（第18条）。未经法院准许，鉴定人邀请其他机构、人员完成部分鉴定事项的，鉴定意见不得作为认定案件事实的根据；当事人申请退还鉴定费用的，法院应当在3日内作出裁定，责令鉴定人退还；拒不退还的，由法院依法执行（第19条）。

法院应当审查鉴定机构的资质、执业范围等事项，审查鉴定人的专业能力、从业经验、业内评价、执业范围、鉴定资格、资质证书有效期和是否有依法回避的情形等事项。

法院应当要求鉴定机构在接受委托后5个工作日内，提交鉴定方案、收费标准、鉴定人情况和鉴定人承诺书。于重大、疑难、复杂鉴定事项，可适当延长提交期限。法院在确定鉴定人后应当出具委托书，委托书中应当载明鉴定事项、鉴定范围、鉴定目的和鉴定期限。

鉴定开始之前，法院应当要求鉴定人签署承诺书（应当载明鉴定人保证客观、公正、诚实鉴定，保证出庭作证，如作虚假鉴定应当承担法律责任等内容）。鉴定人拒绝签署承诺书的，法院应当要求更换鉴定人或另行委托鉴定机构。

法院委托鉴定应当根据鉴定事项的难易程度、鉴定材料准备情况，确定合理的鉴定期限，一般案件的鉴定时限不超过30个工作日，重大、疑难、复杂案件的鉴定时限不超过60个工作日。鉴定机构、鉴定人因特殊情况需要延长鉴定期限的，应当提出书面申请，法院可以根据具体情况决定是否延长鉴定期限。

鉴定人未按期提交鉴定书的，法院应当审查鉴定人是否存在正当理由。无正当理由且法院准许当事人申请另行委托鉴定的，应当责令原鉴定机构、鉴定人退回鉴定费用（《委托鉴定》第13条第3款）。

2. 鉴定意见

鉴定意见是指就案件事实中的专门性或者专业性问题，鉴定人运用专门经验和专业技能进行分析所作出的意见。鉴定意见应当采取书面形式，包括司法鉴定意见书（鉴定书）和司法鉴定检验报告书等，应当符合统一规定的格式。

鉴定书应当记载下列内容：（1）委托法院的名称；（2）委托鉴定的内容、要求；（3）鉴定材料；（4）鉴定所依据的原理、方法；（5）对鉴定过程的说明；

(6) 鉴定意见①；（7）承诺书。鉴定书应当由鉴定人签名或者盖章，并附鉴定人的相应资格证明。委托机构鉴定的，鉴定书应当由鉴定机构盖章，并由从事鉴定的人员签名。

法院收到鉴定书后，应当及时将副本送交当事人，并接受当事人质证和法院审核。当事人对鉴定意见有异议或者法院认为鉴定人有必要出庭的，鉴定人应当出庭作证。

当事人对鉴定意见或者鉴定书内容有异议的，应当在法院指定期间内书面提出。对于当事人的异议，法院应当要求鉴定人作出解释、说明或者补充。法院认为有必要的，可以要求鉴定人对当事人未提出异议的内容进行解释、说明或者补充。

当事人在收到鉴定人书面答复后仍有异议的，法院应当根据《交纳办法》第 11 条，通知有异议的当事人预交鉴定人出庭费用，并通知鉴定人出庭。有异议的当事人不预交前述费用的，视为放弃异议。双方当事人对鉴定意见均有异议的，分摊预交前述费用。②

当事人可以申请重新鉴定的情形如下：（1）鉴定人不具备相应资格的；（2）鉴定程序严重违法的；（3）鉴定意见明显依据不足的；（4）鉴定人拒不出庭作证的；（5）鉴定意见不能作为证据使用的其他情形。③ 对鉴定意见的瑕疵，可以通过补正、补充鉴定或者补充质证、重新质证等方法解决的，法院不准许重新鉴定的申请。重新鉴定的，原鉴定意见不得作为认定案件事实的根据。

存在前述情形（1）（2）（3）的，应当退还鉴定费用。补充鉴定或重新鉴定仍不能完成委托鉴定事项的，法院应当责令鉴定人退回已经收取的鉴定费用。

3. 鉴定人出庭

鉴定人根据《民事诉讼法》第 81 条出庭作证的，法院应当在开庭审理 3 日前将出庭的时间、地点及要求通知鉴定人。委托机构鉴定的，应当由其鉴定人代表机构出庭。

经法庭许可，当事人可以询问鉴定人。鉴定人应当就鉴定事项如实答复当事人的异议和审判人员的询问。当庭答复确有困难的，经法院准许，可以在庭审结束后书面答复。法院应当及时将书面答复送交当事人，并听取当事人的意见。必要时，可以再次组织质证。

鉴定人拒不出庭作证的，鉴定意见不得作为认定案件事实的根据，应当退还鉴定费用。鉴定人拒不出庭作证的，当事人可以申请重新鉴定。

---

① 多人参加鉴定，对鉴定意见有不同意见的，应当注明。

② 依据《证据规定》第 39 条，鉴定人出庭费用按照证人出庭作证费用的标准计算，由败诉的当事人负担；因鉴定意见不明确或者有瑕疵需要鉴定人出庭的，出庭费用由其自行负担；法院委托鉴定时已经确定鉴定人出庭费用包含在鉴定费用中的，不再通知当事人预交。

③ 依据《委托鉴定》第 11 条，鉴定意见书有下列情形之一的，视为未完成委托鉴定事项，法院应当要求鉴定人补充鉴定或重新鉴定：（1）鉴定意见和鉴定意见书的其他部分相互矛盾的；（2）同一认定意见使用不确定性表述的；（3）鉴定意见书有其他明显瑕疵的。

4. 对鉴定的监督

对于鉴定机构、鉴定人超范围鉴定、虚假鉴定、无正当理由拖延鉴定、（鉴定意见被采信后）无正当理由撤销鉴定意见、拒不出庭作证、违规收费等违法违规情形，除向主管部门或者行业协会发出司法建议以外，法院应当根据情节轻重作出如下处理：

（1）退还鉴定费用。当事人要求退还鉴定费用的，法院应当在 3 日内作出裁定，责令鉴定人退还；拒不退还的，由法院依法执行（《证据规定》第 81 条第 2 款）。

（2）鉴定机构、鉴定人负担由此增加的合理费用（《证据规定》第 42 条）。

（3）对鉴定机构、鉴定人施以暂停委托、从法院委托鉴定专业机构或者专业人员备选名单中除名等惩戒。

（4）根据情节依照《民事诉讼法》第 114 条作出处罚。

（5）列入鉴定人黑名单。鉴定机构、鉴定人被列入黑名单期间，不得进入法院委托鉴定专业机构、专业人员备选名单和相关信息平台。

（6）存在违法犯罪情形的，法院应当将有关线索材料移送公安、检察机关处理。

第四节　实物证据

一、书证

（一）书证的含义·分类

1. 书证的含义

书证是用文字、符号、图案等所记载的"思想内容"来证明案件事实的。书证的载体多种多样：纸张、皮革、帛缎、金属、器皿、木块等。记载思想内容的工具或者是大众传播通用的文字符号（如汉文、英文、交通标志等），或者是特定领域或者行业内使用的图文（如建筑行业设计的图例、图标，特种行业使用的密码等）。

书证与其他证据的显著区别在于，以文字、符号、图案等所表达的思想内容来证明案件事实。书证或者记录案件事实发展的过程或者结果，或者记录制作者的主观意志。当书证所记录的内容反映一定的案件事实时，就能起到证明案件事实的作用。

2. 书证的分类

（1）公文书证与私文书证（分类标准是制作主体）。

公文书证是国家机关和公共事务管理组织在其法定职权或者法律授权的范围内以正规方式制作的公务文书，比如：政府机关颁布的文件、命令、制作的决定书①

---

① 比如，《生态环境证据》第 24 条规定：负有环境资源保护监督管理职责的部门在其职权范围内制作的处罚决定等文书所记载的事项推定为真实，但有相反证据足以推翻的除外；人民法院认为有必要的，可以依职权对上述文书的真实性进行调查核实。

以及向个人颁发的结婚证书、不动产登记簿、房屋产权证书①、营业执照等；司法机关制作的司法文书（如判决书等）；仲裁机构制作的裁决书、调解书被视为公文书证（因为它们能够产生既判力、执行力、形成力等公法上的效力）②；拥有公共事务管理职能的人民团体（如妇联等）和事业单位（如消费者保护协会、中国证券监督管理委员会、公立学校、公证机构等）颁布的文件、颁发的证书等。

判断是不是公文书证的标准，主要有：1) 文书本身的制作人是不是国家机关和公共事务管理组织；2) 文书记载的内容是否表现为对法定职权或者法律授权职责的履行；3) 文书上是否加盖制作人的公章；4) 文书的表现形式通常是一定体例的正式文样（如文件、命令、判决书、硕士学位证书等）。③

公文书证的制作者根据原件制作的载有部分或者全部内容的副本，与正本有相同的证明力；在国家机关存档的文件，其复制件、副本、节录本，经档案部门或者制作原本的机关证明其内容与原本一致的，具有与原本相同的证明力（《证据规定》第91条）。

公文书证以外的其他文书，为私文书证。诸如私人财务账簿纵然经税务机关核验盖章，也是私文书证。与私文书证不同，"公文书证被推定为真正的"（但有相反证据足以推翻的除外），并且其证明力通常大于私文书证的证明力。必要时，法院可以要求公文书证制作单位对文书的真实性予以说明（《民诉解释》第114条）。

（2）处分（性）书证与报道（性）书证（分类标准是内容和法律效力）。

处分书证记载设立、变更或者消灭某项法律关系的意思表示，并能产生相应的法律效力，比如合同书、借据、书面遗嘱、结婚证、法院判决书、票据、提单、解约通知书等。

单纯记录案件事实或者某项法律关系发生、变更或者消灭的事实，通常不能产生法律效力的是报道书证，比如企业财务账簿、医院病历等，与处分书证在证明力上有所不同。

（3）特殊书证与普通书证（分类标准是制作程序或者形式）。

特殊书证应当按照法定程序制作或者应当具备法定形式，不按法定程序或者法定形式制作的，无效。比如，公证书应当按照法定的公证程序和司法部规定的格式制作、由公证员签名或者盖章并加盖公证机构印章。再如，法律规定需要公证的合同书，此类合同书为特殊书证。

法律不要求按照法定程序或者法定形式制作的书证，为普通书证，例如借据、收据等只要求记明有关事实或者意思表示即可。

---

① 《民法典》第216条第1款规定：不动产登记簿是物权归属和内容的根据。第217条规定：不动产权属证书是权利人享有该不动产物权的证明。不动产权属证书记载的事项，应当与不动产登记簿一致；记载不一致的，除有证据证明不动产登记簿确有错误外，以不动产登记簿为准。

② 《民法典》第229条规定：因人民法院、仲裁机构的法律文书或者人民政府的征收决定等，导致物权设立、变更、转让或者消灭的，自法律文书或者征收决定等生效时发生效力。

③ 参见李军：《民事诉讼的书证问题研究》，26～27页，成都，西南财经大学出版社，2006。

　　法国采书证优先原则，即书证的证明力高于其他证据（《法国民法典》第 1341 条）。考虑到我国民众对实物证据的信任度高于言词证据，以及目前还无法保障证人能够顺畅出庭作证等情形，可以借鉴法国书证优先原则及其相关规定。比如，对于有关不动产等重大权益的交易及其纠纷，可以有限地肯定书证的优先证明力或者应被优先提供和采用。

　　需要阐明的是，有关书证的最佳证据规则，其例外情形有（《民诉解释》第 111 条）：（1）原件遗失、灭失或者毁损的；（2）原件在对方当事人控制之下，经合法通知提交而拒不提交的；（3）原件在他人控制之下，而该他人有权不提交的；（4）原件因篇幅或者体积过大而不便提交的；（5）承担证明责任的当事人通过申请法院调查收集或者其他方式无法获得原件的。

　　法院调查收集的是与原件核对无误的副本或者复制件的，应当在调查笔录中说明来源和取证情况（《证据规定》第 21 条）。对于书证复制品等，法院应当结合其他证据和案件具体情况来审查判断能否作为认定事实的根据。

（二）判断书证的两个阶段

　　第一阶段是判断书证所记载的内容是不是制作人的意思，即书证"制作或者成立的真伪"问题。书证确实是制作人制作的，叫作"书证真正"，具有形式证明力，其记载的内容通常就是制作人的意思。[1]

　　通常推定本国公文书证为真正的（属于真实性推定）。在我国，提出我国公文书证的当事人不必证明该公文书证为真正[2]；对方当事人有权提出证据证明其为非真正；法院对公文书证是否真正或者其制作真伪有疑问的，可以要求制作单位或其公务人员陈述其真伪。

　　当事人应当证明其提供的私文书证是真实（实为"真正"——引者注）的；私文书证经制作者或其代理人签名、盖章或者捺印的，推定为真实（《证据规定》第 92 条）。笔者认为，法院在推定为真正前，应当保障对方当事人提出异议或者反证的机会。

　　【案例 13-4】李某诉张某，请求返还借款 1 万元人民币。原告提供的证据是被告亲笔签名的借据。张某否定借款事实，声称是在第三人冯某用刀威逼下在借据上签了名。对此事实主张，原告予以否认，被告也未提供证据。法官认定借据是真实的，判决被告败诉。

　　在本案中，被告主张自己是在被威逼的情况下在借据上签了名，对借据的真正（也即借据的形式证明力）提出了异议。对此，法院应当对借据上的签名进行勘验或者鉴定，以确定此借据是否"真正"。

---

[1]　对于没有表达制作人（能产生法律效果的）意志的书证，比如纯粹为练字而书写的文书等，往往无必要讨论其有无形式证明力。

[2]　依据《证据规定》第 16 条第 1、3 款，当事人提供的公文书证系在我国领域外形成的，该证据应当经所在国公证机关证明，或者履行我国与该所在国订立的有关条约中规定的证明手续；当事人向法院提供的证据是在香港、澳门、台湾地区形成的，应当履行相关的证明手续。

第二阶段为若是制作人的意思（书证真实），则书证所记载的"思想内容"能否证明案件事实的真实性。

处分书证内容的做成即某法律行为的完成，所以若该书证为真正，确是制作人做成的，则一般对其内容不得存疑，其内容具有实质证明力。例如，已经确定某份遗嘱是遗嘱人做成的，则遗嘱的内容被视为遗嘱人的真实意志，具有实质证明力。但是，有时遗嘱的内容并非遗嘱人的真实意志，所以允许提供证据推翻其实质证明力。

报道书证因其记载的内容是制作人观察或者了解到的事实，虽文书为真正，但记载的内容是否真实尚需证明，故其并非当然具有实质证明力。例如，即使医生的诊断书是该医生书写的，是真正的，但是，并非当然地能够证明存在诊断行为及存在被诊断的病情，虚开诊断书的情形也很常见。

书证的形式证明力是从书证制作或者形式上，考察书证的真实性问题，即书证是不是按照制作人的真实意志做成的而不是其他人假做的。书证的实质证明力则是从书证所记载的思想内容上，考察书证的真实性问题，即书证所记载的思想内容是不是制作人的真实意志表示或者是否真实存在。因此，笔者认为，书证的形式证明力和实质证明力实际上是书证的证据能力问题。

二、物证

狭义的物证是以其"外部状况、存在时空或者物理生化属性"等来证明案件事实的。外部状况包括物证的形状、大小、颜色和新旧破损状况等。存在时空是指物证的存续时间、运动状况（如动静、速度）及所处的地理位置。物理生化属性包括物证的质量、成分（元素）、结构和机能等。

物证的具体形态多种多样、大小不一，有实体物证，比如被侵占的树木、房屋等；有痕迹物证，即案件事实发生、进行或者消灭所留下的痕迹，比如脚印、车辙、唇印、伤痕、血迹等；还有无体物证，比如气体、味道、声音、光、电等；有肉眼可见的物证，也有肉眼看不见、需要通过科学设备才能发现的微量物证。

原先的物证是能够被人的感官认知的有形物，气味、声音、光和电等现在已被纳入物证的范畴，其原因就在于科技的发展，比如气味识别技术和声纹鉴定技术及其设备的产生和发展，使人们能够通过识别气味和鉴定声纹来查明案情。[①]

---

① 现代科学技术的发展及物证的广泛采用，在很大程度上导致了诉讼制度或者证明制度的发展。比如，DNA鉴定技术的运用将取消"亲子关系"的推定等。再如，为了追求诉讼的科学化，日本开始从"以人找物"（以口供或者证言寻找物证）的诉讼转向"以物找人"（以物证寻找口供或者证言）的诉讼。参见王云海：《日本司法鉴定制度的现状与改革》，载《法律科学》，2003（6）。
英美法系传统证据法采取"人证中心主义"，围绕人证而设置证据法律制度。如今，越来越多的案件事实需要通过科技手段来查明，人类感官在事实认定中的重要性开始减弱，相对"人证"而言，"物证"的证明作用越来越大。由此，笔者认为，事实证人出庭作证及相应的交叉询问制的作用（包括借鉴价值）已经没有当初的那么大了。

物证和书证多表现为一定形态的物品，但两者有诸多不同：（1）物证以其外部状况、存在时空或者物理生化属性等来证明案件事实，书证则以一定的文字、符号、图案等所记录的人们的思想内容来证明案件事实。（2）物证一般不受人的主观思想的影响和制约，而书证的内容和形成等往往取决于人们的主观意志。（3）法律对物证一般不能预先规定特殊的要求，而对某些书证比如公文书证、特殊书证等的制作规定了一定的程序和形式。

依据《证据规定》，以动产作为证据的，应当将原物提交法院，但是原物不宜搬移或者不宜保存的，当事人可以提供复制品、影像资料或者其他替代品（第12条第1款）①；以不动产作为证据的，应当向法院提供该不动产的影像资料（第13条第1款）。②

依据《证据规定》第22条，法院应当调查收集原物，被调查人提供原物确有困难的，可以提供复制品或者影像资料，调查笔录中应当说明取证情况。

对物证和书证的调查往往需要运用"鉴定"技术，而对物证，有时需要"勘验"（包括现场勘验）。在物证是种类物且数量众多时，往往需要抽取样品来进行调查。③

三、勘验笔录

勘验笔录是法院或者公安机关等勘查、检验案件现场或者物证时，对勘查、检验的过程和结果所制作的客观记录。勘验笔录的内容包括对勘验对象的外部状况、存在时空或者物理生化属性等勘查、检验的过程和结果。必要时，法院应以图画或者照片附于笔录，并且可将有关勘验的录音、录像附于卷宗。

勘验笔录之所以必要，是因为案件现场或者有些物证（如火灾现场、不动产、体大笨重的动产等）不能提交到法庭，若不去现场或者物证所在处勘验，则无法收集该证据，或者无法了解现场或者物证的真实状态。④

进行勘验和制作笔录应当满足以下要求，或者说勘验笔录具有如下特性：

（1）制作主体的法定性。为了保证勘验笔录制作的合法性和真实性，应当由法定主体进行勘验并制作笔录。在民事诉讼中，勘验的主体或者勘验笔录的制作主体

---

① 法院在收到当事人提交的动产或者替代品后，应当及时通知双方当事人到法院或者保存现场查验。
② 法院认为有必要的，应当通知双方当事人到场进行查验。
③ 法律上应当规定相应的程序规则，比如：（1）样品的抽取规则。法院在抽取样品前，应当通知双方当事人到场；采用科学合理的抽样方法，制作抽样笔录。（2）样品的保管规则。对抽取的样品应当按照有关技术规程保管，并应制作有关笔录。（3）对于样品的抽取和保管，当事人有权提出异议。
④ 事实上，勘验笔录还是一种保全物证、审核物证的重要方法或者手段，并且因为通过现场勘验使法官亲自感知事实，所以现场勘验也是法官获得心证的方法或者手段。

包括法院和公安机关等，比如公安机关勘验交通事故现场并制作笔录。[①]

（2）制作时间的特殊性。除诉前制作勘验笔录外，在诉讼过程中也可在对现场和物证勘验的同时制作笔录，原则上不得事后补作。[②] 这与书证不同，书证是在诉讼开始前形成的。这与视听资料不同，视听资料是在案件事实发生与、发展和消灭过程中同步制作的。

（3）制作内容的客观性。法律要求法院或者公安机关如实记录勘验的过程和结果，不得掺入勘验主体的主观推断。这与书证不同，许多书证记载的内容是制作人的主观意志。这与鉴定意见不同，鉴定意见是鉴定人对案件事实中的专门性问题所作出的科学推论或者合理意见。

（4）制作程序的法定性。勘验主体应当依照法定程序进行勘验并应当客观、全面、及时地制作笔录。比如，在勘验前，应当出示证件，应当邀请当地基层组织或者当事人所在单位派人作为勘验见证人，应当通知双方当事人及其成年家属到场，必要时通知鉴定人参加。

勘验笔录应当记录勘验的时间、地点，勘验人、在场人，勘验的经过、结果，由勘验人、在场人签名或者盖章。对于绘制的现场图应当注明绘制的时间、方位，测绘的人姓名、身份等内容。

勘验人应当出庭接受当事人质询，勘验笔录应当按照法定程序接受质证。当事人对勘验笔录有异议的，有权申请重新勘验。法院确认勘验笔录具有证据资格后，才能作为认定事实的根据。

四、视听资料

根据我国现行法律和司法解释的有关规定，作为一种法定的证据种类或者证据方法，视听资料是以录音或者录像资料储存的"音像信息"来证明案件事实的。由于视听资料是以其记载或者储存的音像信息来证明案件事实，所以又称"音像资料"。通常情况下，视听资料是与案件事实发生、发展或者消失过程"同步"制作的。视听资料以"动态"的声音或者图像"直观"地再现案件事实的发生、发展或

[①] 依据《关于适用〈中华人民共和国保险法〉若干问题的解释（二）》（法释〔2013〕14 号）（2020 年修改）第 18 条，行政管理部门依据法律规定制作的交通事故认定书、火灾事故认定书等，法院应当依法审查并确认其相应的证明力，但有相反证据能够推翻的除外。
《消防法》（2021 年修改）第 51 条第 3 款规定："消防救援机构根据火灾现场勘验、调查情况和有关的检验、鉴定意见，及时制作火灾事故认定书，作为处理火灾事故的证据。"对此，《火灾事故调查规定》（公安部 121 号令）作出了具体规定。
[②] 勘验笔录的制作应与勘验进程同步，即应在勘验地点，自勘验开始就进行制作，至勘验结束时制作完毕。应有正当事由，才可事后补正笔录，并应经当事人和见证人认可和签名，否则，补正无效。

者消失过程。①

视听资料和书证均以其记载的内容来证明事实，视听资料以动态和直观的音像来再现案件事实的发生、发展或者消失过程及背景环境，书证则以静态的文字、符号或者图像等所体现的内容来再现案件事实；视听资料是以光、电、磁信号存储的，所以需要通过特定的设备和程序予以转化，才能为人们感知和认知，而一般书证通过阅读就可知晓其内容。

视听资料与物证都是以一定的物体为载体的证据，但是，物证是以其外部状况、存在时空或者物理生化属性等来证明案件事实，视听资料则是以其所录制的内容来证明案件事实；物证是静态地证明案件事实，视听资料则是动态地证明案件事实。此外，视听资料是现代科学技术的产物，而在此之前物证就已经被广泛地使用了。

应当按照证据规则收集、提供、保全和调查视听资料。比如，应当提供存储该视听资料的原始载体（最佳证据规则）②；妥善保存视听资料以防止磁化或者被删改（真实性规则）；依照合法程序进行，不得侵害有关人员的合法权益（合法性规则）等。

视听资料应当在法庭上播放，接受当事人的质证和法院的审核。提交视听资料的当事人，应当对视听资料的来源、制作手段、制作技术、制作设备等进行证明。当事人可以质疑、法院应当审核视听资料的内容是否存在破绽和伪造。

法院可以通知视听资料的制作人到庭接受询问，也可以聘请专家进行鉴定、现场勘验。科学鉴定是审查判断视听资料的一种极为重要的方法，如使用计算机对声纹进行鉴定，通过慢放、快放等技术对声音进行鉴别，采用定格、放大等技术对图像进行鉴定等。

依据《证据规定》第 99 条第 2 款，关于书证的规定适用于视听资料、电子数据；存储在电子计算机等电子介质中的视听资料，适用电子数据的规定。

五、电子数据

（一）电子数据的含义和特点

依据《民诉解释》第 116 条第 2、3 款，电子数据（或称"电子证据"）是指通过电子邮件、电子数据交换、网上聊天记录、博客、微博客、手机短信、电子签

---

① 由于视听资料是与案件事实发生、发展或者消失过程同步制作的，所以案件事实发生、发展或者消失之后制作的音像资料并非均为"视听资料"这一证据种类。比如，以录音机或者摄像机录制证人证言，只是证人证言固定或者提取的方式，并非"视听资料"这一证据种类。不过，这种固定或者提取证据的方式、设备、技术和载体，与"视听资料"相同，所以在证据调查的方式和程序上基本相同。
② 依据《证据规定》第 23 条第 2 款，提供原始载体确有困难的，可以提供复制件，法院应当在调查笔录中说明其来源和制作经过。

名、域名等形成或者存储在电子介质中的信息；存储在电子介质中的录音资料和影像资料，适用电子数据的规定。

《证据规定》第 14 条列举了电子数据的种类：（1）网页、博客、微博客等网络平台发布的信息；（2）手机短信、电子邮件、即时通信、通讯群组等网络应用服务的通信信息；（3）用户注册信息、身份认证信息、电子交易记录、通信记录、登录日志等信息；（4）文档、图片、音频、视频、数字证书、计算机程序等电子文件；（5）其他以数字化形式存储、处理、传输的能够证明案件事实的信息。

电子数据的电子形式和形成机理（通过电子技术、电子设备形成），决定了电子数据具有无纸质、传递快易复制、易变造等属性，由此决定了电子数据特有的规则。①

为规范电子数据的收集、提取和审查判断，提高刑事案件办理质量，最高人民法院、最高人民检察院、公安部制定了《关于办理刑事案件收集提取和审查判断电子数据若干问题的规定》（法发〔2016〕22 号）、《公安机关办理刑事案件电子数据取证规则》（2019 年）。其规定遵循了电子数据的电子形式、形成机理和特点，对于民事案件中收集提取和审查判断电子数据有参照的价值。

（二）电子数据的收集

收集、质证和判断电子数据，需要运用电子技术、数字技术、电子设备和电子数据云平台等，所以往往需要加强与电脑公司、网络公司的合作和全国性的协作、国家间的合作。

收集和保全电子数据的方式主要有：（1）计算机本地取证，即收集和保全保存于计算机本地的电子数据（如 office 文档文件、核算应用软件、数据库文件、历史记录、缓存信息等）；（2）网络取证，即收集和保全存在于互联网页面、后台和本地网络程序的信息源（如 Web 页面、电子邮件、书签、历史记录、实时聊天记录、网络后台等）。

通常采取以下方法和措施收集、保全电子数据：（1）备份与案件有关的电脑中的数据和资料，并在备份上作出数字签名；（2）收集有关电子设备和系统软件的资料，搜查与扣押电脑等电子设备；（3）技术鉴定，比如鉴定电子数据的形成过程，鉴定电子信息传递情形和设备运行状况等；（4）现场勘验，包括勘验单机现场、勘验网络现场。

依据《证据规定》第 15、23 条，应当收集、保全、调查和采用电子数据原件（电子数据的制作者制作的与原件一致的副本，或者直接来源于电子数据的打印件或其他可以显示、识别的输出介质，视为电子数据的原件）；提供原件确有困难的，

---

① 根据"经权之法"，立法者在制定和司法者在适用电子数据规则时，一方面，应当遵循现代诉讼证明的"经"，主要是"实现真实"和遵循"证据裁判原则"等；另一方面，电子数据的特点决定了其应当适用相应的新规则而不同于其他种类证据的规则，对其证据能力有无和证明力大小的质证与判断应运用相应的新方法。

可以提供复制件，法院应当在调查笔录中说明其来源和制作经过。

收集和保全电子数据应当遵循原始性原则（最少改动原则）。电子数据收集和保全过程中，修改性操作会破坏电子数据存在的原始状态。比如，打开一个 Office 文档，就会更改最新"访问时间"属性，并改变"我最近的文档"序列。因此，应当在初始状态分析完成后或者在备份状态下才能打开访问电子数据。

应当采取以下一种或者几种方法保护电子数据的完整性：（1）扣押、封存电子数据原始存储介质①；（2）计算电子数据完整性校验值②；（3）制作、封存电子数据备份；（4）冻结电子数据；（5）对收集、提取电子数据的相关活动进行录像等。

电子数据公证包括传统公证和网络公证。网络公证系公证机构利用计算机和互联网技术，对互联网上的电子身份、电子交易行为、数据文件等作出公证。③

此外，不要忽视收集和保全其他种类的证据，比如有关计算机的书证、物证、证人证言等。电子数据若能与其他种类证据相互印证，往往具有更强的证明力。

（三）电子数据的质证和判断

电子数据质证与判断的内容，仍然是其关联性、真实性与合法性之有无及证明力之大小，不过，电子数据的特点决定了其质证与判断有着特殊方法。

法院应当结合质证情况，审查判断电子数据生成、收集、存储、传输过程的真实性，并着重审查以下内容（《证据规定》第 93 条）：（1）电子数据生成、存储、传输所依赖的计算机系统的硬件、软件环境是否完整、可靠；（2）电子数据的生成、存储、传输所依赖的计算机系统的硬件、软件环境是否处于正常运行状态，或者不处于正常运行状态时对电子数据的生成、存储、传输是否有影响；（3）电子数据的生成、存储、传输所依赖的计算机系统的硬件、软件环境是否具备有效的防止出错的监测、核查手段；（4）电子数据是否被完整地保存、传输、提取，保存、传输、提取的方法是否可靠；（5）电子数据是否在正常的往来活动中形成和存储；（6）保存、传输、提取电子数据的主体是否适当；（7）影响电子数据完整性和可靠性的其他因素。

法院可以根据当事人申请或者依职权采用鉴定或勘验等方法，审查判断电子数据的真实性。

对电子数据真实性的判断，推定被应用得比较普遍。《证据规定》第 94 条规定，电子数据存在下列情形的，法院可以确认其真实性，但有足以反驳的相反证据

---

① 存储介质，是指具备数据信息存储功能的电子设备、硬盘、光盘、优盘、记忆棒、存储卡、存储芯片等载体。

② 完整性校验值，是指为防止电子数据被篡改或者破坏，使用散列算法等特定算法对电子数据进行计算，得出的用于校验数据完整性的数据值。

③ 参见《办理保全互联网电子证据公证的指导意见》（公协字〔2012〕049 号）和《保全互联网电子证据常用操作程序》。

的除外：（1）由当事人提交或者保管的于己不利的电子数据；（2）由记录和保存电子数据的中立第三方平台提供或者确认的①；（3）在正常业务活动中形成的；（4）以档案管理方式保管的；（5）以当事人约定的方式保存、传输、提取的。

电子数据的内容经公证机构公证的，法院应当确认其真实性，但有相反证据足以推翻的除外。

对不能识别是否改动的电子证据不得作为认定事实的根据，对难以识别是否改动的电子证据应由其他证据佐证或者补强后才能作为认定事实的根据。②

在判断保持内容完整性方法的可靠性和用以鉴别发件人方法的可靠性时，还须审查所用技术方法。例如，数字签名比单纯在文件上输入自己的姓名要可靠些，经过加密的数据电文比未经加密的数据电文更难以被他人篡改，等等。数据电文的电子签名的真实性作为证据资格的内容，应当是质证和判断的重要内容。③

对电子数据的合法性，通常可从以下方面进行调查：电子数据的生成、传送、接收、存储、收集和保全应当合法。比如，不得侵犯公共利益和他人基本权利（如隐私权）、以非法侵入网络或者他人计算机系统（如植入病毒等）、以非法搜查或者扣押等方式或者方法，所获取的电子数据为非法证据。

根据法律规定，为维护公共安全，在银行、道路、车站、码头、广场、公园等公共场所安置的监视电子仪器所形成的电子证据，具有合法性；为维护珍贵文物等，在博物馆或者收藏处安置的监视电子仪器所拍摄的电子证据，具有合法性。

对电子数据的证明力，通常作出如下认定：（1）在正常业务中制作的电子数据的证明力通常大于为诉讼目的制作的电子数据的证明力；（2）经过公证的电子数据

---

① 《在线规则》第16条规定：当事人作为证据提交的电子数据系通过区块链技术存储，并经技术核验一致的，法院可以认定该电子数据上链后未经篡改，但有相反证据足以推翻的除外。

《在线规则》第17条规定，当事人对区块链技术存储的电子数据上链后的真实性提出异议，并有合理理由的，法院应当结合下列因素作出判断：（1）存证平台是否符合国家有关部门关于提供区块链存证服务的相关规定；（2）当事人与存证平台是否存在利害关系，并利用技术手段不当干预取证、存证过程；（3）存证平台的信息系统是否符合清洁性、安全性、可靠性、可用性的国家标准或者行业标准；（4）存证技术和过程是否符合相关国家标准或者行业标准中关于系统环境、技术安全、加密方式、数据传输、信息验证等方面的要求。

《在线规则》第18条第2款规定：法院根据案件情况，可以要求提交区块链技术存储电子数据的一方当事人，提供证据证明上链存储前数据的真实性，并结合上链存储前数据的具体来源、生成机制、存储过程、公证机构公证、第三方见证、关联印证数据等情况作出综合判断。当事人不能提供证据证明或者作出合理说明，该电子数据也无法与其他证据相互印证的，法院不予确认其真实性。

② 《电子签名法》（2019年修改）第5条规定，符合下列条件的数据电文，视为满足法律、法规规定的原件形式要求：（1）能够有效地表现所载内容并可供随时调取查用；（2）能够可靠地保证自最终形成时起，内容保持完整、未被更改。但是，在数据电文上增加背书以及数据交换、储存和显示过程中发生的形式变化不影响数据电文的完整性。

③ 《电子签名法》第13条规定，同时符合下列条件，视为可靠的电子签名：（1）电子签名制作数据用于电子签名时，属于电子签名人专有；（2）签署时电子签名制作数据仅由电子签名人控制；（3）签署后对电子签名的任何改动能够被发现；（4）签署后对数据电文内容和形式的任何改动能够被发现。当事人也可选择使用符合其约定的可靠条件的电子签名。

的证明力大于未公证的电子数据的证明力；（3）不利方储存的对己不利的电子数据的证明力最大，第三方（如中间商或者网络服务提供商）储存的次之，有利方储存的对己有利的最小。

应当注意的是，电子数据真实往往不等于交易真实。比如，针对电子商务平台上非平台自营的商品，平台往往按照销售额或者订单量向供货商返利，同一 IP 地址短时间内生成大量订单，这些订单真实与否，直接决定销售额度，只有在线下实际配送成功的交易，才能成为结算依据。因此，有关互联网或者电子商务纠纷案件中，往往既要收集和运用来源于互联网的电子数据，还需收集和运用其他种类证据，才能查明案件事实。

第 十 四 章

由谁证明：证明责任与职权探知

民事私益案件中采行辩论主义，将主张事实和提供证据交由当事人负责完成，即当事人应当承担主张责任和证明责任，两者通常的关系是"谁主张谁证明"。民事公益案件中采取职权探知主义，案件事实和证据不能任由当事人处分，法院应当承担职权探知的责任以发现真实和维护公益。

第一节　证明责任与职权探知

一、证明责任与职权探知的适用范围

"判决资料"（作为判决基础的资料）包括要件事实资料（或称"诉讼资料"）和证据资料。民事私益案件与民事公益案件中，由当事人还是由法院负责调查事实、提供证据是不同的。

民事私益案件中采用辩论主义，对利己实体要件事实，当事人负担主张责任和证明责任。根据证据裁判原则和法律规范构成要件原理，主张责任与证明责任的分配规范是一致的，两者通常的关系是"谁主张谁证明"。

民事公益案件中或者对包含公益的事项采用实体真实主义、职权探知主义，不能任由当事人处分事实和证据，更不能任由当事人虚假主张和虚假证明；法院不受制于当事人主张的事实和提供的证据，应当收集审理案件需要的事实和证据，以实现真实和维护公益。

《民事诉讼法》第67条规定：当事人对自己提出的主张，有责任提供证据。当事人及其诉讼代理人因客观原因不能自行收集的证据，或者人民法院认为审理案件需要的证据，人民法院应当调查收集。人民法院应当按照法定程序，全面地、客观地审查核实证据。

"当事人对自己提出的主张，有责任提供证据"即"谁主张谁证明"。《民诉解释》第90条规定：当事人对自己提出的诉讼请求所依据的事实或者反驳对方诉讼请求所依据的事实，应当提供证据加以证明，但法律另有规定的除外。在作出判决

前，当事人未能提供证据或者证据不足以证明其事实主张的，由负有举证证明责任的当事人承担不利的后果。

依据《民诉解释》第 91 条，"谁主张谁证明"的具体情形是：（1）主张法律关系存在的当事人，应当对产生该法律关系的基本事实承担举证证明责任；（2）主张法律关系变更、消灭或者权利受到妨害的当事人，应当对该法律关系变更、消灭或者权利受到妨害的基本事实承担举证证明责任（法律另有规定的除外）。

根据《民事诉讼法》第 67 条和《民诉解释》第 94 条，民事私益案件中，当事人及其诉讼代理人对于因客观原因不能自行收集的证据，可以在举证期限届满前书面申请法院调查收集。此项规定在于弥补当事人收集证据方面之不能，为辩论主义的重要补充。

《妇女权益保障法》（2022 年修订）第 67 条第 1 款规定，离婚诉讼期间，夫妻一方申请查询登记在对方名下财产状况且确因客观原因不能自行收集的，人民法院应当进行调查取证，有关部门和单位应当予以协助。

依据《民诉解释》第 96 条，《民事诉讼法》第 67 条第 2 款规定的"人民法院认为审理案件需要的证据"具体包括：（1）涉及可能损害国家利益、社会公共利益的；（2）涉及身份关系的；（3）涉及《民事诉讼法》第 58 条规定之诉讼的；（4）当事人有恶意串通，损害他人合法权益可能的；（5）涉及依职权追加当事人、中止诉讼、终结诉讼、回避等程序性事项。除前述规定外，法院调查收集证据，应当依照当事人的申请进行。

上述第（1）~（3）项内容是公益案件事实，"涉及身份关系的"案件实际上相当于大陆法系的"人事诉讼案件"。笔者认为，第（4）项内容不必然涉及公益，若有侵权或者违约，应由当事人寻求救济并负证明责任。法院依法按职权调查第（5）项内容的，属于职权进行主义的范畴。

笔者认为，非人数众多的民事公益案件与人数众多的民事公益案件在证明责任和职权探知方面应有所不同［参见本书第三章第四节三（二）］。

二、证明责任的内涵和功能

证明责任[①]（burden of proof，Beweislast）是判决程序（争讼审判程序）的正当性原理，因其功能和作为判决程序的正当性原理而被称为"民事诉讼的脊梁"。证明责任既是判决程序与调解程序相区别的一个重要原理，也是判决程序与执行程序相区别的一个重要原理。

---

① 由于 burden 和 Last 除有"责任"之义，还有"负担"之义，所以有人称"证明责任"为"证明负担"。

（一）通说

通说认为，"证明责任"包含两个不相同的概念：行为证明责任和结果证明责任。《民诉解释》第 90 条"举证证明责任"实际上被区分"举证责任"（行为证明责任）和"证明责任"（结果证明责任）。

行为证明责任是从"提供证据"（行为意义）的立场来理解和规定证明责任的内涵，即当事人主张利己要件事实的，对该事实应当在一定期限内提供证据加以证明（简称举证）。[①] 当事人承担行为证明责任的条件是：主张利己要件事实（承担主张责任）。当事人提供本证支持利己要件事实，在大陆法系属于当事人攻击、防御方法，应当遵行攻击、防御期限（包括主张事实期限和提出证据期限，后者又被称为举证期限）。

结果证明责任是从"说服法官"（结果意义）的角度来理解和规定证明责任的内涵，即在案件审理终结时，法律所许可的证据或者证明手段已经用尽，要件事实真伪不明的，由该要件事实证明者承担不利后果（败诉）。[②] 当事人承担结果证明责任的条件有三：（1）（初审案件、上诉审案件、再审案件）审理终结时（言词辩论终结时）；（2）法律所许可的证明手段已经用尽（主要是指在本案审理期间依法不能收集到其他相关证据或者无法运用推定等手段）；（3）本案要件事实"真伪不明"[③]。

即便本案要件事实"真伪不明"，本案法官也应当作出（该要件事实证明者败诉的）判决。其根据首先是法官不得拒绝审判的宪法原则，其次是当事人自我负责原则。[④]

【案例 14-1】原告主张被告欠其 10 万元借款，请求法院判决被告返还此借款。按照行为证明责任，原告应当提出证据证明被告向其借过 10 万元的事实。诉讼中，倘若原告提出证人甲，甲证明其在原告家中亲眼看到原告将 10 万元交付被告的事实（本证）。

这时，被告觉得情势对己不利，于是提出证人乙，乙证明当时其偕同被告到某地办事而不可能在原告家中（反证）。此际，法官最初相信原告证人证言的心证发

---

① 又称提供证据责任（burden of producing evidence，Beweisführungslast）、用证据推进诉讼的责任（duty of going forward with evidence）、形式证明责任、主观证明责任、举证（立证）的必要性等。

② 又称说服责任（burden of persuasion）、实质证明责任、客观证明责任（objektive Beweislast）、确定责任、证明的必要性等。关于结果证明责任，因为利己要件事实的主张者应当利用证据来说服法官相信该事实是真实，否则承担实体法上的不利后果，故其又被称为说服责任；因其是实体法上的不利后果，故其又被称为实质证明责任；因其是由法律预先规定由某方当事人承担，故其又被称为客观证明责任、确定责任。

③ 《民诉解释》第 90 条第 2 款规定："在作出判决前，当事人未能提供证据或者证据不足以证明其事实主张的，由负有举证证明责任的当事人承担不利的后果。"上述条款中"不足以证明其事实主张"，应被理解为"伪"和"真伪不明"。

④ 这也体现了判决"非黑即白"（all or nothing）的性质，即要么胜诉，要么败诉，从而有别于和解、调解。

生了动摇。见此，原告提出其他本证来证明借款事实。对此，被告还可举出其他反证。①

按照结果证明责任，在本案审理终结时，若原告无法证明被告向其借过 10 万元的事实而致该借款事实真伪不明，法院无从确信该借款事实是真实的，也就不会适用相应的实体法规范判决被告返还原告 10 万元借款。

可见，证明责任由法律预先规定由出借方承担，自诉讼开始一直由出借方（原告）在观念上承担着，结果证明责任至审理终结时本案要件事实没有得到证明，才真正实现。

证明责任既是通过辩论主义反映出来的当事人"行为证明责任"，又是一种"审理终结时或者法官自由心证完结时"才能产生功能的"法条适用规则（结果证明责任承担规则）"，从而实现"法官不得拒绝审判的宪法职责"②。

（二）己见

笔者的看法是：（1）举证责任即证明责任，是提供"本证"的责任（反证只是权利）③；（2）反对将"证明责任"理解为包含行为证明责任和结果证明责任两个不同的概念，同意将两者理解为"证明责任"的两个内涵④；（3）无须通过结果证明责任，为法院在要件事实真伪不明时如何判决提供根据。

---

① 【习题】张老太在某银行购买理财产品后出现了大额亏损。张老太起诉银行，主张自己购买的产品是保本型，银行工作人员提供的合同原件上有张老太亲笔书写"本人已经知悉该产品存在本金损失风险"，并有张老太亲笔签名，张老太主张银行工作人员明确告知其产品是保本产品，这句话是银行工作人员教她写的。关于本案表述正确的是？（ ）
    A. 银行提供的合同原件是间接证据
    B. 银行提供合同原件后，行为意义上的举证责任转移给张老太
    C. 张老太应当将其主张的事实证明到排除合理怀疑的证明标准
    D. 张老太应当将其主张的事实证明到高度可能性标准
[2020 年国家统一法律职业资格考试（真题回忆版）；参考答案为 BC]
通说认为，行为证明责任可以在双方当事人之间转移。对此，笔者认为，行为证明责任与结果证明责任一道，始终固定在某方当事人，不会在原告与被告之间转移；被告反证是其权利并非（行为证明）责任，不管被告是否反证（成功），原告均应承担本证责任。
② 对"行为证明责任"冠以"责任"（duty）是贴切的，因为"无行为就有不利益的负担"。将"结果证明责任"称为"责任"是不合理的，因为结果证明责任作为一种潜在的"败诉风险"或者"不能说服的风险"（risk of non-persuasion），先于诉讼而由"法律预先规定"由某方当事人承担，自诉讼开始一直由固定的当事人一方在观念上承担着，至审理终结时出现了真伪不明才可能实现。这种"风险"犹如一把"利剑"悬在某方当事人头上，待到审理终结时出现了真伪不明，这把"利剑"才可能落到该方当事人头上。参见［日］三月章：《日本民事诉讼法》，442 页，台北，五南图书出版公司，1997。
③ 《民诉解释》第 90 条中"举证证明责任"的提法不够准确，同义重复。《民法典》《证据规定》《民间借贷》（第 16 条）等使用的是"举证责任"。
④ 笔者认为，诉权具有程序内涵和实体内涵，不应将诉权分为程序意义诉权和实体意义诉权两种不同的权利，即不主张"程序意义上的诉权"和"实体意义上的诉权"的提法，主张"诉权的程序内涵"和"诉权的实体内涵"的提法。与此相通，证明责任或者举证责任包含行为（模式）内涵和（法律）后果内涵，不应将证明责任或者举证责任分为行为证明责任和后果证明责任两种不同的概念。

　　一项完整的法律规范是由假定、行为模式和法律后果构成的。据此，当事人"主张（责任）""提供本证""法律后果"三位一体，存在内在的法律逻辑关系（见下图）。

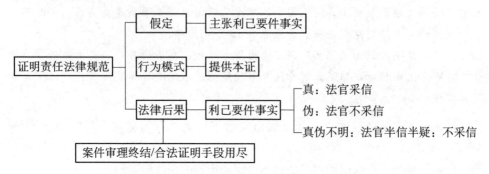

　　（1）证明责任的适用条件（假定）通常是当事人主张利己的要件事实或者直接事实，即原告主张民事权益产生的要件事实或者直接事实，被告主张抗辩要件事实或者直接事实（民事权益妨害、阻却和消灭的要件事实或者直接事实）。当事人主张责任和证明责任的通常关系是"谁主张谁证明"。

　　（2）证明责任内涵之一是行为模式的内容，即"举证""提供本证"，亦即要件事实或者直接事实由谁提供本证来证明。通常是民事权益产生事实由原告负责证明，民事权益妨害、阻却和消灭事实由被告负责证明。通说将此称为"行为证明责任"。

　　（3）证明责任内涵之二是法律后果的内容，即本案要件事实或者直接事实：1）"真"（达到证明标准），则法院予以采信；2）"伪"或者"真伪不明"（未达证明标准），则法院不予采信。通说将"真伪不明"导致的后果称为"结果证明责任"。

　　"诉讼证明"包括证明的过程和结果且有"一体性"。"举证"行为存在于证明的过程中（当事人应当在举证时限内提供本证），"举证"后果发生于审理终结时。在法律规范层面，"有行为则有后果"，"举证"行为必然产生相应的法律后果（法官是否采信），举证责任和证明责任均包括行为模式和法律后果两方面的内容或内涵，所以"举证责任"即"证明责任"。因此，"谁主张谁举证"实际上是"谁主张谁证明"。

　　案件审理终结时，要件事实"真伪不明"的，通说将"（必然）败诉"作为"结果证明责任"。笔者认为，"不利后果"应当是"法官不采信该项要件事实"而不是"败诉"。对该项要件事实承担证明责任的当事人"通常"败诉或者"可能"败诉，但"不必然"败诉。对此，具体分析如下。

　　所谓"真伪不明"（non liquet），即日常话语中的"半真半假""真假莫辨"，在心理层面表现为"半信半疑""将信将疑"，"不确信"是真的，也"不确信"是假的，而是"存疑"。法谚有云："对存疑事项与其肯定不如否定。"对于真伪不明的要件事实因其真实性没有达到证明标准，故法官不予采信。因此，案件审理终结时，要件事实真伪不明的，其法律后果是本案法官不采信①该项要件事实）。

就原告方而言，民事权益产生要件事实真伪不明，则法官不予采信。此际原告的诉讼请求没有事实根据，原告通常败诉但不必然败诉，因为法院作出判决除根据证明结果之外，还得综合考虑本案其他情况。比如在诉讼中被告合法认诺原告全部诉讼请求的，即使民事权益产生要件事实真伪不明，法院也应作出被告败诉的判决。

就被告方而言，民事权益妨害、阻却或者消灭的要件事实真伪不明，则法官不予采信，即被告抗辩失败，被告可能败诉但不必然败诉，比如，在诉讼中原告合法舍弃全部诉讼请求的，即使被告抗辩失败，没有推翻原告的诉讼请求，法院也应作出原告败诉的判决。

总之，案件审理终结时，民事权益产生要件事实和被告抗辩要件事实"真伪不明"的，法官不予采信，并应综合考虑本案其他情形（认诺、舍弃等），作出相应的判决。因此，没有必要将"法官不得拒绝审判的宪法原则"作为"结果证明责任"的主要根据，也没有必要通过"结果证明责任"来解决要件事实真伪不明时法院如何作出判决的问题。

第二节　证明责任分配的一般规则和特殊规则

证明责任分配不管是一般规则还是特殊规则均应体现原告方与被告方之间权益的合理平衡，即体现法律的公正和效率。

一、证明责任分配的一般规则：谁主张谁证明

（一）"谁主张谁证明"的适用

辩论主义诉讼中，证明责任分配的一般规则（证明责任正置）是"谁主张谁证明"，即原告和被告对自己主张的利己要件事实承担证明的责任。

民事法律规范要件包括权益产生要件、妨碍要件、阻却要件和消灭要件（事实），据此在原告与被告间分配主张责任和证明责任。此为德国罗森贝克法律规范要件分类说的基本内容，此说简明易行，普行于实体成文法体系或者规范出发型诉讼。

原告确定诉讼标的和提出诉讼请求，并应负担主张责任（主张权益产生事实）

---

① "采信"的内涵是"相信（某种事实）并用来作为处置的依据"（《现代汉语词典》，7版，120页，北京，商务印书馆，2017）。

来支持本案诉讼标的和诉讼请求。"谁主张谁证明"在原告方体现为原告对其主张的权益产生事实承担证明责任。原告主张权益产生事实，随之承担证明责任，即原告应当提供本证作出初步证明。若被告反证使权益产生事实真伪不明，则反证成功，于是原告还得提供本证作出进一步证明，达到证明标准，则本证成功。

原告主张后，被告才主张抗辩事实，若未（具体）主张，则可能败诉。[①] "谁主张谁证明"在被告方体现为被告对其主张的抗辩事实承担证明责任。被告主张权益妨碍、阻却和消灭事实，随之承担证明责任，即被告应当提供本证作出初步证明。若原告反证使抗辩事实真伪不明，则反证成功，被告还得进一步提供本证，达到证明标准，则本证成功。

不管是原告还是被告，主张例外情况的，对该例外情况承担证明责任。比如，内心意思与表示的意思通常情况下是一致的，两者不一致属于例外情况，应当由主张这种例外事实的当事人对其承担证明责任。[②]

（二）否认与抗辩

当事人"事实主张"包括主张利己事实（如原告主张权益产生事实）和主张不利己事实（如原告承认权益妨害事实），其种类有原告主张利己事实、被告抗辩（反驳）、否认和自认（不利己事实）等。

民事诉讼中，广义的"否认"既指不同意原告的诉讼请求，又指不同意有利于对方当事人的事实或者证据，但是并未提出相对抗的诉讼请求（反诉）、相对抗的事实（抗辩）及相对抗的证据（反证）；狭义的"否认"仅指不同意有利于对方当事人的事实，包括特定否认和概括否认，否认者既可以是被告，也可以是原告。

从被告的角度说，特定否认是被告明确否认原告主张的某些利己事实。被告的"不知"陈述（不知道事实的陈述态度）被推定为否认。概括否认（一般否认）是指对于原告主张的全部利己事实，被告均予否认，可由一句话组成（如被告不承认起诉书中任何事实主张）。

概括否认使起诉书中所有事实均成为本案的争点，也使原告无法准确得知被告反驳哪些事实争点而容易遭到被告"突袭"；此外，被告还可利用概括否认来恶意拖延诉讼。因此，美国民事诉讼中，以特定否认为原则而以概括否认为例外，概括否认仅适用于少数特定的案件；若概括否认不适当或者未被许可，则应作出特定否认［参见《美国联邦民事诉讼规则》规则 8（b）］。

民事诉讼中，广义的抗辩包括程序抗辩、证据抗辩和实体抗辩等，狭义的抗辩仅指实体抗辩，即被告主张权益妨碍、阻却或者消灭事实来推翻本诉的诉讼标的或者诉讼请求。对被告的抗辩，原告也可抗辩，如此往复下去，比如，被告提出消灭

---

① 原告虽然具体主张了权益产生的要件事实，但是该事实的真实性没有得到确定或者没有实体法律根据的，纵然被告没有正当理由而未主张或者未具体主张抗辩事实，也不会败诉。只有在权益产生的要件事实是真实的并有实体法律根据的情形中，被告没有正当理由而未主张或者未具体主张抗辩事实的，才会导致败诉。

② 参见［日］新堂幸司：《新民事诉讼法》，400 页，北京，法律出版社，2008。

时效的抗辩，原告可以提出消灭时效中断的事实抗辩。

【辨析：否认与抗辩】

原告提出"××××年××月××日借给被告 10 万元和被告逾期未偿还该借款"的权益产生事实：若被告否认道"没有向原告借过 10 万元"，那么对该否认事实，被告无须举证，而由原告对借款事实承担证明责任；若被告提出"已经偿还了 10 万元借款"的抗辩事实（权益消灭事实），该事实对被告有利，因而应由被告负证明责任。

否认者对其否认的事实不承担证明责任，而由对方当事人承担。正如法谚所云，"肯定者承担证明，否定者不承担证明"。其原因之一是，对否定性事实或者事实不存在的证明，需排除大量可能发生的情形，其在证明的难度和成本上远大于对肯定性事实的证明。但是，当事人对其提出的抗辩事实承担证明责任，而对方当事人不承担。因此，可以根据证明责任是否承担或者由何方当事人承担来区分否认与抗辩。

二、证明责任的减免

证明责任的减免属于证明责任分配的特殊规则，应有法律明文规定才可适用。证明责任分配和承担的前提是能够收集到证据，证明责任的减免则是指对难以或者无法运用证据证明的实体要件事实，特别是在公害案件、产品损害案件、医疗损害案件等现代民事案件中，往往应当采取合理的法律替代方法，减轻或者免除原告或者受害人对加害行为与损害后果间之因果关系和加害人过错的证明责任，或者降低对难以证明的实体要件事实的证明难度。[①]

对直接事实或者要件事实的证明，以直接证明为优先，但是在没有或者难以收集直接证据的情况下，运用间接证明是明智之举，在合理减轻当事人证明难度的同时又证明了直接事实或者要件事实［参见本书第十二章第一节二（二）］。

证明责任的减免规则既有实体法确立的又有诉讼法确立的，比较常用的或者比较成熟的规则有：当事人以证据契约减轻证明责任；申请法院收集证据；证明责任倒置；法律推定和事实推定；诉讼上的拟制自认；降低证明标准；估算损害；运用社会调查方法、统计方法、概率论等来证明或者认定案件事实[②]等。

若按照证明责任分配规范对"事实真伪不明"作出判决，有时不能满足个案判

---

① 比如，大规模侵权案件中，基于一个不法行为或者多个具有同质性的事由给大量的受害人造成损害，往往采取责任加重的方式保护受害人，如在因果关系认定上采取推定方式等。参见朱岩：《大规模侵权的实体法问题初探》，载《法律适用》，2006（10）。

② 相关文献有：何家弘主编：《证据法学研究》，北京，中国人民大学出版社，2007；袁卫：《统计方法在法律和法庭审判中的应用》，载《在人大法学院听讲座》，第 1 辑，北京，中国法制出版社，2007；［美］约翰·莫纳什、劳伦斯·沃克：《法律中的社会科学》，何美欢等译，北京，法律出版社，2007，等。

决的妥当性要求或者不能实现当事人之间的实质正义，所以有必要开发一些尽可能使案件"避免通过证明责任作出判决"（使案件事实尽可能少地处于真伪不明状态）的法律规则，比如不负证明责任当事人的事实解明义务、证明度降低、合比例的认定、真伪不明判决等。①

下文将针对损害事实、因果关系和被告过错，具体阐释证明责任减免的具体规定或者具体做法。

1. 有关损害事实的证明责任的减免

"损害"这一要件事实包含损害（事实）存在、损害程度和赔偿数额②等。对"损害（事实）存在"的证明，通常要求达到证明标准。但是，受害人往往无法确定或者没有证据来证明损害程度和赔偿数额。对此许多国家的法律规定，法院不能以受害人的证明没有达到证明标准为由或者依据证明责任规范，判决受害人败诉。

对损害事实的认定并非单纯的司法事实判断问题，还包含了法律价值取舍评价。《德国民事诉讼法》第287条第1款③确立对侵权损害赔偿数额不适用普通举证责任之法则，盖在侵权损害赔偿数额之核定，重心不在于其是否客观地存在，而在于能否为适当之判断。④《日本民事诉讼法》第248条规定：在承认产生损害的情况下，由损害的性质所决定证明其损害金额极其困难时，法院根据口头辩论的全部意旨和调查证据的结果，可以认定适当的损害金额。有日本学者认为，损害金额的确定不是有关案件事实存在与否的问题，而是一个通过金钱来对损害予以评价的问题；此条并非降低证明度，而是将损害金额的认定委诸法官自由裁量，作为结果此条具有减轻原告对损害金额之举证负担的效果。⑤

---

① 在德国和日本等有种观点是，在具备以下四个要件时，不负证明责任的当事人负有事实解明义务：（1）负有证明责任的当事人出示能够明确表明自己对权益主张具有合理基础的线索；（2）该当事人客观上处于无法解明事实的状况（与事实隔绝）；（3）要求对方当事人解明事实不存在责难的可能；（4）该对方当事人具有能够易于解明事实的可期待性。若该对方当事人没有履行事实解明义务，法院就可认定负有证明责任的当事人的事实主张为真实。参见姜世明：《举证责任与真实义务》，103～184页，台北，新学林出版股份有限公司，2006。
有关反证提出责任、不负证明责任当事人的事实解明义务、合比例的认定、真伪不明判决等作为"避免通过证明责任作出判决"的方法，参见［日］高桥宏志：《民事诉讼法》，456～476页，北京，法律出版社，2003。

② 《关于审理生态环境侵权纠纷案件适用惩罚性赔偿的解释》（法释〔2022〕1号）第4条规定，被侵权人主张侵权人承担惩罚性赔偿责任的，应当提供证据证明以下事实：（1）侵权人污染环境、破坏生态的行为违反法律规定；（2）侵权人具有污染环境、破坏生态的故意；（3）侵权人污染环境、破坏生态的行为造成严重后果。

③ 《德国民事诉讼法》第287条第1款规定："当事人对于是否有损害、损害的数额，以及应赔偿的利益额有争执时，法院应考虑全部情况，经过自由心证，对此点作出判断。应否依申请而调查证据、应否依职权进行鉴定，以及调查和鉴定进行到何种程度，都由法院酌量决定。法院就损害和利益可以询问举证人；此时准用第452条第1款第1句、第2款至第4款的规定。"

④ 参见毋爱斌：《损害额认定制度研究》，载《清华法学》，2012（2）；段文波：《事实证明抑或者法官裁量：民事损害赔偿数额认定的德日经验》，载《法学家》，2012（6）。

⑤ 参见［日］新堂幸司：《新民事诉讼法》，395～396页，北京，法律出版社，2008。

　　根据《民法典》第 1182、1184 条，被侵权人的损失难以确定，向法院起诉的，由法院根据实际情况确定赔偿数额。《信息网络侵权》第 12 条第 2 款规定：被侵权人因人身权益受侵害造成的财产损失以及侵权人因此获得的利益难以确定的，人民法院可以根据具体案情在 50 万元以下的范围内确定赔偿数额。

　　《专利法》第 71 条第 2 款规定：权利人的损失、侵权人获得的利益和专利许可使用费均难以确定的，人民法院可以根据专利权的类型、侵权行为的性质和情节等因素，确定给予 3 万元以上 500 万元以下的赔偿。《商标法》第 63 条、《著作权法》第 54 条也有类似规定。

　　《反不正当竞争法》第 17 条第 3 款规定：因不正当竞争行为受到损害的经营者的赔偿数额，按照其因被侵权所受到的实际损失确定；实际损失难以计算的，按照侵权人因侵权所获得的利益确定。经营者恶意实施侵犯商业秘密行为，情节严重的，可以在按照上述方法确定数额的 1 倍以上 5 倍以下确定赔偿数额。赔偿数额还应当包括经营者为制止侵权行为所支付的合理开支。第 4 款规定：经营者违反本法第 6 条、第 9 条规定，权利人因被侵权所受到的实际损失、侵权人因侵权所获得的利益难以确定的，由人民法院根据侵权行为的情节判决给予权利人 500 万元以下的赔偿。

　　依据《关于审理建设工程施工合同纠纷案件适用法律问题的解释（一）》（法释〔2020〕25 号）第 6 条的规定：建设工程施工合同无效，一方当事人请求对方赔偿损失的，应当就对方过错、损失大小、过错与损失之间的因果关系承担举证责任；损失大小无法确定，一方当事人请求参照合同约定的质量标准、建设工期、工程价款支付时间等内容确定损失大小的，法院可以结合双方过错程度、过错与损失之间的因果关系等因素作出裁判。

　　《关于审理侵害植物新品种权纠纷案件具体应用法律问题的若干规定（二）》（法释〔2021〕14 号）第 15 条规定：法院为确定赔偿数额，在权利人已经尽力举证，而与侵权行为相关的账簿、资料主要由被诉侵权人掌握的情况下，可以责令被诉侵权人提供与侵权行为相关的账簿、资料；被诉侵权人不提供或者提供虚假账簿、资料的，法院可以参考权利人的主张和提供的证据判定赔偿数额。

　　《生态环境证据》第 30 条规定：在环境污染责任纠纷、生态破坏责任纠纷案件中，损害事实成立，但人身、财产损害赔偿数额难以确定的，人民法院可以结合侵权行为对原告造成损害的程度、被告因侵权行为获得的利益以及过错程度等因素，并可以参考负有环境资源保护监督管理职责的部门的意见等，合理确定。

　　《生态环境证据》第 31 条规定：在生态环境保护民事公益诉讼案件中，损害事实成立，但生态环境修复费用、生态环境受到损害至修复完成期间服务功能丧失导致的损失、生态环境功能永久性损害造成的损失等数额难以确定的，人民法院可以根据污染环境、破坏生态的范围和程度等已查明的案件事实，结合生态环境及其要素的稀缺性、生态环境恢复的难易程度、防治污染设备的运行成本、被告因侵权行为获得的利益以及过错程度等因素，并可以参考负有环境资源保护监督管理职责的部门的意见等，合理确定。

2. 有关因果关系的证明责任的减免

在环境侵权案件或者公害案件、医疗纠纷案件、大规模侵权案件中，有些国家采取降低证明标准或者证明度的方法来证明因果关系。

美国密歇根州环境保护法中规定，原告只需提出表面证据，证明污染者已经或者很可能有污染行为，案件即可成立；若被告否认有该污染行为和危害后果，则应当提出反证。法院适用互负连带责任、联营责任和市场份额责任等规则来证明复杂因果关系。[①]

在日本有学者提出，因果关系的证明无须达到高度盖然性，只需达到优势盖然性的程度，就可认定存在因果关系。[②] 同时，还有疫学因果关系说，即用疫学的方法来认定侵害行为与损害结果之间的因果关系。[③]

在我国，依据《关于审理食品药品纠纷案件适用法律若干问题的规定》（法释〔2021〕17号）第5条第2款，消费者仅须初步证明损害与食用食品或者使用药品存在因果关系（但是食品、药品的生产者、销售者能证明损害不是因产品不符合质量标准造成的除外）。

消费者通常很难证明"损害与食用食品或者使用药品存在因果关系"，前述规定只要求消费者作出初步证明（适用较大可能性或者优势盖然性的证明标准）。不过，初步证明后可能出现虚假因果关系的情形，所以前述规定又规定了除外情形。

同时，还有通过"推定"来证明存在"因果关系"，降低原告的证明难度。比如，《关于审理证券市场虚假陈述侵权民事赔偿案件的若干规定》（法释〔2022〕2号）第11条规定，原告能够证明下列情形的，法院应当认定原告的投资决定与虚假陈述之间的交易因果关系成立：（1）信息披露义务人实施了虚假陈述；（2）原告交易的是与虚假陈述直接关联的证券；（3）原告在虚假陈述实施日之后、揭露日或更正日之前实施了相应的交易行为，即在诱多型虚假陈述中买入了相关证券，或者在诱空型虚假陈述中卖出了相关证券。

3. 有关被告过错的证明责任的减免

事实上，在一般过错责任诉讼中，原告证明被告存在"过错"是比较困难的，许多情形中，法律会通过"推定"来证明被告存在"过错"，降低原告的证明难度。

比如，《关于适用〈中华人民共和国民法典〉物权编的解释（一）》（法释〔2020〕24号）第16条规定：受让人受让动产时，交易的对象、场所或者时机等不

[①] 参见［美］文森特·R.约翰逊：《美国侵权法》，赵秀文等译，113～117页，北京，中国人民大学出版社，2004。

[②] 参见［日］高桥宏志：《民事诉讼法》，474～475页，北京，法律出版社，2003。

[③] 参见［日］新堂幸司：《新民事诉讼法》，372页，北京，法律出版社，2008；曾兴隆：《公害纠纷与民事救济》，47～55页，台北，三民书局，1995；吕忠梅：《环境侵权诉讼证明标准初探》，载《政法论坛》，2003（5）。

符合交易习惯的，应当认定受让人具有重大过失。

再如，《关于审理信用证纠纷案件若干问题的规定》（法释〔2005〕13 号）（2020 年修改）第 8 条规定，凡有下列情形之一的，应当认定存在信用证欺诈：（1）受益人伪造单据或者提交记载内容虚假的单据；（2）受益人恶意不交付货物或者交付的货物无价值；（3）受益人和开证申请人或者其他第三方串通提交假单据，而没有真实的基础交易；（4）其他进行信用证欺诈的情形。《关于审理独立保函纠纷案件若干问题的规定》（法释〔2016〕24 号）（2020 年修改）第 12 条也有类似规定。

为衡平医患双方的权益，应当采用特殊规则来减轻患者的证明责任。《民法典》第 1222 条规定，患者在诊疗活动中受到损害，有下列情形之一的，推定医疗机构有过错：（1）违反法律、行政法规、规章以及其他有关诊疗规范的规定；（2）隐匿或者拒绝提供与纠纷有关的病历资料；（3）遗失、伪造、篡改或者违法销毁病历资料。

美国许多州采取的是"事实本身说明过失规则"。德国法采取的是"表见证明""重大医疗过失的证明责任转换""妨害证明"等方法。日本主要采取"大致推定（过失初步推定）"，与德国的"表见证明"基本一致。

美国将"事实本身说明过失规则"适用于医疗损害赔偿诉讼，主要原因有：（1）当事人之间信息不对称或者不对等。在医疗方面，作为原告的病人多是外行，而医院为专门机构、医师为专家，并且在诊治过程中，病人有时处于无意识状态而不知诊治的具体过程或者具体行为，从而在事实证据方面，医院和医师比病人拥有更强的取证能力。（2）避免医疗同业者之间的"沉默共谋"，其相当于"医医相护"，即其他许多医师不愿为曾为病人的原告担任专家证人，从而使原告处于更为不利的地位。[1]

在德国，一般医疗过错纠纷案件中采取表见证明来推定存在医疗过失，重大医疗过错纠纷案件中适用证明责任倒置（由加害人证伪过错及因果关系）。[2] 同时，下列情形下还适用妨害证明规则：（1）医师违反其诊疗义务以外的附随义务（如在规定期间以前废弃诊疗记录），以致患者无法收集证据来证明案情；（2）医师未做成或者保管好病历的。[3]

---

[1]　参见张新宝、明俊：《医疗过失举证责任研究》，载《河南省政法管理干部学院学报》，2006（4）。

[2]　在减轻病患者证明责任方面，证明责任倒置的减轻程度远大于表见证明。为避免滥用"证明责任倒置"，宜采取比一般医学公认标准更为严格的尺度，以"严重的技术过失"来阐释重大医疗过失行为。关于医师的过失行为是否属于严重的技术过失，应依据实施医疗行为当时的医疗水准作出判断。参见龚赛红：《医疗损害赔偿立法研究》，306 页，北京，法律出版社，2001。

[3]　如果医师因过错而未实施应为的诊疗行为或者检查行为，以至于没有发现病患者的病变症状，例如因未拍摄 X 光片而致未发现患者有骨折，由此而使病患者不能或者难以收集证据完成证明的，关于对医疗过错和因果关系的证明，应当减轻病患者的证明负担，可以采取"妨害证明规则"。

三、证明责任的倒置

(一) 证明责任倒置的内涵

证明责任倒置（证明责任转换）的内涵是一方当事人对其主张的利己要件事实不负责证明，却由对方当事人负责证伪或者证明相反的要件事实是真实的。①

证明责任倒置的通常情形是将部分权益产生要件事实（比如存在因果关系，存在加害过错等）的证明责任倒置给"被告证伪"（如证明不存在因果关系，证明不存在加害过错），未能证伪，则认定该事实是真实的（如未能证伪因果关系，则认定存在因果关系）。②

对于证明责任没有倒置的权益产生要件事实，原告仍应承担证明责任；原告证明之后，对证明责任倒置的权益产生要件事实，被告才须证伪（参见下文"环境污染责任、生态破坏责任与证明责任"）。③

(二) 证明责任倒置的根据

证明责任分配的一般规则和特殊规则均体现了公平、正义的精神内涵，并尽可能兼顾实现诉讼效率。在实体成文法体系和规范出发型诉讼中，通常是按照民事实体法律规范要件分类来分配主张责任和证明责任。

"谁主张谁证明"体现了常识性的正当性，即主张者应就其利己主张提供充足的根据，否则其主张不被他人承认或者接受。通常是提出利己事实的当事人距离证据更近而更易收集本证，所以让其承担证明责任既是公平的又是经济的。

让较少有条件获取信息的当事人提供信息是不公平、不经济的。④ 在由被告掌控证据的案件中，与原告相比，被告有收集、提供证据的方便，故将部分权益产生要件事实（如因果关系）倒置给被告来证伪。⑤ 此种做法也旨在保障弱者能够便利

① 《关于适用〈中华人民共和国合同法〉若干问题的解释（二）》（法释〔2009〕5号）虽被《关于废止部分司法解释及相关规范性文件的决定》（法释〔2020〕16号）废止，但其第6条第2款的规定是合理的，即原告主张被告对合同格式条款未尽合理提示及说明义务后，由被告（提供格式条款一方）对已尽合理提示及说明义务承担举证责任。此当属证明责任倒置。
② 特殊情形是将被告主张的抗辩事实倒置给原告证伪，参见《海商法》第51条、《商标法》第64条第1款等相关规定。
③ 被告证明抗辩事实是证明责任分配的一般规则，不属于证明责任倒置。
④ 参见［美］迈克尔·D.贝勒斯：《法律的原则》，张文显等译，67页，北京，中国大百科全书出版社，1996。
⑤ 相关规定，举例如下。《劳动争议》第44条规定：因用人单位作出的开除、除名、辞退、解除劳动合同、减少劳动报酬、计算劳动者工作年限等决定而发生的劳动争议，用人单位负举证责任。《电子商务法》第62条规定：在电子商务争议处理中，电子商务经营者应当提供原始合同和交易记录。因电子商务经营者丢失、伪造、篡改、销毁、隐匿或者拒绝提供前述资料，致使人民法院、仲裁机构或者有关机关无法查明事实的，电子商务经营者应当承担相应的法律责任。

地获得诉讼保护。

根据高度危险责任原理（将高度危险带到生活中的人应负完全责任）、最小成本防范原则（谁能够用最小的成本防范意外谁就要负责任）和"法律不强人所难"的精神，规定证明责任的倒置情形。

有人主张证明责任应当根据待证事实发生的可能性大小来分配（盖然性说）。根据常识、生活经验和统计结果，对于发生的可能性或者盖然性大的事实，主张该事实的人不需要证明，而由对方当事人负责证伪。换言之，主张常态者不负责证明，而由对方当事人负责证伪，证伪不了，则采信发生的可能性大的事实。

第三节　侵权诉讼中证明责任分配

一、责任类型与证明责任分配

一般过错责任诉讼中，当事人的主张责任与证明责任的分配是一致的，"谁主张谁证明"。原告的主张责任和证明责任是：主张和证明过错责任的构成要件事实（侵权责任请求权的产生要件事实）。[1] 被告的主张责任和证明责任是：主张和证明抗辩事实（比如《民法典》第七编第一章规定的免责事由和减责事由）。

过错推定责任本质上属于过错责任的范畴，两者构成要件相同，双方当事人的主张责任也相同。不过，在证明责任方面，两者存在着如下不同：过错推定责任中，被侵权人对"侵权人存在过错"不负证明责任，采用"过错推定"。比如，根据《民法典》第七编第十章，物件损害责任为"过错推定责任"：若原告证明存在物件致害行为、损害事实和因果关系，则推定物件的所有人、管理人或者使用人（被告）有过错。[2]

无过错责任诉讼中，通常情况下，当事人的主张责任与证明责任的分配是一致

[1] 通常包括侵权人存在过错、存在侵权行为和损害后果及两者之间存在因果关系。不过，《民法典》第179条规定的责任，其构成要件事实有特殊之处：（1）被侵权人请求侵权人承担停止侵害、排除妨碍、消除危险、恢复原状、赔礼道歉、消除影响、恢复名誉等责任的，无须侵权人有过错；（2）侵权行为危及他人人身、财产安全的，被侵权人请求侵权人承担停止侵害、排除妨碍、消除危险等预防性责任的，无损害后果或者实际损害（比如《民法典》第1167条）。

[2] 比较特殊的是"不明抛掷物或者坠落物损害责任"。《民法典》第1254条第1款规定：禁止从建筑物中抛掷物品。从建筑物中抛掷物品或者从建筑物上坠落的物品造成他人损害的，由侵权人依法承担侵权责任；经调查难以确定具体侵权人的，除能够证明自己不是侵权人的外，由可能加害的建筑物使用人给予补偿。可能加害的建筑物使用人补偿后，有权向侵权人追偿。
《个人信息保护法》第69条第1款规定：处理个人信息侵害个人信息权益造成损害，个人信息处理者不能证明自己没有过错的，应当承担损害赔偿等侵权责任。此款规定的也是过错推定责任。参见《全国人民代表大会宪法和法律委员会关于〈中华人民共和国个人信息保护法（草案）〉修改情况的汇报》第七项，载 http://www.npc.gov.cn/npc/c30834/202108/9a877c9c971e4ed3999314b11bcf37b8.shtml。

的。原告的主张责任和证明责任是：主张和证明无过错责任的构成要件事实（侵权责任请求权的产生要件事实）。被告的主张责任和证明责任是：主张和证明抗辩事实。特殊情况下，法律将"因果关系"倒置给被告（侵权人）来"证伪"的，则主张责任与证明责任的分配不一致，即原告应当主张存在因果关系，但无须证明，由被告证伪。

二、医疗损害责任与证明责任分配

（一）医疗技术损害责任与证明责任分配

《民法典》第 1218 条规定：患者在诊疗活动中受到损害，医疗机构或者其医务人员有过错的，由医疗机构承担赔偿责任。据此，医疗技术损害责任属于"一般过错责任"，适用"谁主张谁证明"。

依据《医疗损害责任》第 4 条，患者根据《民法典》第 1218 条主张医疗机构承担赔偿责任的，应当提交到该医疗机构就诊、受到损害的证据；患者无法提交医疗机构及其医务人员有过错、诊疗行为与损害之间具有因果关系的证据，依法提出医疗损害鉴定申请的，法院应予准许；医疗机构主张不承担责任的，应当就《民法典》第 1224 条第 1 款规定情形等抗辩事由承担举证责任。[①]

根据《民法典》第 1221 条，"医疗过错"属于专家的注意义务，即医务人员"在诊疗活动中未尽到与当时的医疗水平相应的诊疗义务"。为合理降低患者证明医疗过错的难度，《民法典》第 1222 条规定，患者在诊疗活动中受到损害，有下列情形之一的，推定医疗机构有过错：（1）违反法律、行政法规、规章以及其他有关诊疗规范的规定；（2）隐匿或者拒绝提供与纠纷有关的病历资料；（3）遗失、伪造、篡改或者违法销毁病历资料。

依据《医疗损害责任》第 6 条，《民法典》第 1222 条规定的"病历资料"包括医疗机构保管的门诊病历、住院志、体温单、医嘱单、检验报告、医学影像检查资料、特殊检查（治疗）同意书、手术同意书、手术及麻醉记录、病理资料、护理记录、医疗费用、出院记录以及国务院卫生行政主管部门规定的其他病历资料。

患者依法向法院申请医疗机构提交由其保管的与纠纷有关的病历资料等，医疗机构未在法院指定期限内提交的，法院可以依照《民法典》第 1222 条第 2 项的规定（隐匿或者拒绝提供与纠纷有关的病历资料的），推定医疗机构有过错（因不可抗力等客观原因无法提交的除外）。

（二）医疗伦理过错责任与证明责任分配

根据《民法典》第 1219、1226 条，医务人员违反法定的告知或者保密义务，

---

① 《民法典》第 1224 条规定，患者在诊疗活动中受到损害，有下列情形之一的，医疗机构不承担赔偿责任：（1）患者或者其近亲属不配合医疗机构进行符合诊疗规范的诊疗；（2）医务人员在抢救生命垂危的患者等紧急情况下已经尽到合理诊疗义务；（3）限于当时的医疗水平难以诊疗。前款第 1 项情形中，医疗机构或者其医务人员也有过错的，应当承担相应的赔偿责任。

造成患者损害的，医疗机构应当承担赔偿责任。据此，医疗伦理过错责任属于"过错推定责任"。原告（患者）应当证明医疗机构及其医务人员存在违法行为（违反法定的告知或者保密义务等）、损害事实和因果关系。原告只要证明医疗机构及其医务人员违反法定的说明义务或者保密义务等医疗伦理义务，就可推定后者存在医疗伦理过错。

依据《医疗损害责任》第5条，患者依据《民法典》第1219条规定主张医疗机构承担赔偿责任的，应当提交到该医疗机构就诊、受到损害的证据；实施手术、特殊检查、特殊治疗的，医疗机构应当承担说明义务并取得患者或者患者近亲属书面同意，但属于《民法典》第1220条规定情形的除外。① 医疗机构提交患者或者患者近亲属书面同意证据的，法院可以认定医疗机构尽到说明义务，但患者有相反证据足以反驳的除外。

（三）医疗产品损害责任与证明责任分配

医疗产品损害责任属于"无过错责任"。依据《医疗损害责任》第7条，患者依据《民法典》第1223条的规定请求赔偿的，应当提交使用医疗产品或者输入血液、受到损害的证据；患者无法提交使用医疗产品或者输入血液与损害之间具有因果关系的证据，依法申请鉴定的，法院应予准许；医疗机构，医疗产品的生产者、销售者、药品上市许可持有人或者血液提供机构主张不承担责任的，应当对医疗产品不存在缺陷或者血液合格等抗辩事由承担举证责任。

（四）《医疗损害责任》对医疗鉴定的具体规定

当事人依法申请对医疗损害责任纠纷中的专门性问题②进行鉴定的，法院应予准许。当事人未申请鉴定，法院对专门性问题认为需要鉴定的，应当依职权委托鉴定。

当事人申请医疗损害鉴定的，由双方当事人协商确定鉴定人。当事人就鉴定人无法达成一致意见，法院提出确定鉴定人的方法，当事人同意的，按照该方法确定；当事人不同意的，由法院指定。鉴定人应当从具备相应鉴定能力、符合鉴定要求的专家中确定。

委托医疗损害鉴定的，当事人应当按照要求提交真实、完整、充分的鉴定材

---

① 此条规定：因抢救生命垂危的患者等紧急情况，不能取得患者或者其近亲属意见的，经医疗机构负责人或者授权的负责人批准，可以立即实施相应的医疗措施。

《医疗损害责任》第18条规定，下列情形可以被认定为"不能取得患者近亲属意见"：近亲属不明的；不能及时联系到近亲属的；近亲属拒绝发表意见的；近亲属达不成一致意见的；法律、法规规定的其他情形。

② 《医疗损害责任》第11条规定的专门性问题有：实施诊疗行为有无过错；诊疗行为与损害后果之间是否存在因果关系以及原因力大小；医疗机构是否尽到了说明义务、取得患者或者患者近亲属明确同意的义务；医疗产品是否有缺陷、该缺陷与损害后果之间是否存在因果关系以及原因力的大小；患者损伤伤残疾程度；患者的护理期、休息期、营养期；其他专门性问题。

料。提交的鉴定材料不符合要求的，法院应当通知当事人更换或者补充相应材料。在委托鉴定前，法院应当组织当事人对鉴定材料进行质证。

鉴定意见应当经当事人质证。当事人申请鉴定人出庭作证，经法院审查同意，或者法院认为鉴定人有必要出庭的，应当通知鉴定人出庭作证。双方当事人同意鉴定人通过书面说明、视听传输技术或者视听资料等方式作证的，可以准许。鉴定人因健康原因、自然灾害等不可抗力或者其他正当理由不能按期出庭的，可以延期开庭；经法院许可，也可以通过书面说明、视听传输技术或者视听资料等方式作证。无前述理由，鉴定人拒绝出庭作证，当事人对鉴定意见又不认可的，对该鉴定意见不予采信。

关于专家顾问，当事人可以申请通知一至二名具有医学专门知识的人出庭，对鉴定意见或者案件的其他专门性事实问题提出意见，法院准许的，应当通知具有医学专门知识的人出庭。前述具有医学专门知识的人提出的意见，被视为当事人的陈述，经质证可以作为认定案件事实的根据。

关于医疗损害鉴定意见，当事人自行委托鉴定所作出，其他当事人认可的，可予采信；当事人共同委托所作出，一方当事人不认可的，应当提出明确的异议内容和理由。经审查，有证据足以证明异议成立的，对鉴定意见不予采信；异议不成立的，应予采信。

对医疗机构或者其医务人员的过错，应当依据法律、行政法规、规章以及其他有关诊疗规范进行认定，可以综合考虑患者病情的紧急程度、患者个体差异、当地的医疗水平、医疗机构与医务人员资质等因素。

三、产品责任与证明责任分配

（一）关于缺陷产品损害赔偿责任

因缺陷产品产生侵权的，由缺陷产品的生产者或者销售者承担责任。在对外关系方面，"生产者与销售者"对受害人承担"无过错责任"。为便于受害者获得赔偿和提高产品安全度，"无过错责任"适用于生产者和销售者的中间责任。因此，受害人应当主张并证明如下责任构成要件事实：存在产品缺陷、损害事实和因果关系。

确定生产者和销售者中间责任之后，在生产者与销售者之间的内部关系中，还得确定最终责任的承担。产品缺陷由生产者造成的，由生产者承担最终责任（为过错责任）；产品缺陷由销售者造成的，由销售者承担最终责任（为过错责任）；销售者不能指明缺陷产品的生产者或者供货者的，销售者被视为生产者而承担最终责任（为无过错责任）。

产品缺陷因第三人（如运输者、仓储者、零部件提供者、原材料提供者等）的过错造成的，首先由产品生产者、销售者承担侵权责任；生产者、销售者承担责任后，可依其与运输者、仓储者等第三人之间的合同向该第三人追偿，运输者、仓储者等第三人承担的是过错责任（《民法典》第 1204 条）。

（二）关于跟踪观察缺陷产品责任

根据《民法典》第 1206 条，产品被投入流通后发现存在缺陷的，生产者、销售者未及时采取警示、召回等补救措施或者补救措施不力造成损害扩大的，对扩大的损害也应当承担侵权责任。据此，受害人应当主张并证明：（生产者或者销售者）存在过错、存在产品缺陷、损害事实和因果关系。受害人可以通过证明产品投入流通后"未及时采取补救措施或者补救措施不力"来推定"生产者或者销售者存在过错"。

一般商品或者服务有瑕疵的，由消费者承担有关瑕疵的证明责任，但是，《消费者权益保护法》第 23 条第 3 款规定：经营者提供的机动车、计算机、电视机、电冰箱、空调器、洗衣机等耐用商品或者装饰装修等服务，消费者自接受商品或者服务之日起 6 个月内发现瑕疵，发生争议的，由经营者承担有关瑕疵的举证责任。

四、机动车交通事故责任与证明责任分配

《民法典》第 1208 条和《道路交通安全法》（2021 年修订）第 76 条确定了机动车交通事故责任及其证明责任的分配。

（一）机动车第三者责任强制保险责任

无论机动车交通事故责任人有无过错，保险公司均得（在机动车第三者责任强制保险责任限额范围内）承担赔偿责任，此为无过错责任。保险公司的免责事由是受害人故意碰撞机动车造成损害（《机动车交通事故责任强制保险条例》第 21 条第 2 款）。

（二）机动车第三者责任强制保险责任以外的赔偿责任

保险公司在机动车第三者责任强制保险责任限额范围内赔偿以后，对不足的部分分别下述情形承担赔偿责任。

（1）"机动车之间"发生交通事故的赔偿责任，由有过错的一方承担，双方都有过错的，按照各自过错的比例分担，即适用"一般过错责任原则"和"谁主张谁证明"。

（2）"机动车与非机动车驾驶人、行人之间"发生交通事故的赔偿责任，有两种情况：

1）机动车一方造成非机动车驾驶人、行人损害的，为"过错推定责任"[①]。机动车一方的免责事由是非机动车驾驶人、行人"故意"碰撞机动车造成损害，减责

---

① 即原告非机动车驾驶人、行人证明了违法行为、损害事实和因果关系后，直接推定被告机动车一方有过错，将机动车一方的过错倒置给机动车一方证伪。
有学者认为，机动车一方承担的是"无过错责任"，不过法律采取限额赔偿方式以适当减轻机动车一方的赔偿负担（机动车一方需证明自己没有过错）。参见王利明主编：《中华人民共和国侵权责任法释义》，246～247 页，北京，中国法制出版社，2010。

事由是非机动车驾驶人、行人有过失。①

2）非机动车驾驶人、行人"故意"碰撞机动车，造成机动车一方损害的，为"一般过错责任"。据此由机动车一方主张责任构成要件事实并予以证明。

五、环境污染责任、生态破坏责任与证明责任

《民法典》第1229条规定：因污染环境、破坏生态造成他人损害的，侵权人应当承担侵权责任。据此，环境污染责任、生态破坏责任为"无过错责任"②。

《民法典》第1230条规定：因污染环境、破坏生态发生纠纷，行为人应当就法律规定的不承担责任或者减轻责任的情形及其行为与损害之间不存在因果关系承担举证责任。《水污染防治法》（2017修改）第98条规定：因水污染引起的损害赔偿诉讼，由排污方就法律规定的免责事由及其行为与损害结果之间不存在因果关系承担举证责任。

环境污染责任与生态破坏责任之证明责任的分配规则是相同的。有关环境污染责任证明责任的分配，《生态环境证据》作出了如下具体解释。

环境污染责任纠纷案件、生态破坏责任纠纷案件的原告应当就以下事实承担举证责任：（1）被告实施了污染环境或者破坏生态的行为；（2）原告人身、财产受到损害或者有遭受损害的危险（第2条）。

生态环境保护民事公益诉讼案件的原告应当就以下事实承担举证责任：（1）被告实施了污染环境或者破坏生态的行为，且该行为违反国家规定；（2）生态环境受到损害或者有遭受损害的重大风险（第3条）。

原告请求被告就其污染环境、破坏生态行为支付人身、财产损害赔偿费用，或者支付《民法典》第1235条规定的损失、费用的，应当就其主张的损失、费用的数额承担举证责任（第4条）。

此外，原告起诉请求被告承担环境污染、生态破坏责任的，应当提供被告行为与损害之间具有关联性的证据（第5条第1款）。

其后，被告（侵权人）应当证伪因果关系。被告证明其排放的污染物、释放的生态因素、产生的生态影响未到达损害发生地，或者其行为在损害发生后才实施且未加重损害后果，或者存在其行为不可能导致损害发生的其他情形的，人民法院应当认定被告行为与损害之间不存在因果关系（第7条）。

被告就"法律规定的不承担责任或者减轻责任的情形"（免责事由或者减责事由）承担证明责任，此属于证明责任的一般分配。

---

① 非机动车驾驶人、行人没有过错的（无故意无过失），由机动车一方承担赔偿责任；机动车一方有过错的，非机动车驾驶人、行人也有过错的（应为过失），机动车一方需证明该减责事由，则根据过错程度适当减轻机动车一方的赔偿责任；机动车一方没有过错（无故意无过失），并证明自己没有过错的，则承担不超过10%的赔偿责任；非机动车驾驶人、行人"故意"碰撞机动车造成自己损害的，机动车一方不承担赔偿责任。

② 据《生态环境侵权》第1条，污染环境、破坏生态造成他人损害，行为人不论有无过错，都应当承担侵权责任。行为人以外的其他责任人对损害发生有过错的，应当承担侵权责任。

第 十 五 章

严格证明程序

严格证明程序（包含在争讼程序中）包括提供与交换证据（主要存在于审前准备阶段）、当事人质证与法官认定证据（存在于法庭调查阶段）、当事人辩论与法官采信事实（存在于法庭辩论阶段）。

第一节　提供与交换证据

一、提供与交换证据的规则

民事私益案件中，当事人负责提供证据，当事人确有正当理由，不能自行提供证据的，有权申请法院调取证据。对于涉及公共利益的事实，适用职权探知主义。

当事人应当对其提交的证据材料逐一分类编号，对证据材料的来源、证明对象和内容作简要说明，签名盖章，注明提交日期，并依照对方当事人人数提出副本。法院收到当事人提交的证据材料后，应当出具收据，注明证据的名称、份数和页数以及收到的时间，由经办人员签名或者盖章。

在争讼程序中，提供与交换证据应当遵行诚信原则和证据规则，同时还应遵行举证期限和证据交换（或称"证据开示"）等规则。下文主要阐释《民事诉讼法》《民诉解释》《证据规定》等对举证期限和证据交换的规定。

（一）举证期限规则

《民事诉讼法》第 68 条规定：当事人对自己提出的主张应当及时提供证据。法院根据当事人的主张和案件审理情况，确定当事人应当提供的证据及其期限。当事人在该期限内提供证据确有困难的，可以向法院申请延长期限，法院根据当事人的申请适当延长。当事人逾期提供证据的，法院应当责令其说明理由，拒不说明理由或者理由不成立的，法院根据不同情形可以不予采纳该证据，或者采纳该证据但予以训诫、罚款。

1. 举证期限的含义

举证期限要求当事人在一定期限内向法院提供证据。当事人无正当理由，超过举证期限提供证据的，法院不予采纳，该"证据失效"，即当事人丧失提出该证据的权利（属于"失权"）。① 笔者认为，法院若以这种失效证据为根据作出判决，则为上诉的理由。

合理的举证期限促使当事人尽快举证，但不会不当限制当事人举证。举证期限制度或者证据失效制度是"证据适时提出主义"的主要内容，是实现"集中审理"的制度保障。

法院应当在送达案件受理通知书和应诉通知书的同时向当事人送达举证通知书。举证通知书应当载明证明责任的分配原则与要求、可以向法院申请调查取证的情形、法院根据案件情况指定的举证期限以及逾期提供证据的法律后果等。

2. 举证期限的确定

应当在审理前的准备阶段确定当事人的举证期限。举证期限的确定方式有二：（1）由当事人协商一致并经法院准许；（2）由法院指定。

法院指定举证期限，一审普通案件不得少于 15 日②；当事人提供新的证据的，二审案件不得少于 10 日；适用简易程序审理的案件不得超过 15 日，小额诉讼案件一般不得超过 7 日（《民诉解释》第 99、266、275 条和《证据规定》第 51 条等）。

3. 举证期限的变通规定或者合理例外

根据《民事诉讼法》第 68 条、《民诉解释》第 99～102 条、《证据规定》第 51～55 条等，有关举证期限的变通规定或者证据失效的合理例外主要有：

（1）举证期限届满后，当事人提供反驳证据或者对已经提供的证据的来源、形式等方面的瑕疵进行补正的，法院可以酌情再次确定举证期限，该期限不受《民诉解释》第 99、266、275 条和《证据规定》第 51 条规定的期间限制。

（2）当事人在举证期限内提供证据确有困难或者存在客观障碍，当事人申请延长举证期限的，应当在举证期限届满前向法院提出书面申请。申请理由成立的，法院应当准许，适当延长举证期限，并通知其他当事人，延长的举证期限适用于其他当事人。申请理由不成立的，法院不予准许，并通知申请人。

（3）存在下列情形的，举证期限按照如下方式确定（《证据规定》第 55 条）：

当事人依照《民事诉讼法》第 130 条规定提出管辖权异议的，举证期限中止，自驳回管辖权异议的裁定生效之日起恢复计算。

追加当事人、有独立请求权的第三人参加诉讼，或者无独立请求权的第三人经法院通知参加诉讼的，法院应当依照《证据规定》第 51 条为其确定举证期限，该举证期限适用于其他当事人。

发回重审的案件，一审法院可以结合案件具体情况和发回重审的原因，酌情确

---

① 笔者认为，为维护公益，对证明职权探知主义的适用事项和职权调查事项的证据，通常不适用"举证期限"或者"证据失效"制度。

② 在适用一审普通程序审理民事案件时，法院指定当事人提供证据证明其主张的基础事实的期限不得少于 15 日。

定举证期限。

当事人增加、变更诉讼请求或者提出反诉的，法院应当根据案件具体情况重新确定举证期限。

公告送达的，举证期限自公告期届满之次日起计算。

（4）当事人逾期提供证据的，法院应当责令其说明理由，必要时可以要求其提供相应的证据；拒不说明理由或者理由不成立的，法院根据不同情形可以不予采纳该证据，或者虽采纳该证据但予以训诫、罚款。

当事人因客观原因逾期提供证据，或者对方当事人对逾期提供证据未提出异议的，视为未逾期。

对于当事人因故意或重大过失逾期提供的证据，法院不予采纳；该证据与案件基本事实有关的，法院应当采纳，并根据《民事诉讼法》第 68、118 条第 1 款予以训诫、罚款。

对于当事人非因故意或重大过失逾期提供的证据，法院应当采纳，并对当事人予以训诫。

当事人一方要求另一方赔偿逾期提供证据致使其增加的交通、住宿、就餐、误工、证人出庭作证等必要费用的，法院可予支持。

（二）证据交换规则

通过"证据交换""庭前会议"（参见本书第二十章第二节一）等方式"整理争点"，为开庭审理顺利快速进行做好准备。

原则上，双方当事人应当交换本方收集的证据。但是，包含国家秘密、个人隐私和商业秘密等内容的证据，虽应提交法院但可以不交换；若是本案主要或者唯一证据而应当交换的，则应让对方当事人承担保密义务。[①]

证据交换可由当事人申请开始，法院也有权决定进行。通过组织证据交换进行审理前准备的，证据交换之日举证期限届满。交换证据的具体时间可由当事人协商一致并经法院认可，也可由法院指定。当事人申请延期举证，经法院准许的，证据交换日相应顺延。

证据交换应当在审判人员的主持下进行。证据交换以"当面交换"为原则。因当事人、证人在外地等原因而不能当面交换证据的，只得书面交换证据。

通过证据交换，确定双方当事人争议的主要问题（"争点"）。法院对当事人无

---

① 至于律师工作成果是否豁免的问题，美国的做法值得参考。在美国法中，律师为了进行诉讼而准备的一些诉讼资料和专家咨询意见等，比如律师作出的记录、备忘、法理分析，制定的辩论方法、策略等，免于开示或者交换。"律师工作成果"可分为两类：（1）"信息性"的工作成果，比如律师会见证人，记录其陈述所形成的书面材料。对这类成果通常可以申请免于开示，为相对豁免，属于普通工作成果。（2）"意见性"的工作成果，比如律师对案件及先例进行法理分析所形成的书面材料。这类成果具有主观创造性，一律免于开示。参见［美］史蒂文·苏本、玛格丽特·伍：《美国民事诉讼的真谛》，139～140 页，北京，法律出版社，2002。

争议的事实和证据应当记录在卷，并经当事人及其代理人签字或者盖章（在庭审中无须审理而可以直接采用）；对有争议的证据，按照待证事实分类记录在卷并记载争议的理由。

在提供、交换证据的过程中，当事人有权对其所提供与交换的证据予以修改。当事人收到对方的证据后有反驳证据需要提交的，法院应当再次组织证据交换。当事人变更诉讼请求或者被告答辩后，应当允许当事人提供修改后的证据，并及时交换。

二、当事人提供证据的保障制度

为保障当事人适时提供证据或者保护当事人证明权，应当建构完善的申请法院调查收集证据、证据保全、妨害证明［参加本书第三章第二节二（三）3］、法官释明［参加本书第七章第二节二（二）］等程序制度。

（一）申请法院调查收集证据

民事私益案件的当事人及其诉讼代理人享有调查证据申请权，即因客观原因不能自行收集证据的，应当在举证期限届满前书面申请法院调查收集证据。

"客观原因"包括：（1）存在法律规定不得由当事人收集证据的情形，比如，证据由国家有关部门保存，当事人及其诉讼代理人无权查阅调取；涉及国家秘密、商业秘密、个人隐私。（2）第三人或者对方当事人掌控证据，当事人要求其提供而其无正当理由拒绝提供或者迟延提供。对此，当事人有权请求法院发出命令强制其提供，不过申请人应当说明申请的理由。申请人错误申请给被申请人造成损害的，应当承担赔偿责任。[①]

在大陆法系，当事人申请法院调查证据通常还应具备如下要件：待证事实和申请调查的证据均应具有重要性和具体性。对于前者，申请人应当使法院认为所欲证明的待证事实是本案重要事实（能够决定判决结果的事实），并且申请调查的证据对该待证事实具有重要的证明作用。对于后者，申请人应当对待证事实和申请调查的证据作出具体表述。[②]

申请书应当载明被调查人的姓名或者单位名称、住所地等基本情况，所要调查收集的证据名称或者内容，需要由法院调查收集证据的原因及其要证明的事实以及明确的线索。

---

① 根据《电子商务法》第53条第2、3款，电子支付服务提供者应当确保电子支付指令的完整性、一致性、可跟踪稽核和不可篡改；电子支付服务提供者应当向用户免费提供对账服务以及最近3年的交易记录。
② 不具备上述两个要件，当事人申请法院调查证据的，德国称之为"摸索证明"或者"探询证明"，通常是不合法的。不过对于职权探知事项，"摸索证明"并非不合法。参见［德］罗森贝克等：《德国民事诉讼法》，862～863页，北京，中国法制出版社，2007；姜世明：《举证责任与真实义务》，319～390页，台北，新学林出版股份有限公司，2006。

对于当事人申请理由成立的，法院应当作出裁定，责令对方当事人提交书证①；理由不成立的，通知申请人。法院调查收集证据应当遵行最佳证据规则等。法院调查收集可能需要鉴定的证据，应当遵守相关技术规范，确保证据不被污染。

对方当事人或者相关第三人无正当理由，拒不提供或者拖延提供其掌控的证据的，按照妨害民事诉讼行为处以罚款，并让其承担因此产生的诉讼费用；被申请人是对方当事人的，还可推定该证据具有真实性或者不利于该对方当事人。②

《商标法》第 63 条第 2 款规定：法院为确定赔偿数额，在权利人已经尽力举证，而与侵权行为相关的账簿、资料主要由侵权人掌握的情况下，可以责令侵权人提供与侵权行为相关的账簿、资料；侵权人不提供或者提供虚假的账簿、资料的，法院可以参考权利人的主张和提供的证据判定赔偿数额。

当事人申请法院收集证据的"客观原因"不存在，并且当事人申请收集的证据与本案重要待证事实无关联性、对证明待证事实无意义或者无必要的，法院不予准许。

《民事诉讼法》第 211 条第 5 项规定：对审理案件需要的主要证据，当事人因客观原因不能自行收集，书面申请法院调查收集，法院未调查收集的，为再审事由。

（二）证据保全

广义的证据保全，既包括《民事诉讼法》第 84 条、《专利法》第 73 条等规定的诉讼证据保全，又包括仲裁中的证据保全③、公证证据保全④等。根据《民事诉讼法》第 84 条，证据保全是指对于可能灭失或者以后难以取得的证据，当事人申请法院或者法院依职权采取措施保全证据，包括诉前证据保全⑤和诉讼中证据保全。

在辩论主义诉讼中，通常由当事人向法院申请证据保全。在职权探知主义诉讼中，法院依职权主动采取保全措施，当事人也有权申请证据保全。

---

① 笔者认为，对此裁定，法律应当赋予第三人或者对方当事人异议权。
② 参见《民诉解释》第 112 条、《证据规定》第 95 条。
《保障农民工工资支付条例》（国务院令第 724 号）第 15 条第 1 款规定：用人单位应当按照工资支付周期编制书面工资支付台账，并至少保存 3 年。第 50 条规定：农民工与用人单位就拖欠工资存在争议，用人单位应当提供依法由其保存的劳动合同、职工名册、工资支付台账和清单等材料；不提供的，依法承担不利后果。
③ 《仲裁法》第 46 条规定：在证据可能灭失或者以后难以取得的情况下，当事人可以申请证据保全。当事人申请证据保全的，仲裁委员会应当将当事人的申请提交证据所在地的基层人民法院。
④ 《公证法》第 11 条中规定：根据自然人、法人或者其他组织的申请，公证机构办理"保全证据"的公证的方式予以保全。
⑤ 诉前证据保全时，法院传唤和询问被申请人无异于允许起诉前就对预定为被告的被申请人进行审理，并且申请人事后不一定提起诉讼。这样对被申请人是不公平的，所以《德国民事诉讼法》第 485 条规定：诉前证据保全限于勘验、询问证人及鉴定人，排除询问当事人。
有些国家和地区扩展了诉前证据保全的功能。例如，《德国民事诉讼法》第 492 条规定：可以利用诉前证据保全，明确当事人之间争议的事实关系，促成当事人达成和解，避免案件进入诉讼程序。

　　申请证据保全应当具备如下要件：（1）保全的证据与待证事实具有关联性。（2）保全的证据可能灭失或者以后难以取得。① （3）诉讼中，当事人应在举证期限届满前提出申请。（4）诉讼中，当事人应向受诉法院提出申请；在提起诉讼或者申请仲裁前，利害关系人可以向证据所在地、被申请人住所地或者对案件有管辖权的法院提出申请。（5）递交申请书②，并按照《费用办法》交纳申请费。笔者认为，法院依职权保全证据，只需具备前述第（1）（2）项要件，并适用自由证明和说明。

　　依据《民诉解释》第 98 条和《证据规定》第 26 条，当事人或者利害关系人申请采取查封、扣押等限制保全标的物使用、流通等保全措施，或者保全可能对证据持有人造成损失的，法院应当责令申请人提供相应的担保；法院根据保全措施对证据持有人的影响、保全标的物的价值、争议的诉讼标的金额等因素综合确定担保的方式或者数额。

　　《生态环境证据》第 13 条根据比例原则规定：在符合证据保全目的的情况下，人民法院应当选择对证据持有人利益影响最小的保全措施，尽量减少对保全标的物价值的损害和对证据持有人生产、生活的影响；确需采取查封、扣押等限制保全标的物使用的保全措施的，人民法院应当及时组织当事人对保全的证据进行质证。

　　法院保全证据，可以要求当事人或者诉讼代理人到场。根据当事人的申请、具体情况和比例原则，法院可以采取查封、扣押、录音、录像、复制、鉴定、勘验等方法保全证据，并制作笔录。法律或者司法解释对证据保没有规定的，参照适用关于财产保全的规定（《民事诉讼法》第 84 条第 3 款、《证据规定》第 99 条第 1 款）。

　　因证据保全申请错误或者证据保全被解除或撤销，被申请人或者第三人受到损害的，申请人应予赔偿，若因赔偿损害发生纠纷，则可以通过诉讼等方式解决。《案由规定》中有"因申请证据保全损害责任纠纷"③。

　　法院采取诉前证据保全措施后，当事人向其他有管辖权的法院提起诉讼的，采取保全措施的法院应当根据当事人的申请，将保全的证据及时移交受理案件的法院。

　　诉讼中应当按照法定的证据调查程序对被保全证据的资格和证明力进行质证、判断。公证保全的证据无须质证，法院就可采用，但应当允许对方当事人提出异议。

---

① 证据保全的理由可能是主观方面的（比如有人可能或者正在实施毁灭证据等妨害证明的行为），也可能是客观方面的（比如证人生命垂危、证据可能变质或者消失等）。

② 应当载明需要保全的证据的基本情况、申请保全的理由以及采取何种保全措施等内容。

③ 【习题】甲县吴某与乙县宝丰公司在丙县签订了甜橙的买卖合同，货到后发现甜橙开始腐烂，未达到合同约定的质量标准。吴某退货无果，拟向法院起诉。为了证明甜橙的损坏状况，吴某向法院申请诉前证据保全。关于诉前保全，下列哪一表述是正确的？（　　）

　　A. 吴某可以向甲、乙、丙县法院申请诉前证据保全

　　B. 法院应当在收到申请 15 日内裁定是否保全

　　C. 法院在保全证据时，可以主动采取行为保全措施，减少吴某的损失

　　D. 如果法院采取了证据保全措施，可以免除吴某对甜橙损坏状况提供证据的责任

（2013 年国家司法考试试卷三；参考答案为 D）。

第二节　当事人质证与辩论

在我国，当事人质证存在于"法庭调查"阶段，当事人对要件事实或者直接事实真伪之辩论或者证明存在于"法庭辩论"阶段。

一、质证的含义和法律后果

《民事诉讼法》第 71 条规定：证据应当在法庭上出示，并由当事人互相质证。对涉及国家秘密、商业秘密和个人隐私的证据应当保密，需要在法庭出示的，不得在公开开庭时出示。

质证是指在法庭上或者开庭审理中，双方当事人根据证据规则，针对证据能力有无和证明力大小，进行说明、质疑与辩驳。未经当事人质证的证据不得作为认定案件事实的根据。具体解说如下。

（1）质证的主体是双方当事人。在民事争讼程序中，原告与被告通过说明、辩解本证和质疑、驳斥反证的方式，展开攻击与防御，以证明利己事实和推翻利他事实。

（2）质证的内容是证据能力的有无、证明力的大小。原告与被告对证据的关联性、真实性和合法性之有无和大小进行辩驳，比如辩驳书证是否是原件。[①] 质证的方式取决于证据的种类或者载体。言词证据与实物证据的质证方式不同，各种言词证据和各种实物证据有其相应的质证方式。

（3）质证的场合是开庭审理（法庭调查阶段）中。双方当事人在法庭上展开口头质证，既是直接言词原则的内涵和要求，又能实现公开审判原则的意义。[②] 对涉及国家秘密、商业秘密和个人隐私的证据应当保密，需要在法庭出示的，不得在公开开庭时出示。

当事人在审前准备阶段或者法院调查、询问过程中发表过质证意见的证据，视为质证过的证据；当事人要求以书面方式发表质证意见，法院在听取对方当事人意见后认为有必要的，可以准许。法院应当及时将书面质证意见送交对方当事人

---

① （2014）民申字第 1347 号民事判决书载：一方当事人在另案中提供的证据，在本案中被法院作为认定案件事实的依据，根据禁止反言原则，在另案中提供证据的当事人在本案中已丧失对证据真实性提出异议的资格；由于该三张"特种转账借方传票"系蒙城电缆厂的法定代表人季某某在另案中所提供，且为一审法院为查明案件事实依职权从另案卷宗中直接调取，即使未在该案中质证，根据民事诉讼的禁止反言原则，季某某及蒙城电缆厂已无资格对该三份证据的真实性提出异议，原审法院依据该三份证据对本案的实体处理结果并无不当。

② 从程序保障的角度来看，只有在公开开庭审理的程序中，当事人质证才真正具有诉讼权利的性质，法院未给当事人提供这种公开保障则为程序违法，所以应当排除庭审以外的"质证"。参见王亚新：《民事诉讼中质证的几个问题》，载《法律适用》，2004（3）。

（《证据规定》第 60 条）。

（4）质证的法律后果。主要有：1）经过当事人质证的证据，能够反映案件真实情况、与待证事实相关联、来源和形式符合法律规定的证据，应当作为认定案件事实的根据（《民诉解释》第 104 条第 2 款）。2）未经当事人质证的证据，不得作为认定案件事实的根据，否则为上诉和再审的理由（《民事诉讼法》第 211 条、《民诉解释》第 103 条）。①

二、言词证据的质证方式

对证人证言、鉴定意见、当事人陈述的质证，要求证人、鉴定人、当事人出庭接受质询。在询问之前，法官应当明确告知证人、鉴定人、当事人享有的权利和承担的义务。对当事人、鉴定人、有专门知识的人的询问参照适用关于询问证人的规定。②

对证人和鉴定人的质询或者询问的方式大体有法官询问和交叉询问。一般说来，大陆法系多采法官询问，英美法系则采交叉询问。我国多采法官询问，实务中亦采交叉询问。

"法官询问式"是指法官对证人、鉴定人、当事人进行询问，当事人经法官同意可向证人、鉴定人发问，被询问人应当据实回答。

"交叉询问式"（cross-examination）大体是指当事人对己方提出的证人先行主询问，其后由对方当事人进行反询问，依次反复进行（再询问）（见下图）。③

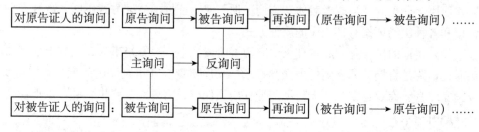

---

① 当事人在审前准备阶段认可的证据，经审判人员在庭审中说明后，视为质证过的证据（《民诉解释》第 103 条第 2 款）。

② 【习题】张志军与王昌发生争吵并相互殴打，之后，张志军诉至法院要求王昌赔偿医药费等损失共计 3 000 元。举证期限届满前，张志军向法院申请事发时在场的方强（26 岁）、路芳（30 岁）、蒋勇（13 岁）出庭作证，法院准其请求。开庭时，法院要求上列证人签署保证书，方强签署了保证书，路芳不签保证书，蒋勇未签署保证书。法院因此允许方强、蒋勇出庭作证，未允许路芳出庭作证。张志军在开庭时向法院提供了路芳的书面证言，法院对该证言不同意组织质证。关于本案，法院的下列哪些做法是合法的？（　　　）

    A. 批准张志军要求事发时在场人员出庭作证的申请　　B. 允许蒋勇出庭作证

    C. 不允许路芳出庭作证　　D. 对路芳的证言不同意组织质证

  [2015 年国家司法考试试卷三；参考答案为 ABCD]

③ 参见［美］约翰·W. 斯特龙主编：《麦考密克论证据》，45～64 页，北京，中国政法大学出版社，2004。

法官询问式和交叉询问式充其量是两种技术规范，并无优劣之分，不受当事人主义和职权主义的制约。在正当程序保障的基础上或者在维护双方当事人对审的诉讼结构中，究竟采用何种方式，关键是看在本国何种方式更有效。事实上，目前我国诸多法院在民事诉讼中同时采用法官询问式和交叉询问式。

若当事人双方都具备辩论能力，则可以交叉询问为主，辅以法官询问；若当事人一方辩论能力明显不足，法官应当确保双方当事人询问的机会，同时通过法官释明或者法官询问来维护双方当事人之间质证的均衡；若双方当事人的辩论能力都较弱，无法进行交叉询问，则以法官询问为主，当事人也可发问。[①]

在法官询问式中，应当保证当事人充分质证的机会，否则偏离了质证的目的和质证的主体要求。从当事人质证的角度来说，交叉询问式更能体现质证的目的和主体要求。

三、实物证据的质证方式

对书证、物证、视听资料进行质证时，当事人应当出示证据的原件或者原物，但是，有下列情形之一的除外：出示原件或原物确有困难并经法院准许出示复制件或复制品的；原件或原物已不存在，但有证据证明复制件或复制品与原件或原物一致的（《证据规定》第 61 条）。

对实物证据质证和判断的具体方式有：辨认、鉴定、勘验等；法官和（经法庭许可）当事人可以询问其制作者、保管者、提取者、收集者、勘验人等相关人员。关于书证的规定适用于视听资料、电子数据。

比如，通常先质证和判断书证制作或者成立的真伪，对公文书证可通过制作单位来查验，对私文书证可采用核对笔迹或者印迹来质疑真伪（核对笔迹或者印迹可采用辨认、鉴定、勘验等方法）；然后，从其记载的思想内容来考察是否具有关联性、真实性。

当事人可以在举证期限届满前向法院申请 1～2 名具有专门知识的人员出庭，就案件事实所涉及的专业问题作出阐释，以辅助自己质证。

四、当事人辩论

双方当事人之间的辩论集中体现在法庭辩论阶段，是对直接事实之真伪展开辩驳，即当事人运用质证后具有证据能力的证据来支持利己的直接事实或者推翻利他的直接事实。"事实辩论"以"言词"（口头）辩论为原则。

法院应当通过"本案判决"对"民事之诉""上诉"作出应答，旨在作出本案

---

① 参见王亚新：《民事诉讼中质证的几个问题》，载《法律适用》，2004（3）。

判决的审理原则上应经"必要的口头辩论"①，即只有经过双方当事人口头辩论后，法院才能作出判决。可见，法庭上双方当事人面对面的"对席言词辩论"是民事争讼程序的主要内容。

法庭口头辩论具有一体性，案件口头辩论虽然分成若干期日进行，但是观念上应将其视为一体，阶段性辩论所获得的判决资料具有同样效果。② 同时，法院审理实行"整体审理原则"，即审前准备和法庭审理中形成的有关本案事实的证据资料均为本案判决资料。

第三节　法官自由心证：认定证据和采信事实

在当事人质证和辩论的基础上，本案审判法官认定证据和采信事实，为本案判决提供事实根据。

一、法官自由心证

依据《民诉解释》第 105 条和《证据规定》第 85 条，在遵行证据裁判原则的基础上，法官应当按照法定程序，全面、客观地审核证据，依照法律规定，遵循法官职业道德，运用逻辑推理和日常生活经验法则，对证据有无证明力和证明力大小独立进行判断，并公开判断的理由和结果。

（一）自由心证原则的含义

自由心证原则属于公法上的强行规范，不许法官和当事人合意变更或者排除适用。其主要内涵是：法律不预先设定机械的规则来指示或者约束法官，而是由法官针对具体案情根据经验法则、逻辑规则和自己的理性、良知，独立自由地认定证据并据此决定是否采信本案事实。

在自由心证原则下，法官自由裁量的是证据能力和证明力，还是仅限于证明力？在英美法系，事实裁判者心证的"自由"主要是就证明力而言的。③ 在大陆法

---

① 法律也会规定一些例外情况，比如原告没有履行主张责任、原告舍弃诉讼请求、被告认诺诉讼请求、缺席审判、上诉审法院以裁定处理上诉等。

② 参见［日］新堂幸司：《新民事诉讼法》，322～323 页，北京，法律出版社，2008。

③ 尽管英美法系并没把自由心证作为一项实定法上的原则，但是事实上英美法系诉讼中对证据和事实的评价、判断也是"自由"的。

系，法官自由裁量的内容包括证据能力和证明力。①

在我国应当遵行证据裁判原则，通过有关证据能力的证据规则来指导和约束法官，并可排除外部对审判法官的非法干预，由此法官"自由"心证主要是对"证明力"的判断。"证据"在作为法官心证形成的资料或者原因时，被称为证据原因。

自由心证原则要求：（1）对于证据的证明力，由法官根据经验法则、逻辑规则和理性、良知作出自由判断；由此（2）法官内心对案件事实的真实性形成"确信"，即法官对案件事实真实性的心证程度达到完全证明标准。②

证据的证明力不能依机械的规则来确定，因为证明力的大小取决于证据与案件事实之间的关联性的强弱、真实性的高低、违法性之大小，而具体证据的关联性、真实性和合法性应在具体案件中进行具体考察和认定。

（二）法官自由心证的保障和制约

自由心证虽属法官自由裁量的范畴，但该原则并不容许法官恣意判断，而是要求法官作出合理的心证。为此，法律一方面保障法官心证形成的自由，另一方面制约法官恣意判断，从而在制度上对法官自由心证的形成设置了充足的保障措施和合理的制约措施。

法官心证形成前的保障和制约措施主要有：（1）独立行使审判权，禁止外部的非法干预，保障法官能够自由地形成心证。（2）法官资格限制，保障法官能够依其职业素质、理性与良知以及其所熟知的经验法则、逻辑法则等形成合理心证。

法官心证形成过程中的保障和制约措施主要有：审判公开；回避制度；合议制③；证据裁判原则；诉讼参与原则；直接言词原则；证据规则、逻辑规则和经验法则；证明标准；诚信原则等。

法官心证形成后的保障和制约措施主要有：（1）判决理由制度，能够在一定程度上禁止法官突袭判决和枉法裁判。④（2）事后审查制度，将判决未附理由、判决

---

① 英美法系通过证据规则对证据能力加以规定以指导或者约束陪审员，所以英美法系证据制度重在证据能力的规定，而对证据的证明力较少限制。因此，事实裁判者心证的"自由"主要是就证明力而言的。英美法系的这一做法被沿用至今。
　　大陆法系的法官自由裁量的内容包括证据能力和证明力。在大陆法系，认定案件事实是作为法律专家的法官的职责，没有必要如英美法系般为适应陪审员制度而制定大量的有关证据能力的规则，所以法官心证的"自由"是就证据能力和证明力的判断而言的。
② 《民诉解释》直接使用"确信"。其第108条第1款规定：对负有举证证明责任的当事人提供的证据，法院经审查并结合相关事实，确信待证事实的存在具有高度可能性的，应当认定该事实存在。第109条规定：当事人对欺诈、胁迫、恶意串通事实的证明，以及对口头遗嘱或者赠与事实的证明，人民法院确信该待证事实存在的可能性能够排除合理怀疑的，应当认定该事实存在。
③ 主张非专职人员加入判断主体的陪审制和参审制，也有保障合理判断的意图。
④ 通过判决理由的明示和上诉审理中产生出来的指导性判决，同时通过法律学者基于体系性的理论思维对这些判决理由及判决本身的批评和研究，类似案件处理的结果积累起来而逐渐类型化并形成司法的惯行或者传统。这种既随诉讼实践中面临的新情况不断发展变化，又保持一定的稳定性、连续性的司法惯行或者传统，使对法官心证的事后制约获得了一般意义。

理由相互矛盾，违反心证形成过程中应当遵循的原则、制度、规则等，作为上诉理由或者再审事由。

二、法官认定证据和采信事实

（一）法官认定证据

本案审判法官按照法定程序，根据诉讼原则和证据规则，运用逻辑推理和经验法则，全面地、客观地审核证据能力的有无和证明力的大小，并公开认定或者采纳的理由和结果。

法官对单一证据可以从下列方面进行审核认定：是否为原件、原物，复制件、复制品与原件、原物是否相符；与本案事实是否相关；形式、来源是否符合法律规定；内容是否真实；证人或者提供证据的人与当事人有无利害关系。

当事人在诉讼过程中认可的证据，法院应当予以确认，但法律、司法解释另有规定的除外。当事人对认可的证据反悔的，参照《民诉解释》第 229 条处理。

对于当事人的陈述、存有疑点的视听资料和电子数据等适用补强证据规则，不能单独作为认定案件事实的根据［参见本书第十三章第二节二（三）］。

法官对案件的全部证据，应当从各证据与案件事实的关联程度、各证据之间的联系等方面进行综合审查判断。

法院应当在裁判文书中释明证据是否采纳的理由。对当事人无争议的证据，可以不在裁判文书中表述是否采纳的理由。

（二）法官采信事实

"法官采信事实"实际上是指法官确信要件事实或者直接事实是真实的，采纳为本案判决的根据。根据证据裁判原则，应当运用具有证据能力的证据来证明案件事实是否真实，证据是促使法官心证形成或者促成法官内心确信直接事实真实性的主要原因，故此将证据称为"证据原因"。

在当事人质证的基础上，法官审核和认定证据方法、证据资料是否具有证据能力和证明力之大小。在法庭辩论中，法官运用经过质证之后具有证据能力的证据，对直接事实的真实性形成心证。

经过证明过程（质证和辩论）之后，直接事实的证明结果有三种：真实（符合证明标准）、虚假（低于证明标准）和真伪不明或半真半假（低于证明标准）。由此，产生两种证明（法律）效果：本案法官采信直接事实（对应于证明结果是真实的）、不采信直接事实（对应于证明结果是虚假和真伪不明的）。

若民事权益产生的直接事实真实而被法官采信，并且被告抗辩事实不真实或者真伪不明而不被采信，则通常法院判决原告胜诉。特殊情形（比如原告放弃诉讼请求）下，法院判决原告败诉。

若民事权益产生的直接事实不真实或真伪不明而不被采信或者民事权益产生的

直接事实是真实的，但是被告抗辩事实也是真实的，并且原告没有再抗辩或抗辩失败，则通常法院判决原告败诉。特殊情形（如被告承认诉讼请求）下，法院判决原告胜诉。

作为法院判决根据的要件事实或者直接事实是否真实，最终是由本案审判法官按照法定程序、根据诉讼原则和证据规则、运用逻辑推理和经验法则，作出内心判断。判决是综合本案全部情形作出的，直接事实证明的结果是本案判决的重要根据但不是全部根据，判决还应综合考虑本案其他情形（比如认诺、舍弃等）。

三、适合于裁判时

"适合于裁判时"是指审理到了可作本案判决的状态。法院在认为到达适合于裁判时，就可以宣告终结口头辩论。不过，在宣告口头辩论终结后，法院认为辩论或者证据调查不充分或者存在其他必要的，只要还未宣告本案判决，就可以依职权命令再展开辩论。

与适合于裁判时紧密相关，证明度和解明度实为同一问题正反两个方面的概念。"证明度"是指案件事实得到了"证明"的程度，即达到证明标准。"解明度"是指证据调查的结果被新证据推翻的可能性小，即审理结果具有确实性，亦即已经调查了大多数证据。从原告的角度来说，同时达到解明度和证明度，即对证据的提供或者证据调查的结果达到解明度，对案件事实的证明达到证明度，则意味着履行了证明责任，亦即在审理结果方面，已经处于充分收集到本案判决所需信息的状态。

对于"（是否）适合于裁判时"，至少应同时从两个方面来判断：（1）在审理结果方面，已经处于充分收集到本案判决所需信息的状态（信息量的问题）；（2）通过法院妥当释明，诉讼已经处于充分赋予当事人提出攻击、防御方法的机会的状态（程序保障的问题）。对这两个方面，法官可以自由裁量。

在有些场合，当事人虽然已被赋予充分提出攻击、防御方法的机会，但是，由于当事人无正当理由而不积极提出攻击、防御方法，致使无法充分收集到终局判决所需的信息，法院也可基于资料的不充分（比如案件事实处于未被证明或者真伪不明的状态）来作出不利于一方当事人的判决。

是否属于"适合于裁判时"是法院决定是否再展开辩论的判断基准。对此，借用日本的一个案例来阐释。

【案例15-1】被告通过原告之妻（无权代理人）购买了一块土地，对此，原告（该土地的所有人）提起请求转移所有权登记及撤销设定抵押权登记的诉讼。在控诉审（二审）口头辩论即将终结前，原告死亡，原告之妻（无权代理人）全括性地承继了原告的地位。但是，由于原告有诉讼代理人，所以在诉讼未发生中断的情况下辩论终结。后来被告知道原告死亡了，请求再展开辩论，但法院并未决定再展开辩论并判决被告败诉。

对此，日本最高裁判所的判决认为，被告请求再展开辩论的理由［原告死亡，其妻（无权代理人）承继其地位，从而成为无权代理人本人所为的法律行为］属于影响判决结果的重要攻击、防御方法，若未赋予被告提出机会就判决被告败诉，则违反了民事诉讼程序正义的要求。日本最高裁判所的这一判决既表明是否应当再展开辩论属于法院依职权判断的事项，又表明这种判断应当受到程序保障原理的制约。[①]

---

① 参见［日］新堂幸司：《新民事诉讼法》，361 页，北京，法律出版社，2008。

第五编　及时救济·诉讼费用·强制措施

21 世纪法学研究生参考书系列

第 十 六 章

保全·先予执行·司法救助

我国现行及时救济程序主要包括保全、先予执行和司法救助等。及时救济是在紧迫情况下为权利人或者申请人提供快速救济，为此对救济理由采用自由证明程序和说明标准。本案判决系终局救济，但是保全和先予执行属于临时救济。

第一节　财产保全和行为保全

一、保全的含义和适用条件

（一）保全的含义

在民事法领域，广义保全包括一般保全（民事诉讼程序中的保全）和特别保全（其他程序中的保全）[1]，旨在保全债务人财产以保障债权人的债权。

民事诉讼程序中的保全包括财产保全和行为保全（关于证据保全一般在证据制度部分阐述），主要适用于民事争讼程序，民事非讼程序（比如督促程序和公示催告程序[2]）中也有适用的必要。保全程序包括裁定程序和执行程序两部分。

申请人同时申请行为保全、财产保全或者证据保全的，法院应当依法分别审查不同类型保全申请是否符合条件，并作出裁定；为避免被申请人（被保全人）实施转移财产、毁灭证据等行为，致使保全目的无法实现，法院可以根据案件具体情况裁定不同类型保全措施的执行顺序（《知产行为保全》第19条）。

保全具有"必要性"或"紧急性"。比如，根据《著作权法》第56条和《专利法》第72条的规定，他人正在实施或者即将实施侵犯其权利、妨碍其实现权利的

---

① 比如，法院受理破产案件后至破产宣告前，法院可禁止债务人处分其财产，以维护债权人的利益。
② 比如，法院受理公示催告申请的，应当同时通知支付人停止支付，此属诉讼保全的范畴。

行为，如不及时制止则会使其合法权益受到难以弥补的损害的①，权利人或者利害关系人可以申请保全。因此，保全的效率是首要的，从而对保全理由采用自由证明和说明标准，并应及时采取保全措施。这也符合"比例原则"的要求。

【案例 16-1】 2020 年 8 月 27 日，申请人华为技术公司向我国最高人民法院知识产权法庭提出申请：请求被申请人康文森无线许可有限公司，在最高人民法院知识产权法庭就［（2019）最高法知民终 732、733、734 号］上诉人康文森无线许可有限公司与被上诉人华为技术有限公司、华为终端有限公司、华为软件技术有限公司确认不侵害专利权及标准必要专利许可纠纷三案作出终审判决前，不得申请执行德国杜塞尔多夫地区法院于 2020 年 8 月 27 日作出的要求华为停止侵权的一审判决。

申请的主要理由是：一旦康文森无线许可有限公司临时申请执行上述未生效禁令判决，华为技术公司及其关联公司将面临要么退出他国市场要么被迫接受高达本三案原审判决确定的标准必要专利许可使用费数十倍的要价，进而造成不可弥补的损失。

2020 年 8 月 28 日，最高人民法院知识产权法庭作出了行为保全裁定，同意申请人的申请，即康文森无线许可有限公司不得申请执行德国杜塞尔多夫地区法院于 2020 年 8 月 27 日作出的要求华为停止侵权的一审判决②；违反裁定，则处以每日罚款人民币 100 万元，按日累计。③ 该裁定于 2020 年 9 月 11 日经复议后得到维持并立即生效执行。

---

① 《知产行为保全》第 6 条规定，下列情况属于《民事诉讼法》第 103、104 条规定的"情况紧急"：申请人的商业秘密即将被非法披露；申请人的发表权、隐私权等人身权利即将受到侵害；诉争的知识产权即将被非法处分；申请人的知识产权在展销会等时效性较强的场合正在或者即将受到侵害；时效性较强的热播节目正在或者即将受到侵害等。
《票据纠纷》第 7 条规定了票据纠纷案件中法院对票据采取保全措施的具体情形。《关于审理信用证纠纷案件若干问题的规定》第 8~13 条规定了诉前中止支付信用证下款项。《婚姻家庭》第 60 条规定，在离婚诉讼期间，双方均拒绝抚养子女的，可以先行裁定暂由一方抚养。
② 对于禁止申请执行域外法院裁决的行为保全申请，人民法院应当综合考虑以下因素作出判断：被申请人申请执行域外法院判决对中国诉讼的审理和执行是否会产生实质影响；采取行为保全措施是否确属必要；不采取行为保全措施对申请人造成的损害是否超过采取行为保全措施对被申请人造成的损害；采取行为保全措施是否损害公共利益；采取行为保全措施是否符合国际礼让原则；其他应予考虑的因素。关于被申请人申请执行域外法院判决对中国诉讼的审理和执行是否会产生实质影响，可以考虑中外诉讼的当事人是否基本相同、审理对象是否存在重叠、被申请人的域外诉讼行为效果是否对中国诉讼造成干扰等。关于采取行为保全措施是否确属必要，应着重审查不采取行为保全措施是否会使申请人的合法权益受到难以弥补的损害或者造成案件裁决难以执行等损害；该损害既包括有形的物质损害，又包括商业机会、市场利益等无形损害；既包括经济利益损害，又包括诉讼利益损害；既包括在华利益损害，又包括域外利益损害。关于国际礼让原则，可以考虑案件受理时间先后、案件管辖适当与否、对域外法院审理和裁判的影响适度与否等。参见《最高人民法院知识产权法庭裁判要旨（2020）》，载 http://www.court.gov.cn/zixun-xiangqing-288131.html。
③ 禁止被申请人为一定行为的行为保全措施具有特殊性，如果被申请人拒不遵守行为保全裁定所确定的不作为义务，违法实施了改变原有状态的行为，则其故意违法行为构成对行为保全裁定的持续性违反和对原有状态的持续性改变，应视为其每日均实施了违法行为，可以视情处以每日罚款并按日累计。参见《最高人民法院知识产权法庭裁判要旨（2020）》。

最高人民法院知识产权法庭指出，此案系中国法院知识产权领域首个具有"禁诉令"性质的行为保全裁定，明晰了以我国民事诉讼法行为保全条款为依据的中国禁诉令制度的法律适用路径。① 禁诉令是指在管辖权冲突的情况下，由一国法院发布的禁止当事人在他国法院提起或者继续诉讼的命令。广义禁诉令主要包括禁诉令、反禁诉令、禁执令。本案行为保全裁定属于禁执令。

保全具有"临时性"，即保全的直接目的是暂时保全有关财产或者行为（有别于本案判决的终局救济）。按照比例原理，诉讼保全措施主要是"控制性"执行措施（查封、扣押等），但必要时（比如诉讼标的物易腐烂等）可以采用处分性执行措施（拍卖、变卖、分配、交付等）。

保全通常具有"附属性"，因为保全的目的通常是保障本案判决或者仲裁裁决能够顺利执行，以保护申请人的权利，所以诉讼保全依赖本案诉讼或者仲裁裁决，本案判决或者仲裁裁决可以变更或者撤销保全裁定及其措施。

保全主要是保障将来本案判决能够得到顺利执行，以保护申请人的权利。不过，法院命令侵害专利权的人停止制造销售专利品、命令公司不得执行违法的股东会或者董事会的决议、禁止公司董事执行业务、禁止环境污染、命令禁止竞业等行为保全②，其执行结果与本案判决的执行结果相同，被称为行为保全的"本案化"。

《民法典》第997条规定的"人格权侵害禁令"，《反家庭暴力法》第23～32条和《未成年人保护法》第108条规定的"人身安全保护令"等，是由法院作出的，包含实体和程序两方面的内容，属于及时救济制度，具有紧急性或者必要性，实体法没有规定具体程序的，可以参照保全程序的相关规定；但是，与诉讼法中的保全不同，不具有临时性和附属性③，比如《人身安全保护》第1条第2款规定："向人民法院申请人身安全保护令，不以提起离婚等民事诉讼为条件。"

保全程序的前期偏向于申请人，比如在法院作出保全裁定之前没有给予被申请

---

① 参见 http：//www. court. gov. cn/zixun-xiangqing-281291. html.
② 《关于涉网络知识产权侵权纠纷几个法律适用问题的批复》（法释〔2020〕9号）第1条规定："知识产权权利人主张其权利受到侵害并提出保全申请，要求网络服务提供者、电子商务平台经营者迅速采取删除、屏蔽、断开链接等下架措施的，人民法院应当依法审查并作出裁定。"
③ 不过，《知产行为保全》第2条第1款规定："知识产权纠纷的当事人在判决、裁定或者仲裁裁决生效前，依据民事诉讼法第一百条（现为第一百零三条——引者注）、第一百零一条（现为第一百零四条——引者注）规定申请行为保全的，人民法院应当受理。"
　　《关于审理独立保函纠纷案件若干问题的规定》（法释〔2016〕24号）（2020年修改）第13条规定："独立保函的申请人、开立人或指示人发现有本规定第十二条情形的，可以在提起诉讼或申请仲裁前，向开立人住所地或其他对独立保函欺诈纠纷案件具有管辖权的人民法院申请中止支付独立保函项下的款项，也可以在诉讼或仲裁过程中提出申请。"
　　《关于生态环境侵权案件适用禁止令保全措施的若干规定》（法释〔2021〕22号）第11条第1款规定："申请人在人民法院作出诉前禁止令后三十日内不依法提起诉讼的，人民法院应当在三十日届满后五日内裁定解除禁止令。"

人程序参与的机会，主要根据申请人一方提供的事实、证据作出保全裁定。这样的程序构造虽有违诉讼参与原则，但旨在实现诉讼保全的目的。不过，保全程序的后期（裁定作出后）偏向于被申请人（比如设置了后续的复议程序），并且有关申请人提供担保、保全的解除或者撤销、被申请人获得损害赔偿等的规定，均旨在平衡申请人与被申请人之间的权益。

（二）保全的适用条件

诉讼前保全和仲裁前保全是指在提起诉讼前或者申请仲裁前，法院根据利害关系人的申请，对被申请人的有关财产或者其行为采取保全措施。其适用条件主要有：

（1）有采取保全的必要性或紧急性（也即申请保全的具体原因）。客观上存在着需要立即采取保全措施的紧急情况，如果等到法院受理案件后才采取保全措施，将会使申请人的合法权益受到难以弥补的损害，或者导致将来判决不能执行或者难以执行。

（2）由利害关系人提出申请。根据"不告不理原则"，起诉之前，利害关系人申请的，法院才可采取保全。笔者认为，民事公益诉讼的原告也应有权在起诉前申请财产保全。

（3）申请人提供相应的担保。与诉讼保全相比，诉讼前和仲裁前保全有更多不确定因素，从而使被申请人可能受到损害，所以申请人应当提供相应的担保：一者为被申请人可能遭受损失而获得赔偿提供担保，二者可以制约申请人滥用诉讼前和仲裁前保全申请权。

诉讼保全是自起诉至本案判决执行前，法院对诉讼标的物或者当事人（被申请人，通常是被告）的相关财产或者当事人的行为采取保全措施。其适用条件主要有：（1）自起诉至本案判决执行前①，提出保全申请。（2）有采取保全的可能性，即实体请求应有给付内容。（3）有采取保全的必要性或紧急性。被申请人的行为（如转移、隐匿、出卖、毁损诉讼标的物、用以偿还债务的财产，加害行为等）或者其他原因（如本案争议的财产将要腐烂变质、物价下跌等）致使将来判决不能执行或难以执行或者造成当事人其他损害。

二、保全的裁定程序

（一）提出申请·管辖法院·预交申请费·提供担保

1. 提出申请·管辖法院·预交申请费

诉讼前和仲裁前保全只能由利害关系人申请。诉讼保全首先或者主要由当事人

---

① 这是将"（本案判决确定或者生效后至）执行前保全"从诉讼保全中单列出来。《民诉解释》第163条规定：法律文书生效后、进入执行程序前，债权人因对方当事人转移财产等紧急情况，不申请保全将可能导致生效法律文书不能执行或者难以执行的，可以向执行法院申请采取保全措施；债权人在法律文书指定的履行期间届满后5日内不申请执行的，法院应当解除保全。

申请；必要时（笔者认为，"必要时"是指有维护公益需要时，即在公益诉讼案件中或者涉及公益事项），法院可依职权采取保全措施。① 申请保全须遵守"一事不二申请"，不过若先前保全不能达到保全目的，就不足部分可以申请保全。

当事人、利害关系人申请财产保全，应当向法院提交申请书，并提供相关证据材料。《财产保全》第1条和《知产行为保全》第4条规定了申请书的内容。

法律文书生效后，进入执行程序前，债权人申请财产保全的，应当写明生效法律文书的制作机关、文号和主要内容，并附生效法律文书副本。

仲裁过程中，当事人申请财产保全的，应当通过仲裁机构向法院提交申请书及仲裁案件受理通知书等相关材料。

对于当事人不服一审判决而提起上诉的案件，在二审法院接到报送的案件之前，当事人有转移、隐匿、出卖或者毁损财产等行为，应当采取保全措施的，由一审法院依当事人申请或者依职权采取保全措施。一审法院的保全裁定，应当及时报送二审法院。

在再审审查期间，债务人申请保全生效法律文书确定给付的财产的，法院不予受理。在再审审理期间，原生效法律文书中止执行，当事人申请财产保全的，法院应当受理。

申请人应当按照《费用办法》在提出申请时或者在法院指定的期限内预交申请费。无正当理由不予交纳的，按照撤回申请处理。申请人可将申请费列入诉讼请求或者仲裁请求。申请人撤回保全申请的，申请人负担申请费，但应减半收取。

诉讼前和仲裁前保全的管辖法院是被保全财产所在地、被申请人住所地或者对案件有管辖权的法院。由其立案机构进行审查并作出裁定；裁定保全的，则移交执行机关执行。

诉讼保全的管辖法院是本案受诉法院。由其审判部门审查并作出裁定；裁定保全的，移交执行机关执行。

申请诉讼前和仲裁前保全产生诉讼时效中断的法律后果〔参见《关于审理民事案件适用诉讼时效制度若干问题的规定》（法释〔2008〕11号）（2020年修改）第11条〕。

2. 提供担保

法院在裁定诉讼前和仲裁前保全、诉讼保全之前，责令利害关系人或者当事人

---

① 依据《立审执协调》，立案部门在收取起诉材料时，应当发放诉讼风险提示书，告知当事人诉讼风险，就申请财产保全作必要的说明，告知当事人申请财产保全的具体流程、担保方式及风险承担等信息，引导当事人及时向法院申请保全（第1条）。
下列财产保全案件一般由立案部门编立"财保"字案号进行审查并作出裁定：（1）利害关系人在提起诉讼或者申请仲裁前申请财产保全的案件；（2）当事人在仲裁过程中通过仲裁机构向法院提交申请的财产保全案件；（3）当事人在法律文书生效后进入执行程序前申请财产保全的案件。当事人在诉讼中申请财产保全的案件，一般由负责审理案件的审判部门沿用诉讼案号进行审查并作出裁定。当事人在上诉后二审法院立案受理前申请财产保全的案件，由一审法院审判部门审查并作出裁定（第16条）。

提供担保的，应当书面通知，无正当理由不提供担保的，则裁定驳回申请。对于申请保全人或者他人提供的担保财产，法院应当依法办理查封、扣押、冻结等手续。

利害关系人申请诉前财产保全的，应当提供相当于请求保全数额的担保；情况特殊的，法院可以酌情处理。申请诉前行为保全的，担保的数额由法院根据案件的具体情况决定。诉讼中，法院依申请或者依职权采取保全措施的，担保数额不超过请求保全数额的30%；申请保全的财产系争议标的的，担保数额不超过争议标的价值的30%。

《知产行为保全》第11条第1、2款规定：申请人申请行为保全的，应当依法提供担保。申请人提供的担保数额，应当相当于被申请人可能因执行行为保全措施所遭受的损失，包括责令停止侵权行为所涉产品的销售收益、保管费用等合理损失。

在保全期间，申请人提供的担保不足以赔偿可能给被保全人造成的损失的，法院可以责令其追加相应的担保；拒不追加的，可以裁定解除或者部分解除保全。

申请保全人或者第三人为财产保全提供财产担保的，应当向法院出具担保书。担保书应当载明担保人、担保方式、担保范围、担保财产及其价值、担保责任承担等内容，并附相关证据材料。

第三人为财产保全提供保证担保的，应当向法院提交保证书。保证书应当载明保证人、保证方式、保证范围、保证责任承担等内容，并附相关证据材料。

对财产保全担保，法院经审查，认为违反《民法典》《公司法》等有关法律的禁止性规定的，应当责令申请保全人在指定期限内提供其他担保；逾期未提供的，裁定驳回申请。

保险人以其与申请保全人签订财产保全责任险合同的方式为财产保全提供担保的，应当向法院出具担保书。担保书应当载明，因申请财产保全错误，由保险人赔偿被保全人因保全所遭受的损失等内容，并附相关证据材料。

金融监管部门批准设立的金融机构以独立保函形式为财产保全提供担保的，法院应当依法准许。

当事人在诉讼中申请财产保全，有下列情形之一的，法院可以不要求提供担保：（1）追索赡养费、扶养费、抚养费、抚恤金、医疗费用、劳动报酬、工伤赔偿、交通事故人身损害赔偿的；（2）婚姻家庭纠纷案件中遭遇家庭暴力且经济困难的；（3）检察院提起的公益诉讼涉及损害赔偿的；（4）因见义勇为遭受侵害请求损害赔偿的；（5）案件事实清楚、权利义务关系明确，发生保全错误可能性较小的；（6）申请保全人为商业银行、保险公司等由金融监管部门批准设立的具有独立偿付债务能力的金融机构及其分支机构的。

法律文书生效后进入执行程序前，债权人申请财产保全的，法院可以不要求提供担保。

（二）法院审查·裁定·复议·申请续保

财产保全案件的下列事项，由作出财产保全裁定的部门负责审查（《立审执协调》第18条）：驳回保全申请；准予撤回申请、按撤回申请处理；变更保全担保；续行保全、解除保全；准许被保全人根据《财产保全》第20条第1款的规定申请自行处分被保全财产；首先采取查封、扣押、冻结措施的保全法院将被保全财产移送给在先轮候查封、扣押、冻结的执行法院；当事人或者利害关系人对财产保全裁定不服，申请复议；对保全内容或者措施需要处理的其他事项。

采取保全措施后，案件进入下一程序的，由有关程序对应的受理部门负责审查前述事项。判决生效后申请执行前进行续行保全的，由作出该判决的审判部门作出续行保全裁定。

法院接受财产保全申请后，应当在5日内作出裁定；需要提供担保的，应当在提供担保后5日内作出裁定；裁定采取保全措施的，应当在5日内开始执行。对情况紧急的，必须在48小时内作出裁定；裁定采取保全措施的，应当立即开始执行。

作出裁定之前，通常不经申请人与被申请人之间的言词辩论。至于应否询问被申请人或者应否听取被申请人的意见，现行规定有所不同。[1] 笔者认为，对申请保全的具体原因，采用自由证明[2]，并适用说明标准；即使没有询问被申请人或者没有听取被申请人的意见，在裁定作出后，被申请人对裁定可以提出异议和申请复议以获得救济。

当事人、利害关系人申请财产保全，应当向法院提供明确的被保全财产信息。当事人在诉讼中申请财产保全，确因客观原因不能提供明确的被保全财产信息，但提供了具体财产线索的，法院可以依法裁定采取财产保全措施。在该裁定执行过程中，申请保全人可以向已经建立网络执行查控系统的执行法院书面申请通过该系统查询被保全人的财产。

法院审查知识产权行为保全申请，应当综合考量下列因素：（1）申请人的请求

---

[1] 《知产行为保全》第5条第1款规定：法院裁定采取行为保全措施前，应当询问申请人和被申请人，但因情况紧急或者询问可能影响保全措施执行等情形除外。

《关于生态环境侵权案件适用禁止令保全措施的若干规定》（法释〔2021〕22号）第6条规定：人民法院审查申请人禁止令申请，应当听取被申请人的意见。必要时，可进行现场勘查。情况紧急无法询问或者现场勘查的，人民法院应当在裁定准予申请人禁止令申请后48小时内听取被申请人的意见。被申请人意见成立的，法院应当裁定解除禁止令。

《人身安全保护》第7条规定：人民法院可以通过在线诉讼平台、电话、短信、即时通讯工具、电子邮件等简便方式询问被申请人。被申请人未发表意见的，不影响人民法院依法作出人身安全保护令。

[2] 法院根据申请人提供的事实和证据，经过审查后认为，符合财产保全适用条件的，则裁定财产保全，否则裁定驳回申请。

笔者认为，法院认为申请人显无胜诉可能的，或者采取保全措施将对被申请人造成难以弥补的损害的，或者采取保全措施对被申请人造成的损失将大于不采取保全措施对申请人造成的损失的，可以自由裁量是否作出保全裁定。

是否具有事实基础和法律依据，包括请求保护的知识产权效力是否稳定①；（2）不采取行为保全措施是否会使申请人的合法权益受到难以弥补的损害或者造成案件裁决难以执行等损害；（3）不采取行为保全措施对申请人造成的损害是否超过采取行为保全措施对被申请人造成的损害；（4）采取行为保全措施是否损害社会公共利益；（5）其他应当考量的因素。

法院裁定采取保全措施或者裁定驳回申请的，应当及时将裁定书送达当事人（《知产行为保全》第 5 条规定至迟不得超过 5 日），并通知仲裁机构。裁定书应当写明采取保全措施所依据的事实和法律根据；申请人提供担保的种类、金额或者免予担保的事实和法律根据。法院决定不采取保全措施的，应当作出书面裁定，并应写明有关事实和法律根据。

当事人向采取诉讼前和仲裁前保全措施以外的其他有管辖权的法院起诉的，采取诉讼前和仲裁前保全措施的法院应当将保全手续移送受理案件的法院。诉讼前和仲裁前保全的裁定视为受移送法院作出的裁定。

财产保全裁定一作出，就发生法律效力，法院应当立即执行。保全裁定的效力应当维持到确定判决执行时②，除非该裁定被依法解除或者撤销。本案判决变更保全裁定内容的，该裁定在变更范围内失效。申请人胜诉判决已经履行或者强制执行的，保全裁定自动失效。

申请保全人申请续行保全措施的，应当在保全期限届满 7 日前向法院提出；逾期申请或者不申请的，自行承担不能续行保全的法律后果。对此，法院应当向申请人明确释明。

申请人、被申请人对保全裁定或者驳回申请裁定不服的，可以自收到裁定书之日起 5 日内向作出裁定的法院申请复议。法院应当在收到复议申请后 10 日内审查并作出裁定。

---

① 《知产行为保全》第 8 条规定，人民法院审查判断申请人请求保护的知识产权效力是否稳定，应当综合考量下列因素：（1）所涉权利的类型或者属性；（2）所涉权利是否经过实质审查；（3）所涉权利是否处于宣告无效或者撤销程序中以及被宣告无效或者撤销的可能性；（4）所涉权利是否存在权属争议；（5）其他可能导致所涉权利效力不稳定的因素。
《知产行为保全》区分知识产权的不同类型，妥善采取行为保全措施。由于著作权、专利权、商标权等不同权益产生的基础和条件不同，在判断是否采取保全措施时应当有不同的要求。例如，对于涉及著作权、商标权的行为保全案件，事实清楚、证据充分的，应及时采取有效措施制止侵权，降低权利人的维权成本；对于侵害专利权等案件需要进行较为复杂的技术比对才能作出判定的，应慎重采取行为保全措施，以维护企业的正常经营。
《知产行为保全》第 6 条关于"情况紧急"的认定、第 8 条关于"知识产权效力稳定"的审查判断、第 10 条关于"难以弥补的损害"的认定，均考虑了知识产权的类型或者属性；第 9 条更是对依据不经过实质审查的实用新型专利、外观设计专利权申请行为保全提出了更为严格的要求。
② 《知产行为保全》第 13 条第 1、2 款规定：人民法院裁定采取行为保全措施的，应当根据申请人的请求或者案件具体情况等因素合理确定保全措施的期限。裁定停止侵害知识产权行为的效力，一般应当维持至案件裁判生效时止。

三、保全裁定的执行程序

依据《立审执协调》，立案、审判部门作出的财产保全裁定，应当及时送交立案部门编立"执保"字案号的执行案件，立案后送交执行（第17条第1款）。实施保全的部门负责执行财产保全案件的下列事项（第19条）：（1）实施、续行、解除查封、扣押、冻结措施；（2）监督被保全人根据《财产保全》第20条第1款的规定自行处分被保全财产，并控制相应价款；（3）其他需要实施的保全措施。

（一）保全范围

保全范围被限定在诉讼请求范围之内①或者与本案有关的财产（如申请人与被申请人之间争议的财产或者被申请人将用以还债的财产等）。

法院对抵押物、质押物、留置物可以采取财产保全措施，但不影响抵押权人、质权人、留置权人的优先受偿权。

财产保全的被保全人提供其他等值担保财产且有利于执行的，法院可以裁定变更保全标的物为被保全人提供的担保财产。

法院对债务人到期应得的收益，可以采取财产保全措施，即限制其支取，通知有关单位协助执行。

债务人的财产不能满足保全请求，但对第三人有到期债权的，法院可以依债权人的申请裁定该第三人不得对本案债务人清偿。该第三人要求偿付的，由法院提存财物或者价款。

法院保全与会员资格相应的会员资格费或者交易席位，应当依法裁定不得转让该会员资格，但不得停止该会员交易席位的使用（《期货纠纷》第58条第一句）。

（二）保全执行措施

采取保全措施，属于强制执行的范畴。法院采取财产保全的方法和措施，依照执行程序相关规定办理。针对同一财产有多个裁定书和协助执行通知书的，应当按照送达的时间先后办理登记手续。

二审法院裁定对一审法院采取的保全措施予以续保或者采取新的保全措施的，可以自行实施，也可以委托一审法院实施。再审法院裁定对原保全措施予以续保或者采取新的保全措施的，可以自行实施，也可以委托原审法院或者执行法院实施。

利害关系人申请诉前财产保全，在法院采取保全措施后30日内依法提起诉讼或者申请仲裁的，诉前财产保全措施自动转为诉讼或者仲裁中的保全措施。进入执行程序后，保全措施自动转为执行中的查封、扣押、冻结措施。自动转为诉讼、仲

---

① 认定是否超诉讼请求或者诉讼标的额查封，需要考虑主债权以及利息、违约金、赔偿金、实现债权的合理费用等，同时尚需考虑被查封财产上是否有其他影响债权实现的权利（如担保物权等）。参见四川省高级人民法院（2016）川民终367号民事判决书。

裁中的保全措施或者执行中的查封、扣押、冻结措施的，期限连续计算，法院无须重新制作裁定书。

财产保全措施主要有查封、扣押、冻结或者其他控制性执行措施（比如，法院对季节性商品或者鲜活、易腐烂变质或其他不宜长期保存的物品采取保全措施时，可以责令当事人及时处理，由法院保存价款；必要时，法院可予以变卖，保存价款）。①

被保全人有多项财产可供保全的，在能够实现保全目的的情况下，法院应当选择对其生产经营活动影响较小的财产进行保全。对银行账户内资金采取冻结措施的，法院应当明确具体的冻结数额。

法院对厂房、机器设备等生产经营性财产进行保全时，指定被保全人保管的，应当允许其继续使用。被保全财产系机动车、航空器等特殊动产的，除被保全人下落不明的以外，法院应当责令被保全人书面报告该动产的权属和占有、使用等情况，并予以核实。

可供保全的土地、房屋等不动产的整体价值明显高于保全裁定载明金额的，法院应当对该不动产的相应价值部分采取查封、扣押、冻结措施，但该不动产在使用上不可分或者分割会严重减损其价值的除外。

在财产保全期间，被保全人请求对被保全财产自行处分，法院经审查，认为不损害申请保全人和其他执行债权人合法权益的，可以准许，但应当监督被保全人按照合理价格在指定期限内处分，并控制相应价款。被保全人请求对作为争议标的的被保全财产自行处分的，应经申请保全人同意。法院准许被保全人自行处分被保全财产的，应当通知申请保全人；申请保全人不同意的，可以依照《民事诉讼法》第236条提出异议。

保全法院在首先采取查封、扣押、冻结措施后超过1年未对被保全财产进行处分的，除被保全财产系争议标的外，在先轮候查封、扣押、冻结的执行法院可以商请保全法院将被保全财产移送执行。但司法解释另有特别规定的，适用其规定。

保全法院与在先轮候查封、扣押、冻结的执行法院就移送被保全财产发生争议的，可以逐级报请共同的上级法院指定该财产的执行法院。共同的上级法院应当根据被保全财产的种类及所在地、各债权数额与被保全财产价值之间的关系等案件具体情况指定执行法院，并督促其在指定期限内处分被保全财产。

法院对注册商标权保全的期限一次不得超过1年，自商标局收到协助执行通知书之日起计算。如果仍然需要对该注册商标权继续采取保全措施的，法院应当在保全期限届满前向商标局重新发出协助执行通知书，要求继续保全，否则，视为自动解除对该注册商标权的财产保全。②

---

① 申请保全人提出查询申请的，执行法院可以利用网络执行查控系统，对裁定保全的财产或者保全数额范围内的财产进行查询，并采取相应的查封、扣押、冻结措施。

② 参见《关于人民法院对注册商标权进行财产保全的解释》（法释〔2001〕1号）（2020年修改）第2条。

法院对专利权保全的期限一次不得超过 6 个月，自国务院专利行政部门收到协助执行通知书之日起计算。如果仍然需要对该专利权继续采取保全措施的，法院应当在保全期限届满前向国务院专利行政部门另行送达继续保全的协助执行通知书。保全期限届满前未送达的，视为自动解除对该专利权的财产保全。①

行为保全的措施是法院命令作为和禁止作为（对不作为的保全中，禁止实施侵权行为的，称为"临时禁令"），比如：采取制止侵权损害继续扩大的措施；电子商务平台经营者采取商品下架、恢复商品链接、撤回通知或者停止发送通知等措施②；网络服务提供者、电子商务平台经营者迅速采取删除、屏蔽、断开链接等下架措施③；责令被申请人立即停止实施污染环境、破坏生态行为。④

（三）保全执行救济

财产保全裁定执行中，法院发现保全裁定的内容与被保全财产的实际情况不符的，应当予以撤销、变更或者补正。

申请保全人、被保全人、利害关系人认为保全裁定实施过程中的执行行为违反法律规定，提出书面异议的，法院应当依照《民事诉讼法》第 236 条审查处理。

保全财产不是诉讼争议标的物，案外人基于实体权益对保全裁定或者执行行为不服，提出异议的，法院应当依照《民事诉讼法》第 238 条审查处理并作出裁定。案外人、申请保全人对该裁定不服的，可以自裁定送达之日起 15 日内向法院提起执行异议之诉。

法院裁定案外人异议成立后，申请保全人在法律规定的期间内未提起执行异议之诉的，法院应当自起诉期限届满之日起 7 日内对该被保全财产解除保全。

四、解除保全和损害赔偿

（一）解除保全

在财产纠纷案件中，被保全人或者第三人提供充分有效担保请求解除保全的，法院应当裁定准许。⑤ 被保全人请求对作为争议标的的财产解除保全的，应经申请保全人同意。

---

① 参见《关于审理专利纠纷案件适用法律问题的若干规定》（法释〔2015〕4 号）（2020 年修改）第 9 条第 2 款。
② 参见《关于审理涉电子商务平台知识产权民事案件的指导意见》（法发〔2020〕32 号）第 9 条。
③ 参见《关于涉网络知识产权侵权纠纷几个法律适用问题的批复》（法释〔2020〕9 号）第 1 条。
④ 参见《关于生态环境侵权案件适用禁止令保全措施的若干规定》（法释〔2021〕22 号）。
⑤ 在裁定程序方面，行为保全与财产保全基本相同，但也有不同之处，比如对行为（及特定物）保全的裁定和措施，不因被申请人提出担保而解除，但申请人同意的除外。这是因为即使被申请人提出担保，也往往不能达到保全的目的，或者不能弥补被申请人不停止侵权行为（或者移转、毁灭特定物）对申请人造成的损害。对此，我国现行法没有规定。

法院采取财产保全措施后，有下列情形之一，申请保全人应当及时申请解除保全：（1）采取诉前财产保全措施后 30 日内不依法提起诉讼或者申请仲裁的[①]；（2）仲裁机构不予受理仲裁申请、准许撤回仲裁申请或者按撤回仲裁申请处理的；（3）仲裁申请或者请求被仲裁裁决驳回的；（4）其他法院对起诉不予受理、准许撤诉或者按撤诉处理的；（5）起诉或者诉讼请求被其他法院生效裁判驳回的；（6）其他应当解除保全情形。[②]

法院采取的行为保全措施，一般不因被申请人提供担保而解除，但是申请人同意的除外（《知产行为保全》第 12 条）。

有上述情形之一的，被保全人也可以申请解除保全。法院收到解除保全申请后，应当在 5 日内裁定解除保全；情况紧急的，必须在 48 小时内裁定解除保全。解除以登记方式实施的保全措施的，应当向登记机关发出协助执行通知书。

法院裁定采取保全措施后，除作出保全裁定的法院自行解除或者其上级法院决定解除外，在保全期间内，任何单位不得解除保全措施。

（二）损害赔偿

申请有错误的，申请人应当赔偿被申请人因保全所遭受的损失（《民事诉讼法》第 108 条）。因保全损失赔偿发生纠纷的，被申请人或者利害关系人可在本案诉讼程序中请求诉讼抵销或者提起损害赔偿之诉，也可在本案诉讼程序之外提起损害赔偿之诉，相关案由有"因申请财产保全损害责任纠纷""因申请行为保全损害责任纠纷"。

至于申请"有错误的"，笔者认为，通常情况下，应当是指主观过错，并且是故意或者重大过失。主要理由有：（1）为实现保全目的，保护保全申请权是主要方面，采用过错责任可以适当消除申请人申请保全的顾虑；（2）无过错侵权责任属于特殊责任，应由《民法典》明文规定才能适用，没有具体规定的则按过错责任处理。[③]

至于申请人是否有故意或者重大过失，通常采取客观标准（以普通人的合理认识水平或者注意义务为标准）[④]；例外情形下应考虑主观情况，比如对法律专业人士和非法律专业人士，确定两者过错时就应有相应不同。

至于存在过错的证明，实务中往往采用间接证明，比如根据申请保全的财产数

[①] 法院应当解除保全。笔者认为，还应包括申请督促程序、公示催告程序等。

[②] 比如，《企业破产法》第 19 条规定：人民法院受理破产申请后，有关债务人财产的保全措施应当解除。《财产保全》第 27 条第 2 款规定：人民法院裁定案外人异议成立后，申请保全人在法律规定的期间内未提起执行异议之诉，法院应当自起诉期限届满之日起 7 日内对该被保全财产解除保全。

[③] （2016）最高法民申 2100 号民事判决书主要采用过错责任。

[④] 最高人民法院认为，由于申请人的法律知识、对案件事实的证明能力、对法律关系的分析判断能力各不相同，通常达不到司法裁判所要求的专业水平，申请人对案件事实和权利义务的判断未必与法院的裁判结果相一致，所以对当事人申请保全所应尽到的注意义务的要求不应过于苛责。参见（2018）最高法民申 2027 号民事判决书。

额远远高于判决所确定的债权数额、申请保全的财产价值明显大于申请人的诉讼请求、申请人未及时申请法院解除保全等间接事实来证明申请人存在过错。

不过，《知产行为保全》第16条作出了特殊规定①，"申请有错误"者承担赔偿责任适用客观归责原则，不考虑申请人的主观过错。②

被申请人、利害关系人依据《民事诉讼法》第108条规定提起的赔偿诉讼，若申请人申请诉讼前和仲裁前保全后在法定期间内没有提起诉讼或者没有申请仲裁的，由采取保全措施的法院管辖；若申请人申请诉讼前和仲裁前保全后在法定期间内提起诉讼或者申请仲裁的，由受理起诉的法院或者采取保全措施的法院管辖。

依据《关于因申请诉中财产保全损害责任纠纷管辖问题的批复》（法释〔2017〕14号），诉讼中财产保全的被申请人、利害关系人依照《民事诉讼法》第108条规定提起的赔偿诉讼，由作出诉中财产保全裁定的法院管辖。

法院违法采取财产保全的，应当根据《国家赔偿法》，赔偿被申请人或者案外人因此受到的损失。审理保全、先予执行赔偿案件，可以参照适用《关于审理涉执行司法赔偿案件适用法律若干问题的解释》（法释〔2022〕3号）。

第二节　先予执行

一、先予执行的内涵·适用范围·适用条件

先予执行是指在受理案件后、终审判决作出前（或者判决确定前），限于当事人诉讼请求的范围，以一方当事人（也即申请人，通常是原告、上诉人或者再审原告）的生活或者生产经营的急需为限，法院依法裁定对方当事人给付财产或者实施

---

① 该条规定，有下列情形之一的，应当认定属于《民事诉讼法》第108条规定的"申请有错误"：（1）申请人在采取行为保全措施后30日内不依法提起诉讼或者申请仲裁；（2）行为保全措施因请求保护的知识产权被宣告无效等原因自始不当；（3）申请责令被申请人停止侵害知识产权或者不正当竞争，但生效裁判认定不构成侵权或者不正当竞争；（4）其他属于申请有错误的情形。
② 其主要理由如下：（1）国际公约对于知识产权执法中的临时措施也采取严格责任。《与贸易有关的知识产权协议》第50条规定：如果临时措施被撤销，或如果因申请人的任何行为或疏忽而失效，或如果事后发现始终不存在对知识产权的侵犯或侵权威胁，则根据被告请求，司法当局应有权责令申请人就有关的临时措施给被告造成的任何损害向被告提供适当赔偿。（2）从域外经验来看，临时禁令被认定错误通常亦不以主观过错为要件。如请求保护的专利权被宣告无效，请求保护的专利权存在权属纠纷并被认定不属于原告所有，请求保护的专利权有效但被告的行为并不构成侵权，不考虑过错。（3）行为保全与财产保全的性质有根本区别。行为保全实质上是生效裁判的提前强制执行，是申请人权利的提前救济，如果申请人的请求未得到生效裁判的支持，则意味着申请行为保全存在错误；而财产保全仅仅是履行生效裁判的保障。相对于财产保全，行为保全对被申请人的利益影响重大，故对行为保全申请有错误的认定应当采取客观归责原则。参见《最高人民法院知产庭负责人就审查知识产权纠纷行为保全案件适用法律相关问题答记者问》，载 http://www.court.gov.cn/zixun-xiangqing-135621.html。

行为，并应立即执行。

先予执行程序包括裁定程序和执行程序两部分。先予执行的目的是终审判决作出前或者判决确定前，提前实现申请人的权利，解决其生活上或者生产中的迫切需要。先予执行裁定的内容属于判决事项（对当事人之间的实体权益关系暂时处理），与本案判决具有同等执行力，但本案判决可以变更或者撤销先予执行裁定。

先予执行的适用范围包括：（1）追索赡养费、扶养费、抚养费、抚恤金、医疗费用的；（2）追索劳动报酬的；（3）因情况紧急需要先予执行的。①

先予执行的适用条件是：（1）当事人应当自案件受理至终审判决作出前提出先予执行申请；（2）当事人之间民事权益义务关系明确②；（3）具有适用先予执行的可能性和必要性③；（4）被申请人有履行义务的能力。④

二、先予执行的裁定程序

（一）当事人提出申请

当事人应当根据先予执行的适用范围和适用条件提出书面申请，申请书中应当写明具体的请求及其事实和证据。

（二）法院审查·责令提供担保·裁定·复议

法院接到当事人申请后，由相关审判部门审查并作出裁定。通常不要求申请人提供担保；必要时，法院可以责令申请人提供担保，申请人不提供担保的，驳回申请。

符合先予执行适用范围和适用条件的，裁定先予执行。裁定书应当写明先予执行所依据的事实和法律根据，申请人提供担保的种类、金额或者免予担保的事实和法律根据。

不符合先予执行适用范围或者适用条件的，裁定不予执行。不先予执行裁定书中应当写明有关事实和法律根据。

---

① 比如：需要立即停止侵害、排除妨碍的；需要立即制止某项行为的；追索恢复生产、经营急需的保险理赔费的；需要立即返还社会保险金、社会救助资金的；不立即返还款项，将严重影响权利人生活和生产经营的（《民诉解释》第 170 条）。

② 设立此项条件的理由是：先予执行以申请人胜诉为前提，在判决确定前实现申请人的权利。

③ 可能性是指申请人实体请求包含给付内容。必要性是指不先予执行将严重影响申请人的生活或者生产。

④ 【习题】施某从事个体运输业务，在行车过程中，因闯红灯将正常过马路的肖某撞伤住院治疗。在肖某住院期间，因施某拒不垫付医疗费，肖某起诉施某。关于肖某可向法院申请采取的措施，下列哪些说法正确？（　　）
    A. 申请对施某采取强制措施　　　B. 申请公开审理
    C. 申请先予执行　　　D. 申请财产保全
[2019 年国家统一法律职业资格考试试卷二（真题回忆版）；参考答案为 CD]

裁定书应当送达申请人和被申请人。先予执行裁定一作出，就发生法律效力，具有执行力。先予执行裁定的效力应当维持到确定判决执行时，除非该裁定被依法解除或者撤销。本案判决变更先予执行裁定内容的，在变更范围内该裁定失效。申请人胜诉的判决已被履行或者强制执行的，先予执行裁定自动失效。

当事人对先予执行裁定不服的，可以申请复议一次，由作出裁定的审判部门进行审查；复议期间，不停止执行裁定，申请复议的程序与保全裁定基本相同。

三、先予执行裁定的执行

先予执行裁定一作出，审判部门就应及时移交执行部门执行。先予执行应当限于当事人诉讼请求的范围，并以当事人生活或者生产急需的财产为限。对于被申请人的抵押物、留置物、被申请人到期应得的收益、被申请人对第三人的到期债权等，均可先予执行。

采取先予执行措施，属于强制执行的范畴。先予执行措施为处分性的，比如交付现金、划拨存款、提取收入、交付物、责令实施行为。诉讼中采取先予执行措施的，进入强制执行程序后，自动转为强制执行程序中的处分性措施。

当事人、案外人或者利害关系人对财产保全、先予执行的实施行为提出异议的，由执行机构根据异议事项的性质按照《民事诉讼法》第 236 条或第 238 条审查。当事人、案外人或者利害关系人的异议既指向财产保全、先予执行的裁定，又指向实施行为的，一并由作出裁定的机构分别按照《民事诉讼法》第 236、238 条审查。

四、先予执行的解除·赔偿·回转

有下列情形之一，法院应当及时裁定解除先予执行：（1）申请人撤回先予执行申请或者放弃实体权益的；（2）裁定或者执行的是案外人财产的（案外人有权提出异议）；（3）申请人败诉的；（4）法律和司法解释规定或者法院认为应当解除或者撤销的其他情形。

申请人应当赔偿被申请人或者案外人因先予执行所遭受的损失。[①] 若法院违法采取先予执行的，应当根据《国家赔偿法》，赔偿被申请人或者案外人因此受到的损失。

先予执行被解除或者有错误的，法院应当责令申请人返还因先予执行所取得的财产或者利益，拒不返还，则强制执行（此即执行回转）。

---

① 因此发生纠纷的，被申请人或者案外人可以在本案诉讼程序中请求诉讼抵销或者提起损害赔偿之诉，也可以在本案诉讼程序之外提起损害赔偿之诉，相关案由是"因申请先予执行损害责任纠纷"。

第三节 国家司法救助

一、司法救助的含义和原则

有关国家司法救助的专门规范性文件有《关于建立完善国家司法救助制度的意见（试行）》（中政委〔2014〕3号）和《关于加强和规范人民法院国家司法救助工作的意见》（法发〔2016〕16号）、《人民检察院国家司法救助工作细则（试行）》（2016年）等。《费用办法》将诉讼费用缓交、减交和免交称为"司法救助"，笔者称之为"诉讼费用救助"，以区别于《关于建立完善国家司法救助制度的意见（试行）》等所确立的"国家司法救助"。

国家司法救助是指国家向无法通过诉讼获得有效赔偿而生活面临急迫困难的当事人、证人（限于自然人）等及时支付救助金。开展国家司法救助是我国司法制度的内在要求，是改善民生、健全社会保障体系的重要组成部分。

现行国家司法救助为辅助性救助，对同一案件的同一救助申请人只进行一次性国家司法救助。对于能够通过诉讼获得赔偿、补偿的，一般应当通过诉讼途径解决。

国家司法救助应当遵行如下基本原则：（1）公正救助，即遵行救助标准和条件，兼顾申请人实际情况和同类案件救助数额，做到公平、公正、合理救助。（2）及时救助，即对符合救助条件的申请人，办案机关应根据申请人申请或者依据职权及时提供救助。

对于符合救助条件的救助申请人，无论其户籍所在地是否属于受案法院辖区范围，案件管辖法院均应负责救助。对于在管辖地有重大影响且救助金额较大的国家司法救助案件，上下级法院可以进行联动救助。

符合司法救助条件的当事人就人身伤害或者财产损失提起民事诉讼的，法院应当依法减免相关诉讼费用，司法行政部门应当依法及时提供法律援助。未被纳入国家司法救助范围或者实施国家司法救助后仍然面临生活困难的当事人，符合社会救助条件的，办案机关协调其户籍所在地有关部门，将其纳入社会救助范围。

二、司法救助的对象

民事案件或者民事诉讼当事人等为自然人的，遇有下列情形之一，有权获得司法救助：（1）军人、军人家属和烈士、因公牺牲军人、病故军人的遗属维护合法权益遇到困难的[①]；（2）追索赡养费、扶养费、抚养费等，因被执行人没有履行能

---

① 对此，《军人地位和权益保障法》第61条规定：法律援助机构应当依法优先提供法律援助，司法机关应当依法优先提供司法救助。

力，申请执行人陷入生活困难的；（3）因道路交通事故等民事侵权行为造成人身伤害，无法通过诉讼获得赔偿，受害人陷入生活困难的；（4）举报人、证人、鉴定人因举报、作证、鉴定受到打击报复，致使其人身受到伤害或者财产受到重大损失，无法通过诉讼获得赔偿，陷入生活困难的；（5）党委、政法委和政法各单位根据实际情况，认为需要救助的其他人员。

根据《未成年人保护法》第104条第1款的规定，对需要司法救助的未成年人，人民检察院、人民法院应当给予帮助，依法为其提供司法救助。

涉法、涉诉信访人，其诉求具有一定合理性，但通过法律途径难以解决，且生活困难，愿意接受国家司法救助后息诉、息访的，可参照执行。

救助申请人具有以下情形之一的，一般不予救助：（1）对案件发生有重大过错的；（2）无正当理由，拒绝配合查明案件事实的；（3）故意作虚伪陈述或者伪造证据，妨害诉讼的；（4）在审判、执行中主动放弃民事赔偿请求或者拒绝侵权责任人及其近亲属赔偿的；（5）生活困难非案件原因所导致的；（6）已经通过社会救助措施，得到合理补偿、救助的；（7）法人、非法人组织提出救助申请的；（8）不应给予救助的其他情形。

三、司法救助的方式和标准

国家司法救助以支付救助金为主要方式；同时，与思想疏导相结合，与法律援助、诉讼救济相配套，与其他社会救助相衔接。

各地应当根据当地经济社会发展水平制定具体救助标准，以案件管辖法院所在省、自治区、直辖市上一年度职工月平均工资为基准，一般不超过36个月的月平均工资总额；损失特别重大、生活特别困难，需适当突破救助限额的，救助金额不得超过法院依法应当判决给付或者虽已判决但未执行到位的标的数额。

确定救助金具体数额时，应当综合考虑救助申请人实际遭受的损失、本人有无过错以及过错程度、本人及其家庭经济状况、维持其住所地基本生活水平所必需的最低支出、赔偿义务人实际赔偿情况等因素。

四、司法救助程序

（1）告知——法院、检察院、公安机关、司法行政机关在办理案件、处理涉法、涉诉信访问题过程中，对于符合救助条件的当事人，应当告知其有权提出救助申请。

（2）申请——应由当事人向办案机关提出书面申请（确有困难的，可以口头申请），应当载明申请救助的数额和理由；申请人应当如实提供本人真实身份、实际损失、生活困难①、是否获得其他赔偿或者救助等相关证明材料，确实不能提供完整材料的，应说明理由。

（3）审批——办案机关在 10 个工作日内作出是否给予救助和具体救助金额的审批意见。决定不予救助的，及时将审批意见告知当事人，并作出解释说明。法院应当制作国家司法救助决定书，并应当及时送达。

（4）发放——对于批准同意的，财政部门应及时将救助资金拨付办案机关，办案机关在收到拨付款后 2 个工作日内，通知申请人领取救助资金。对于急需医疗救治等特殊情况，办案机关可以依据救助标准，先行垫付救助资金，救助后及时补办审批手续。

救助申请人获得救助后，法院从被执行人处执行到赔偿款或者其他应当给付的执行款的，应当将已发放的救助金从执行款中扣除。

救助申请人通过提供虚假材料等手段骗取救助金的，法院应当予以追回；构成犯罪的，应当依法追究刑事责任。

有关法院如何办理国家司法救助案件，最高人民法院颁行了《人民法院国家司法救助案件办理程序规定（试行）》《人民法院国家司法救助文书样式（试行）》《最高人民法院司法救助委员会工作规则（试行）》（法发〔2019〕2 号）。

---

① 救助申请人生活困难证明，主要是指救助申请人户籍所在地或者经常居住地村（居）民委员会或者所在单位出具的有关救助申请人的家庭人口、劳动能力、就业状况、家庭收入等情况的证明。
救助申请人所在单位或者基层组织等相关单位出具虚假证明，使不符合救助条件的救助申请人获得救助的，法院应当建议相关单位或者其上级主管机关依法依纪对相关责任人予以处理。

第 十 七 章

诉讼费用与其救助

诉讼费用如何交纳和负担，不仅体现出国家给予公民司法保护的水平，也决定了公民获得司法保护的程度。公的性质的诉讼费用救助和法律援助用来帮助贫困的当事人寻求司法保护，私的性质的诉讼费用保险可用来帮助中等收入者或者中产阶级获得司法保护，两者共同支撑着"司法为民"的法治原则和司法制度。

第一节　诉讼费用

一、诉讼费用总论

（一）诉讼费用的交纳范围

《民事诉讼法》第 121 条第 1、2 款规定：当事人进行民事诉讼，应当按照规定交纳案件受理费；财产案件除交纳案件受理费外，并按照规定交纳其他诉讼费用；当事人交纳诉讼费用确有困难的，可以按照规定向法院申请缓交、减交或者免交。

本章的诉讼费用是指当事人依据《民事诉讼法》《民诉解释》《费用办法》等的规定，按照规定的事项和标准，以人民币向国家交纳的案件受理费和申请费，以及诉讼中实际产生的其他费用。当事人交纳的诉讼费用包括：

（1）案件受理费，即争讼案件的受理费，包括一审、二审和再审案件受理费。[①] 下列案件不交纳受理费：选民资格案件；裁定不予受理、驳回起诉、驳回上诉的案件；对不予受理、驳回起诉和管辖权异议裁定不服，提起上诉的案件。

[①] 当事人不交纳再审案件受理费，但是下列情形除外：当事人有新的证据，足以推翻原判决、裁定；当事人对法院一审判决或者裁定未上诉，一审判决、裁定或者调解书生效后，申请再审而法院决定再审的案件。

（2）申请费，即非讼案件和其他事项的申请费，包括：非讼案件申请费[1]；破产申请费；强制执行申请费；诉讼保全申请费；撤销仲裁裁决申请费；认定仲裁协议效力申请费；承认和执行外国司法文书和非司法文书申请费等。

（3）诉讼中实际产生的其他费用。证人、鉴定人、翻译人员、理算人员在法院指定日期出庭发生的交通费、住宿费、生活费和误工补贴等，由法院按照国家规定标准代为收取。[2] 当事人复制案件卷宗材料和法律文书应当按实际成本向法院交纳工本费。

法院依照《民事诉讼法》第 11 条第 3 款，提供当地民族通用语言、文字翻译的，不收取费用。此举旨在保障我国各民族公民"使用母语进行诉讼的权利"。

（二）诉讼费用的性质和根据

对于案件受理费和申请费，有着不同的看法和做法，可分为有偿主义和无偿主义。其他实际产生的诉讼费用，多由败诉方偿付给胜诉方，所以具有补偿性，对此多无意见分歧。

司法有偿主义主张采取司法有偿原则，即当事人应当向国家交纳案件受理费和申请费。司法有偿主义又有如下学说。[3]

（1）税收说，认为：案件受理费和申请费具有税金的性质和功能，一方面可以增加国家财政收入，纳入国家财政预算；另一方面具有调节行为的功能，即可抑制滥用诉讼行为。在日本，案件受理费是诉讼税。

（2）国家规费说（我国采该说），认为：案件受理费和申请费具有国家规费的性质和功能，即当事人诉讼如同当事人请求其他国家机关办理事务而需要交纳费用（如向市场监督管理机关交纳公司登记费）一样，补偿国家法院处理案件和其他事项所付出的成本。

（3）惩罚说，认为：诉讼费用一般由败诉方负担，败诉方对于自己的行为造成的损失承担赔偿责任，所以负担诉讼费用是对违反法律规定的当事人的一种经济制裁。

（4）综合说，认为：案件受理费和申请费具有国家规费的性质和功能；诉讼费用最终在当事人之间分担，所以具有补偿性；诉讼费用由败诉方负担的原则，虽不能等同于民事制裁，但间接体现了对败诉方的制裁。

司法无偿主义主张案件受理费和申请费由"全体纳税人负担"，采取司法无偿

---

[1] 《民事诉讼法》第十五章规定的非讼案件免交申请费。这类案件中有包含公共利益的内容，申请人多为公共利益或者他人合法权益而启动此类非讼程序，所以其免交案件的申请费。但是，实现担保物权案件、督促案件、公示催告案件等非讼案件属于民事私益案件，申请人是为自己利益启动此类诉讼程序，故而其应交纳申请费。

[2] 诉讼过程中因鉴定、公告、勘验、翻译、评估、拍卖、变卖、仓储、保管、运输、船舶监管等发生，依法应当由当事人负担的费用，由法院根据谁主张谁负担的原则，决定由当事人直接支付给有关机构或者单位，法院不得代收代付。

[3] 参见廖永安：《论民事诉讼费用的性质与征收依据》，载《政法论坛》，2003（5）。

原则，即国家法院不应收取当事人案件受理费和申请费。其主要理由如下：

（1）现代国家法律既然原则上禁止私力救济，国家就应承担在其国民的权利遭受侵害时给予保护的义务，所以案件受理费和申请费由国家来负担。

（2）国家制度和国家机关（包括诉讼制度和法院）均由全体纳税人的税款维系，再要当事人交纳案件受理费和申请费则为双重收费或者双重课税。

（3）在法治国家，国民平等享有司法救济权，国家应当担负通过司法平等保护国民的职责，若征收案件受理费和申请费则贫穷者难以或者无法获得司法救济。

我国采取司法有偿原则，向当事人收取案件受理费和申请费。在司法有偿原则的前提下，笔者支持国家规费说。具体分析如下：

（1）国家民事司法制度为国民提供民事司法救济，属于"公共产品"，司法资源是国家资源，由全体纳税人的税款或者国家财政供给。由使用者交纳一定的使用费，以表明当事人维护个人权益的成本不能由全体纳税人承担，同时，在一定程度上可以阻止当事人滥用诉讼。

（2）案件受理费和申请费不作为国家税金，理由主要有：1）征收或者交纳税金以获得积极的经济收益为基础，而诉讼带给当事人的是消极的司法收益（通过诉讼消除侵害或者解决纠纷，并未因此增加其收益①），况且这种司法收益并不完全体现为经济收益；2）案件受理费和申请费用于补偿司法资源，在一定程度上增加我国的司法资源。

在肯定案件受理费和申请费具有国家规费性与补偿性的基础上，还需进一步考察：案件受理费和申请费为什么由原告、上诉人或者申请人预交？诉讼费用为什么最终由败诉人、被执行人或者不当行为者承担？

案件受理费和申请费由原告、上诉人或者申请人在起诉、上诉或者申请时预交，在于保证案件受理费和申请费能够及时补偿国家民事司法的运作成本，并且在一定程度上能够阻止当事人滥用诉讼。

败诉方负担诉讼费用的合理性在于真正拥有权利的人可以在尽量减少成本的情况下实现自己的权利。在情理上，由胜诉人最终承担诉讼费用很难说得通，而由败诉人承担更能让人接受。对于系败诉人的过错引发民事纠纷的，由其承担诉讼费用，体现了自我负责原则。当事人承担其过错或者不当诉讼行为造成的诉讼费用，确有惩罚性。

在败诉人对民事纠纷的发生无过错的情形中，由其最终承担诉讼费用，是程序法上的一种责任。这种责任不在于追究败诉人不法行为的责任，而是让其承担败诉事实这一结果责任。这种责任的承担不以败诉人的主观过错为要件，其惩罚性是微弱的。

---

① 受益者负担说认为，从诉讼中受益的当事人理当负担案件受理费。但是，从诉讼费用由败诉方或者不当行为者负担来看，此说的根据并不充分。

在败诉人无实体上和程序上的过错时，由其承担全部诉讼费用，是很残酷的。于是，胜诉人应当承担其不当行为（如滥用诉讼权利、拖延诉讼、错误申请财产保全等）引起的诉讼费用；证人、鉴定人应当承担其故意作伪证引起的诉讼费用；败诉人不承担法院的过错所引起诉讼费用。以上做法在《繁简分流》第22条中有所体现。

（三）诉讼费用的立法体例

我国现行有关民事诉讼费用及其救助的法律法规，主要有《民事诉讼法》（第110条）、《费用办法》等。至于律师收费的法律法规，主要有《律师法》、《律师和律师事务所违法行为处罚办法》（司法部令第122号）、《律师服务收费管理办法》（发改价格〔2006〕611号）等。

诉讼费用在很大程度上影响当事人司法救济权的行使，所以对诉讼费用及其救助，应当由立法机关制定或者授权其他国家机关来制定。比如，《德国民事诉讼法》设专节规定诉讼费用，同时还制定了《联邦法院费用法》；《英国民事诉讼规则》专门规定民事诉讼费用（规则44～48）。①

二、诉讼费用的交纳

（一）诉讼费用的交纳标准

案件受理费、申请费的交纳标准应当法定化，法院不得违反《费用办法》规定的范围和标准向当事人收取费用（实务中，在法院官网上按照公式计算受理费、申请费，准确而快捷）。当事人承担的其他实际产生的诉讼费用，按国家法律有关规定、市场行情和劳务支出等确定其具体金额。

民事案件诉讼费用交纳标准不能太高，理由有：司法无偿主义的主张也有一定的道理；避免"费用排斥诉讼"以保护合法权益；民事诉讼除保护私权外还有统一法治等公益目的。交纳标准也不能太低，理由有：国家民事司法成本比较高；阻止当事人滥用诉讼。

基于慎重司法或者比例原则，财产案件标的额越大，国家投入司法资源就越多，受理费交纳标准就越高。同时，受理费交纳标准不能太高的理由也决定了受理费要按照标的额超额递减率交纳。

根据司法的运作成本与诉讼费用相当性原理，适用简易程序的案件应比适用普通程序的案件少收受理费；争讼案件通常应比非讼案件多收受理费；判决处理的案件应比裁定处理的案件多收受理费；以撤诉、和解等结束诉讼程序的，应当减收案件受理费。

---

① 美国是由"司法会议"（联邦各级法院首席法官组成）制定诉讼费用规则。美国诉讼费用关系仅涉及双方当事人，而与法院无利益关系，所以其诉讼费用规则由"司法会议"制定并非不合理。

1. 案件受理费的交纳标准

既有财产性诉讼请求又有非财产性诉讼请求的，按照财产性诉讼请求的标准交纳案件受理费。有多个财产性诉讼请求的，合并计算交纳案件受理费；诉讼请求中有多个非财产性诉讼请求的，按一件交纳案件受理费。

（1）财产案件受理费以当事人诉讼争议的金额〔诉讼标的（金）额〕为准，按比例递减交纳。争议的金额以当事人提出诉讼请求时（起诉时、上诉时或者申请再审时）为准，若争议金额与实际不符，则以法院核定的实际金额为准。

对财产案件提起上诉的，按照不服一审判决部分的上诉请求数额交纳。需要交纳受理费的再审案件，按照不服原判决部分的再审请求数额交纳。

诉讼标的物是证券的，按照证券交易规则并根据当事人起诉之日前最后一个交易日的收盘价、当日的市场价或者其载明的金额计算诉讼标的金额。

诉讼标的物是房屋、土地、林木、车辆、船舶、文物等特定物或者知识产权，起诉时价值难以确定的，法院应当向原告说明主张过高或者过低的诉讼风险，以原告主张的价值确定诉讼标的金额。

（2）非财产案件受理费按件交纳。离婚案件每件交纳 50～300 元。涉及财产分割，财产总额不超过 20 万元的，不另行交纳；超过 20 万元的部分，按照 0.5% 交纳。

侵害姓名权、名称权、肖像权、名誉权、荣誉权以及其他人格权的案件，每件交纳 100～500 元。涉及损害赔偿，赔偿金额不超过 5 万元的，不另交；超过 5 万～10 万元的部分，按照 1% 交纳；超过 10 万元的部分，按照 0.5% 交纳。其他非财产案件每件交纳 50～100 元。

（3）特殊案件受理费交纳标准。知识产权民事案件，没有争议金额或者价额的，每件交纳 500～1 000 元；有争议金额或者价额的，按照财产案件的标准交纳。劳动争议案件每件交纳 10 元。当事人提出管辖权异议，异议不成立的，每件交纳 50～100 元。

（4）下列情形减半交纳案件受理费（只能减半一次）：以调解方式结案或者当事人申请撤诉的；适用简易程序审理的；被告提起反诉、有独立请求权的第三人提出与本案有关的诉讼请求，法院决定合并审理的等。

（5）省、自治区、直辖市人民政府可以结合本地实际情况在上述非财产案件受理费、知识产权民事案件、当事人提出案件管辖权异议规定的幅度内制定具体交纳标准。

2. 申请费的交纳标准

申请撤销仲裁裁决或者认定仲裁协议效力的，每件交纳 400 元。

依法申请支付令的，比照争讼财产案件受理费标准的 1/3 交纳。

依法申请公示催告的，每件交纳 100 元。

破产案件依据破产财产总额计算，按照财产案件受理费标准减半交纳，最高不超过 30 万元。

申请执行（包括申请承认和执行外国司法文书与司法外文书）的交纳标准为：（1）没有执行金额或者价额的，每件交纳 50～500 元。（2）执行金额或者价额不超过 1 万元的，每件交纳 50 元；超过 1 万～50 万元的部分，按照 1.5% 交纳；超过 50 万～500 万元的部分，按照 1% 交纳；超过 500 万～1 000 万元的部分，按照 0.5% 交纳；超过 1 000 万元的部分按照 0.1% 交纳。符合《民事诉讼法》第 57 条第 4 款，未参加登记的权利人向法院提起诉讼的，按照以上标准交纳费用，不再交纳案件受理费。

申请保全措施的，根据实际保全的财产数额按照下列标准交纳：（1）财产数额不超过 1 000 元或者不涉及财产数额的，每件交纳 30 元；（2）超过 1 000 元～10 万元的部分，按照 1% 交纳；（3）超过 10 万元的部分，按照 0.5% 交纳。但是，当事人申请保全措施交纳的费用最多不超过 5 000 元。

3. 涉外案件和涉港澳台案件的交纳标准

在涉外民事诉讼中，诉讼费用的收取和负担，按照国民待遇原则，适用法院地民事诉讼法及有关诉讼费用的法律。大陆（内地）法院审判/执行涉港澳台案件的，其诉讼费用的交纳和负担，按照大陆（内地）与港澳台有关特殊规定处理。

《费用办法》第 5 条规定："外国人、无国籍人、外国企业或者组织在人民法院进行诉讼，适用本办法。""外国法院对中华人民共和国公民、法人或者其他组织，与其本国公民、法人或者其他组织在诉讼费用交纳上实行差别对待的，按照对等原则处理。"

（二）诉讼费用的具体交纳

诉讼费用通常由启动诉讼程序的原告、上诉人和申请人预交。诉讼费用以人民币为计算单位。以外币为计算单位的，按照法院受理之日国家公布的汇率换算成人民币计算交纳；上诉案件和申请再审案件的诉讼费用，按照一审法院受理之日国家公布的汇率换算交纳。

1. 案件受理费的交纳（预交）

原告自接到法院交纳诉讼费用通知之次日起 7 日内交纳受理费。有独立请求权第三人自提起参加之诉之次日起 7 日内交纳受理费。反诉原告自提起反诉之次日起 7 日内交纳受理费。上诉人向法院提交上诉状时预交（上诉人在上诉期内未预交诉讼费用的，法院应当通知其在 7 日内预交）。[1] 申请再审的当事人在提出申请时或者在法院指定的期限内预交；双方当事人都申请再审的，分别预交。

当事人在诉讼中增加诉讼请求数额的，按照增加后的诉讼请求数额计算补交案

---

[1] 原告、被告、第三人分别上诉的，按照上诉请求分别预交二审案件受理费。同一方多人共同上诉的，只预交一份二审案件受理费；分别上诉的，按照上诉请求分别预交二审案件受理费（《民诉解释》第 202 条）。

件受理费；当事人在法庭调查终结前提出减少诉讼请求数额的，按照减少后的诉讼请求数额计算退还案件受理费；当事人在法庭调查终结后提出减少诉讼请求数额的，减少请求数额部分的案件受理费由变更诉讼请求的当事人负担（《费用办法》第21、35条）。

适用简易程序审理的案件转为适用普通程序的，原告自接到法院交纳诉讼费用通知之日起7日内补交案件受理费。原告无正当理由未按期足额补交的，按撤诉处理，已经收取的诉讼费用退还一半。

支付令失效后转入诉讼程序的，债权人应当按照《费用办法》补交案件受理费。支付令被撤销后，债权人另行起诉的，按照《费用办法》交纳诉讼费用。

因移送管辖、指定管辖、管辖权移转和管辖权异议而移送、移交的案件，原受理法院应当将当事人预交的诉讼费用，随案移交给接收该案的法院。

不预交受理费的案件：（1）追索劳动报酬的案件；（2）依照《民事诉讼法》第57条审理的案件，结案后按照诉讼标的额由败诉方交纳（《民诉解释》第194条）。

2. 申请费的交纳（预交）

申请费由申请人在提出申请时或者在法院指定的期限内预交，但是，强制执行申请费在执行后交纳，破产申请费在清算后交纳。

当事人逾期不交纳受理费或者申请费又未提出诉讼费用救助申请，或者申请诉讼费用救助未获批准，在法院指定期限内仍未交纳的，分别按撤诉、撤回上诉、驳回申请处理。

3. 其他实际产生的诉讼费用的交纳

证人、鉴定人、翻译人员、理算人员的交通费、住宿费、生活费和误工补贴，当事人复制案件卷宗材料和法律文书的工本费，待实际发生后交纳。

三、诉讼费用的负担

（一）一审案件诉讼费用的负担

（1）败诉人负担和按比例分担。通常由败诉人负担诉讼费用（胜诉方自愿承担的除外）。部分胜诉、部分败诉的，法院根据案件具体情况决定当事人各自负担的数额。共同诉讼当事人败诉的，法院根据其与诉讼标的之利害关系，决定当事人各自负担的数额。[①]

（2）当事人协商负担和法院决定负担。和解、调解结案的，由双方当事人协商分担诉讼费用；协商不成的，由法院决定。离婚案件诉讼费用的负担由双方当事人

---

① 共同诉讼人因连带或者不可分之债务败诉的，应连带负担诉讼费用。共同诉讼人中，如有专为自己利益所支出的诉讼费用，应由该当事人负担。

协商解决；协商不成的，由法院根据维护妇女权益和当事人过错情形等决定诉讼费用的负担。①

(3) 原告负担。原告撤诉的，受理费由原告负担。当事人在法庭调查终结后提出减少诉讼请求数额的，减少请求数额部分的受理费由变更诉讼请求的当事人负担。

(二) 二审案件诉讼费用的负担

法院改变原判决、裁定、调解结果的，应当在裁判文书中对原审诉讼费用的负担一并作出处理 (《民诉解释》第 196 条)。

(1) 二审法院应当按照一审案件诉讼费用的负担，来确定上诉案件诉讼费用的负担。

(2) 二审法院判决驳回上诉、维持原判的，上诉人负担上诉费用；双方当事人均上诉的，各自负担上诉费用。

(3) 二审法院改变一审裁判的，相应变更一审法院对诉讼费用负担的决定。

(4) 二审法院发回重审的，按照一审案件来确定重审后诉讼费用的负担。

(5) 二审调解成功的，由当事人协商负担一审和二审的诉讼费用；协商不成的，由二审法院一并作出决定。

(6) 当事人因自身原因未能在举证期限内举证，在二审或者再审期间提出新的证据致使诉讼费用增加的，增加的诉讼费用由该当事人负担。②

(三) 再审案件诉讼费用的负担

应当交纳受理费的再审案件，诉讼费用由申请再审的当事人负担；双方当事人都申请再审的，诉讼费用由败诉人负担或者按比例分担。原审诉讼费用的负担由法院根据诉讼费用负担原则重新确定。

(四) 申请费或者其他费用的负担

(1) 依照《民事诉讼法》第十五章"特别程序"审理的案件，公告费由申请人负担。实现担保物权案件的申请费，法院裁定拍卖、变卖担保财产的，由债务人、担保人负担；法院裁定驳回申请的，由申请人负担；申请人另行起诉的，其已经交纳的申请费可以从案件受理费中扣除。

(2) 申请撤销仲裁裁决或者认定仲裁协议效力的申请费，由法院参照败诉人负担或者按比例分担的原则决定。

(3) 督促程序债务人对支付令未提出异议的，申请费由债务人负担。债务人对支付令提出异议，致使督促程序终结的，申请费由申请人负担；申请人另行起诉的，可将申请费列入诉讼请求。

---

① 对于离婚案件，是根据夫妻感情是否确已破裂作出判决的，胜诉方不一定无过错，败诉方不一定有过错，所以不宜采用败诉人负担原则。

② 笔者认为，法院违法裁判引发上诉理由，当事人据此上诉的，不应负担上诉案件的诉讼费用。

（4）公示催告申请人负担申请费及其他费用。

（5）申请设立海事赔偿责任限制基金、申请债权登记与受偿、申请船舶优先权催告案件的申请费，由申请人负担；设立海事赔偿责任限制基金、船舶优先权催告程序中的公告费用由申请人负担。

（6）破产申请费和其他费用被纳入破产费用，由债务人财产随时清偿或者先行清偿（参见《企业破产法》第43条第1、2款）。

（7）执行申请费由被执行人负担。执行中当事人达成和解协议的，申请费的负担由双方当事人协商解决，协商不成的，由法院决定。拍卖、变卖担保财产的裁定作出后，执行申请费按照执行金额在执行后交纳，由被执行人负担。

（8）保全申请费由申请人负担，申请人起诉的，可将申请费列入诉讼请求。诉前申请海事证据保全的，申请费由申请人负担。申请人撤回申请的，应当负担申请费但减半。

（五）律师费用等费用的负担

关于败诉人是否负担胜诉人的律师费用等费用，我国现行法未作出统一规定，只是散见于相关法律、司法解释和案例。对此，例举如下。

1. 相关法律的规定

《民法典》第540条规定：……债权人行使撤销权的必要费用，由债务人负担。第561条规定：债务人在履行主债务外还应当支付利息和实现债权的有关费用……第691条规定：保证的范围包括主债权及其利息、违约金、损害赔偿金和实现债权的费用。当事人另有约定的，按照其约定。

《保险法》第66条规定：责任保险的被保险人因给第三者造成损害的保险事故而被提起仲裁或者诉讼的，被保险人支付的仲裁或者诉讼费用以及其他必要的、合理的费用，除合同另有约定外，由保险人承担。

根据《反不正当竞争法》第17条第3款，因不正当竞争行为受到损害的经营者的赔偿数额还应当包括经营者为制止侵权行为所支付的合理开支。

根据《商标法》第63条第1款，侵犯商标专用权的赔偿数额应当包括权利人为制止侵权行为所支付的合理开支。

上述实现债权的有关费用、被保险人支付的仲裁或者诉讼费用、制止侵权行为所支付的合理开支应当包含律师费用。

2. 相关司法解释的规定

《关于审理著作权民事纠纷案件适用法律若干问题的解释》（法释〔2002〕31号）（2020年修改）第26条规定：著作权法第49条第1款（现为《著作权法》第54条第3款——引者注）规定的制止侵权行为所支付的合理开支，包括权利人或者委托代理人对侵权行为进行调查、取证的合理费用。人民法院根据当事人的诉讼请求和具体案情，可以将符合国家有关部门规定的律师费用计算在赔偿范围内。

《关于审理商标民事纠纷案件适用法律若干问题的解释》（法释〔2002〕32号）

（2020 年修改）第 17 条规定：商标法第 63 条第 1 款规定的制止侵权行为所支付的合理开支，包括权利人或者委托代理人对侵权行为进行调查、取证的合理费用。人民法院根据当事人的诉讼请求和案件具体情况，可以将符合国家有关部门规定的律师费用计算在赔偿范围内。

《关于审理专利纠纷案件适用法律问题的若干规定》（法释〔2015〕4 号）（2020 年修改）第 16 条规定：权利人主张其为制止侵权行为所支付合理开支的，人民法院可以在专利法第六十五条（现为《专利法》第 71 条——引者注）确定的赔偿数额之外另行计算。

《繁简分流》第 22 条规定：引导当事人诚信理性诉讼。加大对虚假诉讼、恶意诉讼等非诚信诉讼行为的打击力度，充分发挥诉讼费用、律师费用调节当事人诉讼行为的杠杆作用，促使当事人选择适当方式解决纠纷。当事人存在滥用诉讼权利、拖延承担诉讼义务等明显不当行为，造成诉讼对方或第三人直接损失的，人民法院可以根据具体情况对无过错方依法提出的赔偿合理的律师费用等正当要求予以支持。

《公司法规定四》第 26 条规定：股东依据公司法第 151 条第 2 款、第 3 款规定直接提起诉讼的案件，其诉讼请求部分或者全部得到人民法院支持的，公司应当承担股东因参加诉讼支付的合理费用。

《证券代表人诉讼》第 25 条规定：代表人请求败诉的被告赔偿合理的公告费、通知费、律师费等费用的，人民法院应当予以支持。

《人脸识别》第 8 条第 2 款规定：自然人为制止侵权行为所支付的合理开支，可以认定为《民法典》第 1182 条规定的财产损失。合理开支包括该自然人或者委托代理人对侵权行为进行调查、取证的合理费用。人民法院根据当事人的请求和具体案情，可以将合理的律师费用计算在赔偿范围内。

3. 相关案例裁判

"陆某诉美国联合航空公司国际航空旅客运输损害赔偿纠纷案"（《最高人民法院公报》2002 年第 4 期）中，上海市静安区人民法院裁判：被告美国联合航空公司赔偿原告陆某聘请律师支出的代理费人民币 16 595.10 元、律师差旅费人民币 11 802.50 元。

"杨某伟诉上海宝钢二十冶企业开发公司人身损害赔偿案"（载《最高人民法院公报》2006 年第 8 期）中，2005 年 6 月 30 日上海市宝山区人民法院判决：被告上海宝钢二十冶企业开发公司应于本判决生效之日起 10 日内赔偿原告杨某伟……律师代理费 3 000 元……"杨某伟与上海宝钢二十冶企业开发公司人身损害赔偿纠纷上诉案"［上海市第二中级人民法院（2005）沪二中民一（民）终字第 1799 号民事判决书］中，上海市第二中级人民法院于 2006 年 6 月 30 日判决：驳回上诉，维持原判。

（2016）最高法民终 613 号民事判决书对借贷合同约定律师费用的争议作

了明确答复：(1) 原告通过诉讼方式实现其债权，为此支付了律师、诉讼等相关费用，根据涉案借款合同的约定，该费用应由被告负担。(2) 原告与律师事务所之间有"委托代理协议"，签订即生效且已经履行代理职责，法院判决被告承担原告为实现债权而支出的律师费用具有事实依据。(3) 至于律师事务所是否开具发票，与被告依约承担的律师费用不具有对等关系，被告以受托人未开具发票作为拒绝承担律师费用的不予支持。

四、诉讼费用的裁判·退还·管理

（一）诉讼费用的裁判和执行

诉讼费用的最终负担在争讼判决书中载明（包括保全和先予执行的费用），或者在和解协议、调解协议或者调解书中载明，或者在非讼裁判书中载明；执行案件的费用负担则由法院作出决定。

当事人不得单独对法院关于诉讼费用的决定提起上诉；当事人单独对法院关于诉讼费用的决定有异议的，可以向作出决定的法院院长申请复核，复核决定应当自收到当事人申请之日起 15 日内作出。

当事人拒不交纳诉讼费用的，法院可以强制执行（《民诉解释》第 207 条第 2 款）。

（二）诉讼费用的退还

判决生效后，胜诉方预交但不应负担的诉讼费用，法院应当退还，由败诉方向法院交纳，但胜诉方自愿承担或者同意败诉方直接向其支付的除外。

一审法院裁定不予受理或者驳回起诉的，应当退还当事人已交纳的受理费。当事人在法庭调查终结前提出减少诉讼请求数额的，按照减少后的诉讼请求数额计算退还。

当事人对一审法院不予受理、驳回起诉的裁定提起上诉，二审法院维持该裁定的，一审法院应当退还当事人已交纳的受理费。二审法院决定将案件发回重审的，应当退还上诉人已交纳的二审案件受理费。

法院审理民事案件时发现涉嫌刑事犯罪并将案件移送有关部门处理的，将当事人交纳的受理费予以退还；移送后民事案件需要继续审理的，已交纳的受理费不予退还。

对于当事人预交的诉讼费用，在案件审理终结或者诉讼终结后，法院决定不由该当事人负担的，应当自本案裁判书确定或者生效之日起 15 日内退还该当事人。

案件中止诉讼的，已交纳的受理费不予退还，恢复诉讼的，无须再交受理费、申请费。依照《民事诉讼法》第 154 条终结诉讼的案件，已交纳的受理费不予退还。

（三）诉讼费用的管理

诉讼费用的交纳和收取制度应当公示。法院收取诉讼费用按照其财务隶属关系使用国务院财政部门或者省级人民政府财政部门印制的财政票据。案件受理费、申请费全额上缴财政，纳入预算，实行收支两条线管理。

法院收取诉讼费用应当向当事人开具交费凭证，当事人持交费凭证到指定代理银行交费。依法应当向当事人退费的，法院应当按照国家有关规定办理。

在边远、水上、交通不便地区，基层巡回法庭当场审理案件，当事人提出向指定代理银行交纳诉讼费用确有困难的，基层巡回法庭可以当场收取诉讼费用，并向当事人出具省级人民政府财政部门印制的财政票据；不出具此类财政票据的，当事人有权拒绝交纳。

价格主管部门、财政部门按照收费管理的职责分工，对诉讼费用进行管理和监督；对违反《费用办法》规定的乱收费行为，依照法律、法规和国务院相关规定予以查处。

第二节　诉讼费用救助和法律援助

在现代法治社会，经济困难的国民与其他国民平等享有司法救济权，我国主要是通过诉讼费用救助和法律援助等方式维护经济困难国民的民事司法救济权。[①]

一、诉讼费用救助

诉讼费用救助是指交纳诉讼费用确有困难的当事人（限于自然人）可以依照《费用办法》向法院申请缓交、减交或者免交诉讼费用。

（一）诉讼费用救助的情形

当事人申请诉讼费用救助，符合下列情形之一的，法院应当准予免交诉讼费用：（1）残疾人无固定生活来源的；（2）追索赡养费、扶养费、抚养费、抚恤金的；（3）最低生活保障对象、农村特困定期救济对象、农村"五保"供养对象或者领取失业保险金人员，无其他收入的；（4）因见义勇为或者为保护社会公共利益致使自身合法权益受到损害，本人或者其近亲属请求赔偿或者补偿的；（5）确实需要免交的其他情形。

[①] 《反家庭暴力法》第 19 条规定：法律援助机构应当依法为家庭暴力受害人提供法律援助。人民法院应当依法对家庭暴力受害人缓收、减收或者免收诉讼费用。《环境公诉》第 33 条规定：原告交纳诉讼费用确有困难，依法申请缓交的，法院应予准许。败诉或者部分败诉的原告申请减交或者免交诉讼费用的，法院应当依照《费用办法》的规定，视原告的经济状况和案件的审理情况决定是否准许。

当事人申请诉讼费用救助，符合下列情形之一的，法院应当准予减交诉讼费用：（1）因自然灾害等不可抗力造成生活困难，正在接受社会救济，或者家庭生产经营难以为继的；（2）属于国家规定的优抚、安置对象的；（3）社会福利机构和救助管理站；（4）确实需要减交的其他情形。

法院准予减交诉讼费用的，减交比例不得低于30％。

当事人申请诉讼费用救助，符合下列情形之一的，法院应当准予缓交诉讼费用：（1）追索社会保险金、经济补偿金的；（2）海上事故、交通事故、医疗事故、工伤事故、产品质量事故或者其他人身伤害事故的受害人请求赔偿的；（3）正在接受有关部门法律援助的；（4）确实需要缓交的其他情形。

军人、军人家属和烈士、因公牺牲军人、病故军人的遗属维护合法权益遇到困难的，司法机关应当依法优先提供司法救助法（《军人地位和权益保障法》第61条）。

（二）诉讼费用救助的申请和决定

当事人申请诉讼费用救助，应当在起诉或者上诉时提交申请书、足以证明其确有经济困难的证明材料以及其他相关证明材料。

因生活困难或者追索基本生活费用申请免交、减交诉讼费用的，还应当提供本人及其家庭经济状况符合当地民政、劳动保障等部门规定的自然人经济困难标准的证明。

当事人以法律援助机构给予法律援助的决定为依据，向法院申请诉讼费用救助的，法院不再审查其是否符合经济困难标准，应当直接作出给予诉讼费用救助的决定。

经审查符合诉讼费用救助情形的，法院应在决定立案之前作出准予的决定。法院准予当事人减交、免交诉讼费用的，应在法律文书中载明。法院对一方当事人提供诉讼费用救助，对方当事人败诉的，诉讼费用由对方当事人负担。

法院不批准诉讼费用救助申请的，应向当事人书面说明理由。当事人骗取诉讼费用救助的，法院应当作出撤销诉讼费用救助的决定，责令其补交诉讼费用；拒不补交的，强制执行，并可以妨害民事诉讼行为论处。

二、法律援助

在现代法治社会，获得法律援助是公民的一项基本权利，是国家福利的组成部分，不是对经济困难者的施舍。在我国，诉讼费用救助与法律援助并行不悖。

《法律援助法》第2条规定：法律援助是国家建立的为经济困难公民和符合法定条件的其他当事人无偿提供法律咨询、代理、刑事辩护等法律服务的制度，是公共法律服务体系的组成部分。

下列事项的当事人，因经济困难没有委托代理人的，可以向法律援助机构申请法律援助：依法请求国家赔偿；请求给予社会保险待遇或者社会救助；请求发给抚恤金；请求给付赡养费、抚养费、扶养费；请求确认劳动关系或者支付劳动报酬；

请求认定公民无民事行为能力或者限制民事行为能力；请求工伤事故、交通事故、食品药品安全事故、医疗事故人身损害赔偿；请求环境污染、生态破坏损害赔偿；其他法定情形。

有下列情形之一的，当事人不受经济困难条件的限制，可以申请法律援助：英雄烈士近亲属为维护英雄烈士的人格权益；因见义勇为行为主张相关民事权益；再审改判无罪请求国家赔偿；遭受虐待、遗弃或者家庭暴力的受害人主张相关权益；其他法定情形。

当事人不服司法机关生效裁判或者决定提出申诉或者申请再审，法院决定、裁定再审或者检察院提出抗诉，因经济困难没有委托辩护人或者诉讼代理人的，本人及其近亲属可以向法律援助机构申请法律援助。

第三节　诉讼费用保险

一、诉讼费用保险的概念

诉讼费用保险主要是指被保险人与保险公司在民事纠纷发生前达成保险协议，被保险人购买诉讼费用险，在自己与他人发生民事诉讼时，由保险公司通过理赔方式为被保险人支付诉讼费用。

一般说来，若有资格获得诉讼费用救助和法律援助，则可申请诉讼费用救助和法律援助，保险公司将不补偿应由诉讼费用救助和法律援助所负担的那部分费用。

在许多国家诉讼费用保险之对象通常为包括律师费用在内的一切诉讼费用。其形式主要有：（1）单独式诉讼费用保险，即独立的诉讼费用险；（2）附加式诉讼费用保险，即在其他险种上附加诉讼费用险；（3）合作式诉讼费用保险，即从事传统保险业务的保险公司与专营诉讼费用保险业务的保险公司，合作经营诉讼费用保险业务。

我国目前采行的主要是附加式诉讼费用保险。有人士认为，合作式诉讼费用保险形式既能以传统保险业为基础，又能发挥专门保险业的优势，应为我国以后首选的形式。①

二、我国诉讼费用保险制度

《保险法》和保险条款中对诉讼费用保险已有规定或者约定，兹列举如下：

《保险法》第66条规定：责任保险的被保险人因给第三者造成损害的保险事故而被提起仲裁或者诉讼的，被保险人支付的仲裁或者诉讼费用以及其他必要的、合

---

① 参见赵燕：《诉讼保险制度初探》，载《保险研究》，2006（7）。

理的费用，除合同另有约定外，由保险人承担。

中国人民财产保险股份有限公司"医疗责任保险条款"第 3 条规定：保险责任范围内的事故发生后，事先经保险人书面同意的法律费用，包括事故鉴定费、查勘费、取证费、仲裁或者诉讼费、案件受理费、律师费等，保险人在约定的限额内也负责赔偿。

依据中国人民财产保险股份有限公司"律师职业责任保险条款"第 3 条，对于律师由于疏忽或者过失造成委托人经济损失而发生纠纷的，因此产生的诉讼费用，事先经保险人书面同意的，保险人负责赔偿。

就以上规定来看，我国目前保险市场上，诉讼费用险主要是附加在其他险种上的；除诉讼费用外，有关解决纠纷的费用（如仲裁费、律师费等）也可纳入保险范围。

三、诉讼费用保险的意义

中等收入者往往受困于数目不菲的诉讼费用，诉讼费用保险制度可以为中等收入者提供一种接近正义的途径。在社会治理和国家治理中，中等收入者或者中产阶级对国家司法的信赖与否或者态度如何将直接影响整个社会和国家的法治水平和公正水平。

在诉讼费用保险关系中，当事人、律师、保险公司均可获益。国家通过诉讼费用或者法律费用保险制度还可达到如下效果：有效维护国民的司法救济权；缓解法律援助对财政的压力；因律师费用得到保障而促进律师制度的发展；促成保险市场的发达等。

第 十 八 章

对妨害民事诉讼的强制措施

审判秩序或者执行秩序是法律秩序和法律、法院权威最直接、最集中的体现。对于藐视民事诉讼或者藐视法庭的行为，我国将其作为妨害民事诉讼行为来处理，由法院依法决定采取拘传、训诫、责令退出法庭、罚款和拘留等强制措施。

第一节　妨害民事诉讼行为和强制措施

一、妨害民事诉讼行为

妨害民事诉讼行为是藐视诉讼或者藐视法庭的行为，是指当事人和证人等诉讼参与人及案外人故意或者有重大过失地扰乱或者破坏民事诉讼秩序，阻碍民事诉讼活动正常进行的行为。

妨害民事诉讼行为的构成要件有：

（1）应存在妨害民事诉讼的行为。此种行为包括作为（如毁灭重要证据等）和不作为（如拒不履行确定判决等）。此种行为多在诉讼中实施，也有在诉讼前实施的。① （2）应妨害了民事诉讼正常进行（妨害民事诉讼行为造成了损害后果），但尚未构成犯罪。若构成犯罪，则应按《刑法》处以刑罚，而不应施以对妨害民事诉讼的强制措施。（3）行为人主观上有故意或者重大过失，即行为人明确意识到或者应当意识到其行为能够妨害民事诉讼，却实施了妨害民事诉讼的行为。

在法治社会，如果审判秩序或者执行秩序受到不法行为的侵害，势必动摇法律秩序乃至整个社会的秩序和基础。因此，对藐视诉讼的行为人，各国均追究其法律责任。对此，我国是按照妨害民事诉讼行为来处理的；构成犯罪的，还追究其刑事责任。

---

① 比如，在诉前实施妨害证明行为，在诉前财产保全中实施妨害保全行为，在执行前隐匿被执行财产等。诉讼前的行为对其后进行的审判程序或者执行程序造成妨害的，均应按妨害民事诉讼行为处理。

二、对妨害民事诉讼的强制措施

(一) 强制措施的法定种类

(1) 拘传。法院在法定情况下强制当事人等到法院。拘传应用拘传票，并直接送达被拘传人。在拘传前，在应向被拘传人说明拒不到庭的后果，经批评教育仍拒不到庭的，拘传。

(2) 警告、训诫和责令退出法庭。对妨害民事诉讼行为情节较轻的人，法院作出警告或者训诫。警告是警示不要再实施妨害民事诉讼行为，否则会采取更严厉的强制措施。训诫是批评，并责令其改正。责令退出法庭是法院命令违反法庭规则的人退出法庭。法官可以直接责令行为人退出法庭，也可以先训诫，后视行为人表现决定是否责令退出法庭。

(3) 罚款。对个人的罚款金额为人民币 10 万元以下，对单位的罚款金额为人民币 5 万元以上 100 万元以下。

(4) 拘留。拘留的期限为 15 日以下。拘留决定书作出后，由法院的司法警察将被拘留人送交公安机关看管。被拘留人在拘留期间认错悔改的，可以责令其具结悔过，提前解除拘留。

律师或者律师事务所扰乱法庭秩序、妨碍对方当事人合法收集证据、提供虚假证据、隐瞒重要事实、威胁或者利诱他人提供虚假证据或者隐瞒重要事实、向法官及其他有关工作人员行贿、指使或者诱导当事人行贿的，法院对其处以妨害民事诉讼强制措施。

司法行政机关根据《律师法》《行政处罚法》《司法行政机关行政处罚程序规定》《律师和律师事务所违法行为处罚办法》等，责令其改正，给予警告、罚款、停止执业、停业整顿或者吊销执业证书等处罚。

依据《律师协会会员违规行为处分规则 (试行)》，律师或者律师事务所还得接受行业处分，比如训诫、通报批评、公开谴责和取消会员资格。

(二) 法院采用强制措施的合法性要求

采取强制措施应由法院决定。任何单位和任何个人非法拘禁他人或者非法私自扣押他人财产以追索债务的，应当依法追究刑事责任，或者予以拘留、罚款 (《民事诉讼法》第 120 条)。

法院应当根据妨害程度决定采取相应的强制措施，决定书应当说明理由和法律依据。对同一妨害行为，强制措施可以单独适用，也可以合并适用，但是罚款、拘留不得连续适用。对新发生的妨害行为，法院可以重新罚款、拘留 (《民诉解释》第 184 条)。

训诫、责令退出法庭由合议庭或者独任法官决定。训诫的内容、被责令退出法

329

庭者的违法事实应当记入庭审笔录。拘传、罚款、拘留应当经法院院长批准。拘传应当发拘传票。罚款、拘留应当用决定书。提前解除拘留，应报经法院院长批准，并作出提前解除拘留决定书，交负责看管的公安机关执行。

法院对当事人适用拘传的，应当严格遵循《民诉解释》第175条规定的适用条件和程序。依据《实施通知》，执行法院在采取拘传措施前必须经过依法传唤，对于无正当理由拒不到场的被执行人、被执行人的法定代表人或者负责人或者实际控制人，应当先说服教育，仍拒不到场，才能采取拘传措施；对于已经控制被执行人的财产且财产权属清晰、没有必要调查询问的被执行人、被执行人的法定代表人或者负责人或者实际控制人，不宜采取拘传措施。采取拘传措施必须严格遵守法定的时间期限，不得以连续拘传的形式变相羁押被拘传人。法院应当及时询问被拘传人，询问不得超过8小时；情况复杂并依法可能采取拘留措施的，询问不得超过24小时（《民诉解释》第482条第2款）。法院采取拘留措施后，应在24小时内通知其家属，确实无法按时通知或者通知不到的，应记录在案。

被罚款人、被拘留人自收到决定书之日起3日内，可向上一级法院申请复议一次；复议期间不停止执行。法院应当在收到复议申请后5日内作出决定，并将复议结果通知下级法院和当事人；认为强制措施不当的，则应制作决定书来撤销或者变更拘留、罚款的决定；情况紧急的，可以在口头通知后3日内发出决定书。

法院违法采取妨害诉讼的强制措施，给相关主体造成损失，受害人可以根据《国家赔偿法》请求赔偿。法院审理违法采取妨害诉讼的强制措施赔偿案件，可以参照适用《关于审理涉执行司法赔偿案件适用法律若干问题的解释》（法释〔2022〕3号）。

三、追究刑事责任的程序

妨害民事诉讼的行为情节十分严重，构成犯罪的，应当追究刑事责任。[①] 对妨害民事诉讼行为人追究刑事责任的程序是：

（1）扰乱法庭秩序罪由审理该案件的审判组织直接予以判决。这是因为这类犯罪事实清楚，无须侦查即可查明事实真相。

（2）拒不执行判决、裁定罪由执行法院所在地法院管辖，按照《关于审理拒不执行判决、裁定刑事案件适用法律若干问题的解释》（法释〔2015〕16号）（2020年修改）处理。

（3）其他妨害民事诉讼行为构成犯罪的，根据《刑法》《刑事诉讼法》的相关规定追究行为人的刑事责任。

---

① 《刑法》（第307～309、313、314条）将严重妨害民事诉讼的行为纳入"妨害司法罪"。

第二节　妨害民事诉讼行为的种类和强制措施

一、对拒不到庭的被告或者被执行人的强制措施

法院对于必须到庭的被告，经两次传票传唤，无正当理由拒不到庭的，可以拘传（《民事诉讼法》第 112 条）。必须到庭的被告是指负有赡养、抚养、扶养义务和不到庭就无法查清案情的被告（包括有独立请求权第三人参加的民事诉讼和被告反诉中的本诉原告）（《民诉解释》第 174 条第 1 款）。

依据《实施通知》，属于《民事诉讼法》第 115 条规定的虚假诉讼或者第 58 条规定的公益诉讼案件，对不到庭就无法查明案件基本事实的原告，可以依照《民诉解释》第 174 条第 2 款适用拘传。①

对于必须接受调查询问的被执行人、被执行人的法定代表人、负责人或者实际控制人，经依法传唤无正当理由拒不到场的，法院可以拘传其到场。法院应当按照《民诉解释》第 482 条及时询问被拘传人。

二、对违反法庭规则扰乱法庭秩序的强制措施

根据《民事诉讼法》第 113 条和《人民法院法庭规则》（法释〔2016〕7 号）等，法院对违反法庭规则的人，予以警告；对不听警告的，予以训诫；对训诫无效的，责令其退出法庭；对拒不退出法庭的，指令司法警察将其强行带出法庭。

行为人实施下列行为之一，危及法庭安全或者扰乱法庭秩序的，依法处以罚款、拘留；构成犯罪的，依法追究刑事责任：（1）非法携带枪支、弹药、管制刀具或者爆炸性、易燃性、放射性、毒害性、腐蚀性物品以及传染病病原体进入法庭；（2）哄闹、冲击法庭；（3）侮辱、诽谤、威胁、殴打司法工作人员或者诉讼参与人；（4）毁坏法庭设施，抢夺、损毁诉讼文书、证据；（5）其他危害法庭安全或者扰乱法庭秩序的行为。

《庭审音像》第 13 条规定：诉讼参与人、旁听人员违反法庭纪律或者有关法律规定，危害法庭安全、扰乱法庭秩序的，法院可以通过庭审音像进行调查核实，并将其作为追究法律责任的证据。

法院依法对违反法庭纪律的人采取的扣押物品、强行带出法庭以及罚款、拘留

---

① 通常情况下，对于原告经传票传唤无正当理由拒不到庭或者未经法庭许可中途退庭的，应当依照《民事诉讼法》第 146 条的规定按撤诉处理。依照《民事诉讼法》第 148 条、《民诉解释》第 238 条的规定，当事人有违反法律的行为需要依法处理，法院裁定不准撤诉或者不按撤诉处理的案件，原告经传票传唤无正当理由拒不到庭的，应当依照《民事诉讼法》第 148 条第 2 款的规定缺席判决。

等强制措施，由司法警察执行。出现危及法庭内人员人身安全或者严重扰乱法庭秩序等紧急情况时，司法警察可以直接采取必要的处置措施。

三、对妨害司法的强制措施

根据《民事诉讼法》第114条，诉讼参与人或者其他人有下列行为之一的，法院根据情节轻重予以罚款、拘留；构成犯罪的，依法追究刑事责任[①]：

（1）伪造、毁灭重要证据，妨碍法院审理案件的；

（2）以暴力、威胁、贿买方法阻止证人作证或者指使、贿买、胁迫他人作伪证的；

（3）隐藏、转移、变卖、毁损已被查封、扣押的财产，或者已被清点并责令其保管的财产，转移已被冻结的财产的；

（4）对司法工作人员、诉讼参加人、证人、翻译人员、鉴定人、勘验人、协助执行的人，进行侮辱、诽谤、诬陷、殴打或者打击报复的；

（5）以暴力、威胁或者其他方法阻碍司法工作人员执行职务的（《民诉解释》第187条）；

（6）拒不履行法院生效的判决、裁定、命令（如支付令、限制消费令等）。[②]

对有上述行为之一的单位，法院可以对其主要负责人或者直接责任人员予以罚款、拘留；构成犯罪的，依法追究刑事责任。

四、对滥用诉讼的强制措施

根据《民事诉讼法》第115条，当事人之间恶意串通，企图通过诉讼、调解等方式侵害他人合法权益（包括案外人的合法权益、国家利益、社会公共利益）的，法院应当驳回其请求，并根据情节轻重予以罚款、拘留；构成犯罪的，依法追究刑事责任。

根据《民事诉讼法》第116条，被执行人与他人恶意串通，通过诉讼、仲裁、

---

① 依据《民诉解释》第189条，对下列行为，按照《民事诉讼法》第114条处理：冒充他人提起诉讼或者参加诉讼的；证人签署保证书后作虚假证言，妨碍法院审理案件的；伪造、隐藏、毁灭或者拒绝交出有关被执行人履行能力的重要证据，妨碍法院查明被执行人财产状况的；擅自解冻已被法院冻结的财产的；接到法院协助执行通知书后，给当事人通风报信，协助其转移、隐匿财产的。

依据《证据规定》第64、65条，法院认为有必要的，可以要求当事人本人到场，就案件事实接受询问；应当在询问前责令当事人签署保证书，保证书应当载明如有虚假陈述应当接受处罚等内容。

② 包括：（1）在法律文书发生法律效力后隐藏、转移、变卖、毁损财产或者无偿转让财产，以明显不合理的价格交易财产，放弃到期债权，无偿为他人提供担保等，致使法院无法执行的；（2）隐藏、转移、毁损或者未经法院允许处分已向法院提供担保的财产的；（3）违反法院限制高消费令进行消费的；（4）有履行能力而拒不按照法院执行通知履行生效法律文书确定的义务的；（5）有义务协助执行的个人接到法院协助执行通知书后，拒不协助执行的（《民诉解释》第188条）。

调解等方式逃避履行法律文书确定的义务的，法院应当根据情节轻重予以罚款、拘留；构成犯罪的，依法追究刑事责任。

对于滥用诉讼的单位，法院应当对该单位进行罚款，并可以对其主要负责人或者直接责任人员予以罚款、拘留；构成犯罪的，依法追究刑事责任。

五、对拒绝协助执行的强制措施

根据《民事诉讼法》第 117 条，有义务协助执行的单位有下列行为之一的，法院除责令其履行协助义务外，并可处以罚款：（1）有关单位拒绝或者妨碍法院调查取证的；（2）有关单位接到法院协助执行通知书后，拒不协助查询、扣押、冻结、划拨、变价财产的；（3）有关单位接到法院协助执行通知书后，拒不协助扣留被执行人的收入、办理有关财产权证照转移手续、转交有关票证、证照或者其他财产的；（4）其他拒绝协助执行的。

同时，法院可以对单位的主要负责人或者直接责任人员予以罚款；对仍不履行协助义务的，可予以拘留；并可向监察机关或者有关机关提出予以纪律处分的司法建议。

按照《民事诉讼法》第 117 条处理的行为还有：有关单位接到法院协助执行通知书后，允许被执行人高消费的；允许被执行人出境的；拒不停止办理有关财产权证照转移手续、权属变更登记、规划审批等手续的；以需要内部请示、内部审批，有内部规定等为由拖延办理的（《民诉解释》第 192 条）。

依据《信息网络侵权》第 3 条，法院责令网络服务提供者向法院提供能够确定涉嫌侵权的网络用户的姓名（名称）、联系方式、网络地址等信息的，网络服务提供者无正当理由拒不提供的，根据《民事诉讼法》第 117 条对网络服务提供者采取处罚等措施。

第六编　民事审判程序一：争讼程序

21 世纪法学研究生参考书系列

第 十 九 章

争讼程序总论

民事争讼程序解决的是民事之诉（进入审判程序中的民事纠纷），包括审级程序（初审程序、上诉审程序）和再审程序。《决定》明确指出："完善审级制度，一审重在解决事实认定和法律适用，二审重在解决事实法律争议、实现二审终审，再审重在解决依法纠错、维护裁判权威。"

《决定》明确指出："完善审级制度，一审重在解决事实认定和法律适用，二审重在解决事实法律争议、实现二审终审，再审重在解决依法纠错、维护裁判权威。"

民事争讼程序应当遵行如下基本原则：对审原则和平等原则；公开审判原则、集中审理原则、直接言词原则；自由心证原则等。

民事审判基本制度主要是从法院审判的角度，要求法院审判应当遵行的基本制度，主要有：合议制、人民陪审制度、回避制、公开审判制和两审终审制。

判决主要适用于争讼案件和争讼程序（又称判决程序），而于非讼案件和非讼程序应以裁定为之，裁定还用来处理程序事项和及时救济事项。

判决应当具备成立要件和效力要件，否则不成立（非判决）或者为无效（无效判决）。判决具有羁束力、确定力、执行力、确认力、形成力和已决力等法律效力。

对于违法判决或者错误判决，有慎重的纠正程序（上诉、再审、异议之诉等）和简便的纠正程序（判决更正、事实更正和判决补充等）。

第一节　争讼程序基本原则

在遵循参与原则、比例原则、检察监督原则、诚信原则和安定原则的基础上，民事争讼（审判）程序还应遵行自身的基本原理和基本原则（称为"争讼法理"）。

由于双方当事人之间存在平等争议，所以争讼程序遵循对审原则和平等原则；对审和平等程序中，遵行公开审判原则、集中审理原则、直接言词原则；法庭言词辩论终结后，法官按照自由心证原则采信要件事实，适用实体法律作出本案判决。①

对审原则和平等原则主要关涉"诉讼程序构造"，公开审判原则、集中审理原则、直接言词原则主要关涉"诉讼程序过程"，自由心证原则主要关涉"诉讼证明结果"。

民事争讼程序基本原则属于强行规范，违反之则属重大的程序违法。对此，立法上规定了相应的程序后果，并设置相应的纠正或者救济的程序途径（通常是上诉或者再审）。

关于公开审判原则和自由心证原则分别在本章第二节和本书第十五章第三节中阐释。本节仅阐释其他基本原则。

一、对审原则

（一）对审原则的内涵和适用

民事"争讼性"或者"对审性"在制度上体现为对审原则或者双方审理主义，为民事争讼程序的一项"自然原则"和首要正当性原理，原告与被告之间的平等对抗构成民事争讼程序的核心。

对审原则保障双方当事人的诉讼参与权，即保障双方当事人共同参加诉讼，就本案诉讼标的和诉讼请求、实体事实和证据充分表达意见，在此基础上法院作出判决。对于实体事实，采用严格证明程序，作为争讼程序中的事实证明部分。

《民事诉讼法》第 12 条规定："人民法院审理民事案件时，当事人有权进行辩论。"辩论原则（辩论权主义）适用于争讼程序，即从起诉与答辩至法庭言词辩论终结，当事人双方均可就实体事实以言词（口头）或者书面方式进行辩论，法院应当平等保障当事人充分行使辩论权。笔者认为，我国现行辩论原则宜被纳入参与原则或者对审原则。

对审原则同时保障法庭中和法庭外双方当事人的程序参与权。比如，在法庭外进行证据保全或者现场勘验时，法院应当通知双方当事人到场；当事人无正当理由不到场的，证据保全或者现场勘验照常进行。

简易程序是通过限制甚至取消当事人部分诉讼权利来获得"效率"的，但是，应当重视程序自身所应具有的最低限度公正性的保障，即简易程序应当符合最低限度的程序公正要求，应当平等保障双方当事人的辩论权或者陈述权（《民事诉讼法》第 162 条）。

对于特定情形，比如，发生法定当事人变更；一方当事人丧失诉讼行为能力，

---

① 诸多教材将《民事诉讼法》第 15 条的规定作为原则对待，即支持起诉原则。此条规定："机关、社会团体、企业事业单位对损害国家、集体或者个人民事权益的行为，可以支持受损害的单位或者个人向人民法院起诉。"

根据《军人地位和权益保障法》第 60 条，军人、军人家属和烈士、因公牺牲军人、病故军人遗属的合法权益受到侵害，依法向人民法院提起诉讼的，人民法院应当优先立案、审理和执行，人民检察院可以支持起诉。

需要确定法定代理人；一方当事人因不可抗拒的事由，不能参加诉讼等，应当裁定中止诉讼，旨在给予诉讼承继人或者法定代理人参加诉讼的准备时间，切实保障对审原则。

法院违反对审原则，如对双方当事人没有合法送达、剥夺或者限制当事人的质证权和辩论权，属于严重程序违法，作为上诉理由和再审事由。国际和区际司法协助中，"败诉当事人未经合法传唤而缺席判决"是拒绝承认其他国家或者地区法院判决的重要理由。

（二）对审原则的法定例外：缺席审判

缺席审判是指在一方当事人经传票传唤，无正当理由拒不到庭，或者未经法庭许可中途退庭时，法院照常审理并作出判决。

民事争讼程序中，作为对审原则的法定例外，缺席审判的适用要件应当严格明确，主要有（《民事诉讼法》第146～148条和《民诉解释》第234、235、241条）：

（1）缺席审理前，应当传票传唤双方当事人（保障双方当事人的诉讼知情权），否则，违反参与原则或者对审原则。

（2）一方当事人无正当理由。一方当事人既包括当事人本人又包括其诉讼代理人，既包括被告又包括原告①（原告放弃诉讼请求或者按撤诉处理的除外）。若有正当理由不出庭（又不适用拘传），则应当裁定延期审理或者中止诉讼。

（3）不出庭，即"缺席"，亦即不参加法庭审理。②有些国家和地区的法律规定，"缺席"包含不答辩和不到庭，当事人在法庭上不为辩论的，被视同不出庭。

争讼程序虽然采行对审原则，但是，为及时维护对方当事人权益，避免诉讼拖延，一方当事人无正当理由不出庭的，诉讼照常进行。缺席判决与对席判决具有相同的法律效力。

纵然缺席审判，法院也应当注重平等保护双方当事人的合法权益，应当根据出庭当事人和缺席当事人提供的诉讼资料和法院依职权探知的事实证据进行审理并作出判决。

欠缺传唤或者传唤有瑕疵、当事人有正当理由不得出庭等，若法院缺席审理，则缺席的当事人有权提出异议，请求延期审理或者中止诉讼；若法院作出缺席判决，则缺席的当事人有权提起上诉或者申请再审。

二、平等原则

（一）平等原则的内涵

《民事诉讼法》第8条规定："民事诉讼当事人有平等的诉讼权利。人民法院审

---

① 《民事诉讼法》第148条规定：宣判前，原告申请撤诉的，是否准许，由人民法院裁定。人民法院裁定不准许撤诉的，原告经传票传唤，无正当理由拒不到庭的，可以缺席判决。

② 依据《互联网法院》第14条和《在线规则》第25条，除经查明确属网络故障、设备损坏、电力中断或者不可抗力等原因外，当事人无正当理由不参加在线庭审的，视为"拒不到庭"；庭审中擅自退出，经提示、警告后仍不改正的，视为"中途退庭"。

理民事案件，应当保障和便利当事人行使诉讼权利，对当事人在适用法律上一律平等。"当事人是外国人、无国籍人、外国企业和组织的，适用同等原则和对等原则（《民事诉讼法》第5条）。

平等原则首先是指所有当事人均具有平等的诉讼地位，具体表现为：（1）所有原告和被告均享有平等的诉讼权利①和承担平等的诉讼义务。（2）对于当事人相同的诉讼行为，应当适用相同的诉讼规范，并使之产生相同的法律效果。比如，原告和被告均无正当理由逾期举证的，则应适用相同的举证时限规范，并产生相同的效果（证据失效）。

平等原则其次是指平等维护双方当事人的实体利益和程序利益。比如，原告申请撤诉的，若被告已经提出答辩状或者参加言词辩论，为尊重被告已经付出的诉讼成本和对诉讼结果的期待利益，诸多国家将征得"被告同意"作为法院同意撤诉的要件。在我国《民诉解释》第238条第2款规定：法庭辩论终结后原告申请撤诉，被告不同意的，法院可以不予准许。

（二）平等原则的根据

法谚云："正义的根本要素是平等。"司法判决的正当性资源之一是让当事人在平等的环境中进行诉讼。当事人诉讼地位平等，不仅是"公平审判"的先决条件，而且是"衡量一种程序是否公正的基本标准"。

平等原则，从权利的角度说即平等权。"人皆平等"的自然正义和"法律面前人人平等"的宪法原则，在民事诉讼中体现为当事人平等原则。这也是民事诉讼法"宪法化"的具体体现。同时，当事人平等原则是正当程序的应有内涵和必然要求，"平等创造了司法和构成了司法"②。民事争讼程序中，"平等"使当事人双方能够平等地主张事实、提供证据、质证、辩论，从而实现程序正义和实体真实。③

法官应以中立裁判者的身份，平等保护所有当事人合法、正当的程序利益和实体利益。不过，使当事人处于平等地位还不够，因为同样恶劣地对待当事人显然不是给他们以尊严和正义，所以应当明确当事人具有平等的人格尊严。

---

① 享有平等的诉讼权利是指：（1）享有相同的诉讼权利，比如申请回避权、主张权、举证权、质证权、辩论权、达成诉讼契约的权利、执行异议权、使用母语进行诉讼的权利、委托诉讼代理人的权利。（2）享有与具体诉讼地位相应的诉讼权利，比如原告起诉权、被告反诉权，原告放弃或者变更诉讼请求的权利、被告推翻诉讼请求的权利，败诉方上诉权，债权人执行申请权，债务人执行豁免权等。
② ［法］皮埃尔·勒鲁：《论平等》，王允道译，21页，北京，商务印书馆，1994。
③ 在英美法系国家，把民事诉讼比作"民事战争"（civil war）：当事人一方拿着"剑和盾"，另一方也握着"剑和盾"。基于"平等武装"理念，原告和被告以平等或者对等的诉讼权利武装自己，在一个平等的环境中赢得诉讼，才是公正的。
　虽将诉讼比喻为战争，但是在现代法治社会中，诉讼应当遵行正当程序保障原理，强调应当经由正当程序获得胜诉，反对来自对方当事人和法官的突袭式诉讼与突袭式裁判，禁止使用诸如"暗度陈仓""上屋抽梯""瞒天过海""美人计"等战争计策。

三、集中审理原则

（一）集中审理原则的内涵和根据

民事诉讼审理方式有"并行审理"或称"分割审理"，法官在一段时期内并行审理数个案件（比如在本周内，今天审理甲案件、明天审理乙案件、后天审理丙案件），未审结的案件需择日继续开庭审理，一个案件往往需要多次开庭方可审结。

民事诉讼审理方式还有"集中审理"或称"持续审理"，法官集中或者持续审理一个案件，待该案审结再审判其他案件（"各个击破"）。根据集中审理原则，审理一个案件应当尽可能减少开庭次数，若某个案件需要多次开庭，则应连续不间断地审理直至作出判决。

集中审理能够避免并行审理的弊端：采取并行审理，多次改期审理而造成程序重复、浪费，加之同一案件审理期日间隔长而数个案件在同一段时期内并行审理，致使法官对数个案件记忆不清、错乱，依赖书面材料作出判决，直接言词和公开审判等原则因此被架空。

（二）集中审理原则的适用

采行集中审理，有个重要前提是法庭在审理前就应当作出充足准备，为此应当实行举证时限或者证据失效、交换证据等配套制度，整理争点，此后法庭只审理争点。集中审理原则在上诉程序中体现为上诉理由强制提出制度。

集中审理原则在特殊情形中也无适用的必要，比如出现中止诉讼的原因时，只得待原因消除后才能恢复诉讼，在中止诉讼期间法官可以审判其他案件。

由于实行集中审理原则和举证时限或者证据失效制度，一审基本将案件事实和证据问题审理完结，所以二审应当采用续审制，若有三审则应采事后审制。

四、直接言词原则

（一）直接言词原则的内涵和根据

直接言词（审判）原则包括直接原则和言词原则，两者有着内在关联性，均以发现真实和提高效率为目的。法院违反直接言词原则的，为上诉理由。

直接原则是指审判同一案件时，判决法官应当亲自参加法庭审理，即强调审理法官与判决法官的一体化。① 与此相对的是"间接审判",是指在审在判同一案件时,审理法官与判决法官可以分立,即判决法官可以根据其他法官审理的结果作出判决。

言词原则要求当事人、证人等在法庭上采用言词(口头)形式质证、辩论。与此相对的是"书面审理",是指根据书面的诉讼资料来认定事实和作出裁判。言词原则是程序公开、程序参与和直接审判等原则实施的必要条件。

诉讼或者司法是察言观色和亲历性的活动,如我国古代"五声听狱讼"。在法官、双方当事人和证人"面对面"的活动中,当事人和证人的肢体语言(如陈述事实时所体现出的坐姿、语调、眼神、情绪等)均能够传达出语言文字所无法传递的案情信息②,影响到法官的心证。③ 这是采行直接言词原则和强调司法亲历性的经验上和心理学上的根据。

直接言词原则要求法官亲自聆听当事人言词辩论和证人言词作证,直接观察当事人和证人的肢体语言,直接查看证据实际状况,以准确掌握案件事实。因此,直接言词原则被喻为自由心证原则的一个"支柱"。同时,言词传达信息简捷,法官、当事人和证人直接见面,有助于法官和当事人及时发现争议并尽快解决,促进诉讼。

直接言词原则体现了诉讼过程与诉讼结果的一体性,即判决是听审过程中主、客观因素累积的结果。该属性与发现真实、提高效率存在着内在关联。在现代法治社会,直接言词原则与公开原则、参与原则等一并被视为使诉讼制度贴近国民的必要手段。

---

① 《民事诉讼法》没有明确规定直接言词主义,不过,《落实司法责任》明确要求落实"让审理者裁判"的要求。

《关于人民法院合议庭工作的若干规定》(法释〔2002〕25 号)第 3 条规定:合议庭组成人员确定后,除因回避或者其他特殊情况,不能继续参加案件审理的之外,不得在案件审理过程中更换。更换合议庭成员,应当报请院长或者庭长决定。合议庭成员的更换情况应当及时通知诉讼当事人。

《关于进一步加强合议庭职责的若干规定》(法释〔2010〕1 号)第 5 条规定:开庭审理时,合议庭全体成员应当共同参加,不得缺席、中途退庭或者从事与该庭审无关的活动。合议庭成员未参加庭审、中途退庭或者从事与该庭审无关的活动,当事人提出异议的,应当纠正。合议庭仍不纠正的,当事人可以要求休庭,并将有关情况记入庭审笔录。

《关于规范合议庭运行机制的意见》(法发〔2022〕31 号)第 1 条规定:……合议庭全体成员平等参与案件的阅卷、庭审、评议、裁判等审判活动,对案件的证据采信、事实认定、法律适用、诉讼程序、裁判结果等问题独立发表意见并对此承担相应责任。第 9 条第一句规定,合议庭审理案件形成的裁判文书,由合议庭成员签署并共同负责。

《保护司法职责》第 3 条规定:法官依法履行法定职责受法律保护,有权就参与审理案件的证据采信、事实认定、法律适用、裁判结果、诉讼程序等问题独立发表意见。除参加专业法官会议外,法官有权拒绝就尚未进入诉讼程序的案件或者本人未参与审理的案件发表意见。

至于审判者或者审判庭与专业法官会议或者审判委员会之间的关系,参见本章第二节一(五)。

② 这正体现了波普尔所言的"无意识的知识"、波兰尼所言的"不可言传的知识"(Michael Polany, *Personal Knowledge*, Chicago, the University of Chicago Press, 1958, pp. 62-64)。

③ 有研究表明,人与人之间的沟通有 50% 以上是靠肢体语言。参见 [美] 盖瑞·史宾塞:《最佳辩护》,魏丰等译,36~41 页,北京,世界知识出版社,2003。

(二) 直接言词原则的适用例外

(1) 根据直接言词原则,审判过程中本案法官有变更的,诉讼程序应从头进行。但是,这样做有违诉讼经济。所以许多国家和地区的民事诉讼法规定,当事人应当在新法官面前陈述以前言词辩论的结果,诉讼程序不必从头进行。

(2) 言词原则适用于开庭审理阶段,而诉讼程序的启动(如起诉书、申请书等)和终结(如判决书、裁定书等)原则上要求采取书面形式;审前准备程序通常不以言词主义为必要。此外,民事私益案件中,原告舍弃的、被告认诺的,此后程序无须言词审理。

(3) 根据言词原则,证人应当出庭口头作证,但有正当理由无法出庭的,法院可以允许其提交书面证言或者通过双向视听传输等技术手段作证(《民事诉讼法》第76条)。

(4) 对裁定处理的程序事项,通常采取自由证明,无须法庭言词辩论;书面审理即可;无适用言词原则的必要,但也并不排斥采用言词审理方式。

第二节 民事审判基本制度

根据《宪法》和《法院组织法》,《民事诉讼法》第10条规定:"人民法院审理民事案件,依照法律规定实行合议、回避、公开审判和两审终审制度。"根据《法院组织法》《人民陪审员法》,我国民事审判基本制度还应包括人民陪审员制。

合议制和人民陪审员制规定通常的具体审判组织;回避制规定审判组织和法官的中立;公开审判制规定法院审判的通常形式;两审终审制规定审级程序。

审判基本制度虽是从法院审判的角度规定法院审判民事案件所应当遵行的基本制度,但与维护当事人司法救济权和诉讼权利密不可分。

一、合议制和陪审制

(一) 合议制·独任制·陪审制的含义

1. 合议制和独任制的含义

根据《法院组织法》《民事诉讼法》等,法院审判案件的组织形式有合议制(合议庭)和独任制(独任庭)两种。合议制或者合议庭是法院审判案件的基本组织形式,除法律规定适用独任制外,均应组成合议庭审判案件。

合议庭是由3名以上(含3名)单数的法官组成或者由法官和人民陪审员组成的审判庭。法谚云,"六只眼睛优于两只眼睛"。合议制和合议庭旨在从制度和组织上保障正确审判①,主要适用于比较重大、疑难的案件和普通审判程序。

---

① 法官中立和回避制度旨在减免因审判人员个人"偏私"所产生的错误判决或者枉法判决。

《民事诉讼法》第三章对合议制作出了专门规定。《关于人民法院合议庭工作的若干规定》（法释〔2002〕25 号）、《关于进一步加强合议庭职责的若干规定》（法释〔2010〕1 号）和《关于规范合议庭运行机制的意见》（法发〔2022〕31 号）对合议庭作出了专门解释。① 《司法责任》明确了审判组织的权限和责任。《保护司法职责》规定了司法人员依法履行法定职责的保护机制。

独任庭是由 1 名法官组成的审判庭，是基于便捷诉讼和降低成本而设置的。根据《民事诉讼法》第 40、41、185 条等的相关规定，独任制适用以下案件：（1）适用简易程序审理的民事案件；（2）基层人民法院审理的基本事实清楚、权利义务关系明确的一审民事案件，可以适用普通程序独任审理；（3）中级人民法院对一审适用简易程序审结或者不服裁定而提起上诉的二审民事案件，事实清楚、权利义务关系明确的，经双方当事人同意，可以独任审理；（4）依照《民事诉讼法》第十五章"特别程序"审理的案件。

但是，独任制不适用以下案件：（1）涉及国家利益、社会公共利益的案件；（2）涉及群体性纠纷，可能影响社会稳定的案件；（3）人民群众广泛关注或者其他社会影响较大的案件；（4）属于新类型或者疑难复杂的案件；（5）法律规定应当组成合议庭审理的案件；（6）选民资格案件或者重大、疑难的非讼案件，以及在公示催告程序中作出除权判决的案件；（7）其他不宜独任审理的案件。

法院在审理过程中，发现案件不宜独任审理的，应当裁定转由合议庭审理。当事人认为案件独任审理违反法律规定的，可以向法院提出异议。法院对当事人提出的异议应当审查，异议成立的，裁定转由合议庭审理；异议不成立的，裁定驳回。

2. 陪审制的含义

陪审制的主要内涵是普通民众（陪审员）作为审判者，与职业法官一道直接行使审判权。其类型大致有：参审制和陪审团（Jury）制。我国人民陪审员制属于参审制的范畴。

大陆法系的参审制主要体现为，普通民众作为陪审员，与职业法官一道组成合议庭，陪审员与职业法官享有同等的权利，既是案件事实的审判者又是法律适用的决定者。

陪审团制大体上是，随机挑选出的 12 名普通民众组成的陪审团，在民事诉讼中是案件事实和损害赔偿责任的审判者，职业法官根据陪审团对案件事实的认定和对损害赔偿责任承担的决定，作出判决。②

陪审制产生和采用的根据，首先是以此具体实现人民主权原则或者作为民众参

---

① 《关于进一步加强合议庭职责的若干规定》第 11 条规定：执行工作中依法需要组成合议庭的，参照本规定执行。

② 古日耳曼和古英格兰采用"事实出发型"诉讼构造，法院根据案发地普通民众对案件的看法或者事实证人的证言作出判决，由此逐渐发展成为陪审团制（从证人到裁判者）。这种陪审团制后来被美国等以人民主权或者政治民主为由而采用。

加国家司法事务管理的具体途径。我国不断完善和强化人民陪审员制，也是基于这方面的考量。在民事诉讼中，英美法系一些国家（如英国等）的陪审团制因其太费资源而有所式微，但是，也有些国家（如美国）认为，为实现陪审团制的政治民主价值所付出的代价是值得的。

其次，陪审员"运用普通人的情理来判断普通人理解的事实问题"，避免司法走向极端的职业化；吸收专业人士为陪审员，有助于法院妥当地解决专业性案件。因此，"以说服陪审员为桥梁"，将对司法裁判的信任扩展到其他民众。

最后，陪审制在一定程度上可以减免司法腐败，维护司法公正。12 人组成陪审团是一种更为诚实、可靠的纠纷解决方法，因为很难贿赂 12 个陪审员；而且 12 个脑袋要好过 1 个脑袋，因为陪审团提供了大量不同的经历和观点，这与单个法官的单片思路正好形成对比，并且法官会基于先前案件产生偏见。[1]

沈家本和伍廷芳《进呈诉讼法拟请先行试办折》（光绪三十二年四月初二日）中主张"宜设陪审员"，其理由是"考《周礼·秋官》：'司刺掌三刺之法，曰讯万民，万民必皆以为可杀也，然后施上服下服之刑。'此法与孟子'国人杀之'之旨隐相吻合，实为陪审员之权舆"。另一方面，"司法者一人，知识有限，未易周知，宜赖众人为之听察，斯真伪易明。若不肖刑官或有贿纵曲庇、任情判断及舞文诬陷等弊，尤宜纠察其是非"。

陪审团制是英美法系民事诉讼中"脊梁"式的制度，造就了英美法系民事诉讼的基本构造和基本制度。择其要者说明如下：

（1）当事人主义和对抗制（adversary system）。非法律专业人士的陪审员很容易受到法官言行的影响，若法官在诉讼中积极行为，则无法期待陪审团作出公正的判断，于是逐渐形成如下诉讼习惯：把诉讼主导权赋予当事人、法官采取在其背后控制的；消极态度。询问证人采取交叉询问制也是出于这个原因。[2]

对抗制的典型模式是，当事人承担提供证据、主张事实和进行辩论的责任。诉讼中，法官相当于公断人，力图确保律师遵守程序规则，并倾听双方当事人陈述，基于当事人提供的证据、主张的事实作出裁断。[3]

（2）集中审理。召集陪审团全体成员到庭很费周折和时间，所以做好审前准备工作（交换证据和整理争点）是必要的，以期减少择日开庭次数和缩短开庭审理时间。这样，久习成惯而采行集中审理。[4]

（3）证据规则。作为事实判断者的陪审员系非法律专业人士，为避免其错误认

---

① 参见 [美] 史蒂文·苏本、玛格丽特·伍：《美国民事诉讼的真谛》，239 页，北京，法律出版社，2002。

② 参见 [日] 中村英郎：《民事诉讼理论的法系考察》，32 页，东京，成文堂，1986。

③ 参见 [美] 史蒂文·苏本、玛格丽特·伍：《美国民事诉讼的真谛》，29 页，北京，法律出版社，2002。

④ 参见 [日] 中村英郎：《民事诉讼理论的法系考察》，15 页，东京，成文堂，1986。

定事实或者感情用事，可通过关于可采性的证据规则来指导和约束其认定事实，由此英美法系证据规则主要是关于证据可采性的规则。同时，在当事人主义和对抗制中，有必要限制当事人和律师的任意证明行为，所以其证据规则较为复杂。

在大陆法系，由于采取参审制，职业法官和陪审员一道认定事实，所以没有必要制定如英美法系指导和约束陪审员式的证据制度。同时，为使法官能够自由判断证据的证明力以发现实体真实，大陆法系证据法对法官调查、判断证据在法律形式上作出较少限制。

（4）上诉限制和上诉审性质。在上诉方面的限制英美法系比大陆法系要多，英美法系上诉审主要是法律审，二审程序与三审程序的区别没有大陆法系中那样明显。其缘由是采用陪审团制和集中审理主义致使一审基本将案件事实、证据审理完毕。

陪审员"运用普通人的情理来判断普通人理解的事实问题"有其合理之处，符合正当性要求，所以法官并不轻易否定陪审团对事实的认定。若二审程序审理事实，则应重新遴选和召集陪审员，由此带来的诉讼成本也将无法承受。

在大陆法系，调查证据和认定事实并非完全属于陪审员的权限而主要是职业法官的权限，法官也会错误认定事实，加之无须考虑陪审团制所带来的成本，所以二审程序虽是法律审但不完全拒绝事实审，即采取续审制。

（二）我国合议庭的组成·产生·适用

在我国，合议庭应当由3名以上（含3名）单数的审判人员组成。审判人员包括法官（含法官助理）和人民陪审员。合议庭组成人员确定后应当在3日内告知当事人。

（1）一审普通程序中，合议庭由3名以上单数的法官或者法官与人民陪审员共同组成。

（2）二审程序中，合议庭由3名以上单数的法官组成。① 对于发回重审的案件，原审法院应当按照一审程序另行组成合议庭。

（3）再审中，原审裁判是一审的，按照一审程序另行组成合议庭；是二审的，或者上级法院提审的，按照二审程序（另行）组成合议庭。

（4）民事公益诉讼中，一审案件由法官和人民陪审员组成合议庭（《人民陪审员法》第15条和第16条等）。②

（5）特别程序中，审判选民资格案件、重大或者疑难的非讼案件，应由法官组成合议庭；公示催告程序中在作出除权判决阶段，应当组成合议庭。

---

① 上诉审程序中之所以由法官组成合议庭，是因为上诉审程序的职能不同于初审程序的职能：上诉审程序不仅需要查明案件事实和正确适用法律，以解决纠纷和保护权益，而且担负着对初审法院审判实行审级监督的职能。
② 《生态环境赔偿》第4条规定：人民法院审理第一审生态环境损害赔偿诉讼案件，应当由法官和人民陪审员组成合议庭进行。

合议庭的审判长由院长或者庭长指定法官一人担任；院长或者庭长参加审判的，由院长或者庭长担任。但是，人民陪审员在参加审判活动期间不能担任审判长。法律、司法解释规定"另行组成合议庭"的案件，参与原案审理的合议庭成员和法官助理、书记员等审判辅助人员均不得参与办理。

合议庭成员确定后，因回避、工作调动、身体健康、廉政风险等事由，确需调整成员的，由院长或庭长按职权决定，调整结果应当及时通知当事人，并在办案平台标注原因，或者形成书面记录入卷备查。

法院审判具体案件时，该案件的审判组织是合议庭还是独任庭应当符合法律规定，若采用合议庭则其组成应当符合法律规定，不然则构成上诉和再审的法定理由。

（三）合议庭活动规则

合议庭审判活动由审判长主持，全体成员平等参与阅卷、庭审、评议等审判活动，独立发表意见，在裁判文书上签名，对案件的事实认定和法律适用共同承担责任。《落实司法责任》《司法责任》等明确规定了审判组织的权限和责任。

合议庭活动的基本规则是"让审理者裁判、由裁判者负责""共同审理""平等行权""权责一致"等。合议庭评议过程不向未直接参加案件审理工作的人员公开。

合议庭审判活动由审判长主持，全体成员平等共同参与阅卷、庭审、评议、裁判等审判活动，对案件的证据采用、事实采信、法律适用、诉讼程序、裁判结果等问题独立发表意见并对此承担相应责任。不过，合议庭评议案件时，成员发表意见不受追究。

对于合议庭成员未参加庭审、中途退庭或者从事与庭审无关的活动，当事人提出异议的，应当纠正；合议庭仍不纠正的，当事人可以要求休庭，并将有关情况记入庭审笔录。

合议庭应当在庭审结束后及时评议。合议庭评议的主要方式是线下同场评议，在线评议仅是补充。合议庭成员确有客观原因难以参加线下同场评议的，可以通过"人民法院办案平台"进行在线方式评议。为确保交互评议和连续评议，合议庭成员不得以提交书面意见的方式参加评议或者委托他人参加评议。

合议庭评议案件时，先由承办法官对案件事实认定、证据采信以及适用法律等发表意见，其他合议庭成员依次发表意见。审判长应当根据评议情况总结合议庭评议的结论性意见。

审判长主持评议时，与合议庭其他成员权利平等。合议庭成员评议时，应当充分陈述意见，独立行使表决权，不得拒绝陈述意见；同意他人意见的，应当提供事实和法律根据并论证理由。

合议庭成员以口头形式对评议结果进行表决。评议过程应当完整记入笔录，由参加合议的人员和制作人签名。评议笔录属于审判秘密，非经法定程序和条件，不得对外公开。

合议庭评议时，如果意见存在分歧，应当按照多数意见作出决定，但是少数意见应当记入笔录。合议庭可以根据案情或者院/庭长提出的监督意见进行复议。合议庭无法形成多数意见时，审判长应当按照有关规定和程序建议院/庭长提交专业法官会议讨论，或者由院长提交审判委员会讨论决定。专业法官会议讨论形成的意见，供合议庭复议时参考；审判委员会的决定，合议庭应当执行。

合议庭审理案件形成的裁判文书，由合议庭成员签署并共同负责。合议庭其他成员签署前，可以对裁判文书提出修改意见，并反馈承办法官。

存在下列情形之一，导致案件按照审判监督提起再审后被改判的，不得作为错案进行责任追究：对法律、法规、规章、司法解释具体条文的理解和认识不一致，在专业认知范围内能够予以合理说明的；对案件基本事实的判断存在争议或者疑问，根据证据规则能够予以合理说明的；当事人放弃或者部分放弃权益主张的；当事人过错或者客观原因致使案件事实认定发生变化的；因出现新证据而改变裁判的；法律修订或者政策调整的；裁判所依据的其他法律文书被撤销或者变更的；其他不应当承担责任的情形。

（四）合议庭与庭长·院长·专业法官会议·审判委员会

院长（副院长）、庭长（副庭长）组织领导行政性事务工作，具体案件的审判由审判庭负责。院长、副院长、庭长除参加审判委员会、专业法官会议外，不得对其没有参加审理的案件发表倾向性意见。

除审判委员会讨论决定的案件外，院长、副院长、庭长不再审核签发未直接参加审理案件的裁判文书，不得以口头指示等方式变相审批案件，不得违反规定要求法官汇报案件。

依据《落实司法责任》，判决可能形成新的裁判标准或者改变上级法院、本院同类生效裁判标准的，应当提交专业法官会议或者审判委员会讨论。

各级法院应当健全由民事、刑事、行政等审判领域法官组成的专业法官会议，参会人员地位平等，其功能是统一法律适用、为审判组织提供法律咨询。①

根据《法院组织法》，各级法院设审判委员会，由院长、副院长和若干资深法官单数组成；审判委员会会议分为全体会议和（刑事审判、民事审判、行政审判等）专业委员会会议。

审判委员会履行下列职能：（1）总结审判工作经验；（2）讨论决定重大、疑难、复杂案件的法律适用；（3）讨论决定本院已经发生法律效力的判决、裁定、调解书是否应当再审；（4）讨论决定其他有关审判工作的重大问题。最高人民法院司法解释应当由审判委员会全体会议讨论通过，发布指导性案例可以由审判委员会专业委员会会议讨论通过。

---

① 《司法责任》第 8 条、《关于深化司法责任制综合配套改革的实施意见》（法发〔2020〕26 号）第 9 条、《关于完善人民法院专业法官会议工作机制的指导意见》（自 2021 年 1 月 12 日起施行）等。

拟提交审判委员会讨论决定的案件，通常由专业法官会议先行讨论。[①] 专业法官会议没有形成多数意见，独任庭、合议庭与专业法官会议多数意见不一致，认为案件需要提交审判委员会讨论决定的，层报院长提交审判委员会讨论决定；院长认为有必要的，也可主动提请审判委员会讨论决定。[②]

对于审判委员会讨论的案件，合议庭对其汇报的事实负责，审判委员会委员对本人发表的意见和表决负责。对于审判委员会的决定，合议庭应当执行。除法律规定不应当公开的情形外，审判委员会讨论案件的决定及其理由应当在裁判文书中公开。

（五）人民陪审员制

为了保障公民依法参加审判活动，促进司法公正，提升司法公信，2018 年我国制定了《人民陪审员法》。据此，最高人民法院颁行了《关于适用〈中华人民共和国人民陪审员法〉若干问题的解释》（法释〔2019〕5 号）、《关于具有专门知识的人民陪审员参加环境资源案件审理的若干规定》（法释〔2023〕4 号），最高人民法院和司法部共同颁行了《人民陪审员培训、考核、奖惩工作办法》（法发〔2019〕12 号）和《〈中华人民共和国人民陪审员法〉实施中若干问题的答复》（法发〔2020〕29 号）。

人民陪审员依法参加法院的审判活动，除法律另有规定外，同法官有同等权利。合议制与人民陪审员制的关系主要体现在法官和人民陪审员共同组成合议庭方面。人民陪审员和法官组成合议庭审判案件，由法官担任审判长，可以组成 3 人合议庭，也可以由法官 3 人与人民陪审员 4 人组成 7 人合议庭。

法院审判第一审案件，有下列情形之一的，由人民陪审员和法官组成合议庭进行：（1）涉及群体利益、公共利益的；（2）人民群众广泛关注或者其他社会影响较大的；（3）案情复杂或者有其他情形，需要由人民陪审员参加审判的。法院审判前述案件，法律规定由法官独任审理或者由法官组成合议庭审理的，从其规定（《人民陪审员法》第 15 条）。

法院审判下列第一审民事案件，由人民陪审员和法官组成 7 人合议庭进行：（1）根据民事诉讼法提起的公益诉讼案件；（2）涉及征地拆迁、生态环境保护、食品药品安全，社会影响重大的案件；（3）其他社会影响重大的案件（《人民陪审员法》第 16 条）。

对于《人民陪审员法》第 15、16 条规定之外的第一审普通程序案件，法院应当告知原告（包括有独立请求权的第三人）和被告，在收到通知后 5 日内有权申请由人民陪审员参加合议庭审判案件。

人民陪审员不参加下列案件的审理：（1）依照民事诉讼法适用特别程序、督促程序、公示催告程序审理的案件；（2）申请承认外国法院离婚判决的案件；（3）裁

[①] 《关于完善人民法院专业法官会议工作机制的指导意见》第 12 条。
[②] 《关于健全完善人民法院审判委员会工作机制的意见》（法发〔2019〕20 号）第 10 条。

定不予受理或者不需要开庭审理的案件。同时，人民陪审员不得参与审理由其以人民调解员身份先行调解的案件，法院不得安排人民陪审员参加案件执行工作。

人民陪审员的回避，适用民事诉讼法及其相关司法解释有关审判人员回避的规定（不适用法官法中关于法官任职回避的规定）。人民陪审员回避事由经审查成立的，法院应当及时确定递补人选。

人民陪审员确定后，法院应当将参审案件案由、当事人姓名或名称、开庭地点、开庭时间等事项告知参审人民陪审员及候补人民陪审员。必要时，法院可以将参加审判活动的时间、地点等事项书面通知人民陪审员所在单位。

在开庭前，法院应当将相关权利和义务告知人民陪审员，并为其阅卷提供便利条件。7人合议庭在开庭前，应区分事实认定问题与法律适用问题（难以区分的，视为事实认定问题），应当制作事实认定问题清单，即根据不同类型纠纷的请求权、支配权或者形成权的规范基础，归纳出当事人争议的要件事实并逐项列举，供人民陪审员在庭审时参考。

审判过程中，人民陪审员依法有权参加案件调查和调解。审判长应当履行与案件审判相关的指引、提示义务，但不得妨碍人民陪审员对案件的独立判断。庭审过程中，人民陪审员依法有权向诉讼参加人发问，审判长应当提示人民陪审员围绕案件争议焦点进行发问。

人民陪审员参加3人合议庭审判案件，对事实认定、法律适用，独立发表意见，行使表决权。7人合议庭评议时，人民陪审员对事实认定，独立发表意见，并与法官共同表决；对法律适用，可以发表意见并记录在卷，但不参加表决。

人民陪审员同合议庭其他组成人员存在意见分歧的，应当将其意见写入笔录。人民陪审员列席审判委员会讨论其参加审理的案件时，可以发表意见。案件审结后，法院应将裁判文书副本及时送交参加该案审判的人民陪审员。

二、回避制

（一）回避制度的含义

回避制度的主要内涵是：审判人员和执行人员等与案件及其当事人等存有利害关系而可能导致诉讼不公正时，不得参加该案的审判、执行及其他相关工作。对此，《民事诉讼法》《民诉解释》等作出了明确规定。

回避制度是保证法官中立和诉讼公正的一项制度，属于强行规范。法官中立是指法官与自己正在审判和执行的案件及其当事人等没有利害关系，旨在消除法官偏私对其审判和执行产生的影响，以保障诉讼公正。

（二）回避制度的内容

1. 回避的人员·情形·方式

回避的人员包括审判人员、执行员、法官助理、书记员、司法技术人员（包括技术调查官等）、翻译人员、鉴定人、勘验人和司法警察等。审判人员包括参与本案审理的法院院长、副院长、审判委员会委员、庭长、副庭长、审判员和人民陪审员。此外，回避的主体还包括检察人员（《检察监督》第 10 条）。

审判人员等有下列情形之一的，应当自行回避，当事人有权申请其回避：是本案当事人或当事人近亲属的；本人或其近亲属与本案有利害关系的；担任过本案的证人、鉴定人、辩护人、诉讼代理人、翻译人员的；是本案诉讼代理人近亲属的；本人或其近亲属持有本案非上市公司当事人的股份或股权的；与本案当事人或诉讼代理人有其他利害关系，可能影响公正审理的。

审判人员等有下列情形之一的，当事人有权申请其回避：接受本案当事人及其受托人宴请，或者参加由其支付费用的活动的；索取、接受本案当事人及其受托人财物或者其他利益的；违反规定会见本案当事人、诉讼代理人的；为本案当事人推荐、介绍诉讼代理人，或者为律师、其他人员介绍代理本案的；向本案当事人及其受托人借用款物的；有其他不正当行为，可能影响公正审理的。

《民诉解释》第 45 条还规定："在一个审判程序中参与过本案审判工作的审判人员，不得再参与该案其他程序的审判。发回重审的案件，在一审法院作出裁判后又进入第二审程序的，原第二审程序中审判人员不受前款规定的限制。"

回避的主要方式有：（1）自行回避，即审判人员、检察人员等有回避情形的，应当主动要求回避。（2）申请回避，即当事人及其诉讼代理人向法院或者检察院提出申请，要求审判人员、检察人员等回避。（3）责令回避，即审判人员、检察人员等有应当回避的情形，没有自行回避，当事人也没有申请其回避的，对审判人员，由院长或者审判委员会决定其回避；对检察人员，由检察长或者检察委员会决定其回避。

2. 回避的程序

（1）告知申请回避的权利。

法院应当在受理通知书、应诉通知书、执行通知书中明确告知当事人有申请回避的权利。《民事诉讼法》第 131 条规定："合议庭组成人员确定后，应当在三日内告知当事人。"[①] 依据《民诉解释》第 268 条，对于没有委托律师、基层法律服务工作者代理诉讼的当事人，法院在庭审过程中可以对回避等相关内容向其作必要的解释。

（2）提出回避申请。

当事人及其诉讼代理人提出回避申请，应当说明理由，在案件开始审理时提出。在案件开始审理后知道回避事由的，也可以在法庭辩论终结前提出。

当事人及其诉讼代理人应当在检察院作出提出抗诉或者检察建议等决定前以口头或者书面方式申请回避，并说明理由。口头提出申请的，应当记录在卷。

（3）审查和决定。

法院应当在申请提出后 3 日内，经审查，以口头或者书面形式作出决定。院长

---

① 对于其他应予回避的主体，在确定其参加案件审判、执行后，也应在 3 日内告知当事人。

担任审判长时的回避，由审判委员会决定；审判人员的回避，由院长决定；其他人员的回避，由审判长（或者独任法官）决定。

检察院应当在申请提出后 3 日内，作出决定并通知申请人。检察长的回避，由检察委员会讨论决定；检察人员和其他人员的回避，由检察长决定。检察委员会讨论检察长回避问题时，由副检察长主持，检察长不得参加。

被申请回避的人员在法院、检察院作出是否回避的决定前，应当暂停本案工作，但案件需要采取紧急措施（如诉讼保全、证据保全等）的除外。

（4）复议。

申请人对决定不服的，可以在接到决定时向原决定机关申请复议一次。法院、检察院应当在 3 日内作出复议决定，并通知复议申请人。在复议期间，被申请回避的人员不停止本案工作。

3. 违反回避制的后果

笔者认为，审判人员违反回避制度的，应当作为上诉事由。上诉审法院应当裁定撤销原判，发回原审法院重审。根据《民事诉讼法》第 211 条第 7 项，"依法应当回避的审判人员没有回避的"为再审事由。审判人员以外人员，由于不是案件的审判者，纵然违反回避制度，也不作为上诉事由和再审事由。

依据《处分条例》第 30 条，法官违反规定应当回避而不回避，造成严重后果的，给予警告、记过或者记大过处分；情节较重的，给予降级或者撤职处分；情节严重的，给予开除处分。

依据《人民检察院司法责任追究条例》（2020 年）第 7 条，检察人员在行使检察权过程中，故意违反法律规定应当回避而不自行回避，造成不良影响的，应当承担司法责任。

三、公开审判制

（一）公开审判的含义

公开审判属于司法公开的范畴，是指法院应当依法公开审理和公开宣判民事案件。公开审判既要求形式上的公开，即公开案情、审判人员、审理过程和判决结果，又要求实质上的公开，即在判决中公开法官作出判决的思维过程和论证根据（附判决理由义务）。

诉讼具有过程与结果的一体性，据此司法管理既是"过程管理"又是"目标管理"。审判公开既包括审理过程公开又包括判决结果公开。全国各级法院依托中国庭审公开网直播案件庭审属于审理过程公开，依托中国裁判文书网发布裁判文书属于判决结果公开。

民事争讼程序中，"对席言词辩论"使用言词形式，使其能够在公开场合进行，可见公开审判与对审审理和言词审理之间有着内在的关联性（书面审理则无须公开），并且法庭公开集中审理能使审判过程被全程观看和传播，便于国民监督审判。

"正义不仅应当得到实现，而且应以人们看得见的方式实现。"审判公开，从权利的角度来说，是人们享有获得公开审判的权利。此项程序基本权利或称程序性人权包含在《世界人权宣言》第 10 条的规定中："在确定当事人的民事权利与义务或审理对被告人的刑事指控时，人们有权充分平等地获得独立、公正的法院进行的公正、公开的审理。"

在现代法治社会，公开原则和参与原则等均是司法制度贴近国民的必要手段。公众有权查阅发生法律效力的裁判文书，了解国家的司法状况或者司法水平。全国法院在互联网上直播案件庭审和公布裁判文书，是其司法职责和司法自信使然，也旨在努力"构建开放、动态、透明、便民的阳光司法机制"。

将审判置于公众的监督之下，提高审判的透明度，有助于实现司法公正，提升司法公信力。公开审判对当事人及其他诉讼参与人具有约束作用，能够促使当事人据实陈述案情和证人如实提供证言。公开审判的过程就是通过具体案例对公众进行法制宣传教育的过程。

"审判公开"是"经""常道"；"权（变）"则是法院顺应互联网的发展在互联网上实现审判公开，这一权（变）为保障人们获得公开审判的基本权利，使我国司法制度贴近国民和提升司法公信力等提供了极其便捷的途径。

（二）我国公开审判制的内容

《决定》明确提出"构建开放、动态、透明、便民的阳光司法机制"。开放，即所有司法中依法应当公开的信息都应当公开。动态，即当事人可以通过网上办公平台与法院进行必要的互动交流。透明，即所有可以公开的裁判结果和执行信息都应当上网公开。便民，即普通民众参与、旁听案件审理，获取法院的公共信息将更加方便、快捷。

依据《关于进一步深化司法公开的意见》（法发〔2018〕20 号），人民法院坚持主动公开、依法公开、及时公开、全面公开和实质公开。依据《关于推进司法公开三大平台建设的若干意见》（法发〔2013〕13 号），司法公开包括审判流程公开、裁判文书公开和执行信息公开，相关规定分别有《互联网公开流程》、《关于人民法院在互联网公布裁判文书的规定》（法释〔2016〕19 号）、《关于人民法院执行流程公开的若干意见》（法发〔2014〕18 号）。

公开的主体范围主要是：（1）向社会公开，即允许公民旁听、允许新闻报道[1]、在互联网公布裁判文书。[2]（2）向当事人公开，即保障当事人的诉讼参与权，

---

① 参见《人民法院法庭规则》（法释〔2016〕7 号）（第 9、11 条）、《关于人民法院接受新闻媒体舆论监督的若干规定》（2009 年）。

② 参见《关于人民法院接受新闻媒体舆论监督的若干规定》（2009 年）、《关于人民法院在互联网公布裁判文书的规定》。

法庭应当给予诉讼当事人各方充分的机会来陈述本方的理由，严格适用缺席审判。①

公开的客体范围主要是②：（1）审判庭组成人员和书记员公开；（2）案情公开；（3）立案公开；（4）庭审公开；（5）宣判公开；（6）裁判文书公开，包括在互联网公布裁判文书，公众可以查阅发生法律效力的判决书和裁定书（《民事诉讼法》第159条）③；（7）查阅和复制庭审笔录等诉讼材料［参见本书第二十章第二节三（二）］。④

正当程序既是一种公开的程序，又是一种能够保守国家秘密、当事人隐私和商业秘密的程序。为了维护更大权益或者基于对审理事项特殊性的考虑，我国现行法律和司法解释明文规定了不公开审理的案件和情形（法院应当当庭宣布不公开审理的理由），主要有：

（1）不公开审理的案件。主要有两类（《民事诉讼法》第137条）：绝对不公开审理的案件（涉及国家秘密、个人隐私案件）和相对不公开审理的案件（当事人可以申请不公开审理的离婚案件和涉及商业秘密的案件、法院调解案件⑤、非讼案件等）。对于不公开审理的案件，其判决应当公开宣告，宣判时应当注意保护有关国家秘密、个人隐私、商业秘密。

（2）不开庭审理的情形。争讼案件以开庭审理为原则，其例外情形主要有：简易程序和小额诉讼程序中，可以采用视听传输技术等方式开庭（《民诉解释》第259条）；上诉案件不需要开庭审理的，可以不开庭审理（《民事诉讼法》第176条）；再审案件不需要开庭审理且当事人书面同意的，不开庭审理（《民诉解释》第401条）。

---

① 笔者认为，对当事人程序公开的规范内容，以纳入参与原则或者对审原则为宜。参见邵明：《论民事诉讼程序参与原则》，载《法学家》，2009（3）。

② 《关于司法公开的六项规定》（2009年）从立案公开、庭审公开、执行公开、听证公开、文书公开和审务公开这六个方面对各个程序阶段的审判公开问题作了进一步的规定。《执行公开》规定，法院应当将案件执行过程和执行程序予以公开。

③ 但涉及国家秘密、商业秘密和个人隐私的内容除外。《民诉解释》第220条规定：《民事诉讼法》第71、137、159条规定的商业秘密是指生产工艺、配方、贸易联系、购销渠道等当事人不愿公开的技术秘密、商业情报及信息。
公民、法人或者其他组织应当以书面形式，向作出该生效裁判的法院提出申请，并提供具体的案号或者当事人姓名、名称（《民诉解释》第254条）。

④ 依据《庭审音像》，法院可以播放依法公开审理案件的庭审音像（第12条）；法院应当通过审判流程信息公开平台、诉讼服务平台以及其他便民诉讼服务平台，为当事人、辩护律师、诉讼代理人等依法查阅庭审音像提供便利（第10条）。

⑤ 《民诉解释》第146条规定："人民法院审理民事案件，调解过程不公开，但当事人同意公开的除外。调解协议内容不公开，但为保护国家利益、社会公共利益、他人合法权益，人民法院认为确有必要公开的除外。主持调解以及参与调解的人员，对调解过程以及调解过程中获悉的国家秘密、商业秘密、个人隐私和其他不宜公开的信息，应当保守秘密，但为保护国家利益、社会公共利益、他人合法权益的除外。"

（3）争讼程序中，不公开情形还有：法庭审理终结后合议庭秘密评议案件①、裁定程序事项、简易案件判决书只需记载判决主文而无须详细载明判决理由（《民诉解释》第 270、280 条）。

《处分条例》第 42 条规定：故意泄露合议庭、审判委员会评议、讨论案件的具体情况或者其他审判执行工作秘密的，给予记过、记大过处分、降级、撤职或者开除处分。

根据《刑法》第 308 条之一，司法工作人员、诉讼代理人或者其他诉讼参与人泄露依法不公开审理的案件中不应当公开的信息，造成严重后果的，追究刑事责任。

四、两审终审制

（一）两审终审制的内容

审级制度是指法律规定的审判机关在组织体系上的层级划分以及诉讼案件应经几级法院审判才告终结的制度。

法院的上下级关系具有非行政性，虽然上级法院有权依据法定程序改变下级法院的判决，但是这只能被理解为分工上的一种差异。设置不同审级的法院是为当事人提供再次诉讼救济的机会和为解决纠纷提供一个纠误渠道，使法院判决更加审慎；并且通过上诉审程序力求司法标准的统一和对司法进行政策导向上的调整。

许多国家和地区采取"三级三审制"，"审"与"级"之间存在着对应关系，比如起诉于第一级的地方法院，适用一审程序；对一审裁判上诉于第二级的高等法院，适用二审程序；对二审裁判上诉于第三级的最高法院，适用三审程序。

在我国民事诉讼实行两审终审制，即一个民事案件经过两级法院审判就告终结。由于我国法院共分四级，故又称四级两审制。

根据两审终审制，一件民事案件经过一审法院审判后，当事人如果不服第一审法院裁判，有权依法向上一级法院提起上诉。二审法院作出的裁判是终审裁判，对此当事人不得再行上诉。因此，我国审级程序包括一审程序（初审程序）和二审程序（上诉审程序），属于一件争讼案件诉讼程序前后相继的两个阶段。

但是，根据《民事诉讼法》，实行一审终审的案件主要有：（1）最高人民法院一审的民事案件；（2）小额诉讼案件；（3）适用特别程序审理的案件、督促案件、公示催告案件。地方各级法院一审判决上诉期届满的为确定判决。

（二）完善审级制度

我国实行两审终审制的原初理由主要是：我国地域辽阔，若实行三审终审，将

---

① 《处分条例》第 42 条规定：故意泄露合议庭、审判委员会评议、讨论案件的具体情况或者其他审判执行工作秘密的，给予记过或者记大过处分；情节较重的，给予降级或者撤职处分；情节严重的，给予开除处分。

使当事人和证人等长途往返，造成不便和浪费，并且使当事人的权利、义务处于长期不稳定状态，不利于民事流转和社会安定。

我国目前实行两审终审制，二审程序担负着实现上诉审程序的私益目的和公益目的。在很多情况下，二审法院是中级法院，级别较低，难以维护法律适用的统一。从这个意义上说，设立第三审还是有重大意义的。

由于实行集中审理原则和举证时限制度，一审基本将案件事实和证据问题审理完结，所以二审应当采用续审制并主要是法律审，若有三审则应采事后审制和法律审。

《关于完善四级法院审级职能定位的改革方案》（中政委〔2021〕45号）、《全国人民代表大会常务委员会关于授权最高人民法院组织开展四级法院审级职能定位改革试点工作的决定》（人大常会字〔2021〕38号）、《关于完善四级法院审级职能定位改革试点的实施办法》（法〔2021〕242号），致力于推动将涉及重大国家利益、社会公共利益和具有普遍法律适用指导意义的案件交由较高层级法院审理，逐步实现基层法院重在准确查明事实、实质化解纠纷，中级法院重在二审有效终审、精准定分止争，高级法院重在再审依法纠错、统一裁判尺度，最高人民法院监督指导全国审判工作、确保法律正确统一适用。

如果我国建立三审制，相关诉讼程序制度和司法体制就会作出相应的较大改动。为实现统一法律适用，我国正在采取如下措施或者做法：

（1）通过司法文件统一法律适用标准。比如，最高人民法院专门颁行了《关于建立法律适用分歧解决机制的实施办法》、《关于完善统一法律适用标准工作机制的意见》和《统一法律适用工作实施办法》等。

（2）通过类案和案例指导统一法律适用。比如，最高人民法院专门颁行了《关于统一法律适用加强类案检索的指导意见（试行）》（2020年）、《关于案例指导工作的规定》（法发〔2010〕51号）及其实施细则等。实务中，依托司法人工智能先进技术，为法官审判提供类案自动推送智能辅助办案工具。

（3）通过再审程序统一法律适用。《关于完善四级法院审级职能定位改革试点的实施办法》要求，最高人民法院和高级人民法院通过再审或者提审具有普遍法律适用指导意义的或者存在重大法律适用分歧的案件，实现"依法纠错"与"统一法律适用"相统一。①

（4）通过跨审判机构合议庭和专业法官会议统一法律适用。《关于完善四级法院审级职能定位改革试点的实施办法》第18、19条规定，因统一法律适用、审判监督管理等工作需要，最高人民法院相关审判庭和各巡回法庭、知识产权法庭组成跨审判机构的合议庭审判案件，召开跨审判机构的专业法官会议。

---

① 由于我国幅员辽阔，各地的发展水平参差不齐，而一省范围内在风土人情、发展水平等方面具有一定的均质性，所以应当加强高级人民法院在其本辖区内统一法律适用的责任，最高人民法院则应承担维护全国统一法律适用的职责。

第三节 法院民事裁判

法院民事裁判是法院处理民事案件实体问题和程序问题的主要方式，包括判决、裁定、决定和命令（如支付令、搜查令）等。对此，最高人民法院颁行了《人民法院民事裁判文书制作规范》《民事诉讼文书样式》（法〔2016〕221号）。

一、民事判决的含义和分类

（一）民事判决的含义

在我国，民事判决既适用于争讼案件和争讼程序（争讼判决），又适用于非讼案件和非讼程序（非讼判决）。裁定主要用来处理程序事项和及时救济事项。

比较法中，判决主要适用于争讼案件和争讼程序，争讼程序又称"判决程序"；而非讼案件和非讼程序中以裁定为之，非讼程序属于"裁定程序"。

"民事判决"是法院对"民事之诉"的回答。争讼案件中对实体事实应用严格证明和完全证明。除法律有特别规定外，应当经过法庭言词辩论、说明理由、依照法定格式制成判决书并以正本送达当事人。

在我国，民事（争讼）判决是法院按照民事争讼程序对民事纠纷事后性解决的终局判定，旨在明确当事人之间的民事权益、义务、责任的具体内容或者最终归属。具体说：

（1）民事判决解决的事项应当具有可诉性，判决是对可诉性纠纷的事后性解决，是法院按照争讼程序作出的。

（2）我国民事判决是终局判定。我国民事争讼判决均为终局判决。在大陆法系民事诉讼中，判决分为终局判决与中间判决。"终局判决"是终结审级程序所作出的判决，即终局判决一作出就终结相应的审级程序，包括一审终局判决、二审终局判决和三审终局判决。

"中间判决"是指在诉讼进行中，就某个实体上或者程序上的争议所作出的判决。中间判决是就终局判决的前提问题作出处理，不以终结诉讼为目的，即不能终结审级程序，而是为终局判决做准备。外国民事诉讼中，中间判决适用的事项主要有：

1）独立的攻击或者防御方法。原告或者被告因攻击或者防御所主张的事项，无须其他事项补充，就能独立产生某种法律效果。有关这类事项的主张即为独立的攻击或者防御方法。比如，在请求债务履行之诉中，被告主张已经清偿了债务，又主张原告的债权已达消灭时效，这两种防御方法就是相互独立的。

2）对程序问题发生的争议。比如，当事人对诉讼要件是否存在有争执时，法院若认为具备，则作出中间判决（在有的国家采用裁定）。再如，对于可否进行当事人变更、诉的变更或者合并的争议，可作出中间判决（在有的国家采用裁定）。

3）对诉讼请求的原因（如不法行为、不履行债务等）和数额发生的争议。法院若认为原因正当（请求有理由），则作出中间判决；若认为原因不正当则无须审理数额问题。即使原因正当，法院若认为在数量上没有发生损失，则作出不予赔偿的判决。

诉讼中，中间判决事项只有达到可裁判的程度而终局判决又未作出时，才可作出中间判决。如果根据诉讼进程可以作出终局判决或者已经作出终局判决，终局判决已对中间判决事项作出判断，就无须作出中间判决。

中间判决虽然不具有既判力、形成力和执行力，但是，该审级的终局判决仍应当以中间判决为前提，不得与其相矛盾。当事人对中间判决不得上诉，但在对终局判决上诉时，可同时对中间判决声明不服。中间判决对上诉审法院无拘束力。上诉审法院仅撤销终局判决而发回重审的，中间判决仍然有效而对原审法院有拘束力。

（3）我国民事判决是本案判决。民事判决是法院适用实体法规范解决实体纠纷，旨在明确特定当事人之间的民事权益、义务、责任的具体内容或者最终归属。正如法谚所云："判决是法律的阐明。"

大陆法系民事诉讼中，终局判决分为本案判决与诉讼判决。"本案判决"是对案件的诉讼标的和诉讼请求是否具有实体事实和实体法律根据所作出的终局判决。德国和日本等国家对不具备诉讼要件所作出的"诉讼判决"，具有停止审理或者终结诉讼程序的效力。

三段论是现代诉讼的基本构成，即以实体法规范为大前提，以证据认定的直接事实为小前提，作出结论即判决。法院判决应当具有合理性，其中包括本案法官说明本案法律适用的理由（体现判决实体内容的可预测性）。

（二）民事判决的分类

民事判决分类的意义主要在于明确各类判决的合法要件、主要内容和法律效力。

（1）给付判决、形成判决和确认判决（分类标准是判决的性质或者内容）。给付判决是命令被告向原告履行一定给付义务（给付财产或者给付行为）的判决，包括现在给付判决和将来给付判决。形成判决是对已成立或者既存的民事法律关系作出变动的判决，包括具有广泛效力的形成判决和没有广泛效力的形成判决。确认判决是确认某项民事实体法律关系（或者民事权益）（及特定民事法律事实）是否存在（或者合法有效）的判决，包括积极确认判决和消极确认判决。

（2）未确定判决与确定判决（分类标准是判决是否确定）。未确定判决是可以通过上诉予以变更或者撤销的判决，一对外宣告就有羁束力。确定判决不得以上诉予以变更或者撤销。判决一旦确定，通常就发生既判力、形成力、确认力和执行力等法律效力。①

（3）对席判决和缺席判决（分类标准是双方当事人是否都出庭参加审理）。对席判决是双方当事人都出庭参加审理所作出的判决，符合对审原则的要求。缺席判决是指一方当事人出庭参加审理所作出的判决。根据对审原则，缺席判决的作出应当严格遵守缺席审判的适用要件。

（4）全部判决和部分判决（分类标准是是否对全部诉讼请求作出判决）。全部判决是法院对本案全部诉讼请求作出判决。部分判决（一部判决）是对可分的部分诉讼请求先行作出判决。② 是否作出部分判决由法院裁量。对部分判决可独立上诉。全部判决和部分判决都是终局判决。部分判决的情形中，作出判决的诉讼请求的审级程序终结，没有作出判决的诉讼请求的审级程序继续存在直至作出判决。

二、民事判决的要件和内容

（一）民事判决的要件

民事本案判决的合法性包括判决成立和判决生效等问题。民事判决应当具备成立要件和生效要件，否则，判决不成立（非判决）或者无效（无效判决）。③

判决的成立要件是：（1）判决应由法定的法院和法官作出④；（2）应制作判决书原本⑤且应合法宣告和送达。判决的成立要件是判决得以成立在形式上和程序上的要求。判决的成立与否属于事实判断问题，其成立规则属于事实构成规则，这一事实构成规则解决的问题是某一判决是否已经真实存在。

不具备成立要件的"判决"，则为"非判决"。非判决根本不能产生判决的效力，包括不能终结审级程序。当事人可以申请，法院应当重新作出判决且应合法宣告和送达。

本案判决即便在程序上成立，形式上是判决，但若不具备以下生效要件，则为

① 国际社会也表述为"判决不能再作为普通程序的上诉标的"，比如《海牙民商事案件外国判决的承认和执行公约》（1971 年）第 4 条将"判决在请求国不能再作为普通程序的上诉标的"作为对另一个缔约国判决承认和执行的条件之一。确定判决是国际上通行的概念，而在我国称为"生效判决"。
我国用"生效判决"来指称"确定判决"是不合理的。因为任何本案判决一经宣告，就产生"羁束力"，就是生效判决，所以生效判决包括未确定判决和确定判决。
② 《民事诉讼法》第 156 条规定："人民法院审理案件，其中一部分事实已经清楚的，可以就该部分先行判决。"据此，法院审理案件，其中一部分事实已经清楚的，可以就该部分相应的诉讼请求先行判决。
③ 根据民事诉讼安定原则，对民事诉讼行为通常无须区分成立要件和生效要件。但是，对民事判决这一特殊司法行为，分别设置成立要件和生效要件，以示区别对待。
④ 这是法定法官原则的内涵，即判决应由国家根据宪法或者基本法律而预先设立的法院和任命的法官作出；并且根据直接言词原则，判决原则上应由本案审理法官作出。
⑤ 判决书使当事人能够准确知悉法官审判的内容和过程，为当事人提起上诉提供了资料，也为上诉法院提供了审查下级法院审判的资料；使社会能够通过判决书了解法官如何认定事实、适用法律；通过判决书能够形成法的体系。参见王亚新：《对抗与判定》，2 版，213～214 页，北京，清华大学出版社，2010。

无效：（1）本案判决应是在当事人起诉或者上诉后并且未撤回起诉或者未撤回上诉的情况下作出的①；（2）本案判决应是在具备起诉条件的前提下作出的②；（3）判决具有判决事项，即应当对诉讼标的和诉讼请求作出终局判定。

生效要件是判决得以生效在实体内容（判决事项）上的要求，判决具备生效要件，则产生法律效力。生效要件不具备的，法院本不该作出判决。"无效判决"是严重的判决瑕疵，自始不产生判决的效力，但能终结审级程序。

外国法中，无效判决虽不必经过撤销程序，但因其具有判决形式而可能引发争议，可以适用上诉、第三人异议之诉等来撤销；至于判决没有判决事项的，可以"补充判决"。

（二）民事判决和判决书的内容

根据《民事诉讼法》第 155 条，判决书应当写明判决结果和作出该判决的理由，其内容包括：（1）案由③、诉讼请求、争议的事实和理由；（2）判决认定的事实和理由、适用的法律和理由；（3）判决结果和诉讼费用的负担；（4）上诉期间和上诉的法院。判决书由审判人员、书记员署名，加盖法院印章。

××××人民法院
民事判决书④
（××××）……民初……号

原告：×××，男/女，××××年××月××日出生，×族　……（工作单位和职务或者职业），住……

法定代理人/指定代理人：×××　……

委托诉讼代理人：×××　……

被告：×××，住所地……。

法定代表人/主要负责人：×××　……

委托诉讼代理人：×××　……

第三人：×××　……

法定代理人/指定代理人/法定代表人/主要负责人：×××　……

委托诉讼代理人：×××　……

---

① 法院在当事人未起诉（或者未上诉）的情况下或者在合法撤回起诉（或者撤回上诉）后所作出的无效判决为"诉外判决"。

② 不具备起诉条件的，法院作出的本案判决是违法判决，通常按无效判决处理。大陆法系民事诉讼中，本案判决还应是在具备诉讼要件的前提下作出的。不具备绝对诉讼要件的，通常为无效判决。不具备相对诉讼要件的，若当事人没有提出异议，则视为法院合法审判；法院不顾当事人合法异议所作出的判决应为无效判决。

③ 与判决书不同，起诉书中不必记述"案由"。

④ 参见最高人民法院《人民法院民事裁判文书制作规范》（法〔2016〕221 号）。

（以上写明当事人和其他诉讼参加人的姓名或者名称等基本信息）

原告×××与被告×××、第三人×××……（写明案由）一案，本院于××××年××月××日立案后，依法适用普通程序，公开/因涉及……（写明不公开开庭的理由）不公开开庭进行了审理。原告×××、被告×××、第三人×××（写明当事人和其他诉讼参加人的诉讼地位和姓名或者名称）到庭参加诉讼。本案现已审理终结。

×××向本院提出诉讼请求：1.……2.……（明确原告的诉讼请求）。事实和理由：……（概述原告主张的事实和理由）

×××辩称　……（概述被告答辩意见）

×××诉/述称　……（概述第三人陈述意见）

当事人围绕诉讼请求依法提交了证据，本院组织当事人进行了证据交换和质证。对当事人无异议的证据，本院予以确认并在卷佐证。对有争议的证据和事实，本院认定如下：1.……2.……（写明法院是否采信证据，事实认定的意见和理由）。

本院认为……（写明争议焦点，根据认定的事实和相关法律，对当事人的诉讼请求作出分析评判，说明理由）

综上所述……（对当事人的诉讼请求是否支持进行总结评述）。依照《中华人民共和国……法》第×条　……（写明法律文件名称及其条款项序号）规定，判决如下：

一、……

二、……

（以上分项写明判决结果）

如果未按本判决指定的期间履行给付金钱义务，应当依照《中华人民共和国民事诉讼法》第二百六十四条规定，加倍支付迟延履行期间的债务利息（没有给付金钱义务的，不写）。

案件受理费……元，由……负担（写明当事人姓名或者名称、负担金额）。

如不服本判决，可以在判决书送达之日起十五日内，向本院递交上诉状，并按照对方当事人或者代表人的人数提出副本，上诉于××××人民法院。

审判长　×××
审判员　×××
审判员　×××
××××年××月××日
（院印）

本件与原本核对无异

书记员　×××

根据判决的成立要件和生效要件，并且与诉的构成要素、起诉状的主要内容相对应，本案判决的基本内容应当包括：当事人及诉讼代理人、案件事实、判决理由和判决结果等。本案判决的基本内容应当能够清晰地表明既判力的效力范围。

判决是法院的职权行为，判决书是记载判决内容的书面形式。判决和判决书所包含的最低限度的内容或者要素，应当是让受过法律训练但不熟悉案情的人能够无须借助判决书以外的材料而评估判决在法律上的正确性。①

根据法治国家原理，法院担负附裁判理由的义务。对此，有些国家（如意大利等）在宪法中作出了规定。许多国家的民事诉讼法规定，判决未附理由或者理由相矛盾的，构成上诉的理由。② "判决理由"主要包括得出判决结论的事实上和法律上的依据，即根据法庭认定的案件事实及法律规范为什么得出这样的判决结论；其论证模式通常是三段论式的。

判决结果即"判决主文"，是法院根据法律规范和要件事实，对诉讼标的和诉讼请求是否合法或者有无根据作出终局判定。③ 判决结果是审判法官一致或者大多数的处理意见。我国、法国等的判决书不记载少数意见。④ 英美法系多数国家、大陆法系一些国家（如乌拉圭等）的判决书可同时展示不同意见。

在我国，推行裁判文书繁简分流。《繁简分流》规定：应当根据法院审级、案件类型、庭审情况等对裁判文书的体例结构及说理进行繁简分流。⑤

---

① 参见张志铭：《法律解释学》，130 页，北京，中国人民大学出版社，2015。

② 比如《日本民事诉讼法》第 312 条、《德国民事诉讼法》第 551 条。

③ 在直观上，判决主文是对"诉讼请求"的判断。比如，"王某诉李某人身损害赔偿纠纷案民事判决书"在其主文部分写明：被告李某于本判决生效后 7 日内向原告王某支付医疗费人民币 30 000 元等。此为法院经过审理判决原告胜诉，即同意原告的诉讼请求：被告赔偿原告医疗费人民币 30 000 元等。

实质上，判决主文是指判决中对"诉讼标的"之判断部分。就上例来说，法院经过审理，认为原告王某之诉具备实体要件，即有实体要件事实和相应实体规范来支持原告王某之诉的诉讼标的（原告拥有请求被告承担人身损害赔偿责任的请求权），那么原告基于该诉的诉讼标的所提出的请求必然获得法院支持。

④ 在我国，判决通常不记载法官个人意见或者不同意见（包括与多数意见相同而理由不同的意见），目的在于使法官不必担心而能够独立、充分、真实地表达自己的意见，有助于作出公正的判决。《关于规范合议庭运行机制的意见》第 7 条规定，少数意见应当记入笔录。

不过，《关于设立国际商事法庭若干问题的规定》（法释〔2018〕11 号）第 5 条中规定："少数意见可以在裁判文书中载明。"

⑤ 依据《人民法院民事裁判文书制作规范》、《民事诉讼文书样式》、《关于加强和规范裁判文书释法说理的指导意见》（法发〔2018〕10 号）和《关于民商事案件繁简分流和调解速裁操作规程（试行）》（法发〔2017〕14 号）等，应体现以审判为中心，并应突出不同审级的特点，即一审判决书应当把重点放在认定案件事实和确定法律适用上，二审判决书应当把重点放在解决事实争议和法律争议的说理上，再审判决书应当把重点放在依法纠错和维护司法裁判权威上。

加强对复杂、疑难、新型、典型、有争议、有示范价值等案件的说理。说理应当紧扣案件事实和法律争议，对证据采信理由、案件事实认定理由，以及解释法律根据和案件事实具有法律上逻辑关系的理由等予以充分论述。

对于适用简易程序和小额诉讼程序的案件，可以适用要素式、令状式和表格式的简单裁判文书样式，主要记载当事人的基本信息、诉讼请求和判决主文等内容。对于当庭即时履行的民事案件，征得各方当事人同意，可以在法庭笔录中记录相关情况后不再出具裁判文书。

依据《关于深入推进社会主义核心价值观融入裁判文书释法说理的指导意见》（法〔2021〕21号），法院应当运用文义解释、体系解释、目的解释和历史解释等方法，根据社会主义核心价值观明晰法律内涵、阐明立法目的、论述裁判理由。

案件当庭宣判的，除当事人当庭要求邮寄发送裁判文书外，法院应当告知当事人或者诉讼代理人领取裁判文书的时间和地点以及逾期不领取的法律后果。上述情况，应当记入笔录（《民诉解释》第253条）。判决书应当公开，公众有权查阅。

依据《关于适用〈中华人民共和国人民陪审员法〉若干问题的解释》（法释〔2019〕5号）第16条，案件审结后，法院应将裁判文书副本及时送交参加该案审判的人民陪审员。

三、民事判决的效力

民事判决具有羁束力、确定力、（给付判决的）执行力、（确认判决的）确认力、（形成判决的）形成力和已决力（参见本书第十二章第三节）等。

（一）羁束力

判决羁束力是指判决宣告后，法院原则上不得任意撤销或者变更该判决。这种羁束力对作出判决的法院的自我约束力，被称为"自缚力"。作为判决首先产生的效力，羁束力的意义就在于维持判决的稳定性、权威性和安定性。

在诉讼公正的前提下低成本地维护判决的正确性和妥当性，将"判决变更"作为羁束力的法定例外。比如，根据《日本民事诉讼法》第356条，法院发现判决违反法律的，可以在宣告判决后1周内变更判决，但是判决已确定或者对案件有必要重新辩论的不在此限。

在我国，《民事诉讼法》没有规定羁束力，不过，《民诉解释》第242条规定：二审中，一审法院可以将原判决有错误的意见报送二审法院，由二审法院按照二审程序审理；没上诉的，按照审判监督处理。

（二）确定力

不得通过上诉来变更或者撤销的"确定判决"，在我国有小额诉讼判决，地方各级法院上诉期届满的一审判决、地方法院二审判决，最高人民法院的一审判决和二审判决。

争讼判决确定时（不得上诉时）通常产生确定力，包括形式确定力（外部确定力、不可撤销性）和实质确定力（内部确定力、既判力）。形式确定力是指对判决不得以上诉来变更或者撤销的效力，其产生之时通常产生既判力、形成力、确认力、执行力及已决力等。

（三）（给付判决的）执行力

判决的执行力是指判决所具有的利用国家强制执行权实现其内容的法律效力。

给付判决均有执行力。有些确认判决和形成判决也因包含给付的内容而具有执行力，比如解除合同之诉或者确认合同无效之诉中，法院判决解除合同或者合同无效的，还应根据《民法典》第157条的规定，同时判决返还财产、赔偿损失。

执行力的存续时间为执行力产生时至其消失时。判决一确定通常就产生执行力。不过，附条件或附期限的执行依据应待条件成就或期限届至才产生执行力。执行力消灭情形主要有申请执行期限届满、执行完毕、执行终结等。

执行力的主观范围主要是判决所载的债权人和债务人，判决执行力与既判力的主观范围通常是一致的。[1] 执行力的客观范围主要是判决所确认的执行债权和被执行人所应履行的债务及其客体（这些客体即执行标的）。

（四）（确认判决的）确认力

长期以来有个错误认识，即确认判决的确认力被既判力包含而无须独立化。事实上确认力不同于既判力。确认判决具有确认力，即确认原告主张的民事法律关系或者民事权益是否存在或者是否合法有效的法律效力，与既判力迥然不同。

确认力在判决确定时通常溯及民事法律关系或者民事权益存在或者成立之时，比如无效的合同自始没有法律约束力（《民法典》第155条）。[2] 婚姻关系无效之诉、收养关系无效之诉等确认之诉的判决，具有广泛效力，其效力溯及行为发生之时。

（五）（形成判决的）形成力

形成判决的形成力是使已成立或者既存的民事法律关系产生变动的效力。非讼案件的判决通常无既判力，但有形成力。

无广泛效力的形成判决，其形成力在判决确定时溯及形成权人的意思通知到相对人时。《民法典》第565条第1款规定："任何一方当事人均可以请求人民法院或者仲裁机构确认解除行为的效力。"若法院或者仲裁机构认为解除的意思表示有效，则合同解除的效力于解除的意思表示通知到相对人时产生，并非自判决或者裁决确定时始产生。

有广泛效力的形成判决，无须强制执行就自动产生使法律关系变动的效果，其形成力于判决确定时发生，其效力可能溯及既往，也可能向将来发生（比如解除婚姻关系的判决等）。

四、民事判决的纠正程序

立法上对错误或者违法的民事判决，根据程序比例原理，设置了相应的纠正程

---

[1] 但是，有执行力却无既判力的公证债权文书等，其执行力的主观范围与既判力的主观范围没有关系；被执行人对第三人的到期债权成为执行标的时，该第三人为被执行人。

[2] 合同部分无效，不影响其他部分效力的，其他部分仍然有效。合同不生效、无效、被撤销或者终止的，不影响合同中有关解决争议方法的条款的效力（《民法典》第507条）。

序或者救济途径，主要有两类：（1）慎重的纠正程序。主要有上诉、再审、异议之诉等，适用于民事判决存在着重大或者显著程序违法或者实体错误的情形。（2）简便的纠正程序。主要有判决更正、事实更正和补充判决等。对此我国现行法没有作出具体合理的规定。①

（一）判决更正

根据《民事诉讼法》第 157 条，法院应裁定补正判决书中的笔误。"笔误"是指法律文书误写、误算，诉讼费用漏写、误算，以及其他笔误（《民诉解释》第 245 条）。

《法官行为规范》（法发〔2010〕54 号）第 54 条规定：裁判文书宣告或者送达后发现文字差错，对一般文字差错或者病句，应当及时向当事人说明情况并收回裁判文书，以校对章补正或者重新制作裁判文书。对重要文字差错或者病句，能立即收回的，当场及时收回并重新制作；无法立即收回的，应当制作裁定予以补正。

在许多国家和地区，以判决更正的方式纠正判决（书）中存在的误写、误算及其他类似的显然的技术上或者形式上的错误。改变判决的实质内容（比如改变法院对诉讼标的之判断），通常途径是上诉或者再审。一般说来，对于能够运用判决更正的事项，就不能用上诉或者再审来纠正；对于法律规定以上诉或者再审纠正的事项，就不能采用判决更正方式。

采用判决更正的要件有：（1）判决书中存在误写、误算及其他类似的技术上或者形式上的错误，即判决正本所书写的文字或者数字等与判决原本所要表述的意思或者审判法院的真正意思不一致，这种错误已是客观化了的事实；（2）这种错误是显然的，即从判决本身，明显地看出（一见即明）的错误。

判决主文与判决理由中金额不符，也可能显然是误写或者误算的。判决理由中所表示的意思，判决主文中缺漏、未表示的（比如法院对返还 100 万元借款和支付 3 万元利息均进行了审理并认为有理由而记载于判决理由之中，但是在主文中仅列出借款 100 万元而未列出利息 3 万元），属于判决有显然错误，为判决更正的原因。

具备判决更正要件的，当事人可以随时申请或者法院依职权随时裁定更正，而不受判决是否被提起上诉或者是否确定的限制。更正的法院多为错误判决的制作法院。由于从判决本身就能够识别或者判断出判决是否存在显然的错误，并且这样的

---

① 【习题】甲公司诉乙公司货款纠纷一案，A 市 B 区法院在审理中查明甲公司的权益主张已超过诉讼时效（乙公司并未提出时效抗辩），遂判决驳回甲公司的诉讼请求。判决作出后、上诉期间届满之前，B 区法院发现其依职权适用诉讼时效规则是错误的。关于本案的处理，下列哪一说法是正确的？（　　）

A. 因判决尚未发生效力，B 区法院可以将判决书予以收回，重新作出新的判决

B. B 区法院可以将判决书予以收回，恢复庭审并向当事人释明时效问题，视具体情况重新作出判决

C. B 区法院可以作出裁定，纠正原判决中的错误

D. 如上诉期间届满当事人未上诉的，B 区法院可以决定再审，纠正原判决中的错误

（2012 年国家司法考试试卷三；参考答案为 D）

错误即便是局外人也能够认识到，所以未参与审判的法官也可以更正。上诉审法院也可以更正原审判决。

原则上无须言词辩论就可作出更正裁定。在作出裁定前，法院应当给予双方当事人听审的机会，可以接受当事人等提供的有关资料并听取有关陈述。更正判决的裁定与原判决为一体，应附记于判决原本及正本上，如判决正本已经送达而不能附记的，应当送达更正裁定正本。当事人对于法院更正判决的裁定如有不服，可以提出异议。

上诉期间届满后，当事人因更正而认为有上诉必要的（如将误写的 1 万元更正为 10 万元，此时被告不服而认为有必要上诉），自判决更正之日起上诉期间重新起算。若判决原本正确而正本误缮，照原本重新缮印正本的，上诉期间应另行计算。

（二）事实更正

根据《德国民事诉讼法》第 320 条，判决的事实部分有不属于第 319 条规定的错误、遗漏或者矛盾之处的，当事人可以申请更正。其第 319 条中规定：判决中如有误写、误算或者类似显然错误，法院得依职权随时更正之。"事实更正"在德国具有显著意义：因为在控诉审（第二审）中限制新事实的提出，在上告审（第三审）中排除新事实的提出，所以当事人要求法院补正遗漏的事实就具有重要意义。[①]

在德国，当事人可以自收到判决起 2 周内书面申请更正，也可以在前述期间开始前提出申请。判决宣告后已满 3 个月的，当事人不得再申请更正事实。当事人提出申请后，法院应及时指定言词辩论期日，并将申请书送达对方当事人。只有原审判法官才能参与事实更正。法院对事实更正的裁定无须调查证据。法院更正事实的裁定，不能使判决的其他部分发生变动，并应附记于判决原本及其正本。对此裁定，当事人不得声明不服。

（三）补充判决

判决遗漏了应予判决的全部或者部分诉讼请求的，为判决脱漏（漏判）。[②] 对此法院应当作出补充判决（又称追加判决或者末尾判决）。

漏判的诉讼请求应当与已判的诉讼请求是可以分割且可以特定的。比如，在侵权损害赔偿诉讼中，原告提出两项诉讼请求——赔偿医疗费 5 万元和精神损害费 3 万元，法院漏判了后一项请求。如果漏判部分与已判部分为一体而不可分割，法院应当作出合一判决，否则是违法判决，应以上诉或者再审来纠正。

---

① 参见［德］奥特马·尧厄尼希：《民事诉讼法》，周翠译，307 页，北京，法律出版社，2003。
② 原告请求赔偿 5 万元，而法院根据案件事实和证据并依据实体法规范，判决被告赔偿 3 万元，而且在判决理由部分论说了为什么只判赔偿 3 万元。法院对于其余的 2 万元没有认可，不属于判决脱漏。判决中遗漏了诉讼费用的负担的，应以裁定更正，并非判决补充。判决中遗漏了理由或者对攻击、防御方法未审酌判断的，构成违法判决，为上诉或者再审的理由，不得为补充或者追加判决。

当事人应在一定期间内申请补充判决，比如在德国，当事人应在原判决送达后2周内提出书面申请。法院负有不得非法拒绝审判的职责，对于已经被起诉到法院的脱漏部分仍应审判，所以法院应当依职权主动及时补充判决。

若当事人没有申请补充判决，法院亦未依职权补充判决，笔者认为，一审判决脱漏的，脱漏部分请求的诉讼系属因一审判决的作出而归于消灭，由于未经法院判决，所以当事人对脱漏的请求可以再行起诉；二审判决脱漏的，脱漏部分请求未经上诉审，其上诉期间因二审判决脱漏而顺延。

当事人申请补充判决，法院认为判决并无脱漏的，裁定驳回申请。当事人对此裁定不服，可提起上诉。法院同意或者决定补充判决，关于脱漏部分已经辩论终结的，即作出补充判决；未经辩论或者辩论未终结的，法院应及时指定言词辩论期日，就脱漏部分的事实进行辩论。通常，补充判决与原判决相对独立，上诉期分别计算。

在我国，一审（未确定的）判决漏判的，二审法院可以根据当事人自愿的原则进行调解，调解不成，则发回重审（《民诉解释》第324条）；对确定判决脱漏的补救途径是再审（《民事诉讼法》第211条）。笔者认为，我国前述补救途径增加了补救成本，不合比例原则，且背离法院不得非法拒绝审判之职责，终局判决漏判的，应当作出补充判决。

五、民事裁定和民事决定

（一）民事裁定

判决处理实体问题（主要是诉讼标的和诉讼请求），一个案件中只能作出一个本案判决，然而裁定主要解决（争讼程序、非讼程序、破产程序、执行程序中的）程序事项和及时救济事项（保全事项、先予执行等），一个案件中可以作出多项裁定。

与判决程序不同，裁定程序处理的事项往往具有紧迫性，有些还无争议性，所以采用自由证明，无须遵行法庭言词质证、辩论程序，并且通常采用较低的说明标准。

民事裁定多采书面，尤其是涉及当事人较大程序利益或者具有较高法律意义的裁定，如驳回起诉、采取执行措施等的裁定应当采用书面形式。裁定书应当写明裁定结果和作出该裁定的理由。口头裁定的，记入审判笔录或者执行笔录。

在我国，对不予受理裁定、驳回起诉裁定、驳回管辖异议裁定、驳回破产申请裁定等，上诉期为10日。对保全裁定和先予执行裁定等虽不得上诉，但可以申请复议。

不准上诉的裁定，通常是在法院作出时或者送达到诉讼参与人时发生效力。准许上诉的裁定，于上诉期间届满日发生效力。裁定的效力主要是程序性的，通常仅存在于本案诉讼程序中。裁定作出后，若情况发生变化，法院可以自行变更或者撤销原裁定。

（二）民事决定

在我国民事决定适用于：指定或者变更期日、期间；决定是否回避；决定诉讼费用的负担及诉讼费用缓交、减交或者免交；对妨害民事诉讼的人处拘留或者罚款等。

民事决定有口头和书面两种形式，通常使用书面形式。民事决定书应当写明决定的事实、理由和结论，并应注明是否准予申请复议，且应有决定者的签名和法院的公章。

民事决定一作出，就产生效力。当事人和有关人员如有不服，不得上诉。就对程序公正、当事人程序利益和实体利益有较大影响的决定，如对回避、对妨害民事诉讼的人处拘留或者罚款等的决定，当事人可以申请复议一次，复议期间不停止执行。

第 二 十 章

审级程序一：初审普通程序

初审程序是每个争讼案件必经的第一审程序。初审程序通常包括普通程序和简易程序。普通程序是基础性程序，民事诉讼法系统规定其具体程序内容。民事判决是法院对诉的应答，"诉·审·判"构成了争讼程序的基本阶段，分别对应或者存在于争讼程序的"开始·续行·终结"阶段（见下图）。

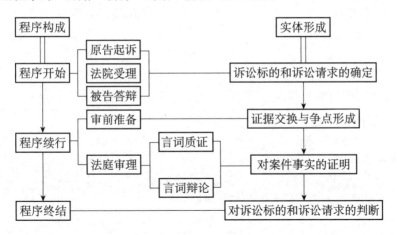

第一节　普通程序之开始

普通程序的开始阶段应当包括原告起诉、法院立案或者受理、被告答辩（简称诉答）。在普通程序的开始阶段，就突出民事争讼程序的对审性或者双方当事人之间的对抗性。不过，我国《民事诉讼法》第128条将被告答辩规定为审前准备程序的内容。

一、原告起诉

根据"不告不理"原则和民事诉权性质，应当由当事人提起诉讼来启动争讼程序。提起诉讼，即"诉"之提起，简称起诉，是指自然人、法人和非法人组织依法以自己的名义向法院提出实体请求，请求法院予以审判的诉讼行为。

原告起诉应当具备通常起诉条件（《民事诉讼法》第122条）；反诉、公益诉讼、异议之诉、再审之诉等除应具备通常起诉条件外，还应具备其他条件。同时，原告还应提交合法起诉状（《民事诉讼法》第124条）（书写起诉状确有困难或者是简单案件的，可以口头起诉）；原告起诉或者被告反诉应当提供符合起诉条件的相应的证据（《证据规定》第1条）。法院应当给予当事人补正起诉条件的机会。①

民事起诉状②

（原告是自然人）原告：×××，男/女，××××年××月××日生，×族……（写明工作单位和职务或者职业），住……联系方式：……

法定代理人/指定代理人：×××……

（原告是法人或者其他组织）原告：×××，住所……

法定代表人/主要负责人：×××……（写明职务），联系方式：……

委托诉讼代理人：×××……

被告：×××……

…………

（以上写明当事人和其他诉讼参加人的姓名或者名称等基本信息）

诉讼请求：

…………

事实和理由：

…………

证据和证据来源，证人姓名和住所：

…………

此致
××××人民法院

起诉人（签名）
××××年××月××日

附：本起诉状副本×份

---

① 前述内容，参见本书第四章第三节二、第五章第二节一。
② 原告在起诉状中直接列写第三人的，视为其申请法院追加该第三人参加诉讼；是否通知第三人参加诉讼，由法院审查决定（《民诉解释》第222条）。

有关当事人所用的民事诉讼文书样式，最高人民法院专门颁行了《民事诉讼文书样式》（法〔2016〕221号）。

原告合法起诉，能够产生如下诉讼法和实体法两方面的效力：

（1）启动诉讼程序或者发生诉讼系属。起诉是诉权的行使方式，只要原告起诉，诉讼程序就启动或者诉讼系属就发生，法院就得审查起诉是否合法并应裁定是否立案、受理。[①]

（2）产生"一事不二讼"或者"一事不再理"的效力。对于已经起诉的案件，当事人不得重复起诉，否则法院裁定不予受理或者驳回起诉；属于共同管辖的，则移送最先立案的法院。

（3）产生不可撤销的效力。对于原告起诉所启动的诉讼程序，除法律规定的情形（如法院裁定驳回起诉、当事人撤诉、法院作出判决等）外，任何人不得撤销。

（4）诉讼时效中断。原告起诉，即原告通过民事诉讼来主张其实体权益，产生诉讼时效中断的效力。[②]

二、法院立案和受理

（一）登记·立案·受理

法院的立案机构或者立案庭接受原告书面起诉或者口头起诉的，首先应当予以登记，即"立案登记"；符合起诉条件的，应当在 7 日内立案或者受理，并通知当事人。对此，现行法律和司法解释的具体规定如下：

（1）对起诉，法院应当一律接收起诉状，出具书面凭证并注明收到日期。

（2）对符合起诉条件（符合《民事诉讼法》第 122 条且不属于第 127 条规定的

[①] 诉讼系属（Rechtshängigkeit）即因诉的提起，在特定的当事人之间，就起诉的实体法律关系，受法院审判的状态。一般而言，原告提起诉讼之时，即诉讼系属发生之时，由此而在法院、原告与被告之间形成诉讼法律关系。

[②] 参见《民法典》第 195 条和《关于审理民事案件适用诉讼时效制度若干问题的规定》（法释〔2008〕11 号）（2020 年修改）第 10、11 条。笔者认为，原告撤诉、法院不予受理或者驳回起诉的，诉讼时效并不中断；自法院同意撤诉、不予受理或者驳回起诉的裁定生效时，诉讼时效"继续"计算；不过，自原告起诉至前述裁定生效时的时间，应从诉讼时效期间中扣除。诉经撤回则视同未起诉，时效亦应被视为不中断。
《关于审理证券市场虚假陈述侵权民事赔偿案件的若干规定》（法释〔2022〕2 号）第 32 条规定：当事人主张以揭露日或更正日起算诉讼时效的，法院应当予以支持。揭露日与更正日不一致的，以在先的为准；对于虚假陈述责任人中的一人发生诉讼时效中断效力的事由，应当认定对其他连带责任人也发生诉讼时效中断的效力。第 33 条规定：在诉讼时效期间内，部分投资者向法院提起人数不确定的普通代表人诉讼的，应当认定该起诉行为对所有具有同类诉讼请求的权利人发生时效中断的效果。在普通代表人诉讼中，未向法院登记权利的投资者，其诉讼时效自权利登记期间届满后重新开始计算；向法院登记权利后申请撤回权利登记的投资者，其诉讼时效自撤回权利登记之次日重新开始计算。投资者保护机构依照《证券法》第 95 条第 3 款作为代表人参加诉讼后，投资者声明退出诉讼的，其诉讼时效自声明退出之次日起重新计算。

情形）的①，法院应当当场予以登记立案。

（3）法院对当场不能判定是否符合起诉条件的，作出以下处理（《登记立案》第8条）：

1）对民事起诉，应在收到起诉状或者补正材料之日起7日内决定是否立案。

2）对第三人撤销之诉，应在收到起诉状或者补正材料之日起30日内决定是否立案。

3）对执行异议之诉，应在收到起诉状或者补正材料之日起15日内决定是否立案。

4）法院在法定期间内不能判定起诉是否符合法律规定条件的，应当先行立案。

此外，立案前，法院可以委派特邀调解组织、特邀调解员进行调解，当事人明确拒绝调解的，应依法登记立案。

（4）需要补充必要相关材料的（当事人提交的诉状和材料不符合要求的），法院应当一次性书面告知在指定期限内补正。在当事人补齐相关材料后，法院应当在7日内决定是否立案。

（5）对不符合法律规定的起诉，法院应当予以释明。法院对起诉不予受理或者不予立案的，应当出具书面裁定或者决定，并载明理由。

法院提供网上立案、预约立案、巡回立案等诉讼服务（《登记立案》第14条），方便当事人行使诉权。依据《立审执协调》第1条，立案部门在收取起诉材料时，应当发放诉讼风险提示书，告知当事人诉讼风险，告知当事人申请财产保全的具体流程、担保方式及风险承担等信息，引导当事人及时申请保全。

对于（不限于）下列特殊情形，符合起诉条件且不属于《民事诉讼法》第127条规定情形的，法院应当受理：

（1）裁定不予受理或者驳回起诉的案件，原告再次起诉的（《民诉解释》第212条）；

（2）原告撤诉或者法院按撤诉处理后，原告以同一诉讼请求再次起诉的（《民诉解释》第214条第1款）；

（3）夫妻一方下落不明，另一方不申请宣告其失踪或者死亡，而起诉请求离婚的（对下落不明人公告送达诉讼文书）（《民诉解释》第217条）；

---

① 《关于审理证券市场虚假陈述侵权民事赔偿案件的若干规定》第2条规定：原告提起证券虚假陈述侵权民事赔偿诉讼，符合《民事诉讼法》第122条规定，并提交以下证据或者证明材料的，法院应当受理：（1）证明原告身份的相关文件；（2）信息披露义务人实施虚假陈述的相关证据；（3）原告因虚假陈述进行交易的凭证及投资损失等相关证据。法院不得仅以虚假陈述未经监管部门行政处罚或者人民法院生效刑事判决的认定为由裁定不予受理。
最高人民法院、中国证券监督管理委员会《关于适用〈最高人民法院关于审理证券市场虚假陈述侵权民事赔偿案件的若干规定〉有关问题的通知》（法〔2022〕23号）规定：法院受理证券市场虚假陈述侵权民事赔偿案件后，应当在10个工作日内将案件基本情况向发行人、上市或者挂牌公司所在辖区的中国证券监督管理委员会派出机构通报，相关派出机构接到通报后应当及时向中国证监会报告。

（4）判决不准离婚、调解和好的离婚案件，判决、调解维持收养关系的案件，被告在 6 个月内起诉，或者原告在 6 个月后又起诉的；

（5）当事人就后发性请求另行起诉的［参见本书第四章第四节二（二）］；

（6）原告超过诉讼时效期间起诉的①；

（7）仲裁协议无效，仲裁裁决或者仲裁调解书被法院判决撤销或者裁定不予执行，原当事人就原纠纷起诉的；

（8）当事人根据《劳动法》和《劳动调解仲裁法》就劳动争议起诉的；

（9）公证事项的当事人、利害关系人对公证书内容有争议而起诉的（《公证法》第 40 条）。

依据《医疗损害责任》，患者因同一伤病在多个医疗机构接受诊疗受到损害，起诉部分或者全部就诊的医疗机构的，应予受理；患者起诉部分就诊的医疗机构后，当事人依法申请追加其他就诊的医疗机构为共同被告或者第三人的，应予准许。必要时，法院可以依法追加相关当事人参加诉讼（第 2 条）。患者因缺陷医疗产品受到损害，起诉部分或者全部医疗产品的生产者、销售者、药品上市许可持有人和医疗机构的，应予受理。患者仅起诉医疗产品的生产者、销售者、药品上市许可持有人、医疗机构中的部分主体，当事人依法申请追加其他主体为共同被告或者第三人的，应予准许。必要时，法院可以依法追加相关当事人参加诉讼（第 3 条）。

立案或受理后，当事人未在法定期限内交纳诉讼费的，按撤诉处理（符合法律规定的缓、减、免交诉讼费条件的除外）。

立案或受理后，法院立案庭应当及时将案件移送审判庭审理。

立案或受理后、法庭辩论结束前，可以进行诉的合并、诉的变更。

（二）繁简分流

依据《繁简分流》《分流速裁》，程序分流员②负责案件程序分流，一般应当在登记立案当日完成，最长不超过 3 日。

法院登记立案后，程序分流员认为适宜调解的，在征求当事人意见后，转入调解程序；认为应当适用简易程序、速裁的，转入相应程序；认为应当适用特别程序、普通程序的，根据业务分工确定承办部门。

程序分流后尚未进入调解或审理程序，承办部门和法官认为分流不当的，应当及时异议，不得自行退回或移送案件。程序分流员认为异议成立的，可以收回并重

---

① 《民诉解释》第 219 条规定：原告超过诉讼时效期间起诉的，法院应予受理，受理后被告提出诉讼时效抗辩，法院经审理认为抗辩事由成立的，判决驳回原告的诉讼请求。

② 依据《分流速裁》第 2 条，法院应当指派专职或兼职程序分流员，负责以下工作：（1）根据案件事实、法律适用、社会影响等因素，确定案件应当适用的程序；（2）对系列性、群体性或者关联性案件等进行集中分流；（3）对委托调解的案件进行跟踪、提示、指导、督促；（4）做好不同案件程序之间转换衔接工作；（5）其他与案件分流、程序转换相关的工作。

新分配案件。

在调解或审理中，由于出现或发现新情况，承办部门和法官决定转换程序的，向程序分流员备案。已经转换过一次程序的案件，原则上不得再次转换。

（三）不予登记立案·不予受理·驳回起诉

有下列情形之一，不予登记立案（《登记立案》第 10 条）：（1）违法起诉或者不符合法定起诉条件的；（2）涉及危害国家主权和领土完整、危害国家安全、破坏国家统一和民族团结、破坏国家宗教政策的；（3）所诉事项不属于法院主管的。

根据《民事诉讼法》第 127 条，法院对下列起诉，分别情形，予以处理：

（1）依照行政诉讼法，属于行政诉讼受案范围的，告知原告提起行政诉讼；

（2）依照法律规定，双方当事人达成书面仲裁协议申请仲裁、不得向法院起诉的，告知原告向仲裁机构申请仲裁[①]；

（3）依照法律规定，应当由其他机关处理的争议，告知原告向有关机关申请解决；

（4）对不属于本院管辖的案件，告知原告向有管辖权的法院起诉[②]；

（5）对判决、裁定、调解书已经发生法律效力的案件，当事人又起诉的，告知原告申请再审，但法院准许撤诉的裁定除外；

（6）法律规定在一定期限内不得起诉的案件，在不得起诉的期限内起诉的，不予受理[③]；

（7）判决不准离婚和调解和好的离婚案件，判决、调解维持收养关系的案件，没有新情况、新理由[④]，原告在 6 个月内又起诉的，不予受理。[⑤]

此外，原告以《公司法》第 22 条第 2 款、第 74 条第 2 款规定的事由，向法院提起诉讼时，超过《公司法》规定期限的，法院不予受理。

立案或者受理后，法院发现不符合起诉要件或者属于《民事诉讼法》第 127 条规定情形的，裁定驳回起诉。

当事人在指定期限内没有补正的，退回起诉状并记录在册；坚持起诉的，裁定不予受理或者决定不予立案。经补正仍不符合要求的，裁定不予受理或者决定不予立案。

---

① 仲裁条款或仲裁协议不成立、无效、失效或内容不明确无法执行的除外（《民诉解释》第 215、216 条）。

② 《民诉解释》第 211 条规定：对本院没有管辖权的案件，告知原告向有管辖权的法院起诉；原告坚持起诉的，裁定不予受理；立案后发现本院没有管辖权的，应当将案件移送有管辖权的法院。

③ 比如，《民法典》第 1082 条和《妇女权益保障法》（2022 年修订）第 64 条均规定：女方在怀孕期间、分娩后 1 年内或者终止妊娠后 6 个月内，男方不得提出离婚；但是，女方提出离婚或者人民法院认为确有必要受理男方离婚请求的除外。

④ 《人身安全保护》第 11 条规定：离婚案件中，判决不准离婚或者调解和好后，被申请人违反人身安全保护令实施家庭暴力的，可以认定为"新情况、新理由"。

⑤ 《民诉解释》第 214 条第 2 款规定：原告撤诉或者按撤诉处理的离婚案件，没有新情况、新理由，6 个月内又起诉的，不予受理。

对起诉不予受理或者不予立案的，法院应当出具书面裁定或者决定并载明理由。不予受理或者驳回起诉的裁定有错误的，当事人有权上诉（《民事诉讼法》第127、157条），而且可以通过再审纠正（《民诉解释》第381、414条）。[1]

《登记立案》第13条规定：对立案工作中存在的不接收诉状、接收诉状后不出具书面凭证，不一次性告知当事人补正诉状内容，以及有案不立、拖延立案、干扰立案、既不立案又不作出裁定或者决定等违法违纪情形，当事人可以向受诉法院或者上级法院投诉。法院应当在受理投诉之日起15日内，查明事实，并将情况反馈给当事人。发现违法违纪行为的，依法依纪追究相关人员责任；构成犯罪的，依法追究刑事责任。

三、被告答辩

（一）被告答辩的内容

《民事诉讼法》第128条第1款规定：法院应当在立案之日起5日内将起诉状副本发送被告，被告应当在收到之日起15日内提出答辩状；法院应当在收到答辩状之日起5日内将答辩状副本发送原告。[2]

对原告起诉，被告应诉的，即可从如下方面答辩或者提起反诉：（1）对原告的诉讼请求，被告可以否认（也可承认）、抗辩或者提起反诉。（2）对权益产生事实，被告可以否认（也可承认）、提出反证。（3）对于证明权益产生事实的证据，被告可以否认（也可承认）、反驳（属于质证的范畴）。（4）对于是否具备起诉要件，被告可以提出异议（否认、反驳），也可以承认（法律不允许承认的除外，如违反专属管辖，则不许被告承认其合法）。

《民诉解释》第223条规定：当事人在提交答辩状期间提出管辖异议，又针对起诉状的内容进行答辩的，法院应当依照《民事诉讼法》第130条第1款，对管辖异议进行审查。当事人未提出管辖异议，就案件实体内容进行答辩、陈述或者反诉的，可以认定为《民事诉讼法》第130条第2款规定的应诉答辩。

---

[1] 按照我国现行法，"受理"与"立案"没有本质区别，从法理上看也无必要作出区别。不予受理即不予立案，笔者认为均应使用"裁定"。对于不予受理的裁定与驳回起诉的裁定，均是对不符合起诉条件并属于《民事诉讼法》第127条规定情形的处理，产生相同的法律效力，区别仅在于在立案或者受理之前作出不予受理的裁定而在立案或者受理之后作出驳回起诉的裁定。因此，笔者向来主张，不予受理的裁定由驳回起诉的裁定吸收，没有单独存在的必要。

[2] 被告在我国领域内没有住所的，答辩期是30日。被告申请延期的，是否准许，由法院决定。
被告因正当理由未在法定期间内提出答辩状的，应当顺延答辩期限。原告享有修改或者补正起诉状的权利，被告也有权修改或者补正答辩状。我国民事诉讼法没有作出如此规定，至少违背了平等原则。《美国联邦民事诉讼规则》规则15（a）规定原告和被告均可修改诉状，并规定被告可以在答辩状送达原告后20日内修改答辩状。为防止被告先行虚假答辩，然后在庭审中更改答辩状，以对原告造成突然袭击，法院应当在应诉通知书中告知被告应当承担禁反言和真实陈述的义务。

（二）被告不答辩

《民事诉讼法》第 128 条第 2 款规定："被告不提出答辩状的，不影响人民法院审理。"据此，即使被告不提交答辩状，法院也应当遵行法定程序，依据已查清的案件事实，作出判决。如此规定，旨在防止被告以不提交答辩状的方式，阻碍诉讼正常进行。

被告不按期答辩，既造成原告与被告之间信息不对称，又难以在审前准备阶段明确争点。为此，大陆法系许多国家和地区要求原告与被告在适当的期限内提出攻击或者防御方法，我国《民事诉讼法》第 68 条和《民诉解释》等确立的举证期限（证据失效）和证据交换制度，均可以对"被告不提出答辩"构成一定的制约。

第二节　普通程序之续行

一、审前准备

（一）我国现行审前准备程序

我国现行审前准备程序的主要内容是（《民事诉讼法》第 128～136 条）：

（1）送达起诉状副本、提出答辩状和送达答辩状副本。[1]

（2）法院在受理通知书和应诉通知书中向当事人告知有关的诉讼权利、义务，或者口头告知。

（3）对当事人管辖权异议的处理。

（4）审判人员确定后 3 日内告知当事人。

（5）审判人员应当认真审核诉讼材料并调查、收集必要的证据。

（6）法院应当通知必要共同诉讼人参加诉讼（追加共同诉讼人）。

（7）决定应适用的程序（当事人没有争议并符合督促程序适用条件的，可以转入督促程序；开庭前可以调解的，先行调解；决定适用简易程序或者普通程序）。[2]

（8）法院可以在答辩期届满后，通过组织证据交换、召集庭前会议等方式，做好审理前的准备（《民诉解释》第 224 条）。

根据案件具体情况，"庭前会议"可以包括下列内容（《民诉解释》第 225 条）：

---

[1] 笔者将此项内容放在"普通程序开始"部分阐释，旨在突出民事争讼程序的对审性或者双方当事人之间的对抗性。

[2] 有关简易程序和小额诉讼程序、上诉审程序的审前准备程序，参见相应部分。
《民事诉讼法》第 125 条规定：当事人起诉到法院的民事纠纷，适宜调解的，先行调解，但当事人拒绝调解的除外。

（1）明确原告的诉讼请求和被告的答辩意见。（2）审查处理当事人增加、变更诉讼请求的申请和提出的反诉，以及第三人提出的与本案有关的诉讼请求。（3）根据当事人申请，决定调查收集证据、委托鉴定、要求当事人提供证据、进行勘验、证据保全。（4）组织交换证据。（5）归纳争议焦点。（6）进行调解。

依据《繁简分流》，应当发挥庭前会议的功能。法官或者法官助理主持召开庭前会议，解决核对当事人身份、组织交换证据目录、启动非法证据排除等相关程序性事项。对于适宜调解的案件，积极通过庭前会议促成当事人和解或者达成调解协议。对于庭前会议已确认的无争议事实和证据，在庭审中作出说明后，可以简化庭审举证和质证；对于有争议的事实和证据，征求当事人意见后归纳争议焦点。

（二）审前准备程序的功能定位和价值取向

建构合理的民事诉讼制度和运行机制，应当在制度层面合理界定审前准备程序与开庭审理程序的中心内容，以及两者之间的衔接程序。[1]

审前准备程序的中心内容是通过证据交换或者庭前会议整理争点，其功能定位是为开庭审理做好准备。[2] 开庭审理程序的中心内容是审理本案证据和审理要件事实。

审前准备程序的价值取向是：（1）使其在一定程度上能够避免来自当事人的突袭，实现诉讼公正；（2）能够明确争点，由此开庭审理针对争点展开，从而实现集中审理、推进诉讼进程、节约诉讼成本。[3]

审前准备的过程和结果应当记入笔录，由双方当事人及其代理人和准备法官签名或者盖章，为法院审理笔录的一部分。

二、开庭审理

（一）开庭审理的含义

开庭审理大体是指在法院的主持下，在双方当事人及证人等诉讼参与人共同参加下，依照法定程序，在法庭上对民事案件进行实体审理，在此基础上作出本案判决。

从内容上看，"开庭审理或者法庭审理"应当围绕当事人争议的事实和证据等

---

[1] 参见王亚新：《民事诉讼准备程序研究》，载《中外法学》，2000（2）；汤维建：《论构建我国民事诉讼中的自足性审前程序》，载《政法论坛》，2004（4）；吴泽勇：《民事诉讼审前准备程序的正当化》，载《法学》，2005（1）。

[2] 事实上，审前准备程序在"准备"的同时，还能促成当事人达成和解协议或者调解协议，或者促成原告放弃诉讼请求、被告承认诉讼请求，从而使审前准备程序成为"无须审判而结束案件的途径"。

[3] 笔者认为，审前准备程序在构造原理上不同于庭审程序，对公开性、直接性和言词性等的要求弱于庭审程序，不具备作出判决的正当程序基础，所以在审前准备程序不得对纠纷强制性解决（如作出判决），但是不妨碍当事人合意解决纠纷。

焦点问题进行①（《民诉解释》第 228 条），具体包括：（1）对证据资格之有无、证明力之大小、证据是否充分，当事人进行质证，法官作出判断；（2）对案件事实是否真实，当事人运用证据作出证明和辩论，法官作出认定。②

从外观上看，"开庭审理"应该满足以下主要条件：（1）开庭前依照法定程序进行了诉讼送达和审判公告；（2）本案审判法官在法庭上主持审理；（3）双方当事人、证人等诉讼参与人共同出庭，参加审理；（4）在法庭上依照法定程序进行双方审理、公开审理、集中审理和直接言词审理；（5）书记员按照法定要求制作庭审笔录。

（二）开庭准备和审理开始

法院审理民事案件，根据需要进行巡回审理，就地办案（《民事诉讼法》第138 条）。

开庭准备为开庭审理的预备阶段，即在正式开庭审理之前，法院应当完成程序方面的准备工作（《民事诉讼法》第 139、140 条），主要有：

（1）适用普通程序的，应在开庭 3 日前，传唤或者通知当事人等诉讼参与人开庭日期。③

（2）决定是否公开审理；公开审理的，应在开庭 3 日前公告当事人姓名、案由和开庭的时间、地点。

（3）开庭审理前，书记员应当查明当事人和其他诉讼参与人是否到庭，宣布法庭纪律。

（4）有下列情形之一的，可以"延期开庭"审理：必须到庭的当事人和其他诉

---

① 依据《民诉解释》第 229 条，当事人在庭审中对于其在审理前的准备阶段认可的事实和证据提出不同意见的，法院应当责令其说明理由。必要时，可以责令其提供相应证据。法院应当结合当事人的诉讼能力、证据和案件的具体情况进行审查。理由成立的，可以列入争议焦点进行审理。

② 英国法谚云："多嘴的法官不用脑。"培根说："严肃耐心的倾听乃是审判过程的一个重要部分，因而一名讲话过多的法官便成为一件音调不甚和谐的铙钹。早在审讯之前便先欲获悉他在审讯之中才能弄清的问题；或者不待证据或者辩护充分提出便匆匆将说话人打断以显露自己的明察先见；或者情况还不曾了解便赶忙发问起来（尽管所问之事并非与案件无关）；以上三点若出现在一名法官身上都是不敢恭维的事。"（［英］培根：《培根论说文集》，高健译，249 页，北京，百花文艺出版社，2001。）

埃尔登勋爵说："真实情况最易为争诉双方的有力陈词所供出。"格林勋爵也说过，一名法官要想做到公正，他最好让争诉双方保持平衡而不要介入争论。丹宁勋爵说："法官应力求自己的视线不被遮蔽。"丹宁勋爵还说："法官的事情就是听取证词。只有在需要澄清任何被忽略的或者不清楚的问题时，在需要促使律师行为得体、符合法律规范时，在需要排除与案情无关的事情和制止重复时，在需要通过巧妙的插话以确保法官明白律师阐述的问题以便做出估价时，以及最后在需要断定真情所在时，法官才能亲自询问证人。"（［英］丹宁勋爵：《法律的正当程序》，李克强等译，63～68 页，北京，法律出版社，1999。）

③ 用传票传唤当事人；对诉讼代理人、证人、鉴定人、勘验人、翻译人员应当用通知书通知其到庭；当事人或者其他诉讼参与人在外地的，应当留有必要的在途时间（《民诉解释》第 227 条）。

讼参与人有正当理由没有到庭；当事人临时提出回避申请；需要通知新的证人到庭，调取新的证据，重新鉴定、勘验，或者需要补充调查；其他应当延期的情形①（《民事诉讼法》第 149 条）。出现上述情形之一，法院应当及时决定延期审理，当事人也可要求延期审理。

在已经确定的开庭审理期日，因上述情形无法正常开庭的，只得延期开庭（审理），推延审理期日。②依据《审限延期开庭》，法院应当严格限制延期开庭审理次数，适用普通程序审理的，延期开庭审理次数不超过 2 次。独任审判员或者合议庭决定延期开庭的，应当报本院院长批准。开庭审理后，法院认为需要延期开庭审理的，应当依法告知当事人下次开庭的时间；两次开庭间隔时间不得超过 1 个月，但因不可抗力或当事人同意的除外。

开庭审理前，书记员应当查明当事人和其他诉讼参与人是否到庭，宣布法庭纪律。

开庭审理时，由审判长或者独任审判员核对当事人，宣布案由，宣布审判人员、法官助理、书记员等的名单，告知当事人有关的诉讼权利、义务，询问当事人是否提出回避申请。

（三）法庭调查·法庭辩论·合议庭评议

法官根据案件具体情况并征得当事人同意，可以将法庭调查和法庭辩论合并进行（《民诉解释》第 230 条）。通常，对间接事实和辅助事实的证明在质证阶段（法庭调查阶段）进行，对直接事实的证明在法庭辩论阶段进行。③

1. 法庭调查

法庭调查阶段的主要内容实际上是当事人质证（当事人通过证明辅助事实来肯定或者否定证据能力之有无和证明力之大小）和法院认证（法院审查判断证据）。

根据《民事诉讼法》第 141 条，法庭调查顺序是：（1）当事人陈述④；（2）告知证人权利、义务，证人作证，宣读未到庭证人的证言；（3）出示书证、物证和视听资料；（4）宣读鉴定意见；（5）宣读勘验笔录。前述实为质证的证据之先后。

---

① "其他应当延期的情形"是指不可抗力或者意外事件导致庭审无法正常进行的情形（《审限延期开庭》第 2 条）。

② 与延期审理不同，休庭是指诉讼程序暂时停止。其属于正常现象，并非推迟审理的期日。比如，在当天不能审结案件的，则宣布休庭，决定在某天继续审理；庭审中，出现问题的，法官宣布休庭，退庭研究如何解决；法庭辩论终结后，法官宣布休庭，合议庭进行评议。

③ 【习题】下列哪一选项中法院的审判行为，只能发生在开庭审理阶段？（ ）
    A. 送达法律文书　　　　　　　　　B. 组织当事人进行质证
    C. 调解纠纷，促进当事人达成和解　　D. 追加必须参加诉讼的当事人
［2013 年国家司法考试试卷三，参考答案为 B］

④ "当事人陈述"的顺序是：原告口头宣读起诉状，讲明具体的诉讼请求和事实理由→被告口头宣读答辩状，讲明具体的答辩意见和事实理由→主诉讼参加人宣读起诉状，讲明具体的诉讼请求和事实理由；从诉讼参加人对原告或者被告的陈述，作出承认、否认或者提出抗辩意见和事实理由→原告或者被告对诉讼参加人的陈述，作出承认、否认或者提出抗辩意见和事实理由。

依据《证据规定》第 62 条，质证一般按下列顺序进行：（1）原告出示证据，被告、第三人与原告进行质证；（2）被告出示证据，原告、第三人与被告进行质证；（3）第三人出示证据，原告、被告与第三人进行质证。

法院根据当事人申请调查收集的证据，审判人员对调查收集证据的情况进行说明后，由提出申请的当事人与对方当事人、第三人进行质证。

法院依职权调查收集的证据，由审判人员对调查收集证据的情况进行说明后，听取当事人的意见。

当事人在法庭上提出新的证据的，法院应当依照《民事诉讼法》第 68 条第 2 款和《民诉解释》第 231 条等相关规定处理。

当事人经法庭许可，可向证人、鉴定人、勘验人发问。当事人可以向法庭请求重新调查、鉴定、勘验。法官可以询问当事人、证人、鉴定人和勘验人，以判断证据和认定事实。

法庭调查结束前，法官应当归纳本案争点，并征求当事人意见；之后，宣布法庭调查结束。

2. 法庭辩论

法庭辩论是在法庭调查的基础上，针对本案的"争点"（在此是指当事人之间存在争议的要件事实或者直接事实），双方当事人及其诉讼代理人之间进行阐释、展开辩驳。法庭口头辩论具有一体性（参见本书第十五章第二节四）。

法庭辩论的顺序是：（1）原告及其诉讼代理人发言；（2）被告及其诉讼代理人答辩；（3）诉讼参加人及其诉讼代理人发言或者答辩；（4）互相辩论。

第一轮辩论结束后，法官应当询问当事人有无补充意见。若有，则继续辩论。若无，法官应当按照原告、被告、诉讼参加人的先后顺序，征询各方最后意见。之后，法官宣布法庭辩论结束。

在当事人质证、辩论的同时，法官判断证据、认定事实，逐渐形成心证。法庭辩论终结，经合议庭评议，依法作出判决。

法庭辩论终结后，判决前能够调解的，还可以调解；当事人不愿调解或者调解不成的，合议庭应当及时评议并作出判决［参见本书第十九章第二节一（三）］。

（四）中止诉讼（诉讼中止）

中止诉讼是指在诉讼过程中，由于出现了法律规定的情形或者事由，本案诉讼程序不能或者难以继续进行，需要暂时停止诉讼程序，待该情形或者事由消失后，诉讼程序继续进行。

诉讼过程中，有下列情形之一的，法院裁定中止诉讼（《民事诉讼法》第 153 条）：（1）一方当事人死亡，需要等待继承人表明是否参加诉讼；（2）一方当事人丧失诉讼行为能力，尚未确定法定代理人；（3）作为一方当事人的法人或者非法人组织终止，尚未确定权利、义务承受人；（4）一方当事人因不可抗拒的事由，不能参加诉讼；（5）本案必须以另一案的审理结果为依据，而另一案尚未审结；（6）其他应当中止诉讼的情形。①

中止诉讼的原因消除后，恢复诉讼程序，但不必撤销原裁定。从法院通知或者准许当事人双方继续进行诉讼时起，中止诉讼的裁定即失去效力（《民诉解释》第246条）。

（五）有关未成年人案件的特别程序规定

根据《未成年人保护法》的相关规定，法院审理离婚、抚养、收养、监护、探望等案件涉及未成年人的，可以自行或者委托社会组织对未成年人的相关情况进行社会调查。

法院询问未成年被害人、证人，应当依法通知其法定代理人或者其成年亲属、所在学校的代表等合适成年人到场，并采取适当方式，在适当场所进行，保障未成年人的名誉权、隐私权和其他合法权益。

法院开庭审理涉及未成年人案件，未成年被害人、证人一般不出庭作证；必须出庭的，应当采取保护其隐私的技术手段和心理干预等保护措施。

法院办理未成年人遭受性侵害或者暴力伤害案件，在询问未成年被害人、证人时，应当采取同步录音录像等措施，尽量一次完成；未成年被害人、证人是女性的，应当由女性工作人员进行。

三、审理期限和审理笔录

（一）审理期限

一审普通程序的审理期限（以下简称"审限"）通常是立案次日起6个月。②

---

① 比如，《企业破产法》第20、134条。《突发事件应对法》（2007年）第13条规定：因采取突发事件应对措施，诉讼、行政复议、仲裁活动不能正常进行的，适用有关时效中止和程序中止的规定，但法律另有规定的除外。

再如，《民诉解释》第299条规定：第三人撤销之诉案件审理期间，人民法院对生效判决、裁定、调解书裁定再审的，受理第三人撤销之诉的人民法院应当裁定将第三人的诉讼请求并入再审程序。但有证据证明原审当事人之间恶意串通损害第三人合法权益的，人民法院应当先行审理第三人撤销之诉案件，裁定中止再审诉讼。《民间借贷》第7条规定：民间借贷纠纷的基本案件事实必须以刑事案件的审理结果为依据，而该刑事案件尚未审结的，人民法院应当裁定中止诉讼。

② 审理期限的规定对于提高诉讼效率确有积极意义。不过，如此规定意味着法官对诉讼程序及时结束负有责任，与当事人主义诉讼原理存在一些冲突。根据当事人主义，当事人提出诉讼请求和主张事实、提供证据，诉讼过程主要根据原告与被告双方攻击、防御而展开，在正当程序保障下诉讼结果由当事人自我负责，所以有关审限等提高诉讼效率的强制性规定既有激怒当事人的可能，又会增加实体上出错的概率，同时也可能不当增加法官的负担。这也是诸多国家民事诉讼法没有规定审限的主要原因。参见王亚新：《我国民事诉讼法上的审限问题及修改之必要》，载《人民司法》，2005（1）。

上述审限是指从立案之日起至裁判宣告、调解书送达之日止的期间①，但公告期间、鉴定期间、双方当事人和解期间、审理当事人提出的管辖异议以及处理法院之间的管辖争议的期间不应计算在内（《民诉解释》第 243 条）。涉外、涉港澳台民事案件不受上述审限的限制。

依据《审限延期开庭》，法律规定有特殊情况需要延长审限的，独任法官或合议庭应当在期限届满 15 日前向本院院长提出申请，并说明详细情况和理由，院长应当在期限届满 5 日前作出决定；经本院院长批准延长审限后尚不能结案，需要再次延长的，应当在期限届满 15 日前报请上级法院批准，上级法院应当在审限届满 5 日前作出决定（第 1 条）。

法院应当将立案时间、审理期限，扣除、延长、重新计算审限，延期开庭审理的情况及事由，按照《互联网公开流程》及时向当事人及其法定代理人、诉讼代理人公开。当事人及其法定代理人、诉讼代理人有异议的，可以依法向受理案件的法院申请监督。

故意违反法律、审判纪律、审判管理规定拖延办案，或者因过失延误办案，造成严重后果的，依照《处分条例》第 47 条的规定予以处分。

（二）审理笔录和庭审音像资料

书记员应当将法庭审理的全部活动记入审理笔录或者法庭笔录。《人民法院法庭规则》第 10 条和《庭审音像》第 1 条规定：法院开庭审判案件，应当对庭审活动进行全程录音录像。庭审音像应当自宣布开庭时开始，至闭庭时结束。除下列情形外，庭审音像不得人为中断：休庭；公开庭审中的不公开举证、质证活动；不宜录制的调解活动。②

《庭审音像》第 6 条规定：法院通过使用智能语音识别系统同步转换生成的庭审文字记录，经审判人员、书记员、诉讼参与人核对签字后，作为法庭笔录管理和使用。

审理笔录应由书记员当庭宣读，并应告知当事人等诉讼参与人当庭或者在 5 日内阅读。诉讼参与人对法庭笔录有异议并申请补正的，书记员可以播放庭审音像进行核对、补正，不予补正的，应将申请记录在案。

当事人及其诉讼代理人有权向法院请求誊写诉讼记录，请求交付诉讼记录的正本、副本或抄本，请求交付有关诉讼事项的证明，请求复制诉讼记录中的录音带、

---

① 法院判决书宣判、裁定书宣告或者调解书送达有下列情形之一的，结案时间遵守以下规定：留置送达的，以上述文书留在受送达人的住所日为结案时间；公告送达的，以公告刊登之日为结案时间；邮寄送达的，以交邮日期为结案时间；通过有关单位转交送达的，以送达回证上当事人签收的日期为结案时间（《审理期限》第 10 条）。

② 未经法院许可，任何人不得对庭审活动进行录音录像，不得对庭审音像进行拍录、复制、删除和迁移，否则，依照规定追究其相应责任。

涉及国家秘密、商业秘密、个人隐私等庭审活动的录制，以及对庭审音像的存储、查阅、复制、誊录等，应当符合保密管理等相关规定。

录像带等（此类阅览、誊写、复制诉讼记录的请求对法院保存诉讼记录或者法院履行职务产生障碍的，不予许可）。

审理笔录应由审判法官、书记员及当事人等诉讼参与人签名或者盖章，若拒绝签名或者盖章，则应记明情况并附卷。

审理笔录可以作为法院是否依照法定程序进行审理的证据。《庭审音像》第 14 条规定：检察院、诉讼参与人认为庭审活动不规范或者违反法律规定的，法院应当结合庭审音像进行调查核实。

《庭审音像》第 13 条规定：诉讼参与人、旁听人员违反法庭纪律或者有关法律规定，危害法庭安全、扰乱法庭秩序的，法院可以通过庭审音像进行调查核实，并将其作为追究法律责任的证据。

第三节　普通程序之终结

一、判决终结

到"适合于裁判时"（参见本书第十五章第三节三），法院作出本案判决。本案判决是在法庭审理结束后，根据事实证据，适用实体规范，对诉讼标的和诉讼请求作出肯定或者否定的判决。法院受理案件后，原告自愿全部放弃诉讼请求的，作出舍弃判决；被告自愿全部承认诉讼请求的，作出认诺判决。

判决应当制作判决书原本，并且应当一律公开宣告，而且应当在法定期间内送达当事人。当庭宣判的，应当在 10 日内送达判决书；定期宣判的，宣判后立即送达判决书。宣告判决时，法院应当告知当事人上诉权利、上诉期限和上诉法院；宣告离婚判决，还应当告知当事人在判决确定前不得另行结婚。

判决书除送达当事人外，还应依据相关规定送达有密切关系的机关组织，比如《婚姻家庭》第 21 条规定："人民法院根据当事人的请求，依法确认婚姻无效或者撤销婚姻的，应当收缴双方的结婚证书并将生效的判决书寄送当地婚姻登记管理机关。"

二、非判决终结

普通程序非判决终结的情形主要有：法院裁定不予立案、裁定不予受理或者驳回起诉；裁定撤诉；法院调解成功［参见本书第一章第二节二（三）］和裁定诉讼终结等。

（一）撤诉

1. 撤诉的概念

撤诉大体是指在本案判决作出前，撤回已提起的诉讼，法院不再审判。撤诉包括撤回起诉、撤回上诉、撤回再审（之诉）（在我国称为撤回再审申请）。

撤诉包括：（1）原告向法院申请撤诉（自动撤诉）；（2）因法定情形的出现，法院按撤诉处理，称为"拟制撤诉"（或称"准撤诉""推定撤诉"）。①

当事人拥有是否行使诉权的自由，即使当事人已经行使诉权向法院提起诉讼，其仍有撤诉的自由，所以法律限制撤诉应有充足根据，即撤诉应符合法律规定的合理要件。

2. 当事人申请撤诉的合理要件

（1）通常应在本案判决作出前申请撤诉。在一审判决作出前，原告可以撤回起诉；在上诉审判决作出前，上诉人可以撤回上诉。② 在审查再审申请期间，再审申请人撤回再审申请的，是否准许，由法院裁定（《民诉解释》第 398 条第 1 款）。

（2）申请撤诉主体适格。撤诉权主体应当是原告（包括一审原告、反诉原告、主诉讼参加人、上诉人、再审原告③）及其法定代理人和经特别授权的委托代理人。

（3）申请人自愿和被告同意。撤诉是处分行为，应是申请人的真实意志。④ 在法庭辩论终结后原告申请撤诉，被告不同意的，法院可以不予准许（《民诉解释》第 238 条第 2 款）。

（4）为保护公共利益或者他人合法权益⑤，或者当事人有违反法律的行为需要依法处理的（《民诉解释》第 238 条第 1 款），不应准许撤诉。依据《防制虚假诉讼》（第 11 条）等，经查明属于虚假诉讼，原告申请撤诉的，不予准许，并应驳回其诉讼请求根据（《民事诉讼法》第 115 条）。

（5）当事人应当书面申请撤诉。在简易程序中，可以口头申请撤诉。

---

① 【习题】法院开庭审理时一方当事人未到庭，关于可能出现的法律后果，下列哪些选项是正确的？（ ）
  A. 延期审理 　　　B. 按撤诉处理
  C. 缺席判决 　　　D. 采取强制措施拘传未到庭的当事人到庭
  [2011 年国家司法考试试卷三，参考答案为 ABCD]
② 笔者有疑问的是：在判决作出前可以撤诉，是否合理？在法庭辩论终结后不得撤诉，是否合理？
③ 《民诉解释》第 398 条第 2 款规定："再审申请人经传票传唤，无正当理由拒不接受询问的，可以按撤回再审申请处理。"
④ 笔者认为，若原告撤诉的意思表示存在瑕疵，则在法院作出同意撤诉的裁定前，原告可以撤回撤诉的申请；在法院作出同意撤诉的裁定后，原告可以通过再行起诉获得救济。
⑤ 公益诉讼案件的原告在法庭辩论终结后申请撤诉的，法院不予准许（《民诉解释》第 288 条）。
  二审中，当事人申请撤回上诉，法院经审查认为一审判决确有错误，或者当事人之间恶意串通，损害国家利益、社会公共利益、他人合法权益的，不应准许（《民诉解释》第 335 条）。
  二审中，原审原告申请撤回起诉，经其他当事人同意，且不损害国家利益、社会公共利益、他人合法权益的，法院可以准许；准许撤诉的，应当一并裁定撤销一审裁判，重复起诉的，法院不予受理（《民诉解释》第 336 条）。
  一审原告在再审中申请撤回起诉，经其他当事人同意，且不损害国家利益、社会公共利益、他人合法权益的，法院可以准许；裁定准许撤诉的，应当一并撤销原判决；一审原告在再审审理程序中撤回起诉后重复起诉的，法院不予受理（《民诉解释》第 408 条）。
  法院受理请求确认婚姻无效的案件后，原告申请撤诉的，不予准许（《婚姻家庭》第 11 条）。

符合以上要件的，法院裁定准予撤诉。法院准予撤诉的，除尚未向被告送达起诉状副本，可以不通知被告外，均应通知被告。

3. 拟制撤诉的情形

（1）原告及法定代理人，经传票传唤，无正当理由拒不到庭的，或者未经法庭许可中途退庭，法院裁定按撤诉处理。当事人有违反法律的行为，需要依法处理，或者按撤诉处理会损害公共利益或者他人合法权益的，比法院不按撤诉处理，应当缺席审判。

（2）原告应当预交而没有预交案件受理费，法院应当通知其预交；通知后仍不预交，或者申请减、缓、免未获法院批准而仍不预交的，法院裁定按撤诉处理（《民诉解释》第 213 条）。①

4. 撤诉的法律效果

法院准许撤诉的裁定一作出，就产生如下主要法律效果：

（1）终结本诉的诉讼程序，原告减半负担案件受理费。② 撤回起诉使本诉的一审程序终结，撤回上诉使本诉的上诉审程序终结，撤回再审申请使本诉的再审程序终结。

（2）撤回起诉的，通常原告可以再行起诉。③ 有下列情形之一的，法院裁定不予受理：1）原告撤诉或者按撤诉处理的离婚案件，没有新情况、新理由，6 个月内又起诉的。2）原审原告在二审程序中、一审原告在再审程序中，撤回起诉后，重复起诉的（《民诉解释》第 336 条第 2 款、第 408 条第 2 款）。3）撤回上诉后（一审判决因此确定），重复上诉的。4）裁定撤回再审申请或者按撤回再审申请处理后，再审申请人再次申请再审的。④

（3）撤回起诉，诉讼时效期间从权利人知道或者应当知道不立案、撤销案件或者不起诉之日起重新计算。⑤ 至于实体法上的撤销、抵销等意思表示，不受撤诉影响。

（二）诉讼和解

在民事诉讼中，双方当事人可以平等协商，重新确定其民事权益的享有或者民事责任的承担，以解决纠纷，终结诉讼程序。

---

① 《民诉解释》第 199 条规定："适用简易程序审理的案件转为普通程序的，原告自接到人民法院交纳诉讼费用通知之日起七日内补交案件受理费。原告无正当理由未按期足额补交的，按撤诉处理，已经收取的诉讼费用退还一半。"
② 对没有撤回的诉的诉讼程序没有影响。比如，原告撤回本诉，反诉仍应继续进行。
③ 原告撤回起诉并未处分己方的实体权益，法院也未对该诉作出判决，所以该诉的诉权并未因此而消耗，仍可再次被行使。
④ 但有《民事诉讼法》第 211 条第 1 项、第 3 项、第 12 项、第 13 项规定的情形，自知道或者应当知道之日起 6 个月内提出的除外（《民诉解释》第 399 条）。
⑤ 参见《关于审理民事案件适用诉讼时效制度若干问题的规定》（法释〔2008〕11 号）（2020 年修改）第 13 条。

在初审程序、上诉审程序和再审程序中，自程序开始后至判决作出前，双方当事人均可达成和解协议（也可达成执行和解协议）。诉讼和解协议达成后，可作如下处理：

（1）原告申请撤诉，法院裁定撤诉，产生撤诉的法律效果。若当事人不履行诉讼和解协议，对方当事人可以申请仲裁或者提起诉讼等。

（2）双方当事人请求法院根据和解协议制作调解书。法院经过审查，认为和解遵循了合法原则和自愿原则的，根据和解协议制作调解书。

（三）诉讼终结

诉讼终结是指诉讼中出现法定事由，使诉讼继续进行已无必要或者不可能时，法院裁定结束诉讼程序。

诉讼中，有下列情形之一的，裁定终结诉讼（《民事诉讼法》第 154 条）：（1）原告死亡，没有继承人，或者继承人放弃诉讼权利的①；（2）被告死亡，没有遗产，也没有应当承担义务的人的②；（3）离婚案件一方当事人死亡的③；（4）追索赡养费、扶养费、抚养费以及解除收养关系案件的一方当事人死亡的④；（5）其他应当终结诉讼的情形。

上述事由一发生，法院就应裁定终结诉讼，当事人也可申请法院裁定终结诉讼。法院应当制作终结诉讼裁定书，其中应当写明事由和法律依据，并应送达当事人及其诉讼代理人。

诉讼终结裁定的效力主要是，此类裁定一作出就生效，本案诉讼程序永远停止，法院对本案实体事项不再作出判决。

---

① 这些情形导致判决后无实体权益的继受人，只得裁定终结诉讼。诉讼中，原告死亡是发生法定当事人变更的事由，但是原告没有继承人，无法进行当事人变更，只得结束本案诉讼；虽有继承人且裁定变更原告但其放弃诉讼权利、不愿参加诉讼的，裁定终结诉讼。笔者认为，此种情形下，应当按撤诉处理，因为继承人仅仅放弃诉讼权利、不愿参加诉讼，并未放弃实体权益，而裁定终结诉讼后继承人不得就原诉再提起诉讼，不利于保护继承人的诉权和实体权益。

② 在财产案件中，被告死亡，应裁定变更被告，由应当承担义务的人作为被告继续诉讼，若其不愿参加诉讼则缺席审判。应当承担义务的人在其承担义务的范围内承担给付义务。继受人放弃继承权的，可直接以该遗产满足原告的诉讼请求。

③ 婚姻关系一方当事人死亡的，婚姻关系自然消亡，离婚诉讼继续进行已无意义，且浪费诉讼资源，所以应当裁定终结诉讼。至于子女抚养，由于一方当事人死亡，自然由对方当事人抚养。而死者财产的处理，转化为遗产继承，若发生遗产继承纠纷则应另行起诉予以解决。

④ 这类案件具有人身性，与死者人身相关的赡养、扶养、抚养及收养法律关系或者权利、义务，随着一方当事人的死亡而消灭，纵然作出判决也无权利享有者或者义务继受人，所以应当裁定终结诉讼。

第 二 十 一 章

初审简易程序和小额诉讼程序

按照程序比例原理，在维护诉讼公正的前提下，简易程序和小额诉讼程序简便快捷地解决简单案件和小额诉讼案件，可以提高诉讼效率，方便当事人诉讼。简易程序和小额诉讼程序虽然通过限制，甚至取消当事人的部分诉讼权利来获得"效率"，但是，应当符合最低限度的程序公正要求，平等保障双方当事人的辩论权等诉讼参与权。

第一节　简易程序和小额诉讼程序的概念与价值

一、简易程序和小额诉讼程序的概念

《分流速裁》第1条规定：民商事简易纠纷解决方式主要有先行调解、和解、速裁、简易程序、简易程序中的小额诉讼、督促程序等。人民法院对当事人起诉的民商事纠纷，在依法登记立案后，应当告知双方当事人可供选择的简易纠纷解决方式，释明各项程序的特点。先行调解包括人民法院调解和委托第三方调解。

简易程序和小额诉讼程序多为初审程序，但并非普通程序的附属程序，而是与普通程序并存，在诉讼程序体系中具有独立的地位。

诸多国家和地区的民事诉讼法分别规定"简易程序和小额诉讼程序"（《日本民事诉讼法》第二编第七章是"关于简易法院诉讼程序的特则"，第六编是"关于小额诉讼的特则"）。我国《民事诉讼法》规定的是一审简易程序（第160~170条），其中包含小额诉讼程序（第169条）。对此，《民诉解释》分别称为"简易程序"和"简易程序中的小额诉讼"。

与简易程序相比，小额诉讼程序更简易，适用于更简单或者诉讼标的额更小的案件。比如，诸多国家的小额诉讼程序采用表格式的诉状和判决书；可在夜间或者

星期日或者其他休息日开庭；相应省略调查证据程序[1]；适当限制诉的变更、合并或者提起反诉，除非当事人合意继续适用小额诉讼程序并且法院认为适当；判决书中仅记载判决结果，仅于例外或必要时记载判决理由；等等。

二、简易程序和小额诉讼程序的价值

建构诉讼程序应当遵行程序保障原理和程序比例原理。程序之繁简与所解决的案件和所要保护的权利在性质与意义上相匹配。简易程序和小额诉讼程序既是简易的，又包含更多当事人合意的内容。

简易程序和小额诉讼程序的适用并不只是为了提高司法效率，它还有一个更为重要的目标，即实现司法的大众化，便于当事人接近司法，获得简便快捷的司法救济。对简单案件仅需适用简易程序就可实现其实体公正。[2] 简易程序和小额诉讼程序的设计与适用应当谋求诉讼公正和效率的一体实现。

简易程序和小额诉讼程序在通过限制，甚至取消当事人的部分诉讼权利来获得"效率"的同时，应当重视程序自身所应具有的最低限度公正性，即简易程序和小额诉讼程序应当符合最低限度的程序公正要求，应当平等保障双方当事人的辩论权等诉讼参与权。

第二节　简易程序

一、简易程序的适用

（一）简易程序的适用案件

我国现行简易程序应当同时适用于：（1）简单民事案件及当事人双方约定适用简易程序的普通民事案件；（2）一审程序；（3）基层法院和其派出的法庭。

简单民事案件是指事实清楚、权利义务关系明确、争议不大的案件。"事实清楚"是指当事人对争议的事实陈述基本一致，并能提供相应的证据，无须法院调查收集证据即可查明事实。"权利义务关系明确"是指能明确区分谁是责任的承担者、谁是权利的享有者。"争议不大"是指当事人对案件的是非、责任承担以及诉讼标

---

[1] 比如，《日本民事诉讼法》第 371 条规定：调查证据，限于能及时调查的证据。其第 372 条规定：询问证人，对于证人及当事人本人的询问，以法官认为适当的顺序进行；法院认为适当时，根据最高法院规则，法院和当事人双方与证人通过声响的收发进行同时通话的方法，可以询问证人。
[2] 西方国家是在法治发达、诉讼程序高度合理化之后开始建构简易程序，并认为案件质量永远是第一位的，以公正为核心才谈得上效率。参见范愉：《小额诉讼程序研究》，载《中国社会科学》，2001（3）。

的争执无原则性分歧。

对标的额为各省、自治区、直辖市上年度就业人员年平均工资2倍以下的简单民事案件，应当适用简易程序，法律及司法解释规定不适用的除外（《审限延期开庭》第4条第2款）。

对下列案件不适用简易程序：起诉时被告下落不明的；发回重审的；当事人一方或者双方人数众多的；适用审判监督的；涉及国家利益、社会公共利益的；第三人起诉，请求改变或者撤销生效判决、裁定、调解书的；法院认为不宜适用简易程序的案件（《民诉解释》第257条，《简易程序》第1条）。

简易程序的适用范围应当明确规定，否则可能导致简易程序的扩大适用而侵害当事人获得依普通程序公正审判的权利。当事人不得为了适用简易程序而提出部分诉讼请求，但是已向法院陈明就其余诉讼请求不另起诉的除外。

（二）简易程序的适用方式

（1）法院决定适用。基层法院及其派出法庭对于简单民事案件，按照法律规定和司法解释，决定适用简易程序审判。

（2）当事人合意适用（享有简易程序适用选择权）。对于基层法院及其派出法庭适用一审普通程序审理的民事案件（《民诉解释》第257条规定的案件除外），当事人各方可以约定适用简易程序，并经法院审查同意。

当事人双方约定适用简易程序的，应当在开庭前提出。口头提出的，记入笔录，由双方当事人签名或者捺印确认。

（三）程序转化与适用异议

异议书

（对适用简易程序提出异议用）①

异议人（原告/被告/第三人）：×××，男/女，××××年××月××日出生，×族 ……（写明工作单位和职务或者职业），住……联系方式：……

法定代理人/指定代理人：××× ……

委托诉讼代理人：××× ……

（以上写明异议人和其他诉讼参加人的姓名或者名称等基本信息）

请求事项：

依法对（××××）……号……（写明当事人和案由）一案适用普通程序进行审理。

---

① 参见最高人民法院《民事诉讼文书样式》（法〔2016〕221号）。

事实和理由：

……（写明不应适用简易程序审理的事实和理由）

此致

××××人民法院

异议人（签名或者盖章）

××××年××月××日

法院发现对案件不宜适用简易程序，需要转为普通程序审理的，应当在审理期限届满前作出裁定。已经适用普通程序的，开庭后不得转为简易程序。

当事人就案件适用简易程序提出异议，法院经审查，异议成立的，裁定转为普通程序；异议不成立的，裁定驳回。裁定以口头方式作出的，应当记入笔录。

转为普通程序的，法院应当将审判人员及相关事项书面通知双方当事人；审限自立案之日计算。转为普通程序前，对双方当事人已确认的事实，可以不再举证、质证。

二、简易程序的具体规定

（1）起诉之简易。原告可以口头起诉。[①] 当事人双方也可以同时到基层法院或者其派出法庭，请求解决纠纷。

（2）减半交纳案件受理费（《费用办法》第16条）。简易程序转为普通程序的，原告自接到法院交纳诉讼费用通知之日起7日内补交案件受理费；原告无正当理由未按期足额补交的，按撤诉处理，已经收取的诉讼费用退还一半（《民诉解释》第199条）。

（3）传唤、通知和送达之简易，即法院可以采取捎口信、电话、短信、传真、电子邮件等简便方式传唤双方当事人、通知证人和送达诉讼文书。对适用简易程序的案件，不适用公告送达（《民诉解释》第140条）。以简便方式送达的开庭通知，未经当事人确认或者没有其他证据证明当事人已经收到的，法院不得缺席判决。

《简易程序》第5条规定：当事人应当在起诉或者答辩时向法院提供自己准确的送达地址、收件人、电话号码等其他联系方式，并签名或者按指印确认。

法院按照原告提供的被告的送达地址或者其他联系方式无法通知被告应诉的，分别下列情形处理：1）原告提供了被告准确的送达地址，但法院无法向被告直接

[①] 法院应当将当事人的姓名、性别、工作单位、住所、联系方式等基本信息，诉讼请求，事实及理由等准确记入笔录，由原告核对无误后签名或者捺印。就当事人提交的证据材料，应当出具收据。

送达或者留置送达应诉通知书的，应当将案件转入普通程序审理；2）原告不能提供被告准确的送达地址，法院经查证后仍不能确定被告送达地址的，可以被告不明确为由裁定驳回原告起诉。

被告到庭后拒绝提供自己的送达地址和联系方式的，法院应当告知其拒不提供送达地址的后果。经法院告知后被告仍然拒不提供的，分别情形处理：1）被告是自然人的，以其户籍登记中的住所或者经常居所为送达地址；2）被告是法人或者非法人组织的，应当以其在登记机关登记、备案中的住所为送达地址。

因当事人提供的送达地址不准确、送达地址变更未及时告知法院，或者当事人拒不提供送达地址而导致诉讼文书未能被实际接收的，分别情形处理：1）邮寄送达的，以邮件回执上注明的退回之日为送达之日；2）直接送达的，送达人当场在送达回证上记明情况之日为送达之日。对前述内容，法院应当在原告起诉和被告答辩时书面或者口头告知当事人。

（4）审前准备之简易。举证期限可由法院确定或者由当事人协商一致并经法院准许，但不得超过15日；被告要求书面答辩的，法院可征得其同意，合理确定答辩期间；双方当事人均表示不需要举证期限、答辩期间的，法院可以立即开庭审理或者确定开庭日期。① 双方当事人同时到庭并径行开庭审理的，可以当场口头委托诉讼代理人，由法院记入笔录。证据交换、庭前会议等庭前准备程序与开庭程序一并进行，不再另行组织（《审限延期开庭》第4条第3款）。

（5）先行调解。《简易程序》第14条规定，下列民事案件，法院在开庭审理时应当先行调解：婚姻家庭纠纷和继承纠纷；劳务合同纠纷；交通事故和工伤事故引起的权利义务关系较为明确的损害赔偿纠纷；宅基地和相邻关系纠纷；合伙协议纠纷；诉讼标的额较小的纠纷。但是，根据案件的性质和当事人的实际情况不能调解或者显然没有调解必要的除外。

（6）开庭审理之简易。对于适用简易程序审理的民事案件，应当一次开庭审结，但法院认为确有必要再次开庭的除外。法官独任审判，书记员担任记录。

依据《审限延期开庭》，法院开庭审理后，需要延期开庭审理的，应当依法告知当事人下次开庭的时间；两次开庭间隔时间不得超过1个月（发生不可抗力或当事人同意的除外）。

法庭审理不必遵循普通程序顺序，但应保障当事人陈述意见的权利。经当事人双方同意，法院可以采用视听传输技术等方式开庭。证人、鉴定人可以使用视听传输技术或者同步视频作证室等作证。

对没有委托律师、基层法律服务工作者代理诉讼的当事人，法院在庭审过程中可以就回避、自认、证明责任等向其作必要的解释或者说明，并在庭审过程中适当

---

① 诉答结束至开庭之间的期间（就审期间）比较短，常常诉答一结束就开始法庭言词辩论。

提示当事人正确行使诉讼权利、履行诉讼义务。

《庭审音像》第 8 条规定：适用简易程序的庭审音像，经当事人同意的，可以替代法庭笔录。法院应当将替代法庭笔录的庭审音像同步保存在服务器或者刻录成光盘，并由当事人和其他诉讼参与人对其完整性校验值签字或者采取其他方法进行确认。

（7）审限比较短。应当在立案之日起 3 个月内审结。审限到期后，有特殊情况需要延长的，经本院院长批准，可以延长审理期限；延长后的审理期限累计不得超过 4 个月（《民诉解释》第 258 条第 1 款）。

《繁简分流》推行集中时间审理案件的做法。对于适用简易程序审理的民事案件，实行集中立案、移送、排期、开庭、宣判，由同一审判组织在同一时段内对多个案件连续审理。一般应当当庭宣判。

（8）判决书、裁定书、调解书之简易。有下列情形之一的，法院对认定事实或者裁判理由部分可以适当简化：当事人达成调解协议并需要制作民事调解书的；一方当事人明确表示承认对方全部或者部分诉讼请求的；当事人对案件事实没有争议或者争议不大的；涉及自然人的隐私、个人信息，或者商业秘密的案件，当事人一方要求简化裁判文书中的相关内容，法院认为理由正当的；当事人双方同意简化的。

（9）简易案件卷宗必备材料，包括：起诉状或者口头起诉笔录；答辩状或者口头答辩笔录；当事人身份证明材料；授权委托书或者口头委托笔录；证据；询问当事人笔录；审理（包括调解）笔录；判决书、裁定书、调解书或者调解协议；送达和宣判笔录；执行情况；诉讼费收据；适用《民事诉讼法》第 165 条审理的，有关程序适用的书面告知。①

第三节　小额诉讼程序和速裁程序

依据《分流速裁》，我国现行速裁程序比小额诉讼程序还要简易。法院适用小额诉讼程序和速裁程序，《民事诉讼法》《民诉解释》等没有规定的，适用简易程序的其他规定。因此，下文阐释的是小额诉讼程序和速裁程序的特别规定。

---

① 【习题】关于简易程序的简便性，下列哪一表述是不正确的？（　　）
　A. 受理程序简便，可以当即受理，当即审理
　B. 审判程序简便，可以不按法庭调查、法庭辩论的顺序进行
　C. 庭审笔录简便，可以不记录诉讼权利义务的告知，原、被告的诉辩意见等通常性程序内容
　D. 裁判文书简便，可以简化裁判文书的事实认定或者判决理由部分
（2013 年国家司法考试试卷三；参考答案为 C）

392

一、小额诉讼程序

（一）小额诉讼程序的适用范围

《民事诉讼法》第 165 条规定：基层法院和其派出的法庭审理事实清楚、权利义务关系明确、争议不大的简单金钱给付民事案件，标的额为各省、自治区、直辖市上年度就业人员年平均工资 50％以下的，适用小额诉讼的程序审理，实行一审终审。

基层法院和其派出的法庭审理前述民事案件，标的额超过各省、自治区、直辖市上年度就业人员年平均工资 50％但在 2 倍以下的，当事人双方可以约定适用小额诉讼程序。

法院审理下列民事案件，不适用小额诉讼的程序：（1）人身关系、财产确权案件；（2）涉外案件；（3）需要评估、鉴定或者对诉前评估、鉴定结果有异议的案件；（4）一方当事人下落不明的案件；（5）当事人提出反诉的案件；（6）其他不宜适用小额诉讼的程序审理的案件。

法院在审理过程中，发现案件不宜适用小额诉讼程序的，应当适用简易程序的其他规定审理或者裁定转为普通程序。

当事人对按照小额诉讼案件审理有异议的，应当在开庭前提出。法院经审查，认为异议成立的，适用简易程序的其他规定审理或者裁定转为普通程序；认为异议不成立的，裁定驳回。裁定以口头方式作出的，应当记入笔录。

（二）小额诉讼程序的特别规定

（1）有关法院告知和提出异议。法院受理小额诉讼案件，应当向当事人告知该类案件的审判组织、一审终审、审理期限、诉讼费用交纳标准等相关事项。

当事人对于按照小额诉讼案件审理有异议的，应当在开庭前提出。

（2）有关管辖异议和驳回起诉。当事人对小额诉讼案件提出管辖异议的，法院应当作出裁定；裁定一经作出即生效。

法院受理小额诉讼案件后，发现起诉不符合起诉条件（《民事诉讼法》第 122 条）的，裁定驳回起诉；裁定一经作出就生效。

（3）有关举证期限和被告答辩。举证期限可由法院确定，也可由当事人协商一致并经法院准许，一般不超过 7 日。

被告要求书面答辩的，法院可征得其同意，合理确定答辩期间，最长不得超过 15 日。当事人到庭后表示不需要举证期限和答辩期间的，法院可立即开庭。

（4）有关增加或者变更诉讼请求、提出反诉、追加当事人。当事人申请增加或者变更诉讼请求、提出反诉、追加当事人等，导致案件不符合小额诉讼案件条件的，应适用简易程序；若应适用普通程序则裁定转为普通程序。

（5）有关庭审和宣判，可以一次开庭审结并且当庭宣判。依据《繁简分流》，可以直接围绕诉讼请求进行庭审，不受法庭调查、法庭辩论等庭审程序限制。

（6）有关审限，应当在立案之日起 2 个月内审结。有特殊情况需要延长的，经本院院长批准，可以延长 1 个月。

（7）有关裁判文书、上诉和再审。裁判文书可以简化，主要记载当事人的基本信息、诉讼请求、裁判主文等内容。① 小额诉讼案件实行一审终审。②

对小额诉讼案件的判决、裁定，当事人有权向原审法院申请再审，当事人对再审判决、裁定不得上诉。当事人有权以不应适用小额诉讼程序为由向原审法院申请再审，当事人对再审判决、裁定可以上诉（《民诉解释》第 424 条）。

二、速裁程序

（一）速裁程序的适用范围

基层法院可以设立专门速裁组织，对适宜速裁的民商事案件进行裁判。

基层法院对于离婚后财产纠纷、买卖合同纠纷、商品房预售合同纠纷、金融借款合同纠纷、民间借贷纠纷、银行卡纠纷、租赁合同纠纷等，事实清楚、权利义务关系明确、争议不大的金钱给付纠纷，可以采用速裁方式审理。

但是，下列情形下不得采用速裁方式审理：新类型案件；重大疑难复杂案件；上级法院发回重审、指令立案受理、指定审理、指定管辖，或者其他法院移送管辖的案件；再审案件；其他不宜速裁的案件。

（二）速裁程序的特别规定

采用速裁方式审理民商事案件，一般开庭 1 次，延期开庭审理次数不超过 1 次；庭审直接围绕诉讼请求进行，不受法庭调查、法庭辩论等庭审程序限制，但应告知当事人回避、上诉等基本诉讼权利，并应听取当事人对案件事实的陈述意见。

可以使用令状式、要素式、表格式等简式裁判文书，应当当庭宣判并送达。当庭即时履行的，经各方当事人同意，可以在法庭笔录中记录后不再出具裁判文书。法院采用速裁方式审理民商事案件，一般应在 10 日内审结，最长不超过 15 日。

采用速裁方式审理案件出现下列情形之一的，应当及时将审理程序转为普通程序：原告增加诉讼请求，致案情复杂；被告提起反诉；被告提出管辖权异议；追加当事人；当事人申请鉴定、评估；需要公告送达。程序转换后，审限连续计算。

---

① 最高人民法院 2016 年颁行的《民事诉讼文书样式》中有小额诉讼程序令状式判决用的判决书样式、被告对原告所主张的事实和诉讼请求无异议的小额诉讼程序表格式多判决书、简易程序和小额诉讼程序要素式判决用的判决书。
② 根据《德国民事诉讼法》第 511 条的规定，上诉标的额超过 600 欧元的，可提起二审；上诉标的额低于 600 欧元，但一审判决在法律适用问题上具有原则性意义或对法律续造具有意义的，或为保障司法统一需要上诉法院作出裁判的，可提起二审。

第 二 十 二 章

审级程序二：上诉审程序

上诉审程序是对未确定裁判的审理程序，与初审程序一并构成审级程序。上诉审程序的目的直接决定其性质和程序构成。立法上，通常就上诉审程序的特殊问题作出规定；没有规定的，适用初审程序的相应规定。

第一节　上诉审程序总论

一、上诉与上诉审程序的含义

（一）上诉的含义

上诉的内涵和程序建构取决于上诉的目的和性质。上诉是当事人请求上级法院通过审理来变更或者撤销未确定且对己不利益的法院原审裁判。其具体含义如下：

（1）上诉系由当事人提起的。上诉人是未确定裁判的当事人（包括原告和被告）。上诉审首先是给当事人再次提供权利救济机会的"权利保护型"程序，所以当事人有权选择是否提起。根据"不告不理"原则，法院不得依职权启动上诉程序。

（2）上诉审的对象是未确定且对己不利益的法院原审裁判。若法院裁判已经确定则不得提起上诉，应当通过再审程序或者异议之诉来纠正或者救济。

（3）上诉系请求上级法院通过审理来撤销或者变更其下级法院的裁判。向本法院请求撤销或者变更原裁判（对裁定提出复议、提起撤销除权判决之诉、提起异议之诉、申请裁定更正判决等），并非上诉。上级法院审判其下级法院裁判是审级制的当然内容。

（二）上诉审程序的含义

上诉包括对判决的上诉和对裁定的上诉，包括第二审的上诉（二审上诉）和第三审的上诉（三审上诉），在我国上诉仅指二审上诉。

在大陆法系，对判决的首次上诉称为控诉，对判决的第二次上诉（三审上诉）

称为上告。二审为法律审和事实审，即从法律和事实两方面审判"诉"及其一审判决。三审是法律审，仅从法律方面审判原审判决。[①] 对一审判决确认的事实，双方当事人没有争议或者双方当事人书面协商不提起控诉而直接提起上告的，称为"飞跃上告"。

在英美法系，一审法院被称为审理法院（trial court），是从事实和法律两个方面审判案件。对上诉的限制，英美法系要比大陆法系严格得多，并且上诉审法院一般不进行事实审，主要进行法律审，所以二审程序与三审程序的区别没有大陆法系的那样明显。[②] 在美国联邦民事诉讼领域，当事人可以越过二审，向联邦最高法院提起直接上诉（direct appeal）。

在一个案件的诉讼过程中，往往需要作出许多裁定，若均允许上诉必然导致诉讼迟延，所以法律明文允许上诉的裁定多是涉及当事人重要权益或者严重违背正当程序的裁定。在我国，对裁定只可上诉一次，对裁定的上诉审参照适用对判决的上诉的审理程序。对裁定的上诉审，采用的是裁定程序或者自由证明程序而无须遵循法庭言词辩论程序。

在大陆法系许多国家和地区，当事人对裁定不服的，向作出原裁定的法院的上一级法院上诉的，为首次抗告，通常称抗告。当事人对抗告法院的裁定不服，向其上一级法院上诉的，为二次抗告，通常称再抗告。法律对再抗告往往有较严格的限制。[③] 有些国家和地区规定，所有抗告均应在法定期间（如 10 日）内提起。另有些国家和地区将抗告分为：（1）通常抗告。当事人对于驳回其有关诉讼程序申请的裁定或者决定，在撤销或者变更能带来实际利益的任何时间均可提起抗告。（2）即时抗告。日本民事诉讼法明确规定，对特定的裁定或者决定，只能在法定期间（如 1周）内提起抗告。[④]

二、上诉审程序的目的与性质

上诉审程序的性质主要有复审制、事后审制和续审制，主要取决于上诉审程序的目的。上诉审程序的目的和性质决定了上诉审程序的具体构造。

---

① 虽然不能对原判决事实认定错误加以攻击并作为第三审的理由，但如果主张法院认定事实违背经验法则、逻辑法则，可以提请第三审。
② 参见苏力：《上诉法院与级别管辖》，载《在人大法学院听讲座》，第 1 辑，北京，中国法制出版社，2007。
③ 比如《德国民事诉讼法》第 568 条规定：对于抗告法院的裁判，如果其中没有新的独立的抗告理由，不允许提起再抗告。《日本民事诉讼法》第 330 条规定：对抗告法院的裁定，只有以该裁定对宪法的解释有错误或者有其他违背宪法的内容或者使裁定受到影响的事项明显违背法令为理由的，才可以再抗告。
④ 参见［日］新堂幸司：《新民事诉讼法》，652~653 页，北京，法律出版社，2008。

（一）上诉审程序的目的

上诉审程序的目的融合了私益和公益的内容。从维护私益方面来说，利用上诉审程序变更或者撤销下级法院未确定的错误或者违法的裁判，以保护当事人合法私权和妥当解决民事纠纷。承载这种目的之上诉审程序是为当事人再次提供权利救济机会的"权利保护型"上诉，所以当事人提起此种上诉不应受较多的限制。

从维护公益方面来说，上诉审程序通过纠正错误或者违法裁判，实现维护裁判合法性、统一法律适用（体现为统一裁判尺度和明确裁判规则等）、阐明并发展法律、形成公共政策等功能或者目的。担负这种目的之上诉审程序是"公益维护型"上诉，所以当事人提起此种上诉应受到较多的限制。

上诉审程序的私益目的和公益目的是相容的。为了实现上诉审程序的私益目的和公益目的，许多国家和地区相应地设置了二审程序和三审程序，二审程序中私益目的较公益目的更为突出，而三审程序更加强调公益目的。因此，许多国家和地区对当事人提起三审规定了比提起二审更加严格的条件。[1]

（二）上诉审程序的性质

上诉审程序的性质有以下三种：（1）"复审制"或称"更新主义"，即上诉审法院全面审理初审中的事实和证据，并且当事人可以在上诉审中无限制地提出初审中没有提出的事实和证据。复审制下上诉审不区分初审的程序和结果是否合法、正确，对案件全部事实和证据重新审理[2]，由此事实上取消了初审或者混同了初审与上诉审，所以现代诉讼中复审制已不复存在。

（2）"事后审制"或称"限制主义"，即上诉审法院仅根据初审或二审中的事实和证据，审判初审或二审裁判的实体内容和程序事项有无违法之处；上诉审中对初审或二审中没有提出的事实和证据，既不允许当事人提出又不允许法院采用。事后审制虽避免了复审制的弊端，但走向了另一个极端，即有正当理由在初审或者二审中无法提供的新证据和新事实，在上诉审中也不得提出和采用，有违诉讼公正，所以现代诉讼中事后审制仅适用于三审。

（3）"续审制"或称"续审主义"，即上诉审法院根据初审中的事实和证据审理初审裁判，但是对初审中没有提出的事实和证据，若有正当理由，允许当事人提出，也允许法院采用。续审制是复审制和事后审制的折中，避免了两者的弊端，所以现代诉讼中续审制多适用于二审。我国上诉审采取续审制，因为我国确立了举证期限制度或证据失效制度。

---

[1]　比如，美国联邦最高法院对其三审案件实行上诉许可制，即对于不具有维护法治统一或者违宪审查等公益目的之上诉案件，不予许可审判。

[2]　例如，续审制下无须对初审所涉及的证人再行询问；复审制下因案件审理重新开始，得重新调查证人证言，有违证人不得二次作证的原则。

在采行集中审理原则和举证期限制度的民事诉讼中，初审是事实审和法律审，二审采取续审制，三审则采取事后审制（重点审查初审、二审判决的合法性问题，尤其是合宪性问题）。①

三、禁止不利益变更原则

【案例 22-1】王某向李某借款 15 万元。李某说，王某将其女儿嫁给李某的儿子，就借给王某 15 万元。王某同意李某的条件，并约定任何一方违约将支付违约金 1 万元。

后来，王某不愿将女儿嫁给李某的儿子，于是李某起诉，请求法院判决王某返还 15 万元借款并支付 1 万元违约金。法院认为还款期尚未届满，遂判决驳回李某的诉讼请求。

李某向法院提起上诉。二审法院查明该借款合同是以王某将其女儿嫁给李某的儿子为条件而签订的，于是根据《民法典》第 153 条第 2 款，认定该借款合同中此部分内容无效。

（一）禁止不利益变更原则的内涵

禁止不利益变更原则作为民事上诉程序的基本原则，是指在一方当事人上诉的情况下，上诉法院不得作出比一审判决更不利于上诉人的判决。至于"不利益"的内容，多指实体法上的不利益，有时还包括程序法上的不利益（比如上诉审判将侵害当事人审级利益的，则上诉法院应将案件发回原审法院重新审理）。

根据"不告不理"原则，上诉判决不得超出上诉请求范围而增加上诉人的利益。禁止不利益变更原则和禁止利益变更原则从正反两方面限定上诉法院只能在上诉请求范围内作出判决，比如，《德国民事诉讼法》第 536 条规定："对于第一审的判决，只能在申请变更的范围内变更之。"《日本民事诉讼法》第 304 条规定："撤销或者变更第一审判决，只在声明不服的范围内可以进行。"

在我国，《民事诉讼法》第 175 条规定："第二审人民法院应当对上诉请求的有关事实和适用法律进行审查。"对此，《民诉解释》第 321 条规定："第二审人民法院应当围绕当事人的上诉请求进行审理。当事人没有提出请求的，不予审理，但一审判决违反法律禁止性规定，或者损害国家利益、社会公共利益、他人合法权益的除外。"

（二）禁止不利益变更原则的根据和适用

禁止不利益变更原则：（1）是维护上诉制度和实现上诉目的之必然要求。若允

---

① 正因为审理法律问题，所以上诉审由 3 位以上法官集体审理，在有些国家甚至是全员审理。

许上诉法院超出上诉请求范围作出判决，则当事人可能获得比初审判决更为不利的上诉判决，有此顾忌的当事人将不愿或者不敢提起上诉，上诉制度将徒具形式。(2) 是处分原则和司法消极原则之内在要求。解决私权纠纷过程中，上诉人确定上诉请求是其行使实体处分权的行为。根据司法消极原则，上诉法院只能在上诉请求的范围内作出判决。

禁止不利益变更原则适用于：（1）民事私益案件。为维护公益，民事公益案件中排除适用此项原则。（2）上诉请求或者上诉判决既判力的客观范围。此项原则不适用于判决理由，在上诉请求的范围内变更判决理由的，通常不属于不利益变更。

当被上诉人亦提起上诉时，对上诉人的上诉请求依然适用此项原则，对被上诉人的上诉请求亦适用此项原则。不过，上诉法院对上诉人和被上诉人的上诉请求均应审判，结果是二审判决的主文范围往往大于上诉人的上诉请求或者被上诉人的上诉请求各自的范围。

判断"不利益"，通常是将二审判决的既判力客观范围（判决主文部分）与上诉请求范围进行比较，前者大于后者，则为"不利益"。判决理由通常没有既判力，因而不产生"不利益"问题，但在既判力及于判决理由的例外情形（如诉讼抵销成功）下，应结合判决主文和判决理由对"不利益"作出判断。

第二节　上诉审程序之开始

上诉审程序的开始阶段包括当事人上诉、法院受理与被上诉人答辩。

一、上诉要件

（一）合法的上诉范围

在我国，可以上诉的未确定的判决和未生效的裁定主要有：地方各级法院未超出上诉期间的一审判决（初审判决）；不予受理、驳回起诉、驳回管辖异议和驳回破产申请等裁定。

对终审判决（地方法院二审判决、最高人民法院一审判决和二审判决）、小额诉讼案件判决、最高人民法院和上诉法院的裁定等，不得提起上诉。

（二）上诉人和被上诉人应适格

初审的原告和被告均可为上诉人，对方当事人则为被上诉人；原告和被告均提起上诉的，则互为上诉人和被上诉人。从诉讼参加人对令其承担民事责任的判决不服的，可以提起上诉。初审终结后，当事人的实体权利义务承继人也可为上诉人和被上诉人。对裁定上诉的，其上诉人应为裁定约束的本案当事人。诉讼代理人应当合法代理当事人提起上诉。

必要共同诉讼人中部分人提起上诉的，（1）上诉仅对与对方当事人之间的权利义务分担有意见，不涉及其他共同诉讼人的利益的，对方当事人为被上诉人，未上诉的同一方当事人依原审诉讼地位列明；（2）上诉仅对共同诉讼人之间的权利义务分担有意见，不涉及对方当事人的利益的，未上诉的同一方当事人为被上诉人，对方当事人依原审诉讼地位列明；（3）上诉对双方当事人之间以及共同诉讼人之间的权利义务承担有意见的，未提起上诉的其他当事人均为被上诉人（《民诉解释》第317条）。

（三）应有上诉理由

根据《民事诉讼法》第171条，当事人不服地方法院一审裁判的，可以提起上诉。当事人"不服"地方法院一审裁定是指因法院程序违法而当事人不同意裁定。

当事人"不服"地方法院一审判决是指因法院判决实体错误或者程序违法而当事人不同意判决结果。"实体错误"是指一审判决认定实体事实错误或者适用实体法律错误［参见本书第二十三章第二节二（一）］。"程序违法"是指一审判决遗漏当事人或者严重违反法定程序。严重违反法定程序包括违法缺席判决、审判组织的组成不合法、违反回避规定、无诉讼行为能力人未经法定代理、违法剥夺当事人辩论权利等（《民事诉讼法》第177条、《民诉解释》第323条）。[1]

当事人不同意判决结果即当事人有上诉利益。"上诉利益"是指一审判决对上诉人"不利"，即一审"（全部或者部分）败诉"。这种"不利"是指判决主文方面（法院对诉讼标的和诉讼请求的判断）的不利益[2]，上诉人有通过上诉除去此种不利益的必要，即一审"（全部或者部分）败诉"的当事人对一审判决中"败诉"部分拥有上诉利益。[3]

何谓败诉？上诉人是原告的，则指原告的诉讼请求未被一审判决（全部或者部分）承认；上诉人是被告的，则指一审法院判决被告承担实体责任。一审中，原告获得全部胜诉的无上诉利益，被告获得全部胜诉的也无上诉利益。由于二审采取续审制，所以原告为了扩张诉讼请求而提起上诉的，不被准许。

【案例 22-2】（2020）最高法民终934号民事判决书认为，裁判主文是法院就当事人诉讼请求作出的结论，而裁判理由不构成判项内容，是法院在认定案件事实的基础上就裁判主文如何作出进行的阐述，若当事人对裁判主文认可则不会因为裁

---

[1] 根据集中审理主义，有些国家和地区采用上诉理由强制提出制度，即上诉人应于上诉状中载明上诉理由，否则法院限期补充，逾期没有补充的，遗漏的上诉理由将不得提出，法院也不予采纳。

[2] 判决理由部分出现误写、误算等技术或者形式上的显然错误的，以裁定来"更正判决"。在一些国家和地区，如果判决理由不备、判决理由与判决主文矛盾等，则为违法判决，构成上诉或者再审的理由。

[3] 比如，原告的诉讼请求包括赔偿医疗费、误工费和精神损害赔偿费，初审判决承认医疗费和误工费，那么原告对精神损害赔偿费有上诉利益，而被告对其承担的医疗费和误工费有上诉利益。再如，原告请求被告赔偿10万元，而初审判决同意赔偿8万元，那么原告对否定2万元的判决有上诉利益，被告对要求其赔偿8万元的判决有上诉利益。

判理由遭受不利益，所以对裁判理由不能提起上诉。当裁判文书中的裁判理由影响到其切身利益，其中所作相关认定与之具有法律上的利害关系时，应当认定其具有上诉利益，可以提起上诉。

本案中，一审判决驳回国通信托公司的诉讼请求主要是基于武汉缤购城置业公司已经进入破产程序，需要解除现有保全措施。武昌城环公司作为武汉缤购城置业公司的债权人，其是否为消费者购房人，是否具有消费者期待权，会影响到其之后在破产程序中权利顺位的认定，故其对于一审判决就"武昌城环公司是否具有消费者期待权"作出的认定具有法律上的利害关系，这种情形下，应当认定其具有上诉利益，可以提起上诉。

（四）上诉权未丧失

上诉权未丧失是指当事人没有放弃上诉权，且在法定上诉期间内提起上诉。在我国对民事诉讼判决的上诉期间是 15 日，对裁定的上诉期间是 10 日，当事人若无正当理由超出上诉期间则丧失上诉权。

上诉期间从判决书、裁定书送达当事人的次日起算，分别送达的，则从送达到各当事人的次日分别起算，各当事人在各自的上诉期间内有权提起上诉。上诉期届满后，所有当事人均未上诉的，裁判才发生法律效力。[1]

（五）递交合法上诉状

当事人上诉能够产生阻断效力和移审效力，故为慎重起见，法律要求书面上诉，并应按被上诉人人数提交上诉状副本。合法上诉状应当载明：当事人的基本情况（自然人的姓名、法人的名称以及其法定代表人的姓名或者非法人组织的名称以及其主要负责人的姓名）；原审法院名称、案件的编号和案由；上诉的请求和理由（《民事诉讼法》第 172 条）。

为避免当事人利用上诉来恶意拖延诉讼，应当对上诉的形式作必要要求，比如上诉状应当具体写明上诉理由，禁止无理由提起上诉。有些国家规定，对于以拖延诉讼为目的滥用上诉权的，不仅以裁定驳回上诉，而且对上诉人处以罚款。[2]

二、上诉·受理·答辩

（一）提交上诉状和答辩状与法院受理

原审当事人（或其诉讼承继人及其代理人）应当通过原审法院提交上诉状，并按照对方当事人或者代表人的人数提交副本；直接向二审法院上诉的，二审法院应

---

[1]　许多国家和地区的民事诉讼法规定：在判决宣告后、送达前上诉的，亦有效。

[2]　比如，《法国民事诉讼法》第 559 条规定："在提出主上诉请求是为拖延诉讼或者滥诉的情况下，对上诉人得科处 100 法郎至 1 000 法郎的民事罚款，且不影响可能向其请求的损害赔偿……"

当在 5 日内将上诉状移交原审法院。

原审法院收到上诉状后，应当在 5 日内将上诉状副本送达对方当事人，对方当事人应在收到之日起 15 日内提交答辩状。法院应当在收到答辩状之日起 5 日内将副本送达上诉人。对方当事人不提出答辩状的，不影响法院审理。

原审法院收到上诉状、答辩状后，应当在 5 日内连同全部案卷和证据，报送二审法院。二审法院应当在收到原审法院报送的材料后 5 日内裁定是否受理。二审法院审查上诉要件时，应当保障当事人发表意见的权利①，对符合上诉要件的裁定受理，否则裁定不予受理。②

上诉要件欠缺而依法能够补正的，法院应予释明并限期上诉人补正。对于答辩状存有瑕疵的，也应给予当事人补正的机会。补正后的上诉状和答辩状应当送达对方当事人。上诉人逾期没有补正或者补正后仍有欠缺的，法院应当裁定不予受理或者驳回上诉。

依据《繁简分流》，法院应当完善二审案件衔接机制；引导当事人、律师等提交电子诉讼材料，推进智慧法院建设和诉讼档案电子化，运用电子卷宗移送方式，加快案卷在上下级法院之间的移送。

（二）上诉的效力

当事人提起上诉，除启动上诉审程序外，还产生如下效力：（1）阻断效力，即当事人合法上诉能够阻断初审裁判的确定，从而初审裁判不发生既判力、执行力、确认力、形成力、已决效力等。（2）移审效力，即当事人合法上诉而使案件由初审系属于上诉审，由上诉审法院按照上诉程序审判。

根据"上诉不可分"原则，阻断裁判确定的效力范围与移审的效力范围一致，均及于一审判决之全部，从而上诉人未上诉的部分因上诉而未确定。

第三节　上诉审程序之续行与终结

一、上诉审程序之续行

（一）预交上诉费・撤诉・调解

上诉人应在向法院提交上诉状时预交上诉费，原告、被告、第三人分别上诉的，按上诉请求分别预交。上诉人在上诉期内未预交的，法院应当通知其在 7 日内

---

① 英国政府出版的关于《英国民事诉讼规则》的白皮书（White Book）中有一句可算是经典的话："这些规定的整体效果是要让每一个在一审程序中感到失望的当事人至少在上诉审法院获得一次简易的听审，使其主要的抱怨能够通过口头的方式得到宣泄。"

② 不予受理或者驳回上诉的裁定为终审法院作出的终局性裁定，对此上诉人不得上诉。不过，笔者认为，可以申请再审请求撤销该裁定，若被撤销的则应按照上诉程序进行审判。

预交。未在指定期限内交纳的，按自动撤回上诉处理。

在二审法院裁判宣告前，上诉人申请撤回上诉的，二审法院经审查认为一审裁判确有错误，或者当事人之间恶意串通，损害国家利益、社会公共利益、他人合法权益的，不应准许。

二审程序中，原审原告申请撤回起诉，经其他当事人同意，且不损害国家利益、社会公共利益、他人合法权益的，法院可以准许；准许撤诉的，应当一并裁定撤销一审裁判，重复起诉的，法院不予受理（《民诉解释》第 336 条）。

当事人在二审程序中达成和解协议的，法院可以根据当事人的请求，对双方达成的和解协议进行审查并制作调解书送达当事人；因和解而申请撤诉，经审查符合撤诉条件的，法院应予准许（《民诉解释》第 337 条）。

对判决的上诉案件，二审法院可以进行调解。[①] 法院调解达成协议的，应当制作调解书。调解书送达当事人后，初审判决即视为撤销，失去法律效力。

（二）审理法院·审理地点·审前准备·审理程序·审理方式·审理期限

二审法院通常是原审法院或者初审法院的上一级法院。[②] 二审法院审理上诉案件，可以在本院进行，也可以到案件发生地或者原审法院所在地进行。书面审理的，在本院进行。

审前准备的主要内容有：（1）二审合议庭由法官组成后，应当在 3 日内告知当事人；（2）合议庭审查案卷，了解上诉请求、答辩意见及其事实、证据；（3）开庭审理的，二审法院可以通过当事人交换证据等方式，明确争议焦点（或称"争点"）。

根据《民事诉讼法》第 181 条，二审法院审理上诉案件，除依照第十四章"第二审程序"的规定外，适用一审普通程序。

根据正当程序原理，对案件实体事实应当开庭审理（事实审），即民事争讼案件以开庭审理为原则，书面审理有其严格的适用范围。对以裁定处理的事项，不以开庭为要求，适用自由证明程序。

根据《民事诉讼法》第 176 条第 1 款，二审法院对上诉案件应当开庭审理；经过阅卷、调查和询问当事人，对没有提出新的事实、证据或者理由，法院认为不需要开庭审理的，可以不开庭审理。

《民诉解释》第 331 条规定了可以不开庭审理的具体情形：（1）不服不予受理、管辖权异议和驳回起诉裁定的；（2）当事人提出的上诉请求明显不能成立的；（3）原判决、裁定认定事实清楚，但适用法律错误的；（4）原判决严重违反法定程

[①] 《分流速裁》第 15 条规定："第二审人民法院在征得当事人同意后，可以在立案后移送审理前由专职调解员或者合议庭进行调解，法律规定不予调解的情形除外。二审审理前的调解应当在十日内完成。各方当事人同意的，可以适当延长，延长期限不超过十日。调解期间不计入审理期限。"

[②] 《知产诉讼程序》规定：专业技术性较强的知识产权民事案件第一审裁判的上诉案件由最高人民法院审理［参见本书第二十四章第三节二（一）］。《互联网法院》特别规定了互联网民事案件的上诉法院［参见本书第二十四章第五节五（五）］。

序，需要发回重审的。

二审法院应当按照处分原则对上诉请求及其有关事实和适用法律进行审理，但是一审判决违反法律禁止性规定或者损害国家利益、社会公共利益、他人合法权益的除外。应注意避免二审与一审在庭审和裁判文书方面的不必要重复（《繁简分流》第 16 条）。

原则上，当事人在一审程序中实施的诉讼行为，在二审程序中对该当事人仍具有拘束力，当事人有正当理由的，可予以推翻（《民诉解释》第 340 条）。

对判决的上诉案件，应在二审法院立案之日起 3 个月内审结。有特殊情况，需要延长的，应在审理期限届满 10 日前向本院院长申请，由本院院长批准。

对裁定的上诉案件，应在二审法院立案之日起 30 日内作出终审裁定。有特殊情况，需要延长审限的，由本院院长批准。

二、上诉审程序之终结方式和具体处理

（一）作出裁定

（1）二审法院裁定不予受理、裁定驳回上诉、裁定撤诉、裁定诉讼终结等。

（2）二审法院裁定驳回上诉并维持原裁定——原裁定认定事实清楚和适用法律正确的。

（3）二审法院裁定撤销或者变更原裁定——原裁定认定事实错误或者适用法律错误的。

（4）一审法院违反起诉规定的，二审法院裁定撤销原裁判。其适用情形如下：1）案件依法不应由法院受理的，二审法院可以直接裁定撤销原裁判，驳回起诉；2）违反专属管辖规定的，二审法院应当裁定撤销原裁判并移送有管辖权的法院；3）不予受理裁定错误的，二审法院应当予以撤销，同时指令一审法院立案受理；4）驳回起诉裁定有错误的，二审法院应当撤销原裁定，同时指令一审法院审理。

（5）裁定撤销原判决并发回原审法院重审（其裁定书应当载明理由）。其适用情形如下：1）原判决认定基本事实不清的（应当裁定撤销原判决）；2）原判决遗漏当事人或者违法缺席判决等严重违反法定程序的（应当裁定撤销原判决）；3）对于当事人在一审中已经提出的诉讼请求，原审法院未作审理、判决，二审法院调解不成的；4）应当参加诉讼的当事人或者有独立请求权的第三人，在一审程序中未参加诉讼，二审法院调解不成的；5）一审判决不准离婚的案件，二审法院认为应当判决离婚，可以与子女抚养、财产问题一并调解，调解不成的。但是，双方当事人可以同意由二审法院一并审判子女抚养、财产问题。

从法理上分析，发回重审多取决于是否为事实审、有无必要维护当事人上诉权或者审级利益等。

应当注意：（1）对发回重审的案件，原审法院应当按照初审程序另行组成合议

404

庭。（2）发回重审只是对上诉请求及其相关事实、证据进行审判，原审程序中当事人的认诺和自认依然有效（合法撤回的除外）。（3）原审法院对发回重审案件所作的判决仍属一审判决；当事人提起上诉的，二审法院不得再次发回重审。

（二）法院调解结案

对判决上诉的案件中，二审法院调解书送达当事人后，初审判决即视为撤销。从法律性质上说，法院调解书没有资格撤销判决。此外，调解书的内容是双方当事人对实体权利、义务或者责任平等协商、相互妥协的结果，调解协议的达成和调解书的作出并不表明初审判决就是错误或者违法的，而"撤销原判"应以初审判决错误或者违法为前提，所以调解书送达当事人后，初审判决被"视为"撤销，调解书上不能写"撤销原判"之类的话。

（三）作出判决

（1）二审法院判决维持原判决。其适用于原判决认定事实清楚和适用法律正确的。[1]

（2）二审法院撤销或者变更原判决（改判）。[2] 其适用情形有：1）原判决认定事实错误或者适用法律错误的；2）原判决认定基本事实不清的，查清事实后改判；3）二审中，发生法定当事人变更的，法院直接裁定变更，继续审理，不必发回重审。

（3）对原审原告增加的独立的诉讼请求或者原审被告提起的反诉，二审法院调解不成的，告知当事人另行起诉；双方当事人也可以同意由二审法院一并审理并作出判决。

二审法院宣告判决可以自行宣判，也可委托原审法院或者当事人所在地法院代行宣判。

---

[1]　原判决、裁定认定事实或者适用法律虽有瑕疵，但裁判结果正确的，二审法院可以在判决、裁定中纠正瑕疵后，予以维持（《民诉解释》第332条）。

[2]　【习题】杨某和吴某协议离婚不成，杨某遂诉至法院，要求法院判决离婚，一审法院经审理后，作出不予离婚的判决，后杨某上诉，二审法院审理后认为应判离婚，并对杨某和吴某之间的财产分割问题进行了调解，但最终没能达成调解协议。二审法院遂撤销原判，发回重审，原一审法院接到该发回重审的案件后，再次作出不予离婚的判决，杨某再次提起上诉。此时二审法院应当如何处理？（　　）
　　A. 再次发回重审　　　　B. 对杨某、吴某的离婚和财产分割问题直接作出判决
　　C. 可以再次进行调解　　D. 就解除婚姻关系部分作出判决，就财产分割问题发回重审
[2020年国家统一法律职业资格考试试卷二（真题回忆版）；参考答案为BC]

第 二 十 三 章

再审程序

维护既判力与再审为"原则与例外"的关系。判决既判力是指确定判决对诉讼标的之判断,对法院和当事人等产生禁止反复和禁止矛盾的约束力。再审的本质是对既判案件的再次审判,再审事由是确定判决存在严重的程序违法或者实体错误。

我国现行再审程序的主要阶段是:(1)启动与审查阶段。法院审查再审事由成立且符合再审启动条件的,裁定再审。(2)实体审判阶段。再审法院对原裁判或者调解书的实体事实认定是否错误和实体法律适用是否违法进行审理并作出裁判。

第一节 判决既判力与再审

一、判决既判力的含义

判决既判力是指"确定判决"对"诉讼标的"之判断,对法院和当事人等所产生的约束力。其约束力主要体现在以下两个方面:

(1)既判力的消极效果或者消极作用是"禁止反复"(见下图)。

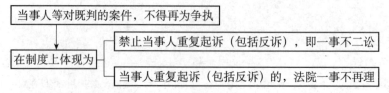

(2)既判力的积极效果或者积极作用是"禁止矛盾"(见下图)。

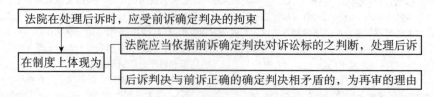

我国法院确定判决包含既判力的消极效果。至于既判力的积极效果，民事诉讼法虽未明确规定但实际上是存在的，即法院应当以前诉确定判决为基础审判后诉，若前诉判决被撤销或变更，则后诉判决可以通过再审来撤销或变更［包含在《民事诉讼法》第211条第12项规定的再审事由"据以作出原判决、裁定的法律文书被撤销或者变更的"之中］。

禁止重复起诉（一事不二讼）或者一事不再理的效力：（1）诉讼系属效力，即对于已经起诉或者正在审判中的案件，当事人不得重复起诉，法院也不得受理①；（2）既判力的消极效果，即对于确定判决所处理的案件，当事人不得重复起诉，法院也不得受理。

"一事不再理"的诉讼系属效力不为既判力所包含，既判力的积极效果是"一事不再理"所没有的；既判力与"一事不再理"的重合效力是既判力的消极效果（见下图）。

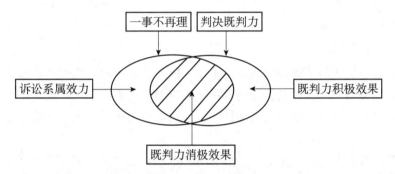

原先既判力是用来处理法院确定判决的效力问题，如今，"既判力扩张化"，其主要表现有二：（1）有既判力的法律文书由法院确定判决扩张到其他特定的法律文书②；（2）既判力的主体范围由当事人扩张到特定的第三人。③ 根据正当程序保障等原理，既判力扩张应当有明确、合理的界限，而不得无限扩张。

---

① 从广义上来理解，具有"一事不再理"效力的案件还包括：已经申请仲裁或者正在仲裁的案件以及法院正在调解的案件等。

② 法律赋予支付令、法院调解书、法院对调解协议的确认书、仲裁裁决书、仲裁调解书等以既判力，是因为既然民事纠纷已经得到了"终局"解决，并且这种解决获得国家法律的正式承认，那么此纠纷就不该再由民事诉讼来解决。这种做法既符合既判力的精神和降低纠纷解决成本的要求，又是法律对其他民事纠纷解决方式的尊重和支持。《公证法》第40条规定："当事人、公证事项的利害关系人对公证书的内容有争议的，可以就该争议向人民法院提起民事诉讼。"据此，公证债权文书没有既判力。依据《民诉解释》第478条，公证债权文书被裁定不予执行后，当事人、公证事项的利害关系人可以就债权争议提起诉讼。

③ 有人主张，既判力可以扩张到判决理由或者已决事实。这种主张混同了既判力与已决力（争点效），不足取；至于既判力客观范围的例外，有其正当根据。

二、判决既判力的范围

（一）时间范围和空间范围

判决既判力的时间范围主要包括：（1）"发生时"通常是判决不得上诉之时，即"判决确定"之时。（2）"标准时"通常是本案最后言词辩论终结之时。[①]（3）"存续时间"为既判力发生之时至其消失之时（确定判决通过再审、异议之诉等法定途径被撤销之时）。

判决既判力的空间范围包括：（1）我国法院确定判决的既判力及于我国整个主权空间。（2）大陆（内地）与港澳台地区法院判决的既判力仅及于各自的法域范围，除非本法域法院判决被其他法域法院承认。（3）我国法院确定判决应当得到相关外国法院的承认，才在该国具有既判力；外国法院判决应当得到我国法院的承认，才在我国具有既判力。

（二）主观范围

法院和当事人属于既判力的主观范围，因为确定判决是法院和当事人按照正当程序和实体规范共同进行诉讼的结果。确定判决处理的是当事人之间的实体争议，所以除法院以外，既判力的主体范围原则上只限于当事人。此为"既判力的相对性"。

但是，判决既判力的相对性不适用于以下情形，即在以下特定情形下，既判力扩张到当事人以外的特定第三人[②]：

（1）对当事人实体权利义务或者争讼财产有管理权或处分权的人或者占有该财产的人，比如，本案最后言词辩论终结后，当事人实体权利义务的承继人；法院针对债务人的实体义务作出的确定判决，其既判力及于该债务人的破产管理人。

（2）诉讼信托中诉讼信托人（形式当事人）和实体权利义务主体（实质当事人）。比如，破产管理人为破产债务人提起诉讼所得确定判决，其既判力及于破产管理人和破产债务人。

（3）法定当事人变更中，退出诉讼的原当事人。

[①] 若确定判决是一审终局判决，则为一审程序中法庭辩论终结之时；若确定判决是二审终局判决，则为二审程序中法庭辩论终结之时。法院根据"本案最后言词辩论终结之时"所形成的全部资料，对诉讼标的与诉讼请求作出终局判决。本案最后言词辩论终结之后发生的实体争议，由于没有经过当事人的起诉和正当程序的审判，所以不应受既判力的拘束。通过既判力"标准时"，可以确定何时所审判的诉讼标的（争讼的实体权利义务）对后诉有既判力。

[②] 第一类和第二类主体可以作为再审的当事人。但是，依据《民诉解释》第 373 条，当事人死亡或者终止的，其权利义务承继者可以根据《民事诉讼法》第 210、212 条申请再审，但是判决、调解书生效后，当事人将判决、调解书确认的债权转让，债权受让人对该判决、调解书不服，申请再审的，法院不予受理。

（三）客观范围

判决既判力的客观范围是"判决主文"（或称"判决结论"），即判决中对"诉讼标的"之判断部分（但在表面上判决主文是对"诉讼请求"的判断）。诉讼标的是诉的"质"的规定性，法院确定判决对诉讼标的作出终局判断即意味着法院审判完该诉，据此判断是否重复起诉，以诉讼标的为基础的诉讼请求随之不得再被提起和再被审判。

既判力客观范围的例外是判决理由有既判力。① 比如，原告 A 请求被告 B 偿还借款 30 万元，在诉讼中 B 抗辩 A 欠自己 10 万元并主张抵销这 10 万元。如果 B 抵销抗辩成立，判决在其抵销抗辩范围内具有既判力，即 B 对已经抵销 10 万元的债权，不得起诉。若允许 B 就该 10 万元债权提起诉讼，B 可能胜诉，则意味着 B 从 A 处共得到 20 万元。

三、民事再审：维护判决既判力原则的法定例外

再审的适用范围是法院的确定判决和生效裁定。对法院裁定虽可适用再审程序，但其应作为"准再审"。再审的本质是对既判案件的再次审判。当事人提请再审（之诉）是再次行使"同一个诉"的诉权。再审中，再审当事人是确定判决既判力所约束的当事人及诉讼承继人（既判力主体范围），诉讼标的是原审案件的诉讼标的（既判力客观范围）②，实体要件事实是原审案件的实体要件事实。

再审是为当事人提供最后的诉讼救济机会，同时再审目的还有公益性。在我国，"依法纠错"是我国再审程序的直接目的，实现"依法纠错"在事实上能够起到保护合法权益、维护裁判权威和统一裁判尺度的作用，实现诸多目的相统一。③

"已决案被视为真理。"（乌尔比安语）按照正当程序作出的确定判决，其既判力应当获得尊重。维护确定判决既判力有着如下主要根据或者意义：

（1）符合正当程序保障下自我责任原理。既然在诉讼中已从实质上保障当事人

① 确定判决对实体事实的确认通常无既判力但有已决力，参见本书第十二章第三节一。

② 在大陆法系，关于再审（之诉）的诉讼标的：以前的通说是"二元诉讼标的说"，认为再审（之诉）存在两个诉讼标的：一个是程序形成权（撤销或者变更确定判决），另一个是原案的诉讼标的。如今的通说是"一元诉讼标的说"或"本案诉讼说"，认为再审（之诉）的诉讼标的只是原案的诉讼标的。此说为德国著名的 Rosenberg-Schwab（罗森贝克-施瓦布）民事诉讼法教科书第 10 版（1969 年）采取之后，不断获得大陆法系学者的有力支持。参见［德］罗森贝克：《德国民事诉讼法》，1207～1208页，北京，中国法制出版社，2007；［日］高桥宏志：《民事诉讼法重点讲义》，张卫平、许可译，545～547页，北京，法律出版社，2021 等。

③ 《中共中央关于全面推进依法治国若干重大问题的决定》（2014 年）将再审目的明确规定为"解决依法纠错、维护裁判权威"。最高人民法院根据《关于完善四级法院审级职能定位的改革方案》（中政委〔2021〕45 号）、《全国人民代表大会常务委员会关于授权最高人民法院组织开展四级法院审级职能定位改革试点工作的决定》（人大常会字〔2021〕38 号），在《关于完善四级法院审级职能定位改革试点的实施办法》（法〔2021〕242 号）中明确规定，"再审依法纠错、统一裁判尺度"。

适时适式提出资料、陈述意见和进行辩论的机会，当事人就应承担判决结果，遵守判决既判力。

（2）实现诉讼目的和法律安定。若允许任意变更或者撤销确定判决，将使确定判决所确定的当事人间的民事实体关系处于不安定状态，致使诉讼目的落空，无法实现法律安定。

（3）通过个案确定判决来维护法律判决的正当、权威。法院适用法律作出确定判决后，若允许任意变更或者撤销确定判决，则必然损害法律判决的正当、权威。

维护（诉讼安定性和）既判力实际上是人类社会的安定要求和法律的安定价值在民事诉讼中的具体体现。现代法治原则要求充分维护确定判决既判力，将维护既判力与再审（和某些异议之诉）的关系界定为"原则与例外"。异议之诉的判决撤销或者变更具有既判力的原法律文书的，则该异议之诉通常是既判力的法定例外。

第二节　再审程序之启动与审查

我国现行再审程序主要有两个阶段：（1）启动与审查阶段，即法院经审查认为再审事由成立且符合再审启动条件的，裁定再审。（2）实体审判阶段，即再审法院对原裁判或者调解书的实体事实认定是否错误和实体法律适用是否违法进行审理并作出裁判。

我国现行再审程序的启动方式有四：法院提起再审、当事人申请再审、检察机关抗诉和案外人申请再审。当事人申请再审实质上是提起再审之诉。法院提起再审和检察机关抗诉属于审判监督的范畴。笔者认为，案外人申请再审不合法理（详见下文）。

一、法院提起再审

根据《民事诉讼法》第209条，法院提起再审应当具备以下要件：法院已经发生法律效力的判决、裁定、调解书确有错误。其要件实际上有二：（1）再审对象合法，即法院的判决、裁定、调解书已经发生法律效力；（2）具备再审事由，即确有错误。

各级法院院长对本院的判决、裁定、调解书，认为需要再审的，应当提交审判委员会讨论决定；最高人民法院对地方各级法院的、上级法院对下级法院的判决、裁定、调解书，有权提审或者指令下级法院再审。

410

二、当事人申请再审与法院审查申请

（一）再审事由

1. 我国现行法定再审事由

依《民事诉讼法》第 211 条，再审"依法纠错"之"错"具体为民事判决的"再审事由"。对于确定判决和生效裁定，《民事诉讼法》第 211 条规定了再审事由（具备其一则应再审）（《民诉解释》第 385～392 条、《检察监督》第 76～80 条作出了具体解释）。①

（1）有新的证据，足以推翻原判决、裁定。再审申请人提供的新的证据，能够证明原判决、裁定认定基本事实或者裁判结果错误。

对于新的证据，法院应当责令再审申请人说明其逾期提供该证据的理由；拒不说明理由或者理由不成立的，依照《民事诉讼法》第 68 条第 2 款和《民诉解释》第 102 条处理。

申请人证明新证据有下列情形之一，可以认定逾期提供证据的理由成立：原审庭审结束前已经存在，因客观原因于庭审结束后才发现的；原审庭审结束前已经发现，但因客观原因无法取得或者在规定期限内不能提供的；原审庭审结束后形成，无法据此另行起诉的。

再审申请人提交的证据在原审中已经提供，原审法院未组织质证且未作为裁判根据的，视为逾期提供证据的理由成立，但原审法院依照《民事诉讼法》第 68 条不予采纳的除外。

《民诉解释》第 385 条第 1 款规定："再审申请人提供的新的证据，能够证明原判决、裁定认定基本事实或者裁判结果错误的，应当认定为民事诉讼法第二百零七条第一项规定的情形。"关于新的证据"足以推翻"原判决或者"能够证明"原判决确有错误的证明标准，在再审启动和审查阶段应当是高度可能性，而在再审实体审判阶段应当是必然性标准，即新证据"必须"推翻原判决。②

（2）原判决、裁定认定的基本事实缺乏证据证明的。

（3）原判决、裁定认定事实的主要证据是伪造的。

（4）原判决、裁定认定事实的主要证据未经质证的。当事人对原判决、裁定认定事实的主要证据在原审中拒绝发表质证意见或者在质证中未对证据发表质证意见的，不属于上述"未经质证"的情形。

---

① 还有些再审事由，比如，按照《立审执协调》第 14 条，执行标的物为特定物，双方对折价赔偿不能协商一致，原物毁损或者灭失发生在最后一次法庭辩论结束前的，执行机构应当告知当事人可通过审判监督程序救济。

② 参见最高人民法院民事审判第一庭编：《民事审判实务问答》，425 页，北京，法律出版社，2021。

（5）对审理案件需要的主要证据（法院认定案件基本事实所必需的证据①），当事人因客观原因不能自行收集，书面申请法院调查收集，法院未调查收集的。②

（6）原判决、裁定适用法律确有错误的。其情形如下：适用的法律与案件性质明显不符的；确定民事责任明显违背当事人有效约定或者法律规定的；适用已经失效或者尚未施行的法律的；违反法律溯及力规定的；违反法律适用规则的；明显违背立法原意的；等等。

（7）审判组织的组成不合法③或者依法应当回避的审判人员没有回避的。

（8）无诉讼行为能力人未经法定代理人代为诉讼，或者应当参加诉讼的当事人因不能归责于本人或者其诉讼代理人的事由，未参加诉讼的。④

（9）违反法律规定，剥夺当事人辩论权利的。其情形如下：不允许或者严重限制当事人发表辩论意见的；应当开庭审理而未开庭审理的；违反法律规定送达起诉状副本或者上诉状副本，致使当事人无法行使辩论权利的；其他违法剥夺的情形。

（10）未经传票传唤，缺席判决的。

（11）原判决、裁定遗漏或者超出诉讼请求的。⑤ 其情形包括遗漏或超出一审诉讼请求、二审上诉请求，但当事人未对一审判决、裁定遗漏或者超出诉讼请求提起上诉的除外。

（12）据以作出原判决、裁定的法律文书被撤销或者变更的。前述"法律文书"是指原判决、裁定对基本事实和案件性质的认定系根据其作出的，包括发生法律效力的法院判决书、裁定书、调解书，仲裁裁决书、有强制执行力的公证债权文书等。

（13）审判人员审理该案件时有贪污受贿、徇私舞弊、枉法裁判行为的。应在审判法官的有罪判决或者纪律处分决定生效后，才能以此为由提请再审。

对法院生效调解书，再审事由是调解违反自愿原则或者调解协议的内容违反法律（《民事诉讼法》第212条）。

---

① 参见《关于适用〈中华人民共和国民事诉讼法〉审判监督程序若干问题的解释》（法释〔2008〕14号）（2020年修改）第9条。
② 《民事诉讼法》第211条没有将公益诉讼中法院违背有关职权探知规定作为再审事由，此为立法漏洞。笔者认为，为有效维护公共利益，在民事公益诉讼中有关职权探知主义的诉讼规范应为强行性规范，在立法上应当将"法院因没有依职权探知而作出错误判决"明确规定为民事公益案件的再审事由。
③ 比如：人民陪审员独任审理的或者参与二审案件审理的；应当组成合议庭审理的案件却独任审判的；合议庭成员曾参加同一案件一审、二审或者再审程序审理的（或者对再审、发回重审的案件没有另行组成合议庭的）；参加开庭的审判组织成员未参加合议，在判决书、裁定书上署名的审判组织成员不一致，但依法变更审判组织成员的除外；变更审判组织成员未依法告知当事人的；其他不合法情形（如审理案件的人员不具有审判资格等）。
④ 依据《民诉解释》第420条，必须共同进行诉讼的当事人因不能归责于本人或者其诉讼代理人的事由未参加诉讼的，可以据此理由，自知道或者应当知道之日起6个月内申请再审，但符合《民诉解释》第421条规定情形的除外。
⑤ 此项理由的不合理和应完善之处有：（1）删去"裁定"。（2）原判决遗漏诉讼请求的，理当通过补充判决来纠正［参见本书第十九章第三节四（三）］。（3）民事公益案件中，适用职权干预主义，法院为维护公益能够超出或者变更诉讼标的和诉讼请求作出判决。

2. 再审事由的根据

只有按照民事诉讼正当程序作出的判决，其既判力才应获得尊重。民事诉讼正当程序包含程序内容（程序公正与程序效率等）和实体内容（实现实体公正与诉讼目的）。再审"依法纠错"中的"错"或者"再审事由"是民事判决违背正当程序的严重情形，包括程序违法（违背程序公正）和实体错误（违背实体公正）。①

事实上，民事再审目的构成民事诉讼目的之有机内容，民事诉讼目的构成现代民事诉讼正当程序原理的有机内容。再审"依法纠错"中的"错"首先体现为存在"再审事由"，换言之，"依法纠错"的再审目的是民事判决再审事由确立的首要的具体根据。

经过正当程序审理所实现的诉讼目的尚需判决的既判力来稳定，维护判决的既判力也是现代民事诉讼正当程序的有机内容。维护判决既判力与再审之间是原则与例外的关系，这项关系也是民事判决再审事由确立的具体根据。存在再审事由是启动再审程序的主要条件，对于再审事由应当采取严格的法律明定主义，即民事诉讼法应当明文严格规定具体的再审事由，并且有关再审事由的规范属于强行规范，以此严格限制再审程序的启动。

在现代民事诉讼正当程序内容体系中，再审事由确立的具体根据还包括法定法官原则、法官中立原则、参与原则、事实真实性、实体合法性（正确适用民事实体法规范）等。

严重违反法定法官原则、法官中立原则和参与原则的具体情形，当属程序严重违法，为法定再审事由。② 根据法定法官原则，确立前述再审事由（7）项中的"审判组织组成不合法"和再审事由（13）。根据法官中立原则，确立前述再审事由（7）项中的"依法应当回避的审判人员没有回避"。根据参与原则，确立前述再审事由（4）、（5）、（8）~（10）项。

实体公正的主要内容是判决结果公正，即法院判决认定要件事实真实（真实性）和适用民事法律正确（合法性）。据此，作为再审事由，"严重实体错误"是指严重违背事实真实性（违反"以事实为根据"原则）和实体合法性（违反"以法律为准绳"原则）的具体情形。根据真实性或者证据裁判原则，确立前述再审事由（1）（2）（3）项。根据"合法性"，确立前述再审事由（6）（11）（12）项。

再审当事人不得根据同一再审事由，对同一确定判决再次提请再审。笔者认

---

① 至于法院审判延迟造成程序效率低下的，设置相应程序救济，通常不作为再审事由。参见韩红俊《论适时审判请求权》，载《法律科学》，2011（5）。笔者认为，当事人可以请求上一级法院责令原审法院在适当期间进行必要的诉讼程序。司法机关存在重大过失或不作为而导致诉讼迟延的，当事人可以请求国家赔偿。法官故意违反法律、审判纪律、审判管理规定拖延办案，或者过失延误办案，造成严重后果的，依照《人民法院工作人员处分条例》（法发〔2009〕61号）第47条的规定予以处分。

② 按照法治原则，依据积极意义或者正面价值的大小，人们作出如下排序：法定法官原则、法官中立原则、参与原则。长期以来，人们常将"法官中立"作为自然正义的第一个原则，将"当事人程序参与"作为自然正义的第二个原则。

为，由于再审案件的诉讼标的是原审案件的诉讼标的，所以当事人提出数个再审事由的，并不构成诉的客观合并；当事人变更再审事由的，也不构成诉的客观变更。

我国法律应当明确规定如何证明再审事由。对于严重程序违法方面的再审事由，其证据主要是法院审理笔录（包括法庭笔录和庭审录音录像），应由原审法院提供。证明严重实体错误方面的再审事由，有关要件事实的证据，在民事私益案件中应由当事人提供，在民事公益案件中适用法院职权探知主义。至于适用法律错误，无须证据证明，由再审法院审查裁判。

许多国家规定，虽然具备再审事由，但是，在上诉中当事人已经主张再审事由或者尽管知道再审事由却不主张的，则不得以该理由提请再审。[①] 上诉审对案件已经作出本案判决的，不得对初审判决而只得对上诉审判决提请再审。

（二）当事人申请再审的条件

（1）再审对象合法，即法院的判决、裁定、调解书已经发生法律效力。"判决"是指确定判决。"裁定"是指不予受理、驳回起诉的裁定（《民诉解释》第 379 条）。

不属于再审对象的有：（1）解除婚姻关系的确定判决和法院调解书（《民事诉讼法》第 213 条）；（2）适用特别程序、督促程序、公示催告程序、破产程序等所作出的非讼裁判；（3）再审判决、裁定（《民诉解释》第 381 条）。

（2）当事人适格。再审原告应是原审适格当事人及其诉讼承继人（既判力主观范围）[②]；再审被告应是与再审原告相对立的原审当事人及其诉讼承继人。

（3）实务中有的将诉的利益作为申请条件。

【案例 23-1】王某、高某永一审诉请李某在、廖某华、阮某荣三人支付股权转让款及利息，并与天津开发区鑫隆建设发展有限公司（以下简称鑫隆公司）连带承担违约金 2 500 万元及本案诉讼费用。一审法院判决驳回王某、高某永的诉讼请求。二审法院判决李某在、廖某华、阮某荣支付股权转让款及相应利息，但未判令鑫隆公司承担责任。该判决结果不影响鑫隆公司案涉实体权益，鑫隆公司申请再审缺乏诉的利益，对其再审申请，法院应依法予以驳回。[③]

（4）符合法定期间。当事人应当在判决、裁定、调解书发生法律效力后 6 个月内提出申请；有《民事诉讼法》第 211 条第 1、3、12、13 项规定情形的，自知道或者应当知道之日起 6 个月内提出申请。[④]

（5）提交再审申请书及其副本，申请人身份证明、原审裁判书或者调解书等原

---

① 其意图是，尽量使当事人运用上诉程序这种正常的途径，相应减少适用再审程序。

② 《民诉解释》第 373 条第 2 款规定："判决、调解书生效后，当事人将判决、调解书确认的债权转让，债权受让人对该判决、调解书不服申请再审的，人民法院不予受理。"笔者认为，这款规定不合理。

③ 参见（2018）最高法民申 3369 号民事判决书。

④ 对申请再审期间不适用中止、中断和延长的规定（《审判监督程序》第 2 条）。

件或其复印件，支持再审事由的证据等材料。[1]

具备再审事由和申请条件的，当事人可以向上一级法院申请再审；当事人一方人数众多（10 人以上）或者当事人双方为自然人的，也可以向原审法院申请再审；若分别向原审法院和上一级法院申请且不能协商一致的，则由原审法院受理（《民事诉讼法》第 210 条、《民诉解释》第 377 条）。

《民事案件当事人申请再审指南》第 1 条和第 2 条规定：当事人对最高人民法院已经发生法律效力的一审、二审民事判决、裁定、调解书，可以向最高人民法院申请再审。当事人对高级人民法院已经发生法律效力的一审、二审民事判决、裁定，符合下列情形之一的，可以向最高人民法院申请再审：（1）再审申请人对原判决、裁定认定的基本事实、主要证据和诉讼程序无异议，但认为适用法律有错误的；（2）原判决、裁定经高级人民法院审判委员会讨论决定的。

（三）法院审查申请·裁定再审·终结审查

法院应当自收到符合条件的再审申请书等材料之日起 5 日内向申请人发送受理通知书，并向被申请人及原审其他当事人发送应诉通知书、再审申请书副本等材料；被申请人应当自收到申请书副本之日起 15 日内提交书面意见（不提交的，不影响法院审查）；法院可以要求申请人和被申请人等补充有关材料，询问有关事项。

依据《民诉解释》第 381 条，当事人申请再审，有下列情形之一，法院不予受理：（1）再审申请被驳回后再次提出申请的；（2）对再审判决、裁定提出申请的；（3）在检察院对当事人的申请作出不予提出再审检察建议或者抗诉决定后又提出申请的。出现前述（1）和（2）项情形，法院应当告知当事人可以向检察院申请再审检察建议或者抗诉，但因检察院提出再审检察建议或者抗诉而再审作出的判决、裁定除外。

法院受理再审申请后，应当组成合议庭，在自收到再审申请书之日起 3 个月内审查"再审事由"（有特殊情况，需要延长的，由本院院长批准）。符合申请再审条件且再审事由成立的，法院应当裁定再审。[2] 法院根据审查案件的需要决定是否询问当事人；新的证据可能推翻原裁判的，法院应当询问当事人。

在审查期间，被申请人及原审其他当事人依法提出再审申请的，法院应将其列为再审申请人，对其再审事由一并审查，审查期限重新计算。其中一方申请人主张的再审事由成立的，应当裁定再审。各方申请人主张的再审事由均不成立的，一并

---

[1]　详见《民事诉讼法》第 214 条，《民诉解释》第 375、376 条，《审判监督程序》第 3～5 条，《关于受理审查民事申请再审案件的若干意见》（法发〔2009〕26 号）。

《关于诉讼代理人查阅民事案件材料的规定》第 1 条规定：诉讼代理人为了申请再审的需要，可以查阅已经审理终结的所代理案件有关材料。

[2]　参见《民事诉讼法》第 215 条、《民诉解释》第 393 条。

对法院驳回再审申请裁定不服的，比如在日本，当事人可以提起即时抗告。

裁定驳回再审申请。驳回再审申请的裁定一经送达，即发生法律效力。

在审查期间，检察院对该案提出抗诉的，法院根据《民事诉讼法》第 222 条裁定再审的，再审申请人提出的具体再审请求应被纳入审理范围。

在审查期间，申请人撤回再审申请的，由法院裁定。申请人经传票传唤，无正当理由拒不接受询问的，可以按撤回再审申请处理。法院裁定准许撤回再审申请后，申请人再次申请再审的，不予受理；但是，有前述再审事由（1）（3）（12）（13），自知道或者应当知道之日起 6 个月内提出的除外。

有下列情形之一的，裁定终结审查（《民诉解释》第 400 条）：（1）申请人死亡或者终止，无权利义务承继者或者权利义务承继者声明放弃再审申请；（2）负有给付义务的被申请人死亡或者终止，既无可供执行的财产又无应承担义务的人；（3）当事人达成和解协议且已履行完毕（和解协议中声明不放弃申请再审权利的除外）；（4）他人未经授权以当事人名义申请再审；（5）原审或者上一级法院已经裁定再审；（6）有《民诉解释》第 381 条第 1 款规定的情形。

当事人申请再审，不停止原判决、裁定和调解书的执行。法院裁定再审，需要中止执行的（追索赡养费、扶养费、抚养费、抚恤金、医疗费用、劳动报酬等案件中可以不中止执行），应在再审裁定中写明中止执行；情况紧急的，可以将中止执行裁定口头通知执行法院，并在通知后 10 日内发出裁定书（《民事诉讼法》第 217 条、《民诉解释》第 394 条）。

三、检察院抗诉与法院审查

（一）检察院抗诉

审判程序中，现行检察监督原则体现为以抗诉启动再审来监督审判。根据《民事诉讼法》第 219 条，检察院抗诉理由即《民事诉讼法》第 211 条规定的再审事由和法院调解书损害国家利益或者社会公共利益。[1]

检察院抗诉的条件有：（1）抗诉对象合法（再审对象合法）。（2）最高人民检察院对各级法院已经发生法律效力的民事判决、裁定、调解书，上级检察院对下级法院已经发生法律效力的民事判决、裁定、调解书，向同级法院提起抗诉。[2]（3）应当制作抗诉书。

检察院在自决定抗诉之日起 15 日内将抗诉书连同案件卷宗移送同级法院，并制作决定抗诉的通知书，发送当事人。

---

[1] 各级检察院对审判监督程序以外的其他审判程序中审判人员的违法行为，有权向同级法院提出检察建议。

[2] 地方各级检察院对同级法院，可以提出检察建议，并报上级检察院备案；也可以提请上级检察院向同级法院提出抗诉。

（二）当事人向检察院申请检察建议或者抗诉

《民事诉讼法》第 220 条规定，有下列情形之一的，当事人可以向检察院申请检察建议或者抗诉：（1）法院驳回再审申请；（2）法院逾期未对再审申请作出裁定；（3）再审判决、裁定有明显错误。

检察院对当事人的申请应当在 3 个月内进行审查，作出提出或者不予提出检察建议或者抗诉的决定。当事人不得再次向检察院申请检察建议或者抗诉。

依据《检察监督》，检察院作出不支持监督申请决定的，应当在自决定之日起 15 日内制作"不支持监督申请决定书"，发送当事人。对于下级检察院提请抗诉的案件，上级检察院可以委托提请抗诉的检察院将"不支持监督申请决定书"发送当事人。

（三）法院裁定再审

法院应当在自收到抗诉书之日起 30 日内裁定再审。对于抗诉理由不成立或者不符合抗诉条件的，法院可以建议检察院补正或者撤回；不补正或者不撤回的，法院可以裁定不予受理（《民诉解释》第 415 条）。

法院收到再审检察建议后，应当组成合议庭，在 3 个月内进行审查，发现原判决、裁定、调解书确有错误，需要再审的，依照《民事诉讼法》第 209 条裁定再审，并通知当事人；经审查，决定不予再审的，应当书面回复检察院（《民诉解释》第 417 条）。

法院审理因检察院抗诉或者检察建议而裁定再审的，不受此前已经作出的驳回当事人再审申请裁定的影响（《民诉解释》第 418 条）。

四、案外人申请再审与法院审查

执行过程中，案外人对执行标的提出异议，法院裁定驳回，案外人不服该裁定，认为原判决、裁定、调解书内容错误，损害其民事权益的，可以自裁定送达之日起 6 个月内，向作出原判决、裁定、调解书的法院申请再审。[①]

法院裁定再审后，案外人属于必要共同诉讼当事人的，依照《民诉解释》第 420 条第 2 款的规定处理。案外人不是必要共同诉讼当事人的，法院仅审理原判决、裁定、调解书对其民事权益造成损害的内容，再审请求成立的，撤销或者改变原判决、裁定、调解书。

---

① 参见《民事诉讼法》第 238 条和《民诉解释》第 421 条。笔者认为，我国上述规定有违民事诉讼原理：再审案件是原案件，第三人不是原案件的当事人或其诉讼承继人，不能成为再审当事人；第三人异议之诉的标的是第三人所拥有的实体请求权、形成权或者支配权，并非原案件的诉讼标的；第三人异议之诉的原因事实是他诉判决直接影响或者侵害其合法权益，并非原案件的原因事实。允许第三人提起再审之诉，实际上加大了其获得诉讼救济的难度，因为与起诉要件相比再审要件特别严格。

第三节　再审程序之实体审判

一、再审法院

因当事人申请而裁定再审的案件，通常由裁定再审的法院审理。[①] 检察院提出抗诉的案件，由接受抗诉的法院审理；具有《民事诉讼法》第 211 条第 1～5 项规定情形之一的，可以指令原审法院再审。

上级法院指令原审法院再审的裁定书中应当释明指令再审的具体理由。有下列情形之一，可以指令原审法院再审：（1）根据《民事诉讼法》第 211 条第 4、5、9 项裁定再审的；（2）发生法律效力的判决、裁定、调解书是一审法院作出的；（3）当事人一方人数众多或者当事人双方为自然人的；（4）经审判委员会讨论决定的其他情形。

有下列情形之一，应当提审：（1）原判决、裁定系经原审法院再审审理后作出的；（2）原判决、裁定系经原审法院审判委员会讨论作出的；（3）原审审判人员在审理该案件时有贪污受贿、徇私舞弊、枉法裁判行为的；（4）原审法院对该案无再审管辖权的；（5）需要统一法律适用或者裁量权行使标准的；（6）其他不宜指令原审法院再审的。

根据《知产诉讼程序》，对已经生效的上述案件第一审判决、裁定、调解书，依法申请再审、抗诉等，适用审判监督的，由最高人民法院审理；最高人民法院也可以依法指令下级法院再审。

二、审理程序

（一）适用一审程序或者二审程序

原裁判是一审的，则按照一审程序审理，对所作的判决或者裁定，当事人可以上诉；原裁判是二审的或者上级法院按照审判监督提审的，则按照二审程序审理，所作的判决或者裁定是发生法律效力的判决或者裁定。

再审案件的审理期限自法院决定再审的次日起计算，适用一审普通程序或者二审程序审理期限的规定。

（二）通知出庭·另行组成合议庭·开庭审理

法院开庭审理抗诉案件，应当在开庭 3 日前通知检察院、当事人和其他诉讼参与人出庭。同级检察院或者提出抗诉的检察院应当派员出庭。

---

① 参见《民事诉讼法》第 215 条第 2 款和第 222 条、《指令发回重审》。

检察院因履行法律监督职责而向当事人或者案外人调查核实的情况，应当向法庭提交并予以说明，由双方当事人质证（《民诉解释》第419条）。检察人员发现庭审活动违法的，应当待休庭或者庭审结束之后，以检察院的名义提出检察建议（《检察监督》第96条）。

法院审理再审案件，应当另行组成合议庭、开庭审理（但按照二审程序审理，有特殊情况或者双方当事人已经通过其他方式充分表达意见，且书面同意不开庭审理的除外）。符合缺席审判条件的，可以缺席审判。

法院开庭审理再审案件，应当按照下列情形分别进行：（1）因当事人申请再审的，先由再审申请人陈述再审请求及理由，后由被申请人答辩、其他原审当事人发表意见；（2）因抗诉再审的，先由抗诉机关宣读抗诉书，再由申请抗诉的当事人陈述，后由被申请人答辩、其他原审当事人发表意见；（3）法院依职权再审，有申诉人的，先由申诉人陈述再审请求及理由，后由被申诉人答辩、其他原审当事人发表意见；（4）法院依职权再审，没有申诉人的，先由原审原告或者原审上诉人陈述，后由原审其他当事人发表意见。

出现上述（1）～（3）项情形的，法院应当要求当事人明确其再审请求。

（三）遵行处分原则和有关诉的规定

法院应当围绕再审请求进行审理和裁判；再审发回重审的，则应当围绕当事人原诉讼请求进行审理和裁判（属于处分原则的内容）。经再审，法院发现已经发生法律效力的判决、裁定损害国家利益、社会公共利益、他人合法权益的，应当一并审理。

对方当事人在再审言词辩论终结前提出再审请求的，应一并审理和裁判。当事人的再审请求超出原审诉讼请求的，不予审理；构成另案诉讼的，应告知当事人可以提起新的诉讼。

案件发回重审后，当事人申请变更、增加诉讼请求或者提起反诉，符合下列情形之一的，法院应当准许：（1）原审未合法传唤，缺席判决，影响当事人行使诉讼权利；（2）追加新的诉讼当事人；（3）诉讼标的物灭失或者发生变化，致使原诉讼请求无法实现；（4）当事人变更、增加的诉讼请求或者反诉，无法通过另诉解决（《民诉解释》第252条）。

当事人变更其在原审中的诉讼主张、质证及辩论意见的，应说明理由并提交相应的证据，理由不成立或者证据不充分的，法院不予支持（《指令发回重审》第8条）。

（四）撤回申请·撤诉·中止·终结再审程序

在审理期间，再审申请人撤回再审申请，法院裁定准许的，应当终结再审程序；再审申请人经传票传唤，无正当理由拒不到庭的，或者未经法庭许可中途退庭的，法院可以裁定按自动撤回再审申请处理。检察院抗诉再审的案件中，申请抗诉的当事人有前述情形且不损害国家利益、社会公共利益或第三人利益的，法院应当裁定终结再审程序。检察院撤回抗诉的，法院应当准许。再审程序终结的，恢复原判决的执行。

一审原告在再审审理程序中申请撤回起诉，经其他当事人同意，且不损害国家利益、社会公共利益、他人合法权益的，法院可以准许。裁定准许撤诉的，法院应当一并撤销原裁判。一审原告在再审审理程序中撤回起诉后重复起诉的，法院不予受理。

在再审审理期间，有《民事诉讼法》第153条规定的情形之一的，法院可以裁定中止再审程序。依据《民诉解释》第299条，在第三人撤销之诉案件审理期间，法院对生效判决、裁定、调解书裁定再审的，受理第三人撤销之诉的法院应当裁定将第三人的诉讼请求并入再审程序，但是有证据证明原审当事人之间恶意串通，损害第三人合法权益的，法院应当先行审理第三人撤销之诉案件，裁定中止再审诉讼。

在审理期间，除有《民事诉讼法》第154条规定的情形外，有下列情形之一的，也应裁定终结再审程序：（1）再审申请人在再审期间撤回再审请求，法院准许的；（2）再审申请人经传票传唤，无正当理由拒不到庭的，或者未经法庭许可中途退庭，按撤回再审请求处理的；（3）检察院撤回抗诉的；（4）有《民诉解释》第400条第1～4项规定情形的。①

因检察院提出抗诉法院裁定再审的案件中，申请抗诉的当事人有上述情形，且不损害国家利益、社会公共利益或者他人合法权益的，法院应当裁定终结再审程序。

再审程序终结后，法院裁定中止执行的原生效判决自动恢复执行。

三、再审裁判

（一）裁定撤销原审判决并驳回起诉

依据《民诉解释》第406条的规定，按照二审程序再审，不符合起诉条件（《民事诉讼法》第122条）或者符合不予受理情形（《民事诉讼法》第127条）的，应当裁定撤销一、二审判决，驳回起诉。

（二）维持原裁判

法院经再审审理认为，原判决、裁定认定事实清楚、适用法律正确的，应予维持；原判决、裁定认定事实、适用法律虽有瑕疵，但裁判结果正确的，应当在再审判决、裁定中纠正瑕疵后予以维持（《民诉解释》第405条）。②

---

① 【习题】张某诉李某，要求李某返还借款。一审法院判决李某败诉，当事人均未上诉。判决生效后李某向法院申请再审。法院决定再审，在再审过程中，发现张某和李某已经达成了和解协议，并且已经支付完毕。下列做法中正确的是？（　　）
　　A. 继续再审　　　　　　　　B. 驳回再审请求
　　C. 判决执行一审判决　　　　D. 裁定终结再审程序
[2019年国家统一法律职业资格考试试卷二（真题回忆版）；参考答案为D]
② 即使存在再审事由，如果实体审理结果表明原审判决所依据的实体事实是真实的，法律适用是正确的，也应驳回当事人的再审诉讼请求（若原审程序违法，则应在再审裁判中予以说明和纠正）。

（三）撤销原裁判并作出新裁判

原裁判认定事实错误或者认定事实不清，或者原裁判适用法律错误，或者新证据证明原裁判确有错误的，应予改判。[1] 对新裁判，再审法院可以自行宣判，也可以委托原审法院或者当事人所在地法院代行宣判。[2]

（四）裁定撤销原裁判并发回重审

法院按照二审程序审理再审案件，裁定撤销原裁判、发回重审（上级法院应当在裁定书中释明发回重审的具体理由）的情形主要有（《指令发回重审》第4、5条）：

（1）法院发现原判决认定基本事实不清的，一般应当通过庭审认定事实后依法作出判决。但原审法院未对基本事实进行审理的，可以裁定撤销原判决，发回重审。原判决认定事实错误的，上级法院不得以基本事实不清为由裁定发回重审。

（2）法院发现一审法院有下列严重违反法定程序的情形之一的，可以依照《民事诉讼法》第177条第1款第4项，裁定撤销原判决，发回一审法院重审：1）原判决遗漏必须参加诉讼的当事人；2）无诉讼行为能力人未经法定代理人代为诉讼，或者应当参加诉讼的当事人因不能归责于本人或者其诉讼代理人的事由，未参加诉讼（《民诉解释》第420条）；3）未经合法传唤缺席判决，或者违反法律规定剥夺当事人辩论权利；4）审判组织的组成不合法或者依法应当回避的审判人员没有回避；5）原判决、裁定遗漏诉讼请求。

四、再审调解和再审调解书

在再审中，法院可以调解，仍应遵照一审程序或者二审程序中有关调解的规定。部分当事人到庭并达成调解协议，其他当事人未作出书面表示的，法院应当在判决中对该事实作出表述；调解协议的内容不违反法律规定，且不损害其他当事人合法权益的，可以在判决主文中予以确认（《民诉解释》第410条）。

法院对调解书再审后，（1）当事人提出的调解违反自愿原则的事由不成立，且调解书的内容不违反法律强制性规定的，应裁定驳回再审申请；（2）检察院抗诉或者再审检察建议所主张的损害国家利益、社会公共利益的理由不成立的，应裁定终结再审程序。前述情形下，法院裁定中止执行的调解书需要继续执行的，自动恢复执行（《民诉解释》第407条）。

---

[1] 《民诉解释》第409条规定：当事人提交新的证据致使再审改判，因再审申请人或者申请检察监督当事人的过错未能在原程序中及时举证，被申请人等当事人请求补偿其增加的交通、住宿、就餐、误工等必要费用的，法院应予支持。

[2] 再审法院废弃原判决而作出的变更判决，其法律效力溯及既往。如果第三人因信赖原审判决而善意取得权利的，再审判决的溯及力可能对该第三人不利。

第 二 十 四 章

民事争讼特别程序

我国现行民事争讼特别程序应当遵循"持经达变"原理，即一方面，应当遵循民事争讼程序基本原理（经）；另一方面，应当根据其所审判案件的属性和其他因素（比如互联网）设置相应的特殊程序规则（变），比如民事公益案件诉讼程序、生态环境损害赔偿案件诉讼程序、知识产权案件诉讼程序和在线诉讼程序等。

第一节 人数众多的民事公益案件诉讼程序

民事公益诉讼适用法院职权主义。根据我国现行法和相关案例，人数众多的民事公益诉讼主要有：生态环境保护民事公益诉讼（包括环境污染民事公益诉讼、生态破坏民事公益诉讼、生态环境损害赔偿诉讼）；消费者权益保护民事公益诉讼；个人信息保护民事公益诉讼；未成年人保护民事公益诉讼等。至于英雄烈士保护民事公益诉讼，通常是非人数众多的民事公益诉讼。

一、民事公益诉讼原告采用法律明定原则

在现代法治社会，对于维护私益的"保护规范"的规定，普遍采取从宽的态度。但是，对于维护公益的"诉权规范"，即对于维护公益的形式诉讼当事人，往往采用法律明定原则。对于含有私益和公益的民事案件，一方面，法律仍然维护私益主体或者实质当事人的诉权；另一方面，法律明确赋予检察机关等（为形式当事人）以公益诉权。

在民事法领域，维护公益的主体不限于检察机关，还有其他国家机关和相关社会团体。比如，在美国，联邦贸易委员会可就违背反托拉斯法的竞争行为和侵害消费者利益的行为提起诉讼；在日本保护现代性公益为行政当局的责任；在德国，对公益的保护，一方面由行政机关来承担，另一方面不像美国集团诉讼那样通过个人利益动机来实现公共目的，而是明文规定特定的社会团体（消费者保护组织、行业

组织等）提起团体诉讼来维护公益。

对人数众多的民事公益诉讼，我国现行法有如下主要规定：

《民事诉讼法》第 58 条规定："对污染环境、侵害众多消费者合法权益等损害社会公共利益的行为，法律规定的机关和有关组织可以向人民法院提起诉讼。""人民检察院在履行职责中发现破坏生态环境和资源保护、食品药品安全领域侵害众多消费者合法权益等损害社会公共利益的行为，在没有前款规定的机关和组织或者前款规定的机关和组织不提起诉讼的情况下，可以向人民法院提起诉讼；前款规定的机关或者组织提起诉讼的，人民检察院可以支持起诉。"①

《环境保护法》第 58 条规定：对污染环境、破坏生态，损害社会公共利益的行为，依法在设区的市级以上人民政府民政部门登记并且专门从事环境保护公益活动连续 5 年以上且无违法记录的社会组织可以提起诉讼；提起诉讼的社会组织不得通过诉讼牟取经济利益。《环境公诉》具体解释了前述"社会组织"（第 2~5 条）。

《农产品质量安全法》（2022 年修订）第 79 条第 2 款规定：食用农产品生产经营者违反本法规定，污染环境、侵害众多消费者合法权益，损害社会公共利益的，检察院可以依照民事诉讼法、行政诉讼法等法律的规定向法院提起诉讼。

《消费者权益保护法》第 47 条规定：对侵害众多消费者合法权益的行为，中国消费者协会以及在省、自治区、直辖市设立的消费者协会，可以向法院提起诉讼。《消费公诉》第 1 条规定：对经营者侵害众多不特定消费者合法权益或者具有危及消费者人身、财产安全危险等损害社会公共利益的行为，除中国消费者协会以及在省、自治区、直辖市设立的消费者协会外，法律规定或者全国人大及其常委会授权的机关和社会组织也有权提起消费民事公益诉讼。

《个人信息保护法》第 70 条规定：个人信息处理者违反本法规定处理个人信息，侵害众多个人的权益的，人民检察院、法律规定的消费者组织和由国家网信部门确定的组织可以依法向人民法院提起诉讼。②

《反电信网络诈骗法》第 47 条规定：人民检察院在履行反电信网络诈骗职责中，对于侵害国家利益和社会公共利益的行为，可以依法向人民法院提起公益诉讼。

---

① 作为民事诉讼法典，这样的规定是合理的：一方面，遵循了有关形式诉讼当事人法律明定原则；另一方面，符合公益纠纷和公益诉讼处于不断发展的情势，无法对公益诉讼形式原告作出周延规定。

② 2021 年 8 月 21 日，最高人民检察院下发了《关于贯彻执行个人信息保护法推进个人信息保护公益诉讼检察工作的通知》。
2022 年 4 月 11 日最高人民法院发布民法典颁布后人格权司法保护典型民事案例，其中第九个案例是"大规模非法买卖个人信息侵害人格权和社会公共利益——非法买卖个人信息民事公益诉讼案"。此案中，法院认为被告在未取得众多不特定自然人同意的情况下，非法获取不特定主体个人信息，又非法出售牟利，侵害了承载在不特定社会主体个人信息之上的公共信息安全利益。并根据《民法典》第 111 条的规定，判决按照侵权行为所获利益支付公共利益损害赔偿款 34 000 元，并向社会公众赔礼道歉。

二、人数众多民事公益诉讼的通常程序

有关人数众多民事公益案件程序，《民诉解释》第282～289条作出了一般性规定；《环境公诉》《环境侵权》《消费公诉》《检察公诉》等有特殊规定的，应优先适用。①

（一）起诉·反诉·撤诉·上诉

1. 起诉条件·管辖·诉讼费用

"公益诉讼起诉人"提起公益诉讼应当具备如下主要条件：（1）有明确的被告；（2）有具体的诉讼请求；（3）有公共利益受到损害或者具有损害公共利益重大风险的初步证据；（4）属于法院受理民事诉讼的范围和受诉法院管辖。

检察院在履行职责中发现破坏生态环境（包括海洋生态、海洋保护区）和资源保护（包括海洋水产资源）、食品药品安全领域侵害众多消费者合法权益等损害社会公共利益的行为，拟提起公益诉讼的，应当依法公告，公告期间为30日。公告期满，法律规定的机关和有关组织不提起诉讼的，检察院可以提起诉讼。②

有下列情形之一，公共利益仍然处于受损害状态的，检察院应当提起民事公益诉讼：（1）生态环境损害赔偿权利人未启动生态环境损害赔偿程序，或者经过磋商未达成一致，赔偿权利人又不提起诉讼的；（2）没有适格主体，或者公告期满后适格主体不提起诉讼的；（3）英雄烈士等没有近亲属，或者近亲属不提起诉讼（《检察公诉规则》第96条）。③

检察院提起民事公益诉讼应当提交下列材料：（1）民事公益诉讼起诉书，并按照被告人数提出副本；（2）被告的行为已经损害社会公共利益的初步证明材料；（3）检察机关已经履行公告程序的证明材料。

公益诉讼案件由侵权行为地（侵害行为发生地和损害结果地）或者被告住所地中级法院管辖（但法律、司法解释另有规定的除外）。④ 因污染海洋环境提起的公益诉讼，由污染发生地、损害结果地或者采取预防污染措施地海事法院管辖。对同一侵权行为分别向两个以上法院提起公益诉讼的，由最先立案的法院管辖，必要时

---

① 《人脸识别》第14条规定："信息处理者处理人脸信息的行为符合民事诉讼法第五十五条、消费者权益保护法第四十七条或者其他法律关于民事公益诉讼的相关规定，法律规定的机关和有关组织提起民事公益诉讼的，人民法院应予受理。"

② 依据《检察公诉》第20条、《最高人民法院、最高人民检察院关于办理海洋自然资源与生态环境公益诉讼案件若干问题的规定》（法释〔2022〕15号），检察院对破坏生态环境和资源保护，食品药品安全领域侵害众多消费者合法权益，侵害英雄烈士等的姓名、肖像、名誉、荣誉等损害社会公共利益的犯罪行为提起刑事公诉时，可以向法院一并提起附带民事公益诉讼，由法院同一审判组织审理。

③ 在检察院提起诉讼之前，还有"立案与调查""公告"程序（参见《检察公诉规则》第85～95条）。

④ 《消费公诉》第3条第2款规定：经最高人民法院批准，高级人民法院可以根据本辖区实际情况，在辖区内确定部分中级人民法院受理第一审消费民事公益诉讼案件。

由其共同上级法院指定管辖。

原告交纳诉讼费用确有困难，依法申请缓交的，法院应予准许；败诉或者部分败诉的原告申请减交或者免交诉讼费用的，法院应当依照《费用办法》，视原告的经济状况和案件的审理情况决定是否准许（《环境公诉》第33条）。检察院提起的公益诉讼案件，免交《费用办法》第6条规定的诉讼费用。①

2. 公益诉讼当事人和诉讼请求

根据现行法，检察机关和社会组织以"公益诉讼起诉人"身份提起民事公益诉讼，其诉讼权利、义务参照民事诉讼法关于原告诉讼权利、义务的规定。民事公益诉讼的被告是实施损害社会公共利益行为的自然人、法人或者非法人组织。

在法院受理公益诉讼案件后，依法可以提起诉讼的其他机关和有关组织可以在一审开庭前向法院申请参加诉讼：法院准许参加诉讼的，列为共同原告；逾期申请的，不予准许。自然人、法人和非法人组织以人身、财产受到损害为由申请参加诉讼的，告知其另行起诉（《环境公诉》第10条）。

依据《环境公诉》第9条、《消费公诉》第5条、《检察公诉》第18条等，法院认为原告诉讼请求不足以保护公益的，可以释明变更或增加停止侵害、恢复原状等诉讼请求。原告请求恢复原状的，法院可以在判决被告修复生态环境的同时确定被告不履行修复义务时应承担的生态环境修复费用，也可以直接判决被告承担生态环境修复费用。

依据《消费公诉》，原告为停止侵害、排除妨碍、消除危险采取合理预防、处置措施而发生的费用，请求被告承担的，法院应依法予以支持（第17条）；原告及其诉讼代理人对侵权行为进行调查、取证的合理费用以及鉴定费用、合理的律师代理费用，法院可根据实际情况予以相应支持（第18条）。

《检察公诉规则》第98条规定：在破坏生态环境和资源保护领域案件、食品药品安全领域案件中，检察院还可以提出惩罚性赔偿诉讼请求。

3. 反诉·撤诉·上诉

在公益诉讼案件审理过程中，被告提起反诉的，法院不予受理。

公益诉讼案件的原告在法庭辩论终结后申请撤诉的，法院不予准许（《民诉解释》第288条）。诉讼请求全部实现的，检察院可以撤回起诉，但应经检察长决定后制作"撤回起诉决定书"并在3日内提交法院，法院应予准许。

检察院不服法院第一审判决、裁定的，可以提起上诉。法院开庭审理二审案件的，提起诉讼的检察院和上一级检察院应当共同派员出席。

---

① 《检察公诉规则》第13～18条规定了检察机关办理公益诉讼案件的管辖问题，比如检察院办理民事公益诉讼案件，由违法行为发生地、损害结果地或者违法行为人住所地基层人民检察院立案管辖。

（二）送达·公告·告知·人民陪审员制·和解·调解·证明·中止诉讼

1. 送达·公告·告知

法院在受理公益诉讼案件后，应当在自立案之日起 5 日内将起诉状副本发送被告，并公告案件受理情况；应当在自立案之日起 10 日内书面告知相关行政主管部门（比如对被告的行为负有环境保护监督管理职责的部门、与消费诉讼案件相关的主管部门）。

法院开庭审理检察院提起的公益诉讼案件，应当在开庭 3 日前向检察院送达出庭通知书。检察院应当派员出庭，并应当自收到法院出庭通知书之日起 3 日内向法院提交派员出庭通知书。出庭检察人员宣读起诉书，参加法庭调查和法庭辩论。

2. 人民陪审员制·和解·调解·证明·中止诉讼

法院审理一审民事公益诉讼案件，由法官和人民陪审员组成合议庭（参见《人民陪审员法》第 15、16 条等）。[1]

对公益诉讼案件，当事人可以和解，法院可以调解。法院应当公告和解协议或者调解协议（公告期间不得少于 30 日）。公告期满后，法院经审查认为，和解协议或者调解协议的内容不损害公共利益的，应当出具调解书；损害公共利益的，不予出具调解书，继续审判。

对审理公益诉讼案件所必要的证据[2]，法院应当调查收集。有权提起民事公益诉讼的机关或者社会组织，可以根据《民事诉讼法》第 84 条申请保全证据。原告在诉讼过程中承认的对己方不利的事实和认可的证据，法院认为损害公共利益的，应当不予确认。

《检察公诉规则》第 32～45 条规定：检察机关在调查收集证据中，可以依照有关规定使用执法记录仪、自动检测仪等办案设备和无人机航拍、卫星遥感等技术手段；应当持"调取证据通知书""调取证据清单"，向有关单位或者个人调取证据。

在消费民事公益诉讼案件被受理后，因同一侵权行为受到损害的消费者请求对其根据《民事诉讼法》第 122 条提起的诉讼予以中止的，法院可以准许。

（三）"一事不再理"或者公益诉讼判决的效力

公益诉讼裁判生效后，其他依法具有原告资格的机关和有关组织就同一侵权行为另行提起公益诉讼的，法院裁定不予受理，但法律、司法解释另有规定的除外。法院受理公益诉讼案件，不影响同一侵权行为的受害人根据《民事诉讼法》第 122

---

[1] 《最高人民法院关于具有专门知识的人民陪审员参加环境资源案件审理的若干规定》（法释〔2023〕4号）第 1 条规定：法院审理的第一审环境资源刑事、民事、行政案件，符合《人民陪审员法》第 15 条规定，且案件事实涉及复杂专门性问题的，由不少于 1 名具有专门知识的人民陪审员参加合议庭审理。前款规定外的第一审环境资源案件，法院认为有必要的，可以由具有专门知识的人民陪审员参加合议庭审理。

[2] 负有环保监督管理职责的部门或其委托的机构出具的环境污染事件调查报告、检验报告、检测报告、评估报告或者监测数据等，经当事人质证，可以作为认定案件事实的根据。

条提起诉讼。①

环境民事公益诉讼案件的裁判生效后，有权提起诉讼的其他机关和社会组织就同一污染环境、破坏生态行为另行起诉，有下列情形之一的，法院应予受理：（1）前案原告的起诉被裁定驳回的；（2）前案原告申请撤诉被裁定准许的（但《环境公诉》第26条②规定的情形除外）。

消费民事公益诉讼案件的裁判生效后，法院应当在10日内书面告知相关行政主管部门，并可发出司法建议。消费民事公益诉讼案件的裁判发生法律效力后，其他依法具有原告资格的机关或者社会组织就同一侵权行为另行提起消费民事公益诉讼的，法院不予受理。

环境民事公益诉讼案件的裁判生效后，有证据证明存在前案审理时未发现的损害，有权提起诉讼的机关和社会组织另行起诉的，法院应予受理。

被告因污染环境、破坏生态承担责任，其财产不足以履行全部义务的，应当先履行其他民事诉讼生效裁判所确定的义务，但法律另有规定的除外。

第二节　生态环境损害赔偿案件诉讼程序

中共中央办公厅、国务院办公厅《生态环境损害赔偿制度改革方案》（2017年）明确规定，自2018年1月1日起，在全国试行生态环境损害赔偿制度，旨在及时有效修复受损的生态环境。为此，《生态环境赔偿》作出如下特别规定。③

---

① 《消费公诉》第16条规定：已为消费民事公益诉讼生效裁判认定的事实，因同一侵权行为受到损害的消费者根据《民事诉讼法》第122条提起的诉讼，原告、被告均无须举证证明，但是当事人对该事实有异议并有相反证据足以推翻的除外；消费民事公益诉讼生效裁判认定经营者存在不法行为，因同一侵权行为受到损害的消费者根据《民事诉讼法》第122条提起的诉讼，原告主张适用的，法院可予支持，但是被告有相反证据足以推翻的除外；被告主张直接适用对其有利认定的，法院不予支持，被告仍应承担相应证明责任。
【习题】某市环保协会提起诉讼，起诉某厂因生产工作极大影响了周边居民的生活生产活动，对环境造成破坏。甲因该厂的污染行为受到损害，也想参与本案的诉讼。关于法院的做法，下列选项正确的是？（　　）
　　A. 将甲列为有独立请求权的第三人　　B. 将甲列为无独立请求权的第三人
　　C. 通知甲另行起诉　　D. 将甲列为共同原告
［2019年国家统一法律职业资格考试试卷二（真题回忆版）；参考答案为C］
② 《环境公诉》第26条规定："负有环境资源保护监督管理职责的部门依法履行监管职责而使原告诉讼请求全部实现，原告申请撤诉的，人民法院应予准许。"
③ 《生态环境赔偿》没有规定的，参照适用《环境公诉》《生态环境侵权》等相关规定。

一、提起或者受理生态环境损害赔偿案件的特殊条件和登记立案

（一）原告适格

生态环境损害赔偿诉讼的原告（赔偿权利人[①]）是省级、市地级人民政府[②]及其指定的相关部门、机构，或者受国务院委托行使全民所有自然资源资产所有权的部门。

（二）可以提起生态环境损害赔偿诉讼的具体情形

《生态环境损害赔偿管理规定》（2022 年）第 4 条规定：生态环境损害是指因污染环境、破坏生态造成大气、地表水、地下水、土壤、森林等环境要素和植物、动物、微生物等生物要素的不利改变，以及上述要素构成的生态系统功能退化。

《生态环境赔偿》第 1 条规定：可以提起生态环境损害赔偿诉讼的具体情形主要有：（1）发生较大、重大、特别重大突发环境事件的；（2）在国家和省级主体功能区规划中划定的重点生态功能区、禁止开发区发生环境污染、生态破坏事件的；（3）发生其他严重影响生态环境后果的。

《生态环境赔偿》《生态环境损害赔偿管理规定》不适用于下列情形：（1）因污染环境、破坏生态造成人身损害、个人和集体财产损失，要求赔偿的，适用《民法典》等法律有关侵权责任的规定；（2）因海洋生态环境损害要求赔偿的，适用《海洋环境保护法》等法律及相关规定。

（三）开展磋商是提起诉讼的前置程序

原告与造成生态环境损害的自然人、法人或者非法人组织经磋商未达成一致或者无法进行磋商的，可以提起生态环境损害赔偿诉讼。

（四）登记立案

原告提起生态环境损害赔偿诉讼，符合《民事诉讼法》和《生态环境赔偿》并提交下列材料的，法院应当登记立案：（1）证明具备提起生态环境损害赔偿诉讼原告资格的材料；（2）符合《生态环境赔偿》第 1 条规定情形之一的证明材料；（3）与被告进行磋商但未达成一致或者因客观原因无法与被告进行磋商的说明；（4）符合法律规定的起诉状，并按照被告人数提出副本。

二、生态环境损害赔偿案件的审理程序和证明

（一）管辖法院·审理机构·审判组织

由于生态环境损害赔偿案件系新类型案件，事关国家利益和人民群众环境权

---

① 参见财政部等《生态环境损害赔偿资金管理办法（试行）》（财资环〔2020〕6 号）第 4 条。
② 市地级人民政府包括设区的市，自治州、盟、地区，不设区的地级市，直辖市的区、县人民政府。

益，社会影响较为重大，所以第一审生态环境损害赔偿案件由生态环境损害行为实施地、损害结果发生地或者被告住所地的中级以上法院管辖。

根据生态环境损害跨地域、跨流域的特点，有必要实施跨行政区划集中管辖，即经最高人民法院批准，高级法院可以在辖区内确定部分中级法院集中管辖第一审生态环境损害赔偿案件。中级法院认为确有必要的，可以在报请高级法院批准后，裁定将本院管辖的第一审生态环境损害赔偿案件交由具备审理条件的基层法院审理。

为统一审判理念和裁判尺度，提高审判专业化水平，生态环境损害赔偿案件由法院环境资源审判庭或者指定的专门法庭审理。

为推进司法民主，保证司法公开公正，主动接受人民监督，第一审生态环境损害赔偿案件应当由法官和人民陪审员组成合议庭审理。

（二）证明

1. 举证责任

原告主张被告承担生态环境损害赔偿责任的，应当就以下事实承担举证责任：(1) 被告实施了污染环境、破坏生态的行为或者具有其他应当依法承担责任的情形；(2) 生态环境受到损害，以及所需修复费用、损害赔偿等具体数额；(3) 被告污染环境、破坏生态的行为与生态环境损害之间具有关联性。[①]

被告反驳原告主张的，应当提供证据加以证明。被告主张具有法律规定的不承担责任或者减轻责任情形的，应当承担举证责任。

2. 已决事实

对生效刑事判决确认的实体事实，当事人在生态环境损害赔偿诉讼中无须举证，但有相反证据足以推翻的除外。

对生效刑事判决未予确认的实体事实，当事人提供的证据达到民事诉讼证明标准的，法院应当予以采信。

3. 相关证据

负有相关环境资源保护监督管理职责的部门或者其委托的机构在行政执法过程中形成的事件调查报告、检验报告、检测报告、评估报告、监测数据等，经当事人质证并符合证据标准的，可以作为认定案件事实的根据。

当事人在诉前委托具备环境司法鉴定资质的鉴定机构出具的鉴定意见，以及委托国务院环境资源保护监督管理相关主管部门推荐的机构出具的检验报告、检测报告、评估报告、监测数据等，经当事人质证并符合证据标准的，可以作为认定案件事实的根据。

---

① 生态环境损害赔偿案件是"官告民"，原告是省级政府和市地级人民政府的行政执法部门，取证能力比较强，掌握着行政执法中形成的证据，由其承担举证责任是有正当性的。

三、生态环境损害赔偿责任·诉讼请求·判决

被告违反法律法规①污染环境、破坏生态的，法院应当根据原告的诉讼请求以及具体案情，合理判决被告承担修复生态环境、赔偿损失、停止侵害、排除妨碍、消除危险、赔礼道歉等民事责任。

生态环境损害赔偿范围包括：生态环境受到损害至修复完成期间服务功能丧失导致的损失；生态环境功能永久性损害造成的损失②；生态环境损害调查、鉴定评估等费用；清除污染、修复生态环境费用；防止损害的发生和扩大所支出的合理费用。

生态环境损害可以修复的，应当修复至生态环境受损前的基线水平或者生态环境风险可接受水平。赔偿义务人根据赔偿协议或者生效判决的要求，自行或者委托开展修复的，应当依法赔偿生态环境受到损害至修复完成期间服务功能丧失导致的损失和生态环境损害赔偿范围内的相关费用。

生态环境损害无法修复的，赔偿义务人应当依法赔偿相关损失和生态环境损害赔偿范围内的相关费用，或者在符合有关生态环境修复法规、政策和规划的前提下，开展替代修复，实现生态环境及其服务功能等量恢复。

赔偿义务人的财产不足以同时承担生态环境损害赔偿责任和缴纳罚款、罚金时，优先用于承担生态环境损害赔偿责任。

四、生态环境损害赔偿诉讼与环境民事公益诉讼的衔接

为保障环境民事公益诉讼原告的诉权，节约审判资源，避免裁判矛盾，在生态环境损害赔偿案件审理过程中，同一损害生态环境行为又被提起民事公益诉讼，符合起诉条件的，应当由受理生态环境损害赔偿案件的法院受理并由同一审判组织审理。

鉴于生态环境损害赔偿诉讼的原告具有较强的专业能力和组织修复生态环境的能力，为及时有效修复受损的生态环境，应先中止对民事公益诉讼案件的审理，待生态环境损害赔偿案件审理完毕后，就民事公益诉讼案件未被涵盖的诉讼请求依法作出裁判。

生态环境损害赔偿案件的裁判生效后，有权提起民事公益诉讼的国家规定的机关或者法律规定的组织，就同一损害生态环境行为，有证据证明存在前案审理时未

① 被告行为的违法性，即其行为违反了法律法规，是其承担赔偿责任的条件。
② 被告应当缴纳生态环境损害赔偿资金。有关生态环境修复费用和生态环境损害赔偿资金如何管理，参见财政部等《生态环境损害赔偿资金管理办法（试行）》（财资环〔2020〕6号）。同时，前述规定应与《土壤污染防治法》关于建立土壤污染防治基金等的规定相衔接。

发现的损害，并提起民事公益诉讼的，法院应予受理。

民事公益诉讼案件的裁判生效后，有权提起生态环境损害赔偿诉讼的主体就同一损害生态环境行为有证据证明存在前案审理时未发现的损害，并提起生态环境损害赔偿诉讼的，法院应予受理。

关于实际支出应急处置费用的机关提起的追偿诉讼和生态环境损害赔偿诉讼的关系：为全面保护国家利益，在生态环境损害赔偿诉讼原告未主张应急处置费用时，实际支出该费用的行政机关提起追偿诉讼的，法院应予受理并由同一审判组织审理。

五、赔偿协议·司法确认·提起诉讼

经磋商达成生态环境损害赔偿协议的，当事人可以向法院申请司法确认。法院在受理申请后，应当公告协议内容，公告期间不少于 30 日。

公告期满后，法院经审查认为协议内容不违反法律强行规范且不损害公共利益的，应以裁定确认协议有效。裁定书应当写明案件基本事实和协议内容，并向社会公开。

对未经司法确认的赔偿协议，赔偿义务人不履行或者不完全履行的，赔偿权利人及其指定的部门或机构可以提起诉讼。

磋商未达成生态环境损害赔偿协议的，赔偿权利人及其指定的部门或机构，应当及时提起诉讼。

六、强制执行

对发生法律效力的生态环境损害赔偿案件的裁判或者经司法确认的生态环境损害赔偿协议，赔偿义务人不履行或不完全履行的，依法列入失信被执行人名单；赔偿权利人及其指定的部门或机构可以向法院申请强制执行。需要修复生态环境的，依法由省级、市地级人民政府及其指定的相关部门、机构组织实施。

第三节 知识产权民事案件诉讼程序

一、北京、上海、广州知识产权法院民事案件管辖

根据《全国人民代表大会常务委员会关于在北京、上海、广州设立知识产权法院的决定》（2014 年），知识产权法院对所在地的市人民代表大会常务委员会负责并报告工作；知识产权法院院长由所在地的市人民代表大会常务委员会主任会议提请本级人民代表大会常务委员会任免；知识产权法院审判工作受最高人民法院和所

在地的高级人民法院监督。

根据《全国人民代表大会常务委员会关于在北京、上海、广州设立知识产权法院的决定》、《关于北京、上海、广州知识产权法院案件管辖的规定》（法释〔2014〕12 号）（2020 年修改）、《关于知识产权法院案件管辖等有关问题的通知》（法〔2014〕338 号）等的规定，有关知识产权案件集中由北京、上海、广州知识产权法院管辖。

《关于北京、上海、广州知识产权法院案件管辖的规定》第 1 条规定，知识产权法院管辖所在市辖区内的下列第一审案件：（1）专利、植物新品种、集成电路布图设计、技术秘密、计算机软件民事和行政案件；（2）对国务院部门或者县级以上地方人民政府所作的涉及著作权、商标、不正当竞争等行政行为提起诉讼的行政案件；（3）涉及驰名商标认定的民事案件。

其第 2 条规定：广州知识产权法院对广东省内本规定第 1 条第 1、3 项规定的案件实行跨区域管辖。

案件标的既包含该规定第 1 条第 1、3 项规定的内容，又包含其他内容的，按该规定第 1、2 条的规定确定管辖。

当事人对知识产权法院所在市的基层法院作出的第一审著作权、商标、技术合同、不正当竞争等知识产权民事裁判提起的上诉案件，由知识产权法院审理。

当事人对知识产权法院第一审裁判提起的上诉案件，由知识产权法院所在地的高级法院知识产权审判庭审理，但依法应由最高人民法院审理的除外。

依据《关于知识产权法院案件管辖等有关问题的通知》（法〔2014〕338 号），知识产权法院所在市辖区内的第一审知识产权民事案件，除法律和司法解释规定应由知识产权法院管辖外，由基层法院管辖，不受诉讼标的额的限制。不具有知识产权民事案件管辖权的基层法院辖区内前述案件，由所在地高级法院报请最高人民法院指定具有知识产权民事案件管辖权的基层法院跨区域管辖。

知识产权法院对所在市的基层法院管辖的重大涉外或者有重大影响的第一审知识产权案件，可以根据《民事诉讼法》第 38 条的规定提级审理。知识产权法院所在市的基层法院对其所管辖的第一审知识产权案件，认为需要由知识产权法院审理的，可以报请知识产权法院审理。

知识产权法院管辖所在市辖区内的第一审垄断民事纠纷案件。广州知识产权法院对广东省内的第一审垄断民事纠纷实行跨区域管辖。

对知识产权法院所在市的基层法院已经发生法律效力的知识产权民事判决、裁定、调解书，当事人依法可以向该基层法院或者知识产权法院申请再审。对知识产权法院已经发生法律效力的民事判决、裁定、调解书，当事人依法可以向该知识产权法院或者其所在地的高级法院申请再审。

知识产权法院审理的第一审民事案件的生效判决、裁定、调解书需要强制执行的，知识产权法院所在地的高级法院可指定辖区内其他中级法院执行。

二、最高人民法院知识产权法庭及其管辖的民事案件

为了统一知识产权案件裁判标准，进一步加强知识产权司法保护，优化科技创新法治环境，加快实施创新驱动发展战略，全国人民代表大会常务委员会于 2018 年 10 月 26 日通过了《知产诉讼程序》，最高人民法院颁行了《关于知识产权法庭若干问题的规定》（法释〔2018〕22 号）。

（一）最高人民法院知识产权法庭及其管辖的民事案件

最高人民法院设立知识产权法庭，主要审理专利等专业技术性较强的知识产权上诉案件。知识产权法庭是最高人民法院派出的常设审判机构，设在北京市。知识产权法庭作出的判决、裁定、调解书和决定，是最高人民法院的判决、裁定、调解书和决定。

《关于知识产权法庭若干问题的规定》第 2 条规定，知识产权法庭审理下列民事案件：

（1）不服高级法院、知识产权法院、中级法院作出的发明专利、实用新型专利、植物新品种、集成电路布图设计、技术秘密、计算机软件、垄断第一审民事案件判决、裁定而提起上诉的案件。

（2）全国范围内重大、复杂的本条第 1 项所称第一审民事案件。

（3）对本条第 1 项所称第一审案件已经发生法律效力的判决、裁定、调解书依法申请再审、抗诉、再审等适用审判监督程序的案件；

（4）本条第 1 项所称第一审案件管辖权争议，罚款、拘留决定申请复议，报请延长审限等案件；

（5）最高人民法院认为应当由知识产权法庭审理的其他案件。

2019 年 1 月 1 日，最高人民法院知识产权法庭挂牌成立，开始统一审理全国范围内专利等技术类知识产权和垄断上诉案件，国家层面知识产权案件上诉审理机制正式运行，从体制上解决了过去由各高级法院二审存在的裁判标准不统一问题，也有效解决了当事人对地方保护的担忧。

（二）有关知识产权民事案件诉讼程序的规定

经当事人同意，知识产权法庭可以通过电子诉讼平台、中国审判流程信息公开网以及传真、电子邮件等电子方式送达诉讼文件、证据材料及裁判文书等。

知识产权法庭可以通过电子诉讼平台或者采取在线视频等方式组织证据交换、召集庭前会议等。

知识产权法庭可以根据案件情况到实地或者原审人民法院所在地巡回审理案件。

知识产权法庭采取保全等措施，依照执行程序相关规定办理。

知识产权法庭审理的案件的立案信息、合议庭组成人员、审判流程、裁判文书

等向当事人和社会依法公开，同时可以通过电子诉讼平台、中国审判流程信息公开网查询。

知识产权法庭法官会议由庭长、副庭长和若干资深法官组成，讨论重大、疑难、复杂案件等。

对知识产权法院、中级法院已经发生法律效力的《关于知识产权法庭若干问题的规定》第2条第1项所称第一审案件判决、裁定、调解书，省级检察院向高级法院提出抗诉的，高级法院应当告知其由最高人民检察院依法向最高人民法院提出，并由知识产权法庭审理。

第四节　婚姻案件特别程序

本节根据《民法典》《婚姻家庭》等的相关规定，阐释婚姻案件特别程序的具体规定。

一、可以起诉的特殊情形

对亲子关系有异议且有正当理由的，父或者母可以提起确认或者否认亲子关系的诉讼，成年子女可以提起确认亲子关系的诉讼。

夫妻一方或者双方死亡后，生存一方或者利害关系人可以根据《民法典》第1051条①的规定请求确认婚姻无效的。

离婚后，父母一方要求变更子女抚养关系的②，或者子女要求增加抚养费的③，应当另行起诉。

生效离婚判决中未涉及探望权的，当事人就探望权问题可以单独起诉。

当事人根据《民法典》第1076条签订的离婚协议中关于财产以及债务处理的条款，登记离婚后当事人因履行上述协议发生纠纷，可以提起诉讼。

夫妻双方协议离婚后就财产分割问题反悔，可以提起撤销财产分割协议的诉讼。

---

① 此条规定："有下列情形之一的，婚姻无效：（一）重婚；（二）有禁止结婚的亲属关系；（三）未到法定婚龄。"

② 《婚姻家庭》第56条规定：具有下列情形之一，父母一方要求变更子女抚养关系的，法院应予支持：（1）与子女共同生活的一方因患严重疾病或者因伤残无力继续抚养子女；（2）与子女共同生活的一方不尽抚养义务或有虐待子女行为，或者其与子女共同生活对子女身心健康确有不利影响；（3）已满8周岁的子女，愿随另一方生活，该方又有抚养能力；（4）有其他正当理由需要变更。

③ 《婚姻家庭》第58条规定，具有下列情形之一，子女要求有负担能力的父或者母增加抚养费的，法院应予支持：（1）原定抚养费数额不足以维持当地实际生活水平；（2）因子女患病、上学，实际需要已超过原定数额；（3）有其他正当理由应当增加。

离婚后，一方以尚有夫妻共同财产未处理为由，可提起请求分割的诉讼。

当事人在婚姻登记机关办理离婚登记手续后，可以《民法典》第 1091 条规定为由向法院提出损害赔偿请求的诉讼。

需要说明的是，在我国婚姻纠纷案件中，对当事人的财产或债务、抚养和探望未成年子女问题，法院通常在离婚判决中一并处理［参见本书第六章第一节三（2）］。

二、法院不予受理或者驳回起诉的情形

依据《婚姻家庭》等的规定，当事人提起以下诉讼的，法院不予受理或者驳回起诉：

（1）当事人对解除同居关系提起的诉讼。但是，当事人因同居期间财产分割或者子女抚养纠纷提起诉讼的，法院应当受理。

（2）当事人仅以《民法典》第 1043 条①为依据提起的诉讼。

（3）当事人以结婚登记程序存在瑕疵为由提起的撤销结婚登记的诉讼（告知其可以依法申请行政复议或者提起行政诉讼）。

（4）在婚姻关系存续期间，当事人不起诉离婚而单独依据《民法典》第 1091 条提起的请求损害赔偿的诉讼。

（5）女方在怀孕期间、分娩后 1 年内或者终止妊娠后 6 个月内，男方提起的离婚诉讼（《民法典》第 1082 条和《妇女权益保障法》第 64 条）。

三、有关当事人、证明和保全的规定

《婚姻家庭》第 9 条规定：有权依据《民法典》第 1051 条规定向法院就已办理结婚登记的婚姻请求确认婚姻无效的主体包括婚姻当事人及利害关系人。利害关系人包括：（1）以重婚为由的，为当事人的近亲属及基层组织；（2）以未到法定婚龄为由的，为未到法定婚龄者的近亲属；（3）以有禁止结婚的亲属关系为由的，为当事人的近亲属。

利害关系人依据《民法典》第 1051 条的规定，请求法院确认婚姻无效的，利害关系人为原告，婚姻关系当事人双方为被告；夫妻一方死亡的，生存一方为被告。

法院审理重婚导致的无效婚姻案件时，涉及财产处理的，应当准许合法婚姻当事人作为有独立请求权的第三人参加诉讼。

---

① 此条规定："家庭应当树立优良家风，弘扬家庭美德，重视家庭文明建设。""夫妻应当互相忠实，互相尊重，互相关爱；家庭成员应当敬老爱幼，互相帮助，维护平等、和睦、文明的婚姻家庭关系。"

《妇女权益保障法》第 67 条第 2 款中特别规定："离婚诉讼期间，夫妻双方均有向法院申报全部夫妻共同财产的义务……"

婚姻被确认无效或者被撤销的，当事人同居期间所得的财产，除有证据证明为当事人一方所有的以外，按共同共有处理（《婚姻家庭》第 22 条）。

父或者母向法院起诉请求否认亲子关系，并已提供必要证据予以证明，另一方没有相反证据又拒绝做亲子鉴定的，法院可以认定否认亲子关系一方的主张成立；父或者母以及成年子女起诉请求确认亲子关系，并提供必要证据予以证明，另一方没有相反证据又拒绝做亲子鉴定的，法院可以认定确认亲子关系一方的主张成立（《婚姻家庭》第 39 条）。

在离婚诉讼期间，夫妻一方申请查询登记在对方名下的财产状况且确因客观原因不能自行收集的，法院应当进行调查取证，有关部门和单位应当予以协助（《妇女权益保障法》第 67 条第 1 款）。

在离婚诉讼期间，双方均拒绝抚养子女的，法院可以先行裁定暂由一方抚养（《婚姻家庭》第 60 条）。

四、有关审判和调解的规定

法院受理请求确认婚姻无效案件后，原告申请撤诉的，不予准许。对婚姻效力的审理不适用调解，应当依法作出判决。涉及财产分割和子女抚养的，可以调解；调解达成协议的，另行制作调解书；未达成调解协议的，应当一并作出判决（《婚姻家庭》第 11 条）。

法院受理离婚案件后，经审理确属无效婚姻的，应当将婚姻无效的情形告知当事人，并依法作出确认婚姻无效的判决（《婚姻家庭》第 12 条）。

法院就同一婚姻关系分别受理了离婚和请求确认婚姻无效案件的，对离婚案件的审理，应当待请求确认婚姻无效案件作出判决后进行（《婚姻家庭》第 13 条）。

法院根据当事人的请求，依法确认婚姻无效或者撤销婚姻的，应当收缴双方的结婚证书并将生效的判决书寄送当地婚姻登记管理机关（《婚姻家庭》第 21 条）。

第五节　在线诉讼程序

一、互联网司法

为全面落实《国家信息化发展战略纲要》《"十三五"国家信息化规划》对智慧法院建设的总体要求，确保完成《人民法院信息化建设五年发展规划（2016—2020）》提出的 2017 年总体建成、2020 年深化完善法院信息化 3.0 版的建设任务，最高人民法院先后制定了《关于加快建设智慧法院的意见》（法发〔2017〕12 号）、

《互联网法院》；截至 2018 年，先后成立杭州互联网法院、北京互联网法院和广州互联网法院。

最高人民法院在充分总结实践经验的基础上，先后制定、印发人民法院在线诉讼、在线调解和在线运行"三大规则"①，有效填补了我国在线诉讼领域的制度空白，实现了互联网司法模式从实践探索向制度构建的历史性跨越。②

适应了网络与信息科技及其纠纷解决的发展趋势和现实需要，也可能冲击传统的诉讼观念或者现行的诉讼原则、制度，从而产生诸多亟待解决的富有挑战性的新兴问题。③ 对此，我们应当根据"经权之法""持经达变"，探求顺应新科技对诉讼法理产生的合理变通。比如，一方面，立法者在制定和司法者在适用电子证据规则时，应当遵循现代诉讼证明的"经"，主要是"实现真实"和遵循"证据裁判原则"等；另一方面，电子证据的特点决定了其应当适用相应的新规则而非其他种类证据的规则，对其证据能力有无和证明力大小的质证与判断须运用相应的新方法〔参见本书第十三章第四节五（三）〕。④

二、在线方式的含义和原则

《民事诉讼法》第 16 条规定："经当事人同意，民事诉讼活动可以通过信息网络平台在线进行。民事诉讼活动通过信息网络平台在线进行的，与线下诉讼活动具有同等法律效力。"《在线规则》规定了在线诉讼的通常规则，适用于全国法院的刑事、民事和行政诉讼；适用于一审、二审、再审、特别程序和执行程序。对于在线规则，《在线规则》比《互联网法院》更加具体细致，互联网法院应当适用《在线规则》《互联网法院》审判案件。《互联网法院》的适用范围是杭州、北京、广州三家互联网法院及其上诉法院。

法院、当事人及其他诉讼参与人等可以依托电子诉讼平台（以下简称"诉讼平台"），通过互联网或者专用网络⑤在线完成立案或受理、送达、调解、审前准备（包括证据交换）、庭审、宣判等全部或者部分诉讼环节。在线诉讼活动或者诉讼行

---

① 主要有《在线规则》、《人民法院在线调解规则》（法释〔2021〕23 号）、《人民法院在线运行规则》（法发〔2022〕8 号）。

② 参见最高人民法院编：《中国法院的互联网司法》，北京，人民法院出版社，2019。

③ 比如，"在线审判"是否会使法庭布饰给法律和诉讼增添的庄严因而失去？对直接言辞原则等产生怎样的冲击？

④ "权不多用"，权变应当是必要的变通或者是非变不可的。在法律领域，"权而多用"表现为法律原则规则多有例外，如此则会破坏原则规则，使人对法治失去信心。当然，"权而多用"若是合理的（符合社会法治的发展），则表明"经"可能有问题而应修改或者废弃。参见邵明：《持经达变：电子证据的"常道"与"变通"》，载《人民论坛》，2016（24）。

⑤ 对于民事、行政等案件，在线诉讼活动主要在互联网上完成，法院应当在确保数据和系统安全的前提下，实现内外部系统数据互通。对于刑事案件，在线诉讼一般通过专用网络进行，以满足刑事案件审理的技术保障要求。

为与线下诉讼活动或者诉讼行为具有同等法律效力。在线诉讼参与人故意违反保密规定、法庭规则，实施妨害在线诉讼秩序的行为的，法院可以根据妨害民事诉讼的相关规定作出处理。

在线诉讼首先应当遵循民事诉讼的基本原则。比如，《在线规则》第 27 条规定：在线庭审的案件，应当按照法律和司法解释的相关规定公开庭审活动。但是，对涉及国家安全、国家秘密、个人隐私的案件，庭审过程不得在互联网上公开；对涉及未成年人、商业秘密、离婚等的民事案件，当事人申请不公开审理的，在线庭审过程可以不在互联网上公开。再如，在线诉讼也应遵循直接言词审理原则，即"让审理者裁判"，并应以言词陈述的方式举证、质证、辩论。不同的是，在线诉讼从物理意义上的"面对面"转化到"屏对屏"。

根据《民事诉讼法》第 16 条和《在线规则》第 2 条等的规定，在线诉讼还应遵循以下原则：

（1）公正高效原则。严格依法开展在线诉讼活动，完善审判流程，健全工作机制，加强技术保障，提高司法效率，保障司法公正。

（2）合法自愿原则。尊重和保障当事人及其他诉讼参与人对诉讼方式的选择权，未经当事人及其他诉讼参与人同意，法院不得强制或者变相强制适用在线诉讼。

（3）权利保障原则。充分保障当事人各项诉讼权利，强化提示、说明、告知义务，不得随意减少诉讼环节和减损当事人诉讼权益。

（4）便民利民原则。优化在线诉讼服务，完善诉讼平台功能，加强信息技术应用，降低当事人诉讼成本，提升纠纷解决效率。统筹兼顾不同群体的司法需求，对未成年人、老年人、残障人士等特殊群体加强诉讼引导，提供相应的司法便利。

（5）安全可靠原则。依法维护国家安全，保护国家秘密、商业秘密、个人隐私和个人信息，有效保障在线诉讼数据信息安全。规范技术应用，确保技术中立和平台中立。①

三、适用在线诉讼的条件

在线诉讼适用以案件适宜在线办理、当事人同意、诉讼主体具备相应技术能力为基本条件，充分尊重当事人对审理方式的选择权，确保案件审理的质量、效率。

---

① 参与在线诉讼的相关主体应当履行数据安全和个人信息保护义务。除法院依法公开的以外，任何人不得违法违规披露、传播和使用在线诉讼数据、信息，否则，法院依法（包括有关妨害诉讼的规定）追究相关主体的法律责任。
参与在线诉讼的相关主体应当履行数据安全和个人信息保护义务。除法院依法公开的以外，未经法院同意，任何人不得违法违规录制、截取、传播涉及在线庭审过程的音频视频、图文资料，否则，法院依法（包括有关妨害诉讼的规定）追究相关主体的法律责任。

（一）案件适宜在线办理

依据《在线规则》第 3 条的规定，法院综合考虑案件情况、当事人意愿和技术条件等因素，可以对以下民事案件适用在线诉讼：（1）民事诉讼（争讼）案件；（2）民事特别程序、督促程序、破产程序和非诉执行审查案件；（3）民事执行案件；（4）其他适宜采取在线方式审理的案件。

实践中需区分考虑，是所有诉讼环节均不适用在线方式，还是部分诉讼环节不宜适用在线方式。例如，对于涉及国家安全、国家秘密，重大涉外、涉港澳台案件，一般应当全案线下审理；而对当事人人数众多、案件疑难复杂、证据繁多、审理耗时长的案件，庭审环节一般应当在线下开展，而立案、调解、送达等环节可以在线上完成。线上线下有序融合衔接，才应当是在线诉讼的主流和常态。

（二）当事人同意适用在线诉讼

依据《在线规则》第 2 条和第 4 条，适用在线诉讼遵循合法、自愿原则，保障当事人对审理方式的选择权，即应当征得当事人同意；同时，还应维护当事人在线诉讼知情权，即向当事人告知适用在线诉讼的具体环节、主要形式、权利义务、法律后果和操作方法等。

法院应当根据当事人对在线诉讼的相应意思表示，作出以下处理：

（1）当事人主动选择适用在线诉讼的，法院可以不再另行征得其同意，相应诉讼环节可以直接在线进行；

（2）各方当事人均同意适用在线诉讼的，相应诉讼环节可以在线进行；

（3）部分当事人同意适用在线诉讼，部分当事人不同意的，相应诉讼环节可以采取同意方当事人在线上、不同意方当事人在线下的方式进行；

（4）当事人仅主动选择或者同意对部分诉讼环节适用在线诉讼的，法院不得推定其对其他诉讼环节均同意适用在线诉讼。

对检察院参与的案件适用在线诉讼的，应当征得检察院同意。

关于"当事人同意"的方式，《在线规则》没有具体规定，实践中至少可以包括主动作出在线诉讼行为、口头同意、在诉讼平台确认同意、线下书面同意等，只要是当事人的真实意思表示，并可以留痕追溯，均是作出同意的有效方式。[①]

关于"当事人同意"的法律后果，《在线规则》第 6 条规定：当事人已同意适用在线诉讼，但无正当理由不参与在线诉讼活动或者不作出相应诉讼行为，也未在合理期限内申请提出转为线下进行的，应当依照法律和司法解释的相关规定承担相应法律后果。[②]

---

① 参见刘峥、何帆、李承运：《〈人民法院在线诉讼规则〉的理解与适用》，载《人民司法》，2021（19）。
② 例如，当事人无正当理由逾期在线举证的，法院应当根据《民事诉讼法》第 68 条和《民诉解释》第 102 条，确定是否采纳该证据，并可予以训诫、罚款；当事人无正当理由不按时参加在线庭审或者擅自退出，视为"拒不到庭"或者"中途退庭"，法院可以视为撤诉或者缺席审理。

当事人已同意对相应诉讼环节适用在线诉讼，但诉讼过程中又反悔的，应当在开展相应诉讼活动前的合理期限内提出，法院经审查后认为不存在故意拖延诉讼等不当情形的，可以将相应诉讼环节转为在线下进行。

在线调解、证据交换、庭审进行中，一方当事人要求其他当事人及诉讼参与人线下参加的，应当提出具体理由。法院经审查后认为有如下情形之一，可以转为在线下进行：案情疑难复杂；需要证人现场作证；有必要在线下举证、质证、陈述、辩论等。

（三）诉讼主体具备相应技术能力

开展在线诉讼以法院具备技术条件和当事人具备技术应用能力为前提。

依据《人民法院在线运行规则》（法发〔2022〕8号），法院运用互联网、大数据、云计算、移动互联、人工智能和区块链等信息技术，完善智慧法院信息系统①，规范应用方式，强化运行管理，以在线方式满足人民群众多元化司法需求，高效支持审判执行活动。

实践中，法院应当结合实际情况，对当事人的在线诉讼能力作出判断，综合考虑当事人的年龄、职业、身体状况、知识背景以及所处地域、上网条件、通讯设备、操作能力等因素，准确判断当事人是否具备参与在线诉讼的能力与条件，合理确定案件审理方式。

《在线规则》第5条规定：在诉讼过程中，如存在当事人欠缺在线诉讼能力、不具备在线诉讼条件或者相应诉讼环节不宜在线办理等情形之一，法院应当将相应诉讼环节转为在线下进行。

四、在线诉讼的主要规则

（一）身份认证规则

《在线规则》第7条明确了在线诉讼身份认证规则。相比线下诉讼，在线诉讼因其具有数字化或者网络化，更应强化在线身份认证程序，确保诉讼主体身份的真实性。

参与在线诉讼的诉讼主体应当先行在诉讼平台完成实名注册。法院应当通过证件证照在线比对、身份认证平台认证等方式，核实诉讼主体的实名手机号码、居民身份证件号码、护照号码、统一社会信用代码等信息，确认诉讼主体身份的真实性。

诉讼主体在线完成身份认证后，取得登录诉讼平台的专用账号。参与在线诉讼的诉讼主体应当妥善保管诉讼平台专用账号和密码。除有证据证明存在账号被盗用或者系统错误的情形外，使用专用账号登录诉讼平台所作出的行为，视为被认证人

---

① 法院应当建设智慧服务、智慧审判、智慧执行、智慧管理、司法公开、司法数据中台和智慧法院大脑、信息基础设施、安全保障、运维保障等智慧法院信息系统，保障法院在线运行。

本人的行为。

法院在线开展调解、证据交换、庭审等诉讼活动，应当再次验证诉讼主体的身份；确有必要的，应当在线下进一步核实身份。

（二）有关电子材料规则

1. 电子材料的提交规则

电子材料是开展在线诉讼的基础要素。《在线规则》第 11 条明确规定了电子材料的主要类型和提交方式。

从内容来看，电子材料分为诉讼文书材料和证据材料。从表现形式来看，电子材料分为三种类型或者说有三种提交方式：

（1）当事人直接录入的电子文本，或者说诉讼主体可以在诉讼平台直接填写录入起诉状、答辩状、反诉状、代理意见等诉讼文书材料。

（2）当事人上传的电子化材料，或者说当事人可以通过扫描、翻拍、转录等方式，将线下的诉讼文书材料或者证据材料做电子化处理后上传至诉讼平台。

（3）诉讼材料为电子数据（如电子合同、网络购物表单、网络支付凭证等），且诉讼平台与存储该电子数据的平台已实现对接的，当事人可以将该电子数据直接提交至诉讼平台。

当事人是提交电子材料的主要义务人。当事人提交电子化材料确有困难的，法院可以辅助当事人将线下材料做电子化处理后导入诉讼平台。

2. 有关电子化材料的效力与审核规则

对于诉讼文书材料和证据材料，线下诉讼通常要求提交原件原物，而在线诉讼若要求一律提交原件原物，则不利于案件在线审理，也会加重当事人的负担，所以，《在线规则》第 12、13 条规定了电子化材料"视同原件"的效力和审核规则。

《在线规则》第 12 条规定：当事人提交的电子化材料，经法院审核通过后，可以直接在诉讼中使用。诉讼中存在下列情形之一的，法院应当要求当事人提供原件、原物：（1）对方当事人认为电子化材料与原件、原物不一致，并提出合理理由和依据的；（2）电子化材料呈现不完整、内容不清晰、格式不规范的；（3）法院卷宗、档案管理相关规定要求提供原件、原物的；（4）法院认为有必要提交原件、原物的。

关于电子化材料"视同原件"的效力：《在线规则》第 12 条规定了电子化材料的形式真实性，其效力仅限于当事人不必再另行提供纸质原件，并不意味着电子化材料必然具备证据能力和证明力，对证据的关联性、真实性、合法性问题还需作出判断。

关于电子化材料"视同原件"的限制：电子化材料"视同原件"的效力既不是当然的，也不是绝对的。首先，电子化材料以法院审核通过为前提，未经法院审核不得在诉讼中直接使用。其次，电子化材料"视同原件"的效力具有相应限制条件。存在形式真实性存疑、内容格式不够规范清晰、不符合档案管理规定等情形的，仍应提供原件。

关于电子化材料的审核规则：由于电子化材料易被篡改，为确保其形式真实性，法院应当审核电子化材料与原件原物的一致性。《在线规则》第 13 条规定，当事人提交的电子化材料，符合下列情形之一的，法院可以认定符合原件、原物形式要求：（1）对方当事人对电子化材料与原件、原物的一致性未提出异议的；（2）电子化材料形成过程已经过公证机构公证的；（3）电子化材料已在之前的诉讼中提交并经法院确认的；（4）电子化材料已通过在线或者线下方式与原件、原物比对一致的；（5）有其他证据证明电子化材料与原件、原物一致的。

需要说明的是，上述方式只是帮助法院审核电子化材料的指引性规则。如果法院认为即便采取上述举措，也不足以确保材料的形式真实性，则应当要求当事人提供线下实体材料。

（三）区块链存证的效力及审查规则

《在线规则》第 13 条明确了在线诉讼证据审查的总体要求和法律依据。鉴于对电子数据已有比较系统的规定，《在线规则》第 16～19 条对区块链存证①的司法认定作出了专门规定。

1. 关于区块链存证的效力

区块链技术基于自身链式数据结构、分布式存储和加密机制等技术特点，能够在很大程度上保障数据上链后难以篡改，所以，《在线规则》第 16 条规定："当事人作为证据提交的电子数据系通过区块链技术存储，并经技术核验一致的，人民法院可以认定该电子数据上链后未经篡改，但有相反证据足以推翻的除外。"

此条实际上确立了区块链存储数据的真实性推定效力。但是，区块链技术并不能确保上链存储前的数据是客观真实的，因此该推定规则的效力范围仅限于"上链后未经篡改"，并非直接确认区块链存储数据的完整、真实性。

2. 关于区块链存证的真实性审核规则

《在线规则》第 17 条规定，当事人对以区块链技术存储的电子数据上链后的真实性提出异议，并有合理理由的，法院应当结合下列因素作出判断：（1）存证平台是否符合国家有关部门关于提供区块链存证服务的相关规定；（2）当事人与存证平台是否存在利害关系，并利用技术手段不当干预取证、存证过程；（3）存证平台的信息系统是否符合清洁性、安全性、可靠性、可用性的国家标准或者行业标准；（4）存证技术和过程是否符合相关国家标准或者行业标准中关于系统环境、技术安全、加密方式、数据传输、信息验证等方面的要求。

当事人提出电子数据上链存储前已不具备真实性，并提供证据证明或者说明理由的，法院应当予以审查。法院根据案件情况，可以要求提交以区块链技术存储电子数据的一方当事人提供证据证明上链存储前数据的真实性，并结合上链存储前数

---

① 目前，我国诉讼法上尚无"区块链证据"这一证据类型，所以《在线规则》从技术特征角度将之描述为"区块链技术存储的电子数据"，其在性质上属于电子数据。

需要说明的是，区块链基于自身技术特点，一般情况下并不存储电子数据的内容本身，所存储的是经过加密运算所得的哈希值，并经由对哈希值的核验，判断电子数据本身是否被篡改。

据的具体来源、生成机制、存储过程、公证机构公证、第三方见证、关联印证数据等情况作出综合判断。当事人不能提供证据证明或者作出合理说明，该电子数据也无法与其他证据相互印证的，法院对其真实性不予确认。

当事人可以申请具有专门知识的人就以区块链技术存储电子数据的相关技术问题提出意见。法院可以根据当事人申请或者依职权，委托鉴定以区块链技术存储的电子数据的真实性，或者调取其他相关证据进行核对。

（四）电子送达规则

在线诉讼中的电子送达应当遵循民事诉讼法和相关司法解释对电子送达的一般规定。此外，《在线规则》还作出如下具体规定。

《在线规则》第29条第1款规定：经受送达人同意，法院可以通过送达平台，向受送达人的电子邮箱、即时通讯账号、诉讼平台专用账号等电子地址，按照法律和司法解释的相关规定送达诉讼文书和证据材料。

1. 关于电子送达的适用条件

《在线规则》以"受送达人同意"为电子送达的适用条件。其第29条第2款规定，具备下列情形之一的，法院可以确定受送达人同意电子送达：（1）受送达人明确表示同意的；（2）受送达人在诉讼前对适用电子送达已作出约定或者承诺的；（3）受送达人在提交的起诉状、上诉状、申请书、答辩状中主动提供用于接收送达的电子地址的；（4）受送达人通过回复收悉、参加诉讼等方式接受已经完成的电子送达，并且未明确表示不同意电子送达的。其中，情形（1）（2）属于明示同意，情形（3）（4）属于默示同意。

《在线规则》第30条规定：法院可以通过电话确认、诉讼平台在线确认、线下发送电子送达确认书等方式，确认受送达人是否同意电子送达，以及受送达人接收电子送达的具体方式和地址；并告知电子送达的适用范围、效力、送达地址变更方式以及其他需告知的送达事项。

《在线规则》第32条规定了法院电子送达的附随职责，即法院可以同步通过短信、即时通讯工具、诉讼平台提示等方式，通知受送达人查阅、接收、下载相关送达材料。

2. 关于电子送达的生效标准

《在线规则》第31条规定了如下两种送达生效标准和情形。

（1）"到达主义"。法院受送达人主动提供或者确认的电子地址送达的，送达信息到达电子地址所在系统时，即为送达。

（2）"收悉主义"。受送达人未提供或未确认有效电子送达地址或者提供的电子地址有错误，法院向能够确认为受送达人本人的电子地址送达的[①]，根据下列情形

---

① 能够确认为受送达人本人的电子地址送达，比如经过实名认证的、曾经完成过有效送达的、近期内活跃使用的电子地址等。对此，法院应当查明。

确定送达是否生效：1) 受送达人回复已收悉，或者根据送达内容已作出相应诉讼行为的，即为完成有效送达；2) 受送达人的电子地址所在系统反馈受送达人已阅知，或者有其他证据可以证明受送达人已经收悉的，推定完成有效送达，但受送达人能够证明存在系统错误、送达地址非本人使用或者非本人阅知等未收悉送达内容的情形除外。

既然采取"收悉主义"，就不宜再将"到达特定系统"作为送达生效时间，而应当以"确认收悉"的时间点作为标准。对同一内容的送达材料采取多种电子方式发送受送达人的，以最先完成的有效送达时间作为送达生效时间。

法院开展电子送达，应当在系统中全程留痕，并制作电子送达凭证。电子送达凭证具有送达回证的效力。

五、在线诉讼的程序规定

(一) 在线起诉·受理·答辩

《在线规则》第 9 条规定，当事人采取在线方式提交起诉材料的，法院应当在收到材料后的法定期限内（有关电子材料的提交如前所述），在线作出以下处理：(1) 符合起诉条件的，登记立案并送达案件受理通知书、交纳诉讼费用通知书、举证通知书等诉讼文书；(2) 提交材料不符合要求的，及时通知其补正，并一次性告知补正内容和期限，案件受理时间自收到补正材料后次日重新起算；(3) 不符合起诉条件或者起诉材料经补正仍不符合要求，原告坚持起诉的，依法裁定不予受理或者不予立案；

当事人已在线提交符合要求的起诉状等材料的，法院不得要求当事人再提供纸质件。

上诉、申请再审、特别程序、执行等案件的在线受理，参照上述第一种和第二种情形处理。

案件适用在线诉讼的，法院应当通知被告、被上诉人或者其他诉讼参与人，询问其是否同意以在线方式参与诉讼。被通知人同意采用在线方式的，应当在收到通知后的 3 日内通过诉讼平台验证身份、关联案件，然后通过诉讼平台实施诉讼行为。

被通知人未明确表示同意采用在线方式，且未在法院指定期限内注册登录诉讼平台的，针对被通知人的相关诉讼活动在线下进行。

(二) 在线交换证据和在线质证

《在线规则》第 14 条规定了同步和非同步两种在线证据交换的效力和程序要求。法院应根据当事人选择和案件情况，组织当事人在线交换证据，通过同步或者非同步方式在线举证、质证（有关电子数据的收集、质证和审核，参见本书第十三章第四节五）。

各方当事人选择同步在线交换证据的，应当在法院指定的时间登录诉讼平台，通过在线视频或者其他方式，对已经被导入诉讼平台的证据材料或者线下送达的证据材料副本，集中发表质证意见。各方当事人均同意在线证据交换，但对具体方式无法达成一致意见的，适用同步在线证据交换。

各方当事人选择非同步在线交换证据的，应当在法院确定的合理期限内，分别登录诉讼平台，查看已经被导入诉讼平台的证据材料，并发表质证意见。

对于当事人作为证据提交的电子化材料和电子数据，法院应当按照法律和司法解释的相关规定，经当事人举证质证后，依法认定其真实性、合法性和关联性。未经法院查证属实的证据，不得作为认定案件事实的根据。

（三）在线庭审

1. 关于在线庭审的适用情形

《民诉解释》第 259 条规定：对适用简易程序的案件，经当事人双方同意，可以采用视听传输技术等方式开庭。而《在线规则》第 3 条规定：在线庭审可适用于各类适宜线上审理的民事、行政案件以及刑事速裁程序案件。

《在线规则》第 21 条规定了不适用在线庭审的三种类型和七种情形：（1）当事人主观上不愿意，即各方当事人均明确表示不同意，或者一方当事人表示不同意且有正当理由的。（2）客观条件不具备，主要有：各方当事人均不具备参与在线庭审的技术条件和能力；需要通过庭审现场查明身份、核对原件、查验实物的。（3）案件本身不适宜，主要有：案件疑难复杂、证据繁多，适用在线庭审不利于查明事实和适用法律的；案件涉及国家安全、国家秘密的；案件具有重大社会影响，受到广泛关注的。

对于采取在线庭审方式审理的案件，审理过程中发现存在上述情形之一的，法院应当及时转为线下庭审。已完成的在线庭审活动具有法律效力。

2. 关于在线庭审的方式和程序

在线庭审既包括各方诉讼主体均在线参与庭审，也包括部分当事人在线上而部分当事人在线下参与庭审。[①] 在线庭审应当在诉讼平台上进行，采取视频方式开庭，而不得采取电话、书面等方式。

《在线规则》第 22 条规定：适用在线庭审的案件，应当按照法律和司法解释的相关规定开展庭前准备、法庭调查、法庭辩论等庭审活动，保障当事人申请回避、举证、质证、陈述、辩论等诉讼权利。

3. 关于在线庭审的纪律

在线庭审应当遵守《人民法院法庭规则》。不过，《在线规则》根据在线庭审的

---

① 《在线规则》第 23 条规定：需要公告送达的案件，法院可以在公告中明确在线上或者线下参与庭审的具体方式，告知当事人选择在线庭审的权利；被公告方当事人未在开庭前向法院表示同意在线庭审的，对被公告方当事人适用线下庭审。其他同意适用在线庭审的当事人，可以在线参与庭审。

特点，对庭审纪律作出了特殊规定。

《在线规则》第 24 条规定：法院应当设置环境要素齐全的在线法庭。在线法庭应当保持国徽在显著位置，审判人员及席位名称等在视频画面合理区域。因存在特殊情形，确需在在线法庭之外的其他场所组织在线庭审的，应当报请本院院长同意。

出庭人员参加在线庭审，应当选择安静、无干扰、光线适宜、网络信号良好、相对封闭的场所，不得在可能影响庭审音频视频效果或者有损庭审严肃性的场所参加庭审。必要时，法院可以要求出庭人员到指定场所参加在线庭审。

《在线规则》第 25 条规定：出庭人员参加在线庭审应当尊重司法礼仪，遵守法庭纪律。人民法院根据在线庭审的特点，适用《人民法院法庭规则》相关规定。

除确属网络故障、设备损坏、电力中断或者不可抗力等原因外，当事人无正当理由不参加在线庭审，视为"拒不到庭"；在庭审中擅自退出，经提示、警告后仍不改正的，视为"中途退庭"，分别按照相关法律和司法解释的规定处理。①

4. 关于证人在线出庭

我国民事诉讼法和相关司法解释均规定，证人作证应当出庭，在特定情形下证人可以采取视听传输技术方式作证。在线诉讼中，证人在线出庭也属于出庭作证的一种形式，关键是要解决证人不得旁听案件和不受他人诉讼指挥的问题。因此，《在线规则》第 26 条规定：证人通过在线方式出庭的，法院应当通过指定在线出庭场所、设置在线作证室等方式，保证其不旁听案件审理和不受他人干扰。

此条还规定：当事人对证人在线出庭提出异议且有合理理由的，或者法院认为确有必要的，应当要求证人在线下出庭作证。

5. 非同步审理

《在线规则》第 20 条首次确认了"非同步审理"机制。非同步审理是指"经各方当事人同意，人民法院可以指定当事人在一定期限内，分别登录诉讼平台，以非同步的方式开展调解、证据交换、调查询问、庭审等诉讼活动"。非同步庭审主要是通过录制视频方式，按照庭审环节进行；不得采取书面方式审理。

实践中，以同步审理为主，以非同步审理为辅。非同步庭审的适用范围，限于小额诉讼程序或者民事简易程序案件。非同步庭审的适用条件是：（1）各方当事人同时在线参与庭审确有困难；（2）一方当事人提出书面申请，各方当事人均表示同意；（3）案件经过在线证据交换或者调查询问，各方当事人对案件的主要事实和证据不存在争议。

在线诉讼中，有关合议庭评议，《关于规范合议庭运行机制的意见》有相应规定。

---

① 需要注意的是，考虑到在线庭审易受到技术因素影响，当出现"不按时到庭、脱离庭审画面，庭审音频、视频静止"等情形时，不宜直接认定违反庭审纪律，法院有必要先作出提示、警告，要求其说明理由。

（四）电子笔录和电子档案

对于适用在线诉讼的案件，法院应当在调解、证据交换、庭审、合议等诉讼环节同步形成电子笔录。电子笔录在以在线方式核对确认后，与书面笔录具有同等法律效力。

对于适用在线诉讼的案件，各方诉讼主体可以通过在线确认、电子签章等方式，确认和签收调解协议、笔录、电子送达凭证及其他诉讼材料。

对于适用在线诉讼的案件，法院应当利用技术手段随案同步生成电子卷宗，形成电子档案。电子档案的立卷、归档、存储、利用等，按照档案管理相关法律法规的规定执行。

适用在线诉讼的案件存在纸质卷宗材料的，应当按照档案管理相关法律法规立卷、归档和保存。案件无纸质材料或者纸质材料已经全部转化为电子材料的，第一审法院可以采用电子卷宗代替纸质卷宗移送上诉法院。

（五）对互联网法院裁判的上诉

当事人对互联网法院的裁判提起上诉的，二审法院原则上采取在线方式审理。

当事人对北京互联网法院的裁判提起上诉的，由北京市第四中级人民法院审理。但是，互联网著作权权属纠纷和侵权纠纷、互联网域名纠纷的上诉案件，由北京知识产权法院审理。

当事人对广州互联网法院的裁判提起上诉的，由广州市中级人民法院审理。但是，互联网著作权权属纠纷和侵权纠纷、互联网域名纠纷的上诉案件，由广州知识产权法院审理。

当事人对杭州互联网法院的裁判提起上诉的，由杭州市中级人民法院审理。

（六）在线执行

《在线规则》第 36 条规定：执行裁决案件的在线立案、电子材料提交、执行和解、询问当事人、电子送达等环节，适用本规则的相关规定办理。

法院可以通过财产查控系统、网络询价评估平台、网络拍卖平台、信用惩戒系统等，在线完成财产查明、查封、扣押、冻结、划扣、变价和惩戒等执行实施环节。

第七编 民事审判程序二：特别程序

21 世纪法学研究生参考书系列

第 二 十 五 章

特别程序总论

我国现行民事诉讼特别程序包括选民资格案件程序和非讼程序。民事非讼程序具有非讼性和简捷性，由多个不同程序组成；其基本原理或者基本原则（非讼法理）主要有职权主义为主、书面审理主义为主、不公开审理主义为主、自由证明为主等。

第一节　我国特别程序的构成和一般规则

一、我国特别程序的构成·立法体例·基本目的

《民事诉讼法》第十五章"特别程序"包括对以下案件适用的程序：（1）选民资格案件，为非民事的争讼案件。（2）宣告失踪、宣告死亡、指定遗产管理人、认定公民无民事行为能力、认定公民限制民事行为能力、认定财产无主、确认调解协议、实现担保物权等民事非讼案件。《民事诉讼法》中的督促程序（第十七章）和公示催告程序（第十八章）属于非讼程序。

民事诉讼中，"非讼"即"无争议"，非讼案件与争讼案件（有时称诉讼案件）的区分即由此而来。民事非讼案件是指对某项民事实体法律关系或者民事权益不存在争议的案件。非讼案件中不存在对立的双方当事人或者不存在明确的双方当事人对立的状态。

立法根据各类非讼案件的特征分别规定其各自所适用的非讼程序。我国现行由法院适用的民事非讼程序主要有：（1）《民事诉讼法》规定的非讼程序。（2）《海诉法》规定的海（商）事非讼程序。（3）其他法律规定的非讼程序等。

大陆法系通常将非讼案件称为非讼事件。从广义来看，根据我国现行法，由法院处理的民事非讼案件有如下三类：

（1）民事非讼案件，包括宣告失踪案件、宣告死亡案件，认定自然人无民事行为能力案件、认定自然人限制民事行为能力案件，人格权侵害禁令（《民法典》第997条），认定财产无主案件，确认调解协议案件，实现担保物权案件，督促案件等。

451

（2）商事非讼案件，通常包括公司非讼案件、海（商）事非讼案件、信托非讼案件、票据非讼案件、破产非讼案件等。

根据《公司法》等的规定，公司非讼案件包括撤销公司股东会或者股东大会、董事会决议案件，股东查阅、复制公司特定文件材料案件，要求公司提供查阅公司会计账簿案件，股东会、股东大会会议司法召集案件，核定收购股权价格案件，公司强制解散案件，公司强制清算案件等。①

根据《海诉法》等的规定，海（商）事非讼案件包括设立海事赔偿责任限制基金案件、债权登记与受偿案件、船舶优先权催告案件、海事督促案件、海事公示催告案件等。

根据《信托法》等的规定，信托非讼案件包括信托财产管理方法变更案件、解任受托人案件、许可辞任案件、定处分意见案件等。

根据《票据法》《证券法》等的规定，票据非讼案件主要有对票据或者证券的公示催告案件。相关程序由《民事诉讼法》第十八章作出规定。

根据《破产法》等的规定，破产非讼案件包括破产和解案件、破产重整案件、破产清算案件、破产失权案件和破产复权案件等。

此外，还有如下非讼案件：请求法院指定清算人（《合伙企业法》第 86 条）、请求法院组成清算组（《农民专业合作社法》第 48 条）等。

（3）家事非讼案件②，根据《民法典》的相关规定，包括监护案件（申请指定监护人、申请撤销监护人资格、申请恢复监护人资格、终止监护）、探望子女案件（第 1086 条）、取消遗产取得权案件（第 1144 条）、指定遗产管理人案件（第 1145、1146 条）、分割遗产案件（第 1160 条）。《反家庭暴力法》第 23～32 条和《未成年人保护法》第 108 条还规定了"人身安全保护令"。

民事非讼程序的立法体例主要有：（1）民事诉讼法典规定非讼程序，比如德国、日本等；（2）除民事诉讼法典外还有单独立法，比如《德国非讼事件程序法》③、《日本非讼事件程序法》等；（3）其他法律规定相应的非讼程序。

笔者建议我国制定"民事非讼程序法"，包括一般规则（总则）和分则（具体程序）。分则规定对非讼案件适用的具体程序，包括三类：（1）（狭义）民事非讼程序；（2）商事非讼程序；（3）家事非讼程序（包括未成年人家事非讼程序）。

就处理没有纠纷内容的非讼案件来说，民事非讼程序的基本功能或者基本目

---

① 有关公司非讼程序种类的具体论述，参见李建伟：《公司诉讼专题研究》，81～101 页，北京，中国政法大学出版社，2008。

② 由于一些家事非讼案件包含了未成年人案件，所以笔者将未成年人家事非讼程序融入相关家事非讼程序。

③ 2008 年，德国将家事事件全部纳入《非讼事件程序法》的调整范围，法典的名称由《非讼事件程序法》相应修改为《家事事件及非讼事件程序法》。

的，主要有确认功能和监护功能等。

所谓确认功能，是指法院运用审判权从法律上确认某项事实是否存在或者申请人是否享有某项民事权益。比如，宣告失踪案件程序，其目的是法院依法确认被申请人是否失踪。对于下落不明人，其失踪是一种事实，只有在法院确认后才会发生相应的法律后果。

发挥监护功能的典型制度是监护制度，非讼程序在某种意义上就是以其审理程序为范本进行设计的。不过，监护的适用范围并不限于该案件类型：法院基于公益目的对民事主体进行的监督与保护均应属于监护。具有该功能的案件类型众多，比如清算人①、失踪人财产管理人②的选任和监督等。③

二、我国特别程序的一般规则

【案例】李某因车祸造成大脑严重损伤，其妻王某请求法院确认李某为无民事行为能力人。本案没有经过法庭言词辩论，法院就作出了判决，认定李某为无民事行为能力人。对此，王某提起了上诉。法院裁定驳回该上诉。

《民事诉讼法》第十五章第一节的"一般规定"或者"共同规则"（适用于第十五章所规定的特别案件），主要有：

（1）本章案件优先适用特别规定。没有特别规定的，适用《民事诉讼法》等其他相应规定。

（2）实行一审终审。特别案件裁判一经送达，即发生法律效力，不得提起上诉。

（3）选民资格案件或者重大、疑难案件，由法官组成合议庭审理；其他案件，独任审理。

（4）发现本案有民事权益争议的，裁定终结特别程序，并告知利害关系人可以另行起诉。

（5）在自立案之日起30日内或者公告期满后30日内审结，有特殊情况，需要延长的，由本院院长批准，但是审理选民资格案件除外。

非讼裁判一般不具有既判力（除权判决、支付令等除外）。对适用特别程序作出的判决、裁定虽然不能适用上诉程序和再审程序，但是《民事诉讼法》（第193、

---

① 比如，《日本民法典》第75条规定，在缺少清算人时，法院可以根据利害关系人或者检察官的申请，或者依职权选任清算人；其第82条规定：法院任何时候都可依职权对清算人实施法定的监督，必要时可以解除清算人的职务。《德国民法典》第48条也有相通规定。

② 在大陆法系，普遍认为，失踪人财产陷入无人管理或者争相占有的状态，其实质是负有维护公益职责的国家的职能缺位。为此，大陆法系国家的民法典通常规定法院可以基于利害关系人或检察官请求，设置财产管理人制度。参见《日本民法典》第25条、《德国民法典》第1911条。

③ 参见郝振江：《论非讼程序的功能》，载《中外法学》，2011（4）。

201、204 条）和《民诉解释》（第 372 条第 1 款）① 等，规定了相应的救济程序或者纠正途径。

《民事诉讼法》第十五章规定的选民资格案件和非讼案件不用交纳案件申请费（《费用办法》第 8 条），申请实现担保物权案件需要交纳申请费（《民诉解释》第 204、205 条）。

第二节　传统民事非讼程序的基本原理

处理非讼案件应当适用相应的非讼程序及其基本原理。非讼程序的具体构造应当遵行非讼案件的非讼性。在比较法上，民事非讼程序的基本原理或者基本原则，不包括对审原则，传统理论将职权主义、书面审理主义、不公开审理主义、自由证明主义等通称为非讼法理。

一、职权主义为主

非讼程序主要采行职权主义，具体来说：（1）法院可以变更或者超出申请人请求的内容和范围作出裁判（职权干预主义）；（2）法院依职权主动收集证据和调查事实（职权探知主义）；（3）尽管非讼程序因申请人申请而启动，申请人也可依法撤回申请，但是非讼程序事项更多地由法院决定（职权进行主义）。

有些非讼案件涉及公益（宣告死亡、认定自然人无民事行为能力等），并且处理非讼案件要求快捷和经济，所以非讼程序原则上采取职权主义。但是，也不排除必要时要求或者鼓励申请人收集证据和提供事实。有关私益的非讼案件（确认调解协议案件、实现担保物权案件、督促案件、公示催告案件等）中，申请人应当主张事实和提供证据。

二、书面审理主义为主

民事非讼案件和非讼程序中不存在争议，无对立的双方当事人而只有申请人一方，所以对审原则没有适用的可能性和必要性，无法也无须经法庭言词辩论。法官通常书面审查事实和证据，无须审理法官与裁判法官的一体化，即不以直接审判为原则。

当然，非讼案件并不排除直接言词审理。为查明案情，法官也可以口头询问申

---

① 此款规定："适用特别程序作出的判决、裁定，当事人、利害关系人认为有错误的，可以向作出该判决、裁定的人民法院提出异议。人民法院经审查，异议成立或者部分成立的，作出新的判决、裁定撤销或者改变原判决、裁定；异议不成立的，裁定驳回。"

请人或者证人，申请人或者证人也应口头陈述或者口头作证。在非讼程序中，审理法官与裁判法官的一体化也有利于及时裁判。

三、不公开审理主义为主

一般来说，公开审理与言词审理紧密相关，而不公开审理与书面审理密切相连。由于非讼程序无须法庭言词辩论而多采书面审理，所以非讼案件原则上无须公开审理。

当然，非讼案件适用公开审理更有助于查明事实、正确裁判，故由法官自由裁量是否公开审理；申请人认为公开审理有助于制约法官滥用职权的，也有权请求法院公开审理。

四、自由证明为主

非讼案件中不存在争议，多数情况下案情比较简单，强调及时、经济地处理案件，所以非讼程序多是简易快捷。非讼程序采取职权主义、书面审理主义和不公开审理主义，适应非讼程序的简捷性或者经济性，有助于实现非讼程序的效率价值。

与此相一致的是，对于非讼案件中的事实采取证明程序比较简捷的自由证明，比如，宣告自然人死亡案件中以公告方式确定自然人是否死亡的事实，公示催告程序中以公告和申报权利方式确定申请人对票据是否拥有权利。

第三节　争讼法理与非讼法理的分离适用和交错适用

一、争讼法理与非讼法理的分离适用

传统民事诉讼法理采行"程序法理二元分离适用论"，即对争讼案件应当适用争讼程序原理（或称"争讼法理"），对非讼案件则应适用非讼程序原理（或称"非讼法理"）。传统理论认为，争讼程序与非讼程序在审理原则上存在以下差异（争讼法理与非讼法理之差异）：

（1）争讼程序为对审构造，采行双方审理原则（对审原则），而非讼程序只有一方当事人，无须采行双方审理原则。

（2）解决民事私益纠纷的争讼程序采行处分主义、辩论主义，而非讼程序采行职权干预主义、职权探知主义。

（3）争讼程序采行直接言词审判原则、公开审判原则，而非讼程序不进行言词辩论，以书面审理主义为主，不以直接言词审判、公开审判为原则。

（4）对争讼案件中的实体事实采用严格证明，保障双方当事人的质证权和辩论权，而对非讼案件中的实体事实采用自由证明，无须双方当事人之间的质证和辩论。

（5）由于非讼案件程序的非讼性和简捷性，非讼裁判一般没有既判力，法律不允许对非讼裁判提起上诉、申请再审。

非讼程序中，若出现民事权益（责任）争议，则应适用争讼程序，以满足纠纷解决的适当性和正当性要求。

二、争讼法理与非讼法理的交错适用

在传统民事诉讼理论和制度中，争讼法理与非讼法理截然分离、互无联系。如今，在民事审判程序中，争讼法理与非讼法理交错适用，大体表现为：（1）非讼案件诉讼化，即运用争讼法理处理非讼案件，赋予非讼案件当事人以慎重方面的程序保障。（2）诉讼案件非讼化，即为迅捷、经济地解决民事纠纷，在争讼程序中引进非讼法理。具体来说：

（1）传统意义上的"非讼法理"，如职权干预主义和职权探知主义，在争讼程序中也有适用性，用来解决民事公益案件或者其他公益事项。事实上，诸多有关私益的非讼案件中应当适用处分主义和辩论主义，而不适用职权干预主义和职权探知主义。

（2）争讼程序虽采行直接言词审判原则和公开审判原则，但是也有一些法定的适用例外。传统理论将职权主义、书面审理主义和不公开审理主义称为"非讼法理"，但是，这些主义或者原则在争讼程序中也有适用性，将其称为"非讼法理"在现代诉讼中是不准确的。

（3）非讼程序虽以职权主义、书面审理主义和不公开审理主义为主，但是，必要时也要求申请人提供事实和收集证据，也可采用直接言词审判和公开审判原则。但是，在争讼程序中，违反对审、处分、公开审判等原则属严重程序违法。

（4）非讼程序中，若出现民事权益（责任）争议或者发现本案属于民事争讼案件，应裁定终结非讼程序，适用争讼程序。比如，公示催告程序中，利害关系人申报合法的，意味着申请人与申报人对该票据可能存在争议，应当裁定终结公示催告程序，适用争讼程序。

（5）在我国，对争讼案件采用两审终审制，确定的争讼判决具有既判力，而对非讼案件采用一审终审，并且生效的非讼判决多无既判力（生效的支付令和除权判决除外）。

大陆法系传统做法主要是将公益性强、法律关系或事实具有持续性、需法官裁量、需迅速处理、具有形成作用的案件纳入非讼案件，从而使非讼程序的审理对象包括无争议的一般非讼案件和存在争议的真正诉讼事件。[①] 由此，在非讼程序中，适用职权主义，并且对争讼案件适用争讼法理以保障双方当事人的程序基本权（此即非讼案件诉讼化）。[②]

大陆法系争讼法理与非讼法理交错适用问题在我国实际上是个伪命题，因为我国民事非讼程序只适用于非讼案件，即无须遵循双方审理原则和言词辩论程序等。

---

① 参见郝振江：《德日非讼程序审理对象介评》，载《国家检察官学院学报》，2012（5）。
② 参见郝振江：《论非讼事件审判的程序保障》，载《法学评论》，2014（1）。

第 二 十 六 章

《民事诉讼法》第十五章等规定的特别程序

本章阐释《民事诉讼法》第十五章等规定的特别程序。这些特别程序各有其适用范围和适用要件、具体构造和救济途径。

第一节　选民资格案件程序

一、选民资格案件

公民在选举权和被选举权受到侵害或者发生争议时，有权通过选举诉讼获得司法救济。选举诉讼主要解决如下争议：有关选举人名单是否错误的争议、因选举违法而对选举效力发生的争议、因妨害选举而发生的争议等。选举诉讼被纳入民众诉讼，以司法方式解决有关公民选举权和被选举权的争议是现代法治的要求。

《选举法》《民事诉讼法》等规定了选民资格案件及其诉讼程序。根据《选举法》第27、28条，选民登记按选区进行；选民名单应在选举日的20日以前公布。其第29条规定："对于公布的选民名单有不同意见的，可以在选民名单公布之日起五日内向选举委员会提出申诉。选举委员会对申诉意见，应在三日内作出处理决定。申诉人如果对处理决定不服，可以在选举日的五日以前向人民法院起诉，人民法院应在选举日以前作出判决。人民法院的判决为最后决定。"

公民对选举委员会公布的选民资格名单有不同意见或者认为有错误，比如有选举资格的人未被列入选举名单、无选举资格的人却被列入选举名单等。选民资格案件是有关公民选举权和被选举权的公法上的争讼案件。在选民资格案件及其诉讼程序中，起诉人与选举委员会之间就选民资格的有无或者选民名单的对错发生争议，因此，选民资格案件不同于有关公民民事权利、义务的私法上的争讼案件。

选民资格案件不涉及犯罪问题，也不涉及行政法上的权利、义务，并且被告选举委员会并非行政机关，所以适用刑事诉讼程序或行政诉讼程序并不合适。因此，我国将解决选民资格案件的诉讼程序规定在民事诉讼法之中。

二、选民资格案件的具体程序

选民资格案件的特殊性决定了审理选民资格案件需适用特殊的诉讼程序。选民资格案件的审理程序具有很多特殊之处，主要有：

（1）公民只有对选举委员会的申诉处理决定不服，才可提起诉讼，而不能就选民资格争议直接向法院提起诉讼。

（2）原告既可以是有关选民资格争议的公民本人，又可以是对选举委员会申诉处理决定不服的其他公民。原告不管是谁，均应亲自参加诉讼。选举委员会为被告，由其主要负责人参加诉讼。

（3）原告应当在选举日 5 日以前，向选区所在地的基层法院起诉。

（4）选民资格案件起诉人不交纳案件受理费。

（5）法庭审理采用法官组成的合议庭，并且应当经过法庭辩论等程序阶段。对选民资格案件应当在选举日前审结。

（6）法院判决一经送达即确定而不得上诉，也不得适用再审程序。判决书应当在选举日前送达原告和选举委员会，并通知公民本人。当事人、利害关系人认为判决有错误的，可以依据《民诉解释》第 372 条第 1 款向作出该判决的法院提出异议。

第二节 宣告失踪和宣告死亡程序

一、宣告失踪案件和宣告死亡案件

宣告自然人失踪，是指自然人下落不明达到法定期限的，利害关系人请求法院宣告该自然人失踪。宣告自然人死亡，是指自然人下落不明达到法定期限或者具备其他法定条件的，利害关系人请求法院宣告该自然人死亡。宣告失踪是在法律上推定下落不明的自然人还生存着，而宣告死亡是在法律上推定下落不明的自然人已经死亡。若确知自然人生存着或者已死亡，均不能宣告该自然人失踪或者死亡。

对于宣告失踪或者宣告死亡，《民法典》第 40～53 条规定了实体要件和实体后果，《民事诉讼法》规定了程序要件和具体程序。相关案由有：申请宣告自然人失踪；申请撤销宣告失踪判决；申请为宣告失踪人的财产指定、变更代管人；申请宣告自然人死亡；申请撤销宣告自然人死亡的判决；失踪人债务支付纠纷；被撤销死亡宣告人请求返还财产纠纷。

二、宣告失踪和宣告死亡的具体程序

(一) 申请和受理

宣告失踪或者宣告死亡案件的程序，应由下落不明人的利害关系人申请而开始。申请法院宣告自然人失踪或者死亡，应当具备以下要件：

1. 应具备法定事实或者其他法定条件（需自然人下落不明达到法定期限或者具备其他法定条件）

下落不明是指自然人最后离开自己住所地或者居所地后，去向和生死不明。宣告失踪的，下落不明的期间为满 2 年。宣告死亡的，下落不明的期间为满 4 年；因意外事件下落不明的，只需满 2 年；因意外事件下落不明，经有关机关证明该自然人不可能生存的，申请宣告死亡不受 2 年时间的限制。

自然人下落不明的时间从其失去音讯之日起计算。战争期间下落不明的，下落不明的时间自战争结束之日或者有关机关确定的下落不明之日起计算。

2. 申请人应适格

申请人应是被申请人的利害关系人。[①] 多个利害关系人提出宣告失踪、宣告死亡申请的，列为共同申请人。

《民法典总则解释》第 14 条具体规定了宣告失踪的申请人，主要包括：（1）被申请人的近亲属。（2）依据《民法典》第 1128、1129 条对被申请人有继承权的亲属。（3）债权人、债务人、合伙人等与被申请人有民事权利义务关系的民事主体，但是不申请宣告失踪不影响其行使权利、履行义务的除外。

《民法典总则解释》第 16 条具体规定了宣告死亡的申请人，主要包括：（1）被申请人的配偶、父母、子女，以及依据《民法典》第 1129 条对被申请人有继承权的亲属。（2）符合下列情形之一的被申请人的其他近亲属，以及依据《民法典》第 1128 条对被申请人有继承权的亲属有：1）被申请人的配偶、父母、子女均已死亡或者下落不明的；2）不申请宣告死亡不能保护其相应合法权益的。被申请人的债权人、债务人、合伙人等民事主体不能被认定为申请人，但是不申请宣告死亡不能保护其相应合法权益的除外。

3. 应向下落不明人住所地的基层法院提出申请

申请书应当写明：申请人和被申请人的基本情况及两者之间的关系；申请事项，即请求法院宣告被申请人失踪或者死亡；事实和理由，即请求宣告失踪或者死亡的法定事实或者法定条件及相关证据，包括公安机关或者其他有关机关关于该自

---

① 若下落不明人没有利害关系人或者利害关系人不申请宣告死亡，将使宣告死亡制度的立法目的落空。为达到宣告死亡制度旨在结束有关下落不明人及其财产的法律关系长期不稳定的状态的立法目的和维护社会公益，笔者认为，检察机关可为申请人。

然人下落不明的书面证明。

法院在收到申请后，应当及时审查以决定是否受理。申请人不适格的，法院应裁定不予受理。申请书不合法的，法院应当命申请人限期补正；申请人无正当理由不按期补正或者补正后仍不合法的，则不予受理。① 管辖不合法的，法院告知申请人向有管辖权的法院申请；若受理，则应移送有管辖权的法院。

前述第一个要件属于实体要件，在受理阶段，法院主要根据申请书及申请人提供的证据来审查是否具备，因为是否真正存在宣告失踪或者死亡的法定事实或者其他法定条件，应经过公告以后才能确定。

宣告失踪不是宣告死亡的必经程序，只要符合宣告死亡的条件，利害关系人就可直接申请宣告死亡。法院判决宣告自然人失踪后，利害关系人向法院申请宣告失踪人死亡，从失踪的次日起满4年的，法院应当受理。宣告失踪的判决即是该自然人失踪的证明，审理过程中仍应发布宣告死亡的公告。

根据《民法典》第47条，对同一自然人，有的利害关系人申请宣告死亡，有的利害关系人申请宣告失踪，符合本法规定的宣告死亡条件的，法院应当宣告死亡。

在法院受理宣告失踪或者死亡案件后、作出判决前，申请人撤回申请的，法院应裁定终结案件，但其他符合法律规定的利害关系人加入程序，要求继续审理的除外。

（二）公告

法院在受理申请后，应当立即发出寻找下落不明人的公告。宣告失踪的公告期间为3个月。宣告死亡的公告期间为1年；因意外事件下落不明，经有关机关证明该自然人不可能生存的，宣告死亡的公告期间为3个月。

寻找下落不明人的公告应当记载下列内容：（1）被申请人应当在规定期间内向受理法院申报其具体地址及联系方式，否则，被申请人将被宣告失踪、宣告死亡；（2）凡知悉被申请人生存现状的人，应当在公告期间内将其所知道的情况向受理法院报告。

与严格证明不同，"公告"是法律规定的证明宣告失踪或者死亡事实是否真实的方式。法院根据公告的结果作出判决或者驳回申请。因此，发出寻找下落不明人的公告，是宣告自然人失踪或者死亡的必经程序。法院没有依法公告的，申请人有权提出异议。

受理宣告失踪或者宣告死亡案件后，法院可以根据申请人的请求，清理下落不明人的财产，并指定在案件审理期间的财产管理人。

---

① 《民事诉讼法》并未规定申请人不服法院不予受理的裁定时，可否提出异议。笔者认为，对于不予受理的裁定，法律应当允许申请人提出异议。

（三）判决

当公告期届满之时，获知下落不明人还活着或者确已死亡的，法院应判决驳回宣告自然人失踪或者死亡的申请，终结案件的审理。

公告期届满，下落不明人仍然下落不明的，若系申请宣告失踪的，则判决宣告该自然人失踪；若系申请宣告死亡的，则判决宣告该自然人死亡。

判决一经宣告，就发生法律效力。判决中应当确定下落不明人的失踪或者死亡日期，判决中未确定失踪或者死亡日期的，以判决宣告之日为失踪或者死亡日期。判决书除送达申请人外，还应在被宣告失踪或者死亡自然人住所地和法院所在地予以公告。

三、判决宣告失踪和宣告死亡的法律后果

（一）判决宣告失踪的法律后果：指定财产代管人

宣告失踪的判决并不消灭被宣告失踪人的民事权利能力和诉讼权利能力。不管宣告失踪人在其原住所地或者居住地还是在其生存地，仍然具有民事权利能力和诉讼权利能力。比如，与被宣告失踪人的人身有关的民事法律关系（如婚姻关系、收养关系、继承关系等）并不发生变化，假如宣告失踪以后涉及继承问题，仍应为被宣告失踪人保留其应继承的份额。

公告期满后，法院判决宣告失踪的，应当同时依照《民法典》第 42 条的规定指定被宣告失踪人的财产代管人（案由是申请为失踪人的财产指定代管人）。财产代管人可以是被宣告失踪人的配偶、成年子女、父母或者其他愿意担任财产代管人的人。代管人有争议的、没有前述人的、前述人无代管能力的，由法院指定代管人。

出现下列情形之一的，可以变更财产代管人：

（1）依据《案由规定》，变更财产代管人的案由是申请为失踪人的财产变更代管人。财产代管人应当向受理宣告失踪案件的法院申请变更代管人。

（2）法院指定财产代管人后，代管人申请变更代管人的，比照民事诉讼法特别程序的有关规定进行审理（《民诉解释》第 342 条第 1 款）。

（3）财产代管人不履行代管职责、侵害失踪人财产权益或者丧失代管能力的，失踪人的利害关系人可以向法院申请变更财产代管人。

（4）宣告失踪人的其他利害关系人申请变更代管人的，法院应当告知其以原指定的代管人为被告起诉，并按普通程序进行审理（《民诉解释》第 342 条第 2 款）。

（5）申请理由成立的，裁定撤销申请人的代管人身份，同时另行指定财产代管人；申请理由不成立的，裁定驳回申请。

（6）法院变更财产代管人的，变更后的财产代管人有权请求原财产代管人及时移交有关财产并报告财产代管情况（《民法典》第 44 条）。

被宣告失踪的自然人重新出现，经本人或者利害关系人申请，法院撤销原裁判，同时撤销财产代管人的裁定。财产代管人有权申请法院撤销有关财产代管人的裁定。《民法典》第45条第2款规定："失踪人重新出现，有权请求财产代管人及时移交有关财产并报告财产代管情况。"撤销宣告失踪的新裁判一宣告就生效，财产代管人应把被宣告失踪人的财产及时移交给该自然人；该自然人有权要求财产代管人及时移交有关财产并报告财产代管情况。

财产代管人应当妥善保管被宣告失踪人的财产，有权代理被宣告失踪人进行有关民事活动和其他法律活动，以被宣告失踪人的财产支付被宣告失踪人所欠的税款、债务和应付的其他费用；可以形式当事人身份提起或者参加有关被宣告失踪人及其财产的诉讼或仲裁等解决纠纷活动（《民法典总则解释》第15条）。

财产代管人因故意或者重大过失造成被宣告失踪人财产损失的，应当承担赔偿责任（《民法典》第43条第3款）。

（二）判决宣告死亡的法律后果

被宣告死亡的人，法院宣告死亡的判决作出之日视为其死亡的日期；因意外事件下落不明宣告死亡的，意外事件发生之日视为其死亡的日期（《民法典》第48条）。

自然人被宣告死亡与其自然死亡的法律后果，相同的是：（1）该自然人的民事权利能力自死亡宣告之日起终止，与其人身有关的民事法律关系也随之终结（如婚姻关系消灭），继承因宣告死亡而开始；（2）该自然人的诉讼权利能力和仲裁权利能力自死亡宣告之日起终止，即没有资格或者能力成为诉讼当事人和仲裁当事人。

自然人被宣告死亡但是并未死亡的，不影响该自然人在被宣告死亡期间实施的民事法律行为的效力（《民法典》第49条）。这是因为宣告死亡仅是推定死亡，与自然死亡毕竟有所不同。该自然人若在异地生存着，则在生存地仍然具有民事权利能力、诉讼权利能力和仲裁权利能力，仍然有权进行民事活动、成为诉讼当事人和仲裁当事人。宣告死亡的法律后果仅存在于以该自然人原住所地或者原居所地为中心的范围内。

四、救济途径：提出异议或者申请撤销原裁判

对于适用宣告失踪或者死亡程序作出的判决、裁定，当事人、利害关系人认为有错误的，可以向作出该判决、裁定的法院提出异议。法院经审查，认为异议成立或者部分成立的，应作出新的判决、裁定撤销或者改变原判决、裁定；认为异议不成立的，应裁定驳回。

如果被宣告失踪、宣告死亡的自然人重新出现，经本人或者利害关系人申请，法院应当作出新判决，撤销原判决（《民事诉讼法》第193条，《民法典》第45、50条）。

撤销宣告失踪的新判决一宣告即生效，财产代管人应把被宣告失踪人的财产及

时移交给该自然人；该自然人有权要求财产代管人及时移交有关财产并报告财产代管情况。

撤销宣告死亡的新判决一宣告即生效，该自然人的民事权利能力、诉讼权利能力和仲裁权利能力随之完全恢复。

根据《民法典》，婚姻关系自撤销死亡宣告之日起自行恢复，但是其配偶再婚或者向婚姻登记机关书面声明不愿意恢复的除外（第51条）；该自然人的子女被他人依法收养的，在死亡宣告被撤销后，不得以未经本人同意为由主张收养关系无效（第52条）。

该自然人有权请求依照《民法典》第六编取得其财产的民事主体返还财产；无法返还的，应当给予适当补偿。利害关系人隐瞒真实情况，致使他人被宣告死亡而取得其财产的，除应当返还财产外，还应当对由此造成的损失承担赔偿责任（《民法典》第53条）。

第三节　指定遗产管理人程序

指定遗产管理人案件是指对遗产管理人的确定有争议，利害关系人向人民法院申请指定遗产管理人的案件。《案由规定》有"申请指定遗产管理人"。

有关指定遗产管理人案件，《民法典》第1145～1149条规定其实体事项，《民事诉讼法》第194～197条规定其程序事项。

一、遗产管理人

遗产管理人的职责主要有：（1）清理遗产并制作遗产清单；（2）向继承人报告遗产情况；（3）采取必要措施防止遗产毁损、灭失；（4）处理被继承人的债权债务；（5）按照遗嘱或者依照法律规定分割遗产；（6）实施与管理遗产有关的其他必要行为。

笔者认为，"实施与管理遗产有关的其他必要行为"应当包括遗产管理人作为当事人提起或参加有关被继承人债权债务或者遗产的诉讼、仲裁和调解等纠纷解决活动。

遗产管理人应当依法履行职责，因故意或者重大过失造成继承人、受遗赠人、债权人损害的，应当承担民事责任。同时，遗产管理人可以依照法律规定或者按照约定获得报酬。

《民法典》第1145条规定，继承开始后，遗产管理人的确定方式主要有：（1）遗嘱执行人为遗产管理人；（2）没有遗嘱执行人的，继承人应当及时推选遗产管理人；（3）继承人未推选的，由继承人共同担任遗产管理人；（4）没有继承人或者继承人均放弃继承的，由被继承人生前住所地的民政部门或者村民委员会担任遗产管理人。

二、指定遗产管理人程序

（一）申请和受理

根据《民事诉讼法》第194条等的规定，申请法院指定遗产管理人，应当具备以下要件：

（1）存在法定事由，即对遗产管理人的确定有争议。

（2）申请人适格，即与被继承人或者遗产有法律上的利害关系人，包括继承人、受遗赠人、遗嘱执行人、继承人生前住所地的民政部门或者村民委员会，以及与被继承人或者遗产有民事权利义务关系的债权人、债务人、合伙人等。多个利害关系人提出申请的，列为共同申请人。

（3）管辖合法。被继承人死亡时住所地或者主要遗产所在地基层人民法院为有管辖权法院。

（4）书面提出申请。申请书应当写明被继承人死亡的时间、申请事由和具体请求，并附有被继承人死亡的相关证据。

法院收到申请后，应当及时审查以决定是否受理。笔者认为，指定遗产管理人等非讼案件比较简单并且要求快速审判，所以应当规定受理期限。

判断第一项要件是否具备，在受理阶段，法院通常审查申请书中是否有明确记载即可。申请人不适格的，法院裁定不予受理。管辖不合法的，法院告知申请人向有管辖权的法院申请；已受理的，法院应当移送有管辖权的法院。申请书不合法的，法院应当命申请人限期补正，申请人无正当理由不按期补正或者补正后仍不合法的，不予受理。[①]

（二）审核和判决

《民事诉讼法》第195条规定：法院受理申请后，应当审查核实，并按照有利于遗产管理的原则，判决指定遗产管理人。

《民事诉讼法》《案由规定》将指定遗产管理人案件明确规定为非讼案件，其审查程序实际上属于非讼程序，适用《民事诉讼法》第十五章第一节的规定，不以法庭辩论为必要；不过，为核实对遗产管理人的确定是否有争议、何人能够担任遗产管理人等主要事项，必要时可以询问和听取利害关系人等的意见。

法院应当按照有利于遗产管理的原则，在《民法典》第1145条规定的人员、民政部门或者村民委员会中，判决指定遗产管理人。

---

① 　对于不予受理的裁定，笔者认为，法律应当允许申请人提出异议。

（三）撤销原判决

被指定的遗产管理人死亡、终止、丧失民事行为能力或者存在其他无法继续履行遗产管理职责情形的，利害关系人或者本人可以向判决作出法院申请撤销原判决，另行指定遗产管理人。

被指定的遗产管理人违反遗产管理职责，严重侵害继承人、受遗赠人或者债权人合法权益的，法院可以根据利害关系人的申请，判决撤销其遗产管理人资格，并依法指定新的遗产管理人。

有关遗产管理事项结束或者被指定的遗产管理人履行完职责的，上述利害关系人或者该遗产管理人可以向判决作出法院申请撤销原判决，撤销遗产管理人。

第四节　认定自然人无或者限制民事行为能力程序

一、认定自然人无或者限制民事行为能力案件

根据《民法典》第 24 条，对于不能辨认或不能完全辨认自己行为的成年人，其利害关系人或有关组织可以向法院申请认定该成年人为无或限制民事行为能力人；对于被法院认定为无或限制民事行为能力的人，经本人、利害关系人或有关组织申请，法院可以根据其智力、精神健康恢复的状况，认定该成年人恢复为限制或者完全民事行为能力人。

认定自然人无民事行为能力，是指法院根据利害关系人的申请，通过法定程序确定并宣告因精神病或者其他疾病而全部丧失民事行为能力的自然人为无民事行为能力人。

认定自然人限制民事行为能力，是指法院根据利害关系人的申请，通过法定程序确定并宣告因精神病或者其他疾病而部分丧失民事行为能力的自然人为限制民事行为能力人。

相关案由有：申请宣告自然人无民事行为能力、申请宣告自然人限制民事行为能力、申请宣告自然人恢复限制民事行为能力、申请宣告自然人恢复完全民事行为能力等。

法院宣告自然人为无或者限制民事行为能力的人，应当为该自然人确定监护人，以保护该自然人及其利害关系人的合法权益。

二、认定自然人无或者限制民事行为能力的具体程序

（一）申请和受理

根据《民事诉讼法》第 198 条，申请法院认定自然人为无或限制民事行为能

力，应当具备下列要件：

（1）具备法定事由，即被申请人应是成年人，后因精神病或者其他疾病，"不能辨认或者不能完全辨认自己行为"，即全部或者部分丧失了民事行为能力。

（2）应由利害关系人或者有关组织提出申请。根据《民法典》第 24 条第 3 款的规定，有关组织包括居民委员会、村民委员会、学校、医疗机构、妇女联合会、残疾人联合会、依法设立的老年人组织、民政部门等。

（3）应向被申请人住所地的基层法院提出申请。申请书应当写明：申请人和被申请人的基本情况及两者之间的关系；申请事项，即请求法院认定被申请人无或者限制民事行为能力；事实和理由，即有关被申请人无或者限制民事行为能力的事实、被申请人的医疗诊断证明或者病历资料及其他有关证据材料。

法院在收到申请后，应当及时审查以决定是否受理。申请人不适格的，法院应当不予受理。申请书不合法的，法院应当在命申请人限期补正后，才予受理。管辖不合法的，法院告知申请人向有管辖权的法院申请；若受理，则应移送有管辖权的法院。

上述第一个要件属于实体要件，在受理阶段，法院主要根据申请书及申请人提供的证据来审查是否具备。精神病或者其他疾病是否真实存在，是否真正导致全部或者部分丧失民事行为能力，在审理后才能确定。

在诉讼（指争讼程序）中，当事人的利害关系人或者有关组织提出该当事人不能辨认或者不能完全辨认自己的行为，要求宣告该当事人无民事行为能力或者限制民事行为能力的，应由利害关系人或者有关组织向人民法院提出申请，由受诉人民法院按照特别程序立案审理，原诉讼中止（《民诉解释》第 347 条）。

（二）审理

首先，应为被申请人确定法定诉讼代理人。由被申请人的近亲属来推选，互相推诿的，由法院从中指定。被申请人精神健康状况许可的，还应征询本人的意见。申请人之所以不得作为被申请人的法定诉讼代理人，是因为申请人可能与被申请人存在利益冲突。

其次，法院调查被申请人是否为无或者限制民事行为能力。在被申请人精神健康状况许可的情况下，应让其到庭。法院根据申请人或者其他人（如被申请人的诉讼代理人）提供的证据来确定被申请人的精神健康状况；必要时，应对被申请人进行医学鉴定。申请人已提供鉴定意见的，法院应当审查鉴定意见；对鉴定意见有怀疑的，应重新鉴定。

（三）判决

法院认为被申请人并未丧失民事行为能力的，应判决驳回申请。法院认为被申请人确实是无或者限制民事行为能力的，应判决被申请人为无或者限制民事行为能力人。

三、救济途径：提出异议或者申请撤销原裁判

对于适用认定自然人无或限制民事行为能力程序作出的判决、裁定，当事人、利害关系人认为有错误的，可以向作出该判决、裁定的法院提出异议。异议成立或者部分成立的，法院作出新判决、裁定，撤销或者改变原判决、裁定；异议不成立的，裁定驳回。

法院根据本人、利害关系人或者有关组织的申请，证实该自然人无或者限制民事行为能力的原因已经消除的，应当作出新判决，撤销原判决（《民事诉讼法》第201条）。自新判决宣告之日，该成年人恢复为完全民事行为能力人。

第五节　监护权特别程序

我国现行监护权特别程序案件属于监护案件的范畴，不属于认定自然人无或者限制民事行为能力案件的内容。依据《案由规定》，监护权特别程序案件包含如下具体案由：申请指定监护人、申请变更监护人、申请撤销监护人资格、申请恢复监护人资格等。

一、申请指定或者变更监护人

《民法典》规定的确定监护人方式①中，属于法院处理的非讼事件，仅指向法院申请指定监护人案件。

《民法典》第31条规定：对监护人的确定有争议的，由被监护人住所地的居民委员会、村民委员会或者民政部门指定监护人，有关当事人对指定不服的，可以向法院申请指定监护人；有关当事人也可以直接向法院申请指定监护人。

当事人应当向被监护人住所地法院申请指定监护人，并应当提供申请书。申请书应当写明：申请人和其他诉讼参加人及其诉讼代理人的基本信息、请求事项及其

---

① （1）被监护人的父母担任监护人的，可以"以遗嘱指定监护人"（《民法典》第29条）；（2）依法具有监护资格的人之间可以"以协议确定监护人"（《民法典》第30条）；（3）指定监护人（《民法典》第31条）；（4）公职监护人，即没有依法具有监护资格的人的，监护人由民政部门担任，也可以由具备履行监护职责条件的被监护人住所地的居民委员会、村民委员会担任（《民法典》第32条）；（5）意定监护人，即具有完全民事行为能力的成年人，可以与其近亲属、其他愿意担任监护人的个人或者组织事先协商，以书面形式确定自己的监护人，在自己丧失或者部分丧失民事行为能力时，由该监护人履行监护职责（《民法典》第33条）。
《未成年人保护法》（2020年修改）第92条规定了民政部门临时监护未成年人的情形，第94条规定了民政部门长期监护未成年人的情形。

事由。笔者认为，在法院受理申请后、作出裁判前，申请人撤回申请的，法院应不予准许，继续审理。

《民法典》第 31 条第 2 款规定：法院应当尊重被监护人的真实意愿，按照最有利于被监护人的原则，在依法具有监护资格的人①中指定监护人。《民法典总则解释》第 9 条规定，法院指定监护人时，具体参考以下因素：与被监护人生活、情感联系的密切程度；依法具有监护资格的人的监护顺序；是否有不利于履行监护职责的违法犯罪等情形；依法具有监护资格的人的监护能力、意愿、品行等。法院依法指定的监护人一般应当是一人，由数人共同担任监护人更有利于保护被监护人利益的，也可以是数人。

《民法典总则解释》第 10 条规定：有关当事人不服居民委员会、村民委员会或者民政部门的指定，在接到指定通知之日起 30 日内向法院申请指定监护人的，法院经审理认为指定并无不当，依法裁定驳回申请；认为指定不当，依法判决撤销指定并另行指定监护人。有关当事人在接到指定通知之日起 30 日后提出申请的，法院应当按照变更监护关系处理。

法院应当征询被监护人近亲属的意见，应当征询社会观护员的意见，应当征询被监护人住所地的居民委员会、村民委员会或者民政部门的意见。法院应当充分尊重被监护人的真实意愿。申请人在审理期日不到法院参加审理的，法院正常审理。

在法院指定监护人之前，被监护人的人身权利、财产权利以及其他合法权益处于无人保护状态的，应由被监护人住所地的居民委员会、村民委员会、法律规定的有关组织或者民政部门担任临时监护人。

《民法典总则解释》第 7 条规定：担任监护人的被监护人父母通过遗嘱指定监护人，遗嘱生效时被指定的人不同意担任监护人的，法院应当适用《民法典》第 27 条或者第 28 条确定监护人；未成年人由父母担任监护人，父母中的一方通过遗嘱指定监护人，另一方在遗嘱生效时有监护能力，有关当事人对监护人的确定有争议的，法院应当适用《民法典》第 27 条第 1 款确定监护人。

《民法典总则解释》第 13 条规定：监护人因患病、外出务工等原因在一定期限内不能完全履行监护职责，将全部或者部分监护职责委托给他人，当事人主张受托人因此成为监护人的，法院不予支持。

法院根据《民法典》第 27 条或者第 28 条，作出指定监护人的裁定。裁定书应当送达申请人、原指定单位及判决指定的监护人（《民诉解释》第 351 条）。监护人被指定后，不得擅自变更；擅自变更的，不免除被指定的监护人的责任（《民法典》第 31 条第 4 款）。

---

① 《民法典总则解释》第 6 条规定：法院认定自然人的监护能力，应当根据其年龄、身心健康状况、经济条件等因素确定；认定有关组织的监护能力，应当根据其资质、信用、财产状况等因素确定。

《民法典总则解释》第 12 条规定：监护人、其他依法具有监护资格的人之间就监护人是否有《民法典》第 39 条第 1 款第 2 项、第 4 项规定的应当终止监护关系的情形发生争议，申请变更监护人的，法院应当依法受理。经审理认为理由成立的，法院依法予以支持。被依法指定的监护人与其他具有监护资格的人之间协议变更监护人的，法院应当尊重被监护人的真实意愿，按照最有利于被监护人的原则作出裁判。

二、申请撤销监护人资格

根据《民法典》第 36 条的规定，监护人有下列情形之一的，法院根据有关个人或者组织的申请，撤销其监护人资格，安排必要的临时监护措施，并按照最有利于被监护人的原则依法指定监护人：（1）实施严重损害被监护人身心健康的行为；（2）怠于履行监护职责，或者无法履行监护职责且拒绝将监护职责部分或者全部委托给他人，导致被监护人处于危困状态；（3）实施严重侵害被监护人合法权益的其他行为。

前述有关个人、组织包括：其他依法具有监护资格的人，居民委员会、村民委员会、学校、医疗机构、妇女联合会、残疾人联合会、未成年人保护组织、依法设立的老年人组织、民政部门等。

前述有关个人和民政部门以外的组织未及时向法院申请撤销监护人资格的，民政部门应当向法院申请。

依据《未成年人》，监护人因监护侵害行为被提起公诉的案件，检察院应当书面告知未成年人及其临时照料人有权依法申请撤销监护人资格。[①]

发生《未成年人》第 35 条规定的监护侵害行为，有关单位和人员没有提起诉讼的，检察院应当书面建议当地民政部门或者未成年人救助保护机构向法院申请撤销监护人资格。

申请撤销监护人资格事件，由未成年人住所地、监护人住所地或者侵害行为地的基层法院管辖。法院受理撤销监护人资格事件，不收取诉讼费用。

申请人应当提交相关证据（包含未成年人的基本情况、监护存在的问题、监护人悔过的情况、监护人接受教育辅导的情况、未成年人身心健康状况以及未成年人的意愿等内容的调查评估报告等）。申请人向公安机关、检察机关申请出具相关案件证明材料的，公安机关、检察机关应当提供证明案件事实的基本材料或者书面说明。

法院全面审查调查评估报告等证据材料，听取被申请人、有表达能力的未成年

[①] 监护侵害行为是指父母或者其他监护人性侵害、出卖、遗弃、虐待、暴力伤害未成年人，教唆、利用未成年人实施违法犯罪行为，胁迫、诱骗、利用未成年人乞讨，以及不履行监护职责严重危害未成年人身心健康等行为（《未成年人》第 1 条）。

人以及村（居）民委员会、学校、邻居等的意见，在一个月内审理结案（有特殊情况需要延长的，由本院院长批准）。《未成年人》第35条规定了法院可以判决撤销被申请人监护人资格的具体情形。

判决撤销监护人资格的，由其他监护人承担监护职责。没有其他监护人的，根据《民法典》第27、28、32条指定监护人。法院指定民政部门担任监护人的，由其下属儿童福利机构收留抚养（可以在法院作出撤销监护人资格判决一年后送养未成年人）。

撤销监护人资格诉讼终结后6个月内，未成年人及其现任监护人可以向法院申请人身安全保护令。被撤销监护人资格的父、母应当继续负担未成年人的抚养费用和因监护侵害行为产生的各项费用。民政部门应当根据有关规定，将符合条件的受监护侵害的未成年人纳入社会救助和相关保障范围。

检察院对公安机关、法院处理监护侵害行为的工作依法实行法律监督。法院处理监护侵害行为的工作主要是受理人身安全保护令申请和撤销监护人资格案件并作出裁判。

判决不撤销监护人资格的，法院可以根据需要走访未成年人及其家庭，也可以向当地民政部门、辖区公安派出所、村（居）民委员会、共青团、妇女联合会、未成年人所在学校、监护人所在单位等发出司法建议，加强对未成年人的保护和对监护人的监督指导。

根据《民法典》第37条和《未成年人保护法》第108条第2款等的规定，依法负担被监护人抚养费、赡养费、扶养费的父母、子女、配偶等，被法院撤销监护人资格后，应当继续履行负担前述费用的义务。

三、申请恢复监护人资格

《民法典》第38条规定：被监护人的父母或子女被法院撤销监护人资格后，除对被监护人实施故意犯罪外，确有悔改表现的，经其申请，法院应当在尊重被监护人真实意愿的前提下，视情况恢复其监护人资格，法院指定的监护人与被监护人的监护关系同时终止。

依据《未成年人》，侵害人自其监护人资格被撤销之日起3个月至1年内，可以向法院书面申请恢复监护人资格，并应提交相关证据。法院应当将前述内容书面告知侵害人和监护人。

法院审理申请恢复监护人资格事件，按照变更监护关系事件的审理程序进行。法院经审理认为，申请人确有悔改表现并且适宜担任监护人的，可以裁定恢复其监护人资格，判决指定监护人的监护人资格终止。

但是，申请人除了对被监护人实施故意犯罪的之外，依据《未成年人》，有下列情形之一，一般不得判决恢复其监护人资格：（1）性侵害、出卖未成年人的；

（2）虐待、遗弃未成年人 6 个月以上，多次遗弃未成年人，并且造成重伤以上严重后果的；（3）因监护侵害行为被判处 5 年有期徒刑以上刑罚的。

四、终止监护

终止监护理由是被监护人已经成年或者恢复民事行为能力的，法院依职权或者依申请裁定监护终止。

前述申请人包括被监护人、指定监护人。申请人应当在申请书中写明提出申请所依据的事实，并提交相应的证据材料。

申请书应当送达被监护人及其具有监护资格的近亲属和被监护人住所地的居民委员会、村民委员会或者民政部门。

法院按照申请指定监护人事件的程序进行审理，法院确信存在终止监护理由的，裁定终止监护。

法院确信不存在终止监护理由的，裁定驳回申请。申请人可以提出异议。

法院确信被监护人仍需要监护的，应当根据《民法典》第 27 条或者第 28 条另行指定监护人。

第六节 认定财产无主程序

一、认定财产无主案件

对权属不明的财产，除实体法上设立取得时效等制度外，程序法上还设立了认定财产无主程序，将其认定为无主财产，判归国家或者集体所有，以尽其用。

根据《民法典》，拾得遗失物，不知道其权利人的，应当送交公安机关等有关部门；有关部门收到遗失物，不知其权利人的，应当及时发布招领公告；自发布招领公告之日起 1 年内无人认领的，归国家所有（第 314～318 条）。拾得漂流物、发现埋藏物或者隐藏物的，参照拾得遗失物的有关规定，文物保护法等法律另有规定的，依照其规定（第 319 条）。

认定财产无主是法院根据有关自然人、法人或者非法人组织的申请，依照法定程序将某项权属不明的财产认定为无主财产，并将其判归国家或者集体所有。

【案例 26-1】某火车站失物招领处有一些旅客遗失物，无人认领。该火车站向法院提出书面申请，请求认定这些遗失物为无主财产。法院受理了本案。公告期（1 年）届满后，无人认领这些遗失物，于是法院将这些财产判归国家所有。

二、认定财产无主的具体程序

(一) 申请和受理

凡是知道财产无主情况的自然人、法人或者非法人组织均可向法院"申请认定财产无主",但应具备以下要件(《民事诉讼法》第202条):

(1) 某项有形财产的权利主体不明或者不存在的状态应持续一定时间。被申请认定无主的财产应是有形财产,该财产的权利主体不明或者不存在①的状态应持续一定时间(这一期间多由民事实体法规定)。

(2) 应向无主财产所在地的基层法院提出书面申请。申请书应当写明:申请人的基本情况;请求事项;该项财产的特征和所处位置;支持请求的事实、理由。

法院在收到申请后,应当及时审查以决定是否受理。申请书不合法的,法院应当在申请人限期补正后,才予受理。管辖不合法的,法院应当告知申请人向有管辖权的法院申请,若已受理,则应移送有管辖权的法院。

前述第一个要件属于实体要件,在受理阶段,法院仅根据申请书及申请人提供的证据来审查是否具备。被申请的财产是否为真正的无主财产,需经公告以后才能确定。

(二) 公告

法院在受理申请后,应当发出财产认领公告,寻找该项财产权利人。公告期为1年。在公告期间,法院可根据财产的具体情况,指定专人看管,或者委托他人代管。

(三) 判决

在公告期间,如果该项财产的权利人出现,或者获悉该项财产归属的,法院经核实后,应当驳回申请,并通知权利人来认领财产。

在公告期间,若有人对该项财产提出请求,法院应当裁定终结认定财产无主程序,告知申请人另行起诉,适用普通程序审理。

在公告期届满后,该项财产的权利人仍然不明或没有出现,或者仍然不知该项财产归属的,法院应判决认定该项财产为无主财产,并将该无主财产收归国家或者集体所有。

---

① 比如埋藏物、遗失物、漂流物、所有人不明的失散饲养动物等所有权人或者合法占有人无法确定的情形。对于法律规定属于国家或者集体所有的财产,不适用认定财产无主程序。比如,对于根据《文物保护法》属于国家所有的文物,就不得适用认定财产无主程序。

三、救济途径：提出异议或者申请撤销原裁判

对于认定财产无主的判决，当事人、利害关系人认为有错误的，可以向作出该判决的法院提出异议。异议成立的，法院应作出新的判决，撤销或者改变原判决；异议不成立的，法院应裁定驳回。

认定财产无主判决属于对财产无主的推定。原财产所有权人或者继承人可以向作出财产无主判决的法院申请撤销该判决（案由是申请撤销认定财产无主判决）。法院经审查属实，并认为该权利人对财产提出的请求在诉讼时效期间内的，应当作出新判决，撤销原判决。

新判决一经宣告就生效，原财产所有权人或者继承人等恢复对财产享有所有权；原财产存在的，应返还原财产；原财产无法返还的，应返还同类财产或者按照原财产的价值返还。

第七节　司法确认调解协议程序

司法确认调解协议程序主要目的是审查、判断调解是否遵循合法原则和自愿原则。《民事诉讼法》第 205 条规定：经依法设立的调解组织调解达成调解协议，申请司法确认的，由双方当事人自调解协议生效之日起 30 日内，共同向法院提出。

法院在受理申请后，经审查，认为符合法律规定的，应裁定调解协议有效，当事人可向法院申请执行；认为不符合法律规定的，应裁定驳回申请，当事人可通过调解方式变更原调解协议或者达成新调解协议，也可提起诉讼（《民事诉讼法》第 206 条）。

一、程序的开始——申请和受理

根据《民事诉讼法》《民诉解释》等，当事人向法院"申请司法确认调解协议"，应当具备以下要件：

（1）属于法院确认调解协议的案件范围。对于现行相关法律和司法解释等允许，经行政机关、人民调解组织、商事调解组织、行业调解组织或者其他具有调解职能的组织调解达成的调解协议（法院调解和仲裁调解除外），均可申请法院确认其效力。

有下列情形之一的，法院裁定不予受理，驳回申请：不属于法院受理范围的；不属于收到申请的法院管辖的；申请确认婚姻关系、亲子关系、收养关系等身份关系无效、有效或者解除的；涉及适用其他特别程序、公示催告程序、破产程序审理

的；调解协议的内容涉及物权、知识产权确权的（《民诉解释》第 355 条）。

（2）申请主体适格，即申请主体应当是调解协议的双方当事人或者其合法诉讼代理人。

（3）符合申请期限，即自调解协议生效之日起 30 日内提出申请。调解协议书自各方当事人签名、盖章或者按指印，调解员签名并加盖调解组织印章之日起生效。口头调解协议自各方当事人达成协议之日起生效。

（4）管辖合法。法院邀请调解组织开展先行调解的，由作出邀请的法院管辖；调解组织自行开展调解的，由当事人住所地、标的物所在地、调解组织所在地的基层法院管辖；调解协议所涉纠纷应当由中级法院管辖的，由相应的中级法院管辖。

调解组织自行开展的调解，有两个以上调解组织参与的，上述法院均有管辖权，双方当事人可以共同向上述其中一个有管辖权的法院提出申请；双方当事人共同向两个以上有管辖权的法院提出申请的，由最先立案的法院管辖。

（5）申请形式和申请材料合法。申请形式可是书面或者口头（口头申请的，法院应当记入笔录，并由当事人签名、捺印或者盖章）。当事人应当向法院提交调解协议、调解组织主持调解的证明以及与调解协议相关的财产权利证明等申请材料，并提供双方当事人的身份、住所、联系方式等基本信息。当事人未提交上述材料的，法院应当要求当事人限期补交。

依据《关于人民调解协议司法确认程序的若干规定》（法释〔2011〕5 号），法院在收到申请后，应当在 3 日内决定是否受理（第 4 条第 1 款）；法院办理人民调解协议司法确认案件，不收取费用（第 11 条）。①

二、程序的续行——审理或者审查

对于法院确认调解协议的具体程序，法律没有特别规定的，适用《民事诉讼法》第十五章第一节就特别程序作出的一般规定。比如，法院在受理司法确认申请后，通常指定一名审判人员对调解协议进行审查。

虽然法院确认调解协议程序主要是非讼程序，适用自由证明程序，但是，根据民事诉讼参与原则，法院在审查相关情况时，应当通知双方当事人共同到场对案件进行核实。

---

① 【习题】李云将房屋出售给王亮，后因合同履行发生争议，经双方住所地人民调解委员会调解，双方达成调解协议，明确王亮付清房款后，房屋的所有权归属王亮。为确保调解协议的效力，双方约定向法院提出司法确认申请。李云随即长期出差在外。下列哪一说法是正确的？（　　）

　　A. 本案系不动产交易，应向房屋所在地法院提出司法确认申请

　　B. 李云长期出差在外，王亮向法院提出确认申请，法院可受理

　　C. 李云出差两个月后，双方向法院提出确认申请，法院可受理

　　D. 本案的调解协议内容涉及物权确权，法院不予受理

（2015 年国家司法考试试卷三；参考答案为 D）

法院经审查，认为当事人的陈述或者提供的证明材料不充分、不完备或者有疑义的，可以要求当事人限期补充。必要时，法院可以向调解组织核实有关情况。

调解协议符合合法原则和自愿原则的，法院应予确认。调解协议不符合合法原则的，无效（相当于合同的无效），法院不予确认。

调解协议只违反自愿原则，受损害方没有变更和撤销的，原调解协议有效，法院应予确认；若变更了调解协议，则需法院依法确认；若撤销了调解协议，则法院无须确认。

三、程序的终结

有下列情形之一的，司法确认调解协议程序终结：

（1）法院裁定不予受理（也即不具备申请要件）。

（2）撤回司法确认申请。在确认调解协议的裁定作出前，当事人撤回申请的，法院可以裁定准许。当事人无正当理由未在限期内补充陈述、补充证明材料或者拒不接受询问的，法院可以按撤回申请处理。

（3）裁定驳回申请。法院经审查，调解协议有下列情形之一的，应当裁定驳回申请：违反法律强制性规定的；损害国家利益、社会公共利益、他人合法权益的；违背公序良俗的；违反自愿原则的；内容不明确的；其他不能进行司法确认的情形。[1]

（4）作出确认调解协议裁定。法院经审查，认为符合法律规定的，应裁定调解协议合法有效。一方当事人拒绝履行或者未全部履行的，对方当事人可以向作出确认调解协议裁定的法院或者与其同级的被执行财产所在地的法院申请执行（《民诉解释》第 460 条）。

在确认程序中，当事人就调解协议内容有争议的，笔者认为应当裁定终结确认程序，可以参照适用支付令失效后转入诉讼程序的规定。

四、关于确认裁定的纠正程序或者救济途径

对于法院违反合法原则或者自愿原则作出的确认调解协议有效的裁定，当事人

---

[1] 笔者认为，因违反基本自由与公平原则，受损害方撤销调解协议，法院无须确认的，应当裁定驳回申请。法院裁定驳回申请的，当事人可以合意变更原调解协议或者达成新的调解协议后再申请司法确认，或者直接向法院提起诉讼。

【习题】林某与刘某因为交通损害赔偿纠纷，经某人民调解委员会调解达成协议后，申请法院确认调解协议效力。某区法院经审查认为符合规定，裁定确认调解协议效力，林某与刘某当即履行完毕。后林某认为该调解协议中约定的残疾赔偿金数额远远小于自己遭受的损失，刘某可以何种方式救济？（ ）

    A. 向上一级法院申请复议   B. 向该区法院或者上一级法院申请再审

    C. 向上一级法院提出上诉   D. 向该区法院提出异议

    ［2019 年国家统一法律职业资格考试试卷二（真题回忆版）；参考答案为 D］

无法提起上诉和申请再审，但是可以向法院提出异议（相关案由为"申请撤销确认调解协议裁定"）。

《民诉解释》第372条第2款规定：对法院作出的确认裁定，当事人有异议的，应自收到裁定之日起15日内提出；利害关系人有异议的，自知道或应当知道其民事权益受到侵害之日起6个月内提出。①

第八节　法院实现担保物权程序

一、担保物权的实现方式

担保物权的实现（或者实行）是指担保物权人在特定条件下对担保物行使优先受偿权的行为。根据《民事诉讼法》第207、208条，担保物权人以及其他有权请求实现担保物权的人依照《民法典》等法律，向担保财产所在地或者担保物权登记地基层法院提出，符合法律规定的，法院应裁定拍卖、变卖担保财产，当事人依据该裁定可以向法院申请执行。

有关法院实现担保物权程序，首先适用《民事诉讼法》第207、208条和《民诉解释》第359～372条；没有规定的，适用《民事诉讼法》和《民诉解释》的"一般规定"和其他相关规定。

二、程序的开始——申请·受理·异议

当事人申请实现担保物权，应当具备如下要件：

（1）申请人适格。

申请人主要包括：1）担保物权人（抵押权人、质权人和留置权人）；2）其他有权请求实现担保物权的人（抵押人、出质人、财产被留置的债务人或者所有权人等②）；3）建设工程承包人。

（2）管辖合法。

管辖法院是担保财产所在地或者担保物权登记地的基层法院。对此，应作如下理解和适用：

---

① 依据《民诉解释》第295条，适用特别程序处理的案件，提起"第三人撤销之诉"的，法院不予受理。但是，笔者认为，第三人认为经人民法院确认的调解协议损害其民事权益的，往往与调解当事人存在实体争议，应当根据《民事诉讼法》第59条第3款提起诉讼。

② 为平衡担保物权人与担保人之间的利益，督促担保物权人及时行使担保物权，《民法典》第437条第1款规定："出质人可以请求质权人在债务履行期限届满后及时行使质权；质权人不行使的，出质人可以请求人民法院拍卖、变卖质押财产。"第454条规定："债务人可以请求留置权人在债务履行期限届满后行使留置权；留置权人不行使的，债务人可以请求人民法院拍卖、变卖留置财产。"

对于不动产抵押权，其担保财产所在地与担保物权登记地是重合的。不动产抵押权实行登记要件主义，自登记时设立（《民法典》第 402 条）。不动产登记应在不动产所在地不动产登记机构进行登记〔详见《不动产登记暂行条例》（2019 年修订）第 7 条〕。

对于权利质权（其标的是所有权以外的可让与的财产权利），实现票据、仓单、提单等有权利凭证的权利质权案件，可以由权利凭证持有人住所地法院管辖；实现无权利凭证的权利质权案件，由出质登记地法院管辖（《民诉解释》第 360 条）。①

对于留置权，其设立以债权人留置已经合法占有的债务人的动产（留置物）为要件，无须办理留置物登记，所以存在担保财产（留置物）所在地，无所谓担保物权登记地。

对于可以登记但不以登记为成立要件的担保物权（如动产抵押权、浮动抵押权等），可能存在担保财产所在地与担保物权登记地不一致的情形。对此，可选择向担保财产所在地或者担保物权登记地的基层法院提出申请。

同一债权的担保物有多个且所在地不同（处于不同基层法院辖区）的，各法院均有管辖权，申请人可选择其一提出申请；若分别向有管辖权的法院提出申请，法院应当依法受理。实现担保物权事件属于海事法院等专门法院管辖的，由专门法院管辖。

（3）申请材料合法。

申请实现担保物权，应当提交下列材料：

1）申请书。申请书应当记明申请人、被申请人的姓名或者名称、联系方式等基本信息，具体的请求和事实、理由。

2）证明担保物权存在的材料，包括主合同、担保合同、抵押登记证明或者他项权利证书、权利质权的权利凭证或者质权出质登记证明等。

3）证明实现担保物权条件成就的材料。"债务人不履行到期债务"或者"发生当事人约定的实现抵押权的情形"是抵押权实现条件成就的情形（《民法典》第 410 条）；"债务人不履行到期债务"是质权、留置权实现条件成就的情形（《民法典》第 436、447 条）；"发包人未按照约定支付价款的，承包人可以催告发包人在合理期限内支付价款。发包人逾期不支付"，是建设工程抵押权实现条件成就的情形（《民法典》第 807 条）等。对于上述情形，申请人应当提供充分的证据。

4）担保财产现状的说明。

5）法院认为需要提交的其他材料。

同一财产上设立多个担保物权，登记在先的担保物权尚未实现的，不影响后顺位的担保物权人向法院申请实现担保物权。

---

① 没有权利凭证的财产权利，其质权自办理出质登记时设立，所以存在登记地；若是有权利凭证的财产权利，其质权自权利凭证交付质权人时设立，所以权利凭证持有人住所地即是担保财产所在地（《民法典》第 441、443~445 条）。

就担保物权实现方式没有达成协议并非申请实现担保物权的要件。《民法典》第 410 条第 2 款规定抵押权人与抵押人可以就抵押权的实现方式达成协议。这只是提供给抵押权人更多的抵押权实现途径而不是施加义务，抵押权人可以直接申请法院拍卖或者变卖抵押财产。对于质权和留置权，《民法典》没有规定担保物权人与担保人就担保物权实现方式可以进行协商。

申请人应当按照《费用办法》的规定在提出申请的同时预交申请费。法院裁定拍卖、变卖担保财产的，申请费由债务人、担保人负担；法院裁定驳回申请的，申请费由申请人负担；申请人另行起诉的，已经交纳的申请费可从案件受理费中扣除（《民诉解释》第 204 条）。

法院在收到实现担保物权申请后，应当及时（现行法尚未规定受理期限）决定是否受理。法院经审查认为不具备上述申请要件的，应当决定不予受理；对于可以补正的要件，应当给予当事人补正的机会，比如补正申请材料。对于管辖不合法的，应当向申请人告知有管辖权的法院。

依照《民法典》第 392 条，被担保的债权既有物的担保又有人的担保，当事人对实现担保物权的顺序有约定，实现担保物权的申请违反该约定的，法院应裁定驳回申请；没有约定或者约定不明的，法院应当受理。

法院在受理申请后，应当在 5 日内向被申请人送达申请书副本、异议权利告知书等文书。被申请人有异议的，应当在收到法院通知后的 5 日内向法院提出，同时说明理由并提供相应的证据材料。

在法院受理申请后，申请人对担保财产提出保全申请的，可以按照《民事诉讼法》关于诉讼保全的规定办理。

三、程序的续行——审理或者审查

《民事诉讼法》第 208 条规定："人民法院受理申请后，经审查，符合法律规定的，裁定拍卖、变卖担保财产，当事人依据该裁定可以向人民法院申请执行；不符合法律规定的，裁定驳回申请，当事人可以向人民法院提起诉讼。"

《民诉解释》第 367 条规定："实现担保物权案件可以由审判员一人独任审查。担保财产标的额超过基层人民法院管辖范围的，应当组成合议庭进行审查。"

法院实现担保物权的程序主要是非讼程序，适用自由证明程序。适用该程序的条件是不存在民事权益争议，即对主债权债务、担保物权和担保物是否处分没有争议，当事人仅仅因为担保物权应当通过公权力予以实现才提出申请。

法院审查实现担保物权申请，可以询问申请人、被申请人、利害关系人，必要时可以依职权调查相关事实。法院应当就主合同的效力、期限、履行情况，担保物权是否有效设立、担保财产的范围、被担保的债权范围、被担保的债权是否已届清偿期等担保物权实现的条件，以及是否损害他人合法权益等内容进行审查。被申请人或者利害关系人提出异议的，法院应当一并审查。

基于民事诉讼参与原则，法院在必要时可以通知申请人和被申请人同时到场，进行审理。法院的审查主要是形式审查，即审查担保物权是否符合《民法典》的规定，经审查认为符合法律规定的，应裁定拍卖、变卖担保财产，亦即法院主要是根据申请人提供的证据来审查担保物权是否成立和担保物权实现的条件是否成就。对此，具体阐释如下：

对不动产抵押权，法院对抵押权人提供的不动产权属证书仅作形式审查，只要其经过合法登记，并且担保物权实现条件成就，法院就应裁定拍卖或者变卖抵押财产。

对动产抵押权和浮动抵押权，因其不一定经过登记，所以法院应当通知抵押人或者债务人到场，确认抵押合同的真实性。若抵押人或者债务人对抵押权人的权利没有异议，则法院应裁定拍卖或者变卖抵押财产。若抵押人或者债务人有证据证明抵押合同是虚假，则裁定驳回抵押权人的申请。

对法定抵押权，因其不待登记即生效，故其不具有公信力，法院经询问发包人，发包人对法定抵押权的内容和效力没有异议的，则法院应裁定拍卖或者变卖抵押财产。

对最高额抵押权，通常仅登记抵押的最高额，所以法院在裁定拍卖或者变卖抵押财产前，应当询问抵押人，并确认抵押人对其所担保的债权没有异议。

对动产质权，因以质权人占有出质的动产（质押财产）为成立要件，故法院应当审查质权人是否占有出质的动产。经询问，出质人对动产质权的内容和效力没有异议，则法院应裁定拍卖或者变卖质押财产。

对权利质权，若是没有权利凭证的财产权利，法院应当审查其登记证书或者通知书等相关材料；若是有权利凭证的财产权利，法院应当审查质权人是否占有其权利凭证。

对留置权，因其以债权人留置已经合法占有的债务人的动产（留置物）为成立要件，所以法院应当审查留置权人是否合法占有留置物。经询问，债务人对留置权的内容和效力没有异议的，法院应裁定拍卖或者变卖留置物。

四、程序的终结

有下列情形之一，实现担保物权程序终结：

（1）法院裁定不予受理（也即不具备申请要件）。

（2）裁定驳回申请。当事人对于实现担保物权有实质性争议的，比如当事人对于主债权是否合法有效、担保物权是否成立及担保债权的范围和数额、担保物权实现的条件是否成就等存在争议的，法院应当裁定驳回申请，并告知申请人向法院提起诉讼。

（3）裁定拍卖或者变卖担保物。当事人对于实现担保物权无实质性争议且实现担保物权的条件成就的，裁定准许拍卖、变卖担保财产；当事人对于实现担保物权有部分实质性争议的，可以就无争议部分裁定准许拍卖、变卖担保财产。

拍卖或者变卖担保物的裁定为执行依据，当事人据此在申请执行时效内可以向作出裁定的法院或者与其同级的被执行财产所在地法院申请执行。[①]

五、关于拍卖或者变卖担保物裁定的纠正程序或者救济途径

对于拍卖或者变卖担保物的裁定，当事人有异议的，应当自收到裁定之日起 15 日内申请撤销准许实现担保物权裁定；利害关系人有异议的，自知道或者应当知道其民事权益受到侵害之日起 6 个月内提出。

依据《民诉解释》第 295 条的规定，适用法院实现担保物权程序处理的案件，提起第三人撤销之诉，法院不予受理。

[①] 【习题】甲公司与银行订立了标的额为 8 000 万元的贷款合同，甲公司董事长美国人汤姆用自己位于 W 市的三套别墅为甲公司提供抵押担保。贷款到期后甲公司无力归还，银行向法院申请适用特别程序实现对别墅的抵押权。关于本案的分析，下列哪一选项是正确的？（ ）

　　A. 由于本案标的金额巨大，且具有涉外因素，银行应向 W 市中院提交书面申请

　　B. 本案的被申请人只应是债务人甲公司

　　C. 如果法院经过审查，作出拍卖裁定，可直接移交执行庭进行拍卖

　　D. 如果法院经过审查，驳回银行申请，银行可就该抵押权益向法院起诉

（2014 年国家司法考试试卷三；参考答案为 D）

第 二 十 七 章

督促程序与公示催告程序

督促程序是以支付令简捷地督促债务人偿还债务的专门的非讼程序。督促程序的适用具有可选择性。公示催告程序是一种简捷的非讼程序，专门解决可以背书转让的票据等被盗、遗失或者灭失后的公示催告及除权的问题。

第一节 督促程序

一、督促程序的含义和性质

(一) 督促程序的含义

督促程序是指法院根据债权人的申请，以支付令督促债务人限期履行金钱债务的程序。在督促程序中，债权人是申请人，债务人是被申请人。若债务人在法定期间内对支付令不提出异议或者异议被驳回，则支付令具有执行力。因此，督促程序又被称为"支付令程序"。在实务中，法院应当积极推广使用"电子支付令"。

督促程序的基本构成是：（1）督促程序的开始阶段包括债权人申请、法院受理；（2）督促程序的续行阶段包括法院审理、法院发出支付令、债务人提出支付令异议；（3）督促程序的终结。

我国有关督促程序的规定主要有：《民事诉讼法》第十七章、《海诉法》第八章第四节和《民诉解释》第 425～441 条等。

(二) 督促程序的性质

督促程序的目的是简捷地督促债务人偿还金钱债务以实现债权人的金钱债权。督促程序的目的决定了其性质。其主要性质如下：

（1）专门性。主要体现在：督促程序的适用范围（仅适用于债权人请求给付金钱和有价证券的非讼案件）；关于债务和送达的特殊要件（主要包括债务已到履行期、债权人与债务人没有其他债务纠纷、支付令能够送达债务人）。

（2）非讼性。主要体现在：在督促程序中，仅有一方当事人即债权人，债务人并不参加审理；督促程序因债权人的申请并非起诉而开始；原则上不开庭审理，不可能也无须法庭辩论，法院依据债权人提供的事实、证据进行书面审理。

我国现行督促程序与简易程序均是简捷性程序，但是，督促程序适用于"给付"金钱和有价证券的非讼案件，简易程序主要适用于简单的民事争讼案件。

（3）简捷性。主要体现在：实行独任审判；没有法庭辩论，适用自由证明程序，程序并不复杂；实行一审终审（若债务人对支付令提出合法异议，则督促程序终结；若债务人没有提出异议或者异议被驳回，则支付令具有既判力和执行力）。

（4）适用的选择性，即督促程序的适用具有可选择性，亦即债权人对督促程序有选择适用的权利，即在同时符合督促程序法定的适用范围和适用条件时，债权人有权选择申请适用督促程序或者选择起诉适用争讼程序（也即享有争讼程序和督促程序的适用选择权）。

二、督促程序的开始

（一）债权人申请

督促程序的启动方式是债权人向法院提出合法的申请，即"申请支付令"。根据《民事诉讼法》第225条和《民诉解释》第425～427条等，申请条件或者受理条件如下：

（1）符合督促程序的适用范围，即为请求债务人给付金钱、有价证券的案件。基层法院受理适用督促程序的案件，不受债权金额的限制。金钱是指作为流通手段和支付手段的货币，如我国人民币等。有价证券包括汇票、本票、支票、股票、债券、国库券、可转让的存款单等。

《劳动法》第30条、《劳动调解仲裁法》第16条规定：因支付拖欠劳动报酬、工伤医疗费、经济补偿或者赔偿金达成调解协议，用人单位不履行的，劳动者可以持调解协议书申请支付令。《工会法》第44条规定：企业、事业单位、社会组织无正当理由拖延或者拒不拨缴工会经费，基层工会或者上级工会可以向当地法院申请支付令。①

法律限定督促程序的适用范围，是因为这类给付请求具有尽快满足的可能性，并且主要采取书面审理而不进行法庭辩论就可发出支付命令。限定督促程序的适用

---

① 依据《关于在民事审判工作中适用〈中华人民共和国工会法〉若干问题的解释》（法释〔2003〕11号）（2020年修改）的相关规定，法院根据《工会法》第44条的规定受理工会提出的拨缴工会经费的支付令申请后，应当先行征询被申请人的意见，若被申请人仅对应拨缴经费数额有异议的则法院应当就无异议部分的工会经费数额发出支付令（第4条第1款）；根据《工会法》第44条和《民事诉讼法》的有关规定，上级工会向法院申请支付令或者提起诉讼，要求企业、事业单位拨缴工会经费的，法院应当受理，若基层工会要求参加诉讼的则法院可以准许其作为共同申请人或者共同原告参加诉讼；工会组织申请支付令的，应当按照《诉讼费用交纳办法》第14条的规定交纳申请费；督促程序终结后，工会组织另行起诉的，按照《诉讼费用交纳办法》第13条规定的财产案件受理费标准交纳诉讼费用。

范围也是考虑到维护公正的需要，以及支付令错误而给债务人造成金钱损失时也易于获得充分补救。

（2）符合有关债权债务的规定，即给付金钱、有价证券的债务已到履行期，并且债权人与债务人没有其他债务纠纷。①

（3）符合送达的条件，即债务人在我国境内且未下落不明，并且支付令能够送达债务人（一般是指以直接送达和留置送达方式能够将支付令实际送达给债务人）。②

（4）符合管辖的条件，即由债务人住所地基层法院管辖。两个以上法院都有管辖权的，债权人可以向其中一个基层法院申请支付令。债权人或者申请人向两个以上有管辖权的基层法院申请支付令的，由最先立案的法院管辖。

（5）债权人未向法院申请诉讼前和仲裁前保全。债权人向法院申请诉讼前和仲裁前保全的，应当在法院采取保全措施后30日内提起诉讼或者申请仲裁，否则法院应解除保全（《民事诉讼法》第104条）。

（6）符合申请形式的要件，即债权人应提交合法的申请书，申请书应当记明下列事项：债权人和债务人的基本情况（特别应当写明债务人的住址）；具体请求（请求给付的金钱或者有价证券的具体种类、确定数额等）；请求所根据的事实和证据（债权债务关系明确、合法，债务履行期已到，无其他债务纠纷等事实及相关证据）。

依据《费用办法》第14、36条，交纳申请费，确定申请费的负担。债权人另行起诉的，可以将申请费列入诉讼请求。

（二）法院受理

《民事诉讼法》第226条规定：债权人提出申请后，法院应当在5日内通知债权人是否受理。依据《民诉解释》第427条，债权人申请支付令，符合上述申请条件的，基层法院应当受理，并在收到支付令申请书后5日内通知债权人。

法院收到债权人的支付令申请书后，认为申请书不符合要求的，可以通知债权人限期补正。法院应当自收到补正材料之日起5日内通知债权人是否受理。债权人若无正当理由不按期补正或者补正后仍不合法的，则不予受理。③

管辖不合法的，法院告知申请人向有管辖权的法院申请，若已受理，则应移送

---

① 这是指债权人没有对待给付义务。对待给付是指债权人应待自己向债务人为给付后，债务人才有给付的义务，或者债权人与债务人应同时互为给付的情形。
债权人与债务人若有其他债务纠纷，那么不仅两者之间的债权债务关系比较复杂，不易明确，多会发生争议，不宜通过督促程序解决，而且如果法院以支付令方式命令债务人向债权人为给付，却不考虑债务人对债权人也享有债权，则有悖法律平等保护原则。
② 若支付令不能实际送达给债务人，则债务人因不能知晓支付令的内容而无法及时对支付令提出异议，或者履行债务，而且督促程序的立法目的和简捷性也要求支付令能够快速地送达债务人，以尽快实现债权人的债权。
③ 笔者认为，根据正当程序保障原理，法院对不予受理或者驳回申请，应当采用裁定。同时，法院可能作出违法或者错误的不予受理或者驳回申请的裁定，对此债权人应当有权提出异议。

管辖。如果申请人不依法预交申请费，就按撤回申请处理，但是获准缓交、减交或者免交的除外。

上述第一、二项申请条件属于实体要件，申请是否符合这两项条件，当审理终结时才能确定。在受理阶段，法院主要是从形式上即通过审查申请书来判断是否具备申请条件。

在债务人收到支付令前，债权人可以撤回申请，法院应当裁定终结督促程序；已发出支付令的，则支付令自行失效。

三、督促程序的续行

（一）法院审理

法院受理申请后，由法官一人进行审查。法官通常是根据债权人提供的事实和证据进行书面审查。当然，为了查明案件事实，法官也可以口头或者言词的方式询问债权人和证人，债权人和证人也应口头陈述或者口头作证。

法院受理支付令申请后，发现不符合申请条件或者受理条件的，应当在受理之日起 15 日内裁定驳回申请。

经审查，有下列情形之一的，裁定驳回申请：申请人不具备当事人资格的；给付金钱或者有价证券的证明文件没有约定逾期给付利息或者违约金、赔偿金，债权人坚持要求给付利息或者违约金、赔偿金的；要求给付的金钱或者有价证券属于违法所得的；要求给付的金钱或者有价证券尚未到期或者数额不确定的。[①]

（二）法院发出支付令

（1）发出和送达支付令

法院在受理申请后，经审查债权人提供的事实、证据，认为债权债务关系明确、合法的，应当在受理之日起 15 日内向债务人发出支付令。

发出支付令的要件主要是债权债务关系明确和合法。所谓债权债务关系明确，是指给付金钱、有价证券的债务已到清偿期并数额确定且没有争议。

支付令应当载明以下内容或者事项：债权人、债务人的基本情况；债务人应当给付的金钱、有价证券的种类、数量等；债务人清偿债务或者提出异议的期限；债务人在法定期间不提出异议的法律后果等。

法院应将支付令及时送达债权人和债务人。向债务人本人送达支付令，债务人拒绝接收的，法院可以留置送达。送达债务人后，法院还应通知债权人支付令送达债务人的日期，以便债权人决定申请执行。

---

① 笔者认为，法院驳回申请的裁定应附理由，并应送达债权人。对该裁定，债权人不得声明不服。不过，法院驳回支付令申请的裁定没有确认债权是否存在和是否合法的，不具有既判力，所以债权人可以补足申请理由再次申请支付令，也可以提起诉讼或者申请仲裁等。

（2）支付令的效力和失效

支付令一宣告，就产生羁束力、督促力和形式确定力，在法定条件成就后还具有既判力和执行力（见下图）。

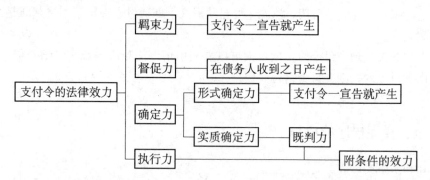

支付令的羁束力是指支付令宣告后，法院原则上不得任意撤销或者变更支付令。

督促力是指支付令具有督促债务人在法定期间内清偿债务或者提出异议的效力。督促力自债务人收到支付令之日始产生。根据《民事诉讼法》第 227 条第 2 款，债务人应当自收到支付令之日起 15 日内清偿债务，或者向法院提出书面异议。

支付令一宣告，就具有形式确定力，即所涉当事人不得提起上诉。支付令的实质确定力（既判力）是指债权人和债务人对支付令所确定的债权债务关系不得起诉。

支付令的既判力和执行力的产生是有条件的，即债务人自收到支付令之日起在 15 日内不提出书面异议或者异议被驳回，故支付令又被称为"附条件的支付令"。债务人在收到支付令后，未在法定期间内提出书面异议，而是向其他法院起诉的，不影响支付令的效力。债务人超过法定期间提出异议的，视为未提出异议。

支付令失效的情形主要有：《民诉解释》第 430 条规定的情形①；支付令异议成立；生效的支付令因确有错误而被法院裁定撤销（《民诉解释》第 441 条）。

对设有担保的债务的主债务人发出的支付令，对担保人没有拘束力，但是债权人就担保关系单独提起诉讼的，支付令自法院受理案件之日起失效（《民诉解释》第 434 条）。

（三）债务人支付令异议

1. 支付令异议的含义

支付令异议是指债务人就支付令所记载的债务，向发出支付令的法院书面提出

---

① 《民诉解释》第 430 条规定，有下列情形之一，法院应当裁定终结督促程序，已发出支付令的，支付令自行失效：（1）法院受理支付令申请后，债权人就同一债权债务关系又提起诉讼的；（2）自法院发出支付令之日起 30 日内无法送达债务人的；（3）在债务人收到支付令前，债权人撤回申请的。

不同意见，使支付令不发生既判力和执行力。

在督促程序中，法院仅根据债权人一方提出的事实和证据就可以发出支付令，故法律允许债务人提出支付令异议，是在程序上平等保护债务人。

2. 支付令异议的成立要件

我国《民事诉讼法》没有要求债务人提出异议应附实体理由（支付令异议所依据的事实、证据和相应的实体法根据），故债务人仅应向法院作出反对支付令的书面意思表示即可。

提出支付令异议应具备如下程序要件，否则异议不成立①：

（1）债务人应在收到支付令之日起15日内，向作出支付令的法院提出异议。

（2）债务人应以书面形式提出异议（口头异议无效）。这是因为支付令异议成立与否决定着支付令能否产生既判力、执行力和督促程序是否终结等。

（3）债务人应当针对支付令所确定的债权或债务提出异议。债务人对债权或债务本身没有异议，只对缺乏清偿能力、延缓清偿期限、变更清偿方式等提出异议的，不影响支付令的效力。

3. 法院审查

根据《民事诉讼法》第226条的规定，法院应当在收到债权人支付令申请后5日内，进行书面审查以决定是否受理。那么，根据平等原则，法院也应当在收到债务人支付令异议后5日内，进行书面审查，并决定支付令异议是否成立。

法院无须审查支付令异议是否有实体理由，仅需审查支付令异议是否具备成立要件。法院认为具备成立要件的，应裁定终结督促程序；认为不具备成立要件的，应裁定驳回异议。对驳回异议的裁定，债务人不得提出异议。②

依据《民诉解释》第435条，有下列情形之一，应当认定异议成立，法院裁定终结督促程序，支付令自行失效：不予受理申请情形；裁定驳回申请情形；裁定终结督促程序情形；法院对于是否符合发出支付令条件产生合理怀疑。

在法院作出终结督促程序或者驳回异议的裁定前，债务人请求撤回异议的，应当裁定准许。债务人对撤回异议反悔的，法院不予支持。

4. 支付令异议成立的效果

支付令异议成立的效果主要是裁定终结督促程序，支付令自行失效。不过，应

---

① 【习题】甲向乙借款20万元，丙是甲的担保人。现已到偿还期限，经多次催讨未果，乙向法院申请支付令。法院受理并审查后，向甲送达支付令。甲以借款不成立为由向另一法院提起诉讼。关于本案，下列哪一说法是正确的？（　　）

　　A. 甲向另一法院提起诉讼，视为对支付令提出异议

　　B. 甲向另一法院提起诉讼，法院应裁定终结督促程序

　　C. 甲在法定期间未提出书面异议，不影响支付令效力

　　D. 法院发出的支付令，对丙具有拘束力

（2015年国家司法考试试卷三；参考答案为C）

② 若法院违法裁定驳回异议，则债务人无救济的机会，所以应当赋予债务人对此种裁定提出异议的权利。许多国家的民事诉讼法规定：债务人不服驳回支付令异议裁定的，有权提出抗告。

当注意以下特殊情形：

（1）债权人基于同一债权债务关系，在同一支付令申请中向债务人提出多项支付请求，债务人仅就其中一项或者几项请求提出异议的，不影响其他各项请求的效力。

（2）债权人基于同一债权债务关系，就可分之债向多个债务人提出支付请求，多个债务人中的一人或者几人提出异议的，不影响其他请求的效力。

由于债务人提出支付令异议无须附实体理由，支付令异议的成立要件也很容易具备，所以债务人可能随意或者恶意提出支付令异议，使支付令失效。其不利后果是，阻碍督促程序的运用及优势的发挥。

因此，笔者主张，债务人应当提供支持其异议的事实和证据，否则法院应裁定驳回异议。不过，法院应当从形式上审查"有无"支持其异议的事实和证据，而无须审查证据是否充分、事实是否真实。

（四）关于支付令的救济程序和纠正程序

关于未发生既判力的支付令，其救济途径是债务人提出支付令异议。支付令异议合法的，支付令不发生既判力和执行力。

关于发生既判力的支付令，其纠正程序是法院裁定撤销支付令。《民诉解释》第441条规定：法院院长发现本院已经发生法律效力的支付令确有错误，认为需要撤销的，应当提交本院审判委员会讨论决定后，裁定撤销支付令，驳回债权人的申请。

依据《民诉解释》第295条，适用督促程序处理的案件，提起"第三人撤销之诉"的，法院不予受理。

四、督促程序的终结和转入诉讼程序

（一）督促程序终结的情形

（1）因支付令申请不具备申请条件，法院裁定驳回申请。

（2）因支付令申请不具备发出支付令的要件，法院裁定驳回。

（3）在债务人收到支付令前，债权人撤回申请。①

（4）支付令失效或者被撤销。

（5）支付令发生法律效力。

（二）转入诉讼程序

笔者认为，在督促程序终结的第一种和第二种情形（均未发出支付令）下，债

---

① 依据《民诉解释》第430条，在支付令发出后、债务人收到支付令前，债权人撤回申请的，法院应当裁定终结督促程序；支付令已发出的，支付令自行失效。

权人可以提起诉讼（或者申请仲裁）。发生第三种情形（也未发出支付令）的，债权人可以再次申请支付令（仅限于一次），也可以提起诉讼（或者申请仲裁）。

对于第四种情形（支付令发出却失效），《民事诉讼法》第228条第2款规定："支付令失效的，转入诉讼程序，但申请支付令的一方当事人不同意提起诉讼的除外。"对此，《民诉解释》作出如下具体规定：

（1）支付令失效后，申请支付令的一方当事人不同意提起诉讼的，应当自收到终结督促程序的裁定之日起7日内向受理申请的法院提出；申请支付令的一方当事人不同意提起诉讼的，不影响其向其他有管辖权的法院提起诉讼（第438条）。

（2）支付令失效后，申请支付令的一方当事人自收到终结督促程序的裁定之日起7日内未向受理申请的法院表明不同意提起诉讼的，视为向受理申请的法院起诉；债权人提出支付令申请的时间，即为向法院起诉的时间（第439条）。

关于支付令失效后转入诉讼程序的规定不适用于以下情形：法院受理支付令申请后，债权人就同一债权债务关系又起诉的（《民诉解释》第430条）；虽然对设有担保的债务的主债务人发出了支付令，但是债权人就担保关系单独起诉的（《民诉解释》第434条）。

依据《民诉解释》第195条，支付令失效后转入诉讼程序的，债权人应当按照《费用办法》补交案件受理费；支付令被撤销后，债权人另行起诉的，按照《费用办法》交纳诉讼费用。依据《费用办法》第36条，申请人（债权人）另行起诉的，可以将申请费列入诉讼请求。若债务人败诉（通常判决内容与支付令内容基本一致），申请费由债务人负担。这在一定程度上可以制约债务人随意或者恶意提出支付令异议。

对于发生法律效力的支付令，债务人在自收到支付令之日起15日内不履行支付令的，债权人可以向作出支付令的法院或者与其同级的被执行财产所在地的法院申请执行。债权人申请执行支付令的期间，适用《民事诉讼法》第250条。

第二节　公示催告程序

一、公示催告程序的含义和性质

【案例27-1】邵某通过背书将一张10万元支票转让给王某。第二天，王某发现该支票不见了，不知该支票是否被他人拾到或者被谁拾到（此即利害关系人不明）。对此，王某可以通过哪些途径获得救济？

（一）公示催告程序的含义

关于对票据的公示催告，实体事项由票据法、公司法等实体法作出规定，程序事项则由民事诉讼法等规定。审理公示催告案件，在程序上首先适用《民事诉讼法》第十八章、《海诉法》第八章第四节、《民诉解释》等的特殊规定。

《票据纠纷》第 23 条规定：票据丧失后，失票人可以向法院申请公示催告或者提起诉讼。在一般意义上，公示催告程序是：法院依当事人的申请，用公示的方法（公告），催告不明利害关系人在一定期间内申报权利，若无人申报或者申报无效，则申请人获得该权利而不明利害关系人丧失该权利。

根据《民事诉讼法》第十八章，公示催告程序是指票据最后持有人，因其票据被盗、遗失或者灭失，请求法院以公示方法，催促该票据的不明利害关系人在一定期间内申报该票据权利。若无人申报或者申报无效，法院根据票据最后持有人的申请，判决宣告票据无效（除权判决）。于此际票据最后持有人享有该票据权利，利害关系人丧失该票据权利。

在可背书转让的票据被盗、遗失或者灭失后，其最后持有人是否为合法持有人、是否被他人实际持有或者被谁拾到（利害关系人不明），这些问题均不明了，故以公示方法，催告不明利害关系人（遗失票据的实际持有人）申报该票据权利。若无人申报或者申报无效，则推定遗失票据的最后持有人为合法持有人，法院以除权判决宣告该票据无效，于是"实际持有人"失去该票据权利，而最后持有人拥有该票据权利。

若利害关系人的申报合法有效，则意味着利害关系人和最后持有人均有可能是遗失票据的合法持有人，两者对票据权利可能存在争议。而这不是公示催告程序所能解决的问题，因为公示催告程序是非讼程序，于是，法院裁定终结公示催告程序。

公示催告程序包括两个阶段（见下图）：（1）公示催告阶段，即申请人申请法院以公示方法（如公告）催告不明利害关系人申报权利。此阶段由一名法官主持。（2）作出除权判决阶段，即在无人申报权利或者申报无效时，原申请人申请法院作出宣告票据无效的除权判决。此阶段由合议庭主持。应当注意，撤销除权判决之诉的程序属于争讼程序，不属于公示催告程序的内容。

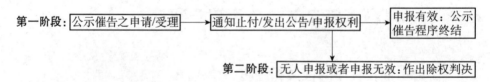

公示催告是作出除权判决所必经的前置阶段。但是，公示催告后不必然作出除权判决。有以下情形的，不作出除权判决：（1）申报权利合法有效，法院裁定终结公示催告程序；（2）无人申报权利或者申报无效时，申请人没有依法申请法院作出除权判决。

（二）公示催告程序的性质

（1）专门性。公示催告程序仅适用于由可以背书转让的票据被盗、遗失或者灭失引起的非讼事件以及法律规定的其他事项。

（2）非讼性。主要体现在：公示催告程序的适用要件之一是不知道有无利害关系人或者谁是利害关系人，即没有或者没有明确的对方当事人，故此程序中只有申请人；此程序因票据最后持有人的申请而开始；原则上不开庭审理，不可能也无须法庭辩论，法院依据申请人提供的事实、证据，进行书面审理。

（3）简捷性。票据流通具有快速性，为及时保护票据合法持有人的权利，公示催告程序应当具有简捷性。其主要体现为：在公示催告阶段实行独任制审理；没有法庭辩论，采取自由证明，程序并不复杂；一审终审，对除权判决不得提起上诉。

（三）公示催告程序与相关制度和做法

公示催告程序由法院适用，是遗失票据的最后持有人享有的一种专门的司法救济途径。公示催告程序不同于票据挂失。票据挂失是指票据遗失后，失主在有关银行等办理遗失声明，宣布票据无效。申请公示催告无须以票据挂失为前提。

失主因票据丧失，可在电视、报刊等公共媒体上声明作废。声明票据作废仅是声明人单方的意思表示，与被告知的不特定的众人之间一般并不因该声明而建立相应的民事法律关系。无论是否声明作废均可申请公示催告程序。

其他机关或者组织以公示方法催告利害关系人申报票据权利，比如公安机关以公示方法催告失主申报权利的，并非此所谓的公示催告程序。这种公示催告并不阻碍遗失票据的最后持有人申请公示催告。

二、第一阶段：公示催告

（一）申请与受理

1. 申请条件或者受理条件

（1）应符合公示催告程序的适用范围：可以背书转让的票据；依照法律规定可以申请公示催告的其他事项。其他事项如记名股票被盗、遗失或者灭失，股东可以请求法院宣告该股票失效（然后可以向公司申请补发股票）（《公司法》第143条）；提单等提货凭证的持有人，因提货凭证失控或者灭失，可以向货物所在地海事法院申请公示催告（《海诉法》第100条）等。

（2）应具备申请公示催告的法定事由：可以背书转让的票据等被盗、遗失或者灭失或者存在法定的其他事由，并且以上事由使票据等是否被人持有或者被谁持有不明确（利害关系人不明）。只是利害关系人的住所地不明确的，可采用公告送达，不得适用公示催告程序。利害关系人明确的，不得适用公示催告程序，而应通过争讼程序解决。

（3）申请人应适格：可以背书转让的票据、股票、提单等的最后持有人（票据、股票、提单等丧失之前的最后持有人）。公示催告程序的立法目的是为票据、股票、提单等的最后持有人（失票人）提供一种便捷的司法救济途径。

（4）应向票据支付地的基层法院提出书面申请。申请书应当载明以下事项：申请人的基本情况，请求事项（申请宣告×××票据无效，并应写明票面金额、发票人、持票人、背书人等票据的主要内容），事实理由（写明票据被盗、遗失或者灭失的时间、地点、经过以及证据）等。

申请公示催告的，每件交纳申请费 100 元（《费用办法》第 14 条），申请费由申请人负担（《费用办法》第 37 条）。

2. 法院受理

法院在收到公示催告的申请后，应当立即审查，并决定是否受理。符合受理条件的，通知申请人受理，并同时通知支付人停止支付。不符合受理条件的，在 7 日内裁定驳回申请。①

因票据丧失申请公示催告的，法院应结合票据存根、丧失票据的复印件、出票人签发票据的证明、申请人合法取得票据的证明、银行挂失止付通知书、报案证明等证据，决定是否受理。对于前述要件（1）～（3），因其涉及实体内容，在受理阶段，法院主要是从形式上审查是否具备，因为是否具备要件（1）～（3），待以后审理终结之时才能确定。

法院经审查后，认为申请书不合法的，应酌定期间命申请人补正（补正期间不计入 7 日的受理期限），申请人若无正当理由不按期补正或者补正后仍不合法的，则不予受理；认为管辖不合法的，法院应告知申请人向有管辖权的法院申请，若已受理则应移送管辖；如果申请人不依法预交申请费，法院应按撤回申请处理，但是获准缓交、减交或者免交的除外。

公示催告申请人撤回申请，应在公示催告前提出；在公示催告期间申请撤回的，法院可以径行裁定终结公示催告程序（《民诉解释》第 453 条）。

（二）法院通知止付和发出公告

根据《民事诉讼法》第 230 条，法院决定受理申请的，应当同时通知支付人停止支付，并在 3 日内发出公告，催促利害关系人申报权利。

1. 法院通知支付人止付

法院通知票据支付人停止支付，应当符合有关财产保全的规定。票据等被盗、遗失或者灭失以后，为防止非法持有人向支付人请求支付，法院应当及时通知支付人止付。

止付通知的效力及至公示催告程序终结。支付人收到止付通知后拒不止付的，除法院应依照《民事诉讼法》第 114、117 条采取强制措施外，在除权判决确定后，支付人仍应承担付款义务。申请人因此遭受损害的，支付人应当赔偿损害。

2. 法院发出公告

公告应当写明下列内容：（1）公示催告申请人的姓名或者名称；（2）票据的种

---

① 笔者认为，基于程序保障的考虑，法院不予受理或者驳回申请应当采用裁定，并且对此裁定债权人应当有权提出异议和申请复议。

类、号码、票面金额、出票人、背书人、持票人、付款期限等事项，以及其他可以申请公示催告的权利凭证的种类、号码、权利范围、权利人、义务人、行权日期等事项；（3）申报权利的期间；（4）在公示催告期间转让票据等权利凭证，利害关系人不申报的法律后果。

公告应当在有关报纸或者其他媒体上刊登，并于同日公布于法院公告栏内。法院所在地有证券交易所的，还应当于同日在该交易所公布。

公告的期间（公示催告期间），由法院根据具体情况决定，但不得少于 60 日，且公示催告期间届满日不得早于票据付款日后 15 日。

《票据纠纷》第 33 条规定：在公示催告期间，以公示催告的票据质押、贴现，因质押、贴现而接受该票据的持票人主张票据权利的，法院不予支持，但公示催告期间届满以后、法院作出除权判决以前取得该票据的除外。

（三）利害关系人申报权利

法律规定以公告和申报权利的方式来查明公示催告申请人的申请事由是否真实，并以此来保护利害关系人的合法权益。[1] 利害关系人合法申报权利，应当具备以下条件：

（1）申报人是利害关系人。利害关系人是指已丧失的票据等的实际持有人。根据票据法的一般原理，持票人即是权利人。

（2）以书面形式申报权利，同时应向法院提交所持有的票据等。申报书只需说明票据权利的主要内容和申报的意旨即可。利害关系人申报权利是为了阻止法院作出除权判决，并非确认所申报的权利是否合法，所以申报不必附事实和证据。

（3）利害关系人在公示催告期间向法院申报。申报权利的期间并非不变期间，有正当理由的，可延长。申报权利的期间也非除斥期间，所以在申报期间届满后、除权判决作出前申报权利的，视为合法申报。

（4）向受理公示催告申请的法院申报权利。向申请人或者其他法院申报均不产生效力。

法院若认为不符合申报上述条件的，应裁定驳回申报。利害关系人申报权利，法院应当通知其向法院出示票据，并通知公示催告申请人在指定的期间查看该票据。公示催告申请人申请公示催告的票据与利害关系人出示的票据不一致的，应当裁定驳回申报。[2]

---

[1] 正因为利害关系人依法拥有申报权利的机会或者途径，所以《民诉解释》第 295 条中规定：适用公示催告程序处理的案件，利害关系人提起"第三人撤销之诉"的，法院不予受理。

[2] ［习题］甲公司因票据遗失向法院申请公示催告。在公示催告期间届满的第三天，乙向法院申报权利。下列哪一说法是正确的？（　　）

　　A. 因公示催告期间已经届满，法院应当驳回乙的权利申报

　　B. 法院应当开庭，就失票的权属进行调查，组织当事人进行辩论

　　C. 法院应当对乙的申报进行形式审查，并通知甲到场查验票据

　　D. 法院应当审查乙迟延申报权利是否具有正当事由，并分别情况作出处理

（2012 年国家司法考试试卷三；参考答案为 C）

利害关系人的申报符合条件、申请公示催告的票据与利害关系人出示的票据一致的，意味着申请人与申报人对该票据可能存在争议，所以法院应当裁定终结公示催告程序（通知申请人和支付人），不得作出除权判决。于此际，申请人或者申报人可以向法院起诉。[①]

三、第二阶段：除权判决

（一）除权判决的内涵和申请

除权判决是指无人申报权利或者申报被驳回的，根据公示催告申请人的申请，法院作出该票据或者其他事项不再具有法律效力的判决。

根据《民事诉讼法》第 233 条和《民诉解释》第 450 条，申请法院作出除权判决应具备以下要件：（1）在申报权利期间或者除权判决作出前，无人申报权利，或者申报被驳回；（2）公示催告申请人自公示催告期间届满之日起 1 个月内申请作出判决。[②]

逾期不申请作出判决的，法院裁定终结公示催告程序，并应通知申请人和支付人。

（二）法院审理和作出除权判决

法院应当组成合议庭来审理是否具备作出除权判决的申请要件。法院经审理，认为不具备作出除权判决的申请要件的，应裁定驳回申请。[③]

法院经审理，认为具备作出除权判决的申请要件的，应当作出除权判决。法院应当公告除权判决，并通知支付人。除权判决的公告方式同于公示催告的公告方式。

（三）除权判决的效力

除权判决自公告之日起具有除权力（除去公示催告的票据的法律效力，利害关系人不享有该票据上的权利），公示催告申请人依据除权判决享有该票据上的权利，可以请求付款。若付款人拒绝付款，申请人可以起诉（《民诉解释》第 451 条第 2 款）。

四、撤销除权判决之诉和请求损害赔偿

（一）撤销除权判决之诉

《民事诉讼法》第 234 条规定："利害关系人因正当理由不能在判决前向人民法

---

① 依据《民诉解释》第 455 条，因票据权利纠纷提起的，由票据支付地或者被告住所地法院管辖；因非票据权利纠纷提起的，由被告住所地法院管辖。
② 在有些国家和地区，公示催告期间届满前或与公示催告同时申请法院作出除权判决的，其申请也是合法有效的。
③ 对此种裁定，我国法律没有规定申请人有权提出异议或者提起上诉，有些国家允许提起上诉。

院申报的，自知道或者应当知道判决公告之日起一年内，可以向作出判决的人民法院起诉。"

在我国，对于除权判决不得提起上诉和申请再审，利害关系人若因除权判决而受有不利益，可以通过提起撤销除权判决之诉来保护自己的合法权益。因此，撤销除权判决之诉，是指丧失票据的利害关系人根据正当理由请求法院撤销除权判决的诉讼。

提起撤销除权判决之诉启动的是公示催告程序以外的程序，是普通程序（属争讼程序）。除权判决属于非讼判决，其撤销理由与再审事由不同，所以不能通过再审程序予以撤销。立法上对撤销除权判决之诉规定了专门程序。

（二）撤销除权判决之诉的特殊要件

（1）当事人应适格。撤销除权判决之诉中，原告是利害关系人，被告是公示催告的申请人或者申请作出除权判决的人。

（2）利害关系人因正当理由不能在除权判决作出前向法院申报权利。"正当理由"包括：发生意外事件或者不可抗力，致使利害关系人无法知道公告事实；利害关系人因被限制人身自由而无法知道公告事实，或者虽然知道公告事实，但无法自己或者委托他人代为申报权利；不属于法定申请公示催告的情形；未予公告或者未按法定方式公告；其他导致利害关系人在判决作出前未能向法院申报权利的客观事由。

（3）应在知道或者应当知道除权判决公告之日起 1 年内，提起撤销之诉。

（4）应向作出除权判决的法院提起。

（三）审理和判决

法院受理利害关系人的起诉后，应另行组成合议庭，适用普通程序（争讼程序）处理。经过法庭辩论后，法院认为有理由的，应当作出撤销除权判决的判决。此判决的内容应当公告，公告的方式同于除权判决的公告方式。

自撤销除权判决的判决公告之日起，被宣告无效的票据的效力恢复，利害关系人对该票据的权利恢复，支付人有权请求除权判决的申请人返还已向其支付的款项。

（四）请求损害赔偿

在实务中，在法院作出除权判决之后，利害关系人或者原合法持票人可以公示催告的申请人或者申请作出除权判决的人不当申请公示催告，致其票据权利丧失为由，向法院提起诉讼，请求对方承担损害赔偿责任。[①]

---

① 参见浙江省余姚市人民法院（2015）甬余商初字第 23 号民事判决书。

第八编　民事执行程序

21 世纪法学研究生参考书系列

第 二 十 八 章

执行程序总论与一般规定

民事执行程序总论包括民事执行（程序）的目的和性质、审判程序与执行程序的相异处和共通性、民事执行（程序）的立法体例和基本原则或者执行基本法理等内容。

民事执行程序一般规定（总则）被规定在《民事诉讼法》第三编第十九章"一般规定"之中，系指强制执行中具有共同适用性的规则。

第一节　民事执行的分类和立法体例 与民事执行法的性质和基本原则

分类		性质	原则
分类标准	类型	程序性	合法执行原则
执行效果	终局执行/满足执行·中间执行/保金执行	非讼性	公开执行原则
执行债权	金钱债权的执行·非金钱债权的执行	公法性	当事人不平等
执行标的	对物执行·对人执行	强行性	优先执行原则
执行方法	直接执行·间接执行·替代执行	个别执行	执行穷尽原则

一、民事执行的分类

民事强制执行（民事执行）的通常含义是法院以确定判决等执行依据为依据，按照适当和迅速、经济的理念，依照法定程序，采取执行措施，强制债务人（或者被执行人）履行执行依据所确定的债务，从事实上实现债权人（或者申请执行人）的债权。

（一）终局执行和中间执行（分类标准是执行效果）

民事执行主要是指终局执行（满足执行），是指债权人的债权能够获得最终实现或者满足的执行，实际上是对终局执行依据的执行，比如对法院的确定判决书、调解书、支付令，仲裁裁决书、经公证的债权文书的执行。

中间执行（保全执行）通常以保全将来终局执行为目的，暂时维持债务人财产（权）的现状或者价值，或者暂时保持债权人与债务人之间的实体法律关系的现状①，比如对财产保全时通常只能采取查封或者扣押等控制性措施。

（二）金钱债权的执行和非金钱债权的执行（分类标准是执行债权的类型）

债权的类型和性质决定了应采取何种执行措施。

金钱债权是指以给付一定数量的金钱为内容的债权，所以金钱债权的执行是将被执行人的金钱交付给债权人即完成的执行。

非金钱债权包括交付物和完成行为。前者的执行无须将执行标的物货币化，仅需将执行标的物交付给债权人即可。后者的执行是强制被执行人实施一定的行为来满足债权人的债权。

（三）对物执行和对人执行（分类标准是执行标的）

对物执行是以被执行人的财产为执行标的，旨在满足金钱给付债权或者物之交付债权。对物执行包括对金钱的执行、对非金钱财产的执行（包括对动产、不动产和权利的执行）。

对人执行以被执行人或者应替被执行人清偿债务之人的身体、自由、劳力或者行为等为执行标的。基于对人格和人权的尊重，对人执行限于间接执行、替代执行的情形。②

（四）直接执行·间接执行·替代执行（分类标准是执行方法）

直接执行是指对被执行人的财产直接实施执行措施，比如，将被执行人的金钱或者物直接交付给债权人，对被执行人的财物采取查封、拍卖等措施。

间接执行是指对不可替代行为的执行，通常的情形是被执行人拒不履行债务而给债权人造成损害的，承担赔偿责任（于此际，将对不可替代行为的执行转换为对被执行人财产的执行）。

替代执行是指对可替代行为的执行，即法院委托第三人代被执行人履行行为债务，所产生的费用由被执行人负担（被转换为对被执行人财产的执行，从而可采用直接执行）。

---

① 比如，《德国民事诉讼法》第940条规定："因避免重大损害，或者防止急迫的强暴行为，或者因其他理由，对于争执的法律关系，特别是继续的法律关系，有必要规定其暂时状态时，可以实施假处分。"《日本民事保全法》第23条第2款规定："确定临时地位的假处分命令，为避免所争执的权利关系给债权人造成显著的损失或者紧迫的危险而必要时，可以发出（假处分命令——引者注）。"

② 《婚姻家庭》第68条规定：对于拒不协助另一方行使探望权的有关个人或者组织，可以由人民法院依法采取拘留、罚款等强制措施，但是不能对子女的人身、探望行为进行强制执行。

二、民事执行的立法体例

《民事诉讼法》采取"审执合一"的立法体例。《民事诉讼法》第三编专门规定了"执行程序"，第二十七章还规定了对外国法院判决和仲裁裁决的执行问题。其他法律中关于民事执行的规定，比如《劳动法》（第 83 条）、《公证法》（第 37 条）等，属于实质意义上的民事执行法。

最高人民法院颁行了诸多有关民事执行的司法解释，比如《民诉解释》、《限制高消费》、《公布失信》、《公证文书执行》等；还与国土资源部、建设部共同颁行了《房地协助执行》等。

鉴于民事执行程序与民事审判程序存在构造和原理等方面的差异，诸多人士主张：我国应当采取审执分立的立法体例，参考德日式构造体例①，制定单行民事执行法。我国应当根据民事执行目的（实现债权），依据实体请求权，设置相应的执行程序和执行措施。

三、民事执行法的基本性质

民事执行具有国家强制性和严格规范性。民事执行的严格规范性表现为：一方面，执行法院应当严格按照执行依据和执行程序采取执行措施，无权就当事人之间的债权债务关系重新作出裁判；另一方面，民事执行也得遵循实体法，例如对被查封的不动产享有抵押权的人，在该不动产被拍卖时，就其担保债权享有优先受偿权，这就要求法院在拍卖不动产时遵循相应的实体法规范。

民事执行法是程序法，具有程序性且属非讼程序法，具有非讼性。民事执行程序处理的是"执行案件"，由于案件要件事实和实体法律关系已被法院确定判决、仲裁裁决等执行依据确定，执行程序并非旨在确定当事人之间有争议的实体法律关系，所以不必采行言词辩论，故民事执行属于广义的非讼程序，与争讼程序相比更强调效率价值。② 就民事证明责任来说，是民事审判争讼程序中重要的正当性原

---

① 以妥当实现实体债权为宗旨，以债权人的实体请求权为主线，按照实体法规定把实体请求权分为金钱债权请求权（或者金钱给付债权）、物之交付请求权（或者物之给付债权）、作为或者不作为请求权（或者行为给付债权）等类型，将执行措施等内容分别置于不同类型的实体请求权的执行程序之中。参见江伟、肖建国：《论我国强制执行法的基本构造》，载《法学家》，2001（4）。

② 《关于进一步完善执行权制约机制 加强执行监督的意见》（法〔2021〕322 号）第 7 条规定：……首次执行案件应在立案后或者完成集中查控后，根据查控结果，以有无足额财产可供执行、有无财产需要处置、能否一次性有效执行等为标准，实施繁简分流，实现简案快执、难案攻坚。简易执行案件由快执团队办理，普通案件由以法官为主导的团队办理。做好简易执行案件与普通案件的衔接，简易执行案件无法在既定期限内执结的，应转为普通案件办理。

理，不适用于民事执行程序。①

民事执行法是公法，具有公法性；是强行法，具有强行性。民事执行是国家（法院）运用国家执行权强制被执行人履行执行依据所确定的债务，所以规范民事执行的法律当然具有公法的因素和性质。在执行过程中，无论是裁判程序事项还是实施执行措施，均体现了公权性，所以民事执行程序是权力型程序。民事执行法的公法性和安定性决定了执行规范主要是强行规范。与争讼程序相比，强制执行程序中的职权进行主义色彩较浓。②

民事执行法是个别执行法。在实现债权的程序中，破产清算程序属于"一般执行"③；但是，民事执行属于"个别执行"，即以被执行人的部分财产满足个别债权人的债权（前提是被执行人的财产能够清偿到期债权，即不存在破产原因），旨在合法、及时实现债权人的债权，适用"优先执行"原则。

四、民事执行的基本原则

在民事诉讼遵行参与原则、比例原则、检察监督原则、诚信原则和安定原则的基础上，根据民事执行所处理的事项、民事执行的目的和性质，民事执行还遵行公开执行、当事人不平等、优先执行、执行穷尽等原则。

"执行公开原则"是指法院将执行过程和执行程序予以公开。除对当事人及其他利害关系人公开（属于当事人程序参与的范畴）外，该原则特别强调对社会的公开。法院应当通过通知、公告或者网络、新闻媒体等，依法公开案件执行各个环节和有关信息，但是涉及国家秘密、商业秘密等法律禁止公开的信息的除外。有关规定主要有《执行公开》、《关于推进司法公开三大平台建设的若干意见》（法发

---

① 实务中，申请执行人申请执行时应当向法院提供其所了解的被执行人的财产状况或者线索。比如，《执行解释》第1条规定：申请执行人向被执行的财产所在地人民法院申请执行的，应当提供该人民法院辖区有可供执行财产的证明材料。据此，许多人认为，这是规定申请执行人在执行阶段的举证责任。但是，笔者认为，上述规定并不涉及执行中的举证责任或者证明责任问题。在民事法中，举证责任或者证明责任有其特定的内涵、功能和适用范围（详见前文）。

② 这主要是因为债权债务已为执行依据所确定，从而消除了争议；执行目的仅在于合法、及时地实现债权人的债权。基于执行债权的私权性，通常由当事人申请启动执行程序。执行开始后，不经言词辩论而采取执行措施，体现了法院职权进行的色彩。当然，申请执行人有权撤回执行申请，可以达成和解协议。

③ 这是指将破产债务人的所有破产财产在所有破产债权人之间按照债权比例平等清偿。破产清算大体上是这样进行的：

(1) 将债务人的破产财产变价为金钱（比如是800万元），优先拨付破产费用、破产债务人欠其职工的工资和劳动保险费用、破产债务人所欠税款等（比如还剩余600万元）。

(2) 将债权人的破产债权变价为金钱（比如债权人A的债权为300万元、债权人B的债权为500万元、债权人C的债权为200万元，A、B、C的债权所占比例分别是30%、50%、20%）。

(3) 将债务人剩余的财产进行公平清偿，即按照各债权人的破产债权所占比例清偿〔A得600×30%＝180（万元），B得600×50%＝300（万元），C得600×20%＝120（万元）〕。

〔2013〕13 号）《关于人民法院执行流程公开的若干意见》（法发〔2014〕18 号）等。

执行程序的基本构造是"不等腰三角形"，即法官中立、债权人与债务人程序地位不平等。在执行程序中，对债权人与债务人享有的程序权利和承担的程序义务作出差别规定的，则为"当事人不平等原则"。比如，许多国家规定，债务人负担向执行法院适时、真实申报其财产的义务。强制执行是法院在执行依据的前提下从事实上实现债权人的债权，其目的是实现债权人的债权，所以自不宜使债务人与债权人处于平等程序地位。

在债权人之间适用"优先执行原则"，是指除非享有抵押权、质权等法定优先权，根据合法申请执行或者法院受理申请的时间先后，申请或者受理在先的债权人的债权优先受偿。实施"优先执行原则"的一个重要前提是被执行人的财产足以偿还其所有债务。采用"优先执行原则"既体现了民事执行个别执行的性质①，又可以满足先申请者先实现债权的期望和努力。

民事执行中，债权人的实体权益能否实现并不完全取决于法院的执行，还取决于被执行人的履行能力和责任财产等多方面的因素（比如《民事诉讼法》第 268 条规定的终结执行）。法院只有按照法定程序，适时采取妥当的、充分的执行措施之后②，才能裁定终结执行程序。此谓"执行穷尽原则"。换言之，只要法院按照法定程序适时采取了妥当的、充分的执行措施，即使债权人的实体权益未能得到满足或者实现，也应视为法院已经履行了执行之责。

第二节　执行主体·执行依据·执行标的

一、执行主体

执行主体包括执行机构和执行当事人及其他执行参与人（协助执行人、执行见证人等）。执行主体之间存在着强制执行法律关系，属于民事诉讼法律关系的范畴。

---

① 在强制执行中，如果遇到债务人的全部（责任）财产不能清偿到期债务的情况，就得将强制执行程序转换为破产程序，而应遵行平等执行原则。
② 依据《关于严格规范终结本次执行程序的规定（试行）》（法〔2016〕373 号）第 3 条第 1 款，"已穷尽财产调查措施"是指应当完成下列调查事项：（1）对申请执行人或者其他人提供的财产线索进行核查；（2）通过网络执行查控系统对被执行人的存款、车辆及其他交通运输工具、不动产、有价证券等财产情况进行查询；（3）无法通过网络执行查控系统查询本款第 2 项规定的财产情况的，在被执行人住所地或者可能隐匿、转移财产所在地进行必要调查；（4）被执行人隐匿财产、会计账簿等资料且拒不交出的，依法采取搜查措施；（5）经申请执行人申请，根据案件实际情况，依法采取审计调查、公告悬赏等调查措施；（6）法律、司法解释规定的其他财产调查措施。

（一）执行法院或者执行机构

执行机构系指行使国家民事执行权、负责民事执行工作的职能机构。执行机构所属的法院可称为执行法院。民事执行权的性质和构成决定了执行机构的组织构造和运作方式。

执行机构由法官、执行员、司法警察等人员组成。法官负责办理各类执行案件。执行员负责办理执行实施案件，但是作出拘留决定、罚款决定等依法应当由法官办理的重大事项除外。司法警察在法官、执行员的指挥下参与执行实施工作。办理执行实施案件的人员不得参与相关执行异议、复议与案外人异议等案件的审查。

依据《关于执行权合理配置和科学运行的若干意见》（法发〔2011〕15号），执行权包括执行裁决权和执行实施权，两权分离并且前者制衡和约束后者。执行裁判庭负责办理执行异议、复议、执行异议之诉案件、消极执行督办案件以外的执行监督案件。[①]

我国执行机构的设置以审执分立为原则（以审执合一为例外）。在法院体制方面，审执分立体现为审判机构与执行机构分立。与审执合一相比，审执分立更能减少司法不公。审执合一体现为人民法庭执行其审结的案件，但是复杂、疑难或者被执行人不在本法院辖区的案件除外（《执行规定》第4条）。

目前我国在四级法院内部均设置了专门的执行机构，上级法院执行机构协调、监督下级法院的执行工作（参见《执行规定》第67~78条）。执行机构一般包括执行裁决部门、执行实施部门和执行综合部门。必要时，司法警察参加执行。

《执行法草案》第22条规定：法院实施执行行为，应当通过拍照、录像、制作笔录等方式记录有关情况，并及时将采取的执行措施等信息告知当事人。实施现场调查、现场查封、交付、强制迁出等执行行为时，应当出示工作证件。实施前款执行行为的，应当制作笔录，并由执行人员以及在场的当事人、利害关系人、见证人签名或者盖章；拒绝签名或者盖章的，记明情况附卷。

（二）执行当事人

1. 执行当事人的含义和程序权利、义务

执行当事人主要包括债权人和债务人。向法院申请执行的债权人可称为申请执行人，对方当事人则称为被申请执行人。债务人和被申请执行人，又可称被执行人。

许多情况下，执行当事人即审判当事人。但是，审判当事人以外的主体也可能成为执行当事人，比如本案言词辩论终结后审判当事人的承继人、被追加的被执行人、仲裁当事人、公证当事人等。

执行当事人原则上依执行依据来确定。若执行当事人是本案言词辩论终结后审

[①] 参见《关于进一步完善执行权制约机制 加强执行监督的意见》（法〔2021〕322号）第6条。

判当事人的承继人，应有相关证据来证明。在执行过程中，发生法定当事人变更的，需以证据来证明，并由法院裁定是否变更。

在执行案件立案时，有字号的个体工商户为被执行人的，立案部门应当将生效法律文书注明的该字号个体工商户经营者一并列为被执行人（《立审执协调》第 3 条）。

执行中，当事人享有民事诉权，即提起执行异议之诉的权利；还享有如下主要权利：诉讼参与权、申请回避权、委托代理权、执行申请权、达成执行契约权（比如达成执行和解协议等）、执行豁免权、执行异议权和变更执行法院申请权等。

执行当事人应当遵行诚信原则，不得滥用执行申请权、执行异议权等诉讼权利，不得妨害执行。债务人比债权人负有更多的程序义务（比如适时、真实申报财产，不得妨害执行等）。执行当事人不履行义务的，将产生诉讼行为无效、承担诉讼费用等法律后果，并被施以妨害民事诉讼的强制措施等。

2. 执行当事人变更和追加

最高人民法院专门颁行了《关于民事执行中变更、追加当事人若干问题的规定》（法释〔2016〕21 号）（2020 年修改）。

（1）执行当事人变更和追加的含义。

执行当事人变更属于民事诉讼当事人变更的范畴，包括法定的当事人变更和任意的当事人变更。执行中，执行当事人的姓名或者名称发生变更的，法院可以直接将姓名或者名称变更后的主体作为执行当事人，并在法律文书中注明变更前的姓名或者名称，故这不属于执行当事人变更。

法定的当事人变更（执行承受、执行承继）主要是因为在本案执行中，执行当事人的实体权利、义务合法转移给"他人"[1]。任意的当事人变更，即将无当事人资格或者不适格的"当事人"更换为有当事人资格或者适格的当事人。"债权人"申请执行，法院认定其无当事人资格或者不适格的，应当裁定驳回申请。"被执行人"无当事人资格或者不适格的，法院应当依据执行依据或者法律规定裁定更换为有当事人资格或者适格的债务人。

执行当事人的追加是指在执行过程中，在原当事人不变的前提下，依法将其他特定的自然人、法人或者非法人组织追加为当事人。追加执行当事人的主要原因是：被执行人没有履行债务能力的，由与被执行人有着民事利害关系的其他主体来履行该债务。

（2）申请执行人变更和追加的情形。

依上述规定，在执行过程中，申请执行人出现下列情形的，其权利继受人或者

---

[1] 生效法律文书确定的权利人在进入执行程序前合法转让债权的，债权受让人即权利承受人可以作为申请执行人直接申请执行，无须执行法院作出变更申请执行人的裁定。参见李某玲、李某裕申请执行厦门海洋实业（集团）股份有限公司、厦门海洋实业总公司执行复议案（最高人民法院指导案例34 号）。

承受人可以向法院申请变更、追加其为申请执行人：

1）自然人死亡或者被宣告死亡的，其遗嘱执行人、受遗赠人、继承人或者其他依法承受执行依据确定权利的主体可以申请变更、追加。

2）被宣告失踪的，其财产代管人可以申请变更、追加。

3）离婚的，执行依据确定的权利全部或者部分被分割给其配偶的，该配偶可以申请变更、追加。

4）法人或者非法人组织终止或者分立的，其权利承受主体可以申请变更、追加。

5）法人或者非法人组织清算或者破产的，执行依据确定的权利被依法分配给第三人的，该第三人可以申请变更、追加。

6）机关法人被撤销的，继续履行其职能的主体可以申请变更、追加。

7）申请执行人将执行依据确定的债权依法转让给第三人，且书面认可第三人取得该债权的，该第三人可以申请变更、追加等。

（3）被执行人变更和追加的情形。

依前述规定，在执行过程中，被执行人出现下列情形的，申请执行人可以向法院申请，将被执行人的权利义务继受人或者承受人等变更、追加为被执行人：

1）自然人死亡或者被宣告死亡的，其遗嘱执行人、继承人、受遗赠人或者其他取得遗产的主体为被执行人，在遗产范围内承担责任。继承人放弃继承或者受遗赠人放弃受遗赠，又无遗嘱执行人的，法院可以直接执行遗产。

2）被宣告失踪的，其财产代管人为被执行人，在代管财产的范围内承担责任。

3）法人或非法人组织因合并而终止的，合并后存续或新设的法人、非法人组织为被执行人。

4）法人或者非法人组织分立的，分立后新设的法人或者非法人组织为被执行人，对执行依据确定的债务承担连带责任（但被执行人在分立前与申请执行人就债务清偿达成的书面协议另有约定的除外）。

5）个人独资企业不能清偿执行依据确定的债务的，变更、追加其投资人为被执行人。个人独资企业出资人是被执行人的，法院可以直接执行该个人独资企业的财产。

6）个体工商户的字号为被执行人的，法院可以直接执行该字号经营者的财产。

7）合伙企业不能清偿执行依据确定的债务的，法院可以变更、追加普通合伙人为被执行人。

8）有限合伙企业的财产不足以清偿执行依据确定的债务的，变更、追加未按期足额缴纳出资的有限合伙人为被执行人，由其在未足额缴纳出资的范围内承担责任（第14条第2款）。

9）法人分支机构不能清偿执行依据确定的债务的，变更、追加该法人为被执行人。法人直接管理的责任财产仍不能清偿债务的，法院可以直接执行该法人其他分支机构的财产。

10）法人（被执行人）直接管理的责任财产不能清偿执行依据确定债务的，法院可以直接执行该法人分支机构的财产。

11）个人独资企业、合伙企业、法人分支机构以外的非法人组织作为被执行人，不能清偿执行依据确定的债务的，法院可以变更、追加依法对该非法人组织的债务承担责任的主体为被执行人。

12）营利法人的财产不足以清偿执行依据确定的债务的，法院可以变更、追加未缴纳或者未足额缴纳出资的股东、出资人或者依公司法规定对该出资承担连带责任的发起人为被执行人，由其在尚未缴纳出资的范围内依法承担责任（第17条）。

13）营利法人的财产不足以清偿执行依据确定的债务的，法院可以变更、追加抽逃出资的股东、出资人为被执行人，由其在抽逃出资的范围内承担责任（第18条）。

14）公司的财产不足以清偿执行依据确定的债务，其股东未依法履行出资义务即转让股权的，法院可以变更、追加该原股东或者依公司法规定对该出资承担连带责任的发起人为被执行人，由其在未依法出资的范围内承担责任（第19条）。

15）一人有限责任公司的财产不足以清偿执行依据确定的债务，股东不能证明公司财产独立于自己的财产的，法院可以变更、追加该股东为被执行人，由其对公司债务承担连带责任（第20条）。

16）公司未经清算即办理注销登记，导致公司无法进行清算的，法院可以变更、追加有限责任公司的股东、股份有限公司的董事和控股股东为被执行人，由其对公司债务承担连带清偿责任（第21条）。

17）法人或者非法人组织被注销或者出现被吊销营业执照、被撤销、被责令关闭、歇业等解散事由后，其股东、出资人或者主管部门无偿接受其财产，致使该被执行人无遗留财产或者遗留财产不足以清偿债务的，法院可以变更、追加该股东、出资人或者主管部门为被执行人，由其在接受的财产范围内承担责任。

18）法人或者非法人组织未经依法清算即办理注销登记，在登记机关办理注销登记时，第三人书面承诺对被执行人的债务承担清偿责任的，法院可以变更、追加该第三人为被执行人，由其在承诺范围内承担清偿责任。

19）执行过程中，第三人向执行法院书面承诺自愿代被执行人履行执行依据确定的债务的，法院可以变更、追加该第三人为被执行人，由其在承诺范围内承担责任。

20）法人或者非法人组织的财产依行政命令被无偿调拨、划转给第三人，致使该被执行人财产不足以清偿执行依据确定的债务的，法院可以变更、追加该第三人为被执行人，由其在接受的财产范围内承担责任等。

（4）执行当事人变更和追加的程序。

申请人申请变更、追加当事人，应当向执行法院提交书面申请及相关证据材料。[①]

[①] 执行法院审查变更、追加被执行人的申请期间，申请执行人申请对被申请执行人的财产采取查封、扣押、冻结措施的，执行法院应当参照适用《民事诉讼法》第103条。

申请执行人在申请变更、追加第三人前，向执行法院申请查封、扣押、冻结该第三人财产的，执行法院应当参照适用《民事诉讼法》第104条。

除事实清楚、权利义务关系明确、争议不大的案件外，执行法院应当组成合议庭审查并公开听证。经审查，理由成立的，裁定变更、追加；理由不成立的，裁定驳回。

执行法院应当在自收到书面申请之日起 60 日内作出裁定。有特殊情况，需要延长的，由本院院长批准。

（5）复议程序。

申请人、被申请人或者其他执行当事人对执行法院作出的变更、追加裁定或者驳回申请裁定不服的，可以在自裁定书送达之日起 10 日内向上一级法院申请复议，但依据《关于民事执行中变更、追加当事人若干问题的规定》第 32 条应当提起诉讼的除外。

上一级法院对复议申请应当组成合议庭审查，并在自收到申请之日起 60 日内作出复议裁定。有特殊情况，需要延长的，由本院院长批准。

被裁定变更、追加的被申请人申请复议的，在复议期间，法院不得对其争议范围内的财产进行处分。申请人请求法院继续执行并提供相应担保的，法院可以准许。

（6）变更或追加执行当事人异议之诉。

被申请人或者申请人对执行法院依据《关于民事执行中变更、追加当事人若干问题的规定》第 14 条第 2 款、第 17～21 条规定作出的变更、追加裁定或者驳回申请裁定不服的，可以自裁定书送达之日起 15 日内，向执行法院提起执行异议之诉。被申请人提起执行异议之诉的，以申请人为被告。申请人提起执行异议之诉的，以被申请人为被告（第 32 条）。①

对于被申请人提起的执行异议之诉，法院经审理，按照下列情形分别处理：（1）理由成立的，判决不得变更、追加被申请人为被执行人或者判决变更责任范围；（2）理由不成立的，判决驳回诉讼请求。

在诉讼期间，法院不得对被申请人争议范围内的财产进行处分。申请人请求法院继续执行并提供相应担保的，法院可以准许。

对于申请人提起的执行异议之诉，法院经审理，按照下列情形分别处理：1）理由成立的，判决变更、追加被申请人为被执行人并承担相应责任或者判决变更责任范围；2）理由不成立的，判决驳回诉讼请求。

（三）其他执行参与人

其他执行参与人是指除执行法院和执行当事人以外的参与执行的自然人、法人

① 【习题】周某设立了皓星一人有限公司。周某和吴某因为债务纠纷起诉到法院，法院判处周某还给吴某 300 万元，吴某向法院申请强制执行周某的财产，不足以偿还，但发现皓星公司账户有 200 万元，且发现周某的财产与皓星公司的财产混同，遂向法院申请追加皓星公司为被执行人。下列法院做法正确的是？（　　）
A. 法院可以追加皓星公司为被执行人　　B. 法院不可以追加皓星公司为被申请人
C. 如果对法院裁定不服，可以另行起诉　　D. 如果对法院裁定不服，可以向上一级法院申请复议
［2020 年国家统一法律职业资格考试试卷二（真题回忆版）；参考答案为 AC］

和非法人组织，如执行第三人、协助执行人［参见本书第三十章第三节二（一）］、执行见证人、诉讼代理人、证人和翻译人等。

此处所谓执行第三人，专指执行当事人以外的，因法院执行行为而认为自己的权利受到侵害的第三人。执行第三人主要有两种情形：（1）虽是案外人但对执行标的之全部或一部拥有所有权或者其他足以排除执行的权利（可以通过案外人异议和案外人异议之诉等获得救济）；（2）法院执行程序违法，进而导致第三人受到损害，比如执行法院将第三人违法变更或者追加为当事人（第三人有权提出执行异议来请求法院撤销违法裁定）。

被执行人的工作单位或者被执行财产所在地的基层组织，按照法院的通知，应当指派其工作人员为执行见证人。被执行人为未成年人的，其成年家属为执行见证人。执行见证人有权了解见证事项，要求补偿因见证所支出的必要费用和受到的损失（由债务人承担）。执行见证人应当及时到达执行现场，如实见证，并在执行笔录上签名或者盖章。

二、执行依据

（一）执行依据的含义和构成要件

民事执行的本质是法院强制被执行人履行债务以实现债权人的债权，所以法院行使执行权和债权人行使请求权应以债权人享有合法债权或者实体请求权为前提，执行依据则是确定和证明债权或者实体请求权合法存在的根据。

执行依据是指法院据以强制执行的法律文书，可被称为执行名义、债务名义、执行令状等。能够成为执行依据的法律文书应当具备以下要件：（1）应是法律规定可以强制执行的法律文书；（2）应是确定的或者生效的；（3）应当具有明确的权利义务主体和给付内容（见下图）。

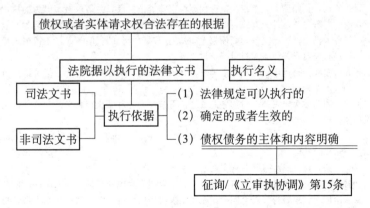

执行依据多不附条件，但也有附条件的。执行依据附条件的情形主要有二：（1）执行依据所确定的债权附条件；（2）执行依据本身附有条件（比如执行依据确

定债权人应当提供担保，在债权人提供担保后，执行依据才可被执行）。①

执行依据既有附期限的也有不附期限的。附期限的执行依据通常是指执行依据本身附有开始履行的期间。于附始期的执行依据，于期限届至才可执行②，在特殊情况下，比如有证据证明被执行人可能潜逃或者隐匿财产，可在期限届至前开始执行。

（二）执行依据的种类

1. 法院制作的执行依据（司法文书）

主要有：（1）我国法院制作的民事判决、裁定、调解书，民事决定书③，支付令，以及刑事附带民事判决、裁定、调解书，刑事裁判涉财产部分。（2）我国法院裁定承认和执行的外国司法裁判书（法院制作的判决、裁定等）和外国司法外裁决书（仲裁裁决、调解协议④、公证书等）。（3）我国大陆（内地）法院裁定承认和执行的我国港、澳、台地区司法裁判书和司法外裁决书。

2. 其他主体制作的执行依据（非司法文书）

主要有：（1）仲裁裁决书和仲裁调解书。（2）有给付内容并载明债务人愿意接受强制执行承诺的公证债权文书。⑤（3）法律规定可以执行的其他法律文书，比如建设工程承包人对工程款的优先受偿权，可以不通过审判程序而通过申请法院拍卖的方式实现（《民法典》第807条）。⑥

（三）法院制作的执行依据的征询

《执行法草案》第14条第2、3款规定：执行依据未明确权利义务主体或者给付内容的，执行法院可以要求作出机关或者机构通过说明、补正裁定、补充判决等方式明确。无法通过上述方式明确的，当事人可以通过诉讼、仲裁等方式取得新的

---

① 执行名义本身所附条件应是停止条件。若执行名义附解除条件，则此条件一成就，执行名义就失去效力。执行名义本身附有的停止条件的成就，是开始执行的要件，并非债权的实质要件。若停止条件没有成就，就开始执行，则债务人有权在执行程序结束前提出异议，并请求撤销已为的执行行为。在债务人提出异议时，若停止条件成就或者债权人已完成对待给付，则已实施的执行行为有效。在执行程序结束后，债务人已全部履行义务，而债权人尚未完成对待给付的，债务人虽不得请求撤销已实施的执行行为，但仍有权要求债权人履行对待给付义务。

② 否则，债务人有权在执行程序结束前提出异议，并请求撤销已为的执行行为，但是该执行行为在撤销前期限届至的，不予撤销。

③ 诉讼费用决定书和罚款决定书并非对债务的处理，可被视为特殊的执行名义，对此予以执行不受申请执行期限和债权消灭时效的限制。

④ 比如，《新加坡调解公约》（United Nations Convention on International Settlement Agreements Resulting from Mediation）第3条。

⑤ 《公证法》第37条，《公证程序规则》（司法部令第145号）第39、55条。

⑥ 再如，《民间借贷》第23条规定：当事人以订立买卖合同作为民间借贷合同的担保，借款到期后借款人不能还款，出借人请求履行买卖合同的，人民法院应当按民间借贷法律关系审理。当事人根据法庭审理情况变更诉讼请求的，人民法院应当准许。按照民间借贷法律关系审理作出的判决生效后，借款人不履行生效判决确定的金钱债务，出借人可以申请拍卖买卖合同标的物，以偿还债务。就拍卖所得的价款与应偿还借款本息之间的差额，借款人或者出借人有权主张返还或者补偿。

执行依据后申请执行。

依据《立审执协调》第 15 条，执行机构发现本院作出的生效法律文书执行内容不明确的，应书面征询审判部门的意见。审判部门应在 15 日内作出书面答复或者裁定予以补正。审判部门未及时答复或者不予答复的，执行机构可层报院长督促审判部门答复。

执行内容不明确的生效法律文书是上级法院作出的，执行法院的执行机构应当层报上级法院执行机构，由上级法院执行机构向审判部门征询意见。审判部门应在 15 日内作出书面答复或者裁定予以补正。上级法院的审判部门未及时答复或者不予答复的，上级法院执行机构层报院长督促审判部门答复。

执行内容不明确的生效法律文书是其他法院作出的，执行法院的执行机构可以向作出生效法律文书的法院执行机构发函，由该法院执行机构向审判部门征询意见。审判部门应在 15 日内作出书面答复或者裁定予以补正。审判部门未及时答复或者不予答复的，作出生效法律文书的法院执行机构层报院长督促审判部门答复。

三、执行标的

（一）执行标的之含义

执行标的（又称执行客体、执行对象）是指按照执行程序，用以实现债权人债权的，债务人有权处分的财产（权）或者其应履行的行为。

构成执行标的之财产（权）或者行为应当是：（1）债务人有权处分的财产（权）或其应履行的行为[①]（所以所有权、使用权不明的财产不属于执行标的）；（2）被记载在执行依据之中或者被法院合法裁定为执行标的；（3）用以履行执行债权。

在我国，成为执行对象的财产（权）包括金钱、物和民事权益[②]，可以是有形财产和无形财产（比如网络数据、网络虚拟财产等）；成为执行对象的行为包括作为和不作为，可以是可替代行为和不可替代行为。

《执行法草案》第 103 条规定：执行依据确定机关法人履行债务的，机关法人必须履行。债务已经列入预算的，可以执行财政部门依照预算列支划拨的资金；尚未纳入预算的，可以通知被执行人和财政部门将该债务纳入当年或者下一年度预算。

① 比如，被执行人因空难而死亡的，空难死亡赔偿金非其遗产。依据《关于空难死亡赔偿金能否作为遗产处理的复函》（〔2004〕民一他字第 26 号），空难死亡赔偿金是基于死者死亡对死者近亲属所支付的赔偿，获得空难死亡赔偿金的权利人是死者近亲属，而非死者。
② 比如，依据《实施通知》，被执行人的债权作为其财产的重要组成部分，是其债务的一般担保，不能豁免执行。

（二）执行标的之有限性

（1）为尊重人权，禁止或者限制对人采取直接执行（禁止对债务人或者应替债务人清偿债务之人的身体、自由进行执行），对人执行限于间接执行或者替代执行。①

（2）攸关债务人及其所扶养家属基本权益的债务人财产（权）为执行豁免财产（权），主要包括：1）生活、医疗、学习的必需物品②（如衣服、家具、炊具、餐具、房屋等）和必需费用（依照当地最低生活保障标准确定）③；2）从事职业所必需的物品；3）勋章或者其他表彰被执行人荣誉的物品④等。

（3）有关公共利益的财产（权）不能成为执行标的，比如，土地所有权；耕地、宅基地、自留地、自留山等集体所有的土地使用权（法律规定可以执行的除外）；学校、幼儿园、医院等以公益为目的之事业单位、社会团体的教育设施、医疗卫生设施和其他社会公益设施；金融机构的营业场所；不融通物（如黄金白银、毒品赃物、国家文物等）等。

不得执行以下资金或者存款：金融机构交存在中国人民银行的存款准备金和备付金（《执行规定》第27条）；社会保险基金⑤；国有企业下岗职工基本生活保障资金⑥；国库库款⑦；工会经费和"工会经费集中户"的款项（不应作为所在企业的财产被执行)⑧；（非因法定原因不得强制执行）信托财产（《信托法》第17条）；

---

① 将人的身体作为执行对象的赞同者，常以"命债务人交出子女或者被诱人"为其立论的典型例子。但是，离婚案件中法院将子女判由夫或者妻直接抚养，或者法院判决债务人交出被诱人，实际上是对交出子女或者被诱人的行为予以执行，即执行对象是行为，并非子女或者诱人的人身。
　《婚姻家庭》第68条规定：对于拒不协助另一方行使探望权的有关个人或者组织，可以由人民法院依法采取拘留、罚款等强制措施，但是不能对子女的人身、探望行为进行强制执行。
② 对生活所必需的居住房屋，法院可以查封，但不得拍卖、变卖或者抵债（《查封规定》第4条）。
③ 《保障农民工工资支付条例》（国务院令第724号）（自2020年5月1日起施行）第33条规定："除法律另有规定外，农民工工资专用账户资金和工资保证金不得因支付为本项目提供劳动的农民工工资之外的原因被查封、冻结或者划拨。"
　依据《关于做好防止农民工工资专用账户资金和工资保证金被查封、冻结或者划拨有关工作的通知》（人社部发〔2020〕93号），农民工工资专用账户资金和工资保证金是指有关单位在银行业金融机构开设的农民工工资专用账户和工资保证金账户（以下简称两类账户）中存储的专项用于支付为本项目提供劳动的农民工工资的资金；对农民工工资专用账户中明显超出工程施工合同约定并且明显超出足额支付该项目农民工工资所需全部人工费的资金，对工资保证金账户中超出工资保证金主管部门公布的资金存储规定部分的资金，法院经认定可依法采取冻结或者划拨措施。
④ 参见易继明、周琼：《论具有人格利益的财产》，载《法学研究》，2008（1）；冷传莉：《论人格物之实体与程序制度的建构》，载《法学评论》，2010（3）。
⑤ 参见《关于在审理和执行民事、经济纠纷案件时不得查封、冻结和扣划社会保险基金的通知》（法〔2000〕19号）。
⑥ 参见《关于严禁冻结或划拨国有企业下岗职工基本生活保障资金的通知》（法〔1999〕228号）。
⑦ 参见《中国人民银行关于对查询、冻结、扣划国库库款有关问题的复函》（银函〔1999〕48号）。
⑧ 参见《关于产业工会、基层工会是否具备社团法人资格和工会经费集中户可否冻结划拨的批复》（法复〔1997〕6号）（2020年修改）。

（非因特定原因不得执行）旅行社质量保证金[①]；（非因基金财产本身承担的债务，不得执行）证券投资基金财产（《证券投资基金法》第 7 条）；信用证开证保证金（可冻结，不得扣划）[②]；银行承兑汇票保证金（可以冻结，不得扣划）[③]；证券公司缴存于中国证券登记结算有限责任公司的结算备付金[④]；证券交易保证金（不得冻结、扣划，但失去保证金作用的除外)[⑤]；信用卡账户[⑥]；财政经费账户[⑦]；空难死亡赔偿金；企业党组织的党费[⑧]；军队、武警部队一类保密单位开设的"特种预算存款""特种其他存款"和连队账户的存款[⑨]；封闭贷款结算专户中的款项[⑩]；期货公司在期货交易所或者客户在期货公司保证金账户中的资金（《期货纠纷》第 59 条）等。

不能成为执行标的之财产（权）还有：被执行人未公开的发明或者未发表的著作；法院受理破产申请后有关债务人财产（执行中止）（《破产法》第 19 条）；我国缔结或者参加的国际条约中规定免于查封、扣押、冻结的财产；我国法律或者司法解释禁止执行的其他财产（权）。

（三）执行标的之变更

执行标的之变更是指执行依据确定或者生效后，执行依据中所确定的执行标的发生变易或者灭失，法院裁定以被执行人的（其他）财产来执行。执行标的变更主要是变更作为执行标的之特定物和不可替代行为。[⑪]

在我国关于执行标的变更的情形主要有：

（1）执行标的物为特定物的，应当执行原物。原物已经毁损或者灭失的，经双

---

① 参见《关于执行旅行社质量保证金问题的通知》（法〔2001〕1 号）。

② 参见《关于人民法院能否对信用证开证保证金采取冻结和扣划措施问题的规定》（法释〔1997〕4 号）（2020 年修改）。

③ 参见最高人民法院、中国人民银行《关于依法规范人民法院执行和金融机构协助执行的通知》（法发〔2000〕21 号）。

④ 参见《关于冻结、扣划证券交易结算资金有关问题的通知》（法〔2004〕239 号）第 2 条。

⑤ 参见《关于冻结、划拨证券或期货交易所、证券登记结算机构、证券经营或期货经纪机构清算账户资金等问题的通知》（法发〔1997〕27 号）。

⑥ 参见中国人民银行《关于金融机构协助冻结、扣划信用卡账户款项有关问题的批复》（银办函〔1996〕30 号）。

⑦ 参见《关于审理军队、武警部队、政法机关移交、撤销企业和与党政机关脱钩企业相关纠纷案件若干问题的规定》（注释〔2001〕8 号）（2020 年修改）第 10 条。

⑧ 参见《关于强制执行中不应将企业党组织的党费作为企业财产予以冻结或划拨的通知》（法〔2005〕209 号）。

⑨ 参见中国人民银行、最高人民法院、最高人民检察院、公安部《关于查询、冻结、扣划企业事业单位、机关、团体银行存款的通知》（银发〔1993〕356 号）。

⑩ 参见《关于执行〈封闭贷款管理暂行办法〉和〈外经贸企业封闭贷款管理暂行办法〉中应注意的几个问题的通知》（法发〔2000〕4 号）。

⑪ 金钱和种类物作为执行标的可能发生数量（执行标的额）的变化，但无须变更执行标的。比如，《人身损害赔偿》第 21 条第 1 款规定：人民法院应当在法律文书中明确期金的给付时间、方式以及每期给付标准。执行期间有关统计数据发生变化的，给付金额应当适时进行相应调整。

方当事人同意，可以折价赔偿。①

（2）有关单位或者自然人持有的执行依据指定交付的财物或者票证，因其过失而被毁损或者灭失的，法院可责令其赔偿；拒不赔偿的，法院可按该财物或者票证的价值强制执行。

（3）对不可替代行为，被执行人拒不实施而给债权人造成损害的，由被执行人承担损害赔偿的民事责任，从而将不可替代行为的执行转换为对被执行人财产的执行。

判决确定后发生客观变化致使判决的内容与客观情况不符，比如判决确定后诉讼标的物发生位移，执行标的物确已变质、损坏或者灭失等，不属于判决本身的错误的，基于顺利执行的考虑，当事人可以申请或者法院可以依职权裁定变更执行标的。

第三节　执行管辖·委托执行·执行和解·执行担保

一、执行管辖

审判机构与执行机构分立的体制中，审判管辖与执行管辖无须同一，为实现执行目的，应以被执行财产所在地或者被执行人住所地的法院为执行管辖法院。

（一）级别管辖和地域管辖

我国是根据执行目的并按照执行依据的种类来确定执行管辖法院的：

（1）法院作出的民事判决书、裁定书、调解书和刑事判决书、裁定书中的财产部分，由一审法院或者与一审法院同级的被执行的财产所在地法院执行（《民事诉讼法》第235条）。② 被执行的财产在与一审法院同级的多个法院的辖区内的，应由主要财产所在地的法院执行；若被执行的数项财产价值相差不大，则由不动产所在地的法院执行。

（2）法院作出的实现担保物权裁定书、确认调解协议裁定书、支付令，由作出裁定书、支付令的法院或者与其同级的被执行财产所在地的法院执行。对于认定财产无主的判决，由作出判决的法院将无主财产收归国家或者集体所有（《民诉解释》第460条）。

（3）法院关于财产保全、行为保全、先予执行的裁定书，民事制裁决定书，由

---

① 依据《立审执协调》第14条，双方当事人对折价赔偿不能协商一致的，按照下列方法处理：（1）原物毁损或者灭失发生在最后一次法庭辩论结束前的，执行机构应当告知当事人可通过审判监督程序救济；（2）原物毁损或者灭失发生在最后一次法庭辩论结束后的，执行机构应当终结执行程序并告知申请执行人可另行起诉。无法确定原物在最后一次法庭辩论结束前还是结束后毁损或者灭失的，按照前述第2项规定处理。双方对折价赔偿不能协商一致的，《民诉解释》第492条仅规定，法院应当终结执行，申请执行人可以另行起诉。实务中，按照《立审执协调》第14条的规定处理。
② 《关于刑事裁判涉财产部分执行的若干规定》（法释〔2014〕13号）第2条规定：刑事裁判涉财产部分，由第一审人民法院执行。第一审人民法院可以委托财产所在地的同级人民法院执行。

作出裁定书、决定书的法院执行。①

（4）通常的仲裁裁决书和仲裁调解书，由被执行的财产所在地或者被执行人住所地的中级法院执行（《仲裁解释》第29条）。②农村土地承包经营纠纷仲裁调解书、仲裁裁决书，由被执行人住所地或者被执行财产所在地的基层法院执行。

（5）经公证的债权文书，由被执行人住所地或者被执行财产所在地的法院执行。其级别管辖，参照法院受理第一审民商事案件的级别管辖的规定确定。

（6）外国司法文书和非司法文书，经我国法院承认并应在我国执行的，由被执行财产所在地或者被执行人住所地的中级法院执行（《民事诉讼法》第298、304条）。

（7）我国港、澳、台地区司法文书和非司法文书，经大陆（内地）法院承认并应在大陆（内地）执行的，由被执行财产所在地或者被执行人住所地的中级法院执行。

（二）管辖冲突和管辖异议

对两个以上法院都有管辖权的执行案件，法院在立案前发现其他有管辖权的法院已经立案的，不得重复立案。立案后发现其他有管辖权的法院已经立案的，应当撤销案件；已经采取执行措施的，应当将控制的财产交先立案的执行法院处理（《执行解释》第2条）。

法院之间因执行管辖权发生争议的，由双方协商解决；协商不成的，报请双方共同的上级法院指定管辖（《执行规定》第14条）。基层法院和中级法院管辖的执行案件，因特殊情况需要由上级法院执行的，可以报请上级法院执行（《执行规定》第15条）。

法院受理执行申请后，当事人对管辖权有异议的，应当在自收到执行通知书之日起10日内提出。异议成立的，法院应将案件移送有管辖权的法院，或者申请执行人撤回申请（《执行立案结案》第18条）；异议不成立的，法院应裁定驳回。当事人对裁定不服的，可以向上一级法院申请复议。在管辖权异议审查和复议期间，不停止执行（《执行解释》第3条）。

二、委托执行

（一）委托执行的内涵和要件

根据《民事诉讼法》第240条和《关于委托执行若干问题的规定》（法释〔2011〕11号）（2020年修改）等，委托执行是指有管辖权的执行法院（委托法院）经调查发现被执行人在本辖区内已无财产可供执行，且在其他省、自治区、直辖市内有可供执行财产的，可以将案件委托异地的同级法院（受托法院）执行。

---

① 《执行解释》第4条规定：对法院采取财产保全措施的案件，申请执行人向采取保全措施的法院以外的其他有管辖权的法院申请执行的，采取保全措施的法院应当将保全的财产交执行法院处理。
② 依据《关于人民法院办理仲裁裁决执行案件若干问题的规定》（法释〔2018〕5号）第2条，符合下列条件的，经上级法院批准，中级法院可以参照《民事诉讼法》第39条指定基层法院管辖：（1）执行标的额符合基层法院一审民商事案件级别管辖受理范围；（2）被执行人住所地或者被执行的财产所在地在被指定的基层法院辖区内。

对于被执行人或者被执行财产不在本法院辖区内的，除委托执行外，也可直接到外地执行（异地执行）。执行法院异地执行时，应当持有其所在辖区高级法院的批准函件（异地采取财产保全措施和查封、冻结等控制性措施的除外），可以请求当地法院协助执行。

（二）受托法院立案

对于委托执行案件，应当由委托法院直接向受托法院办理委托手续，并层报各自所在的高级法院备案。受托法院在收到委托执行函后，应当在 7 日内予以立案。委托法院应当在收到受托法院的立案通知书后作销案处理。

委托执行后，委托法院对被执行人的财产已经采取的查封、扣押、冻结等措施，视为受托法院的查封、扣押、冻结措施。

受托法院如发现委托执行的手续、材料不全，可以要求委托法院补办。委托法院既不补办又不说明原因的，被视为撤回委托，受托法院可以将委托材料退回委托法院（并作销案）。委托法院在案件退回原因消除之后可以再行委托。

（三）受托法院执行

受托法院在收到委托执行函后，应当在 15 日内开始执行。执行完毕后，应当将执行结果及时函复委托法院。在 30 日内未执行完毕的，应将执行情况函告委托法院。

受托法院自收到委托执行函之日起 15 日内不执行的，委托法院可以请求受托法院的上级法院责令其执行；受托法院无正当理由未能在 6 个月内执结的，申请执行人有权请求受托法院的上一级法院提级执行或者指定执行。

高级法院统一管理跨省、自治区、直辖市辖区的委托和受托执行案件（包括协调委托和受托执行争议），承办需异地执行的有关案件的审批事项等。

三、执行和解

（一）执行和解的含义

执行和解协议属于法定的诉讼契约（《民事诉讼法》第 241 条）。依据《关于执行和解若干问题的规定》（法释〔2018〕3 号）（2020 年修改），执行中，双方当事人可以自愿协商达成和解协议，依法变更生效法律文书确定的权利义务主体与履行标的、期限、地点、方式等内容。①

---

① 【习题】甲诉乙返还 10 万元借款。胜诉后进入执行程序，乙表示自己没有现金，只有一枚祖传玉石可抵债。法院经过调解，说服甲接受玉石抵债。双方达成和解协议并当即交付了玉石。后甲发现此玉石为赝品，价值不足千元，遂申请法院恢复执行。关于执行和解，下列哪些说法是正确的？（　　）
A. 法院不应在执行中劝说甲接受玉石抵债
B. 由于和解协议已经即时履行，法院无须再将和解协议记入笔录
C. 由于和解协议已经即时履行，法院可裁定执行中止
D. 法院应恢复执行
（2014 年国家司法考试试卷三；参考答案为 AD）

执行中，执行法院不得调解。若执行法院调解，则将变更执行依据的内容。这将背离以下原则或者原理：（1）执行法院的职责是执行，不得以裁判或者调解的方式变更执行依据；（2）对执行依据只能以法定的方式或者依法定的程序（如再审程序等）予以变更或者撤销。

（二）达成执行和解协议的要件和变更

执行和解协议的达成需要具备以下要件：

（1）执行当事人有诉讼行为能力，若无则应由其法定代理人为之。委托代理人代为执行和解的，应当有委托人的特别授权。

（2）应当遵循合法原则和自愿原则。执行和解协议违反前者则无效，违反后者则可被撤销或者变更。

（3）执行和解协议一般采用书面形式。无书面协议的，执行人员应将执行和解协议的内容做成笔录，并由双方当事人签字后附卷。

当事人协商一致，可以变更执行和解协议，并向法院提交变更后的协议，或者由执行人员将变更后的内容记入笔录，并由各方当事人签名或者盖章。

当事人达成以物抵债执行和解协议的，法院不得依据该协议作出以物抵债裁定。

（三）中止执行与履行执行和解协议

执行和解协议达成后，有下列情形之一，法院可以裁定中止执行：（1）各方当事人共同向法院提交书面和解协议的；（2）一方当事人向法院提交书面和解协议，其他当事人予以认可的；（3）当事人达成口头和解协议，执行人员将和解协议内容记入笔录，由各方当事人签名或者盖章的。中止执行后，申请执行人申请解除查封、扣押、冻结的，法院可以准许。

履行执行和解协议过程中，符合《民法典》第570条规定的情形的，债务人可以依法向有关机构申请提存；执行和解协议约定了给付金钱的，债务人也可以向执行法院申请提存。

执行和解协议履行完毕，则执行结案，不予恢复执行。执行和解协议履行完毕，申请执行人因被执行人迟延履行、瑕疵履行而遭受损害的，可以向执行法院另行提起诉讼。

依据《关于进一步规范近期执行工作相关问题的通知》（法〔2018〕141号），执行和解协议，需要长期履行的，可以以终结执行方式（选择"和解长期履行"情形）报结。

（四）不履行执行和解协议时的处理

被执行人一方不履行执行和解协议的，申请执行人可以申请恢复执行原生效法律文书，也可以就履行执行和解协议向执行法院提起诉讼。恢复执行后，对申请执行人就履行执行和解协议提起的诉讼，法院不予受理。①

1. 申请恢复执行原生效法律文书

执行和解协议在性质上仅是当事人之间达成的协议，没有既判力和执行力，不是执行依据，因此，有下述情形之一的，申请执行人可以申请恢复执行原生效法律文书：

（1）申请执行人以被执行人一方不履行执行和解协议为由申请恢复执行，法院经审查，理由成立的，裁定恢复执行。但是，有下列情形之一的，裁定不予恢复执行：1）执行和解协议履行完毕后申请恢复执行的；2）执行和解协议约定的履行期限尚未届至或者履行条件尚未成就的，但符合《民法典》第578条规定情形的除外；3）被执行人一方正在按照执行和解协议的约定履行义务的；4）其他不符合恢复执行条件的情形。

（2）申请执行人以执行和解协议无效或者应予撤销为由，申请恢复执行。当事人、利害关系人认为执行和解协议无效或者应予撤销的，可以向执行法院提起诉讼。执行和解协议被确认无效或者撤销后，申请执行人可以据此申请恢复执行。被执行人以执行和解协议无效或者应予撤销为由提起诉讼的，不影响申请执行人申请恢复执行。

申请恢复执行原生效法律文书，以恢复执行方式立案，适用《民事诉讼法》第250条规定的申请执行期间。申请执行期间因达成执行中的和解协议而中断，其期间自执行和解协议约定履行期间的最后一日起重新计算（《民诉解释》第466条）。

当事人、利害关系人认为恢复执行或者不予恢复执行违反法律规定的，可以依照《民事诉讼法》第236条的规定提出异议。

恢复执行后，执行和解协议已经履行的部分应当依法予以扣除。当事人、利害关系人认为法院的扣除行为违反法律规定的，可以依照《民事诉讼法》第236条的规定提出异议。

《关于执行和解若干问题的规定》第18条规定，执行和解协议中约定担保条款，且担保人向法院承诺在被执行人不履行执行和解协议时自愿接受直接强制执行的，恢复执行原生效法律文书后，法院可以依申请执行人申请及担保条款的约定，直接裁定执行担保财产或者保证人的财产。

2. 就履行执行和解协议向执行法院提起诉讼

申请执行人就履行执行和解协议提起诉讼，执行法院受理后，可以裁定终结原

---

① 【习题】A区甲起诉B区乙，C区法院判决甲胜诉，甲申请C区法院强制执行，执行中甲与乙达成和解协议，法院中止执行，但和解协议部分履行后甲与乙产生争议。下列说法正确的是？（　　）
　　A. 甲可就和解协议向C区法院起诉　　　　B. 甲可就和解协议向B区法院起诉
　　C. 甲可就和解协议向C区法院申请恢复执行　D. 和解协议已部分履行，甲不能申请恢复强制执行
[2020年国家统一法律职业资格考试试卷二（真题回忆版）；参考答案为A]

生效法律文书的执行。执行中的查封、扣押、冻结措施，自动转为诉讼中的保全措施。

（五）对特殊情形的处理

执行过程中，被执行人对于当事人自行达成但未提交法院的和解协议，或者一方当事人提交法院但其他当事人不予认可的和解协议，依照《民事诉讼法》第236条的规定提出异议的，法院按照下列情形，分别处理：

（1）和解协议履行完毕的，裁定终结原生效法律文书的执行；

（2）和解协议约定的履行期限尚未届至或者履行条件尚未成就的，裁定中止执行，但符合《民法典》第578条规定情形的除外；

（3）被执行人一方正在按照和解协议的约定履行义务的，裁定中止执行；

（4）被执行人不履行和解协议的，裁定驳回异议；

（5）和解协议不成立、未生效或者无效的，裁定驳回异议。

四、执行担保

（一）执行担保的内涵和要件

根据《民事诉讼法》第242条和《关于执行担保若干问题的规定》[①]（法释〔2018〕4号）（2020年修改）第1条，执行担保是指担保人为担保被执行人履行生效法律文书确定的全部或者部分义务，向法院提供的担保。

申请执行担保应当具备以下要件，才能产生预期法律效果：

（1）执行担保可以由被执行人或者他人提供财产担保，也可以由他人提供保证，但是担保人应当具有代为履行或者代为承担赔偿责任的能力。

（2）被执行人或者他人提供财产担保的，应当参照《民法典》的有关规定办理相应手续。被执行人或者他人提供执行担保的，应当向执行法院出具保证书或者担保书并将其副本送交申请执行人。

担保书中应当载明担保人的基本信息、暂缓执行期限、担保期间、被担保债权的种类及数额、担保范围、担保方式、被执行人于暂缓执行期限届满后仍不履行时担保人自愿接受直接强制执行的承诺等内容。

提供财产担保的，担保书中还应当载明担保财产的名称、数量、质量、状况、所在地、所有权或者使用权归属等内容。

应当注意，公司为被执行人提供执行担保的，应当提交符合《公司法》第16条规定的公司章程、董事会或者股东会、股东大会决议。

---

① 被执行人申请变更、解除全部或者部分执行措施，并担保履行生效法律文书确定的义务的，参照适用该规定。

（3）应当经债权人同意。① 被执行人或者他人提供执行担保，申请执行人同意的，应当向法院出具书面同意意见，也可由执行人员将其同意的内容记入笔录，并由申请执行人签名或者盖章。

被执行人或者他人提供财产担保，可以依照《民法典》的规定办理登记等担保物权公示手续；已经办理公示手续的，申请执行人可以依法主张优先受偿权。

申请执行人申请法院查封、扣押、冻结担保财产的，法院应当准许，但担保书另有约定的除外。

（二）暂缓执行和恢复执行

法院决定暂缓执行的，可以暂缓全部执行措施的实施，但担保书另有约定的除外。暂缓执行的期限应当与担保书的约定一致，但最长不得超过1年。在暂缓执行期限内，债务人可以主动履行债务，恢复执行的，法院强制执行未履行部分。

担保书的内容与事实不符，且对申请执行人的合法权益产生实质影响的，法院可以依申请执行人的申请恢复执行。

暂缓执行期限届满后被执行人仍不履行义务，或者暂缓执行期间担保人有转移、隐藏、变卖或者毁损担保财产等行为的，法院可以依申请执行人的申请恢复执行，并直接裁定执行担保财产或者保证人的财产，不得将担保人变更或者追加为被执行人。

执行担保财产或者保证人的财产，以担保人应当履行义务部分的财产为限。被执行人有便于执行的现金、银行存款的，应当优先执行该现金、银行存款。担保人承担担保责任后，提起诉讼，向被执行人追偿的，法院应予受理。

（三）担保期间

担保期间自暂缓执行期限届满之日起计算。担保书中没有记载担保期间或者记载不明的，担保期间为1年。

担保期间届满后，申请执行人申请执行担保财产或者保证人的财产的，法院不予支持。他人提供财产担保的，法院可以依其申请解除对担保财产的查封、扣押、冻结。

第四节 执行救济：程序救济与实体救济

我国现行执行救济②主要有：（1）程序救济，比如执行异议、责令限期执行或者变更执行法院等。（2）实体救济，比如执行异议之诉和执行回转（见下页图）。

---

① 因为担保成立后，债权人的债权将被迟延实现，所以法院不能强迫债权人接受担保。
② 包括财产保全执行救济，参见本书第十六章第一节三（三）。

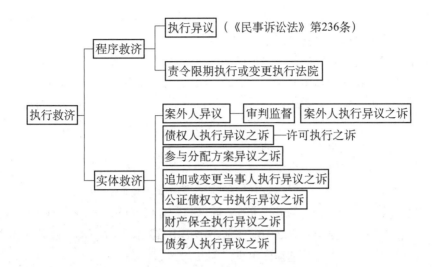

一、执行异议

（一）执行异议的含义

执行异议是指当事人、利害关系人请求纠正或者停止违法执行行为。按照我国现行法，执行异议主要包括当事人、利害关系人执行异议，案外人异议，参与分配方案异议等。在此，仅阐释当事人、利害关系人执行异议。

根据《民事诉讼法》第236条，执行异议是指当事人、利害关系人认为法院的执行行为违反法律规定的，在执行程序结束前，请求执行法院变更或者撤销该违法行为，并作出相应的合法行为。对此，最高人民法院颁行了《执行异议复议》。

根据《民事诉讼法》第236条，执行异议主体有：（1）执行当事人，包括执行依据所载的权利人和义务人，法院依法变更或者追加为当事人的自然人、法人或者非法人组织。（2）利害关系人，即执行当事人以外的因法院违法执行行为而受到侵害或者受到法律上不利影响的自然人、法人或者非法人组织。

依据《关于做好防止农民工工资专用账户资金和工资保证金被查封、冻结或者划拨有关工作的通知》（人社部发〔2020〕93号），当事人、利害关系人（包含有关单位在银行业金融机构开设的农民工工资专用账户和工资保证金账户的监管部门）认为法院查封、冻结或者划拨行为违法的，银行业金融机构认为法院要求其协助执行行为违法的，均可依法向法院提出异议；前述两类账户监管部门提出异议的，在异议审查期间不得查封、冻结或者划拨这两类账户的资金。

（二）当事人、利害关系人执行异议的理由·立案·受理

当事人执行异议的理由是法院的执行行为违反法律规定，比如违反有关申请执行条件、执行期间、执行管辖、公告、终结执行、不予执行、执行依据的范围、执

行标的的有限性、当事人变更或者追加、执行措施（如违法查封和违法限制出境等）、搜查、制作或者送达执行文书等程序的规范。

有下列情形之一，利害关系人可以提出执行行为异议：法院执行行为违法，妨碍其轮候查封、扣押、冻结的债权受偿的；法院拍卖措施违法，妨碍其参与公平竞价的；法院关于拍卖、变卖或者以物抵债的裁定违法，侵害其对执行标的的优先购买权的；法院要求协助执行的事项超出其协助范围或者违反法律规定的；其他合法权益受到法院违法执行行为侵害的。

依据《执行异议复议》第 7 条第 2 款和第 3 款的规定，被执行人以债权消灭、丧失强制执行效力等执行依据生效之后的实体事由提出排除执行异议的，法院应当参照《民事诉讼法》第 236 条进行审查；除《执行异议复议》第 19 条规定的情形①外，被执行人以执行依据生效之前的实体事由提出排除执行异议的，法院应当告知其依法申请再审或者通过其他程序解决。

案外人基于实体权益既对执行标的提出排除执行异议，又作为利害关系人提出执行行为异议的，法院应当依照《民事诉讼法》第 236 条进行审查。案外人既基于实体权益对执行标的提出排除执行异议，又作为利害关系人提出与实体权益无关的执行行为异议的，法院应当分别依照《民事诉讼法》第 236、238 条进行审查。

根据《民事诉讼法》第 236 条和《执行解释》第 5 条，当事人、利害关系人应当在执行过程中提出异议。但是，对终结执行措施或者终结执行行为提出异议的，应当在自收到终结执行法律文书之日起 60 日内提出；未收到法律文书的，应当在自知道或者应当知道法院终结执行之日起 60 日内提出。② 超出前述期限提出执行异议的，法院不予受理。

执行异议符合《民事诉讼法》第 236 条或者第 238 条规定的条件的，法院应当在 3 日内立案，并在立案后 3 日内通知异议人和相关当事人。执行异议申请材料不齐备的，法院应当一次性告知异议人在 3 日内补足，逾期未补足的，不予受理。

《执行异议复议》第 2 条第 3 款规定：异议人对不予受理或者驳回申请裁定不服的，可以在自裁定送达之日起 10 日内向上一级法院申请复议。上级法院审查后认为符合受理条件的，裁定撤销原裁定，指令原法院立案或者审查执行异议。

《执行异议复议》第 3 条规定：法院收到执行异议后 3 日内既不立案又不作出不予受理裁定，或者受理后无正当理由超过法定期限不作出异议裁定的，异议人可以向上一级法院提出异议。上级法院审查后认为理由成立的，应当指令原法院在 3 日内立案或者在 15 日内作出异议裁定。

---

① 《执行异议复议》第 19 条规定，当事人互负到期债务，被执行人请求抵销，请求抵销的债务符合下列情形的，除依照法律规定或者按照债务性质不得抵销的以外，法院应予支持：（1）已经生效法律文书确定或者经申请执行人认可；（2）与被执行人所负债务的标的物种类、品质相同。
② 《关于对人民法院终结执行行为提出执行异议期限问题的批复》（法释〔2016〕3 号）。

（三）法院审查·裁定·复议

法院应当在自收到书面异议之日起 15 日内审查并作出裁定。理由成立的，裁定撤销或者改正执行行为。理由不成立的，裁定驳回异议。法院对执行异议作出裁定时，应当告知相关债权人申请复议的权利和期限。

当事人、利害关系人对裁定不服的，可以在自裁定送达之日起 10 日内向上一级法院书面申请复议。上一级法院应当在自收到复议申请之日起 30 日内审查完毕并作出裁定；有特殊情况，需要延长的，经本院院长批准，延长的期限不得超过 30 日（《执行解释》第 8 条）。

在执行异议、复议案件审查期间，异议人、复议申请人申请撤回异议、复议申请的，是否准许由法院裁定。

当事人、利害关系人对同一执行行为有多个异议事由，但未在异议审查过程中一并提出，在撤回异议或者被裁定驳回异议后，再次就该执行行为提出异议的，法院不予受理。

在执行异议审查期间和复议期间，不停止执行。被执行人、利害关系人提供充分、有效的担保，请求停止相应处分措施的，法院可以准许；申请执行人提供充分、有效的担保，请求继续执行的，应当继续执行。

法院审查执行异议或者复议案件，应当依法组成合议庭。对于指令重新审查的执行异议案件，应当另行组成合议庭。办理执行实施案件的人员不得参与对相关执行异议和复议案件的审查。法院对执行异议和复议案件实行书面审查；案情复杂、争议较大的，应当听证。

法院对执行行为异议，应当按照下列情形，分别处理：异议不成立的，裁定驳回异议；异议成立的，裁定撤销相关执行行为；异议部分成立的，裁定变更相关执行行为；异议成立或者部分成立，但执行行为无撤销、变更内容的，裁定异议成立或者相应部分异议成立。

上级法院对不服异议裁定的复议申请经审查后，按照不同情形，分别处理：异议裁定认定事实清楚、适用法律正确的，裁定驳回复议申请、维持异议裁定；异议裁定认定事实错误或者适用法律错误的，裁定撤销或者变更异议裁定；异议裁定认定基本事实不清、证据不足的，裁定撤销异议裁定，发回重新审查，或者查清事实后作出相应裁定等。

法院认为其实施的执行行为确有错误或者根据新的事实需要撤销或者变更的，应当及时撤销、变更该行为（《执行法草案》第 33 条）。

（四）申请执行监督

依据《关于办理申请执行监督案件若干问题的意见》（法发〔2023〕4 号），当事人、利害关系人对于法院依照《民事诉讼法》第 236 条的规定作出的执行复议裁定不服，应当在执行复议裁定发生法律效力后 6 个月内，向上一级法院申请执行监督，法院应当立案，但是法律、司法解释或者本意见另有规定的除外。

申请人向人民法院申请执行监督，有下列情形之一的，不予受理：（1）针对法院就复议裁定作出的执行监督裁定提出执行监督申请的；（2）在检察院对申请人的申请作出不予提出检察建议后又提出执行监督申请的。

法院审查执行监督案件，一般应当作出执行裁定，但不支持申诉请求的，可以根据案件具体情况作出驳回通知书。

二、责令限期执行或者变更执行法院

根据《民事诉讼法》第 237 条，责令限期执行或者变更执行法院之申请事由是：法院自收到申请执行书之日起超过 6 个月未执行的。

《执行解释》第 10 条规定，有下列情形之一的，上一级法院可以根据申请执行人的申请，责令原法院限期执行或者变更执行法院：

（1）债权人申请执行时被执行人有可供执行的财产，执行法院自收到申请执行书之日起超过 6 个月对该财产未执行完结；

（2）执行过程中发现被执行人有可供执行的财产，执行法院自发现财产之日起超过 6 个月对该财产未执行完结；

（3）对法律文书确定的行为义务的执行，执行法院自收到申请执行书之日起超过 6 个月未依法采取相应执行措施；

（4）其他有条件执行但超过 6 个月未执行的情形。

上述"6 个月"的期间不是从立案之日而是从收到申请执行书之日起算（以防止法院拖延立案），并且不包括执行中的公告期间、鉴定评估期间、管辖争议处理期间、执行争议协调期间、暂缓执行期间和中止执行期间等（《执行解释》第 13 条）。

上一级法院责令执行法院限期执行的，应当向其发出督促执行令，并将有关情况书面通知申请执行人。上一级法院决定由本院执行或者指令本辖区其他法院执行的，应当作出裁定，送达当事人并通知有关法院。

上一级法院责令原法院限期执行，原法院在指定期间内无正当理由仍未执行完结的，上一级法院应当裁定由本院执行或者指令本辖区其他法院执行。

三、案外人（排除执行的）异议

（一）案外人异议的条件

按照《民事诉讼法》第 238 条、《民诉解释》第 463 条等的规定，案外人异议（案外人排除执行的异议）是指执行中，案外人认为对"执行标的"享有民事权益，向执行法院提出不应执行的异议。

案外人对执行标的的异议应当以书面形式提出，还应当符合如下条件：

（1）有权提出执行异议的主体只限于案外人。案外人是指执行当事人以外的因对执行标的之执行而认为自己的民事权益受到损害的第三人。[①]

（2）异议的理由是案外人对执行标的之全部或者一部拥有民事权益，足以排除对执行标的之执行。大体有两类：1）原判决、裁定错误或者违法地将案外人的财产作为债务人的财产；2）执行法院采取执行措施，使案外人不得实现对执行标的之所有权、承包经营权、建设用地使用权、宅基地使用权、地上权、抵押权、质权和留置权等权利。

（3）提出异议的时间应为在执行过程中，通常是在执行程序开始后、异议指向的执行标的执行终结之前；执行标的由当事人受让的，在执行程序终结之前（《执行异议复议》第6条第2款）。

案外人撤回异议或者被裁定驳回异议后，再次就同一执行标的提出异议的，法院不予受理（《执行异议复议》第15条第2款）。

（二）案外人异议的处理程序一：法院执行机构初步审查

对案外人异议的处理，分两步进行：（1）法院执行机构初步审查；（2）对异议的裁定不服的，按照争讼程序审判对执行标的之实体争议。[②]

执行法院应当在自收到书面异议之日起15日内进行初步审查。依据《执行异议复议》第24条，对案外人异议，法院应当审查下列内容：案外人是否系权利人（第25条列举了标准判断）；该权利的合法性与真实性；该权利能否排除执行。

依据《民诉解释》第463条，（1）案外人对执行标的不享有足以排除执行的权益的，法院应裁定驳回其异议；（2）案外人对执行标的享有足以排除执行的权益的，法院应裁定中止执行。在自驳回案外人执行异议的裁定送达案外人之日起15日内，法院不得对执行标的进行处分。

金钱债权执行中，案外人依据在执行标的被查封、扣押、冻结前作出的另案生效法律文书提出排除执行异议的，《执行异议复议》第26条规定了处理办法。

申请执行人对执行标的依法享有对抗案外人的担保物权等优先受偿权的，法院应对案外人提出的排除执行异议不予支持，法律、司法解释另有规定的除外。

在审查案外人异议期间，法院不得对执行标的进行处分。案外人向法院提供充分、有效的担保，请求解除对异议标的的查封、扣押、冻结的，法院可以准许；申请执行人提供充分、有效的担保，请求继续执行的，应当继续执行。因案外人提供担保，而解除查封、扣押、冻结有错误，致使该标的无法执行的，法院可以直接执行担保财产；申请执行人提供担保，请求继续执行有错误，给对方造成损失的，应当予以赔偿。

[①]　若执行当事人对执行标的重新主张权利，则应按再审程序或者其他途径变更或者撤销执行名义。于此际案外人可以主诉讼参加人身份参加诉讼，而不得提出异议。

[②]　关于对案外人异议的处理程序，除下又所述外，上文执行异议部分还有所介绍。

（三）案外人异议的处理程序二：按照争讼程序审判对执行标的之实体争议

法院依照《民事诉讼法》第238条作出裁定时，应当告知相关债权人提起执行异议之诉的权利和期限。案外人对异议的裁定不服的，法院应按照争讼程序审判对执行标的之实体争议：

（1）案外人、当事人认为原判决、裁定错误的，适用审判监督程序。① 对于确有错误的支付令、仲裁裁决和公证债权文书，按照法定程序予以撤销或者纠正。

依据《民诉解释》第301条第1款，第三人（根据《民事诉讼法》第59条第3款）提起撤销之诉后，执行法院没有中止执行生效判决、裁定、调解书的②，对第三人根据《民事诉讼法》第238条提出的执行异议，应予审查。第三人不服驳回执行异议裁定，申请再审原判决、裁定、调解书的，法院不予受理。

（2）与原判决、裁定无关的③，案外人、当事人可在自裁定送达之日起15日内向"执行法院"提起异议之诉，由其审判。④

在审判对执行标的之实体争议期间，法院应当裁定中止执行（防止继续执行给案外人或者被执行人造成损害）；债权人提供充足担保的，可以继续执行。再审之诉或者异议之诉因不合法或者无理由而被驳回的，执行程序继续进行。

四、执行程序中的异议之诉

执行程序中的异议之诉是以"诉"的方式和依"争讼程序"审判执行中产生的实体争议，属于实体救济的范畴。在我国，执行程序中的异议之诉主要包括案外人（第三人）执行异议之诉，债权人（申请执行人）执行异议之诉（许可执行之诉），执行分配方案异议之诉，追加、变更当事人执行异议之诉，公证债权文书执行异议

① 依据王某诉徐某、北京市金陆房地产发展有限责任公司案外人执行异议之诉案（最高人民法院指导案例156号），案外人对登记在被执行的房地产开发企业名下的商品房请求排除强制执行的，可以选择适用《执行异议复议》第28条（规定不动产买受人排除金钱债权执行的权利）或者第29条（规定消费者购房人排除金钱债权执行的权利）。
笔者认为，案外人不是原判决、裁定的当事人或者原审言词辩论终结后的诉讼承继人的，不得提请再审，也不能成为再审当事人，但是，可以请求法院或者检察院启动再审程序，由法院依职权启动再审程序，或者由检察院提起抗诉以启动再审程序。还有一种做法是，案外人提起（第三人）异议之诉。
② 依据《民诉解释》第297条，受理第三人撤销之诉案件后，原告提供相应担保，请求中止执行的，法院可以准许。
③ 依据王某诉中天建设集团有限公司、白山和丰置业有限公司案外人执行异议之诉案（最高人民法院指导案例154号），在建设工程价款强制执行过程中，房屋买受人对强制执行的房屋提起案外人执行异议之诉，请求确认其对案涉房屋享有可以排除强制执行的民事权益，但不否定原生效判决确认的债权人所享有的建设工程价款优先受偿权的，属于《民事诉讼法》（2021年修订）第234条（现为第238条）规定的"与原判决、裁定无关"的情形，法院应予依法受理。
④ 依《制裁规避执行》第9条第2款，案外人向执行法院之外的其他法院起诉，其他法院已经受理、尚未作出裁判的，应当中止审理或者撤销案件，并告知案外人向作出查封、扣押、冻结裁定的执行法院起诉。

之诉等。① 此处仅阐释案外人执行异议之诉和债权人执行异议之诉（关于其他执行异议之诉在本编相应部分阐释）。

（一）案外人（第三人）执行异议之诉和债权人执行异议之诉的提起和立案

按照我国现行法，案外人提起执行异议之诉和债权人提起执行异议之诉以案外人异议为前提条件。

案外人提起执行异议之诉，除应符合《民事诉讼法》第 122 条规定的起诉条件外，还应具备下列条件：（1）案外人异议已被法院裁定驳回；（2）有明确的排除对执行标的的执行的诉讼请求，且诉讼请求与原判决、裁定无关；（3）在自对异议的裁定送达之日起 15 日内提起；（4）由执行法院管辖。

依据《民诉解释》第 301 条第 2 款，案外人对法院驳回其执行异议的裁定不服，认为原判决、裁定、调解书的内容错误，损害其合法权益的，应当根据《民事诉讼法》第 238 条的规定申请再审，提起第三人撤销之诉的，法院不予受理。

案外人执行异议之诉的被告是申请执行人。被执行人反对案外人异议的，被执行人为共同被告；被执行人不反对案外人异议的，可以被列为第三人。

申请执行人提起执行异议之诉，除应符合《民事诉讼法》第 122 条规定的起诉条件外，还应具备下列条件：（1）依案外人异议，法院裁定中止执行；（2）有明确的对执行标的继续执行的诉讼请求，且诉讼请求与原判决、裁定无关；（3）在自对异议的裁定送达之日起 15 日内提起；（4）由执行法院管辖。

申请执行人执行异议之诉的被告是案外人。被执行人反对申请执行人的主张的，以案外人和被执行人为共同被告；不反对申请执行人的主张的，可以列被执行人为第三人。②

申请执行人对中止执行裁定未提起执行异议之诉，被执行人提起执行异议之诉的，法院应告知其另行起诉。

法院对执行标的裁定中止执行后，申请执行人在法律规定的期间内未提起执行

---

① 比较法上，执行异议之诉还包括债务人执行异议之诉，是以排除执行依据执行力的方式，即主张有足以排除执行的原因，而请求不予执行或者撤销已执行部分；其实体事由应发生在执行依据确定之后，主要是消灭、阻却或者妨碍执行债权的事由（抗辩事实），比如债务人已清偿了执行债权、执行债权的解除条件成就、债务人有解除权或者同时履行抗辩权、执行债权的消灭时效已届至、债务人对执行标的的物享有留置权、执行债权不合法等。关于对债务人的实体救济，《执行异议复议》第 7 条第 2 款和第 3 款作出了规定。

② 【习题】张山承租林海的商铺经营饭店，因拖欠房租被诉至饭店所在地甲法院。法院判决张山偿付林海房租及利息，张山未履行判决。律师经调查发现，张山除所居住房以外，其名下另有一套房屋，林海遂向该房屋所在地乙法院申请执行。乙法院对该套房屋进行查封拍卖。执行过程中，张山前妻宁虹向乙法院提出书面异议，称两人离婚后该房屋已由丙法院判决归其所有，目前尚未办理房屋变更登记手续。如乙法院裁定支持宁虹的请求，林海不服，提起执行异议之诉。有关当事人的诉讼地位是：（　　）。

　　A. 林海是原告，张山是被告，宁虹是第三人　　B. 林海和张山是共同原告，宁虹是被告

　　C. 林海是原告，张山和宁虹是共同被告　　D. 林海是原告，宁虹是被告，张山视其态度而定

（2015 年国家司法考试试卷三；参考答案为 D）

异议之诉的，法院应当在自起诉期限届满之日起 7 日内解除对该执行标的采取的执行措施。

法院应当在自收到起诉状之日起 15 日内决定是否立案。

（二）适用普通程序审判

法院审理执行异议之诉案件，适用普通程序。案外人应当就其对执行标的享有足以排除强制执行的民事权益承担证明责任。

对案外人执行异议之诉，案外人就执行标的，（1）享有足以排除执行的民事权益的，法院应判决不得执行该执行标的，执行异议裁定失效；（2）不享有足以排除强制执行的民事权益的，法院应判决驳回诉讼请求。案外人同时提出确认其权利的诉讼请求的，法院可以一并判决。

对申请执行人执行异议之诉，案外人就执行标的，（1）不享有足以排除执行的民事权益的，法院应判决准许执行该执行标的，执行异议裁定失效，执行法院可以根据申请执行人的申请或者依职权恢复执行；（2）享有足以排除强制执行的民事权益的，法院应判决驳回诉讼请求。

在审理案外人执行异议之诉期间，法院不得对执行标的进行处分。申请执行人请求法院继续执行并提供相应担保的，法院可以准许。

被执行人与案外人恶意串通，通过执行异议、执行异议之诉妨害执行的，法院应当依照《民事诉讼法》第 116 条处理（属于滥用诉讼）。申请执行人因此受到损害的，可以提起诉讼，要求被执行人、案外人赔偿。

五、执行回转

（一）执行回转的含义

根据《民事诉讼法》第 244 条和《民诉解释》第 474 条，执行回转是指执行完毕，原执行依据被撤销后，由法院采取强制措施，将已被执行的财产交还原债务人。

原执行依据因确有错误而被依法撤销，从而使已完成的执行成为无效执行的，原债权人依原执行依据取得的财产为不当得利。

执行回转实质是再执行，旨在维护原债务人的合法权益。在执行回转中，债权人是原债务人，债务人则是原债权人。

（二）执行回转的要件

（1）原执行依据已经（全部或者部分）被执行。

（2）原执行依据已被依法（全部或者部分）撤销。

（3）有新执行依据。新执行依据应当明确否定原执行依据，重新确定执行当事人之间的民事权利义务关系。同时，法院还应当作出执行回转的裁定，责令取得财产的人返还财产。

（4）原债权人拒不返还，或者不主动履行新执行依据和执行回转的裁定。

（三）执行回转的程序

依当事人申请或依职权，法院应按照新的生效法律文书，作出执行回转的裁定，责令原申请执行人返还已取得的财产及其孳息。拒不返还的，强制执行。执行回转的，应重新立案。

执行回转时，已执行的财产系特定物的，应当退还原物；不能退还原物的，经双方当事人同意，可以折价赔偿。双方当事人对折价赔偿不能协商一致的，法院应当终结执行回转程序。申请执行人可以另行起诉（《执行规定》第66条）。

执行回转程序中，原申请执行人迟延履行金钱给付义务的，应当按照《迟延履行利息》承担加倍部分债务利息。

第 二 十 九 章

执行程序

本章主要阐释民事强制执行的一般程序，主要包括执行程序的开始、续行和终结；同时，还阐释参与分配、执行竞合、执行中止、执行终结等问题。

第一节　执行程序之开始

我国民事执行程序开始的方式，以当事人申请执行为主，辅以法院依职权启动执行。

一、债权人申请执行

债权人享有强制执行请求权，即在债务人拒绝履行债务的情况下，债权人有权向法院申请强制执行。

申请执行的条件主要有：

（1）存在合法的执行依据，并且应当向法院提交。

（2）债务人在执行依据确定的履行期限内或者执行依据确定或生效后未履行债务，并且无阻碍强制执行的事由（如债务人被宣告破产）。

（3）申请人应适格，即申请人应是执行依据所确定的债权人或者其合法承继人。

（4）应向有执行管辖权的法院申请。

（5）债权人应在法定的申请执行期限内提出申请。申请执行期限（下文或称执行申请时效）为2年；申请执行时效的中止、中断，适用法律有关诉讼时效中止、中断的规定（《民事诉讼法》第250条第1款）。①

---

① 笔者认为，申请执行的权利是当事人所享有的向法院申请执行的公权利，与作为私权的债权不同，"申请执行的期间"属于诉讼行为的期间，若有正当理由耽误申请执行期间的，债权人可以根据《民事诉讼法》第86条，向法院申请顺延期限，所以不应规定"申请执行时效的中止、中断，适用法律有关诉讼时效中止、中断的规定"。

《关于人民法院认可台湾地区有关法院民事判决的补充规定》（法释〔2009〕4号）第9条规定：申请认可台湾地区有关法院民事判决的，应当在该判决效力确定后2年内提出。当事人因不可抗拒的事由或者其他正当理由耽误期限而不能提出认可申请的，在障碍消除后的10日内，可以申请顺延期限。

《关于内地与香港特别行政区法院相互认可和执行当事人协议管辖的民商事案件判决的安排》（法释〔2008〕9号）第8条第2款规定：申请人申请认可和执行的期间为2年。但是，此条中没有"申请执行时效的中止、中断，适用法律有关诉讼时效中止、中断的规定"之内容。

在申请执行时效的最后 6 个月内，因不可抗力或者其他障碍而不能行使请求权的，申请执行时效中止。从中止时效的原因消除之日起，申请执行时效继续计算（《执行解释》第 19 条）。申请执行时效因申请执行、当事人达成和解协议、当事人一方提出履行要求或者同意履行义务而中断。从中断时起，申请执行时效重新计算（《执行解释》第 20 条）。

申请执行期限从法律文书规定的履行期限的最后一日起计算；法律文书规定分期履行的，从最后一期履行期限届满之日起计算；法律文书未规定履行期限的，从法律文书生效之日起计算。生效法律文书规定债务人负有不作为义务的，申请执行时效期间从债务人违反不作为义务之日起计算（《执行解释》第 21 条）。

申请执行人逾期申请执行的，法院应予受理。被执行人对申请执行时效提出异议，法院经审查认为异议成立的，裁定不予执行。被执行人履行全部或者部分义务后，又以不知道申请执行时效届满为由请求执行回转的，法院不予支持（《民诉解释》第 481 条）。

法院采取《民事诉讼法》第 253～255 条规定的执行措施后，被执行人仍不能偿还债务的，应当继续履行义务；债权人发现被执行人有其他财产的，可以随时请求法院执行（《民事诉讼法》第 265 条），不受申请执行时效的限制（《民诉解释》第 515 条）。

（6）申请人应当提交合法申请书、生效法律文书副本、身份证明及承继权利的证明文件。申请书应当写明执行当事人及其诉讼代理人的基本情况、申请执行的权利、执行标的、申请执行的理由，以及申请人所了解的被执行人的财产状况等。

申请执行人向被执行财产所在地的法院申请执行的，应当提供该法院辖区内有可供执行财产的证明材料（《执行解释》第 1 条）。

债权人申请执行，无须预交申请费，执行后由被执行人负担。当事人达成执行和解协议的，申请费的负担由双方当事人协商解决，协商不成的，由法院决定。

申请执行人撤回申请的，法院裁定终结执行。因撤销申请而终结执行后，当事人在法定的申请执行时效内再次申请执行的，法院应当受理（《民诉解释》第 518 条）。

二、法院依职权开始执行

根据相关法律或者司法解释，对某些执行依据，不经当事人申请，法院依职权主动开始执行。其具体方式主要有法院移送执行和法院直接执行。[①]

---

① 笔者认为，法院依职权移送执行或者直接执行，不受申请执行期限的限制。特别是，对妨害诉讼的制裁决定书，民事诉讼费用裁判书，交付迟延履行利息或者迟延履行金的决定书，包含缴纳、没收财产内容的刑事判决书、裁定书等，并非对债务作出的处理，属于特殊的执行名义，故对此执行应不受申请执行期限和债权消灭时效的制约。

（一）法院移送执行

法院移送执行是指法院立案机构、审判机构将其作出的一定范围内的执行依据主动交付执行机构及时执行。

依据《执行规定》第 3、17 条等，这类执行依据主要有：（1）具有给付赡养费、扶养费、抚养费内容的法律文书；（2）审判庭作出的（对妨害审判的）制裁决定书；（3）刑事附带民事判决书、裁定书、调解书；（4）立案机构将其诉讼前和仲裁前保全裁定，审判机构将其诉讼保全和先予执行的裁定，直接移交执行机构执行。[①]

依据《环境公诉》第 32 条，发生法律效力的环境民事公益诉讼案件的裁判，需要采取强制执行措施的，应当移送执行。

审判机构应当移送给有管辖权的执行机构，即一审法院或者与一审法院同级的被执行财产所在地的法院的执行机构；对于民事制裁决定书，应当移送给制作法院的执行机构。

（二）法院直接执行

法院直接执行是对于一定范围内的执行依据，审判庭或者执行机构主动开始执行，及时采取执行措施。

这类执行的情形主要有：

（1）人民法庭审结的案件，由人民法庭负责执行；但是，复杂、疑难或被执行人不在本法院辖区的案件，由执行机构负责执行（《执行规定》第 4 条）。

（2）执行机构作出的妨害执行制裁决定书[②]、诉讼费用裁判书等，由该执行机构直接执行。

法院移送执行或者直接执行的，若被执行人主动履行了义务或者执行依据所确定的债权已届消灭时效，则其有权提出执行异议，请求执行法院终结或者撤销执行。

三、关于执行立案的规定

执行立案适用《执行立案结案》《登记立案》等。立案部门在收取申请执行材料时，应当发放执行风险提示书，告知申请执行人向法院提供财产线索的义务，以及无财产可供执行导致执行不能的风险。

法院自收到执行申请书后，应在 7 日内审查是否具备申请要件，并裁定是否立

---

① 笔者认为，审判庭作出的民事诉讼费用裁判书也应移送执行。
② 法院针对妨害审判或者执行的行为作出拘留的决定书，由作出该决定书的审判庭或者执行机构直接交公安机关执行。

案（《执行规定》第 16 条）。① 法院立案后，法院应在 7 日内确定承办人（《执行期限》第 2 条），并应及时将案件承办人或者合议庭成员及其联系方式告知双方当事人。

不予立案的，法院应当制作裁定书送达申请人，裁定书应当载明不予立案的法律依据和事实理由（《执行公开》第 3 条）。

当事人提交的申请书和材料不符合要求的，法院应当一次性书面告知在指定期限内补正。当事人在指定期限内补正的，法院决定是否立案的期间，自收到补正材料之日起计算。当事人在指定期限内没有补正的，或者经补正仍不符合要求的，法院裁定不予立案。

执行案件统一由法院立案机构进行审查后立案。立案机构立案后，应当依照法律、司法解释的规定向申请人发出受理通知书。执行案件应被纳入审判和执行案件统一管理体系，对任何案件不得以任何理由未经立案即进入执行程序。

《执行立案结案》规定法院不得人为拆分执行实施案件和执行协调案件。执行协调案件的情形，有比如不同法院因执行程序、执行与破产、强制清算、审判等程序而对执行标的产生争议，经自行协调无法达成一致意见，向共同上级法院报请协调处理；将跨省、自治区、直辖市的执行争议案件报请最高人民法院协调处理。

应当注意的是，《执行法草案》第 41 条的规定。该条规定，执行申请因执行依据所附条件未成就被不予受理或者驳回的，申请人可以另行提起诉讼，确认执行依据所附条件已经成就；被执行人认为人民法院立案执行的执行依据所附条件尚未成就的，可以依据《执行法草案》第 88 条的规定提起诉讼。

四、执行程序转为破产程序

依据《民诉解释》第 511～514 条和《关于执行案件移送破产审查若干问题的指导意见》（法发〔2017〕2 号），执行案件移送破产审查，应同时符合下列条件：（1）被执行人为企业法人②；（2）被执行人或者有关被执行人的任何一个执行案件的申请执行人书面同意移送破产审查；（3）被执行人不能清偿到期债务，并且资产不足以清偿全部债务或者明显缺乏清偿能力。

执行案件移送破产审查，由被执行人住所地法院管辖。以中级法院管辖为原则，以基层法院管辖为例外。中级法院经高级法院批准，也可将该类案件交由具备审理条件的基层法院审理。

基层法院拟将执行案件移送异地中级法院进行破产审查的，在作出移送决定前，应先报请其所在地中级法院执行部门审核同意。

---

① 对于法院超出法定期间不作出是否受理的裁定、违法驳回申请的裁定，债权人有权提出执行异议。
② 被执行人为自然人或者非法人组织，在执行程序开始后，被执行人的其他已经取得执行依据的债权人发现被执行人的财产不能清偿所有债权的，可以向法院申请参与分配（《民诉解释》第 506 条）。

执行法院在作出移送决定后，应当于 5 日内将决定书送达双方当事人；对决定有异议的，当事人可以在受移送法院破产审查期间提出，由受移送法院一并处理。

执行法院作出移送决定后，应当书面通知所有已知执行法院，中止执行程序。但是，对被执行人的季节性商品，或者鲜活、易腐烂变质以及其他不宜长期保存的物品，执行法院应当及时变价处置，对处置的价款不作分配。受移送法院裁定受理破产案件的，执行法院应当在自收到裁定书之日起 7 日内，将该价款移交受理破产案件的法院。案件符合终结本次执行程序条件的，执行法院可以同时裁定终结本次执行程序。

在法院受理破产案件之前，对被执行人的查封、扣押、冻结措施不解除。在破产审查期间，申请执行人可以向执行法院申请延长查封、扣押、冻结期限，由执行法院负责办理。

受理破产案件的，在此前的执行程序中产生的评估费、公告费、保管费等执行费用，可以参照破产费用的规定，由债务人的财产随时清偿。

被执行人住所地法院裁定受理破产案件的，执行法院应当解除对被执行人的财产的保全措施。被执行人住所地法院裁定宣告被执行人破产的，执行法院应当裁定终结执行。

申请执行人、被执行人均不同意移送且无人申请破产的，执行法院应当按照《民诉解释》第 514 条处理，企业法人的其他已经取得执行依据的债权人申请参与分配的，法院不予支持。依据《民诉解释》第 514 条，当事人不同意移送破产或者被执行人住所地法院不受理破产案件的，执行法院就执行变价所得的财产，在扣除执行费用及清偿有优先受偿权的债权后，对于普通债权，按照财产保全和执行中查封、扣押、冻结财产的先后顺序清偿。

第二节　执行程序之续行

执行程序启动以后，需要进行执行准备，之后实施执行措施。本节主要阐释执行准备、执行时间，以及在执行过程中发生的一些问题，比如参与分配、执行竞合、执行中止。下一章将专门阐述执行措施及其实施问题。

一、裁定执行·执行调查·判断财产

（一）法院裁定执行和执行通知

《民事诉讼法》第 251 条规定：执行员接到申请执行书或者移交执行书，应当向被执行人发出执行通知，并可以立即采取强制执行措施。

《民诉解释》第 480 条规定：法院应当在收到申请执行书或者移交执行书后 10

日内发出执行通知；执行通知中除应责令被执行人履行法律文书确定的义务外，还应通知其承担迟延履行利息或者迟延履行金。

《执行解释》第 22 条规定：执行员立即采取强制执行措施的，可以同时或者自采取强制执行措施之日起 3 日内发送执行通知书。

有关对待给付义务的执行，《执行法草案》第 42 条规定：执行依据确定当事人互负义务且没有先后履行顺序，申请执行人已经履行或者提出给付的，法院可以采取执行行为。

（二）执行调查

执行调查主要是查明被执行人的财产状况和履行能力，其主要方法有被执行人报告、申请执行人提供和法院调查。对此，最高人民法院颁行了《关于民事执行中财产调查若干问题的规定》（法释〔2017〕8 号）（2020 年修改）。

1. 申请执行人提供有可供执行财产的财产线索

承办人应当在收到案件材料后 3 日内通知申请执行人提供被执行人财产状况或者财产线索（《执行期限》第 5 条）。申请执行人确因客观原因无法自行查明财产的，可以申请法院调查。

申请执行人提供被执行人财产线索，应当填写财产调查表。财产线索明确、具体的，法院应在 7 日内调查核实；情况紧急的，应在 3 日内调查核实。财产线索确实的，法院应当及时采取相应的执行措施。

2. 被执行人报告其财产状况

《民事诉讼法》第 252 条规定了被执行人财产报告制度，将被执行人向法院适时、真实报告自己的财产作为一项法定义务。[①] 对此，《关于民事执行中财产调查若干问题的规定》作出了具体规定。

法院依申请执行人的申请或者依职权责令被执行人报告财产情况的，应当向其发出报告财产令。金钱债权执行中，报告财产令应当与执行通知同时发出。法院根据案件需要再次责令被执行人报告财产情况的，应当重新向其发出报告财产令。

报告财产令应当载明下列事项：提交财产报告的期限；报告财产的范围、期间；补充报告财产的条件及期间；违反报告财产义务应承担的法律责任；法院认为有必要载明的其他事项。报告财产令应附财产调查表，被执行人应当按照要求逐项填写。

被执行人应当在报告财产令载明的期限内向法院书面报告下列财产情况：（1）收入、银行存款、现金、理财产品、有价证券；（2）土地使用权、房屋等不动产；（3）交通运输工具、机器设备、产品、原材料等动产；（4）债权、股权、投资权益、基金份额、信托受益权、知识产权等财产性权利；（5）其他应当报告的财产。被执行人的财产已出租、已设立担保物权等权利负担，或者存在共有、权属争

---

① 对于被执行人暂时无财产可供执行的，可以要求被执行人定期报告（《制裁规避执行》第 1 条）。

议等情形的，应当一并报告；被执行人的动产由第三人占有，被执行人的不动产、特定动产、其他财产权等登记在第三人名下的，也应当一并报告。被执行人在报告财产令载明的期限内提交书面报告确有困难的，可以向法院书面申请延长期限；申请有正当理由的，法院可以适当延长。

被执行人自收到执行通知之日前1年至提交书面财产报告之日，其财产情况发生下列变动的，应当将变动情况一并报告：（1）转让、出租财产；（2）在财产上设立担保物权等权利负担；（3）放弃债权或者延长债权清偿期；（4）支出大额资金；（5）其他影响生效法律文书确定债权实现的财产变动。

被执行人报告财产后，其财产情况发生变动，影响申请执行人债权实现的，应当在自财产变动之日起10日内向法院补充报告。

对被执行人报告的财产情况，法院应当及时调查核实，必要时可以组织当事人进行听证。申请执行人申请查询被执行人报告的财产情况的，法院应当准许。申请执行人及其代理人对查询过程中知悉的信息应当保密。

被执行人拒绝报告、虚假报告或者无正当理由逾期报告财产情况的，法院可以根据情节轻重对被执行人或者其法定代理人予以罚款、拘留；应当将其纳入失信被执行人名单；构成犯罪的，依法追究刑事责任。法院对有前述行为之一的单位，可以对其主要负责人或者直接责任人员予以罚款、拘留；构成犯罪的，依法追究刑事责任。

有下列情形之一，财产报告程序终结：（1）被执行人履行完毕执行名义确定义务的；（2）法院裁定终结执行的；（3）法院裁定不予执行的；（4）法院认为应当终结的其他情形。发出报告财产令后，法院裁定终结本次执行程序的，被执行人仍应补充报告。

3. 法院调查被执行人的财产状况

《执行法草案》第44条规定：申请执行人确因客观原因无法提供执行所需要的财产、身份等信息的，可以申请法院调查。法院认为有必要的，也可以依职权调查。法院进行调查，可以单独或者合并适用本节规定的调查措施。

（1）法院查询。

申请执行人申请查询法院调查的财产信息的，法院可以根据案件需要决定是否准许。申请执行人及其代理人对查询过程中知悉的信息应当保密。

被执行人未按执行通知履行生效法律文书确定的义务，法院有权通过网络执行查控系统、现场调查等方式向被执行人、有关单位或者个人调查被执行人的身份信息和财产信息，有关单位和个人应当依法协助办理。

执行人员不得调查与执行案件无关的信息，对调查过程中知悉的国家秘密、商业秘密和个人隐私应当保密。法院应当通过网络执行查控系统进行调查，根据案件需要应当通过其他方式进行调查的，同时采取其他调查方式。

法院通过网络执行查控系统进行调查，与现场调查具有同等法律效力。法院在调查过程中作出的电子法律文书与纸质法律文书具有同等法律效力；协助执行单位反馈的电子查询结果与纸质反馈结果具有同等法律效力。

为查明被执行人的财产和履行义务的能力，对被执行人或其法定代表人、负责人、实际控制人、直接责任人员，可以传唤到法院接受调查询问；应当接受调查询问，经依法传唤无正当理由拒不到场的，法院可以拘传其到场。① 上述人员下落不明的，法院可以依照相关规定通知有关单位协助查找。

（2）发出调查令。

各地法院也可根据本地的实际情况，探索尝试以调查令、委托调查函等方式赋予代理律师法律规定范围内的财产调查权（《制裁规避执行》第2条）。

《执行法草案》第52条规定：法院通过网络信息平台无法查询的某项财产信息，申请执行人通过委托律师客观上无法自行调取的，可以委托律师向法院申请调查令。法院经审查，认为确有必要的，可以向其授予调查令。调查令由执行机构负责人签发。

调查令应当载明律师的姓名、执业证号、执业机构，当事人的姓名或者名称，案号，具体调查事项以及有效期等内容。

律师持调查令进行调查的，有关组织和个人应当协助。拒不协助的，依法承担相应责任。

律师存在超出调查令范围进行调查、以违背公序良俗的方式使用调查令或者调取的证据等滥用调查令情形的，法院应当责令其交回，并可以予以处罚。

（3）搜查。

在执行中，被执行人隐匿财产、会计账簿等资料的，法院除可依照《民事诉讼法》第114条第1款第6项对其处理外，还应责令被执行人交出隐匿的财产、会计账簿等资料。被执行人拒不交出的，法院可以采取搜查措施（《民事诉讼法》第259条）。

法院搜查的合法性要求之一是具备如下搜查条件：1）执行依据确定的债务履行期已届至。2）被执行人不履行执行依据确定的债务。3）被执行人隐匿财产、会计账簿等资料。被执行人拒绝提供有关财产状况的证据材料的，法院可依法进行搜查。被执行人拒不报告财产状况的，即可认为符合该条件。

法院搜查的合法性要求之二是遵行法定的程序，主要有：1）由院长签发搜查令。2）搜查时，搜查人员应当按规定着装并出示搜查令和工作证件。3）对被执行人及其住所或者财产隐匿地进行搜查时，被搜查人是女性的，应由女性搜查人员搜查。4）搜查时，禁止无关人员进入搜查现场；搜查对象是自然人的，应当通知被执行人或者其成年家属以及基层组织派员到场；搜查对象是法人或者非法人组织的，应当通知其法定代表人或者主要负责人到场。拒不到场的，不影响

---

① 法院应当及时对被拘传人进行调查询问，调查询问的时间不得超过8小时；情况复杂，依法可能采取拘留措施的，调查询问的时间不得超过24小时（《民诉解释》第482条）。

搜查。5）搜查中，依照《民事诉讼法》第 256 条第 2 款和第 258 条查封、扣押财产。6）制作搜查笔录，由搜查人员、被搜查人及其他在场人签名、捺印或者盖章。拒绝签名、捺印或者盖章的，应当记入搜查笔录。

法院依法搜查时，对被执行人可能隐匿财产或者资料的处所、箱柜等，经责令被执行人开启而拒不配合的，可以强制开启。

根据《刑法》第 245 条，司法工作人员滥用职权，非法搜查他人身体、住宅，或者非法侵入他人住宅的，从重处罚。

（4）审计调查。

作为被执行人的法人或者非法人组织不履行执行依据确定的义务，申请执行人认为其有拒绝报告、虚假报告财产情况，隐匿、转移财产等逃避债务情形，或者其股东、出资人有出资不实、抽逃出资等情形的，可以书面申请法院委托审计机构对该被执行人进行审计。法院应当在自收到书面申请之日起 10 日内决定是否准许。

被执行人隐匿审计资料的，法院可以依法采取搜查措施。被执行人拒不提供、转移、隐匿、伪造、篡改、毁弃审计资料，阻挠审计人员查看业务现场或者有其他妨碍审计调查行为的，法院可以根据情节轻重对被执行人或者其主要负责人、直接责任人员予以罚款、拘留；构成犯罪的，依法追究刑事责任。

审计费用由提出审计申请的申请执行人预交。被执行人存在拒绝报告或者虚假报告财产情况，隐匿、转移财产或者其他逃避债务情形的，审计费用由被执行人承担；未发现被执行人存在上述情形的，审计费用由申请执行人承担。

（5）悬赏调查。

被执行人不履行执行依据确定的义务，申请执行人可以向法院书面申请发布悬赏公告查找可供执行的财产。法院应当在自收到书面申请之日起 10 日内决定是否准许。法院决定悬赏查找财产的，应当制作悬赏公告。

悬赏公告应当载明悬赏金的数额或者计算方法、领取条件等内容。悬赏公告应当在全国法院执行悬赏公告平台、法院微博或者微信等媒体平台发布，也可以在执行法院公告栏或者被执行人住所地、经常居住地等处张贴。申请执行人申请在其他媒体平台发布，并自愿承担发布费用的，法院应当准许。

悬赏公告发布后，有关人员向法院提供财产线索的，法院应当登记有关人员的身份信息和财产线索；两人以上提供相同财产线索的，应当按照提供线索的先后顺序登记。法院应当保密有关人员的身份信息和财产线索，但是为发放悬赏金需要告知申请执行人的除外。

有关人员提供法院尚未掌握的财产线索，使申请发布悬赏公告的申请执行人的债权得到全部或者部分实现的，法院应当按照悬赏公告发放悬赏金。

悬赏金从申请执行人应得的执行款中予以扣减。特定物交付执行或者存在其他无法扣减情形的，悬赏金由该申请执行人另行支付。有关人员为申请执行人的代理人、有义务向法院提供财产线索的人员或者存在其他不应发放悬赏金情形的，不予发放。

（三）判断被执行人财产

判断被执行人财产主要采用形式化规则。德国和日本等规定，由执行人员依据民法典，直接参照物权公示原则作出形式判断。

不动产登记簿是判断物权归属和内容的根据，不动产权属证书是物权人享有该不动产物权的证明（《民法典》第216、217条）。法院查封时，土地、房屋权属的确认以国土资源、房地产管理部门的登记或者出具的权属证明为准；权属证明与权属登记不一致的，以权属登记为准（《房地协助执行》第5条第1款）。

对于未登记的建筑物和土地使用权，依据土地使用权的审批文件和其他相关证据确定权属；对于第三人占有的动产或者登记在第三人名下的不动产、特定动产及其他财产权，第三人书面确认该财产属于被执行人的，法院可以查封、扣押、冻结（《查封规定》第2条）。

二、执行时间和执行中止

（一）执行时间

关于应否限制执行时间，世界各国的立法例不同。有的国家规定了执行时间，有的国家则没有规定执行时间。

《法国民事诉讼法》第508条规定："每日6时之前、21时之后以及节假日或者停工休息日，不得为任何判决执行；必要情况下，依据法官之许可，仍可执行判决。"

根据《日本民事执行法》第8条，在星期日及其他一般假日期间，或者下午7时至次日上午7时之间，执行官等人进入他人住宅执行职务时，应经执行法院的批准。

根据《德国民事诉讼法》第758条之一，法院执行员不得在夜间、星期日与节假日实施执行行为，但如因此而使债务人与照管人发生不适当的困难，或者进入住房不能得到预期的后果时，只能根据初级法院法官的特别命令为之。

在我国，《民事诉讼法》没有规定执行时间。在法律没有特别允许时，在法定的休息日或者正常的休息时间强制执行的，势必侵害当事人所享有的《宪法》第43条规定的休息权。因此，对于执行时间应当加以合理限制。[①]

（二）执行中止

执行中止（中止执行）是指在已经开始的执行中，由于出现了特殊情形，需要暂时停止执行程序，待该情形消失后，继续执行。

执行中止包括中止整个案件执行程序，也包括中止可以分离的部分或者个别执

---

① 《行政强制法》第43条规定：行政机关不得在夜间或者法定节假日实施行政强制执行。但是，情况紧急的除外。行政机关不得对居民生活采取停止供水、供电、供热、供燃气等方式迫使当事人履行相关行政决定。

行程序（如给付金钱债权执行中，中止查封程序等）。

根据《民事诉讼法》第267条和《执行规定》第59条，有下列原因或者情形之一的，法院应当裁定中止执行：（1）申请人表示可以延期执行；（2）案外人对执行标的提出确有理由的异议；（3）作为一方当事人的自然人死亡，需要等待继承人继承权利或者承担义务；（4）作为一方当事人的法人或者非法人组织终止，尚未确定权利义务承受人；（5）法律规定或者法院认为应当中止执行的其他情形（《企业破产法》第19、134条等）。

当事人申请再审，不停止原判决、裁定和调解书的执行。法院裁定再审，需要中止执行的（追索赡养费、扶养费、抚养费、抚恤金、医疗费用、劳动报酬等案件中可以不中止执行），应在再审裁定中写明中止执行；情况紧急的，可以将中止执行裁定口头通知执行法院，并在通知后10日内发出裁定书（《民事诉讼法》第217条、《民诉解释》第394条）。

导致中止执行的原因一发生，法院就应裁定中止执行，当事人也可申请中止执行。① 中止执行的，法院应制作裁定书，写明中止执行的事实理由和法律依据，并送达当事人和协助执行人等。

中止执行的裁定送达当事人后立即生效，其效力主要是执行程序暂时停止。在中止执行期间，法院通常不得进行本案执行，当事人及其他执行参与人也不得实施与执行中止相悖的行为（如债权人不得要求债务人履行债务等）。

导致中止执行的原因一消失，法院就应依职权恢复执行，当事人也可申请恢复执行。恢复执行的，法院应当书面通知当事人。恢复执行是原执行程序的继续，此前的执行仍然有效。

三、参与分配和执行竞合

（一）参与分配

【案例29-1】某加工厂是经核准登记领取营业执照的村办企业，但是，不具备法人资格。20××年10月8日，A银行根据确定判决申请法院执行该加工厂的财产，以偿还其10万元的贷款及其利息。法院受理A银行的申请后，B根据仲裁裁决向同一法院申请执行该加工厂的财产，以偿还其购买加工设备的应付货款5万元。

法院根据申请时间先后，决定先满足A银行的债权。但是，B提出该加工厂的财产不足以清偿其到期债务，B应当与A银行按照各自债权比例平等受偿。法院经过审查，确认该加工厂的财产不足以清偿其到期债务，于是决定按照参与分配制度

---

① 笔者认为，导致中止执行的原因发生后，法院不中止执行的，当事人和利害关系人有权提出执行异议；对于依法不应中止执行，法院却裁定中止执行的，当事人也有权提出执行异议。

平等满足 A、B 的债权。

其间，C 向法院申请参与分配，其证据有：（1）该加工厂与 C 签订的购买加工原材料的合同；（2）该加工厂出具的欠 C 材料款 3 万元的书证。法院没有同意 C 的申请，而是告知 C 向法院起诉后，才能申请参与分配。

1. 我国现行参与分配制度

被执行人为自然人或者非法人组织，在执行程序开始后，被执行人的其他已经取得执行依据的债权人发现被执行人的财产不能清偿所有债权的，可以向法院申请参与分配；对法院已查封、扣押、冻结的财产享有优先权、担保物权的债权人，可以直接申请参与分配，主张优先受偿权。

《民诉解释》第 506～510 条等规定了参与分配制度。《企业破产法》采有限破产主义，即债务人主要是企业法人才可适用破产制度。我国现行参与分配制度的目的是，在自然人或者非法人组织的财产不能清偿所有债权时，为其所有债权人提供一条公平受偿的途径。

在我国，法院适用参与分配制度或者债权人申请参与分配应当具备下列要件：

（1）被执行人是自然人或者非法人组织。根据《企业破产法》第 135 条，债务人是企业法人以外的组织，法律规定参照适用破产法进行破产清算的，不适用参与分配制度。

（2）被执行人的财产不能清偿所有债权。这是由现行参与分配制度的目的决定的。

（3）申请参与分配的债权人已经取得执行依据。对法院查封、扣押、冻结的财产享有优先权、担保物权的债权人可以直接申请参与分配，主张优先受偿权。

（4）债权人的债权均为金钱债权或者已经转换为金钱债权。[①]

（5）在执行程序开始后、被执行人的财产执行终结前，申请参与分配。

（6）申请人应当提交申请书。申请书应当写明参与分配和被执行人不能清偿所有债权的事实、证据，并附有执行依据。

执行法院应当制作财产分配方案，并依法送达各债权人和被执行人。必要时，应当组织各方当事人举行听证会（《执行公开》第 11 条）。

参与分配的顺序是：（1）首先扣除执行费用，并清偿应当优先受偿的债权；（2）对于普通债权，原则上按照其占全部申请参与分配的债权数额的比例清偿；（3）被执行人的财产不足以清偿全部债务的，应当先清偿生效法律文书确定的金钱债务，再清偿加倍部分债务利息，但当事人对清偿顺序另有约定的除外（《迟延履行利息》第 4 条）。

对于清偿后的剩余债务，被执行人应当继续清偿。债权人发现被执行人有其他

[①] 与破产清算相同，唯有金钱债权才可计算出各债权间的比例，然后将变价为金钱的债务人全部（责任）财产，按债权比例分配给各债权人（平等清偿主义或者平等执行原则）。

财产的，可以随时请求法院执行。

2. 对我国现行参与分配制度的评析

民事强制执行属于个别执行，适用优先执行原则。而破产清算为一般执行，适用平等执行原则。存在破产原因时，破产制度优先于强制执行适用。我国利用参与分配制度解决破产问题，模糊了强制执行与破产在目的、性质、基本原则和程序等方面的区别。

我国现行参与分配制度解决自然人和非法人组织破产问题，但是，没有规定对债权人的公告和通知制度，债权人可能由于不知债务人存在破产原因而不能申请参与分配。就此来看，在对债权人的平等保护方面，参与分配制度不及破产制度。

在采取一般破产主义的国家或者地区，其参与分配制度的目的主要在于使各债权人利用同一执行程序受偿，节省执行成本，所以不以债务人不能清偿到期债权为要件，不论债务人是自然人、法人还是非法人组织，参与均可适用参与分配制度。

3. 参与分配中的执行救济

参与分配中的实体救济方式主要有参与分配方案异议和参与分配方案异议之诉。债权人或者被执行人对分配方案所载债权的分配数额、次序等有不同意见的，应当按照诉的程序（争讼审判程序）解决，但是考虑到如此解决将导致参与分配程序过于复杂，我国实务中先以参与分配方案异议方式作出简约化处理，仍有争议的，适用参与分配方案异议之诉来解决。

（1）参与分配方案异议。

参与分配方案异议是指债权人或者被执行人在分配期日前，向执行法院提出不同意分配方案并请求予以修正。参与分配方案异议主体是债权人或者被执行人（债务人）。参与分配方案所载债权的分配数额、次序等直接关系债权人的债权，同时参与分配将使债权债务在分配范围内一同消灭，故而直接关系债务人的债务，所以债权人和被执行人有权对参与分配方案提出异议。案外人的财产权益若因参与分配方案受到影响（如法院错误将案外人财产作为债务人财产而编入参与分配方案等），可适用案外人异议和案外人执行异议之诉。

债权人或者被执行人对参与分配方案有异议的，应当自收到参与分配方案之日起 15 日内向执行法院提出书面异议。书面异议中应当说明参与分配方案所载债权的分配数额、次序等如何不当和如何更正。若法院制作参与分配方案的方法和有关程序有违法之处，比如法院没有依法向各债权人和各被执行人送达参与分配方案等，则因不涉及实体问题，可按照执行异议来纠正。

法院经审查认为异议事由不成立的，意味着参与分配方案并无不当而应予维持，法院应裁定驳回异议。法院认为异议符合条件的，应当通知未提出异议的债权人或者被执行人。未提出异议的债权人或者被执行人在收到通知后 15 日内没有提出反对意见的，法院应依异议人的意见对参与分配方案审查修正后进行分配。未提出异议的债权人或者被执行人在自收到通知之日起 15 日内提出反对意见的，法院应当通知异议人有权提起参与分配方案异议之诉；对有异议的部分，异议人提起诉讼的，法院予以提存；逾期未提起诉讼的，法院按照原参与分配方案进行分配。

债权人或债务人对参与分配方案有合法、真实的异议事由，但在法定期间内没有提出异议或者撤回异议的，法院实施参与分配方案后，对债权人接受超出应得债权的份额，债务人有权请求返还。

（2）参与分配方案异议之诉。

参与分配方案异议符合条件的，对参与分配方案未提出异议的债权人或者被执行人在收到法院通知后 15 日内提出反对意见的，法院应当通知参与分配方案异议人向执行法院提起参与分配方案异议之诉。

参与分配方案异议之诉中，就参与分配方案中债权的分配数额或者次序等实体问题①，原告与被告之间存在争议。原告是参与分配方案异议人。被告是对参与分配方案未提出异议的债权人或者被执行人，且反对原告的异议（实则对参与分配方案中债权的分配数额或者次序等实体问题没有异议）。②就被告而言，债权人和被执行人都反对原告的异议的，不论反对的事由是否同一，因法院须对债权的分配数额或者分配次序作出一致判决，所以应当被列为共同被告。

为促进执行程序，参与分配方案异议之诉应于合适期间内提起，我国实务要求异议人在自收到通知之日起 15 日内提起参与分配方案异议之诉。逾期未提起诉讼的，法院按照原参与分配方案进行分配。在诉讼期间进行分配的，执行法院应当提存与争议债权数额相应的款项。

法院经过审理，认为原告之诉没有真实的事实根据和实体法律根据的，应判决驳回诉讼请求，并按照原参与分配方案进行分配；认为原告之诉具备真实的事实根据和实体法律根据的，应判决更正原参与分配方案中债权的分配数额或者分配次序，并据此进行分配。

（3）参与分配异议之诉（我国没有规定）。

对于无执行依据或者未起诉（笔者认为还应包括未申请仲裁）的债权人申请参与分配，债务人或者已参加执行的债权人提出异议的，实为对无执行依据或者未起诉的参与分配申请人的债权有异议。无执行依据或者未起诉的参与分配申请人认为异议没有理由，然而自己没有执行依据或者没有起诉而致自己的债权没有得到合法确定，所以有些国家和地区的法律规定，应以诉讼方式确定其债权是合法的，否则不得参与分配。

提起参与分配异议之诉应当具备如下特殊要件：1）原告是没有执行依据或者

---

① 执行法院通常是根据执行依据制作财产分配方案的，对参与分配方案中的债权是否合法有争议的，应通过纠正执行依据的法定方式（如再审程序等）解决，不得提起参与分配方案异议之诉。

　至于参与分配方案中债权是否消灭等，被执行人或者债务人应参照《民事诉讼法》第236条提出排除执行异议（在比较法中实属债务人执行异议之诉），不得提起参与分配方案异议之诉。

② 对参与分配方案未提出异议的债权人或被执行人没有反对原告之异议的，可以作为从诉讼参加人。

没有起诉的申请参与分配的债权人。2）被告是对参与分配申请提出异议的债务人或者已参加执行的债权人（均提出了异议的，为共同被告）。3）申请人在规定期间内（比如在收到异议通知后 15 日内）向执行法院提起异议之诉。

参与分配申请人向执行机构证明已合法起诉的，执行机构应当准许其参与分配，不过，对其分配数额应予提存。申请人胜诉判决确定的，执行机构应将该提存的分配数额交付申请人；申请人败诉判决确定的，执行机构应视情况将提存的分配数额交还债务人或者再次分配。

（二）执行竞合

【案例 29－2】甲以高价将其一幅名画卖与乙。乙依约交付了价款，但甲交付乙的是该画的复制品。乙提起诉讼，请求法院判决甲交付该画的真迹。法院判决乙胜诉。但是，该判决确定后，甲迟迟不交付该画的真迹。于是乙申请法院强制执行。在法院采取执行措施前，丙以基于所有权获得的胜诉确定判决为根据，请求法院强制甲将该画的真迹返还给丙。

法律问题：法院应当如何执行？

1. 民事执行竞合的含义和构成要件

民事执行竞合是不同民事执行依据之间的执行竞合，是指多个债权人在同一时期依不同的民事执行依据，请求法院执行同一债务人的同一特定财产，从而在不同执行依据之间产生了排斥执行。"排斥执行"表现为同一债务人的同一特定财产不足以同时满足所有执行依据，仅部分执行依据能够得到满足。

上例中甲的名画不能同时满足乙的执行依据和丙的执行依据，属于特定物交付与特定物交付之间的执行竞合。此外，还有特定物交付与金钱债权给付之间的执行竞合。

执行竞合的形态主要有：（1）终局执行竞合，如法院判决与法院判决的执行竞合、法院判决与仲裁裁决的执行竞合等；（2）中间执行竞合，如财产保全裁定与财产保全裁定的执行竞合；（3）终局执行与中间执行竞合，如财产保全裁定与法院判决的执行竞合等。

依据《执行规定》第 55 条等，执行竞合的构成要件是：（1）有两个以上不同的执行依据[①]；（2）有两个以上的债权人[②]；（3）执行标的应是同一债务人的同一特定财产且该财产无法同时满足所有执行依据；（4）对数个执行依据的执行发生在对债务人某项特定财产的执行期间。

执行竞合情形中，若债务人不能偿还到期债务，则应将所有的特定物交付请求权变换为金钱债权，并将债务人全部（责任）财产变价为金钱（拥有特定物给付债权的债权人应当享有优先购买权），依照破产程序或者参与分配程序进行公平清偿。

---

① 同一执行依据中即使存在多个给付，一般不会相互排斥，所以不会发生执行竞合。
② 单一债权人即使有数个不同的执行依据并针对同一债务人的同一特定财产，虽得不到全部执行，但因在同一债权人处并不产生各请求权间的排斥，所以也就不会发生执行竞合。

【辨析：执行竞合和参与分配】

两者都是多个债权人要求对同一债务人的财产强制执行。但是，参与分配中，各债权人的债权都是金钱债权或者可转换为金钱债权，且参与分配仅为数个金钱债权之间对执行标的物变价金额的分配问题，并不妨碍各债权人平等获得满足；执行竞合则是金钱债权与特定物交付债权或者数个特定物交付债权之间的排斥性冲突，数个债权人无法同时受到清偿。因而执行方法相应不同。

2. 民事执行竞合的解决原则和方法

终局执行依据和中间执行依据在法律上均有其存在的价值，故解决执行竞合时应当遵循优先执行原则，即按照债权人对其执行依据申请执行或者法院受理的时间先后满足其执行依据。在遵循优先执行原则的基础上，有时需要运用一些变通方法处理执行竞合问题。

对于中间执行竞合，原则上申请或者受理在先的保全裁定获得优先执行。因保全执行的目的在于保全债权人将来本案胜诉判决或者仲裁裁决等得到执行，故在无碍先行保全目的之前提下，可对同一保全财产施以轮候查封、扣押等保全方法（先行保全裁定被撤销或被解除后，后行轮候查封的正式执行）。

对于终局执行在先而中间执行在后的竞合，案件进入终局执行程序后，执行法院尚未对被执行人的财产采取控制性执行措施，或者虽已采取控制性执行措施但由于程序瑕疵或者其他原因而未实际控制的，终局执行不得对抗中间执行。

对于中间执行在先而终局执行在后的竞合，在无碍先行保全的前提下，对先行保全的财产，允许后行终局执行的债权人申请查封、扣押；若先行保全裁定被撤销，则可作出拍卖、变卖、移转所有权等最终处分以满足终局执行。保全债权人在取得终局执行依据后，可直接申请法院将保全执行程序变更为终局执行程序，于此际形成终局执行竞合。

对于终局执行竞合，依据《执行规定》第55、68条，（1）数个执行依据指定的交付物同一的，有关法院应当立即停止执行，报请共同上级法院处理；（2）多个债权人的债权种类不同的，基于所有权和担保物权而享有的债权优先于金钱债权受偿，有多个担保物权时，按其成立先后顺序清偿；（3）多个债权人的债权均为金钱债权且均无担保物权的，按照法院采取执行措施的先后顺序受偿。[①]

3. 其他执行竞合

广义的执行竞合还包括民事执行与行政执行的竞合、民事执行与刑事执行的竞合等。《民法典》第187条规定：民事主体因同一行为应当承担民事责任、行政责任和刑事责任的，承担行政责任或者刑事责任不影响承担民事责任；民事主体的财

[①] 笔者认为：有关法定优先权的终局执行应优先。在无法定优先权的情况下，对于特定物交付与特定物交付的执行竞合，采取优先执行原则，对没有满足的执行依据可以债务人的其他财产予以赔偿。对于金钱债权与特定物交付的执行竞合，应当优先满足特定物交付请求权，因为债务人可以自己的其他财产满足金钱债权。

产不足以支付的，优先用于承担民事责任。

《食品安全法》（2021 年修改）第 147 条、《公司法》（2018 年修改）第 214 条、《证券法》（2019 年修改）第 220 条、《产品质量法》（2018 年修改）第 64 条、《反不正当竞争法》（2019 年修改）第 27 条等作出了相应规定。

根据《刑法》第 36、60 条和《关于刑事裁判涉财产部分执行的若干规定》（法释〔2014〕13 号）第 13 条，被执行人的财产不足以支付赔偿罚款的，按照下列顺序执行：人身损害赔偿医疗费用、退赔被害人损失、其他民事债务、罚金、没收财产。债权人对执行标的依法享有优先受偿权，主张优先受偿的，在医疗费用受偿后，法院予以支持。

（三）首先查封法院与优先债权执行法院处分查封财产

依据《关于首先查封法院与优先债权执行法院处分查封财产有关问题的批复》（法释〔2016〕6 号），首先查封、扣押、冻结（以下简称查封）法院负责处分查封财产。

已进入其他法院执行程序的债权对查封财产有顺位在先的担保物权、优先权（以下简称优先债权）[1]，自首先查封之日起已超过 60 日，且首先查封法院就该查封财产尚未发布拍卖公告或者进入变卖程序的，优先债权执行法院可以要求将该查封财产移送执行。[2]

首先查封法院应当在自收到优先债权执行法院商请移送执行函之日起 15 日内出具移送执行函，将查封财产移送优先债权执行法院执行，并告知当事人。

首先查封法院与优先债权执行法院就移送查封财产发生争议的，可以逐级报请双方共同的上级法院指定该财产的执行法院。

第三节　执行程序之终结

一、终结情形

执行程序的终结有正常终结和非正常终结两种情形。对此，《民事诉讼法》《民诉解释》《执行期限》《执行立案结案》等作出了具体规定。当事人、利害关系人有权依照《民事诉讼法》第 236 条对终结执行行为提出异议。

---

[1] 优先债权具体包括（1）各种担保物权担保的债权；（2）各类型优先权担保的债权，比如抵押权、质押权、留置权和船舶优先权担保的债权；（3）建设工程价款优先权（《民法典》第 807 条）等。

[2] "一般而言，60 日不足以完成从查封到拍卖公告的整个程序，所以这里的 60 日并非要给首先查封法院留出足够的处分财产时间，而是要给首先查封法院一个缓冲期，避免某些很快就能进入拍卖或者变卖程序的财产变更处分法院。"（《最高法解析首先查封法院与优先债权执行法院处分查封财产司法解释》，载 http://news.xinhuanet.com/2016-04/12/c_1118601955.htm。）

（一）正常终结（执行完毕）

正常终结系指执行依据的内容全部执行完毕，或者当事人达成执行和解协议并履行完毕。故可称为执行完毕。

法院应在立案之日起 6 个月内执结，非讼案件应在立案之日起 3 个月内执结。有特殊情况须延长执行期限的，应在期限届满前 5 日内，向本院院长或者副院长申请批准。法院未能按期完成执行的，应当及时向债权人说明原因。①

《执行立案结案》第 15 条规定：执行完毕应当制作结案通知书并发送当事人；双方当事人书面认可执行完毕或者口头认可执行完毕并记入笔录的，无须制作结案通知书；执行和解协议应当附卷，或者将口头和解协议的内容做成笔录，经当事人签字后附卷。

（二）非正常终结

非正常终结主要是指法院对执行依据的内容没有执行完毕而结束执行程序，即在执行过程中，由于出现了特殊情况，无法或者无须继续执行而结束执行程序，如法院裁定终结执行、销案、终结本次执行程序、不予执行、驳回申请等。

在执行终结 6 个月内，被执行人或者其他人对已执行的标的有妨害行为的，法院可以依申请排除妨害，并可以依照《民事诉讼法》第 114 条作出处罚；因妨害行为给执行债权人或者其他人造成损失的，受害人可以另行起诉（《民诉解释》第 519 条）。

二、终结执行

作为专门的概念或者制度，执行终结或者终结执行特指在执行过程中，出现了特殊情况而使执行程序无法或者无须继续进行，法院裁定结束执行，不再恢复执行。

根据《民事诉讼法》第 268 条等，具有下列情形或者原因之一的，法院裁定终结执行：（1）申请人撤销（执行）申请②；（2）据以执行的法律文书被依法撤销；（3）作为债务人的自然人死亡，无遗产可供执行，又无义务承担人③；（4）追索赡养费、扶养费、抚养费案件的债权人死亡；（5）作为被执行人的自然人因生活困难无力偿还借款，无收入来源，又丧失劳动能力（永久丧失履行能力）；（6）法律和

---

① 依据《执行期限》第 13 条的规定，下列期间不计入执行期限：公告送达执行法律文书的期间；暂缓执行的期间；中止执行的期间；就法律适用问题向上级法院请示的期间；与其他法院发生执行争议报请共同的上级法院协调处理的期间。
② 《民诉解释》第 518 条规定：因撤销申请而终结执行后，当事人在《民事诉讼法》（2021 年修订）第 246 条（现为第 250 条）规定的申请执行时效内再次申请执行的，法院应当受理。
③ 在执行中，债务人死亡但有遗产可供执行的，法院可以直接执行其遗产；没有遗产但有债务承担人的，则由该人来履行债务。

司法解释规定或者法院认为应当终结执行的其他情形。

法院在裁定终结执行之前，应当公开听证，债权人没有异议的除外。终结执行的，应当制作裁定书，其中应当写明终结执行的理由和法律依据。裁定书在送达当事人时生效。

三、终结本次执行程序

依据《关于严格规范终结本次执行程序的规定（试行）》（法〔2016〕373号），法院裁定终结本次执行程序，应当同时符合下列条件：（1）已向被执行人发出执行通知、责令被执行人报告财产。（2）已向被执行人发出限制消费令，并将符合条件的被执行人纳入"失信"名单。（3）已穷尽财产调查措施，未发现被执行人可供执行的财产或者发现的财产不能处置。（4）自执行案件立案之日起已超过3个月。（5）被执行人下落不明的，已依法予以查找；被执行人或者其他人妨害执行的，已依法采取罚款、拘留等强制措施，构成犯罪的，已依法启动刑事责任追究程序。

《关于进一步规范近期执行工作相关问题的通知》（法〔2018〕141号）要求严格执行《关于民事执行中财产调查若干问题的规定》，法院积极采取现场调查等方式，查明被执行人的财产状况和履行能力。

终结本次执行程序的，应当制作裁定书并依法在互联网上公开，其中应当载明"申请执行人享有要求被执行人继续履行债务及依法向法院申请恢复执行的权利，被执行人负有继续向申请执行人履行债务的义务"。

终结本次执行程序的裁定书送达申请执行人后，对执行案件可以作结案处理。当事人、利害关系人认为终结本次执行程序违反法律规定的，可以提出执行异议。

第四节　仲裁执行和公证债权文书执行

一、仲裁执行

当事人有权申请法院执行仲裁裁决和仲裁调解书。对此，除《民事诉讼法》《仲裁法》《劳动调解仲裁法》《农地调解仲裁法》及其司法解释之外，最高人民法院还颁行了专门的司法解释，比如《仲裁司法审查》《关于人民法院办理仲裁裁决执行案件若干问题的规定》（法释〔2018〕5号）等。下文仅就仲裁执行程序的特殊问题作出阐释。

（一）仲裁执行案件的管辖

当事人对仲裁机构作出的仲裁裁决或者仲裁调解书申请执行的，由被执行人住所地或者被执行的财产所在地的中级法院管辖。

符合下列条件的，经上级法院批准，中级法院可以参照《民事诉讼法》第 39 条指定基层法院管辖：（1）执行标的额符合基层法院一审民商事案件级别管辖受理范围；（2）被执行人住所地或者被执行的财产所在地在被指定的基层法院辖区内。

被执行人、案外人对仲裁裁决执行案件申请不予执行的，负责执行的中级法院应当另行立案审查处理；已指定基层法院管辖的，应当于收到不予执行申请后 3 日内移送原执行法院另行立案审查处理。

（二）驳回执行申请

仲裁裁决或者仲裁调解书执行内容具有下列情形之一，导致无法执行的，法院可以裁定驳回执行申请；导致部分无法执行的，可以裁定驳回对该部分的执行申请；导致部分无法执行且该部分与其他部分不可分的，可以裁定驳回执行申请：（1）权利义务主体不明确；（2）金钱给付具体数额不明确或者计算方法不明确，导致无法计算出具体数额；（3）交付的特定物不明确或者无法确定；（4）行为履行的标准、对象、范围不明确。

仲裁裁决或者仲裁调解书仅确定继续履行合同，但对继续履行的权利义务，以及履行的方式、期限等具体内容不明确，导致无法执行的，可以裁定驳回执行申请。

对仲裁裁决主文或者仲裁调解书中的文字、计算错误以及仲裁庭已经认定但在裁决主文中遗漏的事项，可以补正或说明的，法院应当书面告知仲裁庭补正或说明，或者向仲裁机构调阅仲裁案卷查明。仲裁庭不补正也不说明，且法院调阅仲裁案卷后执行内容仍然不明确、具体无法执行的，可以裁定驳回执行申请。

申请执行人对上述法院驳回执行申请的裁定不服的，可以在自裁定送达之日起 10 日内向上一级法院申请复议。

仲裁裁决或者仲裁调解书确定交付的特定物确已毁损或者灭失的，依照《民诉解释》第 492 条处理，即：执行标的物为特定物的，应当执行原物。原物确已毁损或者灭失的，经双方当事人同意，可以折价赔偿。双方当事人对折价赔偿不能协商一致的，法院应当终结执行程序。申请执行人可以另行起诉。

（三）裁定不予执行

1. 不予执行的情形或者理由

根据《民事诉讼法》第 248 条和《仲裁法》第 63 条，执行过程中，被申请人提出证据证明（国内）仲裁裁决有下列情形之一，经法院组成合议庭审查核实，裁定不予执行：

（1）当事人在合同中没有订有仲裁条款或者事后没有达成书面仲裁协议的。

（2）裁决的事项不属于仲裁协议约定的范围或者仲裁机构无权仲裁的。其情形主要有：1）裁决的事项超出仲裁协议约定的范围；2）裁决的事项依照法律规定或者当事人选择的仲裁规则的规定属于不可仲裁事项；3）裁决内容超出当事人仲裁请求的范围；4）作出裁决的仲裁机构非仲裁协议所约定的。

（3）仲裁庭的组成或者仲裁的程序违反法定程序的。违反仲裁法规定的仲裁程序、当事人选择的仲裁规则或者当事人对仲裁程序的特别约定，可能影响案件公正裁决，经审查属实的，法院应当认定为"仲裁庭的组成或者仲裁的程序违反法定程序的"情形。

当事人主张未按照仲裁法或仲裁规则规定的方式送达法律文书，导致其未能参与仲裁，或者仲裁员根据仲裁法或仲裁规则的规定应当回避而未回避，可能影响公正裁决，经审查属实的，法院应当支持；仲裁庭按照仲裁法或仲裁规则以及当事人约定的方式送达仲裁法律文书，当事人主张不符合民事诉讼法有关送达规定的，法院不予支持。

对于适用的仲裁程序或仲裁规则，经特别提示，当事人知道或者应当知道法定仲裁程序或选择的仲裁规则未被遵守，但仍然参加或者继续参加仲裁程序且未提出异议，在仲裁裁决作出之后以违反法定程序为由申请不予执行仲裁裁决的，法院不予支持。

（4）裁决所根据的证据是伪造的。符合下列条件的，法院应当认定为此项情形：1）该证据已被仲裁裁决采信；2）该证据属于认定案件基本事实的主要证据；3）该证据经查明确属通过捏造、变造、提供虚假证明等非法方式形成或者获取，违反证据的客观性、关联性、合法性要求。

（5）对方当事人向仲裁机构隐瞒了足以影响公正裁决的证据的。符合下列条件的，法院应当认定为此项情形：1）该证据属于认定案件基本事实的主要证据；2）该证据仅为对方当事人掌握，但未向仲裁庭提交；3）仲裁过程中知悉存在该证据，且要求对方当事人出示或者请求仲裁庭责令其提交，但对方当事人无正当理由未予出示或者提交。当事人一方在仲裁过程中隐瞒己方掌握的证据，仲裁裁决作出后以己方所隐瞒的证据足以影响公正裁决为由申请不予执行仲裁裁决的，法院不予支持。

（6）仲裁员在仲裁该案时有贪污受贿、徇私舞弊、枉法裁决行为的。[①]

法院认定执行仲裁裁决违背公共利益的，应当依职权主动裁定不予执行，无须被申请人提出申请。

对农村土地承包经营纠纷仲裁裁决、劳动争议仲裁裁决不予执行的情形与上述情形基本一致，但不包括上述第一项情形（这两种特殊仲裁没有要求订立仲裁协议）。

2. 不予执行的申请

被执行人向法院申请不予执行仲裁裁决的，应当在自执行通知书送达之日起15日内提出书面申请；有《民事诉讼法》第248条第2款第4、6项规定情形且执

---

① 仲裁员在仲裁该案时有贪污受贿、徇私舞弊、枉法裁决行为是指已经由生效的刑事法律文书或者纪律处分决定所确认的行为（《仲裁司法审查》第18条）。

行程序尚未终结的，应当在自知道或者应当知道有关事实或案件之日起 15 日内提出书面申请。在前述规定期限届满前，被执行人已向有管辖权的法院申请撤销仲裁裁决且已被受理的，自法院驳回撤销仲裁裁决申请的裁判文书生效之日起重新计算期限。

被执行人申请不予执行仲裁裁决，对同一仲裁裁决的多个不予执行事由应当一并提出。在不予执行仲裁裁决申请被裁定驳回后，再次提出申请的，法院不予审查，但有新证据证明存在前述第 4、5 项规定情形或理由的除外。

案外人向法院申请不予执行仲裁裁决或者仲裁调解书的，应当提交申请书以及证明其请求成立的证据材料，并符合下列条件：（1）有证据证明仲裁案件当事人恶意申请仲裁或者虚假仲裁，损害其合法权益；（2）案外人主张的合法权益所涉及的执行标的尚未执行终结；（3）在自知道或者应当知道法院对该标的采取执行措施之日起 30 日内提出。

被执行人、案外人对仲裁裁决执行案件提出不予执行申请并提供适当担保的，或者被执行人申请撤销仲裁裁决并已由法院受理的，执行法院应当裁定中止执行，停止处分性措施，但申请执行人提供充分、有效的担保，请求继续执行的除外；在对执行标的的查封、扣押、冻结期限届满前，法院可以根据当事人申请或者依职权办理续行查封、扣押、冻结手续。

3. 法院审查和作出裁定

法院对不予执行仲裁裁决案件应当组成合议庭，审查被执行人申请的事由、案外人的申请；对被执行人没有申请的事由不予审查，但仲裁裁决可能违背社会公共利益的除外。

被执行人、案外人对仲裁裁决执行案件申请不予执行的，法院应当进行询问；被执行人在询问终结前提出其他不予执行事由的，法院应当一并审查。法院在审查时，认为必要的，可以要求仲裁庭作出说明，或者向仲裁机构调阅仲裁案卷。

法院对不予执行仲裁裁决案件的审查，应当在自立案之日起 2 个月内审查完毕并作出裁定；有特殊情况，需要延长的，经本院院长批准，可以延长 1 个月。

被执行人申请不予执行仲裁调解书或者根据当事人之间的和解协议、调解协议作出的仲裁裁决，法院不予支持，但该仲裁调解书或者仲裁裁决违背社会公共利益的除外。

案外人申请不予执行仲裁裁决或者仲裁调解书，符合下列条件的，法院应当支持：（1）案外人系权利或者利益的主体；（2）案外人主张的权利或者利益合法、真实；（3）仲裁案件当事人之间存在虚构法律关系、捏造案件事实的情形；（4）仲裁裁决主文或者仲裁调解书处理当事人民事权利义务的结果部分或者全部错误，损害案外人的合法权益。

被执行人、案外人对仲裁裁决执行案件逾期申请不予执行的，法院应当裁定不予受理；已经受理的，应当裁定驳回不予执行申请。

被执行人、案外人对仲裁裁决执行案件申请不予执行，经审查，理由成立的，法院应当裁定不予执行；理由不成立的，应当裁定驳回不予执行申请。

仲裁机构裁决的事项，部分有前述不予执行情形的，法院应当裁定对该部分不予执行，但是，应当不予执行部分与其他部分不可分的，法院应当裁定不予执行仲裁裁决。

当事人向法院申请撤销仲裁裁决被驳回后，又在执行程序中以相同事由提出不予执行申请的，法院不予支持；当事人向法院申请不予执行被驳回后，又以相同事由申请撤销仲裁裁决的，法院不予支持。

在法院审查不予执行仲裁裁决期间，当事人向有管辖权的法院提出撤销仲裁裁决申请并被受理的，法院应当裁定中止对不予执行申请的审查；仲裁裁决被撤销或者仲裁机构决定重新仲裁的，法院应当裁定终结执行，并终结对不予执行申请的审查；撤销仲裁裁决申请被驳回或者申请执行人撤回撤销仲裁裁决申请的，法院应当恢复对不予执行申请的审查；被执行人撤回撤销仲裁裁决申请的，法院应当裁定终结对不予执行申请的审查，但案外人申请不予执行仲裁裁决的除外。

在对不予执行仲裁裁决案件和申请撤销仲裁裁决的司法审查期间，当事人、案外人申请对已查封、扣押、冻结之外的财产采取保全措施的，负责审查的法院参照《民事诉讼法》第 103 条处理。司法审查后仍需继续执行的，保全措施自动转为执行中的查封、扣押、冻结措施；采取保全措施的法院与执行法院不一致的，应当将保全手续移送执行法院，保全裁定被视为执行法院作出的裁定。

（四）恢复执行·执行回转·解除执行措施·提出异议·申请复议

法院裁定驳回撤销仲裁裁决申请或者驳回不予执行仲裁裁决、仲裁调解书申请的，执行法院应当恢复执行。

法院裁定撤销仲裁裁决或者基于被执行人的申请裁定不予执行仲裁裁决，原被执行人申请执行回转或者解除强制执行措施的，法院应当支持。原申请执行人对已履行或者被法院强制执行的款物申请保全的，法院应当依法准许；原申请执行人在自法院采取保全措施之日起 30 日内，未根据双方达成的书面仲裁协议重新申请仲裁或者向法院起诉的，法院应当裁定解除保全。

法院基于案外人申请裁定不予执行仲裁裁决或者仲裁调解书，案外人申请执行回转或者解除强制执行措施的，法院应当支持。

法院裁定不予执行仲裁裁决、驳回或者不予受理不予执行仲裁裁决申请后，当事人对该裁定提出执行异议或者申请复议的，法院不予受理。

法院裁定不予执行仲裁裁决的，当事人可以根据双方达成的书面仲裁协议重新申请仲裁，也可以起诉。对于劳动争议，当事人可以在自收到裁定书之日起 15 日内起诉。

法院基于案外人申请裁定不予执行仲裁裁决或者仲裁调解书，当事人不服的，可以在自裁定送达之日起 10 日内向上一级法院申请复议。

案外人申请不予执行仲裁裁决或者仲裁调解书，不服法院驳回或者不予受理申请的裁定的，可以在自裁定送达之日起 10 日内向上一级法院申请复议。

二、公证债权文书执行

根据《公证法》《公证文书执行》，公证债权文书是指经公证被赋予强制执行效力的以给付为内容并载明债务人愿意接受强制执行的承诺的债权文书。

（一）公证债权文书执行程序

1. 管辖和申请

公证债权文书执行案件，由被执行人住所地或者被执行的财产所在地法院管辖；其级别管辖，参照人民法院受理第一审民商事案件级别管辖的规定确定。

债权人申请执行公证债权文书，除应当提交作为执行依据的公证债权文书等申请执行所需的材料外，还应当提交证明履行情况等内容的执行证书。公证债权文书应当包括公证证词、被证明的债权文书等内容。权利义务主体、给付内容，应当在公证证词中列明。

申请执行公证债权文书的期间自公证债权文书确定的履行期限的最后一日起计算；分期履行的，自公证债权文书确定的每次履行期限的最后一日起计算。债权人向公证机构申请出具执行证书的，申请执行时效自债权人提出申请之日起中断。

2. 不予受理·驳回申请·申请复议·提起诉讼

债权人申请执行公证债权文书，有下列情形之一的，法院应当裁定不予受理；已经受理的，裁定驳回执行申请：（1）债权文书属于不得经公证被赋予强制执行效力的文书；（2）公证债权文书未载明债务人接受强制执行的承诺；（3）公证证词载明的权利义务主体或者给付内容不明确；（4）债权人未提交执行证书；（5）其他不符合受理条件的情形。

公证债权文书被赋予强制执行效力的范围同时包含主债务和担保债务的，法院应当依法予以执行；仅包含主债务的，对担保债务部分的执行申请应不予受理；仅包含担保债务的，对主债务部分的执行申请应不予受理。

债权人对不予受理、驳回执行申请的裁定不服的，可以在自裁定送达之日起 10 日内向上一级法院申请复议。

申请复议期满未申请复议，或者复议申请被驳回的，当事人可以就公证债权文书涉及的民事权利义务争议向法院提起诉讼。

公证机构决定不出具执行证书的，当事人可以就公证债权文书涉及的民事权利义务争议直接向法院提起诉讼。

3. 执行

法院应当根据公证债权文书并结合申请执行人的申请依法确定给付内容。

因民间借贷形成的公证债权文书，文书中载明的利率超过依照法律、司法解释的规定法院应予支持的上限的，对超过的利息部分不纳入执行范围；载明的利率未超过上限，被执行人的主张实际超过的，可以依照《公证文书执行》第22条第2款的规定提起诉讼。

（二）不予执行公证债权文书

1. 申请

根据《民事诉讼法》第249条、《公证法》第37条和《公证文书执行》第12条，作为执行依据的公证债权文书确有错误之处，即有下列情形（不予执行事由）之一的，被执行人可以依照《民事诉讼法》第249条第2款的规定，申请不予执行公证债权文书：（1）被执行人未到场且未委托代理人到场办理公证的；（2）无民事行为能力人或者限制民事行为能力人没有监护人代为办理公证的；（3）公证员为本人、近亲属办理公证，或者办理与本人、近亲属有利害关系的公证的；（4）公证员办理该项公证有贪污受贿、徇私舞弊行为，已经由生效刑事法律文书等确认的；（5）其他严重违反法定公证程序的情形。

法院认定执行公证债权文书违背公序良俗的，裁定不予执行。

被执行人认为公证债权文书存在多项不予执行事由的，应当在法院审查不予执行案件期间一并提出。

被执行人以公证债权文书的内容与事实不符或者违反法律强制性规定等实体事由申请不予执行的，法院应当告知其依照《公证文书执行》第22条第1款的规定提起诉讼。

被执行人申请不予执行公证债权文书，应当在自执行通知书送达之日起15日内向执行法院提出书面申请，并提交相关证据材料；有上述第3、4项规定情形且执行程序尚未终结的，应当在自知道或者应当知道有关事实之日起15日内提出。

公证债权文书执行案件被指定执行、提级执行、委托执行后，被执行人申请不予执行的，由提出申请时负责该案件执行的法院审查。

不予执行申请被裁定驳回后，同一被执行人再次提出申请的，法院不予受理。但有证据证明在不予执行申请被裁定驳回后知道不予执行事由的，可以在执行程序终结前提出。

2. 审查和裁定

法院审查不予执行公证债权文书案件，案情复杂、争议较大的，应当听证。必要时可以向公证机构调阅公证案卷，要求公证机构作出书面说明，或者通知公证员到庭说明情况。

法院审查不予执行公证债权文书案件，应当在自受理之日起60日内审查完毕并作出裁定；有特殊情况，需要延长的，经本院院长批准，可以延长30日。

法院审查不予执行公证债权文书案件期间，不停止执行。被执行人提供充分、有效的担保，请求停止相应处分措施的，法院可以准许；申请执行人提供充分、有效的担保，请求继续执行的，应当继续执行。

法院经审查,认为事由成立的,裁定不予执行;认为事由不成立的,裁定驳回不予执行申请。公证债权文书部分内容具有不予执行事由的,法院应当裁定对该部分不予执行;应当不予执行部分与其他部分不可分的,法院应当裁定对该公证债权文书不予执行。法院裁定不予执行的,应将裁定书送达双方当事人和公证机构。

在法院受理对担保债务的执行申请后,被执行人仅以担保合同不属于被赋予强制执行效力的公证债权文书范围为由申请不予执行的,不予支持(《执行异议复议》第 22 条第 2 款)。

3. 申请复议

当事人不服驳回不予执行申请的裁定的,可以在自裁定送达之日起 10 日内向上一级法院申请复议。上一级法院应当在自收到复议申请之日起 30 日内审查。

经审查,理由成立的,法院应裁定撤销原裁定,不予执行该公证债权文书;理由不成立的,法院应裁定驳回复议申请。在复议期间,不停止执行。

(三)提起诉讼

1. 就公证债权文书涉及的民事权利义务争议提起诉讼

有下列情形之一的,当事人或者债权人可以就该公证债权文书涉及的民事权利义务争议提起诉讼(公证债权文书被裁定部分不予执行的,当事人可以就该部分所涉及的争议提起诉讼):(1)债权人对不予受理、驳回执行申请的裁定,没有申请复议或者被驳回;(2)公证机构决定不出具执行证书;(3)公证债权文书被裁定不予执行等。

当事人因公证债权文书被裁定不予执行,就公证债权文书涉及的民事权利义务争议提起诉讼后,当事人对不予执行裁定提出执行异议或者申请复议的,法院不予受理。

有下列情形之一的,债权人、利害关系人可以就公证债权文书涉及的民事权利义务争议提起诉讼:(1)公证债权文书载明的民事权利义务关系与事实不符;(2)公证债权文书具有法律规定的无效、可撤销等情形。

债权人提起诉讼,在案件受理后又申请执行公证债权文书的,法院不予受理。进入执行程序后债权人又提起诉讼的,在案件受理后,法院可以裁定终结公证债权文书的执行;债权人请求继续执行其未提出争议的部分的,法院可以准许。

利害关系人提起诉讼,不影响法院对公证债权文书的执行。利害关系人提供充分、有效的担保,请求停止相应处分措施的,法院可以准许;债权人提供充分、有效的担保,请求继续执行的,应当继续执行。

2. 债务人执行异议之诉

依据《公证文书执行》第 22 条,有下列情形之一的,债务人可以在执行程序终结前,以债权人为被告,向执行法院提起诉讼,请求不予执行公证债权文书:(1)公证债权文书载明的民事权利义务关系与事实不符;(2)经公证的债权文书具有法律规定的无效、可撤销等情形;(3)公证债权文书载明的债权因清偿、提存、抵销、免除等原因全部或者部分消灭。

债务人起诉，不影响法院执行公证债权文书。债务人提供充分、有效的担保，请求停止相应处分措施的，法院可以准许；债权人提供充分、有效的担保，请求继续执行的，应当继续执行。

法院经审理认为理由成立的，应判决不予执行或者部分不予执行；理由不成立的，应判决驳回诉讼请求。

当事人同时就公证债权文书涉及的民事权利义务争议提出诉讼请求的，法院可以在判决中一并作出裁判。

第 三 十 章

执行措施

　　法院可以根据不同情形采取查封、划拨、变价、强制管理、强制交付、替代履行、限制消费、限制出境、拘传等执行措施。执行措施是根据债权的性质、内容和类型设立的，包括实现金钱债权的执行措施、实现非金钱债权的执行措施、对特殊财产权和人身权的执行措施（见下图）。

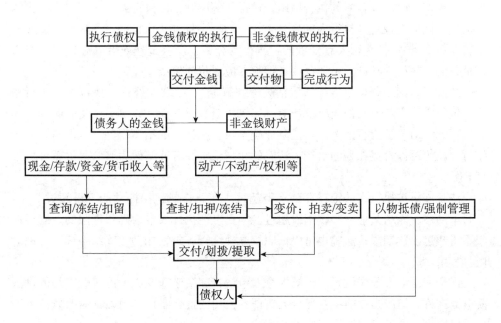

　　在我国民事执行的保障措施有：执行款物管理、执行联动（包括协助执行）、强制交付迟延履行利息或迟延履行金、国家执行威慑机制、对妨害执行的强制措施和刑事制裁等。其中，纳入失信被执行人名单（失信惩戒）、妨害执行的罚款和拘留属于制裁措施。罚款、拘留、纳入失信被执行人名单，可以单独适用，也可以合并适用。

第一节　实现金钱债权的执行措施

一、总则

实现金钱债权的执行即强制被执行人以给付金钱的方式来满足债权人的金钱债权。除执行依据所确定的金钱给付债权外，对于其他诸如诉讼费用、法院委托第三人代被执行人完成行为所发生的费用、迟延履行利息和迟延履行金等，均可采用金钱债权的执行措施。

没有法律依据，或者未经双方当事人同意，随意将金钱债权的执行变更为交付物的执行或者完成行为的执行的，均为违法执行。对此当事人有权提出执行异议，请求法院纠正。

实现金钱债权的执行措施有对被执行人金钱的执行措施和对非金钱财产（如动产、不动产、财产权益）的执行措施。根据比例原则，被执行人有多项财产可供执行的，法院应选择对被执行人的生产生活影响较小且方便执行的财产执行（《文明执行》第3条）；被执行人有金钱的，执行其金钱；没有金钱或者其金钱不足以满足债权的，执行其动产、不动产或者债权（应变价为价钱）等。

法院可以网络查询、冻结（包括续冻和解冻）、扣划、处置被执行人的银行账户、银行卡、存款及其他金融资产等（《民事诉讼法》第253条、《民诉解释》第483条）。[1] 对于被执行的财产，法院非经查封、扣押、冻结不得处分，但是，对于银行存款等可以直接扣划的财产，法院的扣划裁定即有冻结效力（《民诉解释》第484条）。

法院冻结被执行人的银行存款不得超过1年，查封、扣押动产不得超过2年，查封不动产、冻结其他财产权不得超过3年；申请执行人申请延长期限的，续行期限不得超过前述期限；法院也可以依职权办理续行查封、扣押、冻结手续（《民诉解释》第485条）。

保全冻结上市公司股票后，被保全人申请将冻结措施变更为可售性冻结的，法院应当准许，但应当提前将被保全人在证券公司的资金账户在明确具体的数额范围内予以冻结（参见《文明执行》第7条）。

被执行人或其他人擅自处分已被查封、扣押、冻结的财产的，法院有权责令责任人限期追回财产或承担相应的赔偿责任。

依据《关于加强综合治理从源头切实解决执行难问题的意见》（中法委发

---

[1] 相关规定有《关于网络查询、冻结被执行人存款的规定》（法释〔2013〕20号）、《关于人民法院与银行业金融机构开展网络执行查控和联合信用惩戒工作的意见》（法〔2014〕266号）、《人民法院、银行业金融机构网络执行查控工作规范》（法〔2015〕321号）等。

〔2019〕1号），除查封、扣押、冻结、拍卖、变卖、以物抵债等执行手段外，探索直接交付、资产重组、委托经营等执行措施，加快推进委托审计调查、公证式取证、悬赏举报等制度。

《执行法草案》第103条规定：执行依据确定机关法人履行债务的，债务已经列入其预算的，可以执行财政部门依照预算列支划拨的资金；尚未纳入预算的，可以通知被执行人和财政部门将该债务纳入当年或者下一年度预算。

二、对被执行人金钱的执行措施

在我国，对于金钱债权一般要求被执行人支付人民币；法律和司法解释允许的，也可以支付外币。

对现金的执行措施是：可由被执行人直接交付给债权人；若是需法院转交债权人的现金、需再分配的现金，或者法院认为确有必要先存入执行款专户的现金，应当划进执行款专户。

对存款[1]、资金等的执行措施是：查询、冻结、划拨存款或者资金；但是，不得超出被执行人应当履行义务的范围，还得遵循执行标的之有限性规定。法院可以不经查封，直接划拨存款（《执行法草案》第148条）。

对收入的执行措施是：扣留、提取被执行人应当履行义务部分的收入（包括全职和兼职的收入，如工资、奖金、其他劳动报酬）；法院可以裁定先扣留后提取，也可以裁定直接提取；可以裁定一次性扣留、提取，也可以裁定定期或者定额扣留、提取。[2]

三、对被执行人非金钱财产的执行措施

被执行人的非金钱财产不能直接用于满足金钱债权，故需将其变价（拍卖或者变卖）为金钱。对被执行的财产，法院非经查封、扣押、冻结不得处分（《民诉解释》第484条）。

（一）查封、扣押：控制性执行措施

1. 查封和扣押的含义

查封，通常是由法院采用封条或者公告"就地"封存被执行人的财产，禁止被

---

[1] 《关于对被执行人存在银行的凭证式国库券可否采取执行措施问题的批复》（法释〔1998〕2号）（2020年修改）规定，被执行人存在银行的凭证式国库券是被执行人交银行管理的到期偿还本息的有价证券，属于被执行人的财产，法院有权冻结、划拨被执行人存在银行的凭证式国库券。

[2] 对被执行人从有关企业中应得的已到期的股息或者红利等收益，法院有权裁定禁止被执行人提取和有关企业向被执行人支付，并要求有关企业直接向债权人支付；对于被执行人预期从有关企业中应得的股息或者红利等收益，法院可以冻结，到期后可予提取（《执行规定》第36条）。

执行人转移或者处分该财产。扣押，通常是由法院将被执行人的财产"易地"扣押，禁止被执行人占有、使用和处分该财产；有时得就地扣押，比如在船舶上张贴扣押令，使船舶不得离开原地。

根据比例原则，只有被执行人确无金钱可供执行，才能查封、扣押其动产、不动产等非金钱财产；禁止无益查封①；禁止超标查封、扣押②；不得无限期查封、扣押；查封、扣押无必要时，应当及时裁定解除。

法院可以查封、扣押被执行人与其他人共有的财产，但应当及时通知共有人。共有人提起析产诉讼或者债权人代位提起析产诉讼的，法院应当准许，在诉讼期间中止执行该财产。

2. 查封和扣押的方法和保管

查封动产，应当实施占有；查封有登记的动产，也可以通知登记机关办理查封登记。对于间接占有动产的，应当在该动产上张贴公告、封条或者采取其他足以公示查封的适当措施，但是已办理查封登记的除外（《执行法草案》第 136 条）。对同一动产存在多个查封的，在先实施占有的为在先查封；均未实施占有的，在先办理查封登记的为在先查封（《执行法草案》第 141 条）。

查封的动产，由法院保管，不宜由法院保管的，可以委托他人或者申请执行人保管。查封机器设备等生产经营性财产或者存在其他必要情形的，法院可以指定被执行人保管；被执行人继续使用对该动产的价值无重大影响的，可以准许继续使用。查封质物或者留置物的，一般应当指定质权人或者留置权人为保管人，法院自行保管或者委托他人、申请执行人保管的，质权、留置权不因转移占有而消灭（《执行法草案》第 140 条）。

查封不动产的，应当通知不动产登记机构办理查封登记；不动产未登记的，应当采用在不动产的显著位置喷涂标识或者张贴公告、封条等适当方式；法院应当通过网络等方式将查封情况对外公示（《执行法草案》第 104 条）。③

---

① 《执行法草案》第 139 条规定：动产的价额明显低于该财产执行费用的，不得查封，但是申请执行人承诺变价不成时该执行费用由其负担的除外。
② 也即法院查封或者扣押债务人的财产，应以其价额足以清偿债权额和执行费用为限。《查封规定》第 19 条第 2 款规定：若超标的额查封、扣押的，法院根据债务人的申请或者依职权，及时解除对超标的额部分财产的查封、扣押，但该财产为不可分物且债务人无其他可供执行的财产或者其他财产不足以清偿债务的除外。《房ంండం协助执行》第 10 条第 1 款规定：法院对可以分割处分的房屋应当在执行标的额的范围内分割查封，不可分割的房屋可以整体查封。
《执行法草案》第 105 条规定：查封不动产的价额，应当以足以清偿执行债务和执行费用为限，但是查封的不动产不便于实物分割或者实物分割可能严重减损其价额，且被执行人其他财产不足以清偿债务或者不便执行的除外（前述的价额是指通过执行程序处置不动产可能获得的价款金额）；不动产整体的价额明显超出执行债务和执行费用的金额，可以办理分割登记的，应当通知不动产登记机构依法办理分割登记，分割后则解除对超标的部分的查封。
③ 法院查封、扣押财产应当公示，即在财产上加贴封条、张贴公告或者进行登记等。没有公示的，不得对抗其他法院的查封、扣押，不得对抗善意第三人，不得对抗其他已经公示的查封、扣押。

被查封的不动产，一般由被执行人保管；在保管期间，被执行人可以继续使用，但是继续使用可能严重减损不动产价值或者妨碍后续执行的除外；被查封的不动产不宜由被执行人保管的，可以委托他人或者申请执行人保管，在保管期间保管人不得使用，因保管不善造成不动产毁损或者灭失的，保管人应当依法承担赔偿责任（《执行法草案》第 106 条）。

被执行人全部缴纳土地使用权出让金但尚未办理土地使用权登记的，对该土地使用权可以预查封。对房屋所有权没有登记的房屋可以预查封。土地、房屋权属在预查封期间，被登记在被执行人名下的，预查封登记自动转为查封登记。预查封转为正式查封后，查封期限从预查封之日起计算（《房地协助执行》第 13～18 条）。

3. 查封和扣押的程序

（1）法院作出查封、扣押的书面裁定。裁定书送达当事人。

（2）法院向协助执行人送达协助执行通知书、裁定书副本、执行依据副本等。协助执行通知书送达当事人。

（3）法院通知下列人员到场：被执行人或者其成年家属、法定代表人或者主要负责人。拒不到场的，不影响执行。被执行人是自然人的，其工作单位或者财产所在地的基层组织应当派人参加。

（4）实施查封、扣押。

（5）对查封、扣押的过程和结果制作笔录。对查封、扣押的财产，执行员应当造具清单，由在场人签名或者盖章后，交被执行人一份（被执行人是自然人的，也可以交其成年家属一份）。

4. 查封和扣押的对物效力与对人效力

对物效力（客观范围）是：（1）查封、扣押的效力及于被查封、被扣押的财产、从物和天然孳息。（2）查封建筑物的效力及于该建筑物占用范围内的建设土地使用权。查封建设用地使用权的效力及于该土地上的建筑物，但是建设用地使用权与建筑物的所有权分别属于被执行人和他人的除外。（3）在查封期间，不动产毁损、灭失或者被征收的，查封的效力及于被执行人获得的替代物、保险金、赔偿金或者补偿金。

对人效力（主观范围）是：（1）根据优先执行原则，对法院已经查封、扣押的财产，其他法院只可轮候查封①、扣押。查封、扣押被解除的，轮候查封、扣押按登记先后次序自动生效。（2）债务人就已经查封的财产所作的移转、设定权利负担

---

① 《正确处理轮候查封效力相关问题的通知》（法〔2022〕107 号）规定：首封法院对查封物处置变现后，首封债权人受偿后变价款有剩余的，该剩余价款属于轮候查封物的替代物，轮候查封的效力应当及于该替代物，即对于查封物变价款中多于首封债权人应得数额部分有正式查封的效力；轮候查封债权人对该剩余价款有权主张相应权利；首封法院有义务将剩余变价款移交给轮候查封法院，由轮候查封法院依法处理；轮候查封法院案件尚在诉讼程序中的，应由首封处置法院予以留存，待审判确定后依法处理。

或者其他有碍执行的行为，不得对抗债权人。（3）债权人因查封、扣押而获得对该项财产的优先执行权，但不得优先于此前在该项财产上存在的担保物权或者其他法定优先权，但是查封或者扣押没有公示的，不得对抗善意第三人。（4）他人未经法院许可占有查封的不动产或者实施其他妨碍执行行为的，法院可以依据债权人的申请或者依职权解除其占有或者排除其妨碍。

5. 查封后续期和再次查封

《执行法草案》第 109 条规定：查封期间，被执行人可以为不动产权利续期；被执行人未在不动产权利存续期间届满前的合理期间内申请续期，影响执行债权实现的，申请执行人可以向法院请求以自己的名义代替被执行人续期。

《执行法草案》第 110 条规定：已经查封的不动产，可以再次查封；首先查封的法院，可以依法对查封的不动产采取变价、强制管理等处置措施；在后查封的法院应当在查封后及时告知申请执行人可以向首先查封或者其他有处置权的法院申请分配。首先查封的法院在查封后 3 个月内未对不动产启动确定参考价程序的，在后查封的法院可以商请首先查封的法院移送处置权。

6. 查封、扣押的解除

有下列情形之一，法院应当裁定解除查封、扣押：（1）查封、扣押案外人财产的；（2）债权人撤回执行申请或者放弃债权的；（3）查封、扣押的财产流拍或者变卖不成，债权人不同意抵债的；（4）债务已经清偿的；（5）被执行人提供担保，债权人同意解除查封、扣押的；（6）法院认为应当解除查封、扣押的其他情形。

解除查封、扣押的裁定应当送达当事人及有关案外人，并且应当公示。对一般动产，法院应揭去封条或者撤除公告，必要时另行公告解除查封、扣押的事实。对有产权证照或者登记过的财产，需管理机关或者登记机构注销查封、扣押的登记。

（二）拍卖、变卖等：变价

1. 总述

《执行法草案》第 111 条对变价方式作出如下规定：变价不动产，应当通过网络司法拍卖、变卖平台进行，但是不宜采用此种方式的除外。

《民事诉讼法》第 258 条规定：财产被查封、扣押后，执行员应当责令被执行人在指定期间履行法律文书确定的义务。被执行人逾期不履行的，法院应当拍卖被查封、扣押的财产；不适于拍卖或者当事人双方同意不进行拍卖的，法院可以委托有关单位变卖或者自行变卖。国家禁止自由买卖的物品，交有关单位按照国家规定的价格收购。

查封或者扣押后，被执行人在指定期间没有履行债务的，则进行拍卖或者变卖，但以拍卖为先（"拍卖优先原则"）。综合考虑变价财产实际情况，是否损害执行债权人、第三人的利益或公共利益等因素，可以适当采取直接变卖或强制变卖等措施（参见《文明执行》第 9 条）。在具备法定情形或者符合法定条件时，可以采取以物抵偿和强制管理等措施。

《执行法草案》第 143 条规定，对具有下列情形之一的动产，法院可以按照合理的价格直接变卖：（1）季节性、鲜活、易腐烂变质以及其他不宜长期保存的；（2）不及时变价会导致价值严重贬损的；（3）保管困难或者保管费用过高的。对于前述动产，申请执行人同意抵债的，法院可以按照合理的价格交其抵债。对于在当地市场有公开交易价格的动产，法院可以以该价格直接变卖或者交申请执行人抵债。

2. 拍卖

拍卖通常为财产的首选变价方式，是指法院将被执行人的财产以公开竞价的方式卖与出价最高者，并将所得价金偿还给债权人；网络司法拍卖则指法院依法通过互联网拍卖平台，以网络电子竞价方式公开处置财产的行为。①

（1）比例原则在拍卖中的具体体现。

被执行人确无金钱可供执行，法院才拍卖被执行人的财产；禁止无益拍卖；禁止超额拍卖②；有关财产保留价的确定、撤回拍卖委托、中止拍卖、停止拍卖③、流拍的规定，以及对拍卖次数的限制等，均应维护被执行人和案外人的合法权益（《拍卖规定》）。

就禁止无益拍卖来说，《执行法草案》第 116 条规定：保留价不超过优先债权和该执行费用总额的，法院应当停止拍卖，并通知申请执行人；申请执行人在自收到通知之日起 5 日内申请继续拍卖的，法院重新确定保留价后拍卖；重新确定的保留价应当超过优先债权和该财产执行费用的总额，经优先债权人同意的，不受总额限制但不得低于原保留价；继续拍卖变价不成的，拍卖费用由申请执行人负担；申请执行人逾期未申请继续拍卖或者继续拍卖变价不成的，法院应当解除查封，但是申请执行人愿意承担相关费用或者可以采取强制管理等执行措施的除外。

（2）拍卖程序。

拍卖被执行人的财产，法院应当作出拍卖的裁定。拍卖不动产，应当在自查封之日起 30 日内实施，并且同时启动确定参考价程序（《执行法草案》第 112 条）。

起拍价及其降价幅度、竞价增价幅度、保证金数额和优先购买权人的竞买资格及其顺序等事项，应当由法院依法组成合议庭评议确定。

---

① 笔者认为，执行拍卖兼有公法处分和私法买卖的双重性质和效果。一方面，执行拍卖是法院行使强制执行权的执行行为，为公法上的强制处分行为，所以与私法拍卖不同，执行拍卖为强制性拍卖，不以拍卖物所有权人的意志为转移。另一方面，执行拍卖毕竟是拍卖，在拍卖程序上，拍卖公告是要约邀请，竞买人的出价是一种要约，拍定则是承诺，拍定人因此获得拍卖物的所有权。可见，执行拍卖在过程和结果上与私法拍卖也有一些相通之处。私法拍卖与执行拍卖的效力不完全相同，比如：对拍卖的财产而言，私法拍卖的，买受人有权利瑕疵担保请求权；执行拍卖的公法性，使买受人（拍定人）无权利瑕疵担保请求权，但有撤销拍卖请求权、减少价金请求权等。
② 也即法院拍卖债务人的财产，应以其价额足以清偿债权和执行费用为限。
③ 债务人在拍卖日前向法院提交足额金钱清偿债务，要求停止拍卖的，法院应当准许，但债务人应当负担因拍卖支出的实际费用。

1) 确定参考价和保留价。

确定参考价，应当对不动产的权利负担、占有使用、性质等情况进行必要的调查（《执行法草案》第 113 条）。法院可以采用议价、询价、委托评估等方式确定参考价。[①] 有下列情形之一的，应当委托评估：法律规定司法拍卖必须委托评估；当事人同意委托评估；无法通过其他方式确定参考价。

法院应当参照参考价确定保留价，首次拍卖的保留价不得低于参考价的 70%（被执行人认为评估结果严重偏离市场价值，申请以其认为的合理价格确定首次拍卖的保留价的，法院可以准许）（《执行法草案》第 115 条）。拍卖动产价值较低的，不设保留价；但是执行该动产产生必要费用的，应当以超过必要费用的价额确定保留价（《执行法草案》第 142 条）。

2) 公告和通知。

网络司法拍卖应当先期公告。应当在拍卖公告发布 3 日前以书面或者其他能够确认收悉的合理方式，通知当事人、已知优先购买权人拍卖的事项。

权利人书面明确放弃权利的，可以不通知。无法通知的，应当在网络司法拍卖平台公示并说明无法通知的理由，公示满 5 日视为已经通知。优先购买权人经通知未参与竞买的，视为放弃优先购买权。[②]

3) 网络服务提供者名单库。

为科学建立和管理全国性网络服务提供者名单库，最高人民法院颁行了《关于建立和管理网络服务提供者名单库的办法》（法发〔2016〕23 号）。网络服务提供者对拍卖形成的电子数据，应当完整保存不少于 10 年，但法律、行政法规另有规定的除外。

4) 竞买资格。

实施网络司法拍卖的，下列机构和人员不得竞买并不得委托他人代为竞买与其行为相关的拍卖财产：负责执行的法院、网络服务提供者、承担拍卖辅助工作的社会机构或者组织、前三项主体的工作人员及其近亲属。

《关于人民法院司法拍卖房产竞买人资格若干问题的规定》（法释〔2021〕18 号）规定：法院组织司法拍卖房产的，受房产所在地限购政策约束的竞买人不得参与竞拍；买受人虚构购房资格参与司法拍卖房产且拍卖成交，当事人、利害关系人可以违背公序良俗为由主张该拍卖行为无效。法院组织司法变卖房产活动的，参照适用该规定。

[①] 参见《关于人民法院确定财产处置参考价若干问题的规定》（法释〔2018〕15 号）、《关于建立和管理司法网络询价平台名单库的办法》（法发〔2020〕18 号）等。

[②] 法院应当在自参考价确定之日起 15 日内发布拍卖公告，公告期不得少于 30 日（《执行法草案》第 117 条）。法院应当在首次拍卖公告发布前将拍卖事项通知当事人、已知的优先购买权人；无法通知的，自拍卖公告发布后经过 15 日即视为已经通知；优先购买权人经通知未参加竞买的，视为放弃行使优先购买权（《执行法草案》第 119 条）。

5）参加竞买。

网络司法拍卖不限制竞买人数量。一人参与竞拍，出价不低于起拍价的，拍卖成交。网络司法拍卖成交的，由网络司法拍卖平台以买受人的真实身份自动生成确认书并公示。拍卖财产的所有权自拍卖成交裁定送达买受人时转移。

在网络司法拍卖竞价期间无人出价的，本次拍卖流拍。流拍后应当在30日内在同一网络司法拍卖平台再次拍卖并应在拍卖前公告。再次拍卖的起拍价降价幅度不得超过前次起拍价的20%。再次拍卖流拍的，可以依法在同一网络司法拍卖平台变卖。

在竞价过程中，优先购买权人可以与其他竞买人以相同的价格出价，没有更高出价的，拍卖的不动产由优先购买权人竞得。顺位不同的优先购买权人以相同价格出价的，拍卖的不动产由顺位在先的优先购买权人竞得。顺位相同的优先购买权人以相同价格出价的，拍卖的不动产由出价在先的优先购买权人竞得（《执行法草案》第120条）。

买受人应当在拍卖公告要求的交纳期限届满前将价款交至法院（《执行法草案》第121条）。法院应当在自拍卖价款全额交纳之日起15日内作出拍卖成交裁定并送达当事人、买受人（《执行法草案》第122条）。买受人未在拍卖公告要求的交纳期限内交纳价款的，法院可以重新拍卖；重新拍卖的，原买受人不得参加竞买（《执行法草案》第124条）。

下文介绍《执行法草案》有关流拍的规定。

不动产流拍后没有申请执行人申请承受或者无人购买的，法院应当在自流拍之日起15日内通过网络平台发布第二次拍卖公告，公告期不得少于15日；第二次拍卖的保留价不得低于首次拍卖保留价的60%；以被执行人申请的合理价格确定首次拍卖保留价的，第二次拍卖的保留价不得低于首次拍卖时评估结果的42%（《执行法草案》第126条）。

在第二次拍卖流拍后60日内，申请执行人可以申请以第二次拍卖的保留价承受不动产，他人也可以申请以该保留价购买不动产；第二次拍卖流拍后，申请执行人以市场行情发生变化等事由，申请重新启动变价程序，法院认为确有必要的，可以准许（《执行法草案》第127条）。

6）停止拍卖和变卖成交。

《执行法草案》第118条规定：被执行人申请以高于执行债务和执行费用总额或者经有权在执行程序中就该财产受偿的全部申请执行人同意的价格变卖，且购买人在拍卖公告期限届满前向法院支付全部价款的，法院可以停止拍卖并作出变卖成交裁定，但是变卖损害其他利害关系人之利益的除外。变卖成交裁定，应当送达当事人和买受人。

7）拍卖不成、拍卖撤销和停止变价。

拍卖不成（流拍）后的处理方法主要有变卖、以物抵债、强制管理，以上处理方法不成，则应解除查封并退还被执行人等。

在自不动产流拍之日起 5 日内，申请执行人申请以保留价承受不动产抵偿债务，或者他人申请以保留价购买不动产并支付全部价款的，法院可以准许。申请执行人申请承受不动产抵偿债务，其应受清偿债权数额低于保留价的，应当在前款规定期间内补交差额。人民法院应当在自收到差额或者全部价款之日起 15 日内作出抵债或者变卖成交裁定并送达当事人、买受人（《执行法草案》第 125 条）。

拍卖、变卖成交或者抵债裁定被撤销的，法院应当裁定买受人或者承受人返还不动产，拒绝返还的，强制执行。不动产因毁损、灭失或者已经由他人合法取得而无法返还的，当事人可以另行提起民事诉讼（《执行法草案》第 129 条）。

竞价程序启动前或者变卖成交、抵债裁定作出前，被执行人向法院提交的金钱或者已变价的财产足以清偿执行债务和执行费用的，停止变价（《执行法草案》第 132 条）。

8）权利转移、财产交付和权利负担的处理。

不动产拍卖、变卖成交或者抵债的，不动产的权利自拍卖、变卖成交或者抵债裁定送达买受人或者承受人时起转移；买受人或者承受人可以持前述裁定向不动产登记机构申请办理权属转移和查封、担保物权等的注销登记；不动产为被执行人租赁他人土地所建房屋的，房屋所有权转移后，土地租赁合同在出租人和买受人或者承受人之间继续有效（《执行法草案》第 128 条）。

法院裁定拍卖、变卖成交或者抵债的，应当将不动产交付买受人或者承受人；承租人、居住权人等有权继续占有的，应当通知承租人、居住权人在其权利期限届满后向买受人或者承受人交付。法院交付不动产的，可以依据本法第 183、184 条等规定的方法执行。不动产毁损、灭失的风险，在交付前由被执行人承担，在交付后由买受人或者承受人承担（《执行法草案》第 130 条）。

不动产上的担保物权及其他优先受偿权因变价而消灭，但是当事人另有约定的除外。权利消灭的，对变价所得价款依照本法第十四章的规定处理。在不动产查封前设立的用益物权及租赁权不因变价而消灭；但是该权利继续存在于不动产上，对在先的担保物权或者其他优先受偿权的实现有影响的，法院应当依法将其除去后进行变价。不动产上的查封措施因变价而消灭（《执行法草案》第 131 条）。

9）提出异议和提起诉讼。

当事人、利害关系人提出异议，请求撤销网络司法拍卖，符合下列情形之一的，法院应当支持：

其一，由于拍卖财产的文字说明、视频或者照片展示以及瑕疵说明严重失实，买受人产生重大误解，致使购买目的无法实现的，但依拍卖时的技术水平不能发现或者已经就相关瑕疵以及责任承担予以公示说明的除外。

其二，由于系统故障、病毒入侵、黑客攻击、数据错误等原因，拍卖结果错误，严重损害当事人或者其他竞买人的利益的。

其三，竞买人之间、竞买人与网络司法拍卖服务提供者之间恶意串通，损害当事人或者其他竞买人的利益的。

其四，买受人不具备法律、行政法规和司法解释规定的竞买资格的。

其五，违法限制竞买人参加竞买或者对享有同等权利的竞买人规定不同竞买条件的。

其六，其他严重违反网络司法拍卖程序且损害当事人或者竞买人利益的情形。

【最高人民法院指导案例125号】 陈某果与刘某坤、广东省汕头渔业用品进出口公司等申请撤销拍卖执行监督案中，买受人陈某果向汕头市中级人民法院提出执行异议，认为法院网络司法拍卖的一些环节没有适用拍卖法的相关规定，请求撤销拍卖、退还保证金。汕头市中级人民法院裁定驳回陈某果的异议。广东省高级人民法院裁定驳回陈某果的复议申请。最高人民法院裁定驳回陈某果的申诉请求。①

当事人、利害关系人认为网络司法拍卖行为违法，侵害其合法权益的，可以提出执行异议。案外人对网络司法拍卖的标的提出异议的，法院应当依据《民事诉讼法》第238条及相关司法解释处理，并决定暂缓或者裁定中止拍卖。

网络司法拍卖被法院撤销，当事人、利害关系人、案外人认为法院的拍卖行为违法，致使其合法权益遭受损害的，可以依法申请国家赔偿；认为其他主体的行为违法，致使其合法权益遭受损害的，可以另行提起诉讼。

当事人、利害关系人认为网络司法拍卖服务提供者的行为违法，致使其合法权益遭受损害的，可以另行提起诉讼；理由成立的，法院应当支持，但具有法定免责事由的除外。

对拍卖成交裁定或者不成交裁定，当事人、利害关系人不服的，可以在自该裁定送达之日起10日内，向法院提出书面异议，申请撤销或者变更。对前述异议，法院适用执行异议和复议程序审查裁定（《执行法草案》第123条）。

3. 变卖

被执行人的财产无法拍卖、不适宜拍卖或者双方当事人同意变卖的，以市场价格变卖。对于国家禁止自由买卖的物品，应当按照国家法律规定交有关组织按照合理价格收购，无收购组织的，应解除查封。法院及其工作人员不得买受变卖的财产。

法院可以将被执行人的财产交由有关单位变卖或者由法院直接变卖（《民诉解释》第488条）。法院通过互联网平台变卖的，参照适用《关于人民法院网络司法拍卖若干问题的规定》。被执行人可以申请对法院查封的财产自行变卖。

应当以合理价格变卖财产，所得价款，在偿付执行费用（其中包括查封、扣押、变卖财产所发生的实际费用）和优先债权后，清偿普通债权，并将剩余的价款

① 此案中，最高人民法院认为：网络司法拍卖属于强制执行措施，具有公法性质，所以法院对网络司法拍卖中产生的争议，应当适用《民事诉讼法》及司法解释的相关规定。

退还被执行人。

4. 以物抵债

经双方当事人同意，且不损害其他债权人合法权益和公共利益的，法院可以不经拍卖、变卖，直接将被执行人的财产作价后交申请执行人抵偿债务（《民诉解释》第489～491条）。

依据《关于执行和解若干问题的规定》（法释〔2018〕3号）（2020年修改）第6条，当事人达成以物抵债执行和解协议的，法院不得依据该协议作出以物抵债裁定。

被执行人的财产无法拍卖或者变卖的，经申请执行人同意，且不损害其他债权人的合法权益和公共利益的，法院可以将该项财产作价后交付申请执行人抵偿债务；申请执行人拒绝接收的，退回被执行人。

标的物流拍的，在法院作出以物抵债裁定的合理期限之后，标的物市场价值发生较大变化的，当事人可申请撤销以物抵债裁定。[1]

依法定程序裁定以物抵债的，标的物所有权自抵债裁定送达买受人或者接受抵债物的债权人时转移。抵偿债务后，对剩余的债务，被执行人应当继续清偿。

债务人不履行执行中达成的以物抵债协议约定的义务的，债权人可申请执行原生效法律文书确定的给付义务。[2]

以物抵债协议不同于代物清偿制度，代物清偿包含代物清偿协议（以物抵债协议）与履行行为两部分。以物抵债协议属于诺成合同，未履行物的交付的，抵债物的所有权不发生变动，不能产生对抵债物排除强制执行的效力。[3]

5. 强制管理

已查封的不动产，不宜变价或者无法变价的，当事人可以申请人民法院强制管理。确有必要的，法院也可以依职权强制管理（《执行法草案》第133条）。

法院裁定强制管理的，应当指定符合任职条件的个人或者组织担任管理人，并明确管理人的职责。在强制管理期间，管理人可以占有不动产、管理不动产及其收益。被执行人妨害强制管理的，管理人可以请求法院予以排除。管理人在管理过程中存在违法行为，侵害当事人合法权益的，应当承担损害赔偿责任。

管理收益扣除管理费用和管理人报酬后，用于清偿债务。管理收益的具体使用，由法院决定。

强制管理旨在以强制管理被执行人的财产所得的收益来实现债权人的金钱债权。强制管理符合比例原则，既能实现债权人的权利，又能增加被执行人的财产收益。

---

[1] 参见（2016）最高法执监191号执行裁决书。
[2] 参见（2015）最高法执复字第30号执行裁决书。
[3] 参见麻锦亮：《以物抵债协议的性质与效力》，载贺小荣主编：《最高人民法院民事审判第二庭法官会议纪要》，北京，人民法院出版社，2019。

笔者认为，《执行法草案》应当规定：强制管理终结的主要情形有以管理所得的收益清偿了执行债权；管理所得的收益，扣除管理费用及其他必要支出，没有剩余可能；债权人撤回执行申请；被管理的财产灭失；被执行人以其他财产清偿全部债务等。

（三）对特殊执行标的之执行

1. 对有价证券的执行

《执行法草案》第 146 条规定：法院查封汇票、支票、本票、仓单、提单，没有权利凭证的，应当通知相关部门办理查封登记。查封的有价证券有权利行使期间的，法院应当在该期间内代替被执行人行使权利。

汇票、支票、本票、仓单、提单转让时需要背书的，法院可以背书。该背书与被执行人的背书具有相同的法律效力。

前述有价证券，法院可以直接代替被执行人行使有价证券的权利，兑现的价款可以直接交付申请执行人，提取的货物可以依照《执行法草案》第十章规定进行变价。人民法院认为必要时，也可以参照适用《执行法草案》第十一章的规定执行。

2. 对被执行人到期债权的执行

申请执行人和被执行人均可申请对被执行人到期债权的执行（《执行规定》第45 条）。被执行人不能清偿债务但对他人（被执行人的债务人）享有到期债权的，申请执行人（或者债权人）可以代被执行人申请法院执行该到期债权（以实现申请执行人的债权）。此即谓"代位（申请）执行"，但是被执行人申请对其到期债权的执行不属于代位申请执行。

被执行人的债权作为其财产的重要组成部分，是其债务的一般担保，不能豁免执行。但是执行到期债权涉及对他人（被执行人的债务人）的权利保护，法律关系较为复杂，在执行程序中适用《民诉解释》第 499 条时，应当严格遵守法定条件与程序，兼顾对相关各方主体的权利保护。

（1）对被执行人到期债权的执行条件

代位执行是一种特殊的（申请）执行制度，除应当具备通常的申请执行条件外，还须具备如下特殊条件：1）被执行人暂时无履行能力，或者只有部分履行能力。2）被执行人对他人享有到期债权。[①] 3）被执行人对他人享有的债权是可以代位执行的，即该债权可作为执行标的且非专由被执行人行使。4）被执行人怠于行使其对他人享有的债权或者虽行使但未达到目的。

在执行过程中，若被执行人申请对其到期债权的执行，只需具备前两个要件即可。

---

① 在我国现将可以执行的被执行人债权主要限于到期债权，可能难以充分实现债权人的债权，所以被执行人的债权还应包括将来给付的债权，例如停止条件尚未成就的债权、履行期限尚未届至的债权，尚未交付债务人的股息、红利和劳动报酬等收益。《制裁规避执行》第 13 条规定：对依法保全被执行人的未到期债权，执行法院可以依法冻结，待债权到期后参照到期债权予以执行。

（2）对被执行人债权的执行程序

对被执行人到期债权的执行，应由申请执行人或者被执行人提出申请。法院在执行中发现被执行人有到期债权的，应告知申请执行人，由其决定是否申请代位执行。

法院经审查后认为具备前述申请条件的，可以裁定冻结债权，并通知该他人向申请执行人履行（《民诉解释》第499条第1款）。该履行通知应当直接送达该他人和被执行人。

该他人收到法院履行通知后，擅自向被执行人履行的，除在自己履行的债务范围内与被执行人承担连带清偿责任外，还可被追究妨害执行的责任。

该他人对到期债权有异议，申请执行人请求对异议部分强制执行的，法院不予支持（《民诉解释》第499条第2款）。① 该他人应当书面提出异议，口头异议的，由书记员记入笔录。该他人提出无履行能力、与债权人无直接债权债务关系的，异议无效。

依据《实施通知》，对于该他人在法定期限内提出异议的，除到期债权系经生效法律文书确定的外，法院对提出的异议不予审查，即应停止对该他人的执行，债权人可以另行提起代位权诉讼主张权利。

利害关系人对到期债权有异议的，法院按照《民事诉讼法》第238条处理；对生效法律文书确定的到期债权，该他人否认的，法院不予支持（《民诉解释》第499条第3款）。

（3）对被执行人到期债权的执行措施

该他人在履行通知指定的期限内没有提出异议或者异议被驳回，又不履行的，法院裁定对其债权强制执行。于此际，该他人的程序地位实际上是被执行人。该他人对债务部分否认的，可对其承认的部分强制执行。

被执行人有银行存款或者其他能够执行的财产的，法院原则上应优先予以执行；对于被执行人未到期的债权，在到期之前，只能冻结，不能责令该他人履行。

该他人在其对被执行人的债务范围内，可以直接给付申请执行人，或者通过法院转付申请执行人。该他人向申请执行人履行债务或者被强制执行后，法院应当出具有关证明。

该他人确无财产可供执行，不得强制执行该他人的债权，并且按照执行标的有限性要求，不得执行该他人的执行豁免财产（权），否则，该他人有权提出异议。

3. 对被执行人一般债权的执行

（1）对被执行人一般债权的执行措施和执行程序

《执行法草案》第151条规定：查封被执行人对第三人享有的金钱债权的，应当向第三人送达查封令，禁止其在查封额度内清偿该金钱债权；查封被执行人对第三人享有的交付物或者转移权属的债权的，应当向第三人送达查封令，禁止其交付

---

① 该他人对被执行人的债权提出的异议，与督促程序中债务人对支付令的异议，存在相通之处。

或者转移权属。

法院查封被执行人对第三人享有的工资、薪金、劳务报酬、租金等继续性给付金钱债权的，查封效力在查封额度内及于查封后第三人应付的金额。

查封的金钱债权履行期限届满的，法院可以作出履行令，责令第三人直接或者通过法院向申请执行人履行。查封的交付物或者转移权属的债权履行期限届满的，法院可以作出履行令，责令第三人向法院交付标的物；需要办理权属移转登记的，登记至被执行人名下。

被执行人的债权因附有期限、条件或者被执行人未履行对待给付义务或者其他事由而难以收取的，法院可以依申请执行人的申请依照《执行法草案》第九章第二节的规定进行变价。

（2）第三人异议

第三人认为被执行人的债权不存在、已消灭或者存在其他妨碍被执行人请求事由的，应当在自收到履行令之日起 15 日内，向法院提出书面异议，并说明事实和理由。法院执行的到期债权已经生效法律文书确定的，第三人不得提出异议。

第三人提出异议时作虚假陈述的，法院可以依照《执行法草案》第 62 条的规定予以处罚；给申请执行人造成损害的，第三人应当承担赔偿责任。

第三人未提出上述异议，又未依照履行令履行义务的，法院可以裁定对其强制执行。执行交付物或者转移权属的债权时，可以依照《执行法草案》第九章、第十章、第十二章的规定执行该标的物。

第三人认为被执行人的债权不存在、已消灭或者存在其他妨碍被执行人请求事由的，可以依据《执行法草案》第 88 条的规定提起诉讼。

（3）申请执行人收取债权之诉

第三人提出上述异议的，法院应当通知申请执行人。申请执行人认为异议不成立的，可以在自收到通知之日起 15 日内以第三人为被告向执行法院提起诉讼。

起诉经法院受理的，申请执行人应当向执行机构提交已受理的证明文件，并将受理的事实告知被执行人。

申请执行人未在规定期间内提起诉讼的，法院应当依据第三人的申请，在异议范围内解除履行令。

（4）第三人擅自履行和被执行人免除的责任

查封债权后，下列行为不得对抗申请执行人，人民法院可以继续执行该债权：1）第三人擅自清偿或者以查封后取得的债权主张抵销；2）被执行人作出的免除、延期等不利于债权实现的处分行为。

（5）人身保险合同现金价值的执行

被执行人的其他财产不足以清偿执行债务的，法院可以通知保险公司解除被执行人作为投保人的人身保险合同，按照前述对被执行人金钱债权的执行规定，执行其享有的现金价值债权。

投保人与受益人不一致的，法院应当告知受益人可以在指定期限内向法院支付相当于保单现金价值的价款，变更自己为投保人。受益人拒绝支付或者逾期未支付的，法院可以依法通知保险公司解除人身保险合同。

4. 对股权等财产权的执行

对投资权益或者股权的执行措施：被执行人在其独资开办的法人企业中拥有的投资权益被冻结后，法院可以直接裁定予以转让，以转让所得清偿其对债权人的债权。对于被执行人在有限责任公司中被冻结的投资权益或者股权，法院可以依据公司法的有关规定，予以拍卖、变卖或者以其他方式转让，将其所得清偿债权。对于被执行人在中外合资、合作经营企业中的投资权益或者股权，在征得合资或者合作他方的同意和对外经济贸易主管机关的批准后，可以将冻结的投资权益或者股权予以转让。

对上市公司国有股和社会法人股的执行措施：按照《关于冻结、拍卖上市公司国有股和社会法人股若干问题的规定》（法释〔2001〕28号），冻结股权的期限不得超过1年。股权持有人或者所有权人在限期内提供了方便执行的其他财产的，应当首先执行此类财产；不足以清偿债务的，方可执行股权。法院执行股权，应当进行拍卖。

对有限责任公司股权、股份有限公司股份的执行措施：依据《关于人民法院强制执行股权若干问题的规定》（法释〔2021〕20号），被执行人申请自行变价被冻结股权，经申请执行人及其他已知执行债权人同意或者变价款足以清偿执行债务的，法院可以准许；法院拍卖被执行人的股权，应当采取网络司法拍卖方式。

对股权凭证的执行措施：对于被执行人在其他股份有限公司中持有的股份凭证（股票），法院可以扣押，并强制被执行人按照公司法的有关规定转让；也可以直接采取拍卖、变卖的方式进行处分，或者取得债权人的同意，直接将股票抵偿给债权人。

对交易席位的执行措施：法院对交易席位进行财产保全或者终局执行时，应依法裁定不得自行转让该交易席位，但不停止该交易席位的使用。法院认为需要转让该交易席位的，应按交易所的有关规定转让给有资格受让席位的法人。

对知识产权的执行措施：被执行人不履行执行依据确定的债务，法院有权裁定禁止被执行人转让其专利权、注册商标专用权、著作权（财产权部分）[①]；采取拍卖、变卖等措施将被执行人的知识产权变价成金钱，以满足债权人的金钱债权，或者作价抵偿债权人的债权。法院查封、变价注册商标专用权的，应当对被执行人在同一种商品上注册的近似的商标，或者在类似商品上注册的相同或者近似的商标一并查封、变价（《执行法草案》第166条）。

[①] 查封有登记的知识产权，法院应当通知知识产权登记机关办理查封登记。查封没有登记的知识产权，应当以适当方式公示（《执行法草案》第165条）。

5. 对共同财产的执行

被执行人与他人按份共有财产的，法院应当执行被执行人所占份额。共有财产便于实物分割，且实物分割不减损其价值的，法院可以直接执行分割后属于被执行人的财产。

按份共有的财产有登记的，法院应当通知登记机关对被执行人所占份额办理查封登记；没有登记的，应当通知被执行人和其他按份共有人。按份共有财产按照约定或者实际由被执行人占有的，法院可以实施占有。

查封被执行人所占份额后，下列行为不得对抗申请执行人：（1）其他按份共有人向被执行人交付按份共有的财产或者被执行人应得的孳息、收益以及转让价款；（2）被执行人同意转让共有财产。

《执行法草案》第171条规定：符合《民法典》第301条规定情形的，法院可以直接变价按份共有财产（第1款）。当事人和其他按份共有人可以协商确定分割方式。协商一致的，法院按照协议内容，分别处理（第2款）：（1）实物分割的，变价被执行人所得财产；（2）被执行人承受共有财产的，变价共有财产，折价款从变价款中优先支付；（3）其他按份共有人承受共有财产的，责令承受人按期支付折价款，但是其未按期支付折价款的，申请执行人可以请求执行法院变价该共有财产，并优先受偿；（4）变价分割的，变价共有财产。

当事人和其他按份共有人不能协商一致的，被执行人和其他按份共有人可以申请法院分割。法院收到申请后，应当根据案件情况，裁定以实物、折价或者变价方式分割。分割后，执行被执行人分得的财产。被执行人怠于申请分割，影响执行债权实现的，申请执行人可以向法院请求以自己的名义代位被执行人申请分割。

被执行人的个人财产不足以清偿执行依据确定的个人债务的，法院可以执行其与他人的共同共有财产。法院查封被执行人与他人的共同共有财产，应当及时通知被执行人和共有人。共有人在自收到通知之日起15日内，与被执行人协议分割并经申请执行人认可的，法院可以依据《执行法草案》第171条第2款的规定处理。未在前述期限内协商一致的，法院可以处置共同共有财产。对所得执行款按照被执行人和共有人的出资额占比进行分配；不能确定出资额的，等额均分。

（四）清偿和分配

1. 清偿

《执行法草案》第174条规定：法院收到特定执行标的的执行款后，应当及时发放给申请执行人；执行款有剩余的，及时退还被执行人。

当事人、利害关系人认为执行款数额计算、发放等执行行为违反法律规定的，可以在自发放之日起30日内，向法院提出书面异议，请求撤销或者变更该执行行为。

对前述异议申请，法院应当适用执行异议和复议程序审查并作出裁定。裁定撤销或者变更的，可以责令返还案款；拒绝返还的，强制执行。

2. 分配

根据《执行法草案》的相关规定，他人申请分配的，法院应当通过分配程序发放执行款；特定执行标的的执行款不足以清偿全部债务和执行费用的，应当制作分配方案，但是被执行人有其他便于执行的财产足以清偿分配申请人的债权的除外（第175条）。

申请分配的，应当在分配方案送达第一个当事人之日前提交申请书。① 执行申请已经被其他法院受理的金钱债权人申请分配的，应当说明原案件执行情况。

申请分配时作虚假陈述的，人民法院可以依据《执行法草案》第62条的规定予以处罚；造成被执行人或者其他债权人损害的，应当承担赔偿责任。

有下列情形之一的，视为就执行法院查封的被执行人财产申请分配：（1）其他金钱债权人向执行法院申请执行同一被执行人；（2）其他金钱债权人向其他人民法院申请执行同一被执行人，其他人民法院对被执行人的财产再次查封，且已经完成查封登记（符合此种情形的，执行法院应当通知再次查封的法院提交有关材料并说明案件执行情况）。

分配申请符合条件的，法院应当发放执行款或者纳入分配方案；不符合条件的，裁定驳回申请。

制作分配方案的，应当在自执行款金额确定之日起15日内作出。分配方案应当记载：当事人的姓名或者名称；执行标的、待分配执行款金额；债权总额、各债权的金额及申请分配的依据；各债权的分配顺序及其依据；各债权的应受分配金额；其他应当载明的事项。

对于执行款在优先清偿执行费用和共益债务后，依照下列顺序进行分配：（1）维持债权人基本生活、医疗所必需的工资、劳动报酬、医疗费用等执行债权；（2）对执行标的享有优先受偿权的债权；（3）其他民事债权（按照查封财产的先后顺序受偿）。刑事判决确定被告承担赔偿责任的，按照民事债权顺位受偿。

分配方案作出前，各债权人和被执行人就其债权金额、分配顺序、应受分配金额达成一致意见的，法院可以按照一致意见制作分配方案。对此类分配方案，债权人、被执行人不得提出异议。

分配方案应当送达各债权人和被执行人。债权人或者被执行人对分配方案所载各债权人应受分配金额有异议的，应当在自分配方案送达之日起10日内向主持分配的法院提出书面异议；没有异议的，主持分配的法院按照分配方案进行分配。

债权人或者被执行人对分配方案提出书面异议的，主持分配的法院应当通知未提出异议的债权人、被执行人。

---

① 申请书应当写明申请分配的债权金额、债权性质、事实理由。执行依据确定的金钱债权人提交申请书，应当附执行依据；优先受偿权人提交申请书，应当附其对执行标的享有优先受偿权的证明文件。

未提出异议的债权人、被执行人在自收到通知之日起 15 日内未提出反对意见的，主持分配的法院依异议人的意见对分配方案审查修正后进行分配；提出反对意见的，应当通知异议人。异议人可以在自收到通知之日起 15 日内，以提出反对意见的债权人、被执行人为被告，向主持分配的法院提起分配方案异议之诉，请求变更分配方案；异议人逾期未提起该诉讼的，主持分配的法院按照原分配方案进行分配。

在分配方案异议之诉审理期间，对没有争议的执行款应当及时发放。

第二节　实现非金钱债权的执行措施

一、物之交付请求权的执行措施

与金钱债权的执行不同，交付物的执行是以实现物的交付请求权为目的，所以无须将执行标的物货币化，仅需将执行标的物交付给申请执行人即可。物之交付请求权执行中，本章没有规定的，参照适用本法第九章"对不动产的执行"、第十章"对动产的执行"的规定（《执行法草案》第 191 条）。

（一）交付动产的执行措施

执行依据确定被执行人交付动产的，由法院传唤双方当事人当面交付；被执行人拒不交出的，法院实施占有后转交①，并由被交付人签收（《执行法草案》第 185 条）。

执行标的物为种类物的，被执行人未按执行通知履行义务的，法院可以责令被执行人在合理期限内支付购买费用，委托他人购买后交付申请执行人或者由申请执行人自行购买；申请执行人申请垫付购买费用的，法院应当准许；被执行人未依据前述规定支付购买费用的，法院应当裁定强制执行（《执行法草案》第 186 条）。

执行标的物为特定物的，应当执行原物。原物、票证确已毁损或者灭失的，经双方当事人协商，可以折价赔偿；不能协商一致的，法院应当终结执行，申请执行人可以另行起诉（《民诉解释》第 492、493 条）。

执行依据确定被执行人交付印章、证照或者其他凭证的，法院可以根据申请执行人的申请宣告作废，并通知有关组织重新制发（《执行法草案》第 187 条）。

被执行人占有执行依据确定交付的标的物而拒绝交付的，法院可以对其按日予以罚款，但是标的物为种类物的除外。对个人的罚款金额为每日人民币 10 万元以

---

① 法院代收的，应不少于 2 名执行人员在场，即时向债务人出具收据，并将代收及转交情况记入笔录，并由债务人签名。

下，对组织的罚款金额为每日人民币 100 万元以下，但是累计罚款的天数不得超过 180 日。被执行人对罚款决定不服的，可以向上一级法院申请复议（《执行法草案》第 188 条）。

执行依据确定交付的标的物转移给申请执行人占有后，被执行人或者原占有人立即又强行占有该标的物的，法院可以根据申请执行人的申请继续强制执行并应当对其予以处罚（《执行法草案》第 189 条）。

第三人占有执行依据确定交付的标的物的，法院可以依照本法第十一章第二节"对一般债权的执行"的规定执行（《执行法草案》第 190 条）。

（二）交付不动产的执行措施

交付不动产的执行措施主要是强制被执行人迁出房屋或者退出土地，将房屋或者土地交付债权人。于交付不动产的执行，首先应当作出裁定；法院应当在不动产显著位置张贴公告，责令被执行人在指定期间（宽限期）履行；被执行人逾期不履行的，法院强制执行。

执行依据确定被执行人交付居住的房屋，自执行通知送达之日起，已经给予 3 个月的宽限期，被执行人以该房屋系本人及所扶养家属维持生活的必需品为由提出异议的，法院不予支持（《执行异议复议》第 20 条）。

强制执行时，法院应当通知当事人、见证人等到场。被执行人是自然人的，其工作单位或者房屋、土地所在地的基层组织应当派人参加。拒不到场的，不影响执行。执行员应当将强制执行情况记入笔录，由在场人员签名或者盖章。

强制迁出房屋时被搬出的财物，由法院派人运至指定处所，交给被执行人。被执行人是自然人的，也可以交给他的成年家属。因拒绝接收而造成的损失，由被执行人承担。[①]

在执行中，需要办理有关财产权证照转移手续的，法院可以向有关单位发出协助执行通知书，有关单位应当办理。

二、行为请求权的执行

对行为的执行，即强制被执行人按照执行依据作为或者不作为。"作为"又分为可替代履行的作为和不可替代履行的作为，前者如拆除违章建筑，可雇请他人代为，而后者往往具有很强的人身属性，如向对方赔礼道歉等，只能由被执行人本人

[①] 《执行法草案》第 184 条规定了交付标的物中其他动产的处理：执行依据确定交付的不动产或者船舶、航空器、机动车等动产中有不属于执行标的物的动产的，法院应当强制除去后交付，但是双方当事人同意不除去的除外。依据前款规定除去动产的，法院应当通知被执行人或者其成年家庭成员、法定代表人或者主要负责人等到场领取。无法通知或者无人到场领取的，法院可以对除去的动产进行变价，变价款扣除相关费用后退还被执行人或者予以提存等。

为之。"不作为"基于其消极性，不存在可替代的不作为与不可替代的不作为之分。

对可替代行为，其执行措施除责令被执行人亲自实施之外，还包括替代执行，主要有：（1）第三人代为完成，产生的费用由被执行人在合理期限内支付①；（2）依法改变执行方式，产生的费用由被执行人支付。② 申请执行人申请垫付费用的，法院应当准许。

对不可替代行为，法院应当责令被执行人在指定期限内履行；被执行人逾期未履行的，应当对被执行人依据本法第 188 条规定按日予以罚款或者予以拘留，但是被执行人有正当理由的除外（《执行法草案》第 193 条）。③

有关交出未成年子女，《执行法草案》第 194 条规定：执行依据确定未成年子女由一方当事人抚养，另一方当事人或者他人拒不交出的，除依据本法第 193 条规定的方法执行外，法院也可以将该子女领交抚养人；但是，满 8 周岁的子女明确表示反对的，不得领交。

有关探望权，对于拒不协助另一方行使探望权的有关个人或者组织，可以由法院依法采取拘留、罚款等强制措施，但是不能对子女的人身、探望行为进行强制执行（《婚姻家庭》第 68 条）。④《执行法草案》第 195 条规定：执行依据确定被执行人有协助探望义务的，法院依据本法第 193 条规定的方法执行；被探望人拒绝接受探望的，法院可以通知有关组织协助进行心理疏导；探望确实不利于被探望人身心健康的，法院可以根据情况暂缓执行或者终结执行。

有关不作为、容忍行为，《执行法草案》第 196 条规定：执行依据确定被执行人不得作出一定行为或者应当容忍他人一定行为，被执行人违反该义务或者可能违反该义务的，法院应当依照本法第五章第五节的规定对被执行人予以罚款、拘留或者纳入失信被执行人名单，也可以根据案件情况采取其他适当方法防止、制止被执行人违反该义务；被执行人违反不作为或者容忍义务产生的后果需要消除的，法院可以根据申请执行人的申请裁定依法消除。依据第 196 条规定执行后，被执行人再

---

① 依据《民诉解释》第 501、502 条的规定，该第三人可由法院选定，必要时可以通过招标的方式来确定；申请执行人可以在符合条件的人中推荐代履行人，也可以申请自己代为履行；代履行费用的数额由法院根据案件具体情况确定，由被执行人在指定期限内预先支付，被执行人未预付的，法院可以对该费用强制执行；代履行结束后，被执行人可以查阅、复制费用清单以及主要凭证。

② 根据《民法典》第 1000 条第 2 款的规定，行为人拒不承担消除影响、恢复名誉、赔礼道歉等民事责任的，法院可以采取在报刊、网络等媒体上发布公告或者公布生效裁判文书等方式执行，产生的费用由行为人负担。

③ 笔者认为，被执行人逾期未履行给债权人造成损害的，承担损害赔偿民事责任（此属间接执行）。

④ 当事人在履行生效判决、裁定或者调解书的过程中，一方请求中止探望，法院在征询双方当事人意见后，认为需要中止探望的，依法作出裁定；中止探望的情形消失后，法院应当根据当事人的请求书面通知其恢复探望（《婚姻家庭》第 66 条）。

未成年子女、直接抚养子女的父或者母以及其他对未成年子女负担抚养、教育、保护义务的法定监护人，有权向法院提出中止探望的请求（《婚姻家庭》第 67 条）。

次违反不作为或者容忍义务的，法院可以根据申请执行人的申请再次强制执行。

有关意思表示请求权①，《民事诉讼法》第262条作出了规定。② 比如，房屋买卖合同之诉中，法院判决卖方向买方交付讼争的房屋，同时判决卖方协助买方将房屋产权变更登记过户到买方名下，而卖方不予协助的，买方可以申请法院强制执行，法院则应向房屋登记机构发出协助执行通知书，办理房屋产权变更登记。③ 再如，解除合同之诉或者确认合同无效之诉中，法院判决解除合同或者合同无效；由于卖方已经将讼争的房屋登记过户到买方名下，根据《民法典》第157条④的规定，法院应同时判决买方应当申请将该房屋产权恢复变更登记至卖方名下。其中，买方作出房屋产权恢复变更登记的意思表示为给付内容。

有关居住权，实务中通常按照意思表示请求权来执行。

【案例30-1】 法院判决确认董某峰对自己房屋的遗嘱是合法的。该遗嘱的内容是董某峰将自己房屋遗赠给董某军；邱某光有权居住该房屋。法院的判决生效后，邱某光一直居住在该房屋。2021年年初，邱某光发现董某军在中介挂牌出卖该房屋，担心房屋出售后自己不得居住，遂向法院申请居住权强制执行。根据《民法典》第368条的规定，法院裁定将该处房屋的居住权登记在邱某光名下，并向不动产登记机构发出协助执行通知书，为邱某光办理了居住权登记。⑤

---

① 意思表示（请求权）的执行是指执行依据所载债权人的请求权，以债务人作出一定的意思表示为执行标的。债务人作出意思表示的义务，以发生一定的法律效果为目的，但无须债务人实施具体的行为，宜直接以法律拟制的方法，实现债权人的权利。参见江伟、肖建国主编：《民事诉讼法》，8版，523页，北京，中国人民大学出版社，2018。

② 此条规定："在执行中，需要办理有关财产权证照转移手续的，人民法院可以向有关单位发出协助执行通知书，有关单位必须办理。"据此，对意思表示（请求权）的执行，通常需要进入执行程序，以"法院发送协助执行通知书给有关单位"拟制为"被执行人亲自作出相关意思表示"。这样增加了实现权利的成本。既然法院判决被执行人应当作出相关意思表示，其法律效果就应得到尊重。因此，被执行人不予协助作出意思表示的，债权人可以根据法院判决等生效法律文书，请求有关单位作出相关行为。
国务院《不动产登记暂行条例》（2019年修改）第14条第2款规定，法院、仲裁委员会生效的法律文书等设立、变更、转让、消灭不动产权利的，可以由当事人单方申请不动产登记。
《执行法草案》第198条规定：法律文书确定被执行人作出意思表示的，该法律文书生效时，视为意思表示已经作出；前款规定的意思表示附条件或者申请执行人应为对待给付义务的，条件成就或者申请执行人已经履行对待给付义务时，视为意思表示已经作出。第198条规定：生效法律文书确定被执行人协助申请执行人办理的有关事项，需要被执行人向国家机关、事业单位等有关组织和个人提出申请或者作出同意等意思表示的，申请执行人向有关组织和个人出示该文书时，有关组织和个人应当按照被执行人已提出申请或者作出该意思表示办理。

③ 除以不动产物权变动登记申请意思表示为给付内容的案件之外，给付判决中以意思表示为内容的还有请求协助特殊动产如机动车等所有权的过户登记、抵押权的变更登记、股东变更登记、股权变更登记、知识产权变更登记、户籍登记之变更、继承登记等。

④ 此条规定：民事法律行为无效、被撤销或者确定不发生效力后，行为人因该行为取得的财产，应当予以返还；不能返还或者没有必要返还的，应当折价补偿。有过错的一方应当赔偿对方由此所受到的损失；各方都有过错的，应当各自承担相应的责任。法律另有规定的，依照其规定。

⑤ 参见人民法院贯彻实施民法典典型案例（第一批）之五"邱某光与董某军居住权执行案"，载 https://www.court.gov.cn/zixun-xiangqing-347191.html，访问日期：2022-05-27。

第三节 民事执行保障措施和制裁措施

一、法院执行款物管理

依据《关于执行款物管理工作的规定》(法发〔2017〕6号),"执行款物"是指执行程序中依法应当由法院经管的财物。

法院应当开设执行款专户或者在案款专户中设置执行款科目,对执行款实行专项管理、独立核算、专款专付、一案一账号。执行款物的收发凭证、相关证明材料,应当附卷归档。

被执行人可以将执行款直接支付给申请执行人,法院也可以将执行款从被执行人的账户直接划至申请执行人的账户。但对于有争议或者需再分配的执行款,以及法院认为确有必要的,应当将执行款划至执行款专户或者案款专户。法院通过网络执行查控系统扣划执行款的,应当划至执行款专户或者案款专户。执行人员原则上不直接收取现金和票据。

法院通常应当采取转账方式发放执行款。执行款应当发放给申请执行人,确需发放给其他人的,法院应组成合议庭审查,但依法应当退还给交款人的除外。

被执行人将物品(包括票据、证照等)直接交付给申请执行人的,被执行人应当向法院出具物品接收证明;没有物品接收证明的,执行人员应当将履行情况记入笔录,经双方当事人签字后附卷。被执行人将物品交由法院转交给申请执行人或者由法院主持双方当事人进行交接的,执行人员应当将交付情况记入笔录,经双方当事人签字后附卷。

对季节性商品或鲜活、易腐烂变质以及其他不宜长期保存的物品,法院可以责令当事人及时处理,将价款交付法院;必要时,执行人员可予以变卖,并将价款交法院财务部门。

法院解除对物品的查封、扣押措施的,除指定由被执行人保管外,应当在自解除之日起10日内将物品发还给所有权人或者交付人。物品在法院查封、扣押期间,因自然损耗、折旧所造成的损失,由物品所有权人或者交付人自行负担,但法律另有规定的除外。

二、执行联动和强制交付迟延履行利息或者迟延履行金

(一)协助执行和执行联动

执行中,有关组织和个人应当根据法院的通知,协助实施下列事项:(1)调查被执行人及有关人员的财产、身份信息;(2)查找被执行人、被拘传人、被拘留

人；（3）查找和控制被查封的机动车、船舶、航空器等财产；（4）查封、划拨、限制消费、限制出境；（5）解除查封、控制，限制消费、限制出境；（6）遇有暴力阻碍执行或者其他必要情形时，制止违法行为、维持现场秩序；（7）其他应当依法协助执行的事项。

《执行法草案》第73条规定：法院要求协助执行的，应当通过数据电文、纸质文书等书面形式通知有关组织和个人。情况紧急的，可以要求先予协助后再行书面通知。协助执行事项简单且能够即时办理的，可以口头通知并制作笔录。

有关组织和个人在接到法院协助执行通知后，应当按照要求及时办理。协助执行需要回复的，应当及时书面回复办理结果。有关组织和个人在协助执行过程中，不对协助执行通知的内容进行实质审查，认为协助执行内容错误的，可以向法院提出书面异议，但是不得停止协助。有关组织和个人提出书面异议的，依据《执行法草案》第84条规定处理。

负有协助执行义务的有关国家机关或者其他承担社会管理职能、提供社会公共服务的组织与法院之间应当建立信息化网络协助执行机制。

除需要相关自然人、法人和非法人组织协助执行外，还需要党和国家相关机关或者部门协助执行。① 依据《合作备忘录》，各签署单位把失信被执行人名单信息作为重要参考依据，实现信息共享，联合落实55项惩戒措施。

法院认为有必要对被执行人采取执行联动措施的，应当制作协助执行通知书或者司法建议函等法律文书，并送达有关部门。有关部门在收到协助执行通知书或者司法建议函后，应当在法定职责范围内协助采取执行联动措施；若对法院请求采取的执行联动措施有异议，可向法院提出审查建议但不应拒绝采取相应措施。② 协助执行人不得向当事人收取费用。协助执行中实际支出的费用，作为执行费用。

被执行人依法履行了执行依据确定的义务或者申请执行人同意解除执行联动措施，法院经审查，认为符合有关规定的，应当解除相应措施。被执行人提供担保，请求解除执行联动措施的，由法院审查决定。

有关组织和个人违反协助执行义务的，法院可以依据妨害执行行为作出处罚。《执行法草案》第75条规定：有关组织和个人违反协助执行义务，造成申请执行人损失的，申请执行人可以依法提起诉讼。

《执行法草案》第76条规定：有关组织和个人按照法院协助执行通知的要求协

---

① 参见《合作备忘录》、《关于建立快速查询信息共享及网络执行查控协作工作机制的意见》（法〔2016〕41号）、《关于人民法院与银行业金融机构开展网络执行查控和联合信用惩戒工作的意见》（法〔2014〕266号）、《人民法院、银行业金融机构网络执行查控工作规范》（法〔2015〕321号）、《关于加强信息合作规范执行与协助执行的通知》（法〔2014〕251号）、《关于建立和完善执行联动机制若干问题的意见》（法发〔2010〕15号）、《关于进一步规范人民法院冻结上市公司质押股票工作的意见》（法发〔2021〕9号）等。

② 就同一法律关系存在两份或者多份的，协助执行人应当协助最先送达协助执行通知书的法院进行查封、扣押、冻结，但不得划拨、提取、过户。

助执行的，不承担法律责任。当事人、利害关系人认为该行为违反法律规定的，可以依据本法第 84 条规定向执行法院提出书面异议。

（二）强制交付迟延履行利息或者迟延履行金

被执行人迟延履行的，迟延履行期间的利息或者迟延履行金自判决、裁定和其他法律文书指定的履行期间届满之日起计算（《民诉解释》第 504 条）。

被执行人未按执行依据指定的期间履行给付金钱义务的，应当加倍支付迟延履行期间的债务利息（《民事诉讼法》第 264 条）。"加倍支付迟延履行期间的债务利息"包括迟延履行期间的一般债务利息和加倍部分债务利息（《迟延履行利息》）。执行回转中，原申请执行人迟延履行金钱给付义务的，应当承担加倍部分债务利息。

被执行人的财产不足以清偿全部债务的，应当先清偿执行依据确定的金钱债务，再清偿加倍部分债务利息，但当事人对清偿顺序另有约定的除外。

被执行人未按执行依据指定的期间履行非金钱给付义务，已经造成损失的，双倍补偿申请执行人已经受到的损失；没有造成损失的，迟延履行金可以由法院根据具体案件情况决定（《民诉解释》第 505 条）。

三、国家执行威慑机制

根据《民事诉讼法》第 266 条等的规定，我国执行威慑机制包括对被执行人限制出境、记入征信系统与媒体公布（公布失信被执行人名单信息）、限制被执行人高消费等。

（一）限制出境

被限制出境的原因是"被执行人不履行法律文书确定的义务"。

限制被执行人出境，应当由申请执行人向执行法院提出书面申请；必要时，执行法院可以依职权决定（《执行解释》第 23 条）。法院决定限制被执行人出境的，应当制作裁定书，并应送达被执行人，同时向入境出境管理机关发出协助执行通知。

在限制出境期间，被执行人履行了法律文书确定的全部债务的，执行法院应当及时解除措施；被执行人提供了充分、有效的担保或者申请执行人同意的，可以解除措施。

（二）公布失信被执行人名单信息或者纳入失信被执行人名单（以下简称公布失信）

根据《个人信息保护法》和《民诉解释》、《公布失信》、《合作备忘录》、《文明执行》等的相关规定，法院应当将失信被执行人名单（以下简称失信名单）信息准确、完整、及时地录入最高人民法院失信被执行人名单库，在国家征信系统中共享信息，并通过该名单库统一向社会公布，依法对其实施信用惩戒。

1. 法院公布失信的原则

根据《个人信息保护法》，法院公布失信应当遵循合法、正当、必要和诚信原则，不得通过误导、欺诈、胁迫等方式处理个人信息（第5条）。

必要原则实际上是比例原则。法院公布失信应当具有明确、合理的目的，并应当与处理目的直接相关，采取对个人权益影响最小的方式；法院收集被执行人名单信息，应当限于实现处理目的的最小范围，不得过度收集信息；处理个人信息应当保证个人信息的质量，避免因个人信息不准确、不完整对个人权益造成不利影响。

2. 法院公布失信的情形和失信构成要件

《公布失信》第1条规定，被执行人未履行生效法律文书确定的义务，并具有下列情形之一，法院应当将其纳入失信名单：（1）有履行能力而拒不履行生效法律文书确定义务的；（2）以伪造证据、暴力、威胁等方法妨碍、抗拒执行的；（3）以虚假诉讼、虚假仲裁或者以隐匿、转移财产等方法规避执行的；（4）违反财产报告制度的；（5）违反限制消费令的；（6）无正当理由拒不履行执行和解协议的。

依《公布失信》第3、4条和《文明执行》第16条的规定，不得采取纳入失信名单（或者限制消费）措施的情形有：（1）被执行人为未成年人的；（2）单位是失信被执行人的，对其法定代表人、主要负责人、影响债务履行的直接责任人员、实际控制人等不得采取以上措施；（3）全日制在校生因"校园贷"纠纷成为被执行人的，一般不得对其以上措施；（4）法院已经控制其足以清偿债务的财产的（包括被执行人提供了充分有效的担保）；（5）申请执行人申请暂不采取惩戒措施的；（6）被执行人履行顺序在后，对其依法不应强制执行的；（7）其他不属于有履行能力而拒不履行生效法律文书确定义务的情形。

比例原则的最少侵害要求，在合目的之前提下，应当选择采用对当事人、他人和社会等产生最小损失的手段或者措施。现行公布失信制度没有明确规定失信构成要件，会导致滥用公布失信制度，给被执行人及相关人士造成不必要的损失。

笔者认为，被执行人失信是指被执行人有履行能力却故意不履行生效法律文书确定的义务，导致法院执行严重受阻或者执行不能。其构成要件包括：（1）被执行人有履行能力；（2）被执行人故意；（3）不履行生效法律文书确定的义务；（4）导致法院执行严重受阻或者执行不能。此外，立法上还应明确规定不纳入失信名单的除外情形。

《公布失信》第1条对被执行人失信具体情形的规定过于宽松。"有履行能力而拒不履行生效法律文书确定义务"是权利人向法院申请执行的一个条件。仅根据这种情形，就公布被执行人为失信人，将不当扩大失信人的范围，显然违反了比例原则。对此，《文明执行》第16条作出了纠正。①

《公布失信》第1条第2~6项规定的是被执行人失信的其他具体情形。这些情形实际上是被执行人妨害执行的行为，根据《民事诉讼法》第114条作出处罚即可

---

① 该条中规定：被执行人虽然存在有履行能力而拒不履行生效法律文书确定义务、无正当理由拒不履行和解协议的情形，但人民法院已经控制其足以清偿债务的财产或者申请执行人申请暂不采取惩戒措施的，不得对被执行人采取纳入失信名单或限制消费措施。

达到目的，并且被执行人也不会承受公布失信名单所产生的影响。因此，笔者认为，根据最少侵害原则，对上述情形不应作为失信行为来惩治。

3. 法院公布失信的程序

法院向被执行人发出的执行通知中，应载明有关纳入失信名单的风险提示等内容。根据《个人信息保护法》第 7、17、35、44 条的规定，个人就对其个人信息的处理享有知情权，法院也应以显著方式、清晰易懂的语言真实、准确、完整地向被执行人明示公布失信名单的目的、方式、期限和范围。

《公布失信》宣布：公布失信的目的是促使被执行人自觉履行生效法律文书确定的义务，推进社会信用体系建设。因此，根据《个人信息保护法》第 13 条的规定，法院公布失信不需取得被执行人的同意。申请执行人可以向法院申请公布失信。法院决定公布失信的，应当制作决定书（其中应当写明理由和期限等），并由院长签发。决定书自作出之日起生效，且应合法送达当事人。

法院可以根据案件具体情况，对决定纳入失信名单或者采取限制消费措施的被执行人，可以给予 1～3 个月的宽限期；在宽限期内，暂不发布其失信或者限制消费信息；期限届满，被执行人仍未履行的，再发布其信息并采取相应惩戒措施（《文明执行》第 15 条）。

被执行人具有《公布失信》第 1 条第 2～6 项情形的，被纳入失信名单的期限为 2 年。被执行人以暴力、威胁方法妨碍、抗拒执行情节严重或者具有多项失信行为的，可以延长 1 年～3 年。失信被执行人主动纠正失信行为的，法院可以决定提前删除失信信息。

笔者认为，现行公布失信制度应当在失信构成要件事实的证明方面作出如下完善：

（1）被执行人失信构成要件事实及除外情形的证据，立法上应当明确规定由法院依职权收集提供，主要理由是公布失信制度的目的具有公益性。

（2）被执行人失信构成要件事实及除外情形的证明程序虽然不适用对审原则而适用自由证明程序，但是至少应充分保障被执行人对失信构成要件事实和除外情形及其证据表达意见的机会，否则被执行人有权申请撤销失信构成的决定。

（3）被执行人失信构成要件事实的证明标准应当采用"高度可能性"标准。这符合比例原则的要求，即程序的慎重程度与其解决事项的性质意义成正相关关系。

（4）法院非法限制或剥夺被执行人诉讼参与权的证据，应当由法院依职权提供，主要理由是这些证据通常是由法院控制的，法院应当依法制作和保存执行笔录。

4. 更正失信信息

失信被执行人①认为有下列情形之一的，可以向执行法院申请纠正：（1）不应

---

① 《个人信息保护法》第 49 条规定：自然人死亡的，其近亲属为了自身的合法、正当利益，可以对死者的相关个人信息行使本章规定的查阅、复制、更正、删除等权利；死者生前另有安排的除外。

将其纳入失信被执行人名单的；（2）记载和公布的失信信息不准确的；（3）失信信息应予删除的。

执行法院应当在自收到书面纠正申请之日起 15 日内审查，理由成立的，应当在 3 个工作日内纠正；理由不成立的，决定驳回。被执行人对驳回决定不服的，可以在自决定书送达之日起 10 日内向上一级法院申请复议。上一级法院应当在自收到复议申请之日起 15 日内作出决定。在复议期间，不停止原决定的执行。

执行法院发现纳入失信名单、采取限制消费措施存在错误的，应当及时主动作出相应处理；上级法院发现错误的，应当责令下级法院及时纠正，也可以依法直接纠正。

不应纳入失信名单的，法院应当在 3 个工作日内删除或屏蔽失信信息。记载和公布的失信信息不准确的，法院应当在 3 个工作日内更正失信信息。

有纳入期限的，在纳入期限届满后 3 个工作日内，法院应当删除失信信息。具有下列情形之一的，法院应当在 3 个工作日内删除失信信息：（1）被执行人已履行生效法律文书确定的义务或者法院已执行完毕的；（2）当事人达成执行和解协议且已履行完毕的；（3）申请执行人书面申请删除失信信息，法院审查同意的；（4）终结本次执行程序后，通过网络执行查控系统查询被执行人财产两次以上，未发现有可供执行财产，且申请执行人或者其他人未提供有效财产线索的；（5）因审判监督或者破产程序，法院依法裁定对失信被执行人中止执行的；（6）法院依法裁定不予执行的；（7）法院依法裁定终结执行的。

被执行人因存在多种失信情形，被同时纳入有固定期限的失信名单和无固定期限的失信名单的，其主动履行完毕生效法律文书确定义务后，法院一般应当将有固定期限的失信名单信息和无固定期限的失信名单信息同时删除（或屏蔽）（《文明执行》第 19 条第 2 款）。删除失信信息后，被执行人具有失信情形的，法院可以重新将其纳入失信名单。

5. 监督执行法院

根据《个人信息保护法》第 68 条的规定，法院不履行该法规定的个人信息保护义务的，由其上级机关或者履行个人信息保护职责的部门责令改正；对直接负责的主管人员和其他直接责任人员依法给予处分。

（三）限制被执行人高消费

依据《限制高消费》，被执行人未按执行通知书指定的期间履行给付义务的，经申请执行人书面申请，必要时法院可以依职权，向被执行人发出"限制消费令"，即限制其高消费及非生活或非经营必需的有关消费。纳入失信名单同时限制消费，仅符合限制消费情形的，不得纳入失信名单。需要更正限制消费措施的，按照更正失信信息处理。

《限制高消费》第 3 条规定，被执行人为自然人的，被采取限制消费措施后，不得有以下高消费及非生活和工作必需的消费行为：乘坐交通工具时，选择飞机、列车软卧、轮船二等以上舱位；在星级以上宾馆、酒店、夜总会、高尔夫球场等场所进行高消费；购买不动产或者新建、扩建、高档装修房屋；租赁高档写字楼、宾馆、公寓等场所办公；购买非经营必需的车辆；旅游、度假；子女就读高收费私立学校；支付高额保费购买保险理财产品；乘坐 G 字头动车组列车全部座位、其他动车组列车一等以上座位等其他非生活和工作必需的消费行为。限制被执行人子女就读高收费学校，是指限制其子女就读超出正常收费标准的学校，虽然是私立学校，但如果其收费未超出正常标准，也不属于限制范围。

《文明执行》第 17 条对于下列情形作出特别规定：

（1）单位被执行人被限制消费后，其法定代表人、主要负责人、影响债务履行的直接责任人员、实际控制人以因私消费为由提出以个人财产从事消费行为，经审查属实的，应予准许。

（2）单位被执行人被限制消费后，其法定代表人、主要负责人确因经营管理需要发生变更，原法定代表人、主要负责人申请解除对其本人的限制消费措施，证明其并非单位的实际控制人、影响债务履行的直接责任人员的，法院应予准许；对变更后的法定代表人、主要负责人依法采取限制消费措施。

（3）被限制消费的个人因本人或近亲属重大疾病就医，近亲属丧葬，以及本人执行或配合执行公务，参加外事活动或重要考试等紧急情况急需赴外地，向法院申请暂时解除乘坐飞机、高铁限制措施，经严格审查并经本院院长批准，可以给予其最长不超过 1 个月的暂时解除期间。

上述人员在向法院提出申请时，应当提交充分有效的证据并按要求作出书面承诺；提供虚假证据或者违反承诺从事消费行为的，法院应当及时恢复对其采取的限制消费措施，同时依照《民事诉讼法》第 114 条从重处理，并对其再次申请不予批准。

四、对妨害民事执行的强制措施和刑事制裁

对妨害执行的行为采取强制措施，属于对妨害民事诉讼的强制措施。在执行终结后 6 个月内，被执行人或者其他人对已执行的标的有妨害行为的，法院可以依申请排除妨害，并可以依照《民事诉讼法》第 114 条进行处罚。因妨害行为给债权人或者其他人造成损失的，受害人可以另行起诉（《民诉解释》第 519 条）。

执行前或者执行中，被执行人恶意或者故意将其财产转移，或者被执行人与第三人恶意串通，转移被执行人的财产，致使债权人的权利无法通过执行程序获得实现的，在保护善意第三人的前提下，应当撤销被执行人恶意或者故意处分其财产的行为。

被执行人、协助债务人、担保人等负有执行义务的人对法院的判决、裁定有能力执行而拒不执行，情节严重的，以拒不执行判决、裁定罪处罚（《刑法》第313条）。拒不执行支付赡养费、扶养费、抚养费、抚恤金、医疗费用、劳动报酬等的判决、裁定的，可以酌情从重处罚。[①] 隐藏、转移、变卖、故意毁损已被司法机关查封、扣押、冻结的财产，情节严重的，处3年以下有期徒刑、拘役或者罚金（《刑法》第314条）。

[①] 参见《关于审理拒不执行判决、裁定刑事案件适用法律若干问题的解释》第7条。

主要参考文献

1. 中共中央关于全面推进依法治国若干重大问题的决定 . 人民日报，2014 - 10 - 29

2. 习近平关于全面依法治国论述摘编 . 北京：中央文献出版社，2015

3. 习近平 . 高举中国特色社会主义伟大旗帜 为全面建设社会主义现代化国家而团结奋斗：在中国共产党第二十次全国代表大会上的报告 . 人民政协网，2022 - 10 - 25.

4. 江必新 . 新民诉解释法义精要与实务指引 . 北京：法律出版社，2015

5. 江伟，肖建国 . 民事诉讼法 . 8 版 . 北京：中国人民大学出版社，2018

6. 邵勋 . 中国民事诉讼法论 . 北京：中国方正出版社，2005

7. 石志泉 . 石志泉法学文集 . 北京：法律出版社，2014

8. 陈荣宗，林庆苗 . 民事诉讼法 . 修订 8 版 . 台北：三民书局，2014

9. 范愉 . 纠纷解决的理论与实践 . 北京：清华大学出版社，2007

10. 江伟 . 探索与构建 . 北京：中国人民大学出版社，2008

11. 王亚新 . 社会变革中的民事诉讼 . 增订版 . 北京：北京大学出版社，2014

12. 刘荣军 . 程序保障的理论视角 . 北京：法律出版社，1999

13. 姜世明 . 民事程序法之发展与宪法原则 . 2 版 . 台北：元照出版有限公司，2009

14. 张卫平 . 民事诉讼：关键词展开 . 北京：中国人民大学出版社，2005

15. 邵明 . 现代民事诉讼基础理论 . 北京：法律出版社，2011

16. 黄国昌：民事诉讼理论之新开展 . 台北：元照出版有限公司，2005

17. 邵明 . 现代民事之诉与争讼程序法理 . 北京：中国人民大学出版社，2018

18. 姜世明 . 举证责任与真实义务 . 台北：新学林出版股份有限公司，2006

19. 邵明 . 正当程序中的实现真实 . 北京：法律出版社，2009

20. 刘品新 . 电子证据法 . 北京：中国人民大学出版社，2021

21. 杨与龄 . 强制执行法论 . 北京：中国政法大学出版社，2002

22. 赖来焜 . 强制执行法总论 . 台北：元照出版有限公司，2007

23. 肖建国. 民事执行法. 北京：中国人民大学出版社，2014

24. 季卫东. 法治秩序的建构. 增补版. 北京：商务印书馆，2019

25. 苏力. 送法下乡. 3版. 北京：北京大学出版社，2022

26. 张志铭. 法律解释学. 北京：中国人民大学出版社，2015

27. 梁慧星. 民法总论. 6版. 北京：法律出版社，2021

28. 朱庆育. 民法总论. 2版. 北京：北京大学出版社，2016

29. 崔建远. 物权法. 5版. 北京：中国人民大学出版社，2021

30. 王利明. 债法总则研究. 3版. 北京：中国人民大学出版社，2018

31. 韩世远. 合同法总论. 4版. 北京：法律出版社，2018

32. 杨立新. 侵权责任法. 4版. 北京：法律出版社，2021

33. 程啸. 侵权责任法. 3版. 北京：法律出版社，2021

34. 彼得·斯坦，约翰·香德. 西方社会的法律价值. 北京：中国法制出版社，2004

35. 罗森贝克，等. 德国民事诉讼法. 李大雪，译. 北京：中国法制出版社，2007

36. 莱奥·罗森贝克. 证明责任论. 5版. 庄敬华，译. 北京：中国法制出版社，2018

37. 中村宗雄，中村英郎. 诉讼法学方法论. 陈刚，段文波，译. 北京：中国法制出版社，2009

38. 三月章. 日本民事诉讼法. 汪一凡，译. 台北：五南图书出版公司，1997

39. 新堂幸司. 新民事诉讼法. 林剑锋，译. 北京：法律出版社，2008

40. 高桥宏志. 民事诉讼法. 林剑锋，译. 北京：法律出版社，2003

41. 高桥宏志. 民事诉讼法重点讲义. 张卫平，许可，译. 北京：法律出版社，2021

42. 伊藤滋夫. 要件事实的基础. 许可，小林正弘，译. 北京：法律出版社，2022

43. 松元博之. 日本人事诉讼法. 郭美松，译. 厦门：厦门大学出版社，2012

44. 法国新民事诉讼法典（附判例解释）. 罗结珍，译. 北京：法律出版社，2008

45. 史蒂文·苏本，玛格瑞特·伍. 美国民事诉讼的真谛. 蔡彦敏，徐卉，译. 北京：法律出版社，2002

46. 克杰·H. 弗兰德泰尔，等. 民事诉讼法. 3版. 夏登峻，等译. 北京：中国政法大学出版社，2005

47. 约翰·W. 斯特龙. 麦考密克论证据. 汤维建，等译. 北京：中国政法大学出版社，2004

48. 丹宁勋爵. 法律的正当程序. 李克强，等译. 北京：法律出版社，1999

49. J. A. 乔罗威茨. 民事诉讼程序研究. 吴泽勇,译. 北京:中国政法大学出版社,2008

50. Black's Law Dictionary. 11th edition. Thomson Reuters,2019

51. H. Woolf. Access to Justice. interim report to the Lord Chancellor on the Civil Justice System in England and Wales,1995

52. Robert Wyness Millar. Civil Procedure of the Trial Court in Historical Perspective. the Lawbook Exchange, Ltd. ,Publishers,2005

几点建议（代后记）

晚清名臣张之洞在其《劝学篇》中云："……世运之明晦，人才之盛衰，其表在政，其里在学。"对此，笔者的理解是，"治学""教学""习学"都可称"学"，"治学者""教学者""习学者"均可称"学人"。

学人当有大境界，王国维曾曰："有境界者，则自成高格，自有名句。"学人当有大见识，曾国藩曾曰："凡办大事，以识为主，以才为辅。"胡雪岩曾言：如果你有一乡的眼光，你可以做一乡的生意；如果你有一县的眼光，你可以做一县的生意；如果你有天下的眼光，你可能做天下的生意。人有大境界大见识，即有大智慧。

建议习学者，从"国家治理"的角度研读民事诉讼法学书籍，以开阔其视野和胸襟。正如前言所述，民事诉讼属于具体性治理的范畴。治理之道如同"治水"，是"疏"非"堵"。据此，起诉要件不得严格，滥诉要件却须严格。

建议习学者，根据"常道权变"法则研读民事诉讼法书籍。"常道权变"法则的基本内容是"持经达变"。比如，"审判公开"是"经"，"权（变）"则是指我国法院顺应互联网的发展在互联网上实现审判公开。

建议习学者，研读民事诉讼法书籍应当"知其长识其短""取其长补己短"（学术批评亦如此）。比较而言，"知长""取长"更能产生积极的成果，应是主要方面。当然，应当适时矫正较重甚或致命的短处。有些学生在写作学位论文时，对发表的论文和出版的书籍所阐发的观点，不加判断就作为论据支持自己的观点。孟子曰："尽信《书》，则不如无《书》。"

建议习学者，研读民事诉讼法书籍应当"知其述识其论"。"述"是指有序阐述，即"是什么（what）"，"知其述"是指"知其然"。"论"是指有序论证，即"为什么（why）"，"识其论"即指"知其所以然"。比如：考题是"述审判公开"，则其答案是叙述审判公开的主要内容是什么；考题是"论审判公开"，则其答案是为什么确立和保障审判公开。学位论文的"论"是以"论证"来支持论文的观点。

建议习学者，理解"正当程序"保障原理并据此研读民事诉讼法书籍。荀子云："人莫贵乎生，莫乐乎安。"我的理解是，"安"包括"过程之安"和"结果之安"。民事诉讼中，适用法定正当程序，既维护程序公正和程序效率（属于过程之安），又实现诉讼目的（属于结果之安）。

邵　明

2023 年 9 月 25 日于北京知春里

图书在版编目（CIP）数据

中国民事诉讼法学探析 / 邵明著 . --北京：中国
人民大学出版社，2023.10
21世纪法学研究生参考书系列
ISBN 978-7-300-32138-7

Ⅰ.①中… Ⅱ.①邵… Ⅲ.①民事诉讼法-法的理论
-中国-研究生-教材 Ⅳ.①D925.101

中国国家版本馆 CIP 数据核字（2023）第 169429 号

21世纪法学研究生参考书系列
中国民事诉讼法学探析
邵 明 著
Zhongguo Minshi Susong Faxue Tanxi

出版发行	中国人民大学出版社				
社 址	北京中关村大街 31 号		**邮政编码**	100080	
电 话	010 - 62511242（总编室）		010 - 62511770（质管部）		
	010 - 82501766（邮购部）		010 - 62514148（门市部）		
	010 - 62515195（发行公司）		010 - 62515275（盗版举报）		
网 址	http://www.crup.com.cn				
经 销	新华书店				
印 刷	涿州市星河印刷有限公司				
开 本	720 mm×1000 mm 1/16		**版 次**	2023 年 10 月第 1 版	
印 张	38.5 插页 3		**印 次**	2023 年 10 月第 1 次印刷	
字 数	785 000		**定 价**	158.00 元